“十三五”国家重点出版物出版规划项目
中国北方及其毗邻地区综合科学考察

董锁成　孙九林　主编

中国北方及其毗邻地区经济社会科学考察报告

董锁成　陈　才　李　宇等　编著

科学出版社
北　京

内 容 简 介

本书基于2008～2012年中国北方地区、俄罗斯、蒙古系列综合科学考察工作，系统分析了2000年以来中国北方及其毗邻地区的经济社会发展情况，包括中国东北地区、华北地区、西北地区，俄罗斯贝加尔湖地区、远东地区、勒拿河流域，蒙古人口、能源和矿产资源、科教文卫、三次产业发展现状、存在问题，提出了中国北方地区与俄罗斯考察区、蒙古开展经济合作的重点领域、合作模式和保障对策。

本书可供国家相关部门以及区域经济、人文地理、城市地理、社会学科研机构研究人员参阅，也可供大专院校相关专业师生借鉴和参考。

图书在版编目(CIP)数据

中国北方及其毗邻地区经济社会科学考察报告／董锁成等编著．—北京：科学出版社，2015.6

“十三五”国家重点出版物出版规划项目

(中国北方及其毗邻地区综合科学考察)

ISBN 978-7-03-038961-9

Ⅰ.①中…　Ⅱ.①董…　Ⅲ.①区域经济发展-考察报告-东亚②社会发展-考察报告-东亚　Ⅳ.①F131

中国版本图书馆CIP数据核字（2015）第251249号

责任编辑：李　敏　周　杰／责任校对：胡小洁

责任印制：张　伟／封面设计：黄华斌　陈　敬

科学出版社出版

北京东黄城根北街16号

邮政编码：100717

http://www.sciencep.com

北京建宏印刷有限公司印刷

科学出版社发行　各地新华书店经销

*

2015年6月第　一　版　开本：787×1092　1/16

2019年1月第二次印刷　印张：23 3/4

字数：550 000

定价：238.00元

中国北方及其毗邻地区综合科学考察丛书编委会

项目顾问委员会

主　任

孙鸿烈　中国科学院原常务副院长、中国青藏高原研究会名誉理事长、中国科学院院士、研究员

陈宜瑜　国家自然科学基金委员会原主任、中国科学院院士、研究员

委　员

方　磊　中国生态经济学会原副理事长、原国家计划委员会国土地区司司长、教授

李文华　中国生态学学会顾问、中国工程院院士、研究员

田玉钊　原中国科学院-国家计委自然资源综合考察委员会副主任、研究员

刘兴土　中国科学院东北地理与农业生态研究所，中国工程院院士、研究员

周晓沛　外交部原欧亚司司长、中华人民共和国驻哈萨克斯坦共和国大使馆原大使

李静杰　中国社会科学院原苏联东欧所所长、学部委员、研究员

陈　才　吉林大学东北亚研究院名誉院长、东北师范大学终身荣誉教授

刘纪远　中国自然资源学会名誉理事长、资源与环境信息系统国家重点实验室原主任、中国科学院地理科学与资源研究所研究员

中国北方及其毗邻地区综合科学考察
丛书编委会

中国北方及其毗邻地区综合科学考察
丛书编委会

编辑委员会

《中国北方及其毗邻地区经济社会科学考察报告》编辑委员会

序　一

科技部科技基础性工作专项重点项目“中国北方及其毗邻地区综合科学考察”经过中、俄、蒙三国30多家科研机构170余位科学家5年多的辛勤劳动，终于圆满完成既定的科学考察任务，形成系列科学考察报告，共10册。

中国北方及其毗邻的俄罗斯西伯利亚、远东地区及蒙古国是东北亚地区的重要组成部分。除了20世纪50年代对中苏合作的黑龙江流域综合考察外，长期以来，中国很少对该地区进行综合考察，尤其缺乏对俄蒙两国高纬度地区的考察研究。因此，该项考察成果的出版将为填补中国在该地区数据资料的空白做出重要贡献，且将为全球变化研究提供基础数据支持，对东北亚生态安全和可持续发展、“丝绸之路经济带”和“中俄蒙经济走廊”的建设具有重要的战略意义。

这次考察面积近2000万km^2，考察内容包括地理环境、土壤、植被、生物多样性、河流湖泊、人居环境、经济社会、气候变化、东北亚南北生态样带、综合科学考察技术规范等，是一项科学价值大、综合性强的跨国科学考察工作。系列科学考察报告是一套资料翔实，内容丰富，图文并茂的重要成果。

我相信，《中国北方及其毗邻地区综合科学考察》丛书的出版是一个良好的开端，这一地区还有待进一步深入全面考察研究。衷心希望项目组再接再厉，为中国的综合科学考察事业做出更大的贡献。

2014年12月

序　二

2001 年，科技部启动科技基础性工作专项，明确了科技基础性工作是指对基本科学数据、资料和相关信息进行系统的考察、采集、鉴定，并进行评价和综合分析，以加强我国基础数据资料薄弱环节，探求基本规律，推动科学基础资料信息流动与利用的工作。近年来，科技基础性工作不断加强，综合科学考察进一步规范。“中国北方及其毗邻地区综合科学考察”正是科技部科技基础性工作专项资助的重点项目。

中国北方及其毗邻的俄罗斯西伯利亚、远东地区和蒙古国在地理环境上是一个整体，是东北亚地区的重要组成部分。随着全球化和多极化趋势的加强，东北亚地区的地缘战略地位不断提升，越来越成为大国竞争的热点和焦点。东北亚地区生态环境格局复杂多样，自然过程和人类活动相互作用，对中国资源、环境与社会经济发展具有深刻的影响。长期以来，中国缺少对该地区的科学研究和数据积累，尤其缺乏对俄蒙两国高纬度地区的考察研究。因此，该项综合科学考察成果的出版将填补我国在该地区长期缺乏数据资料的空白。该项综合科学考察工作必将极大地支持中国在全球变化领域中对该地区的创新研究，支持东北亚国际生态安全、资源安全等重大战略决策的制定，对中国社会经济可持续发展特别是丝绸之路经济带和中俄蒙经济走廊的建设都具有重要的战略意义。

《中国北方及其毗邻地区综合科学考察》丛书是中俄蒙三国 170 余位科学家通过 5 年多艰苦科学考察后，用两年多时间分析样本、整理数据、编撰完成的研究成果。该项科学考察体现了以下特点：

一是国际性。该项工作联合俄罗斯科学院、蒙古国科学院及中国 30 多家科研机构，开展跨国联合科学考察，吸收俄蒙资深科学家和中青年专家参与，使中断数十年的中苏联合科学考察工作在新时期得以延续。项目考察过程中，科考队员深入俄罗斯勒拿河流域、北冰洋沿岸、贝加尔湖流域、远东及太平洋沿岸等地区，采集到大量国外动物、植物、土壤、水样等标本。该项考察工作还探索出利用国外生态观测台站和实验室观测、实验获取第一手数据资料，合作共赢的国际合作模式。如此大规模的跨国科学考察，必将有力地推进中国综合科学考察工作的国际化。

二是综合性。从考察内容看，涉及地理环境、土壤植被、生物多样性、河流湖泊、人居环境、社会经济、气候变化、东北亚南北生态样带以及国际综合科学考察技术规范等内容，是一项内容丰富、综合性强的科学考察工作。

三是创新性。该项考察范围涉及近 2000 万 km^2。项目组探索出点、线、面结合，遥感监测与实地调查相结合，利用样带开展大面积综合科学考察的创新模式，建立 E-Science 信息化数据交流和共享平台，自主研制便携式野外数据采集仪。上述创新模式和技术保障了各项考察任务的圆满完成。

考察报告资料翔实，数据丰富，观点明确，在科学分析的基础上还提出中俄蒙跨国合作的建议，有许多创新之处。当然，由于考察区广袤，环境复杂，条件艰苦，对俄罗斯和蒙古全境自然资源、地理环境、生态系统与人类活动等专题性系统深入的综合科学考察还有待下一步全面展开。我相信，《中国北方及其毗邻地区综合科学考察》丛书的面世将对中国国际科学考察事业产生里程碑式的推动作用。衷心希望项目组全体专家再接再厉，为中国的综合科学考察事业做出更大的贡献。

2014 年 12 月

序　三

进入21世纪以来，我国启动实施科技基础性工作专项，支持通过科学考察、调查等过程，对基础科学数据资料进行系统收集和综合分析，以探求基本的科学规律。科技基础性工作长期采集和积累的科学数据与资料，为我国科技创新、政府决策、经济社会发展和保障国家安全发挥了巨大的支撑作用。这是我国科技发展的重要基础，是科技进步与创新的必要条件，也是整体科技水平提高和经济社会可持续发展的基石。

2008年，科技部正式启动科技基础性工作专项重点项目“中国北方及其毗邻地区综合科学考察”，标志着我国跨国综合科学考察工作迈出了坚实的一步。这是我国首次开展对俄罗斯和蒙古国中高纬度地区的大型综合科学考察，在我国科技基础性工作史上具有划时代的意义。在该项目的推动下，以董锁成研究员为首席科学家的项目全体成员，联合国内外170余位科学家，利用5年多的时间连续对俄罗斯远东地区、西伯利亚地区、蒙古国，中国北方地区展开综合科学考察，该项目接续了中断数十年的中苏科学考察。科考队员足迹遍布俄罗斯北冰洋沿岸、东亚太平洋沿岸、贝加尔湖沿岸、勒拿河沿岸、阿穆尔河沿岸、西伯利亚铁路沿线、蒙古沙漠戈壁、中国北方等人迹罕至之处，历尽千辛万苦，成功获取考察区范围内成系列的原始森林、土壤、水、鱼类、藻类等珍贵样品和标本3000多个（号），地图和数据文献资料400多套（册），填补了我国近几十年在该地区的资料空白。同时，项目专家组在国际上首次尝试构建东北亚南北生态样带，揭示了东北亚生态、环境和经济社会样带的梯度变化规律；在国内首次制定16项综合科学考察标准规范，并自主研制了野外考察信息采集系统和分析软件；与俄蒙科研机构签署12项合作协议，创建了中俄蒙长期野外定位观测平台和E-Science数据共享与交流网络平台。项目取得的重大成果为我国今后系统研究俄蒙地区资源开发利用和区域可持续发展奠定了坚实的基础。我相信，在此项工作基础上完成的《中国北方及其毗邻地区综合科学考察》丛书，将是极富科学价值的。

中国北方及其毗邻地区在地理环境上是一个整体，它占据了全球最大的大陆——欧亚大陆东部及其腹地，其自然景观和生态格局复杂多样，自然环境和经济社会相互影响，在全球格局中，该地区具有十分重要的地缘政治、地缘经济和地缘生态环境战略地位。中俄蒙三国之间有着悠久的历史渊源、紧密联系的自然环境与社会经济活动，区内生态建设、环境保护与经济发展具有强烈的互补性和潜在的合作需求。在全球变化的背景下，该地区在自然环境和经济社会等诸多方面正发生重大变化，有许多重大科学问题亟待各国科学家共同探索，共同寻求该区域可持续发展路径。当务之急是摸清现状。例如，在当前应对气候变化的国际谈判、履约和节能减排重大决策中，迫切需要长期采集和积累的基础性、权威性全球气候环境变化基础数据资料作为支撑。在能源资源越来越短缺的今天，我国要获取和利用国内外的能源资源，首先必须有相关国家的资源环境基础资料。俄蒙等周边国家在我国全球资源战略中占有极其重要的地位。

中国科学家十分重视与俄、蒙等国科学家的学术联系，并与国外相关科研院所保持着长期良好的合作关系。1998 年、2004 年，全国人大常委会副委员长、中国科学院院长路甬祥两次访问俄罗斯，并代表中国科学院俄罗斯科学院签署两院院际合作协议。2005 年、2006 年，中国科学院地理科学与资源研究所等单位与俄罗斯科学院、蒙古科学院中亚等国科学院相关研究所成功组织了一系列综合科学考察与合作研究。近年来，各国科学家合作交流更加频繁，合作领域更加广泛，合作研究更加深入。《中国北方及其毗邻地区综合科学考察》丛书正是基于多年跨国综合科学考察与合作研究的成果结晶。该项成果包括：《中国北方及其毗邻地区科学考察综合报告》、《中国北方及其毗邻地区土地利用/土地覆被科学考察报告》、《中国北方及其毗邻地区地理环境背景科学考察报告》、《中国北方及其毗邻地区生物多样性科学考察报告》、《中国北方及其毗邻地区大河流域及典型湖泊科学考察报告》、《中国北方及其毗邻地区经济社会科学考察报告》、《中国北方及其毗邻地区人居环境科学考察报告》、《东北亚南北综合样带的构建与梯度分析》、《中国北方及其毗邻地区综合科学考察数据集》、*Proceedings of the International Forum on Regional Sustainable Development of Northeast and Central Asia*。

2013 年 9 月，习近平主席访问哈萨克斯坦时提出“共建丝绸之路经济带”的战略构想，得到各国领导人的响应。中国与俄蒙正在建立全面战略协作伙伴关系，俄罗斯科技界和政府部门正在着手建设欧亚北部跨大陆板块的交通经济带。2014 年 9 月，习近平主席提出建设中俄蒙经济走廊的战略构想，从我国北方经西伯利亚大铁路往西到欧洲，有望成为丝绸之路经济带建设的一条重要通道。在上海合作组织的框架下，巩固中俄蒙以及中国与中亚各国之间的战略合作伙伴关系是丝绸之路经济带建设的基石。资源、环境及科技合作是中俄蒙合作的优先领域和重要切入点，迫切需要通过科技基础工作加强对俄蒙的重点考察、调查与研究。在这个重大的历史时刻，中国北方及其毗邻地区综合科学考察丛书的出版，对广大科技工作者、政府决策部门和国际同行都是一项非常及时的、极富学术价值的重大成果。

2014 年 12 月

前　言

东北亚地区的国际区域合作发展是太平洋西岸国家和联合国广泛关注的议题。中国北方及其毗邻地区在地理环境上是一个整体。随着全球化、国际化趋势的不断增强，国与国之间、国家与区域之间在能源资源、科技、军事、政治、经济等各个方面的竞争和合作都在不断加强。中国与俄罗斯、蒙古等东北亚国家有着十分重要的地缘政治、地缘经济和地缘生态战略关系，目前，中俄蒙三国已有“上海合作组织”协议框架。因此，中国科学家与俄罗斯、蒙古科学家共同开展中国北方及其毗邻地区国际经济社会、资源环境等区域可持续发展综合考察研究，深入研究东北亚国际区域生态经济复合系统时空格局和演变规律，探讨区域生态关联性、经济关联性及互动机理，探索长期区域生态共建、互惠互利的可持续发展模式和途径，对于推进和扩大东北亚国际经济合作具有重大的战略意义。2008 年，科学技术部启动科技基础性工作专项重点项目“中国北方及其毗邻地区综合科学考察”（项目编号：2007FY110300），通过联合中国、俄罗斯和蒙古科学家，共同开展俄罗斯西伯利亚、远东，蒙古中国北方地区（华北地区、西北地区、东北地区），综合科学考察和调查，为在该地区深入开展地球系统、全球变化和区域可持续发展研究提供数据支撑。

中国北方及其毗邻地区经济社会综合科学考察课题组与俄罗斯科学院、蒙古科学院经济社会、资源环境领域研究所合作，2008 ~ 2012 年连续在考察区开展一系列综合科学考察。本书在科学考察的基础上，通过资料搜集、整理以及相关数据的综合分析，对该地区经济社会进行系统归纳和总结。全书共 9 章。第 1 章，由董锁成、李宇、李泽红、李富佳撰写，中国北方及其毗邻地区经济社会现状：系统归纳和总结考察区经济社会发展格局，研究中国北方地区生态经济区划，分析东北亚南北样带经济社会梯度。第 2 章，由陈才、陈延斌撰写，中国东北地区经济社会考察：系统总结区域自然地理背景、自然生态变化及其保护、东北地区与俄蒙经济合作。第 3 章，由李泽红、刘佳骏、胡瑞山、王喆、毛琦梁撰写，中国华北地区经济社会考察：系统归纳该区域三次产业发展情况，人口、经济收入、科技文教、城镇建设等多领域发展情况。第 4 章，由薛东前、马蓓蓓撰写，中国西北地区经济社会考察：系统介绍该区域三次产业发展情况，人口、经济收入、科技文教、城镇建设等多领域发展情况。第 5 章，由李岱、万永坤、Lubov M. Khandazhapova、Pavel Rykov、朱立君撰写，俄罗斯贝加尔湖地区经济社会考察报告：简要介绍该区域基本概况，系统分析该区域经济社会发展特征、存在问题，提出中国与该区域开展社会经济合作的重点领域、合作模式和对策保障。第 6 章，由董锁成、李岱、万永坤、李飞、李俊撰写，俄罗斯远东地区经济社会考察：简要介绍该区域基本概况，系统分析该区域在俄罗斯发展中的地位，经济社会发展特征，提出中国与该区域开展经济社会合作的重点领域和对策保障。第 7 章，由董锁成、李岱、万永坤、李宇撰写，俄罗斯勒拿河流域经济社会考察报告，简要介绍该区域基本概况，系统分析该区域的资源特征、经济社会发展特征。第8章，由齐晓明、包玉海、宝音撰写，蒙古经济社会考察：简要介绍蒙古基本情况，系统分析蒙古经济社会发展特征，比较分析蒙古与中国内蒙古经济发展的差异，提出中国与蒙古开展经济社会合作的重点领域和对策保障。第9章，由董锁成、李宇、李岱、李泽红、石广义、李世峰撰写，中俄蒙跨境合作重点和对策：重点分析中俄蒙毗邻地区的合作背景，提出重点合作领域和对策保障。

另外，我的博士后、博士研究生、硕士研究生常永智、黄永斌、赵敏燕、于会录、郭鹏、程昊、朱少卿、郑吉参与了文稿校对等工作。

本书涉及中国北方地区、俄罗斯、蒙古经济社会的各个方面，内容繁多，加之作者水平有限，可能会有错误或不足之处，恳请读者批评、指正。

董锁成

2014 年 9 月

目　　录

第1章 中国北方及其毗邻地区经济社会现状

中国北方及其毗邻地区经济社会考察的研究范围包括：中国北方的华北五省（自治区、直辖市）（北京、天津、河北、山西、内蒙古大部）及山东、河南两省、西北五省（自治区）（陕西、甘肃、宁夏、青海、新疆）、东北三省（辽宁、吉林、黑龙江）和内蒙古四盟市，俄罗斯东西伯利亚南部主体行政区（外贝加尔边疆区、伊尔库茨克州和布里亚特共和国等）、远东主体行政区［滨海边疆区、阿穆尔州、哈巴罗夫斯克边疆区、萨哈林州、犹太自治州、萨哈（雅库特）共和国、堪察加州、马加丹州、楚科奇自治区等］，蒙古国全境。考察区总面积1948万km^2，占世界陆地面积的13%。2010年，该区总人口达5.7亿，占世界总人口的8.25%；GDP 2.5万亿美元，约占世界GDP的4%。欧亚大陆东北部山水相连，文脉相系，是具有特殊意义的国际政治、经济地域，具有国际经济、社会、文化、生态一体化发展前景。

1.1 考察区自然背景概述

1.1.1 基本概况

考察区山川相连，主要包括俄罗斯的中西伯利亚高原、南西伯利亚山地、东西伯利亚山地、北西伯利亚低地和远东山地；蒙古国的蒙古高原、阿尔泰山、杭爱山、肯特山等山脉；中国北方区的天山、昆仑山、喀喇昆仑山、祁连山、贺兰山、阴山、太行山、燕山、长白山、兴安岭等山脉，以及东北平原、华北平原、关中平原等。

考察区河流湖泊众多。主要河流有俄罗斯境内的勒拿河、从蒙古流入俄罗斯贝加尔湖的色楞格河、中俄边境河流黑龙江（阿穆尔河）、中国的黄河等，分属北冰洋流域、太平洋流域、内陆河流域。主要湖泊有俄罗斯的贝加尔湖、蒙古的库苏古尔湖、中蒙边境的呼伦湖、中国的松花湖和青海湖、中俄边境的兴凯湖等。贝加尔湖是世界淡水容量最多和最深的湖，容量达2.365万km^3，占俄罗斯湖水总量的85%。蒙古北部有大小湖泊3000多个，总面积超过1.5万km^2。其中，库苏古尔湖水域总面积为2760km^2，是蒙古最大的湖泊。

考察区气候复杂多样。俄罗斯西伯利亚南部为强烈的大陆性气候，远东太平洋沿岸为季风气候，自北向南为北极荒漠、冷土地带、草原地带、森林冻土地带、森林地带、森林草原地带；冬季漫长寒冷，夏季温暖少雨，缺乏农作物生长所需的必要湿度和温度，多年冻土面积大，土壤温度低，限制了农作物的生长。蒙古属典型的温带大陆性气候，冬季严寒，夏季温暖，温差大，降水少。中国北方东北三省与内蒙古东北部属湿润区，年降水量大于800mm，植被以森林为主，农作物以水田为特色；东北平原、华北平原、黄土高原东部为半湿润区，年降水量大于400mm，属森林草原地区，以旱作农业为特色；内蒙古高原、黄土高原西部、青藏高原北部与新疆地区，年蒸发量大于年降水量，为草原与荒漠区，以牧业、灌溉农业为主（图 1-1）。

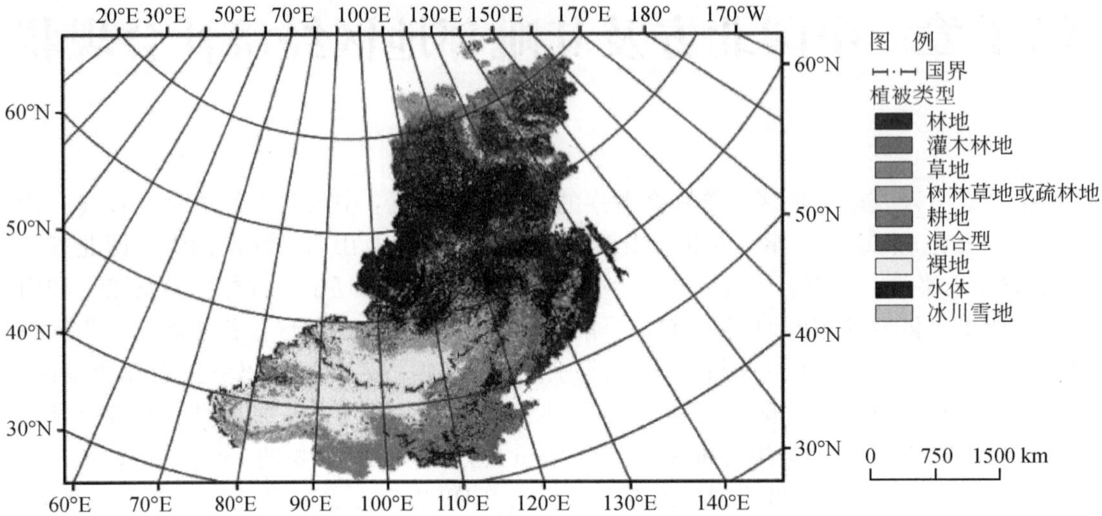

图 1-1　中国北方及其毗邻地区植被类型分布

考察区内陆干旱区广布。蒙古的戈壁沙漠占国土面积的 1/3，同时 70% 的国土存在不同程度的退化、沙化，草原戈壁化现象严重，众多湖泊干涸。中国北方地区集中分布有塔克拉玛干沙漠、古尔班通古特沙漠、巴丹吉林沙漠、腾格里沙漠、柴达木沙漠、库姆塔格沙漠、乌兰布和沙漠、库布齐沙漠、毛乌素沙地、浑善达克沙地、科尔沁沙地、呼伦贝尔沙地等十二大沙漠，形成中纬度荒漠地带，生态环境问题突出。

1.1.2　自然地理分区

考察区空间范围辽阔，地形结构复杂，自然地理环境具有明显的差异性。根据地理环境纬度地带性和经度地带性特征，可划分为四大自然地理单元。

（1）中西伯利亚高原区

该区是亚洲大陆向北伸展最远的自然区，地形以高原山地为主，仅北西伯利亚和萨哈（雅库特）共和国等地为平原低地。气候属强烈的大陆性寒湿气候，永冻现象广布，位于该区东北的奥伊米亚康和上扬斯克，冬季绝对最低温分别达到-71℃和-68℃，有“寒极的两个女儿”之称。该区水系北流，水流湍急，为典型的山地河流，拥有世界上最深的湖泊——贝加尔湖。与西西伯利亚相比，植被和土壤的纬度地带性不够典型，在泰加林带的南部缺少连续的森林草原和草原带，但垂直地带性比较明显。

（2）俄罗斯远东山地区

该区濒太平洋及其边缘海，海岸线长，地形以山地为主，山地和山原面积占全区总面积的 3/4。堪察加半岛和千岛群岛地处环太平洋火山地震带上，故多火山地震。河流和气候均表现出明显的季风性特征，苔原带广布，自然景观复杂多样，垂直结构显著（图 1-2）。

（3）蒙古高原区

该区位于中亚的东北部，四周环山，距海遥远，是一个广大的多山内陆高原。高原表

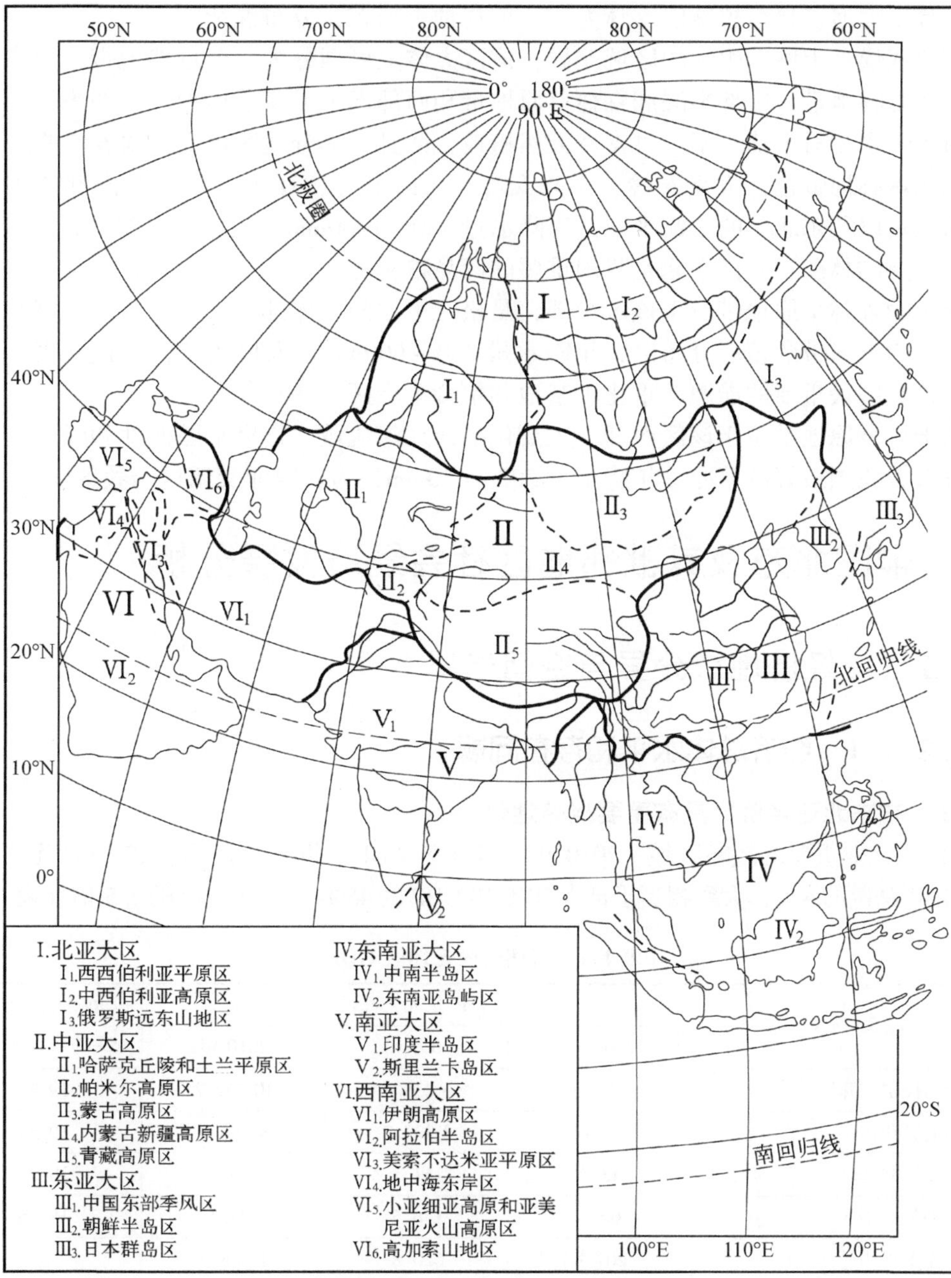

图 1-2　亚洲自然地理分区

资料来源：世界自然地理，1991 年。

面波状起伏，大部分地区海拔 1100～2000m，主要为山地和高平原。气候属于温带极端大陆性气候，具有显著的大陆性和干燥性，因而在水文、土壤和植被方面都表现出极端大陆性干燥高原的特征。河网稀疏，分布不均，地表径流缺乏；地带性植被和土壤均以草原和半荒漠为主，分布具有较明显的纬度地带性，自北向南分布着温带草原、半荒漠和荒漠。

（4）东北季风区

该区属大陆东岸季风气候，冬季寒冷干燥，夏季温暖湿润，降水集中在夏季。河网稠密，且多大河。自然植被以森林为主，植物种类繁多，分布混杂。

综合气候、土壤、生物的区域差异，该区大体上可划分为三个自然地带，即东部和北部湿润森林地带、中部半湿润森林草原地带和西部半干旱草原地带。总的来说，东北地区由于降水相对丰沛，不仅可支持天然植被，而且大部分地区可支持雨养农业。

湿润森林地带包括大兴安岭、小兴安岭、长白山（含辽东山地）和南部辽东半岛的千山丘陵以及东北部的三江平原，年降水量400～1000mm。大、小兴安岭和长白山区是我国重要的林区，三江平原是我国重要的商品粮基地。

半湿润森林草原地带位于该区中部，是松辽平原的主体部分，其北部是我国肥沃的黑土带，为玉米带的核心分布区，年降水量400～600mm。人口密集，城镇众多，经济发达，是我国最重要的能源、重化工基地和粮食主产区。

半干旱草原地带位于该区西部，主要包括西辽河流域、松嫩平原西部和呼伦贝尔高原，分布着我国最好的草原。年降水量300～450mm，为农牧业交错区与牧区。

1.2 中国北方及其毗邻地区社会经济发展分析

1.2.1 经济地域分异与空间格局

1.2.1.1 经济总体水平和存在问题

（1）在东北亚经济区具有重要战略地位

1）东北亚重要的战略区域。2010年，考察区GDP（折合人民币）17万亿元，约占世界GDP总量的4%，大致相当于日本2010年GDP的46%，韩国GDP的2.5倍（表1-1）。

表1-1 考察区内各地区GDP

国家/地区	GDP/亿元人民币			2000～2010年年均增长率/%
	2000年	2005年	2010年	
俄罗斯乌拉尔联邦区	1 747.9	6 238.4	10 267.2	19.37
西伯利亚联邦区	1 386.5	3 937.7	8 260.9	19.54
布里亚特共和国	43.5	151.2	275.2	20.26
外贝加尔边疆区	60.6	140.5	327.1	18.36
伊尔库茨克州	207.9	520.8	1 088.2	18
远东联邦区	623.2	1 667.7	4 251.8	21.17
萨哈(雅库特）共和国	165.4	369.3	776.4	16.72
滨海边疆区	125.3	376.6	937	22.29
哈巴罗夫斯克边疆区	130.8	325.3	708.8	18.41
阿穆尔州	53.1	155.1	362.2	21.17
萨哈林州	70.2	244.2	994.3	30.35
犹太自治州	7.6	28.7	65.7	24.07
蒙古	78.5	166.8	441.1	18.8

续表

国家/地区	GDP/亿元人民币			2000~2010 年年均增长率/%
	2000 年	2005 年	2010 年	
乌兰巴托	39.1	91.0	273.9	21.5
西北五省（自治区）	4 538	9 363.245	22 721.78	17.5
中国华北五省（自治区、直辖市）及山东、河南	25 932	57 859.41	126 867.44	17.2
东北三省	9 743	17 140.78	37 493.45	14.4

注：汇率以 2000~2010 年平均汇率计算。

资料来源：《俄罗斯联邦统计年鉴》（2001、2006、2012），《中国统计年览》（2001、2006、2012）。

2）人均 GDP 保持高速增长。2000~2010 年，俄罗斯远东地区人均 GDP 年均增长率达到 21.89%，俄罗斯东西伯利亚联邦区与我国华北五省（自治区、直辖市）及山东、河南也都达到 15% 以上，相对来说，我国东北三省与西北五省（自治区）人均 GDP 增长较慢，主要原因是俄罗斯各地区的 GDP 均为名义增长（表 1-2、表 1-3）。

表 1-2　考察区内俄罗斯各地 GDP 环增长指数（按固定价格计算）

年份	2000	2001	2002	2003	2004	2005	2006	2007	2008	2009	2010
乌拉尔联邦区	110.1	108.9	104.2	108.4	106.7	110.2	107.5	105.5	103.4	92.0	106.8
西伯利亚联邦区	107.5	106.9	104.1	107.5	108.3	104.8	106.2	107.5	104.1	95.9	104.4
布里亚特共和国	104.9	106.4	106.4	106.7	103.7	104.8	105.8	107.7	105.4	92.6	103.5
外贝加尔边疆区	109.2	107.5	101.6	107.4	103.4	103.7	105.7	111.8	109.1	100.7	103.7
伊尔库茨克州	105.2	102.8	101.2	105.3	106.1	108.3	112.0	109.1	103.7	100.1	106.8
远东联邦区	103.1	105.9	103.7	105.9	106.6	104.6	105.3	109.4	103.4	101.5	106.8
萨哈（雅库特）共和国	107.8	101.8	101.0	104.3	107.7	104.9	103.4	104.5	107.2	97.6	101.6
滨海边疆区	98.3	100.0	104.6	105.8	108.0	105.5	104.1	106.6	107.2	102.4	111.7
哈巴罗夫斯克边疆区	111.6	108.1	106.4	104.1	105.5	104.2	105.3	105.1	102.6	93.0	111.0
阿穆尔州	106.3	117.5	96.6	104.1	103.3	103.1	103.2	109.0	105.0	98.3	106.0
萨哈林州	84.7	116.6	106.3	116.4	117.3	108.8	112.2	126.3	95.7	110.9	108.0
犹太自治州	102.9	108.5	109.3	107.5	112.8	104.4	105.3	119.4	100.8	95.5	117.0

资料来源：俄罗斯数据均来源于《俄罗斯联邦统计年鉴》（2000~2012）。

表 1-3　2000 年、2005 年和 2010 年人均 GDP 与变化情况

国家/地区	人均 GDP/元人民币			2000~2010 年年均增长率/%
	2000 年	2005 年	2010 年	
俄罗斯乌拉尔联邦区	14 015.4	50 805.2	83 608.7	19.55
西伯利亚联邦区	6 819	19 893.5	42 231.3	20

续表

国家/地区	人均 GDP/元人民币			2000～2010 年年均增长率/%
	2000 年	2005 年	2010 年	
布里亚特共和国	4 366.8	15 601.1	28 577.6	20.67
外贝加尔边疆区	5 139.1	12 372.2	29 285.4	19.01
伊尔库茨克州	7 925.3	20 465.1	43 475.7	18.56
远东联邦区	9 121.2	25 295.3	66 021	21.89
萨哈（雅库特）共和国	17 264.7	38 837.9	81 810	16.83
滨海边疆区	5 910.1	18 497.3	47 275.9	23.11
哈巴罗夫斯克边疆区	8 955.9	22 907.8	50 631.8	18.91
阿穆尔州	5 753.4	17 486.6	42 073	22.01
萨哈林州	12 532.1	45 903.5	194 585.1	31.56
犹太自治州	3 956.5	15 166.2	35 492.3	24.53
蒙古	3 283.0	6 548.5	16 104.9	17.24
乌兰巴托	5 639.6	10 452.2	23 640.6	15.41
西北五省（自治区）	4 947	9 895	23 481.95	16.85
中国华北五省（自治区、直辖市）及山东、河南	7 826	22 325	45 234.39	19.18
东北三省	9 144	15 934.54	34 225.26	14.11

资料来源：表中所有俄罗斯数据均来源于《俄罗斯联邦统计年鉴》（2000～2012）。

3）经济总体发展水平相对落后。考察区经济发展程度尚欠发达。2010 年，考察区范围人均 GDP 约为 4300 美元，与我国人均 GDP 水平相当，低于俄罗斯 1 万美元的平均水平，仅仅相当于韩国人均 GDP 的 1/5，日本的 1/10。总体上处于工业化的中期阶段。

4）中国北方地区为区域经济发展主体。华北五省（自治区、直辖市）及山东、河南 GDP 占全考察区的 65%，我国东北三省占 20%，西北五省（自治区）占 11%，俄罗斯仅占 3.6%，蒙古只占 0.4%。中俄蒙国际合作潜力巨大（图 1-3、图 1-4）。

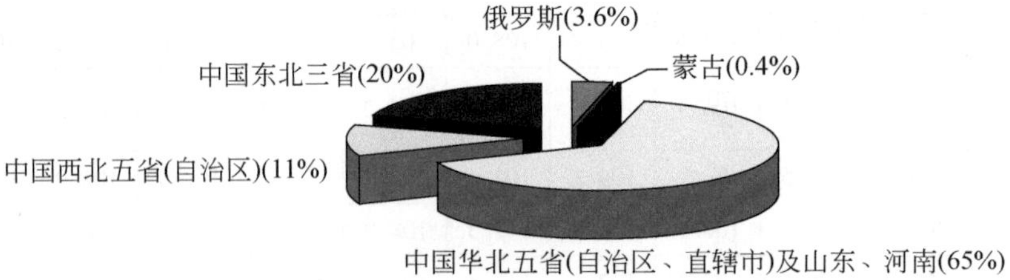

图 1-3　考察区国家（地区）GDP

中国华北、东北部分地区，俄罗斯贝加尔湖地区为经济发展相对集中地区，俄罗斯远东地区、蒙古经济发展总量相对不足。

（2）中俄蒙贸易联系日趋紧密

2000～2010 年，中俄蒙贸易保持高速增长，年平均增长 21.5%；2010 年，三边贸易额总量达到 604.3 亿美元。中俄贸易主导中俄蒙贸易的发展，中俄贸易额占三边贸易总量的 91.8%，10 年间年均增长 21.4%。中蒙贸易在中俄蒙三方中增长速度最快，10

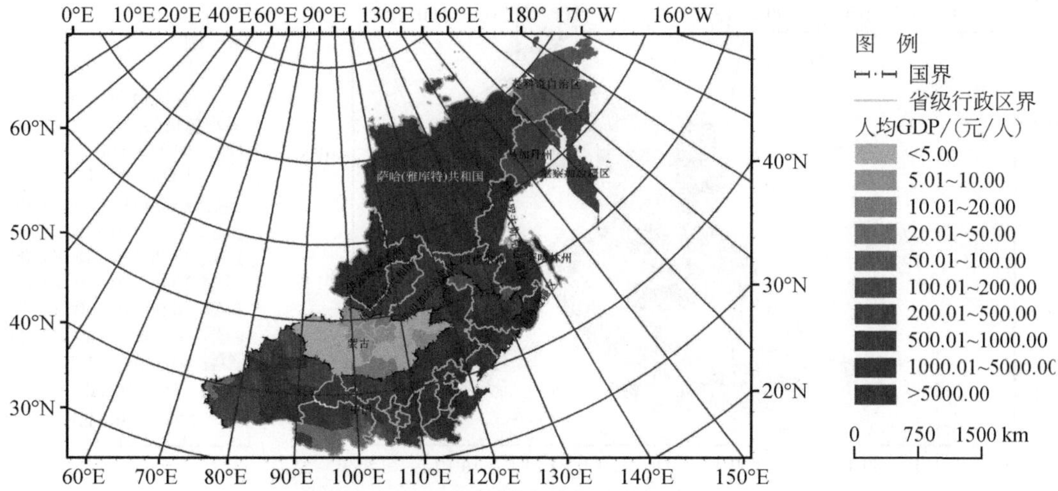

图 1-4　中国北方及其毗邻地区 GDP 分布

年间年均增长 28.5%。俄蒙之间贸易也呈现加速增长的趋势（表 1-4）。

表 1-4　2000 年、2005 年和 2010 年中俄蒙贸易情况

贸易	贸易额/亿美元			2000～2010 年年均增长率/%
	2000 年	2005 年	2010 年	
中俄蒙贸易额总计	85.93	304	604.3	21.5
俄蒙双边贸易额	2.7	4.6	10	14.0
中俄双边贸易额	80	291	554.5	21.4
中蒙双边贸易额	3.23	8.4	39.8	28.5

资料来源：根据中国海关 2000～2010 年历年统计数据、商务部《对外投资合作国别（地区）指南》蒙古国、俄罗斯数据整理。

中俄蒙边境贸易对该地区发展意义重大。中蒙边境贸易额占中蒙双边贸易额的一半左右，中俄边境贸易额占中俄双边贸易额的 1/6 强。边贸使我国内蒙古、黑龙江、吉林、新疆等沿边地区的经济得到了长足发展，一批新的现代化边陲城市迅速崛起。

未来中俄蒙三方国际贸易与合作潜力巨大。俄罗斯与中国的贸易额正迅速扩大，2011 年中俄贸易额达 800 亿美元，超过与德国（500 亿美元）、美国（340 亿美元）的贸易额。俄罗斯力求到 2020 年使俄中贸易额达到 2000 亿美元。中蒙之间存在巨大的资源互补与产业互补，中国对蒙古出口的拉动作用进一步增强，10 年间双边贸易增长了 10 倍，蒙古对华出口占其出口总额 2/3 以上。俄蒙双边贸易 10 年间也保持 14% 等年均增长，中俄蒙之间国际贸易通道日益畅通。

（3）内部经济发展不均衡

1）经济发展地域差异明显。北京、天津、大连、青岛、哈尔滨等中心城市，以及内蒙古呼包鄂、柴达木等资源产业区人均 GDP 超过 70 000 元（人民币），而该地区内更广阔的地区人均 GDP 依然处于较低水平（图 1-5～图 1-8）。

俄罗斯经济发展呈现西高东低的基本态势。东西伯利亚与远东地区依然是俄罗斯经济发展相对落后地区。

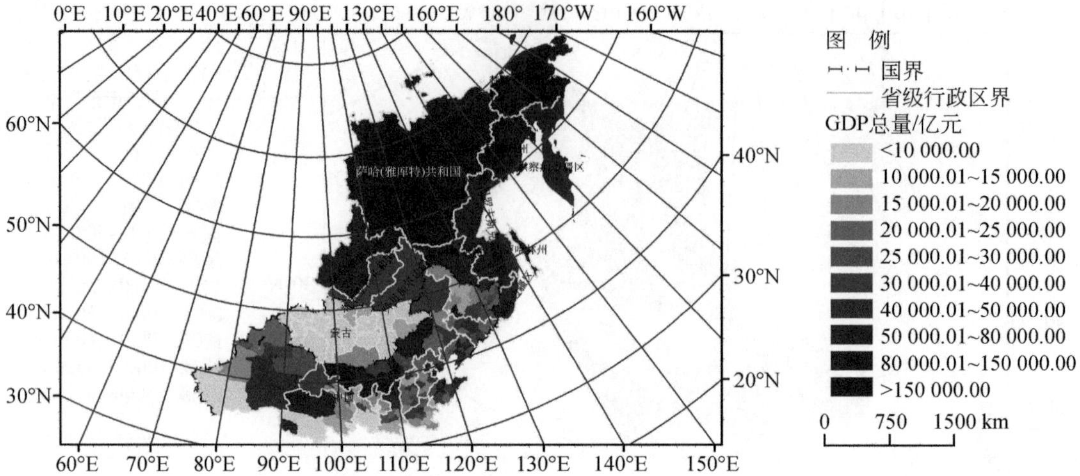

图 1-5 中国北方及其毗邻地区 GDP 总量分布

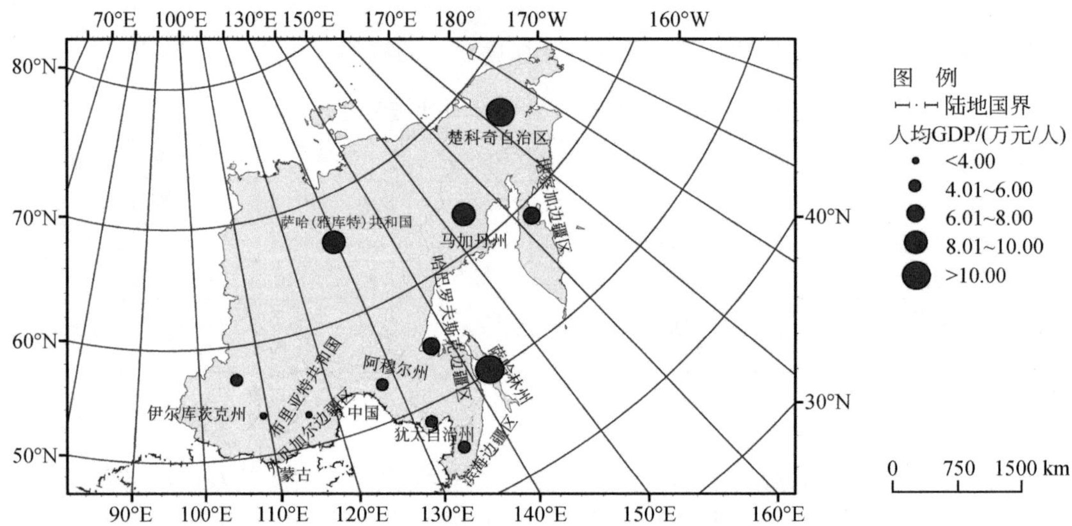

图 1-6 俄罗斯考察区人均 GDP 分布

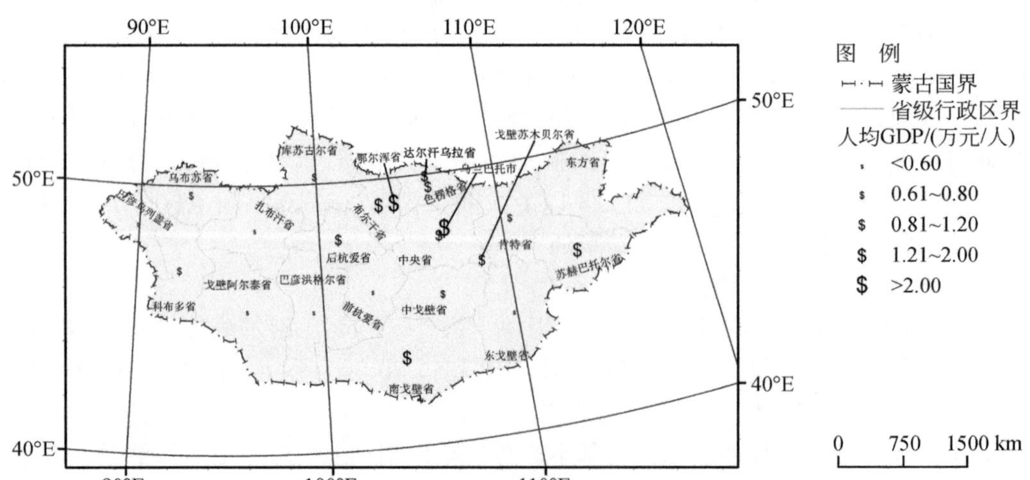

图 1-7 蒙古人均 GDP 分布

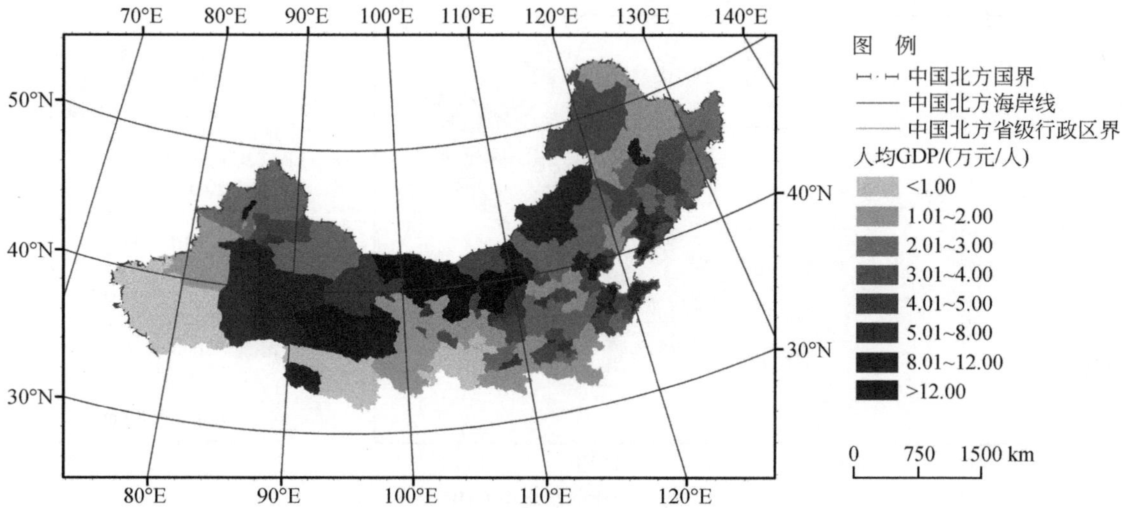

图 1-8 中国北方地区人均 GDP 分布

不同于俄罗斯亚洲部分人口密度南高北低的趋势，俄罗斯人均 GDP 呈现北高南低的现象，体现了俄罗斯亚洲地区以资源型经济为主的区域经济特征。

2）经济密度总体上南高北低。中国北方地区经济总量大，土地资源相对紧张，经济密度处于较高水平。俄罗斯、蒙古地广人稀，经济密度较低，蒙古经济密度最低（图 1-9）。

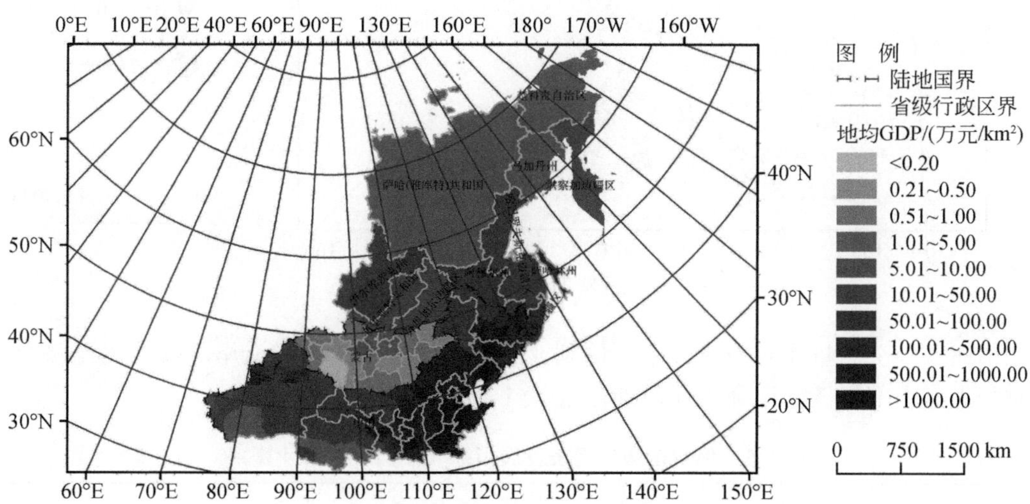

图 1-9 中国北方及其毗邻地区地均 GDP 分布

中国北方地区经济密度呈现东高西低的格局，经济发展主要集中在东北老工业城市区，京津冀、山东半岛与山西盆地地区，另外关中地区、兰州与西宁地区、内蒙古呼包鄂地区经济发展密度较高（图 1-10）。

俄罗斯地均 GDP（图 1-11）呈现西高东低、南高北低的态势。俄罗斯亚洲部分中

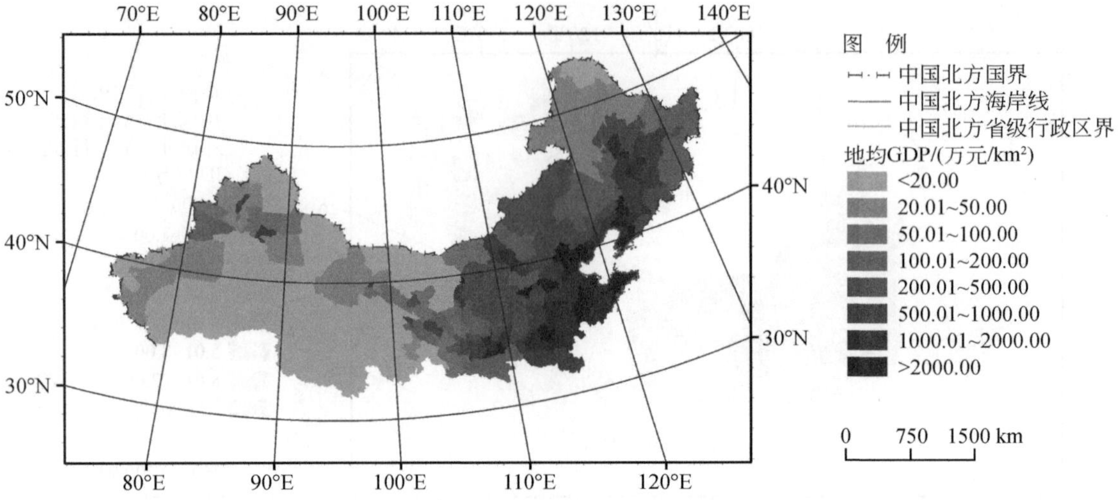

图 1-10　中国北方地均 GDP 分布

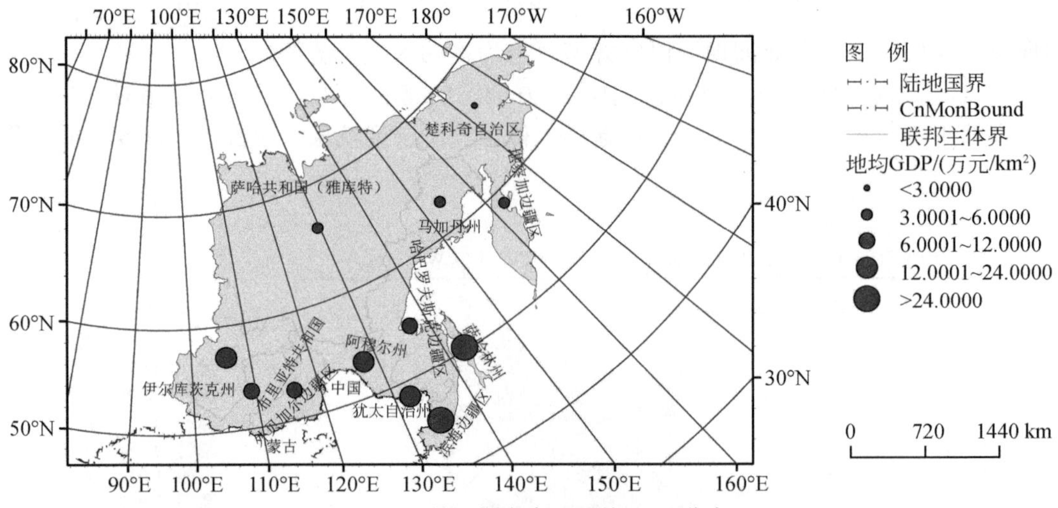

图 1-11　俄罗斯考察区地均 GDP 分布

乌拉尔地区经济总量相对密集，东西伯利亚、远东地区中太平洋沿岸与库页岛经济总量相对密集，南部经济密度高于北部地区（表 1-5、表 1-6）。

表 1-5　俄罗斯历年经济发展指标（按当年价格计算）

指标	2000 年	2005 年	2006 年	2007 年	2008 年	2009 年	2010 年
GDP/亿卢布	73 056.46	216 097.66	269 172.01	332 475.13	412 768.49	388 072.19	451 727.48
人均 GDP/卢布	49 835	150 997	188 910	233 948	290 771	271 787	316 226
年度固定资产/亿卢布	17 464	41 494	47 489	60 391	74 441	82 303	93 186
采矿业/亿卢布		3 062	3 721	4 489	5 272	5 091	6 227
制造业/亿卢布		88 720	111 850	139 780	168 640	143 520	188 720

续表

指标	2000 年	2005 年	2006 年	2007 年	2008 年	2009 年	2010 年
电、汽生产/亿卢布		16 910	21 620	21 460	25 730	30 300	36 650
农业产值/亿卢布	742.4	1 380.9	1 570.6	1 931.6	2 461.4	2 515.9	2 587.8
其中：种植业/亿卢布	394.7	669.8	764.8	1 002.4	1 306.4	1 238.9	1 191.5
养殖业/亿卢布	347.7	711.1	805.8	929.2	1 155	1 277.0	1 396.3
财政收入/10 亿卢布	2 097.7	8 579.6	10 625.8	13 368.3	16 003.9	13 599.7	16 031.9
占 GDP 比重/%	28.7	39.7	39.5	40.2	38.8	35.04	35.5
财政支出/10 亿卢布	1 960.1	6 820.6	8 375.2	11 378.6	13 991.8	16 048.3	17 616.6
固定资产投资/10 亿卢布	1 165	3 611	4 730	6 716	8 782	7 930	9 151
对外贸易/亿美元	1 499	3 692	4 678	5 779	7 635	4 952	6 493
其中：出口/亿美元	1 050	2 438	3 036	3 544	4 716	3 034	4 006
进口/亿美元	449	1 254	1 643	2 235	2 919	1 918	2 486

资料来源：《俄罗斯联邦统计年鉴》（2000 ~ 2010）。

表 1-6　1998 ~ 2010 年俄罗斯 GDP 增长指数（按固定价格计算）

年份	2000	2001	2002	2003	2004	2005	2006	2007	2008	2009	2010
地区生产总值指数	110.6	106.0	105.5	107.6	107.4	107.6	108.3	108.3	105.7	92.4	104.6

资料来源：《俄罗斯联邦统计年鉴》（2000 ~ 2012）。

蒙古国内经济高度集中在北部地区的乌兰巴托市、鄂尔浑省、色楞格省、库苏古尔省、苏赫巴托尔省（图 1-12、图 1-13）。

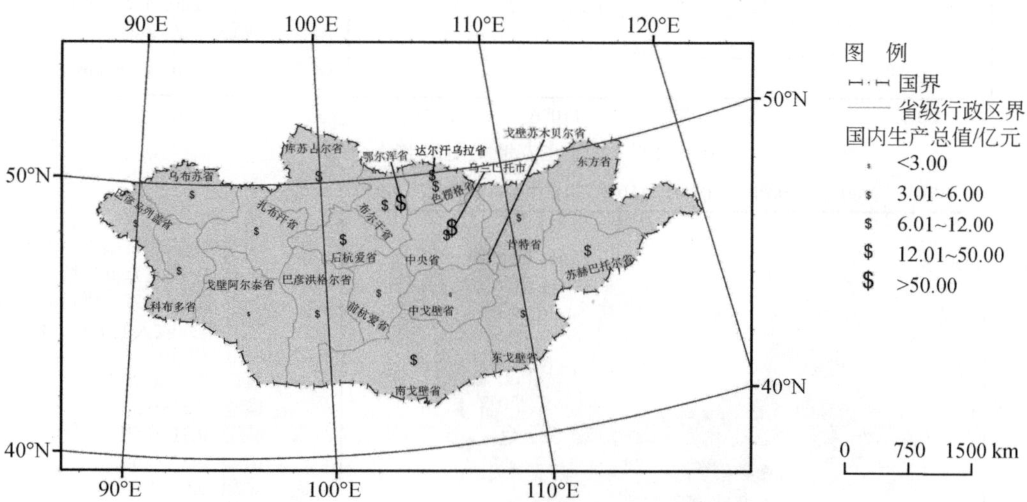

图 1-12　蒙古 GDP 空间分布

3）地区财政收入集中于区域经济中心。中国北方地区财政收入较高的主要分布于环渤海地区，山西、内蒙古呼包鄂资源富集区，以及西部关中地区、兰州、银川、西宁等黄河上游地区（图 1-14、图 1-15）。

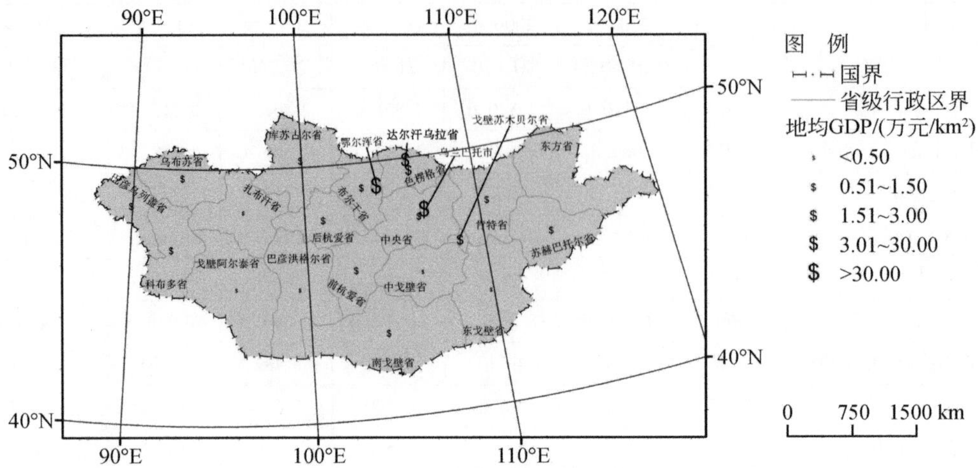

图 1-13　蒙古地均 GDP 空间分布

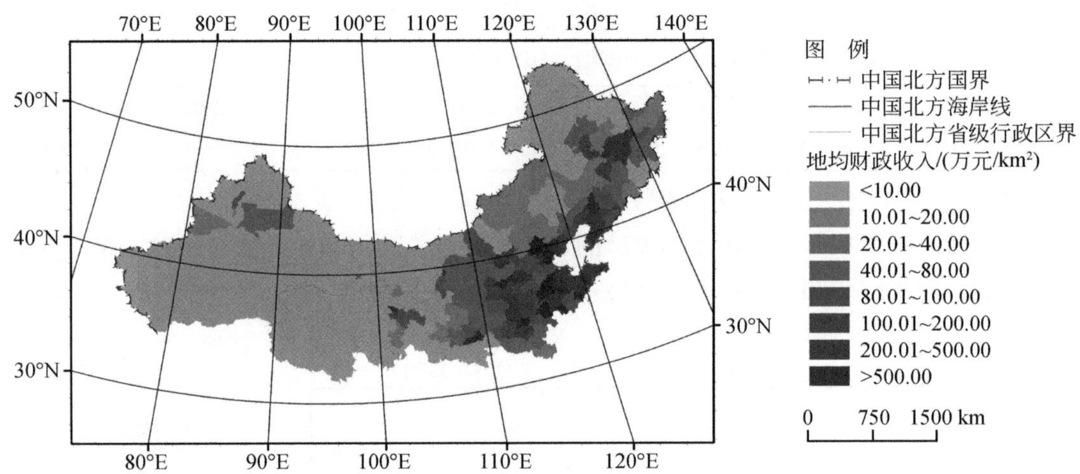

图 1-14　中国北方地均财政收入分布

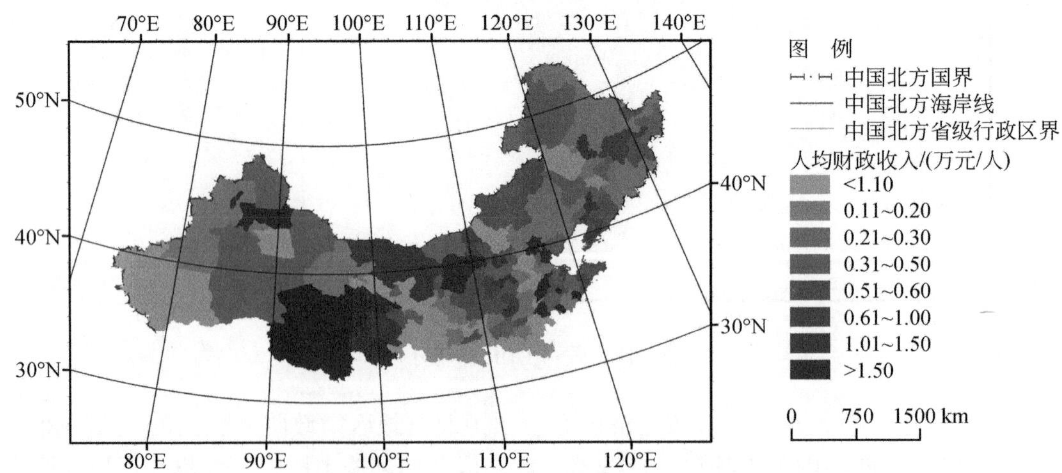

图 1-15　中国北方人均财政收入分布

蒙古财政收入高度集中于乌兰巴托市，2010 年乌兰巴托市财政收入在蒙古国 22 个省市中占 35%（图 1-16、图 1-17）。

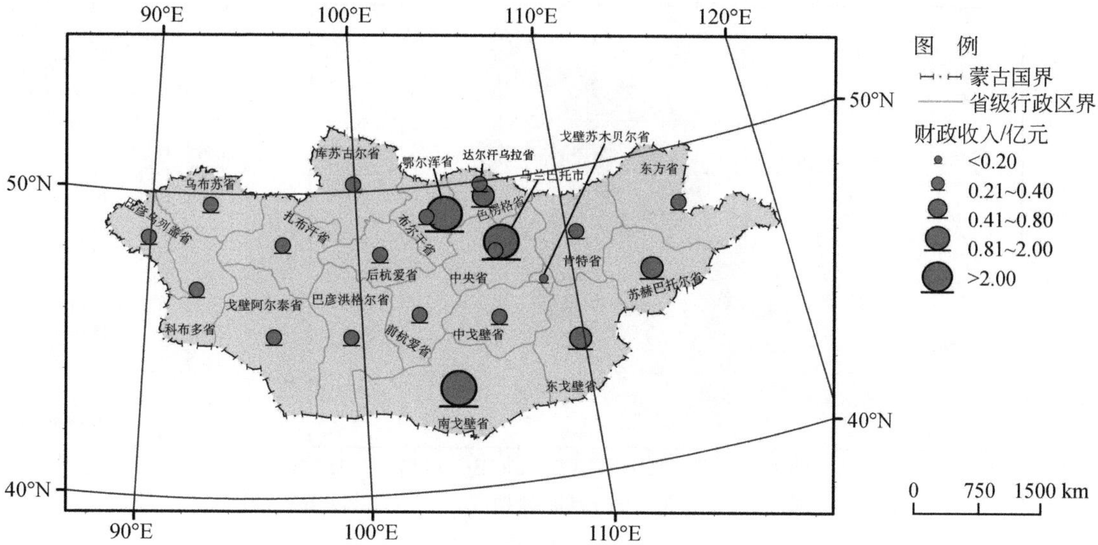

图 1-16　蒙古财政收入空间分布

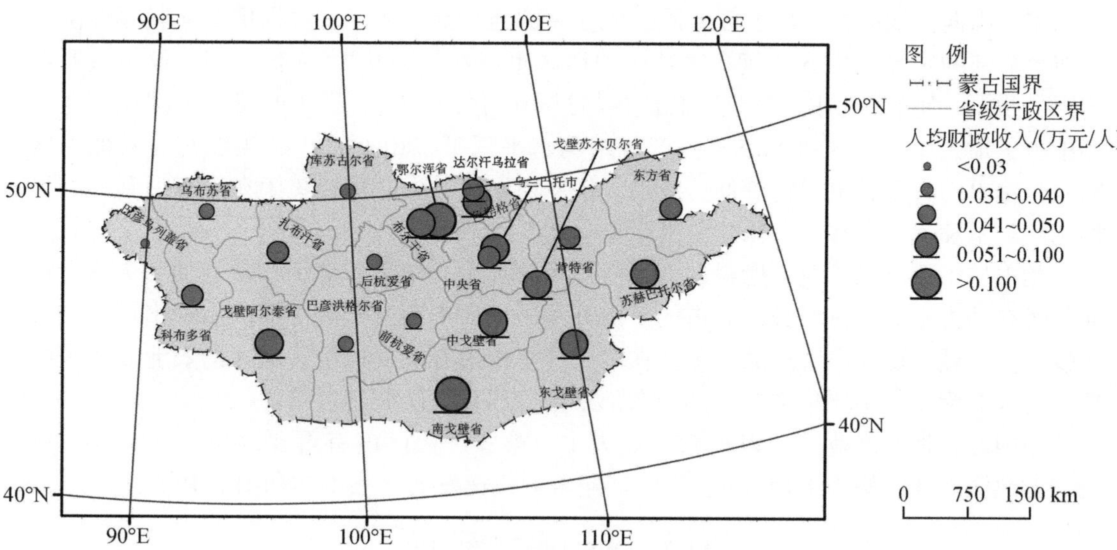

图 1-17　蒙古人均财政收入空间分布

4）劳动生产率地域差异明显。造成劳动生产率地区差异的原因：一是科学技术的区域差异。俄罗斯以及中国北京、天津等地区，科学技术水平、生产技术水平相对先进，劳动生产率也较高。二是与社会生产有关的资源禀赋的差异。中国呼包鄂和柴达木及俄罗斯东部人口稀少，是自然资源丰富的地区，劳动生产率也表现出较高的水平。

通过资金、技术与资源的空间优化，中国北方地区劳动生产率等存在巨大的提升空间（图 1-18）。

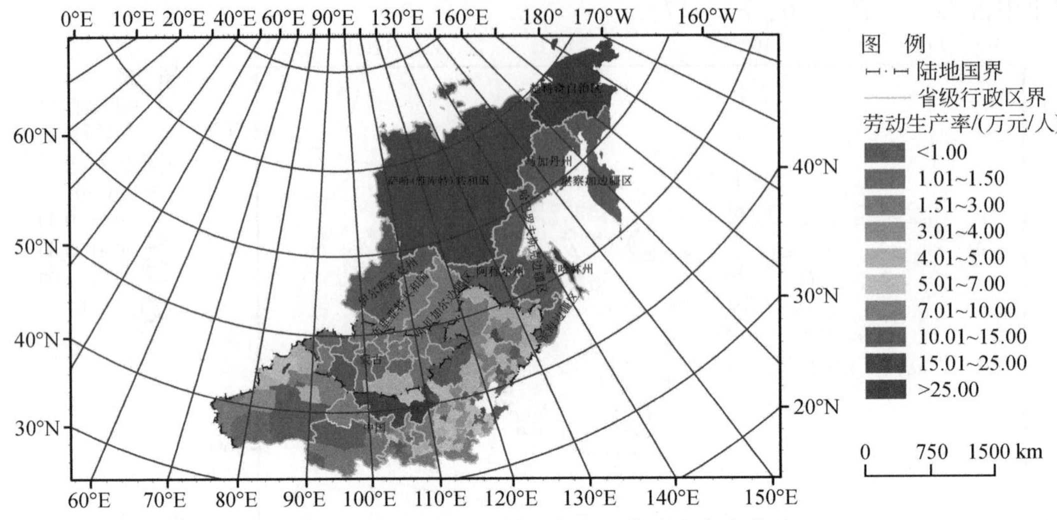

图 1-18 中国北方及其毗邻地区劳动生产率分布

(4) 国际间产业结构互补性突出

俄罗斯远东及外贝加尔地区经济规模处于较低水平。地区经济发展极大程度上依赖于国家境内西部地区，东部地区未能形成独立的经济部门体系，根据俄罗斯联邦经济发展与贸易部的统计，2006 年远东联邦区的地区生产总值为 942.59 亿卢布，仅占俄罗斯全国的 6%，而外贝加尔地区生产总值仅超过 100 亿卢布，而且矿产资源采掘在工业生产中占了很大比例，达到 44.8%。产业结构水平低下，80% 的产品从俄罗斯其他地区输入，输出的大多是原材料等低价产品。俄罗斯东部的农业主要集中在东西伯利亚的贝加尔湖沿岸和远东南部的阿穆尔河沿岸（表 1-5）。

蒙古的工业以采矿业、燃料动力工业、木材加工、纺织、缝纫、食品加工为主。矿业与燃料动力工业保持增长，蒙古的矿山开采、选矿产品占全部工业产品和出口产品的 50%。肉、乳、皮革等畜产品加工业在国民经济中占有重要地位。蒙古的农业以传统的草原畜牧业为主，主要集中在北部与东部地区，粮食无法实现自给。

中国北方地区产业结构以第二产业为主，第三产业已占有重要地位。2010 年，中国北方地区产业结构为 1∶5∶4，非农产业得到快速发展（表 1-7 和图 1-19）。

表 1-7 2010 年中国北方 GDP

地区	GDP 总量/亿元	第一产业		第二产业		第三产业	
		总量/亿元	占比/%	总量/亿元	占比/%	总量/亿元	占比/%
华北五省（自治区、直辖市）及山东、河南	109 693.39	9 516.94	8.8	55 684.03	50.76	44 492.42	40.56
西北五省（自治区）	18 368.31	2 271.21	12.4	9 052.14	49.28	7 044.96	38.35
东北三省	34 162.34	3 955.23	11.58	16 805.36	49.19	13 355.75	39.10
中国北方地区合计	162 178.04	15 743.38	9.7	81 541.53	50.28	64 893.13	40.00

资料来源：《中国统计年鉴 2011》.

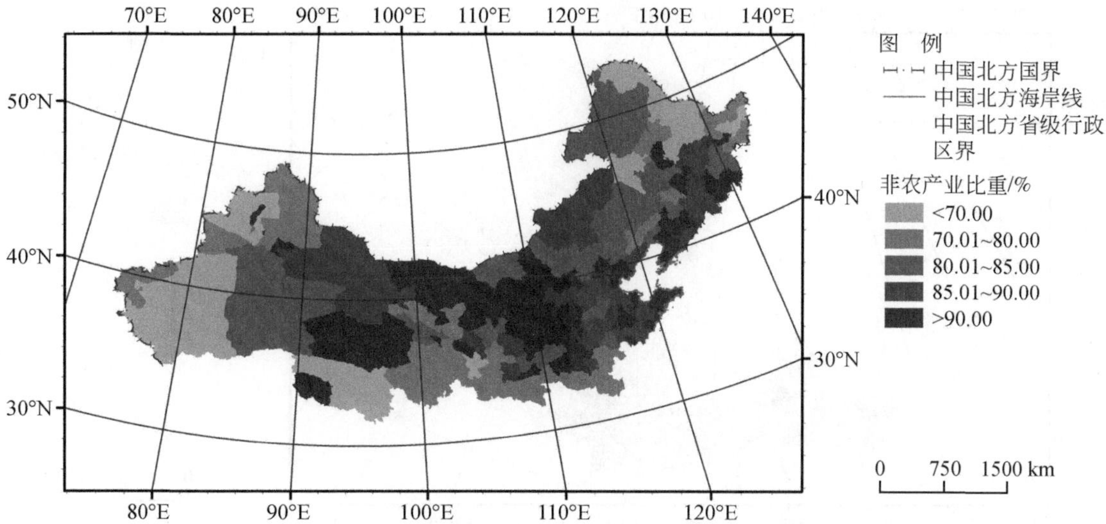

图 1-19　中国北方地区非农产业比重分布

1.2.1.2　农业经济地域分异与空间格局

（1）农业资源基础

1）土地资源条件。俄罗斯远东和西伯利亚地区土地面积为 4.2 亿 hm^2，但很大一部分地区位于北极圈内，农业用地面积为 6531 万 hm^2，还不到全部土地面积的 1/6，人均 2.4hm^2，占俄罗斯农业用地面积的 30% 左右。俄罗斯东部地区的土壤以草甸土和灰色森林土为主。

蒙古可利用土地面积为 1.56 亿 hm^2，其中，农牧业用地面积占 80%；森林面积占 10%；水域面积占 1%。蒙古北部的草原地带和乌兰巴托以北的暗栗钙土是蒙古最有利的农业土壤。

2）农业气候条件。俄罗斯东部地区热量资源总体不足，东西伯利亚和远东南部的年积温为 1500～2500℃。由于大西洋气团深入东西伯利亚地区后水分减少，该地区年降水量仅为 200～300mm，远东的太平洋沿岸地区因受海洋季风的影响降水增至 500～1000mm。

蒙古属典型的温带大陆性气候。冬季最低气温可至−40℃，夏季最高气温达 35℃。气温年较差大，气候干燥，降水量少，季节交替明显，冬季寒冷，夏季炎热。年辐射总量较高，一年日照天数有 250 天，较同纬度日照多 200～500h，对农作物的生长非常有利。降水很少，年平均降水量为 120～250mm，70% 集中在 7 月、8 月。西北部地区属温带针叶林气候，许多高山终年积雪。

中国华北地区雨热同期，可以满足多种作物生长期需求，因此农产品种类丰富。南部地区一年农作物可以有夏、秋两季收获。当然由于季风不稳定，造成水旱灾害频发，并且多暴雨。华北地区主要农业灾害有春旱、夏涝、春秋寒潮。

东北地区大部分位于中温带，年积温 1500～3700℃，年降水量 450～750mm。

西北地区具有典型的温带大陆性气候特征。为世界干旱区之一，具体表现为干旱少雨、降水变率大、日照强烈、温差大等气候特征（图 1-20、图 1-21）。

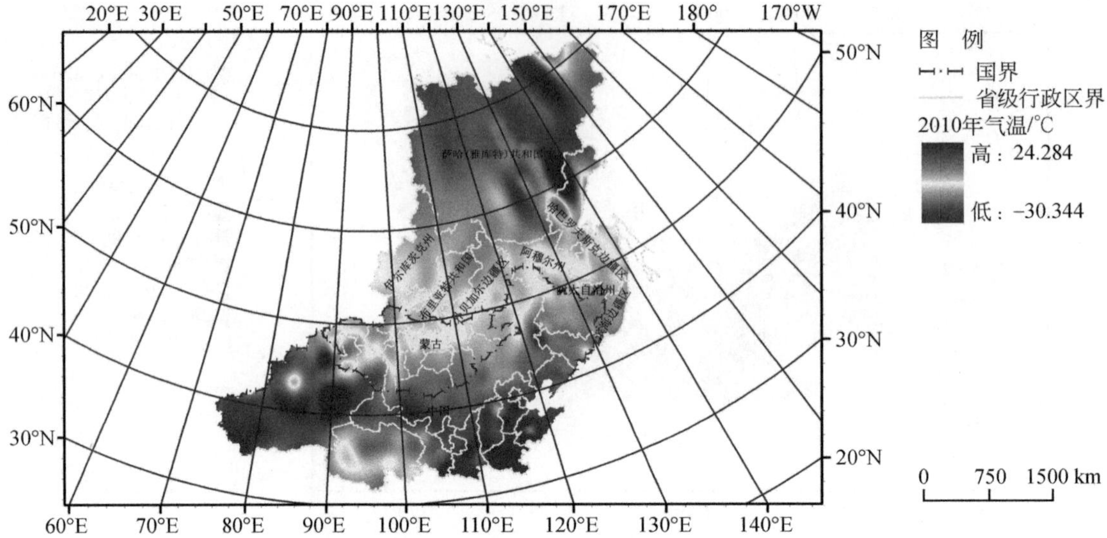

图 1-20　中国北方及其毗邻地区气温分布

3）水资源条件。考察区水资源空间差异巨大。俄蒙两国地广人稀，经济总量较小，水资源相对丰富。中国北方地区气候较干旱，人口稠密，工农业发达，水资源尤其是按人均计严重不足。

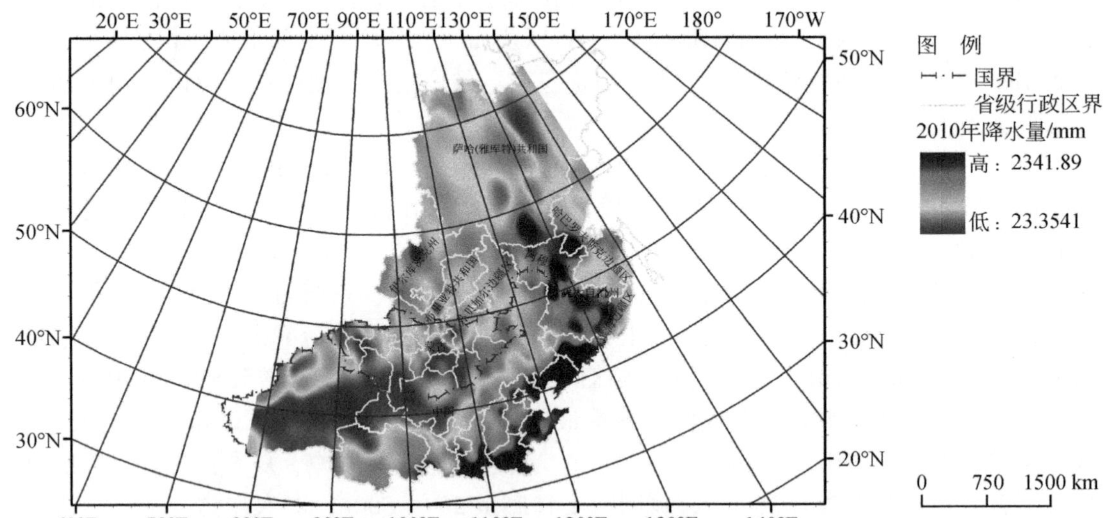

图 1-21　中国北方及其毗邻地区 2010 年降水量分布

俄罗斯水资源开发程度低，开发潜力大。俄罗斯的水资源大多分布在东西伯利亚和远东地区，水资源非常可观，由于人口稀少，开发较晚，水资源的利用率很低。远东及东西伯利亚叶尼塞河、勒拿河等河流流量占全俄 30% ~40% 。域内大小湖泊 10 万多个，水资源总量富足。世界上最深、容量最大的淡水湖贝加尔湖 23. 6 万亿 m^3 的水资源，占全球地表淡水总量的 20% 。

蒙古水资源人均量相对丰富。资源总量为 1920 亿 m^3，人均水资源近 8 万 m^3，远高于世界平均水平。水资源分布极不均匀，绝大多数集中在东部地区的北冰洋水系和太平洋水系河流。蒙古境内共有河流 3800 条，河流总长 6.7 万 km，平均年径流量为 390 亿 m^3，其中 88% 为内流河。蒙古湖泊水资源量达 1800 亿 m^3，地下水资源量为 120 亿 m^3。

中国东北水资源相对贫乏，开发利用率为 33.3%，属于中高地区。多年平均水资源总量 1990 亿 t，地表径流总量约为 1500 亿 m^3。水资源不到全国水资源总量的 5%，空间分布极不均衡。

西北五省（自治区）为全国严重缺水的区域之一。多年平均水资源总量 2786 亿 m^3，仅为全国的 9.95%，截至 2010 年年末，水资源人均占有量为 4140.1m^3。

（2）种植业

考察区种植业播种面积主要集中在俄罗斯贝加尔湖以南和阿穆尔河沿岸地区，蒙古色楞格河流域和中国北方的东北与华北广大地区（图 1-22）。

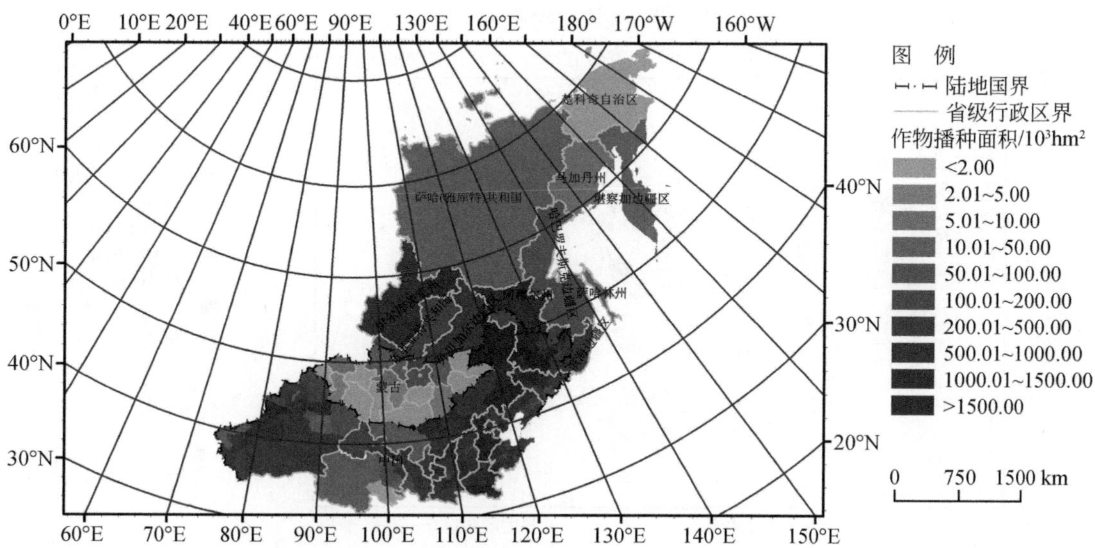

图 1-22　中国北方及其毗邻地区作物播种面积分布

俄罗斯远东和西伯利亚耕地面积为 3218 万 hm^2，人均 1.2hm^2，占该地区农业用地面积的 49%，占俄罗斯耕地面积的 25%。俄罗斯东部地区主要农业产品是小麦、黑麦、燕麦和马铃薯等旱地作物。

蒙古有耕地 135.3 万 hm^2，约占全国土地面积的 0.86%。谷物播种面积占耕地面积的 80%，分布在中央省、色楞格省、布尔干省等乌兰巴托以北地区。耕地集中在鄂尔浑－色楞格河谷、色楞格河流域、杭爱－肯特山区的河流谷地及东戈壁省河谷，众多的河流水系为农业发展提供了良好的灌溉条件（图 1-23 ~ 图 1-25）。

蒙古种植业产值占蒙古农业总产值的 13%，主要有粮食类、蔬菜类作物。谷物以小麦为主，播种面积占一半，另有大麦、燕麦和少量的黑麦、黍子。蔬菜品种以马铃薯为主，以及白菜、油菜、胡萝卜、蔓菁、黄瓜、西红柿、芹菜、西瓜等。

中国北方地区耕地 6299 万 hm^2，华北五省（自治区、直辖市）3210 万 hm^2，西北五省（自治区）1167 万 hm^2，东北三省 2355 万 hm^2。

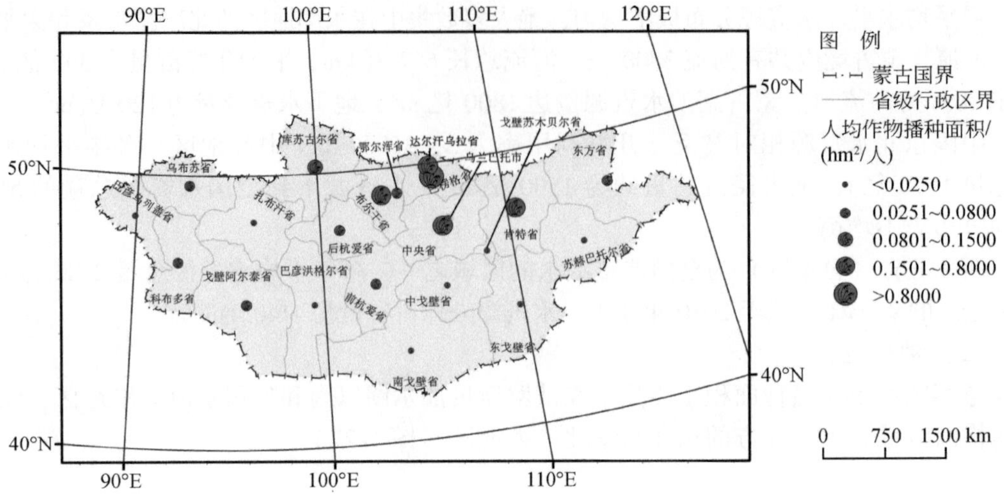

图 1-23　蒙古人均作物播种面积空间分布

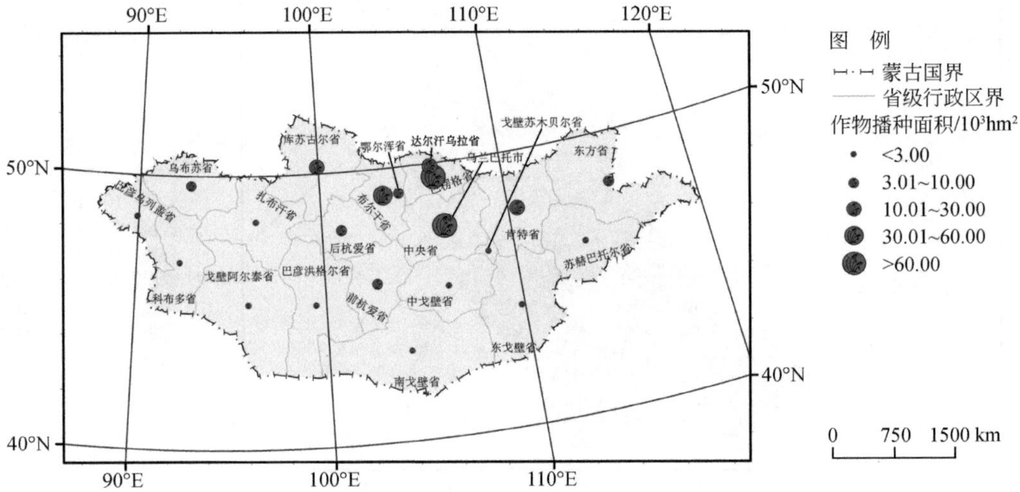

图 1-24　蒙古作物播种面积分布

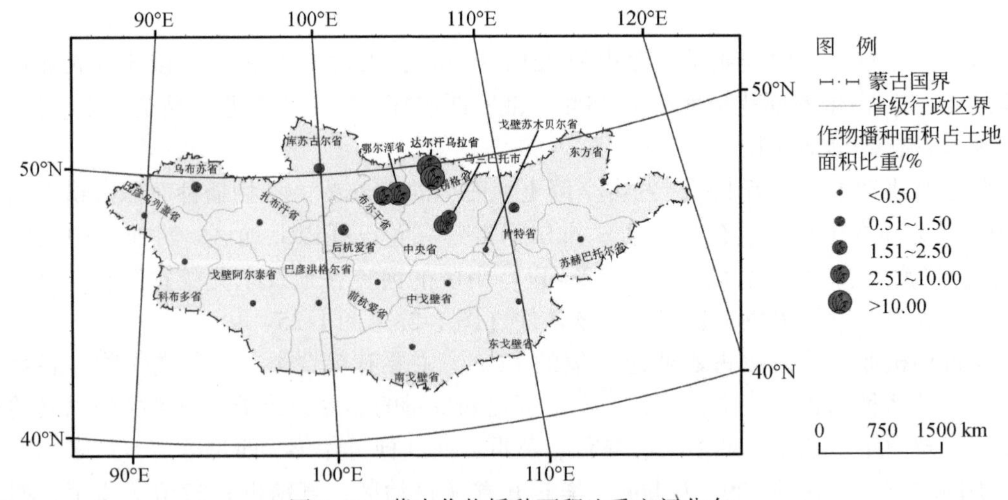

图 1-25　蒙古作物播种面积比重空间分布

华北、东北地区是重要的农作物产区，对国民经济发展具有举足轻重的作用。华北和东北地区粮食产量在全国粮食总产中的比重逐年增加。西北种植业主要分布在有河水、高山冰雪融水或地下水可以灌溉的平原地区，发展以宁夏和新疆为典型区域代表的灌溉农业和绿洲农业等特色农业类型。2010 年该区粮食总产量 3752.4 万 t，占全国的 6.9%（图 1-26、图 1-27）。

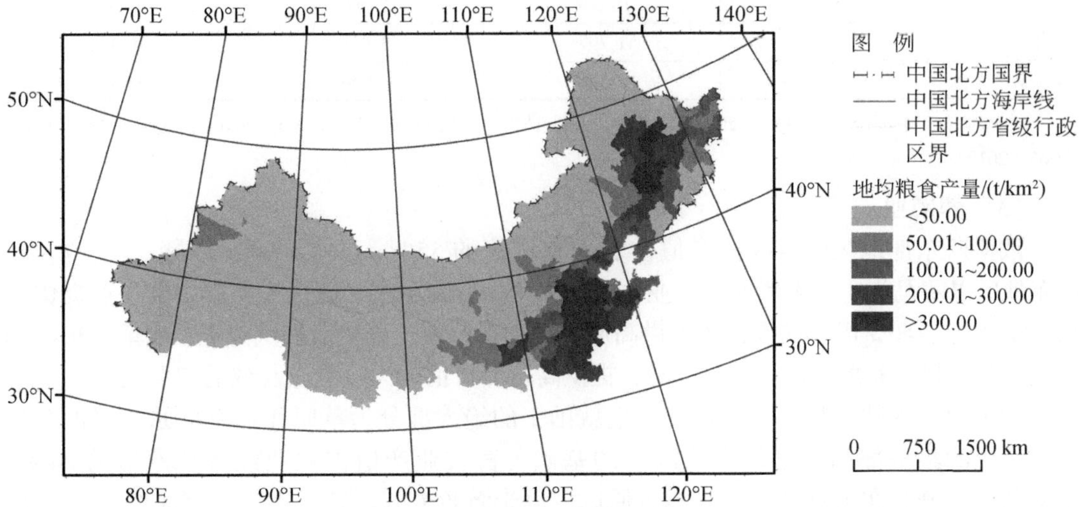

图 1-26　中国北方地均粮食产量分布

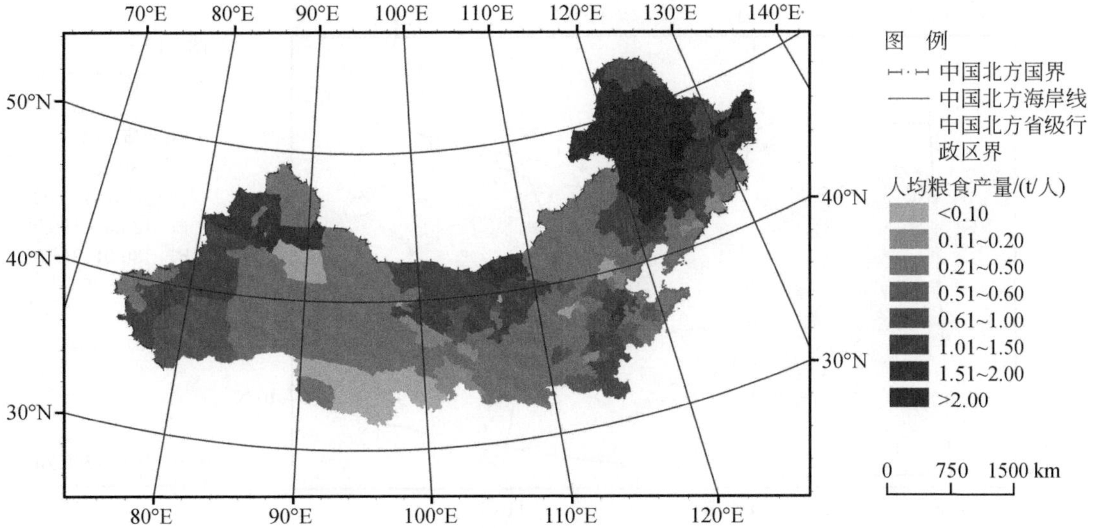

图 1-27　中国北方人均粮食产量分布

2005 年、2010 年考察区播种面积与变化情况见表 1-8。

表 1-8　2005 年、2010 年播种面积与变化情况

国家/地区	播种面积/10^3 hm²		2005 ~ 2010 年年增长率/%
	2005 年	2010 年	
中国华北五省（自治区、直辖市）及山东、河南	44 494	46 069	0.7
西北五省（自治区）	12 147	13 408	2.0
东北三省	15 044	20 675	6.6
蒙古	1 797	1 925	1.4
俄罗斯考察区	2 346	3 954	11.0

资料来源：《中国统计年鉴》（2006 ~ 2011），《俄罗斯联邦统计年鉴》（2005、2010），《蒙古统计年鉴》（2005、2010）。

（3）养殖业

俄罗斯东部地区的畜牧业产值占农业总产值的 55%，主要饲养牛、猪、羊、禽类，远东地区以养马为主。俄罗斯以工业化大型养殖企业养殖牛、猪为主，其中养牛业提供市场 98% 的奶，40% 以上的肉，还提供高质量的皮革原料。养猪业提供肉类、皮革、猪鬃和其他轻工原料。养禽业作用日渐提高，提供高营养价值的肉、蛋以及绒毛和羽毛。

蒙古地处内陆，特殊的气候环境造就国土的绝大部分为草原和荒漠草原。蒙古畜牧业是传统的经济部门，也是国民经济的基础，畜牧业产值占农业经济总产值的 84%。畜群的 1/3 分布在水草丰富的森林草原区，以半游牧方式经营，占农畜产品的 40%，草原区是以饲养绵羊、马为主的草地畜牧业，占蒙古畜群的 1/2。戈壁荒漠区以养绵羊、骆驼、山羊业为主的草地畜牧业，只在绿洲经营少量的种植农业（图 1-28、图 1-29）。

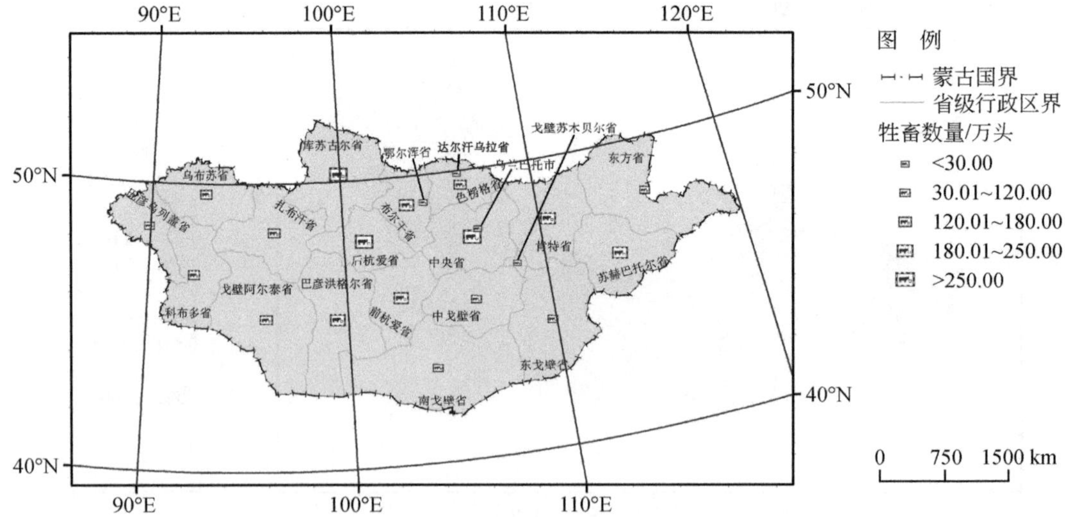

图 1-28　蒙古牲畜数空间分布

中国北方地区为全国重要的畜牧业基地，拥有广阔的草原与山地牧场，现代养殖业也有较大发展，提供大量的肉、奶和毛皮等畜牧产品，并促进毛纺织和畜产品加工工业的发展。中国北方畜牧业肉产量相对集中在华北、东北农业较为发达地区（图 1-30、图 1-31）。

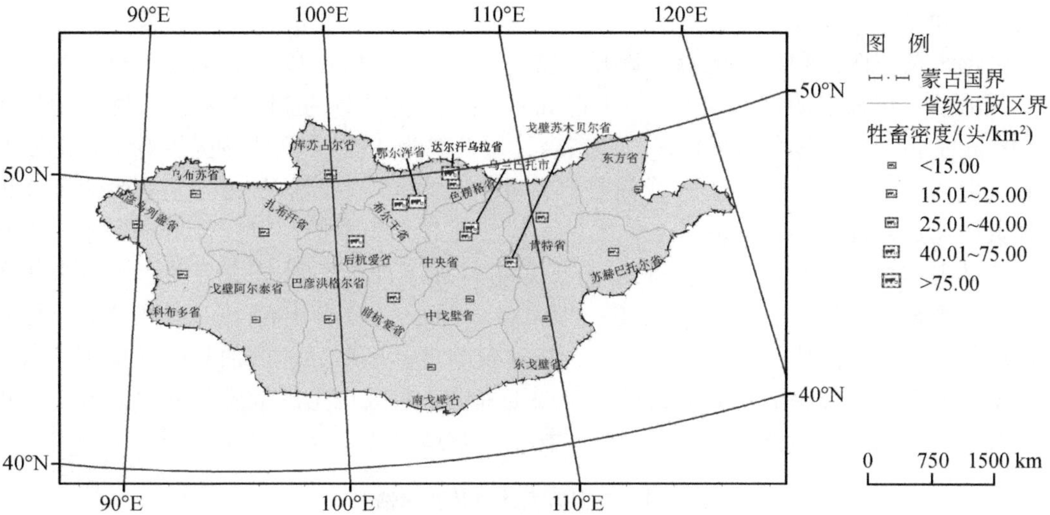

图 1-29　蒙古牲畜密度空间分布

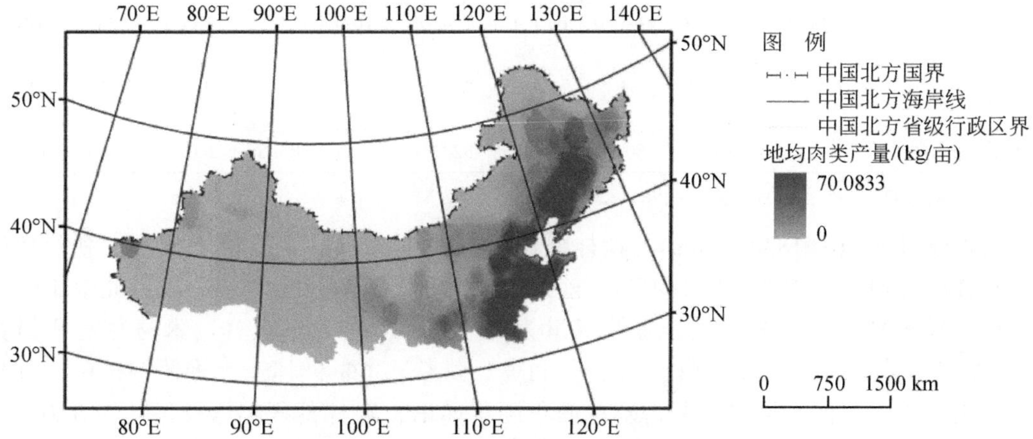

图 1-30　中国北方地均肉类产量分布

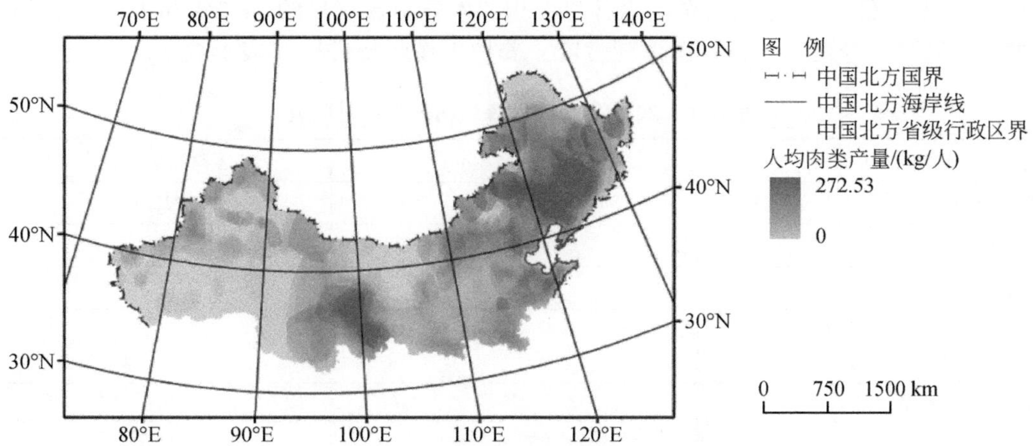

图 1-31　中国北方人均肉类产量分布

（4）林业

俄远东及东西伯利亚地区森林资源丰富。西伯利亚 70°N 以南的绝大部分地区是森林草原地带。森林资源面积共计 7.64 亿 hm^2，占全俄罗斯的 71.38%；木材蓄积量为 707 亿 m^3，占全俄罗斯的 68.82%。远东森林覆盖率为 45%。虽然该区拥有丰富的森林资源，但利用率很低，实际年采伐量最高都不超过许可采伐量的 20%。东西伯利亚的森林资源比远东地区丰富，但远东的木材采伐量却高于东西伯利亚。俄罗斯远东成熟林和过熟林占木材蓄积量的 70% 左右。由于受木材加工能力、设备、劳动力和资金等条件所限，木材的出口一直以原木为主。2010 年，俄罗斯政府出台了一系列政策，促进出口产品由资源型向成品型转变。目前，在远东的乌苏里斯克、西伯利亚的伊尔库茨克和托木斯克都有中方企业建立的大型木材加工基地。较大比重的成熟林和过熟林，使俄远东及东西伯利亚成为世界最具潜力的木材生产基地（表 1-9）。

表 1-9　俄罗斯森林资源变化情况

森林资源	1983 年	1988 年	1993 年	1998 年	2003 年	2008 年	2009 年	2010 年	2011 年	2012 年
林地面积/$10^6 hm^2$	1187.7	1182.6	1180.9	1178.6	1179.0	1181.9	1182.9	1183.7	1183.3	1183.4
其中：森林覆盖面积/$10^6 hm^2$	766.6	771.1	763.5	774.3	776.1	796.2	797.0	797.5	797.1	796.8
木材蓄积量/$10^9 m^3$	81.9	81.6	80.7	81.9	82.1	83.3	83.6	83.5	83.4	83.1

资料来源：《俄罗斯联邦统计年鉴》（1983～2012）。

蒙古森林面积为 1830 万 hm^2，森林覆盖率为 10%。森林主要位于东西伯利延伸的原始森林南部边缘，肯特、库苏古尔、前杭爱、后杭爱和阿尔泰等省的蒙古北部山区地带，以生长缓慢的针叶林为主，总储藏量为 14 亿 m^3，多为过熟林。木材总蓄积量为 12.7 亿 m^3，其中落叶松占 72%、雪松占 11%、红松占 6%，其余为桦树、杨树、红杨树等。由于得力的保护措施，蒙古森林面积逐年递增，森林蓄积年增长量达 560 万 m^3，对遏制土地沙化、调节脆弱的草原生态环境意义重大。

中国东北是东北亚另一处森林资源较为丰富的地区，森林面积 5434.4 万 hm^2，林木蓄积量 35.7 亿 m^3，分别占全国森林总面积和木材总蓄积量的 34.2% 和 31.7%，但由于多年的高强度开发，森林资源消耗过度，养护工作亟待进行（表 1-10）。

表 1-10　2010 年考察区森林面积与木材储量

考察区	森林面积/万 hm^2	木材储量/亿 m^3
俄罗斯远东	31 600	223.1
西伯利亚	44 800	483.9
蒙古	1 530	12.7
中国华北五省（自治区、直辖市）及山东、河南	2 922	25
西北五省（自治区）	225	8.8
东北三省	5 434.4	35.7
考察区合计	85 470	790.5

资料来源：《俄罗斯联邦统计年鉴 2010》、《中国统计年鉴 2011》、《蒙古统计年鉴 2010》。

(5) 渔业

俄罗斯丰富的渔业资源主要集中在海岸线长达 1.77 万 km 的远东地区，其所濒临的日本海、鄂霍次克海和白令海因地处暖、寒流交汇处，海水中营养盐类和浮游生物充足，鱼类资源十分丰富。远东海域 20n mile① 的水域内有鱼类和海产品资源近 3000 万 t。该海域渔业资源密度大、品种多，集中太平洋大陆架近 17% 的生物资源储量。内地的渔业资源主要集中在黑龙江（阿穆尔河）及包括贝加尔湖在内的众多湖泊中。

远东海域是俄罗斯最重要的捕鱼区，捕鱼区域逐年递增。年捕鱼量达 300 万 t 左右，捕鱼量占俄罗斯捕鱼总量的近 65%，海洋鱼量占全俄海洋总鱼量的 90% 以上。远东鱼类及其他海产品捕捞量的 66% 以上是边捕捞边加工，其中滨海边疆区的捕捞量几乎占远东鱼类和海产品总量的一半。远东地区鱼类及其他海产品罐头食品 2005 年的产量达到 20 650 万罐，楚科奇自治区鲜鱼和冻鱼的出口比例达 98.98%，居全俄之首。此外，勒拿河、亚纳河、克雷姆河和伊吉格勒克河等在全俄罗斯的河流捕鱼业中意义重大，贝加尔湖的年捕鱼量约 3000t。

1.2.1.3　工业经济地域分异与空间格局

(1) 能源工业

1）电力工业。俄罗斯东西伯利亚和远东可用于经济开发的水能资源为 8593 亿 kW · h/a，但该地区水力资源的利用率却只有 8%。东西伯利亚和远东的平均年取水量中工业用水约为 63 亿 m^3，占全部取水量的 55%。

俄罗斯发电量达 1 万亿 kW · h 以上，其中西伯利亚和远东地区电力大量过剩（图 1-32）。俄罗斯的水库和水利工程建设比较发达，最大的水电站是建在叶尼塞河上的萨扬舒申斯克水电站，装机容量为 640 万 kW。

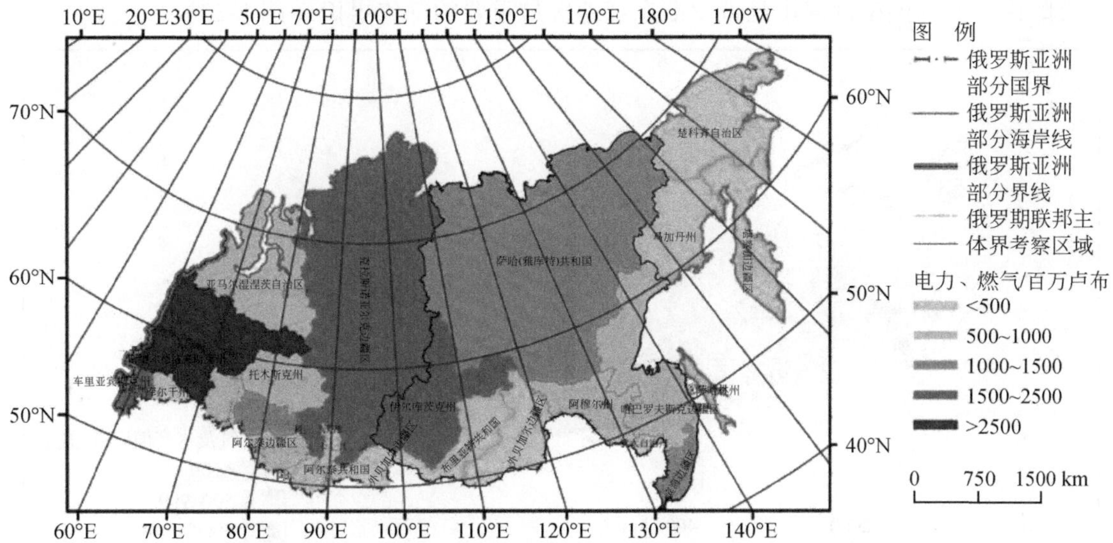

图 1-32　俄罗斯亚洲部分电力、燃气分布

① 1n mile = 1.852km。

2）石油天然气工业。远东沿海大陆架蕴藏着约 290 亿 t 碳氢化合物。

东西伯利亚及远东地区的油气开采量较小。2010 年石油产量为 2289 万 t，仅占全俄石油总产量的 4.6%。天然气产量为 223 亿 m^3，仅占全俄天然气产量的 3.8%。东西伯利亚的油气生产主要在克拉斯诺亚尔斯克边疆区和伊尔库茨克州，远东地区的油气产地主要是萨哈（雅库特）共和国和萨哈林州，其中远东天然气产量的 77.1% 集中在萨哈林大陆架上。

2010 年，伊尔库茨克州、萨哈（雅库特）共和国和克拉斯诺亚尔斯克边疆区天然气年度总开采量达到 300 亿 m^3。科维克塔气田进行工业开发，萨哈林大陆架的天然气开采量增长到 200 亿 m^3；东西伯利亚和远东地区的天然气开采量增长到 200 亿 m^3；到 2020 年，将达到 1400 亿 m^3；到 2030 年将增长到 1500 亿 m^3。

蒙古的油气资源探明储量较少，但勘探前景广阔。油气资源主要分布在东方省、东戈壁省、中央省和肯特省。中国东北三省的天然气资源占全国总量的 1/10 以上。东北地区 70% 以上的石油来自黑龙江。该省的石油和天然气产值为 1103.97 亿元，占全国同行业的 39.71%。

3）煤炭工业。俄罗斯东部地区煤炭资源探明储量 1300 亿 t，资源开发程度极低，储采比大于 500。远东煤炭探明储量的 42% 分布在萨哈（雅库特）共和国。东西伯利亚的煤炭主要集中在克拉斯诺亚尔斯克边疆区、伊尔库茨克州和贝阿铁路沿线地区。

东西伯利亚及远东 2008 年的煤炭总产量约为 11 833 万 t。其中，东西伯利亚占 72.7%。东西伯利亚的煤炭生产集中在克拉斯诺亚尔斯克边疆区、伊尔库茨克州和外贝加尔边疆区。“克拉斯诺亚尔斯克煤炭” 中心区每年开采煤炭约 6000 万 t。萨哈（雅库特）共和国、滨海边疆区和阿穆尔州是远东的主要产煤区，煤炭产量约占远东煤产量的 80%。其中，萨哈（雅库特）共和国是远东最大的产煤区，2008 年产煤 810 万 t。萨哈（雅库特）共和国南部煤田是俄罗斯东部地区最重要的炼焦煤田（图 1-33）。

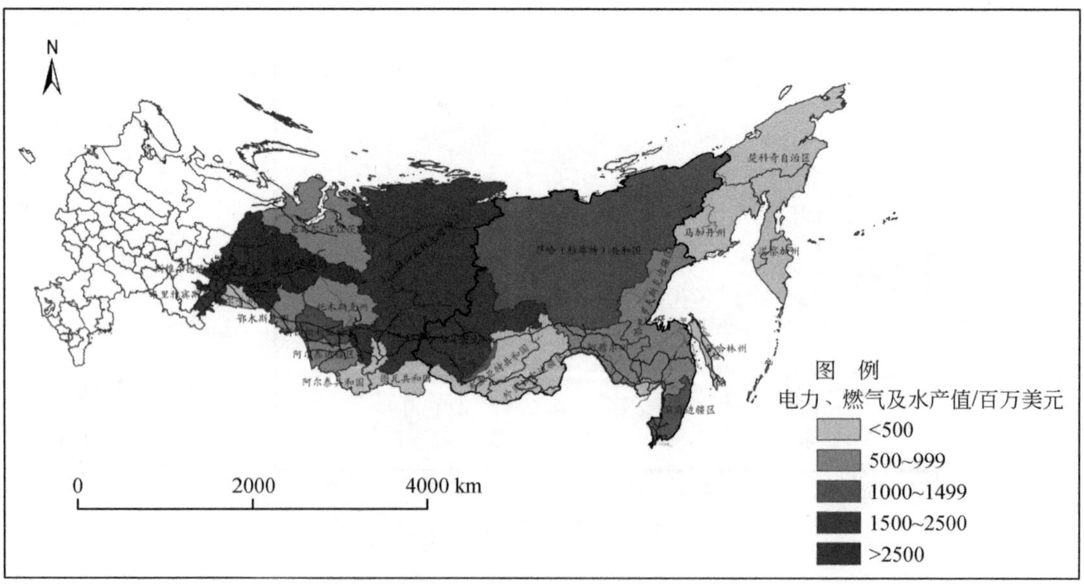

图 1-33　俄罗斯东部地区电力、燃气及水产值

蒙古煤炭的年产量呈逐年增高之势，2005 年、2006 年和 2007 年的年产量分别为 825 万 t、788 万 t 和 956 万 t。蒙古煤炭大量出口。

蒙古煤炭探明储量为 500 亿 t。其特点是储量多、分布广，可露天开采，成本低，主要分布于塔本陶勒盖、纳林苏海特、乌兰鄂博、特布饮戈壁等地区。其中，塔本陶勒盖焦煤矿为世界最大的焦煤矿，储藏量为 64 亿 t，距中蒙边界甘其毛都口岸 190km。纳林苏海特煤田煤质量好、储量大，距中蒙边境 40km，距内蒙古自治区额济纳旗达来呼布镇附近的铁路支线 175km。

中国北方地区是我国煤炭资源主要分布地区，煤炭探明储量在 1000 亿 t 以上（表 1-11）。

表 1-11 中国北方地区各省级行政区煤炭基础储量 （单位：亿 t）

省级行政区	山西	新疆	内蒙古	甘肃	陕西	宁夏	河南
储量	906.8	156.53	460.1	32.69	104.38	38.47	89.55
省级行政区	河北	山东	黑龙江	辽宁	吉林	北京	天津
储量	39.41	78.78	61.38	28.33	10.03	3.83	2.97

资料来源：《中国统计年鉴 2014》。

（2）采矿工业

俄罗斯亚洲部分采矿业主要集中在乌拉尔地区。东西伯利亚及远东地区库页岛与萨哈（雅库特）共和国采矿业相对发达。远东是俄罗斯最大的锡矿石产地，全俄 95% 的锡矿资源钨矿集中在这里，已探明 183 座可供工业开采的矿山。俄罗斯几乎 1/4 的铝生产都在贝加尔地区。该区有两大铝厂——布拉茨克铝厂和伊尔库茨克铝厂（图 1-34）。

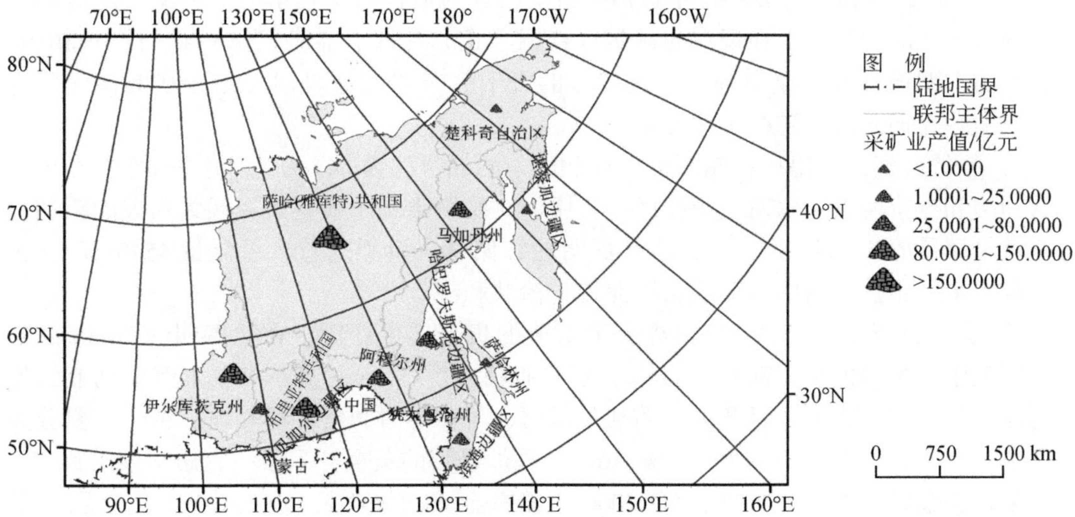

图 1-34 俄罗斯考察区采矿业分布

蒙古的矿业开发规模有限，已探明储量但尚未进行开采的矿床有很多。矿产品总值分别约占国内生产总值、总工业产值的 30%、72%，矿产品占出口总额的一半以上。蒙古一些大中型有色金属和黄金矿山正在建设之中，部分金属矿山即将投入使用，铜、铅锌和黄金等金属矿产的产量都将有大幅度增加，矿产品出口量也会随之大幅增长。铁木尔特泰敖包的混合金属大型矿与中国合作，位于苏赫巴托省首府西乌尔特市附近，以锌、铅矿石国外出口为主。

1）黑色金属矿。俄罗斯远东和东西伯利亚铁矿的储量约为120亿t，东西伯利亚拥有75%的储量，集中分布于克拉斯诺亚尔斯克边疆区、伊尔库茨克和外贝加尔边疆区，阿尔丹、恰拉-托克和奥缪马克是远东的主要分布地。远东地区已探明的铁矿石储量为44亿t，约占全俄储量的8%～10%。萨哈（雅库特）共和国和哈巴罗夫斯克边疆区还有炼钢所需要的锰，而且储量达640万t。远东钨矿资源占全俄储量的24%，已探明可供工业开采的钨矿和含钨矿矿山有55处。

蒙古铁探明储量约有20亿t，多分布在蒙古东部的苏赫巴托尔省和色楞格省，以靠近铁路沿线的图木尔陶勒盖、特木尔台和巴彦高勒最为集中。

2）铜矿资源。俄罗斯东部的铜矿主要集中在东西伯利亚，储量占全俄的62.6%，约有5527万t，分布在外贝加尔边疆区东北部和克拉斯诺亚尔斯克边疆区北部，远东南部地区也有少量的分布。东西伯利亚是铜的主要产地，外贝加尔边疆区的乌多坎是全俄最大的铜矿产地。

蒙古铜储藏量约800万t，主要分布在三大金属成矿带，其中东部地区的铜集中在东戈壁省的查干苏布日嘎大型斑岩型铜（铝）矿区，该矿区铜矿储量在1000万t左右。蒙古额尔登特铜钼矿已列入世界十大铜钼矿，居亚洲之首。蒙古的铜矿开发已粗具规模，开采量居世界第13位，铜精粉出口占全国出口总值的50%，其产值占蒙古GDP的25%。2006年蒙古生产了13.11万t铜和铜精粉，占世界总产量（1540万t）的0.8%。额尔登特铜钼选矿联合企业是蒙古最大的铜工业企业，也是为世界十大优秀企业之一，平均年产35万t铜矿石，4000t左右钼矿石，已成为蒙古的工业中心。南戈壁地区的奥尤陶勒盖生产能力基本上和现在的额尔登特铜（钼）矿联合企业开采的矿石产量相当，成为新的大型铜、金工业中心。东戈壁省的查干苏布尔加斑岩铜（钼）矿和南戈壁省的奥云陶勒盖铜矿尚未进行正式开采。

3）铅锌矿资源。铅矿在东西伯利亚和远东的储量约为644万t，集中分布在布里亚特共和国和克拉斯诺亚尔斯克边疆区。其中，克拉斯诺亚尔斯克边疆区戈列夫的铅储量占全俄总储量的40%以上。俄罗斯已探明的锌储量居世界之首，总储量4540万t。其中，近一半分布在东西伯利亚的布里亚特自治共和国。

4）贵金属资源。俄罗斯是世界上最重要的贵金属生产国，在已探明约7000t的黄金总储量中，东西伯利亚拥有37.8%，远东拥有43.9%，主要分布在东西伯利亚的维季姆河、外贝加尔边疆区以及远东的阿尔丹河、科雷马河和楚科奇等地。黄金主要分布在远东地区，2005年的开采量为79 356kg，马加丹州的黄金开采量一直居全俄之首。

蒙古贵金属资源量银7000t、金3000t。蒙古金矿采掘业是采矿业的一个主要部门，分布于杭爱、肯特、蒙古-阿尔泰山脉，其中肯特金矿开采的黄金占蒙古的80%。采金业成为蒙古发展最快的行业。

5）萤石。东西伯利亚和远东萤石的探明总储量为1670万t，其中有1200万t集中在远东的滨海边疆区。

蒙古萤石储量在世界居重要地位，萤石蕴藏量约800万t，集中分布在克鲁伦北部的布尔矿、南部的包如温都尔附近地区。蒙古是世界第五大萤石生产国，其萤石的储量和生产都集中分布在东部地区的肯特省和东戈壁省，博尔温都尔矿是蒙古最大的萤石生产基地，年产 50 万 t。2006 年蒙古东部地区的萤石粉产量为 35 万 t，占全球萤石总产量（533 万 t）的 6.6%。

6）金刚石与石墨。俄罗斯金刚石主要分布在远东的萨哈（雅库特）共和国，集中了俄罗斯 84.1% 的金刚石资源，商品金刚石生产的 99.8% 都集中在此。石墨则主要分布在伊尔库茨克、哈巴罗夫斯克边疆区和滨海边疆区。

（3）加工业

俄罗斯亚洲部分加工业基本沿西伯利亚铁路沿线分布，发展水平基本也呈现西高东低的总体变化趋势（图 1-35）。东西伯利亚与远东地区加工业以伊尔库茨克州与太平洋沿岸区为中心，其他广阔的地域内加工业处于相对落后的水平。俄罗斯工业生产下降的时期，远东及外贝加尔地区的下降幅度高于全俄平均水平，各种法律、金融、信息、制度等有关加工业发展的软环境发展滞后，缺乏具备市场竞争力的工业产品，产业工人不断流向俄罗斯西部。

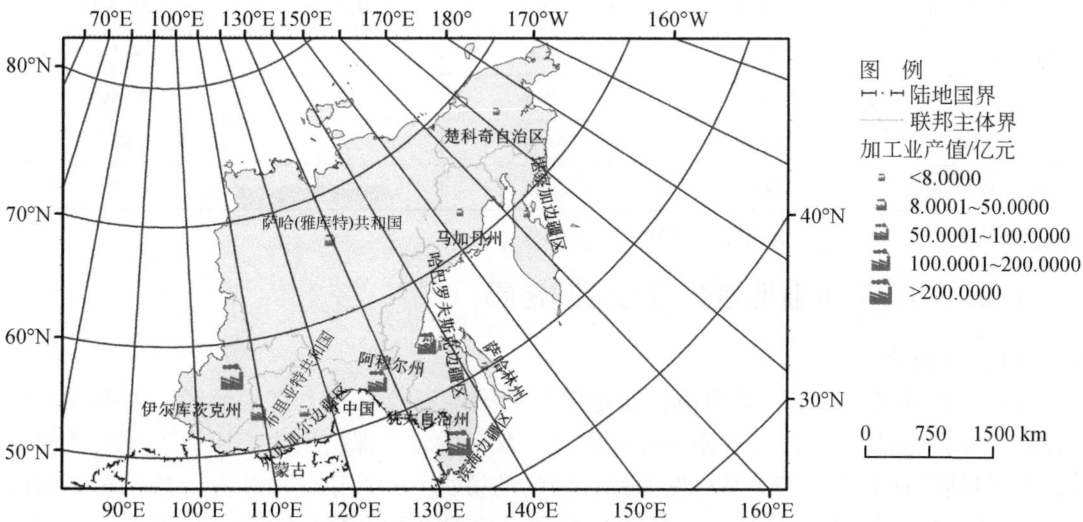

图 1-35　俄罗斯考察区加工业分布

森林工业是东西伯利亚与远东的重要支柱产业。据俄罗斯专家估测，保持远东森林资源不至枯竭的年许可森林采伐量为 1.072 亿 m^3，而 2005 年远东计算采伐量利用率只有 22%，萨哈（雅库特）共和国的利用率仅为 1.8%。在东西伯利亚建有多家大型的森林工业综合体，对木材进行深加工。主要锯木厂分布在列索西伯尔斯克、伊卡尔卡等地。化学综合加工企业主要有克拉斯诺亚尔斯克纸浆厂、贝加尔纸浆厂、色楞格纸浆厂等。其中，乌斯季伊利姆斯克、贝加尔、布拉茨克等森林工业综合体包括木材原料厂、木材水解厂、刨花板厂、木材综合加工厂等，组成完整的大型木材综合加工生产体系。伊尔库茨克州森林利用量占俄罗斯第一位，木材采伐几近东西伯利亚木材产量的一半，被采伐的木材有 67% 用于再加工，28.8% 的原木出口，人均出口木材的数量超过俄罗斯平均指数的 5 倍。伊尔库茨克州 15.9% 的商品是由木材综合体生产的，占俄罗斯联邦硬纸板生产的 11%、纸浆生产的 51%。

远东的森林工业主要集中于远东南部地区，有许多大型木材综合加工企业，生产锯材、刨花板、家具、纸浆等。远东在全俄木材和林产品出口中占有相当大的比重。

蒙古工业发展还处于初级阶段。工业以轻工、食品、采矿和燃料动力工业为主，工业发展方向主要是能源和矿产业，以资源密集型企业为主，产业结构层次较低，深加工也十分薄弱。而且蒙古基础设施落后，远没有形成支撑大量生产与出口矿产品的有效支持体系。近年来，蒙古凭借畜牧业资源优势，大力提升畜产品加工水平。到 2007 年工业生产总值为 14.63 亿美元，同比增长 10%。蒙古农畜产品加工是最主要的工业部门，包括畜产品乳肉、皮革、绒毛和植物原料加工，以及制革工业、制鞋工业、皮制品工业、毡子呢料工业等轻工业部门。主要生产加工绵羊皮、山羊皮、大型革、鞋子、缝纫、皮革等毛纺皮革产品，以及肉类、面粉、糕点、乳制品、酒类、饮品等食品工业产品（表 1-12）。

表 1-12　蒙古农畜产品相关产业产值　　（单位：亿图格里克）

产业	2006 年	2007 年	2008 年	2010 年
食品饮料制造业	1568.1	2375.7	4244.3	6836.6
烟草制造业	134.4	234.9	235.8	444.4
纺织业	1109.5	2096.6	2326.3	2350.9
服装、毛皮染色业	372.4	366.6	272.2	283.8
包裹、马具和鞋类	80.6	115	88.6	157.1

资料来源：根据历年蒙古工商局统计数据整理。

1.2.1.4　服务业地域分异与空间格局

（1）旅游业

1）资源基础。远东和东西伯利亚是俄罗斯旅游资源极其丰富的地区，大部分地区旅游资源尚未开发，自然生态系统环境极佳。众多的自然保护区生态保持了原始性和独特性，包括堪察加克罗诺茨基自然保护区内的动植物，弗兰格尔岛北极自然保护区的白雁与白熊，贝加尔-勒拿自然保护区珍贵树种、珍稀鸟类、罕见的茴鱼和网鱼。贝加尔湖生物具有古老性和多样性，以及独特的海洋生物。堪察加半岛和千岛群岛的温泉和矿泉众多。外贝加尔边疆区（含阿加布里亚特区，EAO）拥有数百个具有医疗保健功能的旅游基地和休养基地，克拉斯诺亚尔斯克边疆区、犹太自治州各种矿泉和泥疗具有特殊医疗疗养功能。萨彦岭“石柱”是俄罗斯著名的花岗岩峭壁雕塑群，马克鲁沙大山洞雄伟壮观，萨哈（雅库特）共和国的“勒拿之柱”则是一个集多山岩石、沙丘和古人类遗迹为一体的国家自然保护区。

众多的民族使俄罗斯远东和东西伯利亚形成丰富多彩的传统文化：贝加尔湖的奥利洪岛是 6～10 世纪古文化的中心，古迹保存完好；外贝加尔边疆区的石器时代村落遗址、岩画、“石板”古墓、“大锅石”和诺日湖等成吉思汗历史文化；大赫赫齐尔山国家自然保护区兽、鱼和人面等神秘图像，具有深厚的人文历史内涵和很高观赏价值的欧洲教堂及修道院等。

蒙古夏季与同纬度其他国家相比相对凉爽。地域辽阔的蒙古自然景观复杂多样，草原、森林、丘陵、沙漠兼备。同时，蒙古自然景观人为痕迹极少，绝大多数均保持着原始风貌。东方省和苏赫巴托省拥有一望无际的草原；肯特省和色楞格省森林资源丰富；东戈壁省则是蒙古戈壁景观的最典型代表，古生物化石繁多，有双峰骆驼、野马、野骡、豹、野山羊和戈壁熊等稀有野生动物资源；呼斯台国家自然公园是世界上唯一的蒙古野马保护地。以杜香属植物著名的特列尔吉休养地，被外国游人称为“天然博物馆和动物王国”。蒙古疗养业以矿泉疗养为主，医疗效果显著。贝尔湖与中国内蒙古的呼伦湖并称“姐妹湖”。

历史悠久的蒙古，古代文化异彩纷呈，并且完整地保留了匈奴、鲜卑、突厥、回鹘、契丹、女真、蒙古等民族不同历史时期的大型文化遗存。蒙古最大的寺庙甘丹寺、拥有汉藏两种式样殿宇的博格达汗冬宫、十三世纪蒙古帝国首都哈尔和林遗址、成吉思汗故乡呼德呼日德等都是蒙古最重要的历史古迹。蒙古境内除蒙古族外，还有哈萨克族、杜尔伯特、巴雅特、布里亚特等少数民族，民俗节庆活动丰富多样。首都乌兰巴托受俄罗斯文化的影响，城市建设多呈现出独特的蒙欧风情。

2）旅游业发展。发展旅游业是俄罗斯东部大开发中的重要内容。近年来，远东和东西伯利亚旅游产业稳步发展，不断开发旅游资源并推出相关旅游产品。旅游行业的服务质量有所提高，旅游相关制度和法规正在完善和建立中，政府部门对旅游业的投入也在不断加大。旅游业发展势头强劲，并日渐成为地方经济收入的重要来源。滨海边疆区的休闲疗养旅游是远东较为成熟的旅游产品，贝加尔湖沿岸观光旅游不断丰富，楚科奇和萨哈（雅库特）共和国的探险求知旅游产品极具吸引力，堪察加的狩猎旅游近年来发展很快，而生态休闲旅游和出入境旅游则是俄远东和东西伯利亚的主要发展方向。作为一个非常注重教育的国家，俄罗斯的旅游业也十分重视开发以教育为主题的旅游项目。其中，以语言类教育旅游最受欢迎。跨国旅游和边境旅游都得到很好的发展，吸引了许多欧洲和亚太地区国家的旅游者。远东滨海边疆区的外国游客平均每年都有近 10 万人次，其中来自中国的游客占 70% 以上。伊尔库茨克和符拉迪沃斯托克（海参崴）分别是东西伯利亚和远东的旅游中心城市，经济实力雄厚且旅游基础设施较为完备，是俄罗斯东部地区主要的商务旅游基地。

蒙古旅游产品主要是以草原风光为主的生态旅游和戈壁探险旅游，着力发展狩猎和民俗风情旅游产品，以及家庭旅游，不断扩大牧民对旅游业的参与，形成以乌兰巴托为中心的旅游网络。首都乌兰巴托是蒙古最重要的旅游城市，是整个蒙古的旅游集散中心。

（2）交通运输业

俄罗斯东西伯利亚与远东交通运输业建立了包括地面运输、水上运输和航空运输在内统一的运输系统。地面运输形成铁路运输、公路运输和管道运输网络。东部的西伯利亚和东北亚铁路分布密度较低，主要干线仅有东西向的西伯利亚大铁路、贝阿铁路等。在铁路运输中，货运方面占首位，广泛采用并发展集装箱运输和打包运输，横跨西伯利亚的集装箱运输已得到国际承认，建立了自动化管理系统。西伯利亚及远东公路较少，主要表现为道路质量差，里程少，实载率低，分布不平衡。俄罗斯东西伯利亚与远东地区已建立统一的石油、石油产品、天然气、乙烯等管道运输网络。一半以上的石油、石油产品是通过管道运输，石油、天然气出口大多也通过管道运输。

俄罗斯远东海岸线极其漫长，滨日本海、鄂霍次克海、白令海等。主要海港有南部的符拉迪沃斯托克（海参崴）、纳霍德卡、东方港等。远东海域是最有发展潜力的海域，随着全球气候变暖，开发北冰洋航线正被日益关注。

俄罗斯东部地区的内河航运依托鄂毕河、勒拿河、叶尼塞河、阿穆尔河（黑龙江）等著名河流。但这些河流的入海口都向北，而冬季漫长，所以航运期都很短。货流方向与国家的区域经济联系方向不一致，故其利用率很低。在航运季主要运输的货物有石油及石油产品、木材、粮食、煤、铁矿石等（表1-13）。

表1-13　东西伯利亚与远东运输营业额

［单位：万亿卢布/（t·km）］

年份	2000	2005	2006	2007	2008	2009	2010
运输营业额	3.6	4.7	4.8	4.9	4.9	4.4	4.8

资料来源：根据《俄罗斯联邦统计年鉴》（1992～2012）计算。

蒙古2010年公路运输货物1056.38万t，同比年增长11.4%，运送旅客2.29亿人，增长0.9%，运输收入0.89亿美元。现有铁路的年运送能力为2200万t，2010年货物总运量达到1416.45万t，同比下降3.3%。运输量构成为：过境运输229.59万t，出口运输292.57万t，进口运输127.22万t，国内运输767.06万t。2010年铁路运送旅客310万人，同比下降29.0%。全国铁路运输领域实现收入1.57亿美元，同比增加10.5%。2010年，航空运输旅客30万人次，同比下降15.4%。

（3）金融保险业

俄罗斯金融业发展仍显缓慢。2010年，在全球60个经济体中名列第38位，在非银行业服务方面位居第9位，在汇率稳定方面名列第11位。但是在金融市场、金融稳定方面名列第41位和第43位；在银行服务业、社会环境、法律和制度体系方面仅为倒数第4位、倒数第3位和倒数第2位。

中俄金融合作正逐渐形成双边互利共赢的良好态势。在跨境贸易人民币结算试点扩大的机遇下，双方将共同推动中俄边贸本币结算的深入发展，同时在投融资、信贷、代理行及银行卡等业务方面正完善双边磋商与合作机制，同时金融合作也在向证券业和保险业延伸。从人民币成功实现对俄直接投资和融资开始，到2010年8月，黑龙江省的对外直接融资已累计达4058万元人民币。

虽然中国已连续10年成为蒙古第一大贸易伙伴国，但中蒙双方的金融服务功能层仍然较低。中蒙贸易的迅速发展，对相应的金融服务需求迫切。中国东北的国有商业银行依托其发达的网络优势和便捷的结算系统，发展国际结算代理业务将是与蒙古东部金融合作的重要内容。金融机构间结算渠道的拓宽，将有利于减少人民币现金的使用，降低各类风险隐患。为适应中蒙边境贸易额度快速增长对相关金融服务的要求，有必要增加口岸地区跨境人民币和外币的兑换点。

（4）信息服务业

近年来，俄罗斯政府采取多种措施加大服务业在国民经济中的比重，以电信业为代表的信息产业增速显著。俄罗斯信息产业年均增幅27%，软件产业2007年的增幅更是高达63%。但是由于通信设备制造产业基础的薄弱，目前俄罗斯国内市场90%以上的电子产品均由国外厂商提供。俄远东和东西伯利亚的地广人稀在很大程度上束缚了电信业的发展，现代通信服务覆盖的地区差异巨大。滨海边疆区等人口稠密地区拥有发达的通信基础设施，可以接入通信干线。但是在远东和贝加尔的其他地区，只有通过卫星才能接入通信干线。

蒙古通信行业 2010 年度总收入达到 2.51 亿美元。截至 2010 年年底，蒙古固定电话点达到 14.10 万个，移动电话用户数量达到 220.87 万户，有线电视用户数量达到 11.29 万。在通信领域共有 381 家企业单位提供 30 多种服务。主要电信运营商有：Mobicom（1996 年组建）、Skytel、Unitel（2006 年建立）、J-Mobil（2007 年建立）及 MCS 和蒙古电信公司。蒙古由于其重工业化的发展道路，使信息产业在内的服务行业发展相对滞后，国内电子产品的需求基本靠进口满足。除乌兰巴托和各省省会以外，广大牧区通信水平较低，信息传播严重滞后。中蒙国际商务网是目前经贸信息交流的主要平台。

蒙古存款余额空间分布见图 1-36、图 1-37。

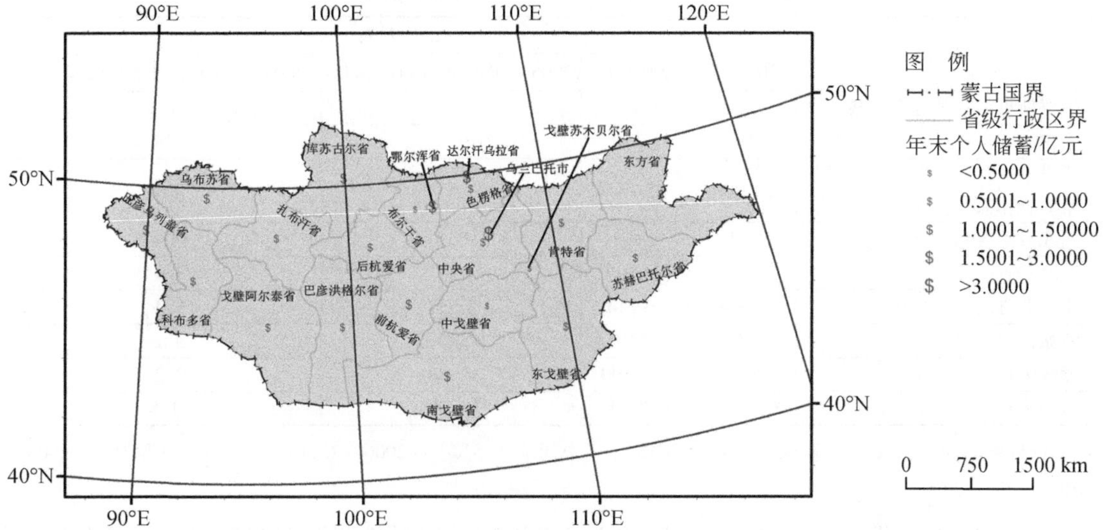

图 1-36　蒙古个人存款余额空间分布

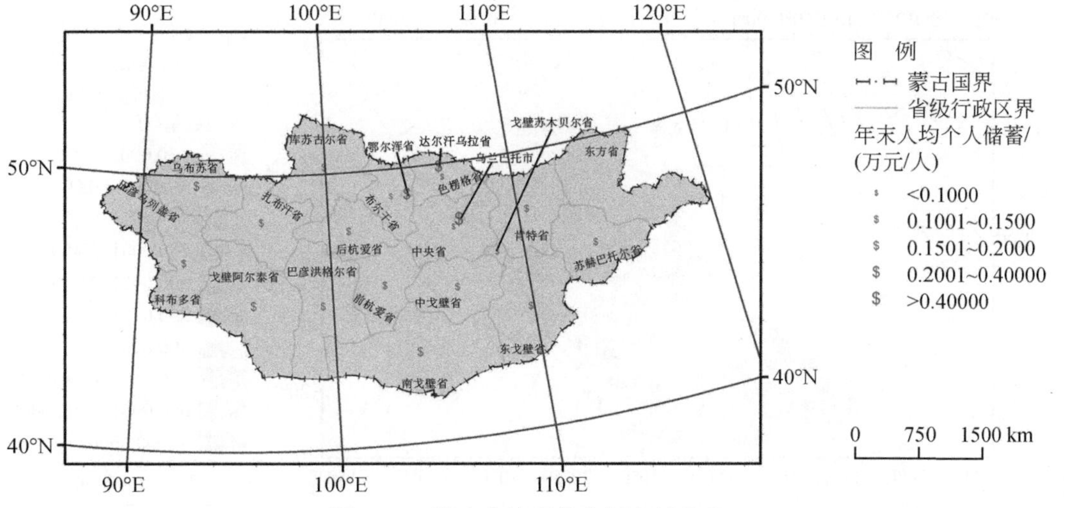

图 1-37　蒙古人均存款余额空间分布

1.2.2 社会地域分异与空间格局

1.2.2.1 人口发展水平与存在问题

（1）考察区人口在世界占有重要地位

考察区总人口无论在亚洲还是在世界都占有重要的地位，是世界经济与社会发展不可忽略的重要组成部分。2010 年，考察区总人口达 58 119.4 万，占世界总人口的 8.51%，占亚洲总人口的 14.1%。中国北方地区人口 56 514 万人，占考察区总人口的 97.2%，俄罗斯考察区的人口占 2.3%，而蒙古总人口仅占考察区总人口的 0.46%。中国北方地区人口数量在考察区中占绝大多数，中国北方地区对考察区的经济社会发展具有决定性的影响（表 1-14）。

表 1-14 考察区 2005 年、2010 年人口与变化情况

项目	人口/万人			
	2005 年	2010 年	2005 ~ 2010 年人口净增长	2005 ~ 2010 年均净增长率/‰
俄罗斯贝加尔及远东考察区	1 351	1 340	-11	-1.6
蒙古	256	265.4	9.4	7.3
华北五省（自治区、直辖市）及山东、河南	34 066	35 741	1 675	9.8
西北五省（自治区）	9 287	9 964	677	14.6
东北三省	10 627	10 809	182	3.4
中国北方地区考察区	53 980	56 514	2 534	9.4
考察区总人口	55 587	58 119.4	2 532.4	9.1
亚洲人口	394 000	412 100	18 100	9.2
世界人口	644 613	682 800	38 187	11.8

资料来源：《俄罗斯统计年鉴》（2005、2010）、《中国统计年鉴》（2006 ~ 2011）、《蒙古统计年鉴》（2005、2010）。

考察区人口分布主要集中在中国北方的环渤海地区，俄罗斯东西伯利亚与远东的南部地区，以及蒙古北部地区（图 1-38 ~ 图 1-40）。

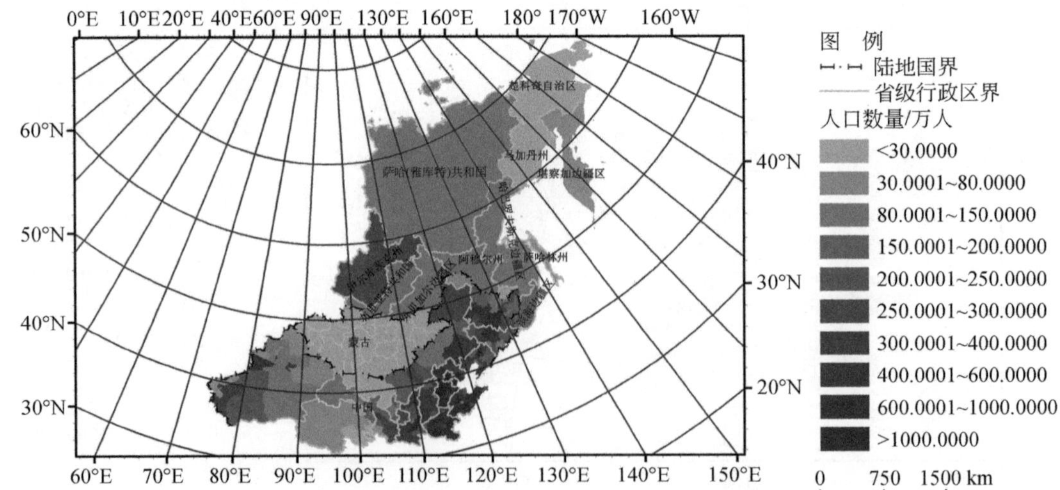

图 1-38 中国北方及其毗邻地区人口数量分布

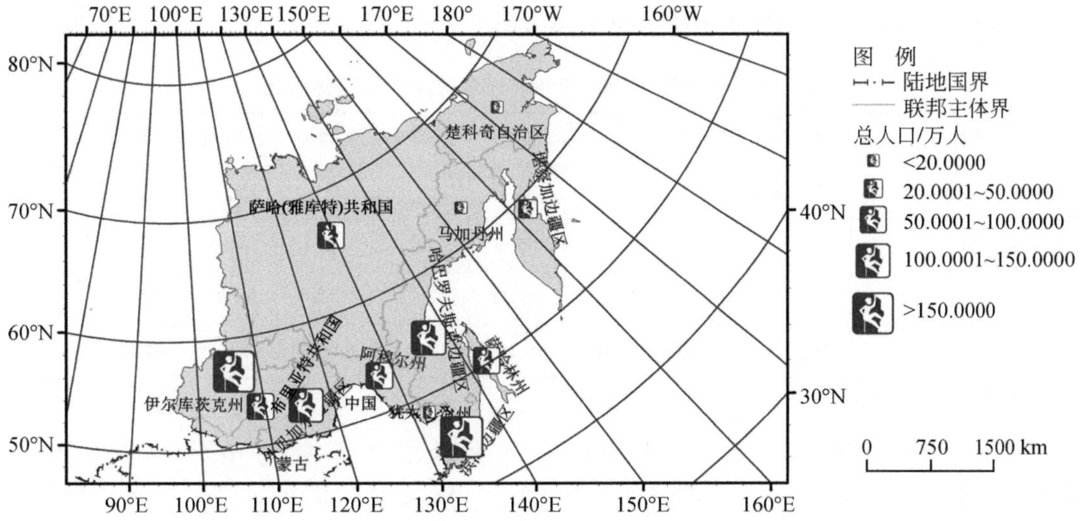

图 1-39　俄罗斯考察区人口分布

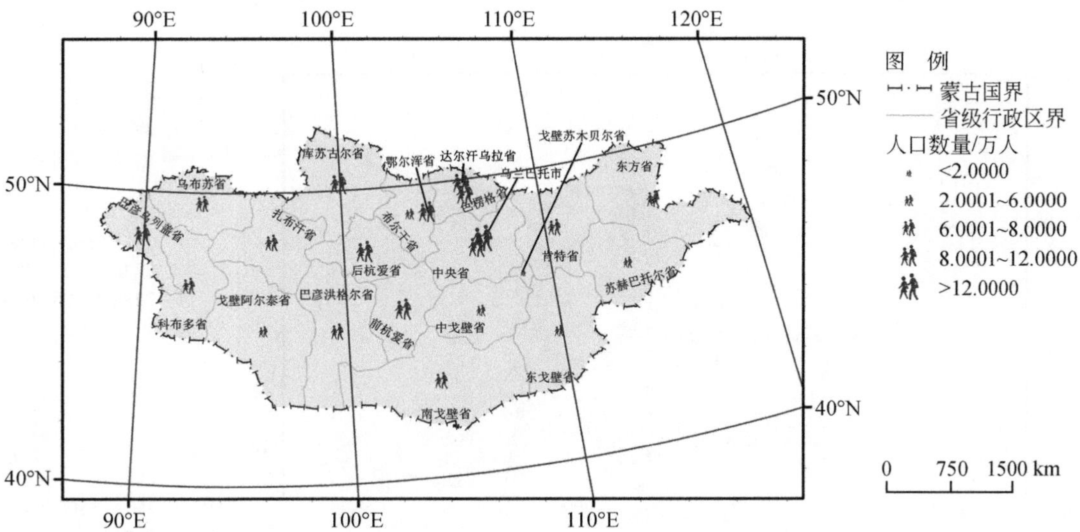

图 1-40　蒙古总人口空间分布

（2）考察区人口增长速度较低

考察区 2010 年总人口比 2005 年净增加 1912 万人。2005～2010 年，人口年均净增长率为 6.9‰，远低于亚洲的 11.3‰和世界的 14.5‰，考察区总人口占世界的比重由 2005 年的 8.62%，下降为 2010 年的 8.42%。

蒙古人口表现出较快的增长态势。2005～2010 年，人口年均净增长率高于中国北方地区 0.2‰；而俄罗斯贝加尔与部分远东考察区内人口持续下降，人口净减少 11 万人。

俄罗斯东西伯利亚与远东人口持续减少，总量呈现下降趋势。该地区每年人口迁出量保持在 6 万～7 万人。人口统计表明，目前生活在俄罗斯远东联邦区的人口只有 629

万，2003～2010 年减少了 6%。人口流失问题十分突出。过去 10 年间，得益于多项医疗保健措施，人口死亡率逐年下降，出生率有所上升（表 1-15）。

表 1-15　俄罗斯东西伯利亚与远东历年人口变化情况

指标	1992 年	1995 年	2000 年	2005 年	2006 年	2007 年	2008 年	2009 年	2010 年
人口减少数/万人	-21. 98	-84. 00	-95. 85	-84. 65	-68. 71	-47. 03	-36. 20	-24. 88	-24. 14
千人死亡率/‰	-1. 5	-5. 7	-6. 6	-5. 9	-4. 8	-3. 3	-2. 5	-1. 8	-1. 7
居民迁移数量/万人	17. 61	50. 22	21. 36	10. 74	13. 23	23. 99	24. 21	24. 74	15. 81
人口迁出量/人	71 905	66 330	64 517	66 792	67 174	68 019	68 474	67 343	67 567

资料来源：《俄罗斯联邦统计年鉴》（1992～2010）。

蒙古人口保持较快的增长，2008 年人口自然增长率为 15. 4‰。由于人口增长较快，蒙古人口年龄结构属于年轻型。2008 年，青少年人口占总人口的 67. 47%，国内人口迁移的主要方向是中部和北部经济区（图 1-40）。其中人口出生率西部地区最高，乌兰巴托等北部地区与东部的苏赫巴托尔省人口出生率处于较低水平。蒙古人口出生率空间分布见图 1-41。

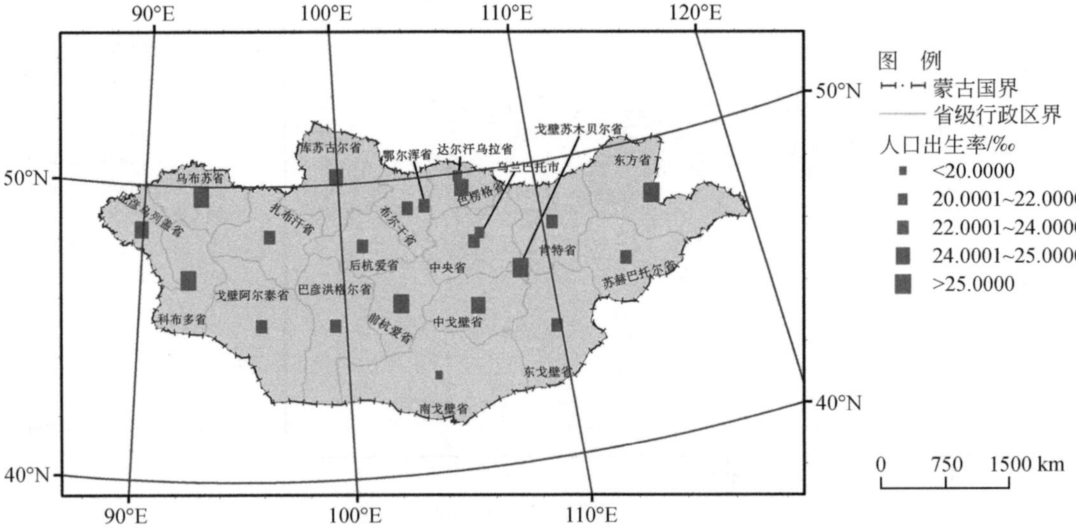

图 1-41　蒙古人口出生率空间分布

（3）考察区内人口分布极不均衡

俄罗斯东部、蒙古人口极低密度与中国北方人口高密度形成鲜明对比（图 1-41～图 1-45）。

俄罗斯广大东部地区人口密度每平方千米不足 1 人。东西伯利亚与远东人口密度南部高于北部，主要沿西伯利亚大铁路和太平洋沿岸南部地区为人口最为密集地区。

蒙古是世界人口密度最小的国家之一，人口密度为 1. 7 人/km^2。人口分布地区间差异较大，60% 的人口居住在鄂尔浑-色楞格河流域。

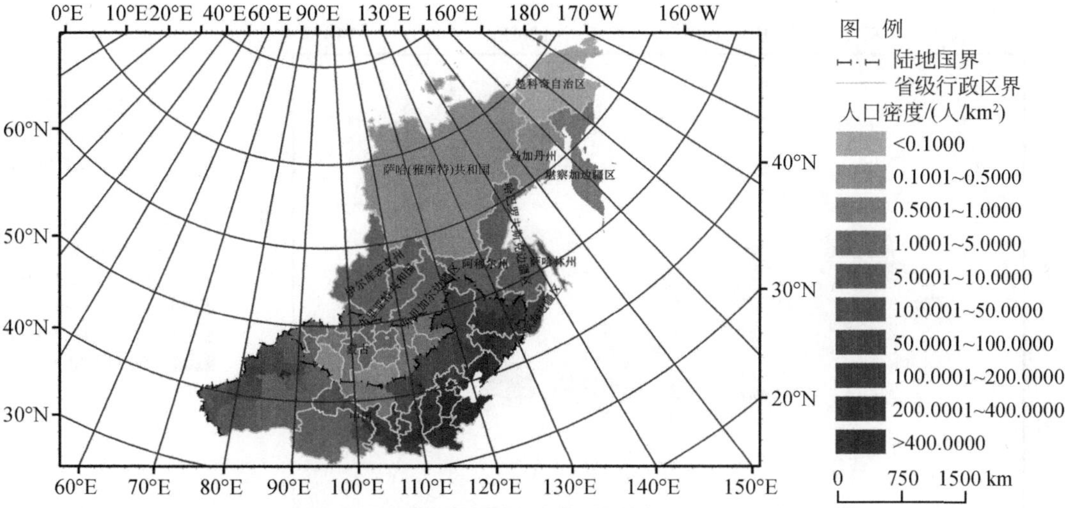

图 1-42　中国北方及其毗邻地区人口密度分布

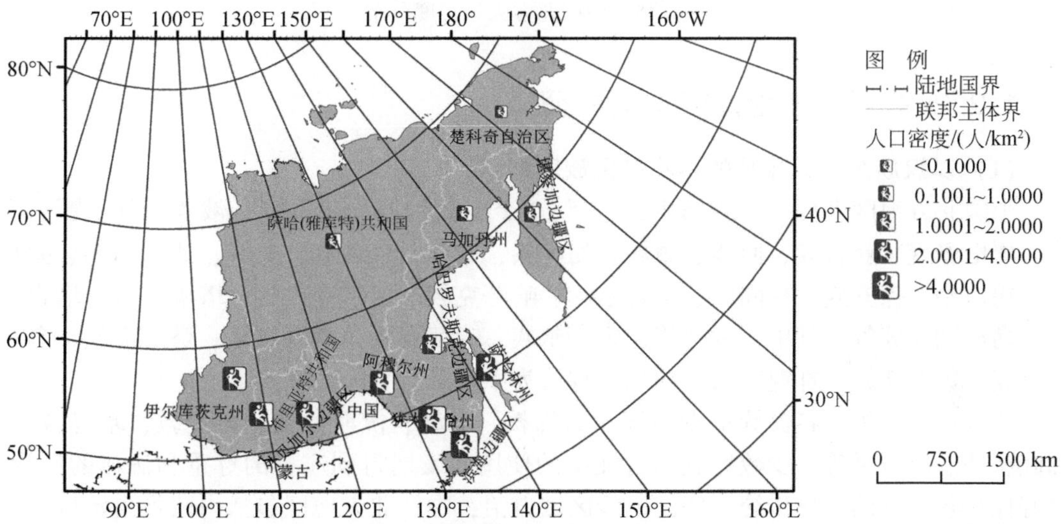

图 1-43　俄罗斯考察区人口密度分布

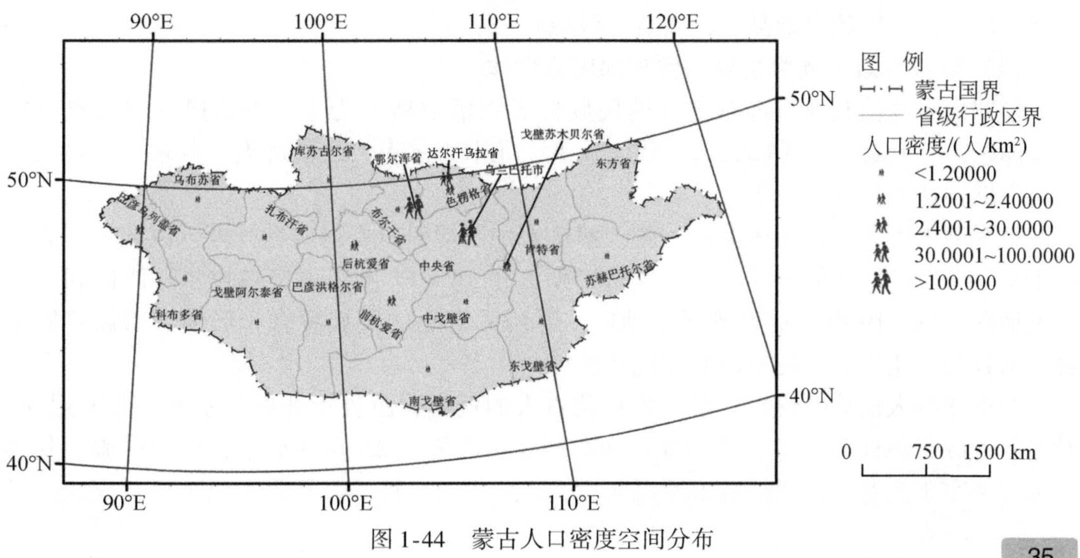

图 1-44　蒙古人口密度空间分布

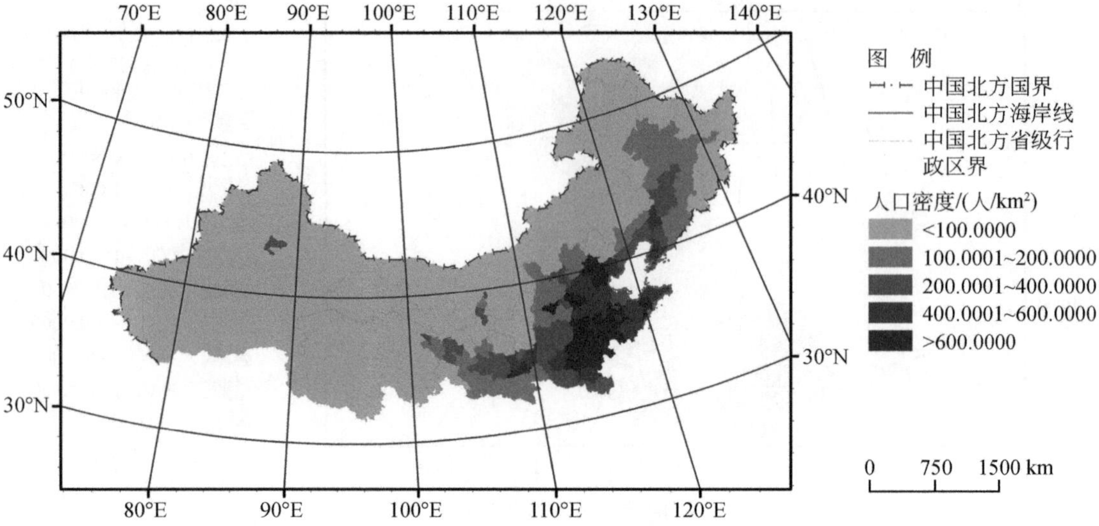

图 1-45　中国北方人口密度分布

1.2.2.2　民族特色地域分异特征

（1）以汉族为绝大多数的中华多民族家园

中国北方地区人口以汉族为主，包括 22 个少数民族：蒙古族、俄罗斯族、鄂温克族、鄂伦春族、赫哲族、回族、藏族、朝鲜族、满族、东乡族、土族、达斡尔族、撒拉族、锡伯族、保安族、裕固族、维吾尔族、哈萨克族、柯尔克孜族、塔塔尔族、塔吉克族、乌孜别克族等。其中，蒙古族、维吾尔族、哈萨克族、塔塔尔族、塔吉克族、乌孜别克族、俄罗斯族、鄂温克族、柯尔克孜族为中俄蒙共有的民族。

我国宗教平等，各民族信奉不同，如佛教、道教、伊斯兰教、天主教、基督教等，和睦相处。语言平等，少数民族语言文字的使用和发展得到应有的尊重和法律的保障，完好保存各民族的文化传统。实施民族区域自治，中国北方地区包括内蒙古自治区、宁夏回族自治区、新疆维吾尔自治区，延边朝鲜族自治州、甘南藏族自治州、临夏回族自治州，以及多个民族自治县等民族自治区域。

（2）以俄罗斯民族为主导的俄东部民族群体

俄罗斯东西伯利亚与远东地区的民族构成以俄罗斯人为主，少数民族有布里亚特人、图瓦人、鞑靼人、雅库特人、埃文克人、尤卡吉尔人、楚科奇人、科米人、乌克兰人、白俄罗斯人、犹太人等。

俄罗斯人为考察区主体民族，属欧罗巴人种。俄罗斯人与乌克兰人、白俄罗斯人同源于 9 ~ 13 世纪形成的古罗斯部族。俄罗斯人于 16 ~ 17 世纪占据乌拉尔、西伯利亚的广大地区，18 ~ 19 世纪扩展到远东地区。经历数百年的民族融合，形成了以俄罗斯语言、宗教与文化为主导的多民族文化特色。

布里亚特人信仰喇嘛教，是厄鲁特蒙古人的近支，游牧于外贝加尔湖、叶塞尼河、勒拿河地区。1631 年开始，俄罗斯人与布里亚特人发生 25 年的战争，终被征服。其中一部在清军于黑龙江以西战胜俄罗斯人后，投向中国，被编入八旗，成为巴尔虎人。目前主要分布于布里亚特共和国以及伊尔库茨克州乌斯季奥尔登斯基布里亚特自治区和外贝加尔边疆区阿加布里亚特区。

图瓦人（自称特瓦人）信奉喇嘛教，操突厥语或蒙古语。中国史籍记载为“都波人”，源于古代铁勒-突厥与鲜卑-蒙古等部落。世代居住于萨彦岭与唐努山之间叶尼塞河上游的唐努乌梁海广阔地域，清代设四十八佐领。近代被沙俄先后抢占，1944 年被并入苏联。图瓦人总数接近 20 万，主要分布于图瓦共和国，一部分居住于伊尔库茨克州，另一部分居住在蒙古境内。

雅库特人（自称萨哈人）属蒙古人种西伯利亚类型，使用雅库特语，属阿尔泰语系突厥语族。自古以狩猎，养驯鹿为生。原信仰萨满教，18 世纪被俄罗斯人征服后，多数改信东正教。主要分布在萨哈（雅库特）共和国，部分散居在克拉斯诺亚尔斯克北部埃文基和泰梅尔民族区，以及马加丹、库页岛、黑龙江（阿穆尔河）流域。

（3）以历史为渊源的东北亚蒙古族文化脉络

蒙古族是东北亚主要民族之一，也是蒙古的主体民族。人种属于纯蒙古人种，是黄色人种的代表民族。蒙古人发祥于额尔古纳河流域，史称“蒙兀室韦”。我国鄂温克族和土族也被认为是蒙古人的分支。

“蒙古”这一名称较早记载于中国《旧唐书》和《契丹国志》，元朝称斡亦剌惕，明代称瓦剌，清代称卫拉特，亦称厄鲁特、额鲁特或西蒙古、漠西蒙古。国外则称之为卡尔梅克。明末清初之际，卫拉特蒙古分为和硕特、准噶尔、杜尔博特、土尔扈特四大部落。蒙古语有内蒙古、卫拉特、巴尔虎布里亚特三种方言。现在通用的文字是 13 世纪初用回鹘字母创制。

全世界蒙古人为 1000 多万，集中居住于蒙古、俄罗斯联邦布里亚特共和国以及我国内蒙古、东北、新疆、河北、青海等地。其中我国内蒙古人口为 598 万人（2010 年人口普查），占全世界蒙古人数的一半以上。蒙古的总人口大约有 280 万人。俄罗斯有大约 100 万蒙古人，其中居住在布里亚特共和国的蒙古人约 40 万人。另外，分布在阿富汗、伊朗等地的哈扎拉族人属于蒙古人和中亚其他民族的混血后代。

蒙古主体民族为喀尔喀蒙古族，占全国总人口的 85%；少数民族有哈萨克族，占 7%，通古斯人占 4.6%，杜尔伯特族、巴亚特族、布里亚特族等占 3.4%。蒙古曾经一度严重依附于苏联，文化上受到苏联的深刻影响，甚至用俄文字母改革其文字体系。目前的年轻一代蒙古人不再熟悉古老的蒙古文。我国内蒙古居民如不学习新蒙文，则仅能与蒙古居民进行口头交流，难以读懂其书面文字。

1.2.2.3　社会就业地域分异与空间格局

（1）中国北方就业人数保持增长，产业就业结构进一步优化

2005～2010 年，中国北方地区新增就业人口约 2900 万人，华北五省（自治区、直辖市）及山东、河南新增 1650 万人，西北五省（自治区）新增 920 万人，东北三省新增 340 万人。中国北方就业人口年均增长 2.6%。其中，以西北五省（自治区）就业人口增长速度最快，达 5.3%；华北五省（自治区、直辖市）及山东、河南与东北三省分别为 2.2% 与 1.7%。

第一产业就业减少，第三产业就业得到较快的发展。在中国北方新增就业人口中，第一产业大约减少90万人，第二产业新增1250万人，第三产业新增1700万人。第一产业就业人口比重下降了4.5%，其中华北下降幅度最大，达14.1%；第二产业就业人口比重增加了1.8%，其中华北增加了5.4%，东北第二产业就业比重未改变，依然是23.7%；第三产业就业人口比重增加了2.8%，东北、西北分别增加了3.4%和3.3%，而华北地区经增长0.5%，第三产业就业人口增加相对滞后（表1-16）。

表1-16　2005年、2010年中国北方地区社会就业

项目	年份	华北五省（自治区、直辖市）及山东、河南	西北五省（自治区）	东北三省	中国北方
就业人数/万人	2005	18 444	3 981.3	4 851.5	27 276.8
	2010	20 100	4 900.2	5 188.7	30 178.9
第一产业就业/万人	2005	8 027.7	2 064.6	2 003.6	12 095.9
	2010	7 719.8	2 328.1	1 959.3	12 007.2
第二产业就业/万人	2005	4 947.3	703.5	1 149.3	6 800.1
	2010	5 912.4	914.7	1 227.6	8 054.7
第三产业就业/万人	2005	5 469.2	1 213.2	1 698.6	8 381.0
	2010	6 460.0	1 657.4	2 001.8	10 119.2
第一产业就业比重/%	2005	43.5	51.9	41.3	44.3
	2010	29.4	47.5	37.8	39.8
第二产业就业比重/%	2005	26.8	17.7	23.7	24.9
	2010	32.2	18.7	23.7	26.7
第三产业就业比重/%	2005	29.7	30.5	35.0	30.7
	2010	30.2	33.8	38.6	33.5

资料来源：根据《中国统计年鉴》（2006～2011）整理。

（2）俄罗斯考察区人口锐减，劳动力严重不足

总体上，由于俄罗斯的人口从东部向西部迁移，人口锐减使当地劳动力短缺，大量土地荒芜。农业用地和耕地都减少一半左右，农产品产量大幅度下降。从1990年起，远东地区的人口减少每年达10万～15万人。到2008年，人口比1990年缩减总数达159.4万，即减少了19.6%。其中，人口减少最多的是远东地区，楚科奇自治区减少68.4%，马加丹州减少57.7%，堪察加州和萨哈林州都减少28%以上。

远东和西伯利亚地区的就业情况具有二元化倾向。一方面，如上所述，人口自然增长率低且大量外流，造成劳动力不足，特别是熟练工人及采掘业和林业工人紧缺；另一方面，在向市场经济转轨过程中，由于企业私有化、重组、破产等原因，大批人员失去工作。此外，农村青壮年大量流入城市，既造成农村劳动力短缺，又增加了城市就业的压力。远东和西伯利亚两个联邦区的失业率和登记失业率近年来都高于全俄平均水平（表1-17）。

表 1-17　俄罗斯部分地区失业率　　（单位：‰）

年份	1995	2000	2001	2002	2003	2004	2005	2006	2007	2008	2010
布里亚特共和国	15.3	19.1	18.4	15.4	16.9	15.3	12.0	13.5	12.9	11.6	10.4
外贝加尔边疆区	9.2	14.4	16.2	11.1	15.1	12.4	11.1	8.8	10.1	14.9	11.4
伊尔库茨克州	8.9	11.6	11.2	11.1	11.7	10.5	10.0	8.9	8.1	8.7	10.2
萨哈（雅库特）共和国	7.3	11.2	8.2	7.1	9.3	8.8	8.9	9.5	7.6	9.0	8.8
滨海边疆区	9.9	12.3	8.7	9.1	8.1	9.6	8.0	8.0	7.0	7.5	9.7
哈巴罗夫斯克边疆区	11.4	12.2	10.5	7.0	6.2	6.6	5.7	6.0	5.9	8.7	9.1
阿穆尔州	13.2	13.7	12.3	10.8	10.2	11.2	10.3	8.2	6.4	5.1	6.9
萨哈林州	11.5	13.2	12.1	9.4	9.3	7.5	7.6	4.6	4.7	8.1	9.3
犹太自治州	16.2	15.0	9.4	9.1	6.5	8.3	7.9	9.8	9.7	10.1	9.4

资料来源：《俄罗斯联邦统计年鉴》（1995～2010）。

（3）蒙古就业矛盾突出，岗位空缺与人员无业并存

蒙古就业人口主要集中在北部乌兰巴托等中心城市。由于能源与矿业的开发，中部与东部能源与矿产资源富集地区就业人口也在快速增长。随着蒙古经济的发展，矿产领域就业需求快速增长，建筑、运输、服务业、商贸等成为就业增长较快的领域。

同时，蒙古面临着大量工作岗位空缺、无业人员就业积极性不高等社会就业问题。大约一半的无业人员受过高等教育，但就业积极性不高，虽然空缺许多工作岗位，但受聘人员达不到岗位要求，人才流失严重，就业矛盾突出。主要是由于蒙古教育体制不合理，教育与技能培训难以满足市场需求（图 1-46～图 1-48）。

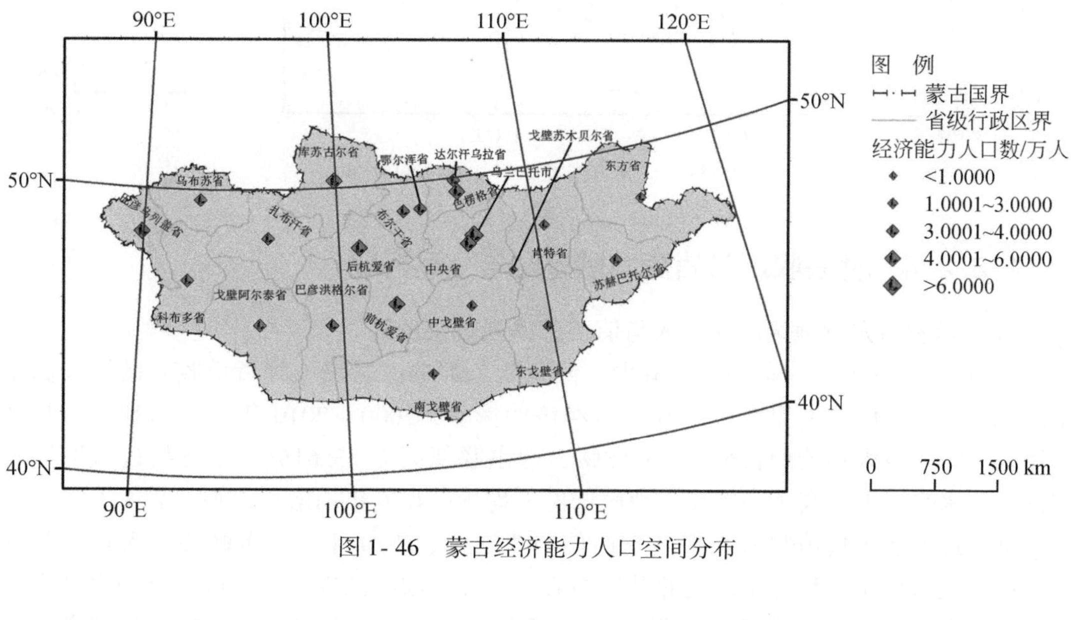

图 1-46　蒙古经济能力人口空间分布

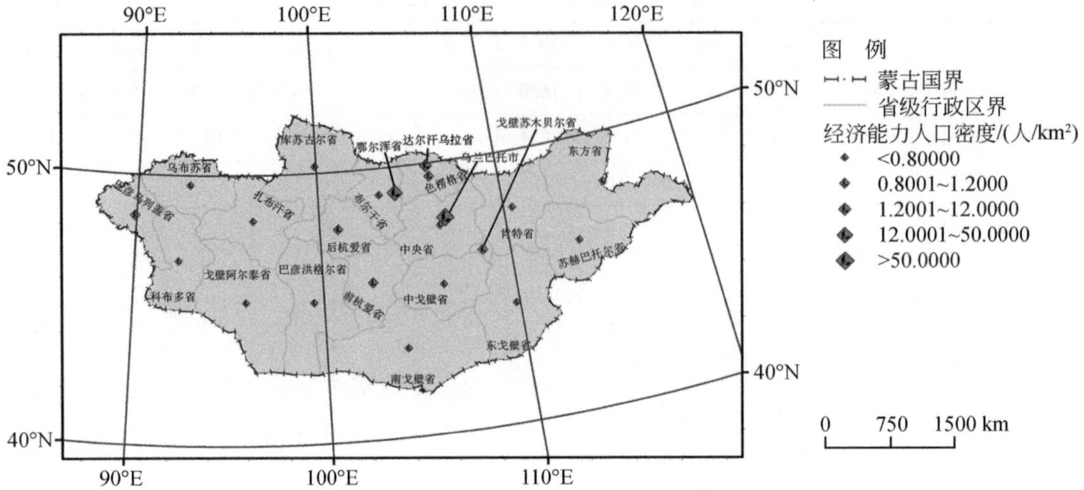

图 1-47　蒙古经济能力人口密度空间分布

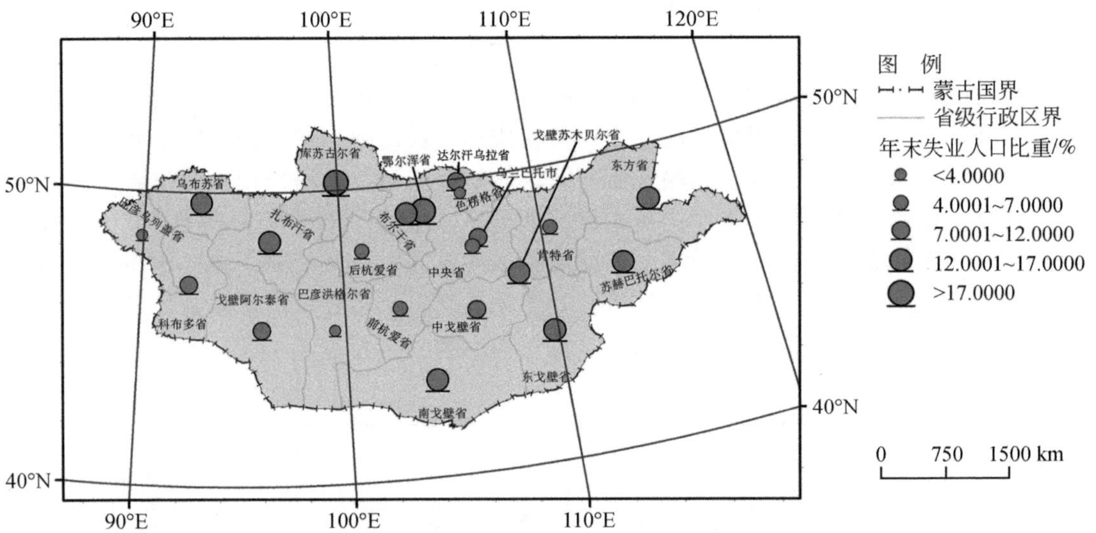

图 1-48　蒙古失业人口比重空间分布

1.2.2.4　社会收入与消费地域分异与空间格局

(1) 俄罗斯东部地区居民收入与消费都得到较快发展

1）居民收入增加，贫困人口减少。俄罗斯东部地区居民人均货币收入的增长高于中国北方地区。由于俄罗斯资源开发与经济的恢复，2000 ~ 2010 年，西伯利亚联邦区居民人均货币收入年均增长率为 23.58%，远东联邦区为 23.61%，十分接近俄罗斯联邦的平均水平，大大高于中国北方地区居民人均货币收入年均增长水平（表 1-18）。

远东地区居民货币收入水平高于西伯利亚地区。2010 年，远东联邦区人均年收入 20 807.2 元人民币，稍低于俄资源开发中心的乌拉尔联邦区以及我国以北京为经济中心的华北五省（自治区、直辖市）及山东、河南地区，但高于俄罗斯联邦、我国东北与西北地区平均水平。西伯利亚联邦区居民的人均货币年收入折合13 490.5元人民币，相对于西部的乌拉尔联邦区、东部的远东联邦区、南部的中国北方地区，处于一个居民收入较低的地区（表1-18）。

表1-18　居民的人均货币收入

国家/地区	人均货币收入/（元人民币/a）			年均增长率/%
	2000年	2005年	2010年	
俄罗斯联邦	2 281.1	8 088.3	18 950.8	23.58
乌拉尔联邦区	2 743.6	9 581.1	21 742.4	23.00
西伯利亚联邦区	1 933.0	6 731.4	15 006.6	22.75
布里亚特共和国	1 639.0	6 026.9	14 270.7	24.16
外贝加尔边疆区	1 405.7	5 907.6	14 204.5	26.02
伊尔库茨克州	2 374.2	7 119.5	15 109.7	20.33
远东联邦区	2 497.6	8 989.3	20 807.2	23.61
萨哈（雅库特）共和国	3 967.7	11 349.9	23 088.1	19.26
滨海边疆区	1 799.8	7 162.9	17 297.9	25.39
哈巴罗夫斯克边疆区	2 500.4	9 653.7	22 478.9	24.56
阿穆尔州	1 825.2	5 987.8	14 323.4	22.88
萨哈林州	2 792.8	12 639.5	30 727	27.10
犹太自治州	1 488.8	6 405.7	15 347.8	26.28
中国华北五省(自治区、直辖市)及山东、河南	6 465.8	11 795.9	21 774.7	12.91
西北五省（自治区）	5 153.5	8 769.1	15 962.2	11.97
东北三省	5 026.9	9 227.6	17 301.5	13.16

资料来源：《中国统计年鉴》（2000～2011）及《俄罗斯联邦统计年鉴》（2000～2011）。

俄罗斯低收入人口比重持续降低。俄罗斯非常重视居民贫困问题，普京在2004年国情咨文中指出，保障俄罗斯国民“上得起学、看得起病、买得起房”，并颁布了《俄罗斯联邦最低生活保障法》。随着俄罗斯经济状况的好转，俄罗斯低收入人口所占比重逐年降低，其中外贝加尔边疆区、滨海边疆区、犹太自治州、布里亚特共和国收入低于最低生活标准的人口比重下降幅度最大，依次为47%、37%、35%、35%，居民收入得到大大改善。但该地区依然是俄罗斯贫困人口比重较高的地区。2010年，西伯利亚联邦区低收入人口357.9175万人，占其总人口的18.31%；远东联邦区低收入人口125.8271万人，占其总人口的19.48%，这些低收入人口比重依然高于俄罗斯联邦13.2%的水平。低收入人口比重较大的地区依次为阿穆尔州、犹太自治州、外贝加尔边疆区、萨哈（雅库特）共和国、滨海边疆区等（表1-19）。

表 1-19　俄罗斯收入低于最低生活标准的人口数与比重

国家/地区	2000 年		2005 年		2010 年	
	低收入人口/万人	占总人口比重/%	低收入人口/万人	占总人口比重/%	低收入人口/万人	占总人口比重/%
俄罗斯联邦	4242.816	29	2539.49	17.7	1873.133	13.2
乌拉尔联邦区	385.877	30.94	195.3264	15.91	162.9094	13.29
西伯利亚联邦区	845.3036	41.57	427.0344	21.57	357.9175	18.31
布里亚特共和国	53.3395	53.5	31.5894	32.6	18.1629	18.9
外贝加尔边疆区	78.993	67	29.7632	26.2	22.34	20
伊尔库茨克州	93.1165	35.5	54.972	21.6	48.3465	19.3
远东联邦区			161.2939	24.46	125.8271	19.48
萨哈（雅库特）共和国	27.1114	28.3	19.02	20	18.525	19.5
滨海边疆区	118.508	55.9	56.1936	27.6	38.5672	19.4
哈巴罗夫斯克边疆区	51.83	35.5	30.246	21.3	26.4978	18.9
阿穆尔州	44.0271	47.7	27.4083	30.9	20.8224	24.1
萨哈林州	22.176	39.6	9.7888	18.4	6.168	12
犹太自治州	11.0589	57.3	5.3676	28.4	4.1255	22.3

资料来源：《俄罗斯联邦统计年鉴》(2000～2010)。

2）居民消费结构层次低，通货膨胀压力大。俄罗斯人的收入主要用于饮食，与发达国家相比还有很大差距。在居民消费结构的食品、非食品和有偿服务 3 个基本类别中，食品占俄罗斯人均消费的 42.7%。在食品类消费中以肉食品的消费所占比重最大，人均每月消费占食品消费的 23.3%，占整个消费的 10%。酒类产品消费占食品消费的 16.7%，占整个消费的 7%。俄罗斯人非食品消费占整个消费的 33.7%，其中服装、鞋和其他日用品的开支占整个消费的 10%。

近些年，全俄包括远东和西伯利亚地区居民收入、零售贸易额增幅大大超过总产值和劳动生产率的增幅。由于总需求增长超过总供给，推动物价上涨，西伯利亚的通胀率略低于全俄平均水平，而远东则高于这一水平（表 1-20）。

表 1-20　俄罗斯历年消费与支出情况

指标	2000 年	2005 年	2006 年	2007 年	2008 年	2009 年	2010 年
消费支出/十亿卢布	4 476.8	14 438.2	17 809.7	21 968.6	27 543.5	29 270	32 150
人均消费支出/千卢布	2 218	7 992	9 852	12 118	14 886	16 726.6	18 372.4
人均收入/［卢布/（人·月）］	2 281	8 088.3	10 154.8	12 540.2	14 863.6	16 895	18 950.8

资料来源：《俄罗斯联邦统计年鉴》(2000～2010)。

（2）中国北方地区城乡居民收入与消费稳步增长，东北地区异军突起

2005～2010 年，中国北方地区城市居民人均可支配收入年均增长率为 13%，城市居民人均消费支出年增长率为 11.5%；农村人均纯收入年增长率为 12%，农村人均消费支出年增长率为 13.8%。考虑到我国资源环境压力大、人口众多的现实条件，中国北方地区城乡收入与消费的增长获得喜人的成就。

其中，东北在城乡居民收入与消费增长方面，增长速度最快。城市居民人均可支配收入、城市居民人均消费支出、农村人均纯收入、农村人均消费支出的增长速度分别为 13.2%、12.7%，13.9%、27.8%（表 1-21）。

表 1-21　2005 年、2010 年中国北方地区城乡居民收入与消费

地区	城市居民人均可支配收入/元人民币		城市居民人均消费支出/元人民币		农村人均纯收入/元人民币		农村人均消费支出/元人民币	
	2005 年	2010 年	2005 年	2010 年	2005 年	2010 年	2005 年	2010 年
中国北方地区	9 741	15 881	7 262	11 226	3 450	5 440	2 157	3 616
华北五省（自治区、直辖市）及山东、河南	10 468	17 057	7 588	11 622	3 673	5 739	2 352	3 672
西北五省（自治区）	8 201	12 944	6 354	9 489	2 196	3 705	1 775	3 013
东北三省	8 817	14 629	6 935	11 352	3 655	6 191	1 692	4 048

资料来源：《中国统计年鉴》（2006、2011）。

1.2.3　城市化与城镇分布格局

1.2.3.1　城市化地域分异与空间格局

俄罗斯和蒙古城市化水平远高于中国北方地区。2010 年，中国北方华北五省（自治区、直辖市）及山东、河南城市化率为 42%，西北五省（自治区）为 39%，东北三省为 48%，远低于蒙古和俄罗斯考察区的 62% 和 73%（图 1-49）。

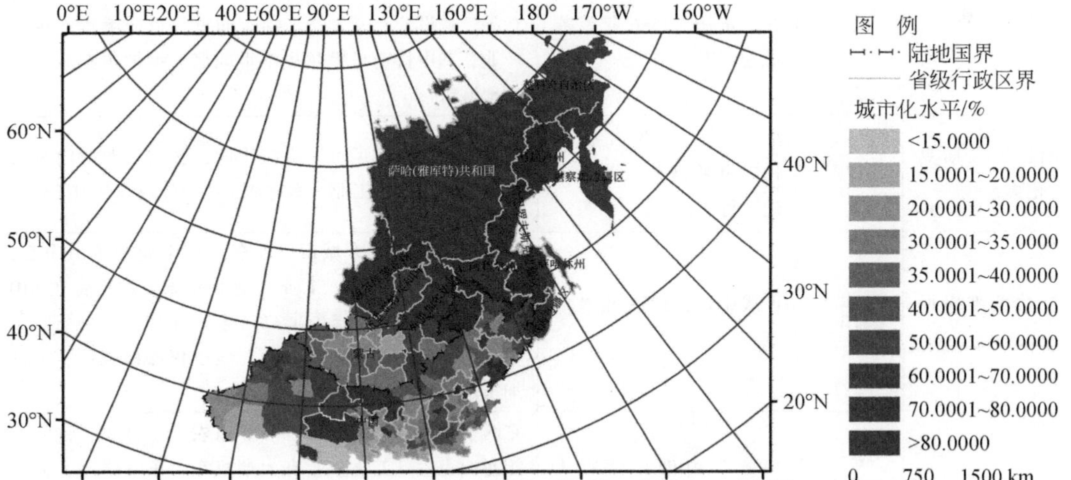

图 1-49　中国北方及其毗邻地区城市化水平分布

在俄罗斯考察区内部，伊尔库茨克州与太平洋沿岸地区城市化率较高。由于该地区出生率持续下降，人口向俄罗斯西部城市迁移，加上农村人口向城市搬迁，多个地方都出现“人去楼空”的鬼城。越来越多的人从中小城市涌向大城市寻找机会，一些中小城市也因为人口减少而濒临荒废。上万个村庄的常住人口不足 10 人，已经处于荒废状态，上千个村庄已经无人居住。

蒙古北部与东部地区城市人口相对集中，首都乌兰巴托市人口密度为 219.4 人/km^2，占全国城市人口的 50% 以上。蒙古 60.8% 为城市人口，39.2% 为乡村人口。

1.2.3.2 城镇布局地域分异与空间格局

俄罗斯东西伯利亚与远东地域辽阔，人口高度集中在中心城市地区（表 1-22）。30 万以上人口的中心城市主要有克拉斯诺亚尔斯克（在考察区外）、符拉迪沃斯托克（海参崴）、布拉戈维申斯克、伊尔库茨克、哈巴罗夫斯克、乌兰乌德、赤塔等，10 万人以上的城市主要有阿穆尔共青城（27 万人）、雅库茨克（20 万人）、乌苏里斯克（20 万人）、纳霍德卡（20 万人）、南萨哈林斯克（181 万人）、马加丹（15 万人）。

表 1-22 俄罗斯东西伯利亚及远东主要城市概况

主要城市	2014 年人口/万人	历史	城市经济与产业
克拉斯诺亚尔斯克	103.6	1628 年建为要塞。1896 年西伯利亚大铁路修通，人口剧增	东西伯利亚第一大城市，克拉斯诺亚尔斯克边疆区首府。工业以机械制造、冶金和化工为主，木材加工和造纸工业也较发达
符拉迪沃斯托克（海参崴）	10	原名海参崴，俄在 1860 年占据后改名，并重点发展为军港城市	远东捕鲸业、捕鱼业和冷冻船基地，旅游城市
伊尔库茨克	61.3	早在 1661 年开始就有人在此定居，1686 年发展成为都市	东西伯利亚第二大城市，西伯利亚唯一的大工业城市，建有大型炼铝厂和电缆厂，机械制作，制材，家具，食品，建设等产业发达。拥有向世界供应毛皮的传统产业，其中特别是黑貂皮举世闻名。贝加尔湖旅游区基地城市
哈巴罗夫斯克（伯力）	7	原名伯力，俄占后于 1858 年将此建设为远东地区行政首府	通过阿穆尔河航运可以直接出海，主要工业部门有飞机制造业、燃料工业、木材加工业、建筑和建材工业
布拉戈维申斯克（海兰泡）	22	原属中国，1858 年被俄割占	俄罗斯远东第三大城市，远东大型工业和贸易中心，行政和文化的中心。工业企业 898 家，建筑企业 810 家，贸易、汽车维修企业 3273 家。有列宁船舶修造厂、十月革命命名的船舶制造厂、电子仪器仪表厂、木材加工厂和纺织厂等
乌兰乌德	42.1	1666 年由俄哥萨克人建城	东西伯利亚第三大城市，产业以农业、林业、牧业和旅游业为主。工业企业有大型机车、车辆修理、大型玻璃厂、飞机制造厂，机器制造、金属加工、轻工、食品加工、毛皮、建筑材料、电子设备等也比较发达
赤塔	33.6	1690 年形成居民点，1706 年命名赤塔	赤塔周围地区有锡、铝、金、铜、钼、萤石、铁矿石、煤等矿物资源，丰富的森林资源和水力资源。赤塔是东西伯利亚的工业中心之一，主要企业有汽车装配厂、机器制造厂、机车厂、木材加工厂、食品厂等

续表

主要城市	2014 年人口/万人	历史	城市经济与产业
共青城	25.5	1932 年设市，苏联第一个五年计划期间诞生的城市	贝阿铁路东段主要铁路枢纽，有铁路支线通西伯利亚大铁道。同库页岛的奥哈间有复线输油、输气管。建有造船厂和飞机制造厂，工业以机械制造（舰船、飞机、铸造机械、起重运输设备）及金属加工为主。有大型专业钢厂，还有炼油厂、木材加工及建筑材料厂等
彼得罗巴甫洛夫斯克	18.3	建于 1740 年	捕鱼船队的冷藏基地。该港是符拉迪沃斯托克（海参崴）、纳霍德卡的货运中转站，主要运出木材和鱼等
雅库茨克	29.4	远东地区最古老的城市，现为萨哈（雅库特）共和国首府	毛皮皮革、家畜、象牙和木材的集散地。与外区联系靠空运，有大型机场
乌苏里斯克（双城子）	16.7	原名双城子，俄 1866 年起占据	农业比较发达，绥芬河、木科夫力河、苏普提加河交汇处，市区附近有科马罗夫自然保护区
纳霍德卡	15.6	建于 1935 年	俄远东地区最大的港口和渔业中心，在纳霍德卡以东 18km 处的亚美利加湾有由日本协助建成的大型港口——东方港。到目前为止这里是全俄比较成功的一个自由经济区
南萨哈林斯克	19.3	1946 年建市	有铁路至岛西岸的霍尔姆斯克，通过铁路轮渡到瓦尼诺港与贝阿铁路干线相接。工业主要是木材加工、纸浆造纸和海产捕捞加工
马加丹	99.6（2007 年数据）	建于 1933 年	鄂霍次克海北岸新兴的港口城市，纳加耶夫港是它的海上门户

资料来源：《俄罗斯联邦统计年鉴 2014》。

1.2.3.3　人居环境地域分异与空间格局

（1）居民住房

俄罗斯东西伯利亚与远东地区人均居住面积普遍有所增长，但年均增长速度都低于全俄罗斯人均居住面积改善的平均水平。人均居住面积普遍达到 20m^{2}左右，高于蒙古人均居住面积（表 1-23）。

表 1-23　俄罗斯东西伯利亚与远东地区历年住房改扩建面积（单位：万 m^2）

年份	2000	2005	2006	2007	2008	2009	2010
改扩建住宅面积	30.3	43.6	50.6	61.2	64.1	59.9	58.4

资料来源：《俄罗斯联邦统计年鉴》（2000～2010）。

2000～2010 年，蒙古人均居住面积年均增长率为 2.96%（表 1-24），远高于俄罗斯 1.64% 的平均水平。

表 1-24　2000 年、2005 年、2010 年人均居住面积

国家/地区	人均居住面积/m²			年均增长/%
	2000 年	2005 年	2010 年	
俄罗斯联邦	19.2	20.8	22.6	1.64
乌拉尔联邦区	18.8	20.3	22.3	1.72
西伯利亚联邦区	18.3	19.6	20.8	1.29
布里亚特共和国	17	17.9	19.2	1.22
外贝加尔边疆区	17.4	18.6	19.5	1.15
伊尔库茨克州	18.8	20	21.4	1.3
远东联邦区	19	20.4	21.8	1.38
萨哈（雅库特）共和国	19.3	19.4	20.2	0.46
滨海边疆区	17.9	19.3	20.8	1.51
哈巴罗夫斯克边疆区	18.6	19.9	20.7	1.08
阿穆尔州	18.6	20.4	21.8	1.6
萨哈林州	20.7	21.6	23.6	1.32
犹太自治州	19.4	20.8	21.1	1.31
蒙古	2.69	2.84	3.6	2.96

资料来源：《俄罗斯联邦统计年鉴》（2000～2010）。

（2）社会服务

1）医疗卫生水平。俄罗斯东西伯利亚与远东地区由于人口的减少，社会人均医疗设施相对增加，但由于人才的流失，社会人均医疗人才资源拥有水平降低，与俄罗斯联邦全社会人均医疗资源水平差距较大。

蒙古人口增长的同时，社会医疗设施建设保持同步增长，社会人均医疗资源水平保持相对稳定。与中国北方比较，每万人拥有医院床位数远低于中国北方地区，更加低于俄罗斯东部地区；每万人拥有的医生数虽然低于俄罗斯，但高于中国北方地区的水平（表 1-25）。

表 1-25　2000 年、2005 年和 2010 年中国北方及毗邻地区社会医疗情况

国家/地区	2000 年		2005 年		2010 年	
	每万人拥有医院医生数/人	每万人拥有的床位数/张	每万人拥有医院医生数/人	每万人拥有的床位数/张	每万人拥有医院医生数/人	每万人拥有的床位数/张
俄罗斯联邦	46.8	115	48.6	111	50.1	94
乌拉尔联邦区	40.1	115	42.5	110	46	94
西伯利亚联邦区	47.3	115	51	120	52.1	105
布里亚特共和国	38.0	102	38.6	106	41.3	97

续表

国家/地区	2000 年		2005 年		2010 年	
	每万人拥有医院医生数/人	每万人拥有的床位数/张	每万人拥有医院医生数/人	每万人拥有的床位数/张	每万人拥有医院医生数/人	每万人拥有的床位数/张
外贝加尔边疆区	47.4	133	52.5	139	56.1	117
伊尔库茨克州	46.5	127	47.5	125	49.9	109
远东联邦区	52.2	128	54.3	127	55.8	109
萨哈（雅加特）共和国	46.1	153	49.3	153	57.1	115
滨海边疆区	53.5	110	53.5	96	52.7	92
哈巴罗夫斯克边疆区	57.8	107	60.5	111	61.1	97
阿穆尔州	56.9	142	60.7	144	62.8	115
马加丹州	53.8	173	55.2	175	55.6	149
萨哈林州	42.8	139	44	147	49.1	142
犹太自治州	35.8	136	37	152	35.4	141
蒙古	0.75	27	0.72	27	0.65	27
中国华北五省（自治区、直辖市）及山东、河南	17.4	21.9	16.27	27.21	16.27	84.08
西北五省（自治区）	17.6	27.2	16.49	29.80	16.49	196.66
东北三省	22.1	37.2	19.81	35.74	19.81	111.88

资料来源：《俄罗斯联邦统计年鉴》(2000～2010)，《蒙古统计年鉴》(2000～2010)，《中国统计年鉴》(2001～2011)。

中国北方地区随着经济社会高速发展的同时，社会医疗服务硬件水平得到快速提升，每万人拥有医院床位数是俄罗斯东部地区的 2～3 倍，但 2000～2010 年每万人拥有的医生数有所减少，且数量仅相当于俄罗斯东部地区水平的 1/4，甚至低于蒙古的人均水平，这是中国北方地区人居环境需要优化的一个重要方向（表 1-26）。

表 1-26　2010 年中国北方地区医疗卫生机构基本情况

项目	中国北方	华北五省（自治区、直辖市）及山东、河南	西北五省（自治区）	东北三省
卫生机构数/个	111 024	55 058	27 193	28 773
卫生机构床位数/万张	159.31	92.53	28.08	38.70
卫生机构人员/万人	316.61	200.38	50.32	65.91

资料来源：《中国统计年鉴 2011》。

2）公共服务水平。

A. 城市公共服务方面。俄罗斯东部地区由于长期的经济衰退与政府财政投入的不足，城市公共服务水平出现大幅度滑坡。经过在俄罗斯东部地区考察发现，绝大部分城市公共服务设施依然是苏联时代建设的，一系列公共服务设施老化陈旧现象严重。以每万人拥有公共汽车数为例，2000 年、2005 年与 2010 年，俄罗斯联邦分别为 74 辆、55 辆、44 辆；西伯利亚联邦区分别为 75 辆、54 辆、44 辆；远东联邦区分别为 65 辆、38 辆、29 辆。俄东部地区都低于全俄水平，公共交通服务呈现全面下降的趋势。

蒙古城市公共服务保持增长的趋势。在东北亚经济发展的带动下，城市公共服务设施有一定的改善。其中，2000 年、2005 年和 2010 年每万人拥有公共汽车数，全蒙分别为 36 辆、43 辆、62 辆；中心城市乌兰巴托分别为 81 辆、65 辆和 120 辆。

中国北方地区虽然中心城市公共服务设施有大幅度提升，但广大的中小城市，省市服务设施依然落后，这使得中国北方地区在总体上城市公共服务设施水平发展还有不足。以每万人拥有公共汽车数为例，虽然 2000 ~ 2010 年拥有量有所增长，但数量远低于俄蒙水平（表 1-27）。

表 1-27　2000 年、2005 年、2010 年社会公共汽车、入户电话拥有量

国家/地区	2000 年		2005 年		2010 年	
	每万人拥有公共汽车数/辆	每万居民拥有入户电话/台	每万人拥有公共汽车数/辆	每万居民拥有入户电话/台	每万人拥有公共汽车数/辆	每万居民拥有入户电话/台
俄罗斯联邦	74	143	55	192	44	200
乌拉尔联邦区	87	135	66	190	57	197
西伯利亚联邦区	75	128	54	174	40	187
布里亚特共和国	42	104	20	151	8	155
外贝加尔边疆区	33	83	32	114	26	138
伊尔库茨克州	75	101	55	143	41	145
远东联邦区	65	136	38	198	29	205
萨哈（雅库特）共和国	71	151	52	215	38	226
滨海边疆区	57	127	24	195	19	203
哈巴罗夫斯克边疆区	68	124	62	187	46	199
阿穆尔州	50	98	28	147	19	145
萨哈林州	64	166	4	226	0	230
犹太自治州	67	122	36	185	55	184
蒙古	36	46.6	43	63	62	52
乌兰巴托	81	89	65	96	120	85
中国华北五省（自治区、直辖市）及山东、河南	1.5		2.47		3.03	
西北五省（自治区）	1.5		2.25		2.77	
东北三省	2.8		3.40		4.07	

资料来源：《俄罗斯联邦统计年鉴》（2000 ~ 2010），《蒙古统计年鉴》（2000 ~ 2010），《中国统计年鉴》（2001 ~ 2011）。

B. 通信公共服务方面。随着信息时代的到来，俄罗斯通信公共服务产品加快发展，公共服务能力大幅度提升。以每万居民拥有入户电话指标来看，2000 年以来一直保持增长。2000 年、2005 年和 2010 年，俄罗斯联邦分别为 143 台、192 台和 200 台；西伯利亚联邦区分别为 128 台、174 台和 187 台；远东联邦区分别为 136 台、198 台和 205 台。远东地区受到东北亚经济发展的影响，电子信息产品具有更快的发展速度（表1-27）。

蒙古在每万居民拥有入户电话指标上也有所增长，在通信服务领域也在积极与国际对接（表1-27）。

3）科教文化水平。俄罗斯东部地区的高科技水平和巨大的科技潜力是以俄罗斯科学院西伯利亚分院、俄罗斯科学院远东分院的科技水平为核心的。西伯利亚的高科技优势主要体现在：航天技术设备（运载火箭、通信卫星、导航卫星和其他卫星）、民用与军用飞机（包括飞机发动机与航空技术设备）、系列核动力设备、电子技术（包括硅生产技术）、激光技术（包括制造和使用高能激光处理各种技术难题）、硅技术、加速器技术、建立在应用新一代催化剂基础上的催化剂技术、生物化学技术（基因工程）、煤炭深加工及煤炭化学、信息技术及多门类仪表制造技术。远东分院地球科学和海洋科学研究处在世界的领先地位。优势在于陆地资源和海洋资源的理论与应用研究，包括地质（海洋地质、火山地质、成矿机理等）、化学、动植物、生物工程、海洋工艺等方面。近期能进入国际市场，并能形成竞争优势的高科技技术有：一是信息和电子技术；二是先进制造技术；三是新材料和化工；四是生命保障系统；五是先进交通工具；六是新能源和新材料；七是生态保护和自然资源合理利用。

蒙古有70多个科研机构，分属于蒙古科学院与大学，其中自然科学领域研究人员占1/3，工程学领域与社会科学研究人员各占1/5。经济转型以来，研究人员大量流失，百万人口中科研人员数量持续下降。有大学11所，在校生有7万名；政府间协议及奖学金出国留学生700人。有高中以下各类学校754所，其中小学71所、初中167所、高中516所。在校生达53.74万名。

中国北方有北京全国性科技文化教育中心，有各省市区强大的文化科技教育资源，科技研发能力在全国占据主要地位。但是我国依然不是一个科技强国，在万人拥有的有效专利数、人均研发经费，与发达国家比仍有较大差距。中国是文化大国，但文化产品尚未形成国际文化消费市场的核心竞争力（表1-28）。

表1-28 2010年中国北方教育文化情况

教育资源	中国北方	华北五省（自治区、直辖市）及山东、河南	西北五省（自治区）	东北三省
普通高校专任教师/万人	58.06	36.64	8.21	13.21
普通高校招生/万人	264.38	143.75	70.68	49.95
普通高校在校生/万人	715.62	444.97	110.66	159.99
普通高校毕业生/万人	153.16	92.61	23.49	37.06
公共图书馆/个	1356	719	355	282

资料来源：《中国统计年鉴2011》。

（3）基础设施

1）俄东西伯利亚与远东地区基础设施近20年投入不够，设施老化。

A. 交通基础设施。未来10年，俄罗斯将大力推进交通基础设施建设。俄政府计划在道路建设方面有所突破，道路建设规模在目前基础上翻一番。优先发展支线航空、港口、北海航线、西伯利亚大铁路、贝加尔–阿穆尔大铁路及其他交通走廊项目，以确保俄境内运输的连通性。

B. 信息基础设施。网络基础设施尚处建设、完善的过程中，通信网社会应用程度尚未得到深化和大范围普及。俄罗斯的89个联邦主体中尚有近一半的地区还未能开设独立的官方服务器，电子政府的建设仍处在发展的初始阶段。

C. 能源基础设施。俄罗斯将强化可再生能源基础设施建设，2020年可再生资源产出将占能源结构的4.5%。

2）蒙古的基础设施建设进展缓慢，已经成为经济发展的瓶颈。

蒙古交通设施：蒙古没有出海口，交通运输业分为铁路运输、公路运输、航空运输，以铁路和公路运输为主。

蒙古全国公路总里程为49 250km，国家级公路总里程为11 218km，其中仅有2395km为柏油路面。

蒙古现有铁路线1811km，占全国运输网总长的1.9%，分别担负着蒙古货运和客运量的62.8%和2.3%，分别占蒙古货物和旅客周转量的96.7%和47.6%。主干网络是连接中俄的过境铁路线，主要经济中心城市乌兰巴托、额尔登特、达尔汗、赛音山达、苏赫巴托市位于铁路沿线。目前，蒙古政府正在结合战略矿产资源开发需要，拓展铁路网，计划修建戈壁地区铁路线、东部区铁路线、西部区铁路线、铁路网横线四条主要线路，开展统筹规划铁路建设与投资。

蒙古开辟有国际航线和国内航线。定期有飞往中国、俄罗斯、韩国、德国、日本的航班。乌兰巴托市唯一的布彦特乌哈（也称"成吉思汗"）国际机场为蒙古最大的机场，但由于只能单向起降，受气候影响较大，所以飞机晚点率较高。2007年，日本承诺向蒙古提供2.7亿美元贷款（年利息为0.2%，期限40年）用于建设国际机场。该机场计划在距离首都61km的中央省色勒格楞县侯希格盆地修建，建设跑道3600m，占地面积3.2万m^2，预计新机场每年周转旅客150万人。

通信基础设施：目前，蒙古的通信基础设施包括7500多千米光缆网、2500km数字无线电话线、220多个卫星通信VSAM站、30 000多个空架线，已经形成跨越88个县连接21个省会的光缆网。仅乌兰巴托的地下光缆就长达300km。

电力基础设施：蒙古现有电力装机容量为87.84万kW，构成为：热电站82.83万kW，柴油发电站4.6万kW，水电站0.37万kW，太阳能250kW。全国的电力供应主要由中部、西部、东部区的电力系统组成，目前仍有2个省、40多个县未接入中央电力系统。

3）中国北方地区内基础设施的一体化已初步形成。

A. 交通基础设施：公路、铁路、机场、港口、通信、电力、邮电等都已初步互联成网。交通四通八达，已形成由水陆空立体交通组成的综合运输体系。在铁路方面，大力推进电气化改造，积极筹划建设新欧亚大陆桥国际大通道，对俄、对蒙运输通道网络已经形成。

B. 信息基础设施：提高供应链联通性和便利化程度，充分发挥基础设施效能。推进《亚太经合组织供应链联接行动计划》，突破供应链瓶颈限制，消除货物、服务流通障碍，争取2015年前在时间和成本等方面实现该地区供应链便利化程度提高10%的目标。

C. 能源基础设施：中国的能源基础设施专案建设费2012～2016年按CAGR 21.1%扩大。中国计划在2020年之前投资发电1000亿元人民币。

1.2.4　中国北方地区生态经济区划

基于中国科学院资源环境科学数据中心提供的数字高程模型（DEM）、土地覆盖和土地利用、气温、降水、干燥度等自然环境数据，以及北方地区 1100 多个县（区、市）2009 年经济社会统计数据，以地域分异规律为理论基础，借鉴前人关于自然区划、生态区划、经济区划的研究成果，遵循区内相对一致性和区间差异性相结合原则、生态经济系统的等级性原则、综合分析与主导因素相结合原则、行政单元完整性和区域共轭性原则，根据生态经济要素地域分异，通过对各种现象因果关系的分析，综合运用 ArcGis 空间分析法和地理相关法，以县级行政区作为区划的基本单元，自上而下和自下而上相结合，将北方地区划分为 5 大生态经济区，23 个生态经济亚区。目的在于为依据各生态经济区生态经济系统的结构、功能与主要矛盾等，因地制宜地制订区域发展对策提供科学依据。

1.2.4.1　中国北方地区生态经济区划方案

中国北方地区生态经济区分为东北生态经济区、华北生态经济区、内蒙古高原生态经济区、西北内陆生态经济区、青藏高原生态经济区等 5 大生态经济区（图 1-50）。

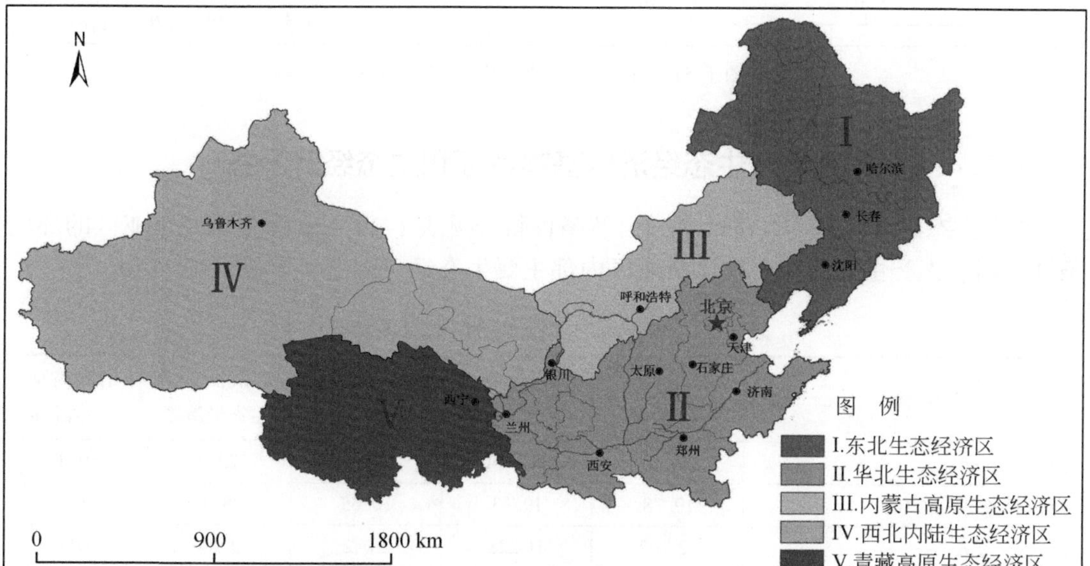

图 1-50　中国北方地区生态经济区

根据生态、自然和经济社会发展条件，东北生态经济区细分为：Ⅰ-1 大兴安岭北部区、Ⅰ-2 东北东部山地–丘陵区、Ⅰ-3 东北中部平原区等 3 个生态经济亚区。华北生态经济区细分为：Ⅱ-1 冀北山地区、Ⅱ-2 华北平原区、Ⅱ-3 山东低山丘陵区、Ⅱ-4 黄土高原东部区、Ⅱ-5 关中–汉中–黄河谷地区、Ⅱ-6 黄土高原西部等 6 个生态经济亚区。内蒙古高原生态经济区细分为：Ⅲ-1 大兴安岭南部区、Ⅲ-2 内蒙古高原中北部区、Ⅲ-3 黄河沿岸及鄂尔多斯高原区等 3 个生态经济亚区。西北内陆生态经济区细分为：Ⅳ-1 塔里木盆地荒漠区、Ⅳ-2 塔里木河流域绿洲区、Ⅳ-3 天山南麓区、Ⅳ-4 天山北麓–阿尔泰区、Ⅳ-5 疆北乌-克区、Ⅳ-6 吐哈盆地-河西走廊区、Ⅳ-7 新甘蒙接壤区等 7 个生态经济亚区；青藏高原生态经济区细分为：Ⅴ-1 西宁谷地及周边、Ⅴ-2 柴达木盆地、Ⅴ-3 黄河河曲地区、Ⅴ-4 江河源区等 4 个生态经济亚区（图 1-51）。

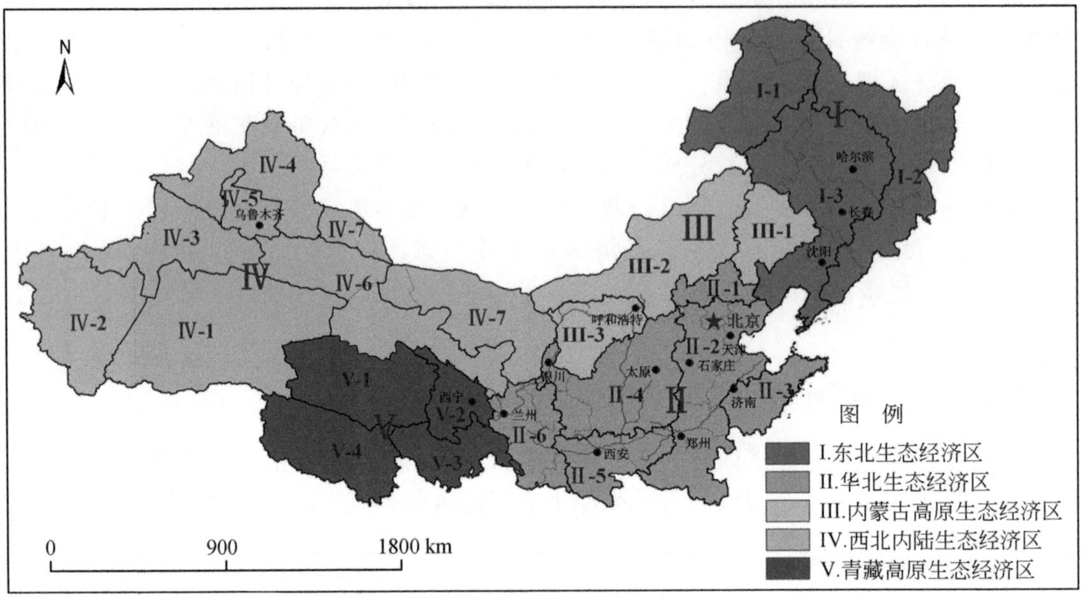

图 1-51　中国北方地区生态经济亚区

1.2.4.2　中国北方生态经济区基本特征和生态经济矛盾

5 大生态经济区基本经济社会和自然条件特征见表 1-29，23 个生态经济亚区的环境条件限制、人类主要活动方式以及亚区内部主要生态经济问题、矛盾见表 1-30。

表 1-29　中国北方生态经济区的基本特征

指标	东北生态经济区	华北生态经济区	内蒙古高原生态经济区	西北内陆生态经济区	青藏高原生态经济区
面积/万 km^2	115.31	112.14	62.08	222.31	69.47
面积占北方比重/%	19.78	19.23	10.65	38.13	11.91
总人口/万人	12 702	41 228	2 042	2 906	634
人口占北方比重/%	20.83	67.61	3.35	4.77	1.04
人口密度/（人/km^2）	110	367.65	32.89	13.07	9.13
人口城镇化率/%	49.61	32.89	43.00	48.73	32.65
人均 GDP/万元	32 092.62	29 459.11	45 787.93	25 462.57	17 841.08
GDP 密度/（万元/km^2）	353.50	1 083.05	150.61	33.28	16.28
地均粮食产量/（t/km^2）	91.73	165.76	25.59	6.79	1.61
平均海拔/m	1 183.96	2 180.19	1 213.00	3 600.99	3 934.30
年平均降水量/mm	848.55	784.47	340.55	293.87	404.46

续表

指标	东北生态经济区	华北生态经济区	内蒙古高原生态经济区	西北内陆生态经济区	青藏高原生态经济区
年平均气温/℃	1. 35	5. 53	2. 15	-4. 12	-2. 61
≥10℃平均积温	2 583. 56	3 426. 34	2 412. 15	3 054. 36	1 922. 85
平均干燥度指数	1. 01	2. 49	3. 17	6. 38	1. 64

注：数据根据《中国统计年鉴 2011》计算。

表 1-30　中国北方生态经济亚区的主要生态经济矛盾

代码	名　称	环境条件限制	人类活动方式	主要生态经济问题和矛盾
Ⅰ-1	大兴安岭北部区	热量、可耕地	林业及其加工业	森林采育与保护、过度放牧
Ⅰ-2	东北东部山地-丘陵区	热量、坡度、耕地	林业、能矿	森林采育与保护、生物多样性下降
Ⅰ-3	东北中部平原区	热量、植被	综合经济、城市	人口增长、垦殖过度、湿地萎缩
Ⅱ-1	冀北山地区	坡度、耕地	农、林、牧业和旅游业	水土流失、农牧交错带而生态环境脆弱
Ⅱ-2	华北平原区	水、土、能源	综合经济、城市	人口密集、资源短缺、地下水超采、环境污染
Ⅱ-3	山东低山丘陵区	水、土、能源	综合经济、城市	人口密集、资源短缺、环境污染
Ⅱ-4	黄土高原东部区	坡度、植被	综合农业、能源开采	垦殖过度、水土流失、沙漠化
Ⅱ-5	关中-汉中-黄河谷地区	水、土地	综合经济、城市	人口增长过快、水资源相对短缺
Ⅱ-6	黄土高原西部	坡度、水、植被	农牧业	垦殖过度、人口增长、贫困、水土流失
Ⅲ-1	大兴安岭南部区	水、热量、坡度	农牧业、能矿	垦殖过度、水土流失、沙漠化
Ⅲ-2	内蒙古高原中北部区	水、热量	牧业	过牧、荒漠化
Ⅲ-3	黄河沿岸及鄂尔多斯高原区	水、植被	综合经济	人口增长、水土流失、荒漠化
Ⅳ-1	塔里木盆地荒漠区	水、土	绿洲农业、荒漠牧业、采矿业	沙漠化
Ⅳ-2	塔里木河流域绿洲区	水、土	绿洲农业、荒漠牧业	人口增长、垦殖过度、沙漠化
Ⅳ-3	天山南麓区	水、土	绿洲农业、荒漠牧业	过牧、沙漠化
Ⅳ-4	天山北麓-阿尔泰区	水、地形	山地牧业	过牧、沙漠化
Ⅳ-5	疆北乌-克区	水、土	绿洲农业、荒漠牧业、工矿业	过牧、沙漠化
Ⅳ-6	吐哈盆地-河西走廊区	水、土	绿洲农业、荒漠牧业、工矿业	人口增长、垦殖过度、沙漠化
Ⅳ-7	新甘蒙接壤区	水、土	荒漠牧业	过牧、沙漠化
Ⅴ-1	西宁谷地及周边	高度、热量	工矿业	人口增长、水土流失

续表

代码	名　称	环境条件限制	人类活动方式	主要生态经济问题和矛盾
V-2	柴达木盆地	寒、旱	牧业、工矿业	土地砾漠化
V-3	黄河河曲地区	高度、热量	牧业	过牧、草场退化
V-4	江河源区	高度、热量	牧业、采矿业	过牧、无序采矿

1.3　东北亚南北样带经济社会梯度分布与发展情况

样带的空间范围包括32°N～78°N，105°E～118°E，其主带以贝加尔湖为中心，东西各约100km，作为核心研究区，南至中国内蒙古，北至极地。样带涉及的行政区主要包括俄罗斯萨哈（雅库特）共和国、伊尔库茨州、布里亚特共和国、埃文基民族自治区、泰梅尔自治区，蒙古东方省、苏赫巴托尔省、肯特省、色楞格省、达尔汗乌拉省、乌兰巴托市、戈壁苏木贝尔省、中戈壁省、东戈壁省、南戈壁省，中国内蒙古、北京市、天津市、河北省、山西省、宁夏回族自治区、河南省、山东省、陕西省、甘肃省等10个省（自治区、直辖市）。

经济社会梯度调查主要研究样带覆盖的中国、俄罗斯和蒙古上述相关区域的经济、社会发展的相关主要指标的空间梯度分布及其变化，通过建立经济社会样带梯度评价指标体系，对经济社会系统各要素在经济社会发展过程中所表现出的变化趋势和状态进行比较和分析，对经济社会系统整体性进行评价。

1.3.1　样带经济社会梯度调查的指标体系和数据

（1）经济社会地图调查指标体系选择原则

1）服务于研究主题的原则：在特定区域价值判断和功能定位的基础上，确定样带选取所要揭示的科学问题、战略主题，突出选择的经济社会梯度指标的典型性、代表性。

2）差异性与地带性原则：样带地域单元间具有较强的空间差异性，选择的指标可以表征经济社会样带梯度的区域变化趋势。

3）适宜性与可获得性原则：经济社会梯度指标选择需要指标的数量适宜，样带研究区数据可获得性强，样带考察与模拟分析具有较强针对性。

4）样带沿线具有良好的研究基础和配套的研究基地。

（2）经济社会梯度分析原则

1）定性分析与定量评价相结合；

2）遥感数据与实证调研相结合；

3）专家评判与仿真模拟相结合；

4）注重多方法集成、多数据源综合应用，主导指标、指标体系与模型相结合。

（3）经济社会样带指标体系构建

根据国内外样带研究与区域可持续发展研究相关研究成果，以数据的可获得性和因子分析法对指标进行筛选，准则层分为经济指标和社会指标两个维度，其下划分一级指标层和二级指标层。

1）经济指标：衡量区域发展水平和经济实力的一组指标，这组指标既考虑中国

（省、自治区、直辖市）、俄罗斯（联邦区）、蒙古（省、市）不同区域的经济总量，又考虑人均经济情况，反映人均经济水平，以及考察区国土面积差异大，经济总量分布不平衡；俄罗斯、蒙古和我国统计指标口径一致性因素。分别选用 GDP、人均 GDP、地均 GDP、工业化水平等主要指标比较分析样带经济梯度变化。

2）社会指标：考虑资料的可获得性和横向对比的可操作性，因此选取一些国际组织通用的社会指标，且尽量选择相互衔接好，又可以反映各地区整体发展水平及区域特点的相似性和差异性的因子作为评价的综合指标。主要指标包括：总人口、劳动力人口总量、人口密度、城市化水平、人口自然增长率、人口就业率、失业率。

（4）数据集

GIS 数据：基于数据可获得性，俄罗斯主要是共和国、州（民族自治区）为基本单元，蒙古是省、市为基本单元，中国北方地区是地级市为基本单元，建立上述经济、社会等主要 11 项指标的 2005 年、2010 年数据库，用以表征南北样带区域经济社会梯度现状和时空变化特征。

1.3.2　样带内经济社会梯度变化分析

（1）GDP

2010 年，南北样带地区生产总值呈现南北高，中间低的四个梯度空间分布特征：第一梯度为样带东南部中国环渤海湾北京、天津、河北、山东等省级行政区，经济发展水平最高，沿海的地区 GDP 基本在 1000 亿元人民币以上；第二梯度为样带北部俄罗斯泰梅尔自治区、埃文基自治区、伊尔库茨克州、萨哈（雅库特）共和国及样带东南部中国山东、河南等地区 GDP 均为 500 亿～1000 亿元人民币；第三梯度为样带中部俄罗斯布里亚特共和国、外贝加尔边疆区及样带南部中国内蒙古、陕西、山西、宁夏、甘肃等的市（州）区域；第四梯度为样带中部的蒙古各省、市，GDP 在 10 亿元人民币以下。从 2005～2010 年南北样带 GDP 空间分布对比来看，空间分布并没有显著的变化，主要是俄罗斯外贝加尔边疆区与周边布里亚特、伊尔库茨克州差距缩小，中国锡林郭勒、赤峰等与其相邻东南部地区差距缩小（图 1-52、图 1-53）。

（2）人均 GDP

2010 年，样带人均 GDP 的空间分布从样带北部向南部快速递减。样带表现出 4 个梯度：第一梯度为俄罗斯泰梅尔自治区、埃文基自治区、萨哈（雅库特）共和国及中国北京、天津和内蒙古西部地区，人均 GDP 达到 5 万元人民币以上；第二梯度为俄罗斯伊尔库茨克州，中国内蒙古东部、陕西北部、河北中南部、河南北部等区域，人均 GDP 为 2.5 万～5 万元人民币；第三梯度为俄罗斯布里亚特共和国、外贝加尔边疆区和中国内蒙古中东部区域，人均 GDP 为 1.5 万～2.5 万元人民币；第四梯度集中在蒙古和中国宁夏、甘肃、陕西南部、河南南部地区，人均 GDP 小于 1.5 万元人民币。

2005～2010 年，样带南部和北部地区人均 GDP 快速增长，尤其中国北京、天津和内蒙古鄂尔多斯等地区，俄罗斯埃文基自治区、泰梅尔自治区等增长幅度更为突出。同时样带中部蒙古人均 GDP 增长缓慢，与样带高速增长地区的绝对差距在不断拉大（图 1-54、图 1-55）。

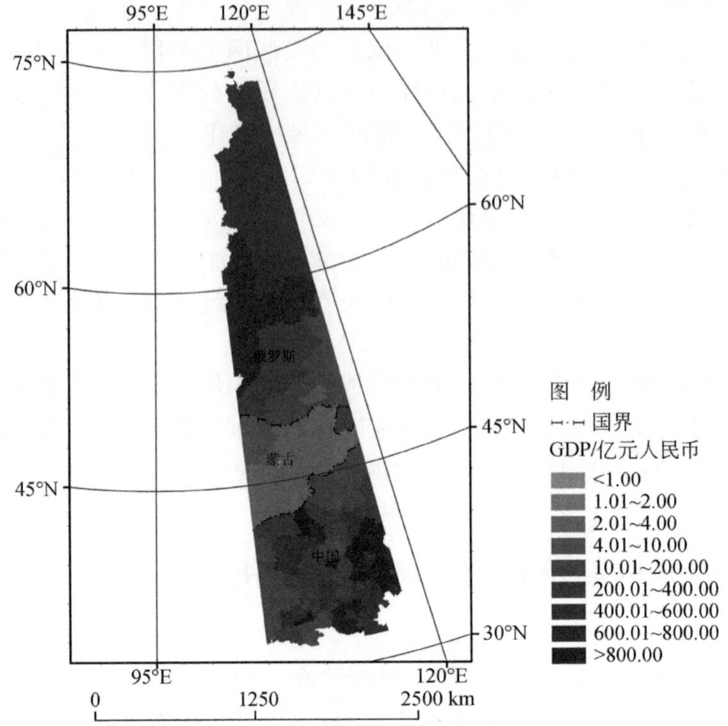

图 1-52　南北样带 2005 年 GDP 梯度变化

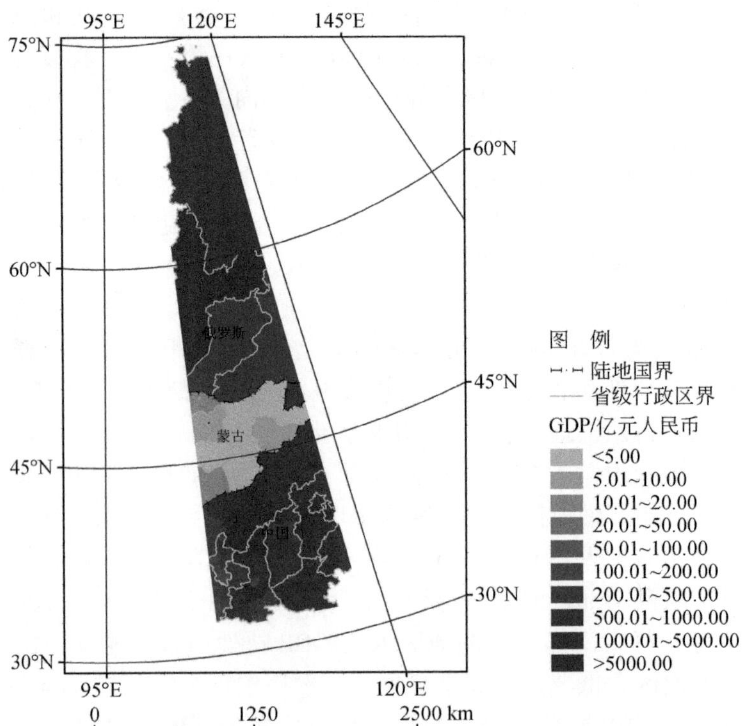

图 1-53　南北样带 2010 年 GDP 梯度变化

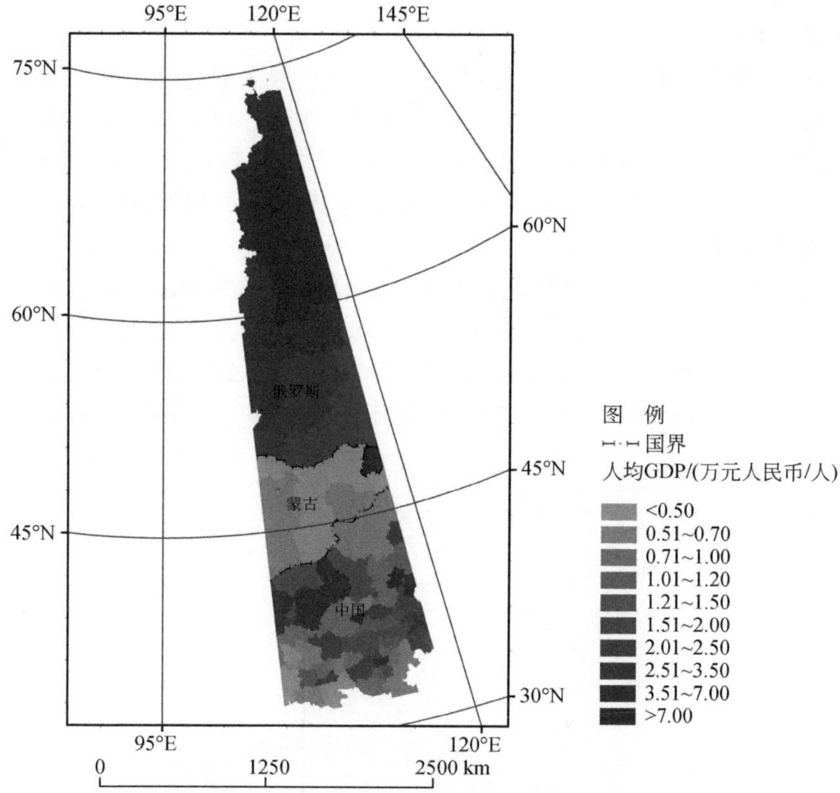

图 1-54 南北样带 2005 年人均 GDP 梯度变化

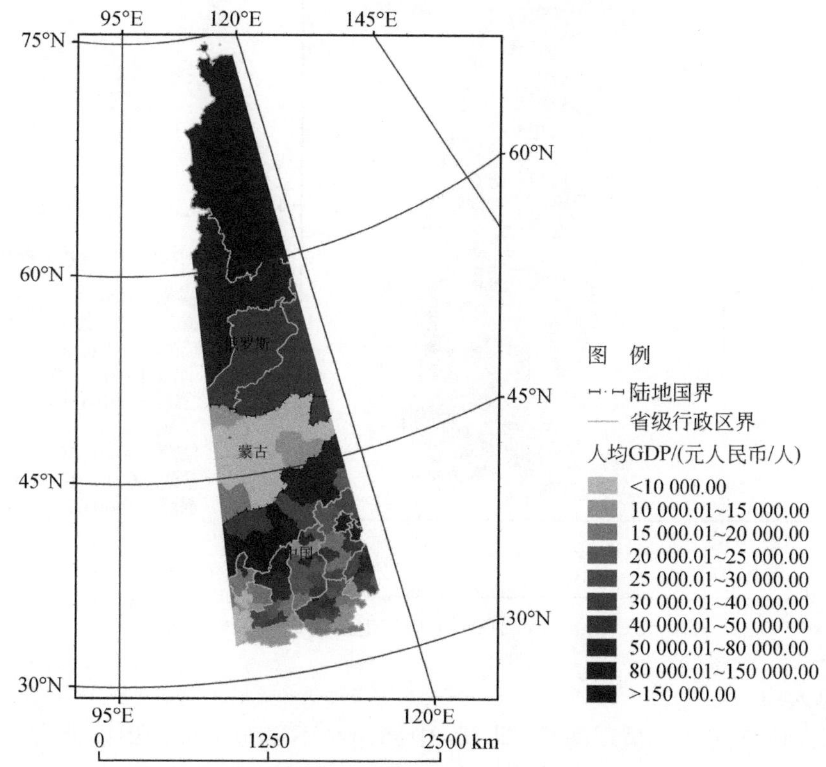

图 1-55 南北样带 2010 年人均 GDP 梯度变化

(3) 地均 GDP

地均 GDP 反映单位土地面积上经济强度。由于样带中部、北部地区地域广阔，人口总量少。2010 年样带地均 GDP 总体呈现由南向北逐步递减特征；南部中国北方地区地均 GDP 高达 40 万元人民币/km^2，北部俄罗斯、蒙古样带区域整体为低经济强度地区，地均 GDP 在 6 万元人民币以下。其中，中部蒙古、北部俄罗斯萨哈（雅库特）共和国地均 GDP 低于 4 万元人民币/km^2。

2005 ~ 2010 年样带地均 GDP 呈现快速增长趋势。样带北部地区开发强度明显增大，包括伊尔库茨克、泰梅尔、哈巴罗夫斯克地均 GDP 在 2010 年均达到 8 万元以上。样带南部地区地均 GDP 快速增长，由 2005 年的大于 10 万元人民币/km^2 增长为 2010 年 40 万元人民币/km^2，并且该地区地均 GDP 与样带中部和北部的差距进一步增大（图 1-56、图 1-57）。

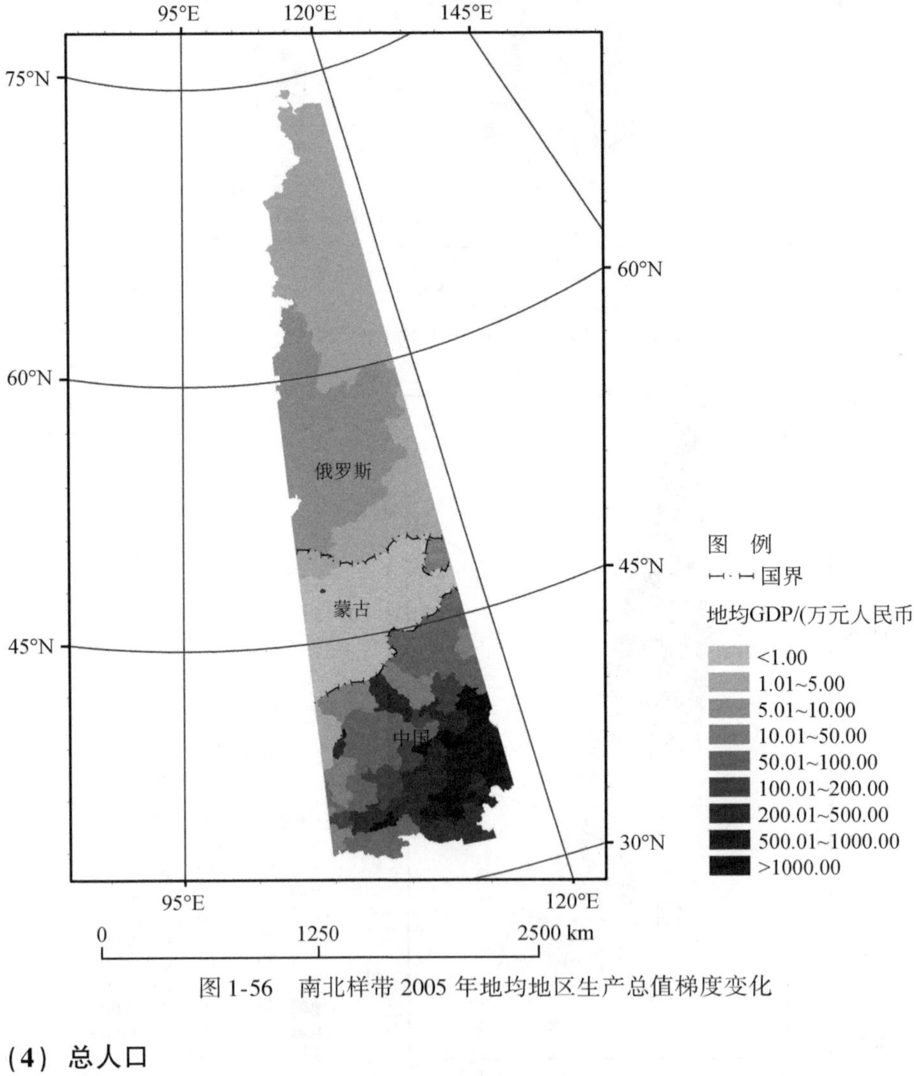

图 1-56 南北样带 2005 年地均地区生产总值梯度变化

(4) 总人口

样带总人口空间分布呈现南部-北部-中部递减不平衡特征。中国北方、俄罗斯伊尔库茨克州、外贝加尔边疆区是样带区总人口最高的地区；俄罗斯泰梅尔自治区、萨哈

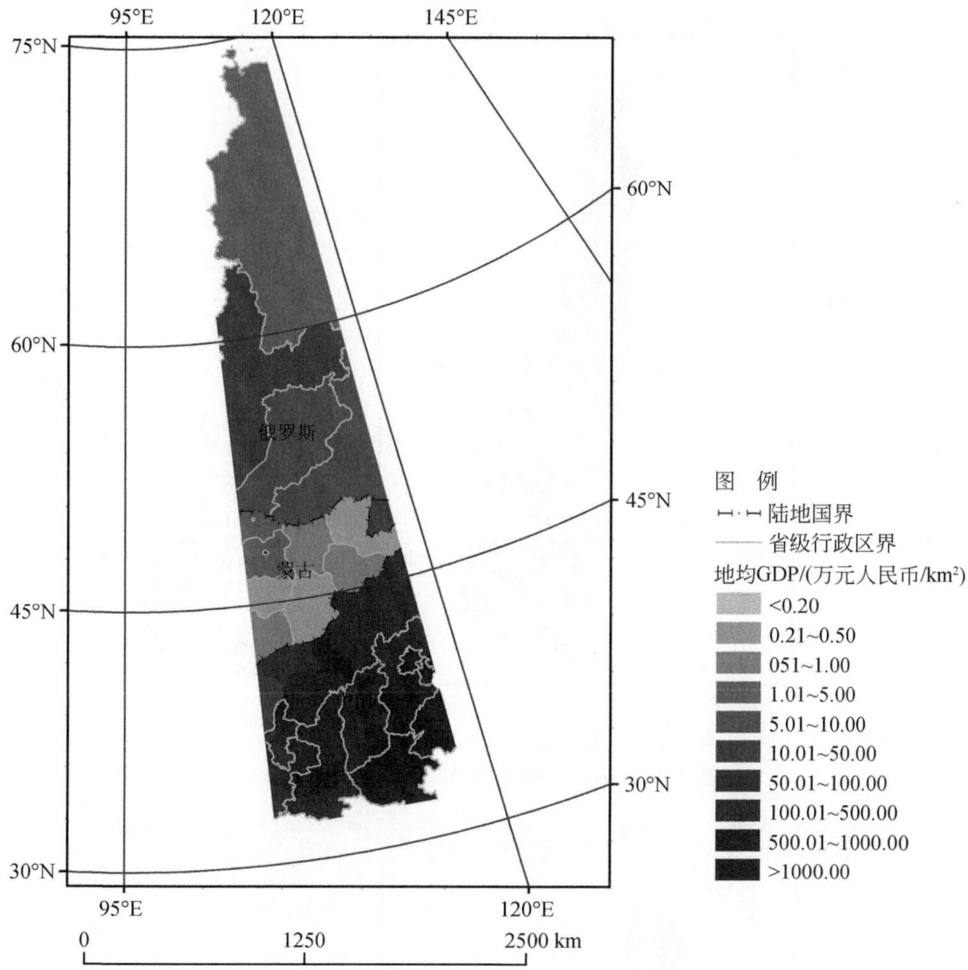

图 1-57　南北样带 2010 年地均地区生产总值梯度变化

（雅库特）共和国、布里亚特共和国为第二梯度区域；蒙古为样带区总人口最低区域。2005～2010 年，样带区总人口整体呈现较快增长趋势。但样带中部蒙古总人口增长缓慢；俄罗斯萨哈（雅库特）共和国、伊尔库茨克州总人口下降明显（图 1-58、图 1-59）。

（5）人口密度

2010 年南北样带人口密度空间分布极不平衡：第一梯度为中国北方地区，人口密度基本在 50 人/km^2以上；第二梯度为中国内蒙古，人口密度在 10～50 人/km^2；第三梯度为俄罗斯伊尔库茨克州、布里亚特共和国、外贝加尔边疆区，人口密度在 5～10 人/km^2；第四梯度为样带北部俄罗斯泰梅尔自治区、埃文基自治区、萨哈（雅库特）共和国和样带中部蒙古，人口密度在 5 人/km^2以下（图 1-60、图 1-61）。

（6）城市化水平

样带区域城市化水平呈现北高南低特征。俄罗斯泰梅尔自治区、埃文基自治区、伊尔库茨克州、萨哈（雅库特）共和国、外贝加尔边疆区为超过 70% 的高城市化水平连片地区；中国北京、天津及山东、河南、陕西、宁夏省会地区等高城市化水平区域呈现

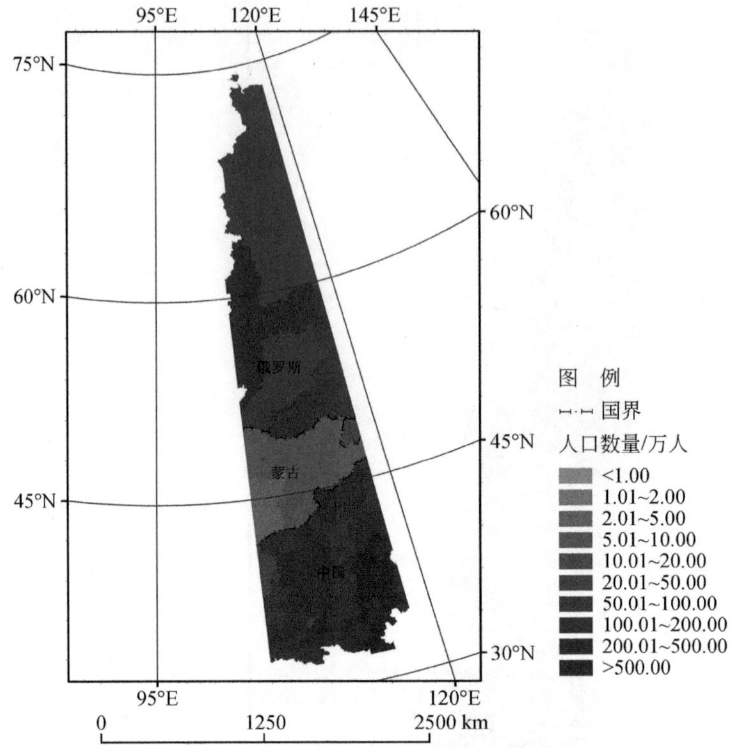

图 1-58　南北样带 2005 年总人口梯度变化

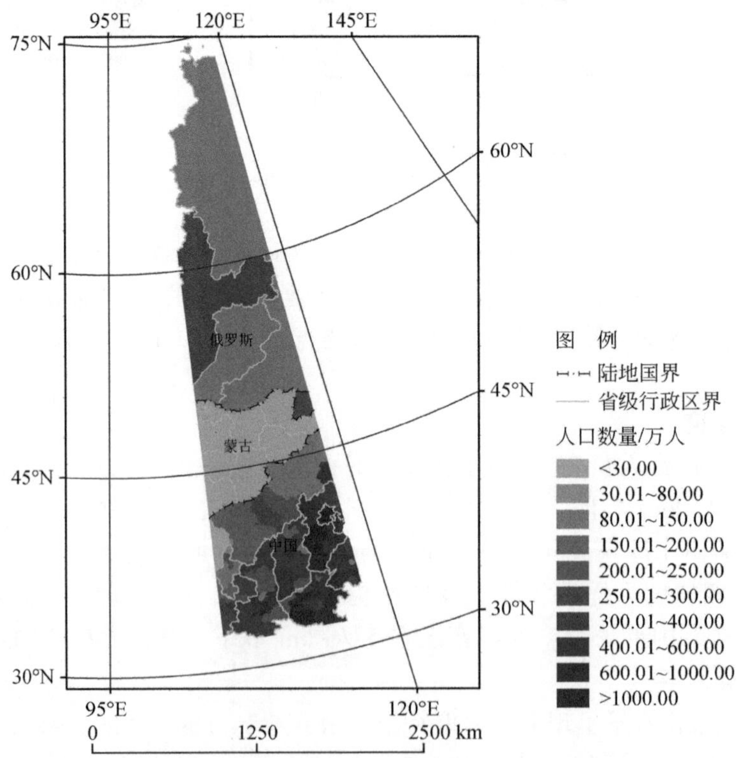

图 1-59　南北样带 2010 年总人口梯度变化

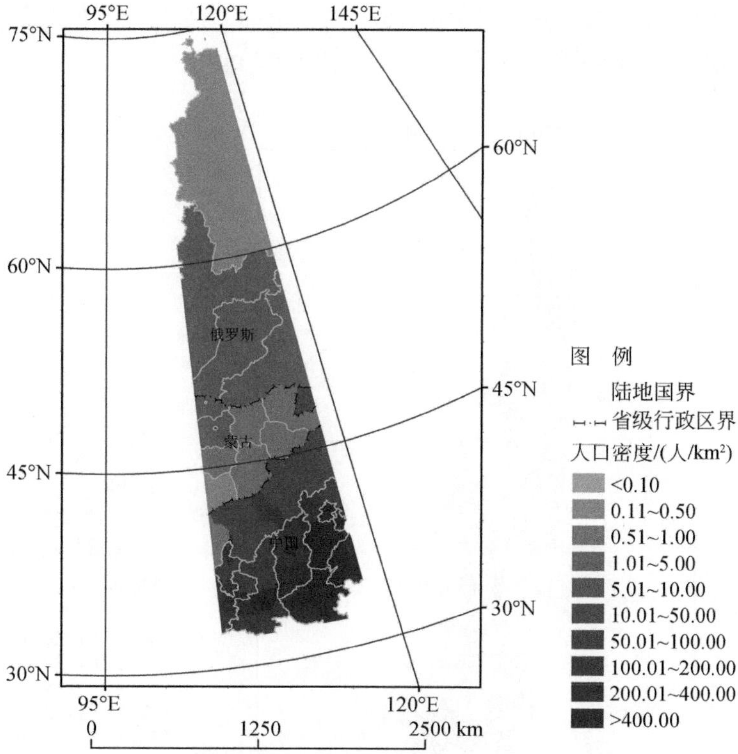

图 1-60　南北样带 2005 年人口密度梯度变化

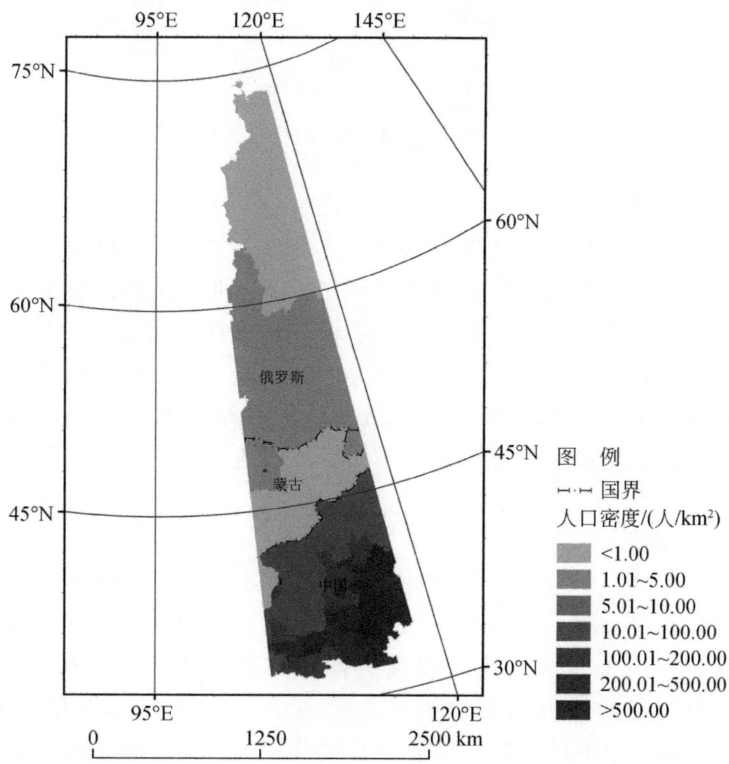

图 1-61　南北样带 2010 年人口密度梯度变化

散点分布；样带中部及蒙古，南部中国陕西、甘肃东部、河南、山东西部、河北北部为城市化水平低的地区，平均值都在35%以下（图1-62）。

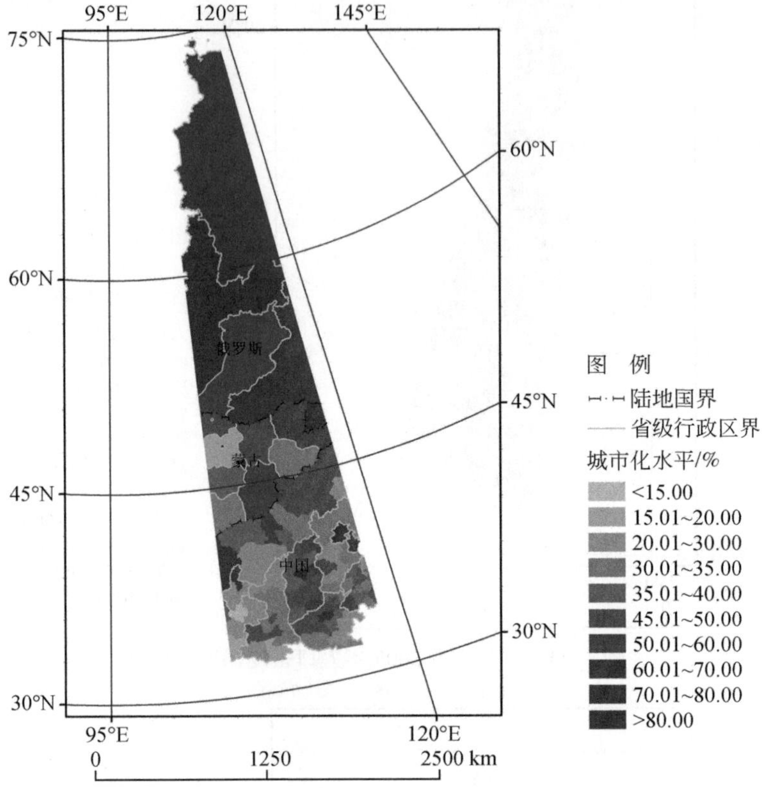

图1-62　南北样带2010年城市化水平梯度变化

（7）人口自然增长率

样带区人口自然增长率空间分布极不平衡，总体上中南部区域高，北部区域低。样带中部蒙古、北部泰梅尔自治区和中国北方河北北部、河南南部、甘肃东部、宁夏人口自然增长率较高，处于第一梯度，人口自然增长率基本在6‰以上；样带西北部俄罗斯萨哈（雅库特）共和国，中国陕西中南部、河北南部、山东西部地区人口自然增长率为第二梯度，基本在4‰～6‰；样带中部俄罗斯埃文基自治区、伊尔库茨克州、布里亚特共和国、外贝加尔边疆区等区域为第三梯度，该地区的人口呈现负增长趋势（图1-63）。

（8）劳动力就业率

样带区域劳动力就业率整体较高，呈现南部、北部高、中部低的分布特征。第一梯度为中国北方地区河南大部、山东西部、天津、北京和内蒙古中东部，俄罗斯泰梅尔自治区，劳动力就业率高于50%；第二梯度为样带中部俄罗斯埃文基、萨哈（雅库特）共和国、伊尔库茨克州、外贝加尔边疆区，蒙古中部区域，劳动力就业率为40%～50%；第三梯度为样带中部俄罗斯布里亚特自治共和国、蒙古中东部区域、中国内蒙古西部地区，劳动力就业率小于40%（图1-64）。

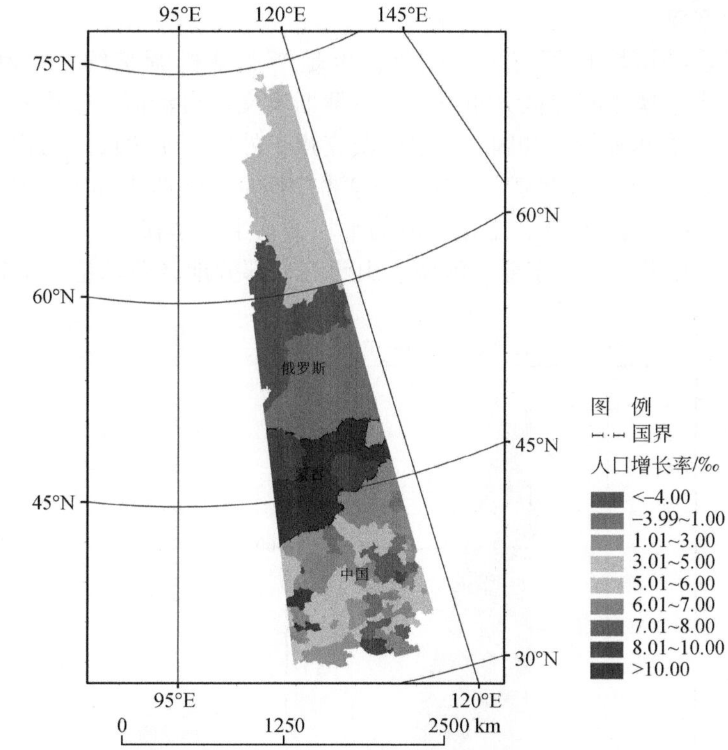

图 1-63　南北样带 2005 年人口自然增长率梯度变化

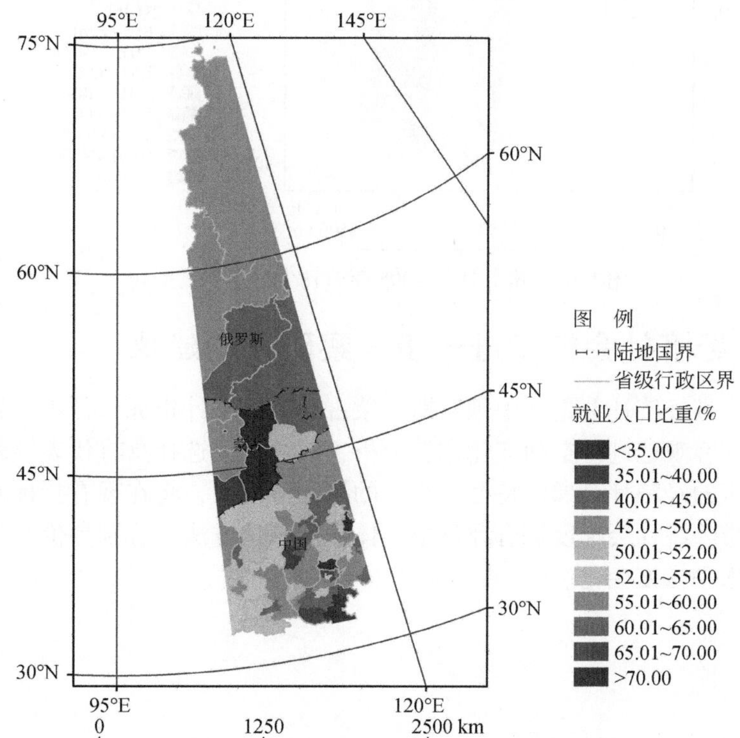

图 1-64　南北样带 2010 年就业人口比重梯度变化

(9) 劳动生产率

劳动生产率是经济增长可持续的引擎，也是产业结构调整的基础和动力。样带2005年劳动生产率呈现北高南低分布特征。俄罗斯埃文基自治区、泰梅尔自治区、萨哈(雅库特)共和国、布里亚特共和国、伊尔库茨克州、外贝加尔边疆区为样带劳动生产率高的集中分布区域；中国北方北京、天津、内蒙古中西部、陕西中部等主要大中城市劳动生产率高的地区，呈现组团分布，上述区域的平均劳动生产率在4万元/（人·a）以上。蒙古、中国陕西、甘肃东部、宁夏、河南、山西等大部分地区劳动生产率较低，并且呈现集中分布（图1-65）。

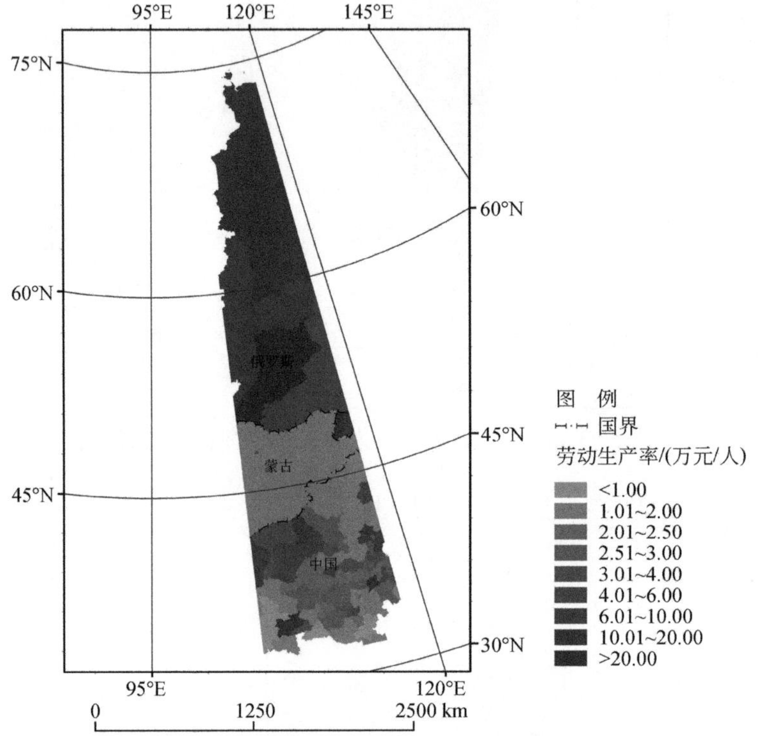

图1-65　南北样带2005年劳动生产率梯度变化

1.3.3　经济社会梯度进一步考察研究的建议

由于南北样带经济社会指标中俄罗斯、蒙古和中国统计指标口径不一致，在运用许多指标时不能够客观地进行空间变化比较分析，因此，仅选择具有代表性的主要经济社会指标表征样带的经济社会梯度特征。今后的调研考察中，将在现有指标基础上，进一步构建南北样带经济社会梯度综合评价指标体系和评价方法，分别评价经济社会单项指标和综合发展水平梯度变化。

第 2 章　中国东北地区经济社会考察

2.1　区域自然地理基本特征

2.1.1　主要河流

黑龙江（阿穆尔河）发源于蒙古，但是大部分流经俄远东地区和中国境内的黑龙江和内蒙古北端，黑龙江（阿穆尔河）长 4440km。其中，2800km 流经远东，其余 1640km 在东西伯利亚；流域面积为 185.5 万 km^2，河口平均水流量 10 900m^3/s。在俄远东地区的主要支流有：结雅河（1242km）、乌苏里江（909km，中俄界河）、阿姆贡河（723km）、谢列姆贾河（647km）、布列亚河（623km）、比金河（560km，乌苏里江支流）等。

图 2-1　黑龙江（阿穆尔河）流域

黑龙江（阿穆尔河）流域河网密布，支流、湖泊众多，大小支流 10 000 多条，湖泊 60 000 多个。右岸（中国一侧）较大的支流有松花江、乌苏里江、呼玛河、逊河；左岸（俄罗斯一侧）较大支流有结雅河、布列亚河、阿姆贡河。流域内的主要湖泊有呼伦湖、贝尔湖、镜泊湖、天池、兴凯湖、五大连池、博隆湖、乌德利湖、奥列利湖和基齐湖等。

黑龙江（阿穆尔河）流域位于寒温带与温带，季风气候明显。黑龙江（阿穆尔河）是以雨水补给为主、积雪融水补给为辅的河流，全部径流中雨水补给占75%～80%，融雪水补给占15%～20%，地下水补给占5%～8%。

流域多年平均降水量400～600mm，径流多年变化明显。在乌苏里江河口处黑龙江（阿穆尔河）干流，丰水的1897年达到12 400m^3/s，贫水的1921年为3620m^3/s。径流量的多年变化还表现为丰水和贫水年的交替现象。1898～1927年为贫水年，其间黑龙江（阿穆尔河）干流在洛古河村只有7年超过多年平均流量，1927年以后出现丰水年，洛古河村1928～1956年仅有5年低于多年平均流量。

黑龙江（阿穆尔河）封冻期近半年。每年10月上旬上游出现初冰，中游10月下旬始见初冰。翌年4月中下旬先中游后上游解冻。封冻期上游160d以上，中游140～160天。

2.1.2 气候特征

东北地区是我国纬度位置最高的区域。冬季寒冷，高纬度固然是基本因素，但它的相关位置也有明显作用。它北面与北半球的“寒极”——维尔霍扬斯克-奥伊米亚康所在的东西伯利亚为邻，从北冰洋来的寒潮经常侵入，致使气温骤降。西面是海拔千米以上的蒙古高原，西伯利亚极地大陆气团也常以高屋建瓴之势，直袭该地区，因而该地区冬季气温较同纬度大陆低10℃以上。东北面与素称“太平洋冰窖”的鄂霍次克海相距不远，春夏季节从这里发源的东北季风常沿黑龙江（阿穆尔河）下游谷地进入东北，使东北地区夏温不高，北部及较高山地甚至无夏。该地区是我国经度位置最偏东地区，并显著地向海洋突出。其南面临近渤海、黄海，东面临近日本海。从小笠原群岛（高压）发源，向西北伸展的一支东南季风，可以直奔东北。至于经华中、华北而来的变性很深的热带海洋气团，亦可因经渤、黄海补充湿气后进入东北，给东北带来较多雨量和较长的雨季。由于气温较低，蒸发微弱，降水量虽不十分丰富，但湿度仍较高，从而使东北地区在气候上具有冷湿的特征。

东北地区的土壤随温度梯度的南北变化而呈现纬向地带性分布，伴随东西向降水梯度变化表现出由沿海向内陆变化的规律。东北地区以土壤肥沃而著称，是世界三大肥沃的黑土之一，素有“中国乌克兰”之称。

东北地区现代植被按区系组成大致可分成四部分，即东西伯利亚区系、长白山区系、蒙古区系和华北区系。它们分别与大兴安岭北部含温带针叶林、东北东部山地温带针阔混交林、东北平原草甸与东北西部干草原、辽东半岛南部辽西山地暖温带落叶阔叶林相适应。长白山是东北最高的山，海拔2744m，2100m以下形成明显的森林垂直分布带。

2.2　自然生态变化及其保护

2.2.1　近代环境变迁

(1) 气候变化

气候变化本是地球系统的一个自然演化过程，但是近年来它却成为了人类最为关注的全球性环境问题，即气候变化问题。《气候变化框架公约》的第二条对气候变化的规定是：“气候变化”指除在类似时期内所观测的气候自然变异之外，由于直接或间接的人类活动改变了地球大气的组成而造成的气候变化。而政府间气候变化专门委员会则规定：“气候变化”是指气候状态的变化，而这种变化可以通过其特征的平均值或（和）变率的变化予以判别，且其变化将持续一段时期（通常为几十年或更长的时间）。气候变化的原因可能是由于自然的内部过程或外部强迫，或是由于大气成分和土地利用中持续的人为变化。它包含基于自然变化抑或是人类活动所引致的任何气候变动。

气候的非自然变化对自然环境的影响从局部开始，而以灾难性的全局性结果告终。在气候变化问题的影响之下，地球水文系统、森林系统、沙漠系统、植物系统和动物系统都将受到根本性的影响，其结果将使全球大气环境、生态系统变得更加脆弱、敏感，更加不稳定。以蒙古为例，由于全球性气温与蒸发量同步上升，蒙古大量河流、湖泊干涸，土地荒漠化加速，许多动植物种群正在迅速减少，一些种群濒临灭绝。

(2) 农业生产活动的影响

新中国成立以来，由于大规模的农业开垦，大面积的湿地景观被农田景观替代，使得湿地面积锐减，湿地景观破碎化严重，湿地功能退化。东北地区沼泽湿地面积已经由20世纪50年代的11.4万km^2减少到6.57万km^2，50年时间减少了42.4%。三江平原湿地面积由1949年的534.5万hm^2，减少到1994年的148.2万hm^2，到现阶段三江平原湿地大约丧失80%。松嫩平原湿地也呈现明显萎缩态势，大面积的洪泛平原和内陆盐沼湿地被疏干用于发展农业和畜牧业，导致松嫩平原湿地大面积消失，20世纪50年代松嫩平原湿地为329万hm^2，目前仅存65万hm^2。由于人类活动，三江平原、向海、莫莫格、扎龙等湿地面积都大幅度地萎缩，从整体上直接改变了区域生态系统的自然属性，湿地调蓄水资源、调节气候的功能减弱，适合野生动植物生存的自然生境急剧缩小，致使野生动植物种群数量减少，越来越多的生物物种，特别是珍稀物种因失去生存空间而逐渐处于濒危或灭绝状态，湿地自然保护区已处在危急的状态。

近几十年东北地区气候呈干旱化发展趋势，是湿地退化的自然因素，而维系湿地的水源被人类经济活动大量取用，以及水利工程修建后导致下游湿地水源减少甚至断流，是湿地萎缩的人为因素。

整体上，人为因素的影响占主导作用。过去把湿地视为荒地资源，忽视湿地的生态功能，经过长期的垦殖，迄今湿地退化问题十分严重，湿地面积已减少到不能再少的地步。因此，必须对现存的湿地进行保护，使其面积不再减少，并治理严重退化区。

(3) 资源开发与城市化

对自然资源的过度依赖会导致资源的枯竭和生态环境的恶化。发展中国家的经济大多还属于依赖消耗自然资源的粗放型经济结构，在一些落后地区甚至单纯依靠开采自然资源和其他初级产品，其结果不但使自然资源日益匮乏，还严重破坏了生态环境。如中国的森林覆盖率虽远低于日本，却每年向日本大量出口木材制品（如木筷等），这种大规模的商业开发所造成的生态环境方面的损失远高于出口所获得的收入。以沙尘暴为例，其直接原因是土地的退化，造成土地退化的根本原因则在于基于贫困的滥垦、滥牧、滥伐、滥采和滥用水资源。

迅速的城市化进程带来的生活环境问题。东亚发展中国家的经济奇迹主要是通过迅速的工业化进程完成的，同时也促进了城市化的发展，东京、香港、北京、上海、首尔等早已步入国际超大城市行列。但一方面，发展中国家的工业大多仍停留在高能耗、高污染的领域，其国际竞争力的保持除了依靠廉价的自然资源和劳动力成本外，还应该包括极低廉甚至免费的环境成本。另一方面，迅速膨胀的城市规模不仅带来了城乡发展的过度悬殊，也使城市的环境问题日益突出，大量的生活垃圾和废水等待处理，还有交通拥挤、噪音噪声等。在中国，许多大中型城市都处于垃圾的包围之中。

（4）帝国列强的掠夺

清代后期，俄、日帝国主义大肆掠夺东北地区森林资源，沙俄大量砍伐黑龙江（阿穆尔河）右岸、乌苏里江左岸及松花江沿岸我国境内的森林，继而在修建中东铁路时，将满洲里至绥芬河1000多千米长的铁路沿线两侧20～30km范围内的森林在仅20多年时间里砍伐殆尽，还胁迫清朝将中东铁路两侧大片林地长期租借给俄罗斯木材商人，进行掠夺性采伐，使铁路沿线大兴安岭、绰尔河上游、通河县境内的岔林河及牡丹江市、松花江地区的张广才岭、老爷岭北部等地更大范围的森林遭到严重破坏。此外，在沙俄皇室与俄罗斯军队的直接参与下，还对鸭绿江及图们江流域的森林进行强盗式的采伐，使鸭绿江右岸我国境内及图们江支流嘎呀河流域许多地方变成光山秃岭。日本帝国主义紧接沙俄之后，侵入东北，垄断了鸭绿江与浑江流域的森林开采权。日本从俄商手中夺过在大兴安岭免渡河与海拉尔河屯伊敏河上游的木材采伐权，而且迅速将他们掠夺森林资源的魔爪伸向图们江、松花江、牡丹江、拉林河与完达山、张广才岭以及大小兴安岭等林区，造成严重破坏，使东北地区的生态环境发生了较大变化，出现了日益严重的生态问题。

2.2.2 中国东北与毗邻地区的主要环境问题

2.2.2.1 沙尘暴以及与之相关的生态环境问题

沙尘暴是指强风从地面卷起大量沙尘，使空气浑浊，水平能见度小于1000m的灾害性天气现象。沙尘暴在中国肆虐已久，近年来呈多发趋势。20世纪60年代在我国发生过特大沙尘暴8次，70年代发生过13次，80年代发生过14次，而90年代发生过20多次，并且波及的范围愈来愈广，造成的损失愈来愈重大。

沙尘暴问题之所以称之为区域环境问题，首先就其来源看具有国际性。研究表明，沙尘暴既有境外源区又有境内源区。境外源区主要有蒙古东南部戈壁荒漠区和哈萨克斯坦东部沙漠区；境内源区主要有内蒙古东部的苏尼特盆地和浑善达克沙地中西部，阿拉善盟中蒙边界地区，新疆南疆的塔克拉玛干沙漠和北疆的库尔班通沙漠。其次，就其发生的原因看，不仅与东北亚地区的生态环境恶化有关，同时还受全球气候变暖、天气干旱和土地沙漠化等全世界范围内普遍存在的客观因素的影响。因此，这个区域的沙尘暴是由于该地区的气候和地面上的尘源复合产生的，不单纯是中国来的沙尘暴。最后，沙尘暴对该地区乃至全球环境都已带来负面影响。对中国、蒙古的影响自不再言，连朝鲜、韩国、日本也已受到严重影响。2002 年春季韩国曾出现全国范围的扬尘天气，一度导致国内 6 个航线停飞。

2.2.2.2　大气污染

东北亚地区近年来经济发展加快，工业化水平跃居世界前列，国民生活水平也得到显著提高，工业和生活排出的废气一直呈上升趋势，同时该地区能源结构不尽合理，煤炭所占的比例仍很高。在 1995 年的燃料结构中，中国煤炭占 73.4 %，韩国和朝鲜也在 25% 以上。2000 年，中国煤炭占 72.4%，2005 年为 74.1%，2010 年为 71.9%。而煤炭燃烧是空气中二氧化硫的主要来源。目前东北亚地区已经成为全球大气污染最严重的地区之一。尤其是许多高人口密度的大城市、重工业地区以及矿物燃料高耗地区，污染物浓度超过世界卫生组织对颗粒物和二氧化硫的推荐极限。中国、日本和韩国是全球较大的废气排放国家。中国 2010 年向大气中排放的二氧化硫为 2185.1 万 t、烟尘 829. 1 万 t、工业粉尘 448.7 万 t。超量排放的环境污染就会产生空气质量下降、酸雨频繁发生和气候温室效应。中国的酸雨区已占国土面积的近 1/2，是继北美、欧洲之后的世界第 3 大酸雨污染区，其所造成的经济损失仅考虑酸雨沉降对森林和农作物的影响就达 500 亿元以上。

2.2.2.3　水体污染

（1）海洋污染

东北亚诸国除蒙古外，都濒临海洋，而且彼此隔海相望，面临着共同的海洋环境问题。东北亚的海洋环境问题主要包括：

1）沿海环境恶化。以中国为例，2001 年全国近岸海域水质以Ⅱ类和超Ⅳ类为主，分别占 28.0 % 和 34.5 %；东海近岸海域污染较重，黄海较轻。渤海的营口、盘锦和锦州、东海的长江口、杭州湾、象山港和三门湾、南海的乐清湾、泉州湾、九龙江口和珠海等重点区域污染较重，全部为超Ⅳ类水质；葫芦岛、长岛、湄州湾、南通、三亚、海口、丹东和长近岸海域水质较好。

2）公海污染与环境摩擦。在东北亚地区，日本海、黄海、东海属于国际公海，也未能摆脱遭受污染的厄运。其受污染渠道主要是沿海诸国无节制的污水排放、海上过往的船只以及向公海倾倒工业垃圾甚至核废料。其中日本海海域污染比较严重。根据日本环境厅的调查，在日本海海域，乌贼肝脏内有色金属 Cd 的每克含量达到 147μg，鲟鱼肝脏中 Hg 的每克含量为 0.26μg，都比西太平洋暖流带高出 7 倍以上。而俄罗斯向日本海倾倒核废料更是引起沿岸国家的强烈不满。

3）渔业资源面临枯竭，资源纠纷不断。东北亚地区的公海盛产渔业资源，特别是日本海是千岛寒流和日本暖流的交汇处，是世界著名的渔业资源产地。由于公海资源不存在产权归属问题，所以在该地区各国渔船云集，造成过度捕捞，已经使该地区的渔业资源逐渐枯竭。同时，该地区的渔业资源纠纷一直不断，已多次发生各国海防舰艇枪击邻国渔船事件，加上与领土、领海纠纷纠缠在一起，成为影响双边关系的重要因素。

（2）陆地水污染

水质污染已成为东北地区最严重的环境问题。由于历史形成的以重化工为主的工业结构、薄弱的城市环保基础设施以及脆弱的自然环境，污染物排放总量大大超过环境自净能力，使松花江和辽河的干支流和部分湖泊水库受到严重污染，水生生态系统破坏，严重影响城市居民集中饮用水源的质量，进而影响河流两岸的地下水，甚至一些流域的土壤以及近海海域也已受到污染，广大农村的面源污染日趋严重。

局部地区特别是辽中南正面临着水污染的严重威胁，2008 年辽宁全省污水年排放量已达 $2.6\times10^9m^3$，80% 以上未经处理而排入地面水体，辽河、浑河、太子河、大小凌河水质普遍为Ⅳ～Ⅴ类，大部分城市断面为超Ⅴ类，全省 62 条河流中有 43 条受到明显污染，其中 29 条污染严重；辽河年接纳污水 $1.68\times10^9m^3$，5.6×10^5t COD 经辽河排入渤海。

受地表水污染影响，部分地区地下水质也在不断恶化。如辽河流域平原地区Ⅳ类、Ⅴ类劣质地下水主要分布在通辽、沈阳、辽阳、鞍山、营口和盘锦等地。松花江流域平原区Ⅳ类和Ⅴ类劣质地下水的面积占平原区总面积的 57% 左右。其中，嫩江和松花江干流二级区劣质（Ⅳ类或Ⅴ类）地下水面积分别为 65% 和 50% 左右。这说明已有超半数区域的地下水在未处理前不适宜饮用。

2.2.2.4 工矿业开发与生态破坏

东北地区拥有大量的资源型城市，资源型城市绝大部分是矿山城市，矿山生态环境破坏和地质灾害相当普遍。矿山开发中产生大量的固体废弃物，占用和破坏大量土地，且矿山开发诱发的地震、滑坡、地面塌陷等地质灾害十分普遍。采矿活动也使矿区水均衡系统遭受破坏。

截至 2005 年，东北地区因矿山开发破坏的土地面积约 11.34 万 hm^2，主要方式包括采矿活动占用土地，如厂房、工业广场、堆矿场；为采矿服务的交通设施占用土地；采矿生产过程中堆放的大量固体废弃物占用土地；因矿山开采而造成自然景观、历史文物等资源的直接或间接破坏。石油开采虽然占地较少，但对地表植被的破坏非常严重，难以修复，如大庆油田草原“三化”（沙化、退化、碱化）比重已占总面积的 84%。不仅污染了水土资源，而且使水库河塘淤塞、洪水排泄不畅。

由于矿产资源不合理的开采方式和治理滞后，诱发了一系列矿山地质环境问题，而且有逐年加重的趋势，主要包括：开采地的地面沉陷、滑坡、泥石流、边坡塌陷、海水入侵以及矿山排水的出路问题。其中，地面沉陷是最突出的地质灾害问题，如煤矿城市阜新市共有 13 个沉陷区，总面积达 $101.4km^2$。矿山活动排出的大量矿渣及尾矿任意堆放，严重污染了水土资源及大气环境。而矿山废渣堆放量累计增加，矿山废水不断排放，露天矿、排矿堆、尾矿及矸石堆受雨水淋滤，渗透溶解了矿物中可溶成分的废水，石油开采区污染的地下水，矿区其他工业和医疗、生活废水等，排放后又直接或间接地污染了地表水、地下水和周围农田、土地，并进一步污染了农作物。

2.2.3　环境治理与保护

2.2.3.1　国际性河流的综合治理与保护

1）合作研究。国际河流涉及两个或两个以上国家的利益与关系，有必要开展合作研究。例如，开展水域环境容量研究；研究上游国家排放的污染物对下游国家的影响程度，如何实施有效控制；研究水域开发利用、水域生态保护、水资源及水产资源的调查；水文勘测与气象观测；水环境监测技术。

2）加强联合监测。监测是管理的手段和支撑，也是解决国际争端的前提。对于以河流横面为界的国家间出现污染事故，往往容易判断和仲裁；而对于以河流本身的延长线为边境的两个国家，一国排污需至下游一定距离方可混匀，排污具有一定的隐蔽性。环境监测是国际界河保护与管理不可脱离的基础工作，必须给予高度重视。对于以河流横断面为边界的国际界河，只要出境国家和入境国家分别在其境内一定位置设置监测断面进行监测即可；对于像图们江、鸭绿江这样为两国共同拥有的界河可协商布置断面，布设采样点分别取样进行全断面监测；而对于像黑龙江（阿穆尔河）这样以主航道为边界的河流，两个国家分别只能监测到一条河的一侧，这就需要协调与合作，这样才能使两国分别监测到一个完整的断面。我国已在国内大江大河等重点流域基本形成水环境监测网，特别是省级行政区界断面的监测为国际界河的水环境监测提供了借鉴。

3）联合开发，共同保护。对国际界河应本着互惠互利的原则进行联合开发利用，要明确主权归属、投资收益分配等，使水资源得到合理而有效的开发利用，造福两国或几个国家的人民。与此同时，要采取先进的防止污染与破坏的环境保护技术和措施。在国际界河的环境中，生态保护是难点，是重中之重。上游国家为促进本国经济的发展，进行伐木、开矿、建厂等经济活动，这就会影响水域环境，而下游国家希望上游国家保持流域良好的生态环境，提供优质水和充足的水量。这是需要解决的主要矛盾。除保护好主流外，干流及分别在各国境内的支流也应划足水源涵养保护区和水土保持区。重要丘陵、山区应实施封山育林。就我国而言，需要林业、水利、农业、环保部门的有效联合行动。

4）对突发性污染事故的预警和防范。国际上典型的突发性污染事故有 1999 年北约对南斯拉夫的空袭而使多瑙河遭受污染，使有关国家受到严重危害，也使流域的生态环境受到影响；2000 年罗马尼亚金矿废水漫堤事件，大量氰化物由蒂萨河入多瑙河，更使多瑙河“雪上加霜”。对于这类突发性污染事故，国际界河有关国家必须深入研究，否则只能受害，特别是饮用水源地遭受此类污染时，应采取措施保障城市居民的正常生活和生产，防止由此而引起的惊恐和混乱。如在开发利用地表水作饮用水源地时，不应仅有一处水源地，而应开发地下水源来互补；对危险废物的处理、处置、存放和危险品的生产均应远离水源。

5）鼓励民间环保组织积极参与国际界河的保护。对国际界河的环境保护如政府问题，环保不便工作或尚未协调运作的情况下，各国应鼓励民间组织的环境保护工作，为政府间组织的有效工作提供经验或支持。这不仅可提高公民的环境意识，也可以有效地保护国际界河。

2.2.3.2 东北亚区域环境保护合作

东北亚地区环境合作会议是中国、日本、韩国、俄罗斯、蒙古五国政府环保部门间的政策对话机制，始于1992年，每年召开一次。其主要是以高官论坛的形式介绍和交流各国过去一年环境政策的进展情况，并就有关环保主题进行研讨。会议发起十多年来，东北亚环境合作五个成员国就控制区域性沙尘暴、中俄蒙跨界自然保护区、工业酸雨、西北太平洋污染、黄海保护与发展、循环经济等问题，进行了多方面的对话与跨区域合作，增进了相互之间的理解、交流了经验、促进了合作，东北亚环境合作会议已经成为五国政府环境保护部门之间的一个重要对话渠道。中国曾分别于1996年和2002年主办了第5次和第11次东北亚环境合作会议。第12次东北亚环境合作会议于2003年在日本举行，会议主要就土地退化与沙尘暴、海洋环境保护、建立循环型社会、东北亚环境合作等议题进行了研讨。

2.2.3.3 海洋环境保护合作

西北太平洋行动计划是一项由联合国环境规划署牵头实施的“地区海洋行动计划”中的一部分。有关国家包括中国、日本、韩国和俄罗斯，由各国政府的环境、外交、交通、渔业及军事部门的人员参加。该计划的目的是加强对东北亚地区海洋环境的保护。该计划于1991年发起，1994年在韩国举行了第一次政府间会议，通过《西北太平洋行动计划》，并确定了该计划的三个优先课题。为了保证该计划的顺利实施，会议制定了相应的财政措施。《西北太平洋行动计划》的主要内容是：评价地区海洋环境状况，处理构筑综合信息管理体制所需的环境资料及信息，统一规划沿岸及海洋环境的治理与预防等。

2.3 资源与区域合作

2.3.1 区域资源状况

中国东北地区包括东北三省和内蒙古东部的四盟一市，土地面积约为124.93万km^2，占中国国土面积的15.21%，人口12 222万人，是中国总人口的9.11%。自然资源丰富的东北地区，在已探明储量的84种矿产中，有近60种为大中型矿床。石油、铁、金、镍、锰、钼、菱镁矿、金刚石、石墨、膨润土等资源的探明储量均居全国首位。煤和石油是东北地区的主要能源矿产，煤炭总储量约为2076亿t。其中，2/3以上分布在蒙东地区，黑龙江省东部地区则是另一煤炭富集区。石油是东北地区的又一优势矿产，探明储量约有76亿t，集中分布在松辽盆地、辽东湾和渤海浅海区。其中，有55.5亿t在黑龙江省大庆地区。新一轮全国油气资源评价显示，东北地区相关盆地的石油储量为120.942亿~122.248亿t，天然气量为15 512.74亿~15 810.9亿m^3。东北地区的金属资源中，铁的储量最为丰富，且分布集中，总探明储量约1.28×10^6万t，有94.5%分布在辽宁省的鞍山、本溪和辽阳。菱镁矿也是东北的优势矿种之一，资源保有储量达25.6亿t，约为世界总蕴藏量的25%，集中分布在辽宁省的鞍山和营口。钼资源保有储量为

109.8 万 t，占全国钼储量的 20%，主要分布在吉林省的东部山区。其他金属资源大多分布在黑龙江省的北部、东部和吉林省东部山区。在各类非金属矿产中，油页岩储量占全国的 50% 以上，集中分布在松辽、桦甸和罗子沟三个盆地，尚未大规模开发，潜在优势巨大。其他非金属主要分布在黑龙江省的东部、中部地区和吉林省的东部山区。

经历高强度开发的黑、吉、辽三省已有资源枯竭迹象出现，资源保障程度有所下降，但人均资源仍就高于全国的平均水平，且资源储量丰富的内蒙古东部地区有绝大部分资源尚未开发，资源开发潜力巨大。

中国东北的资源禀赋条件亦非常优越，地域组合良好，是国内重要的原材料基地。中国东北地区煤炭、石油和天然气的各区域储量详见表 2-1。

表 2-1　中国东北地区能源矿产的探明储量　（单位：亿 t/亿 m^3）

矿产	探明储量
煤炭	2090
石油	76
天然气	5472

资料来源：国内数据通过统计年鉴和各地方政府网的相关数据整理获得，数据截至 2010 年。

中国东北地区的金属矿产种类繁多，且储量很大，主要金属矿产探明储量详见表 2-2。

表 2-2　中国东北地区金属矿产的探明储量　（单位：万 t）

矿产	探明储量
铁	1.28×10^6
铅	255
锌	728
铜	658

资料来源：国内数据通过统计年鉴和各地方政府网的相关数据整理获得，数据截至 2010 年。

中国东北是我国森林面积最大、资源分布最集中的重点林区。森林资源面积 5434.4 万 hm^2，林木蓄积量 35.7 亿 m^3，主要集中分布在东北中部的吉林省长白山区和北部黑龙江省的大、小兴安岭林区，中西部平原地区林木稀少。各地区的森林资源以黑龙江省最为丰富，森林覆盖率达 43%，森林面积、森林总蓄积量和木材产量均居全国之首。

中国东北地区河流很多，除三江平原外，松辽流域东部、北部地区大多为山区，水资源比较丰富，水资源总量为 948 亿 t，占流域水资源总量的 47.6%；流域中部地区为重要工业区和粮食主产区，是流域经济社会发展的核心地区，水资源总量为 777 亿 t，仅占流域水资源总量的 39%；流域西部地区干旱少雨，水资源总量为 265 亿 t，占流域水资源总量的 13.4%。区域内可供开发利用的水能资源约 1200 万 kW，具有很大开发潜力，但水资源空间分布的不均匀，由东南向西北递减，大部分地区缺水现象较为严重，需进行区域性调水，才能根本保证本区发展的需要。

此外，大陆性季风型气候和优越的水土条件造就了该区综合性大农业基地的自然基础。东北地区平原宽广，耕地面积 2355.14 万 hm^2，占全区土地面积的 18.85%，主要分布世界三大黑土地带之一的松嫩、三江和辽河平原，其中灌溉地主要分布在辽宁、吉林和黑龙江省的东部、辽宁中南部和内蒙古的西辽河。

2.3.2 主要资源开发情况

自然资源丰富的中国东北地区一直以来都是我国重要的能源基地，木材基地和商品粮基地。经过多年的高强度开发，虽有些资源濒临枯竭，但人均资源占有量仍高于国内平均水平，蒙东地区矿产资源的大规模开发更为东北老工业基地的发展提供了重要的能源保障。

资源型产业在东北地区所占比重很大，能源和木材工业的产值规模体现了其重要的经济地位。

中国东北的原油、煤炭、天然气和铁矿石的开采及其加工产品具有显著优势。黑龙江省石油的探明可采储量居全国第一，大庆的资源储备使其能在 10 ~ 15 年内保持 5000 万 t/a的生产规模，目前东北地区 70% 以上的石油来自黑龙江。东北三省的天然气资源占全国总量的 1/10 以上，其中以黑龙江省产量最大，居全国第 5 位。东北三省煤炭产能已经达到高位，2009 年煤炭生产总量维持 2008 年水平，并且有下滑趋势，未来煤炭增量将主要依靠蒙东地区。东北地区的铁矿石有 90% 以上产于辽宁，位居华北之后在全国排名第二。2008 年全区铁矿石原矿产量为 11 948 万 t，约占全国总产量的 14.5%。总体来讲，整个东北地区主要矿产品产量除蒙东的煤炭和铁矿石处于优势扩张，吉林省的原油和钼精矿处于劣势扩张外，其他矿产品产量优势都有不同程度的萎缩，经济发展较好的辽宁省优势萎缩产业最多。此外，矿产资源的开采和加工技术比较落后，绝大多数矿山仍以粗放式经营为主，资源的开发利用率亟待提高。

东北地区虽然森林资源较为丰富，但经过多年的高强度采伐，资源优势有所下降，木材产量已不能满足木材产业发展的需求。东北地区四大森工集团年均林木净生长量 6069.07 万 m^3，年均消耗量 5871.22 万 m^3。天然林资源保护工程使东北地区的木材采伐量一再调减，作为东北木材采伐业的主力，黑龙江省森工集团的木材采伐量一直较为稳定（表 2-3）。

表 2-3 黑龙江省森工集团木材采伐量 （单位：m^3）

年份	2006	2007	2008
木材产量	3 990 429	3 975 741	4 015 933

资料来源：《中国林业统计年鉴》。

东北地区水资源虽相对丰富，但与国内其他地区相比总量仍偏少。辽宁省供水地表水、地下水并重，水资源开发利用率为 45.67%，占水资源可利用总量的 67%，已经超过国际公认的水资源开发利用极限，属于用水高度紧张地区。黑龙江省和吉林省的水资源利用率分别为 39.78% 和 30.64%，供水均以地表水工程供水为主，均介于中度紧张和高度紧张地区之间，由缺水导致部分城市过度开发利用地下水资源，造成城区出现大范围的地下水降落漏斗；蒙东地区水资源开发利用率为 19.89%，尚有一定的开发潜力。

东北地区是我国重要的老工业基地，高耗重化工业比重较高。老工业基地振兴战略的带动使地区经济发展速度逐步加快，虽区域产业结构不断调整，但仍处于能源及矿物原材料等资源的需求旺盛时刻，近期的资源消耗仍会不断增加。蒙东成为东北地区的能源接续地后，会在一定程度上缓解煤炭需求缺口，但石油、天然气、其他矿物和木材等资源的供需矛盾仍就突出。

2.3.3　资源的区域互补与未来发展态势

2.3.3.1　资源的区域互补

中国东北地区正处于工业化发展阶段，在东北老工业基地振兴的国家战略下，存在大幅增长的能源需求，中国东北的重化工业比重较大，能源消费增长很快，要维持经济的平稳和可持续发展，能源的需求总量和需求结构都需要强有力的保障。然而，随着资源的高强度开发，东北三省的能源、矿产和森林等资源已不能满足自身需求，虽然蒙东地区的动力燃料工业发展迅速，一定程度上缓解了东北三省的能源缺口，但从资源的长远需求来看，东北地区的资源对外依存度将不断升级。另外，在中国传统农业的影响下，东北地区农业技术先进，农业生产率较高。农业生产率提高所产生的大量农村剩余人口和工业结构调整所造成的大批下岗工人，使东北地区拥有大批有丰富经验的劳动力资源。

俄罗斯国内生产总值增长率中有 2% ~3% 来自资源的开发与出口。为平衡东部、西部的社会经济发展水平，俄罗斯开始将东部地区的资源开发作为一项重要国家战略措施。东西伯利亚和远东地区自然资源丰富，在俄罗斯能源战略东移的情况下，这一地区的资源开发前景可观，并且资源开采量的不断增长，更为该区的资源出口提供了重要保障。

蒙古正处于经济复苏和社会发展的重要时期，资源丰富的蒙古将能源和矿产行业定为这一时期国内工业的主要发展方向，并希望通过矿产品的大量出口换汇解决国内发展的资金短缺问题。东部是蒙古矿产资源最为丰富的地区，但就目前情况来看，其工矿产业大多处于开发初期，由于当地社会基础设施的陈旧落后和资金的短缺而发展缓慢。

资源对中国东北、俄远东和东西伯利亚及蒙古东部地区都非常重要。中国东北经济的长期快速增长，正面临资源供应不足的严重制约。而对于资源型经济特征明显的俄远东和东西伯利亚及蒙古东部地区来讲，包括矿产资源在内的自然资源的开发，已成为其大国地位复兴和加快国民经济增长的重要条件。从要素禀赋理论出发，在良好的地缘政治和地缘经济关系基础上，能源互补为中俄双方的合作提供了良好的物质基础。蒙古丰富的炼焦煤资源将极大地补充内蒙古的资源缺陷，这种补充不仅保证了内蒙古焦化产业的战略发展与竞争力，而且为中国内蒙古和蒙古合作形成中国乃至世界炼焦煤的供应地，奠定了基础。在俄罗斯的“向东看”能源发展战略和蒙古大力发展工矿产业的经济方针下，中国东北不仅可以成为他们稳定的能源销售市场，可观的收入还可以缓解其社会经济发展中的资金短缺。

俄远东和东西伯利亚的过熟林比重很高，因劳动力缺乏使许多木材因未及时开采而腐烂，造成极大地浪费。其林业技术员的短缺使木材加工业比较落后，每立方米木材成品率很低。此时的中国东北林区正处于资源危机和经济危困的两难境地，许多林区无林可伐，很多木材加工厂无木可用，大批业务过硬的林业技术人员赋闲。这森林资源的“此少彼多”和林业工人的“此多彼少”正行成了中俄林业合作的极佳条件。

水资源问题与经济和社会安全密切相关，各国家和地区都将水资源问题作为一项重要的社会安全问题看待。中国东北地区的松花江流域结构型缺水和辽河流域资源型缺水都是制约经济社会发展的重要障碍，无论是近期工业用水还是远期生活用水都有许多问题有待解决。俄远东和东西伯利亚地区水资源总量居世界前列，并且丰富的水力资源更是其一项巨大的宝藏。作为俄远东和东西伯利亚规划的重点项目之一，水资源开发不仅是其地区经济发展进程的重要部分，更为中俄水资源的国际合作提供了重要保障。

此外，由于自然气候和历史发展条件的影响，中国东北的农业生产条件优越，技术水平较高，农产品的产量和结构也非常丰富。俄罗斯东西伯利亚及远东和蒙古东部地区则存在气候环境恶劣、人口稀少和开发较晚等因素，农业发展水平不高，产品结构单一，对各类副食品的需求量很大。在农业生产技术和农产品结构方面，中国东北与俄蒙毗邻地区拥有很好的合作互补性。俄罗斯东西伯利亚及远东地区发展缓慢的原因之一是劳动力匮乏，蒙古国内的结构型失业也是阻碍其经济发展的重要因素之一。而与此同时，中国东北地区的劳动力资源充足，且拥有一定的经验和技术，并且在就业矛盾不断扩大的形式下，劳务输出还能成为解决大量剩余劳动力就业的有效途径。中国东北及俄蒙毗邻地区的劳动力资源具有较强的互补性。中国东北与俄蒙毗邻地区人口数量的比较见表 2-4。

表 2-4　2010 年中国东北与俄蒙毗邻地区人口数量的比较

区域名称	区域人口总数/万人	占全国人口比例/%	区域人口密度/（人/km^2）
中国东北	12 222	9.1	99
俄罗斯东西伯利亚及远东	1 710	16.9	1.1
蒙古国东部	131	45.2	2.5

资料来源：根据相关统计年鉴整理。

2.3.3.2　未来发展态势

在俄罗斯大力开发东部的资源战略和蒙古加快矿产资源开发的决策背景下，中国东北、俄罗斯东西伯利亚及远东和蒙古东部的国际资源合作前景良好。

在俄罗斯的能源地缘政治中，亚洲地区的重要性不断提升。欧洲虽是俄罗斯的传统能源市场，但今后发展趋势来看，亚洲国家的市场份额要远远超过欧洲。俄罗斯为平衡东西部地区的经济发展进度，东部的开发建设将是未来很长一段时间的经济投入重心。俄罗斯东部丰富的自然资源是地方经济社会发展的首要条件，更是俄罗斯重新赢回大国地位的重要资本。俄罗斯东部地区的资源开发以东西伯利亚和远东地区为主，并将其作为 2013 年以前地方经济的重点发展方向。中国东北与俄远东和东西伯利亚之间的有利地缘环境和良好的地缘政治为其未来经济发展的能源需求提供很好保障。这种资源与经济发展的互补性使双方在能源领域的合作前景光明，并且以油气合作为起点，中俄未来的能源合作将不断深化和多元化。

另外，中国工业化过程中的巨大需求量、蒙古的出口型主导战略以及两国距离相近的状况看，矿产资源的合作开发将是中蒙合作的重点领域，将给双边合作注入更大的动力。从目前的实际需求看，蒙古丰富的石油、天然气、铜、黄金、铀、萤石、磷钙石以及一些建筑材料、黑色和有色金属矿产都可以成为双方合作的重点对象。正是由于上述原因，近年来许多中资企业纷纷进入蒙古矿业，并形成了一个不小的中资企业蒙古掘矿热。从长远合作情况分析，蒙古矿产资源丰富，与中国有很强的互补性，许多中国紧缺的矿产在蒙古都有发现，中国具有资金和技术方面的优势，因此，蒙古作为中国主要和长期的矿业合作伙伴这一点不会改变。尽管蒙古新矿产法提高了收费标准，对矿产开发秩序也更为严格，但对中国参与蒙古矿产资源开发和未来双方的长期资源合作仍是利大于弊。

2.3.4　资源的区域合作模式

中国东北与俄蒙毗邻地区的资源合作是一种具有地缘优势的国际性资源合作。对于这样一个东北亚次区域资源合作模式的选择，与各地区的矿业发展程度和资源合作目的有重要关系。

2.3.4.1　区域资源合作的现状

中国东北地区与俄蒙毗邻地区资源合作的步伐不断加快，当前合作成果丰硕。中俄两国目前能源领域的合作以石油为主。起自俄罗斯远东原油管道斯科沃罗季诺分输站，穿越中俄边境，止于大庆末站的中俄原油管道于 2010 年 12 月试运行成功，并于 2011 年 1 月 1 日正式投入运行。该管道全长近 1000km，设计年输油量 1500 万 t，最大年输油量 3000 万 t。这条作为中国四大油气资源进口通道之一的中俄原油管道是中国东北方向原油进口的战略要道，这条输油管道的贯通标志着两国能源合作进入新的发展阶段。在中俄原油管道顺利运行的同时，中俄天然气的合作也在加紧推动之中。2006 年俄罗斯天然气工业股份公司确定了俄罗斯通往中国天然气的第二条管线（东线）走向，即从萨哈林-阿穆尔共青城-哈巴罗夫斯克进入中国东北地区，中俄双方已于 2011 年 5 月 31 号签署了中俄《天然气领域合作谅解备忘录的议定书》。

中俄在矿产领域合作尚处于起步阶段，东北地区在俄的投资主要有黑龙江省的兴安锰铁项目和辽宁西洋集团的别列佐夫铁矿项目。虽然国内一些企业很早就以各种形式参与到俄矿产资源勘探等合作，并取得一些进展，但要实现大规模开采并顺利运出俄境内，尚有很大困难；能源与矿产合作也是中蒙两国资源合作的主要内容。早在 2003 年时任国家主席胡锦涛访蒙时，中蒙双方就已达成“把资源开发和基础设施建设作为今后发展的重点领域”的共识。近年来，中国在蒙古能源矿产领域的投资增长迅速，并已取代餐饮贸易行业占据第一位，但与俄罗斯和加拿大等国相比实力较弱。位于中国东北地区的中国石油大庆塔木察格有限责任公司是中国在蒙古投资较大的企业之一。2006 年塔木察格公司和中国石化所属东胜公司共生产了原油 33.4 万桶，出口 30.9 万桶。中国的强劲需求带动了蒙古铜矿的出口，2006 年，蒙古向中国出口铜精矿粉 63 519.6 万美元，同比增长 103.8%，列居对华出口第一位，钼精矿粉为 4391.6 万美元，位居第二位。

《中国国家电网公司与俄罗斯统一电力系统股份有限公司关于全面开展从俄罗斯向中国供电可行性研究的协议》的签订标志着中俄两国在电力方面的合作将向更深的层次迈进。目前，在边境直流靠背工程的支持下，黑龙江省每年从俄罗斯获得了 36 亿 ~ 43 亿 kW · h供电量，供电规模达 600 ~ 700GW，吉林省和辽宁省也正在通过黑龙江省的电网与俄罗斯电网连接，解决电力短缺问题。中蒙的电力合作方面，主要是中方提供资金和技术援助蒙古进行相关的电力项目，解决蒙古西部的电力短缺问题。

中俄林业经贸领域的合作关系历史基础良好，黑龙江省是中国东北对俄林业合作的主要省份。俄罗斯木材出口新政对原木出口的限制使中俄林业合作形式有所改变，但双方在该领域的合作正稳步进行，一些中国公司已同俄远东地方当局签订意向协议，在俄建立从砍伐到加工的综合木材生产企业，向中国出口木材产品。蒙古虽然以内陆草原和大片的戈壁荒漠著称，但是东部靠近中俄边境的地区森林资源充裕，中国是蒙古出口木材的主要对象国，蒙古每年都要出口一定量的原木和锯材，并从中国进口胶合板和纸张。

中国东北和俄罗斯的远东地区是中俄两国的劳务合作主体，由于俄罗斯国内经济的东移，远东和东西伯利亚地区逐步升温，经济的发展进一步拉动了中国东北的劳务输出。截至2007年年底，中国累计向俄派遣各类劳务人员约32万人次，2007年年底在俄各类劳务人员约3.1万人，大多来自黑龙江和吉林，主要从事森林及矿产资源开采，木材加工、农业种植和建筑行业，大部分属于简单体力劳动，技术型数量少，劳务素质有待提高。

2.3.4.2 区域资源合作中存在的问题

1）中国东北与俄蒙毗邻地区的资源合作首先需要建立在国际环境和平稳定的前提下，和平与发展是当今世界的主旋律。在这种情况下，中俄两国的能源合作一波三折。虽然中国需要俄能源，俄罗斯需要中国市场，但是俄罗斯将中俄合作视为长期规划项目，最终目的是通过合作来建设东西伯利亚油气统一供给系统，带动整个远东经济的发展。而中方关注的是俄自上到下的整个石油产业链，视合作为解决本国的能源危机和石油进口渠道多元化问题的短期工作项目。在资源的国际合作方面，俄罗斯一直是中国除中东以外的关注重心，但俄罗斯的能源战略服从于整体外交战略，中国在其战略中仅排第四。俄罗斯只将中俄能源合作只是其整体能源外交战略的一个部分，合作规模和进程取决于俄罗斯对双方合作对其经济政治利益最大化目标的实现程度；国际政治格局中，虽然冷战时期已经结束，但东西方两大阵营的较量并未停止。

2）俄蒙两国相关法律政策的不稳定性增加了能源国际合作中的投资风险。中国在俄罗斯建立的合资企业尤其是生产型合资企业大多以失败和投资无法回收而告终。矿产资源是蒙古政治外交的重要筹码，在其国内政治中，各阶层和利益集团把矛头直指矿产业，都期待通过修改矿产法获得实在利益和政治筹码，因此在蒙古开发矿产资源的政策性风险日益增大。新矿产法的出台也引起了国际社会对其法律政策不稳定的担忧和思考。修订的矿产法违背了市场经济原则。其中，一些条款使政府行政职能权力过于集中，对许多名目费用的增加和对外国劳务比例的严格限制等都增加了企业的运营成本和管理负担，虽然对于生态保护具有很好的意义，但没有具体的保护措施，而且在可操作性和新旧矿产法的衔接方面也存在许多问题。

2.3.4.3 未来区域资源合作模式

经济发展全球化背景下的区域经济合作，使世界能源供求的博弈格局不断变化。虽然政府层面的战略互动与规划对接使中国东北与俄蒙毗邻地区的合作步伐不断推进，但只有建立在自然资源开发和利用基础上的国际能源战略合作才能保持长久的活力和稳定。

从东北亚的国际资源格局看，中国东北巨大的能源需求并不能成为俄远东及东西伯利亚地区向其提供能源的重要条件，日本和韩国不仅具有同样的能源需求，并且在资金和技术等方面更有显著的优势。在国际政治因素的影响下，国家间的资源合作会呈现一定的波动性。因此，只有建立在自然资源联合开发和共同利用基础上的国际资源合作才能够稳健开展，并保持长久活力。

目前，中国东北与俄蒙毗邻地区的资源合作在一定程度上是以生产要素互补为基础。虽然这种互补性是区域资源合作的前提，互补性的资源合作是国家（或地区）间进行互惠互利的基础合作，也能够解释一定的国际区域资源合作实践，但互补型资源合作模式具有一定内在缺陷，不适宜将其作为发展国际资源合作的长期战略。中国东北的矿产资源需求缺口较大，但矿业开发技术水平与风险管理能力与国际矿业发达国家（或地区）有明显差距。东北地区的相关企业必须从有效开发和利用俄蒙毗邻地区资源的角度出发，选择具有战略性的国际性区域资源合作模式。

在当今世界经济发展以能源为基本动力的情况下，能源成为联系国家间的紧密纽带。以能源为基础的区域产业合作，以及建立在能源基础上的国家与区域的合作关系非常牢固。21世纪，保障资源供给是中国东北老工业基地经济持续发展的重要条件之一。充分利用俄蒙毗邻地区丰富的自然资源，与其建立稳定的资源合作关系，是中国东北地区经济得以振兴的基本保障。随着中国东北与俄蒙毗邻地区区域经济合作规模的不断扩大及合作领域的不断拓宽，这一区域的国际资源合作模式还会根据具体情况而深化，从而推动三大区域间资源合作的健康持续发展。

2.4　区域农业合作

2.4.1　东北地区农业资源条件与特点

(1) 农业自然条件

1）整体自然条件概况。东北地区是一个完整的自然地理单元，长白山山脉和大小兴安岭是东北地区的基本骨架，也是东北大平原的重要生态屏障。东北地区的地貌类型很多，分布很有规律。主要山地有西侧的大兴安岭，东侧的长白山地，北部的小兴安岭。中间形成了松嫩平原、松辽平原和辽河平原。东部三江平原和西部蒙古高原东部草原地带是其重要组成部分。东北地区大部分属温带范围，可细分为温暖带、中温带、寒温带，大陆性季风气候特征最为明显。气候特点为气温南北差异大和降水量自东南向西北递减，到大兴安岭有所增加。大兴安岭两侧发育着辽河、黑龙江、松花江、嫩江、乌苏里江、额尔古纳河、兴凯湖、松花湖、呼伦湖等众多水系，形成了完整的河流湖泊水系网络。完整而多样性的自然地理单元构成了区域农业发展的自然基础。

2）农业资源类型多样。东北地区农业生态资源类型丰富多样，其中森林、草原、农田面积广阔，在东北地区总面积中占有很大比重。东北地区是我国森林面积最大的区域，全区森林用地 3139 万 hm^2，主要分布在大、小兴安岭和长白山。全区森林资源中原始森林少，次生林多；针叶林少，阔叶林多；大径材少，小径材多。只有大兴安岭西坡额尔古纳河右岸的我方边境地区有成片的原始林分布，其他地区仅在海拔较高的山地有零星分布。植物种类有自东南向西北逐渐减少的趋势。

草原面积 3492.53hm^2，主要分布在大兴安岭南北两侧的呼伦贝尔市、兴安盟、通辽市、赤峰市及锡林郭勒盟，自西向东依次大面积成片分布着森林草原、草甸草原和干草原（典型草原）。草原分布的主要区域地处我国农业区和牧业区分界线的北部，是一个农牧交错地带，大兴安岭山地以西的地区，牧业占有显著的优势。

东北地区水资源地区分布不均，总的趋势大体与降水分布一致。大致在大兴安岭北部和大黑山——大青山（基本上与哈大铁路一致）一线以东地区，气候湿润，地表径流深度在 200mm 以上，东南部的鸭绿江流域可达 500mm；而松嫩平原西部、西辽河上游和呼伦贝尔地区的地表径流深度均在 50mm 以下，部分地区不到 10mm。

东北地区湿地分布广泛，类型复杂多样，其分布特点是：沼泽面积由北向南递减，黑龙江省沼泽面积最大，占全区沼泽总面积的 80%，吉林省则不足 20%；山区多泥炭沼泽，平原多潜育沼泽。

东北地区土地资源丰富，有耕地 192.8 万 hm^2，集中分布在松嫩平原、辽河平原和三江平原，其次分布在山前台地及山间盆地、谷地，垂直分布的上限一般在海拔 500m 以下，高者可达海拔 800m，在海拔较高的部位多零星分布。

（2）东北地区农业生产条件评价

1）东部、北部及西北部的山区主要为森林分布区，林业生产条件良好。东北地区的森林主要分布在大、小兴安岭和长白山等山区，森林资源十分丰富。现有森林总面积 3641.28 万 hm^2，占全国森林面积的 29.87%；森林覆盖率为 33.5%；活立木总蓄积量、森林蓄积量和用材林蓄积量均居全国第一位。从森林资源类型看，在全区森林面积中，有林地占 82.0%，灌木林占 8.5%，疏林地占 8.0%，其他林地占 1.5%。东北地区森林资源具有以下特点：第一，森林类型多样，树种繁多，资源丰富；第二，森林资源分布不均，多集中在山区。大、小兴安岭森林面积占全区森林面积的 40% 以上；第三，天然林比重大，人工林少。全区有林地面积绝大部分是天然林，占 85% 以上。

黑龙江省的森林面积最大，有林地面积 2007 万 hm^2，占全省面积的 44%，活立木总蓄积量 15 亿 m^3，森林覆被率为 43.6%。吉林省林地面积 942.7 万 hm^2，占全省面积的 50.3%，活立木总蓄积量 8.6 亿 m^3，森林覆被率为 42.5%。辽宁省林地面积 562.84 万 hm^2，占全省面积的 38%，活立木总蓄积量 1.2 亿 m^3，森林覆盖率 23.5%。内蒙古东部分布着大面积以柞树、杨树、兴安落叶松等为主要树种的天然林，林地面积 1873 万 hm^2，占蒙东地区国土面积的 28.2%，森林覆盖率为 17.6%。

2）中部为平原地区，为主要城市和农业种植带分布区，地势平坦，土地肥沃，水热条件好。东北地区中部由松嫩平原和辽河平原组成，地势平缓，相对高度一般只有 50～100 m，年降水量在 400～600 mm，降水主要集中在夏季；≥10℃ 积温为 2500～3200℃，是典型的温带半湿润季风气候，以温带半湿润森林草原与草甸草原景观为特征。土壤类型丰富，黑土地分布广泛，营养丰富，适于种植多种粮食作物与经济作物。在作物生长季节，光照、热量、水分结合适宜，为作物生长提供了良好的气候条件。农业土地资源丰富，耕地面积广大，集中连片，土地垦殖率高，是我国重要的产粮区。同时，该地区也是主要城市的分布区。

3）西部为干旱半干旱草原区，具有发展畜牧业的天然优势。东北地区西部位于农牧交错带的东段，其植被覆盖类型包括温性草甸草原、温性干草原、山地草甸、低地草甸和沼泽。草地面积约21.26万km^2，占土地总面积的17.1%。其中，天然草地20.6万km^2，占草地总面积的96.7%，原本草质普遍较好，单位面积载畜量较高，是我国最好的草原，其中呼伦贝尔草原是世界最好的草原之一。但目前上述草地“三化”问题突出，草地退化趋势强劲，加上该地区属于干旱、半干旱气候，降水量不足400mm，生态环境脆弱，沙漠化严重。包括科尔沁、呼伦贝尔和浑善达克三大沙地，全区土地沙漠化面积约77 716km^2（包括松嫩沙地），占沙地总面积的24.35%。其中科尔沁沙地最大，其沙漠化面积约62 431km^2，占科尔沁沙地面积的37.40%；呼伦贝尔沙地的沙漠化面积约7435km^2，占沙地面积的6.44%。东北西部沙地是我国主要的草地畜牧业基地，是中国东北绿色生态屏障的重要组成部分，对保证东北大平原产粮区和工业城市群的生态安全、防止风沙侵袭具有重要价值。

2.4.2 区域农业生产现状与问题

（1）农业发展概况

从近代农业发展史来看，随着清政府封禁政策的废除，东北地区成为我国农业移民最多、开垦速度最快、农业商品化发展程度最高的地区。特别是新中国成立之后，东北地区的农业得到了较快的发展，成为我国最大的商品粮基地，被称为“中国粮食市场和粮食安全的稳压器”，其农业的开发建设，对于保障国家粮食安全和国民经济健康稳定的发展，具有极其重要的意义。

1）东北三省农业发展概况。东北地区是我国重要的商品粮基地，全区以玉米、大豆、水稻、小麦、谷子、高粱作为主要粮食作物，通过保护耕地面积提高耕地质量，保证农业可持续发。2010年，东北三省粮食产量达到1946亿斤①，比2005年增产462亿斤，占全国粮食产量的17.8%。其中黑龙江省粮食产量达到1002亿斤，吉林省达到590亿斤，辽宁省达到353亿斤。黑龙江省粮食产量跃居全国第二位，以占全国1/10的耕地面积，生产了占全国1/4的商品粮（表2-5）。

表2-5 “十一五”期间东北三省粮食产量

年份	2005	2006	2007	2008	2009	2010
全国粮食产量/亿斤	9 680	9 949	10 032	10 574	10 616	10 928
东北三省粮食产量/亿斤	1 484	1 558	1 550	1 785	1 681	1 946
东北三省占全国比重/%	15.3	15.7	15.5	16.9	15.8	17.8

资料来源：《中国统计年鉴》（2006～2011）。

在粮食生产稳定增长的同时，东北三省农业综合生产能力也不断增长，通过培养和

① 1斤=500g。

推广新、优畜禽品种，在实施“粮变肉”和精准畜牧业工程的过程中，大幅度提高了畜牧业生产能力，吉林省2010年猪、牛、羊、禽出栏量分别达到1454.6万头、293.7万头、305.65万只和3.78亿只，猪牛羊禽肉类总产量232.72万t，鲜蛋类总产量95.64万t，牛奶总产量43.50万t；辽宁省2010年肉类总产量407.2万t，禽蛋产量275.7万t，牛奶产量121.2万t，水产品产量（不含远洋渔业产量）412.85万t；黑龙江省2010年猪、牛、羊肉为165.7万t，禽肉30.1万t，牛奶552.5万t，蛋105.3万t，水产品产量40.0万t。

农业综合生产能力提升的同时，农业生产条件不断改善，农业基础设施和农业物资装备不断加强。2010年年末，吉林省农机总动力达到2145万kW，主要农业机械与设备均有增加，农田有效灌溉面积和旱涝保收面积分别达到172.68万hm^2和106.35万hm^2；辽宁省农业机械总动力（不包括渔船）为2237.5万kW；黑龙江省拥有农业机械总动力3736.3万kW，农田有效灌溉面积388.4万hm^2。

东北三省适应市场需求的变化，加大了农业结构调整的步伐，主要表现为以下三个方面：①农业内部结构调整，在保持粮食播种面积的前提下，提高了经济作物和其他作物的播种面积。②农业的产品结构调整，从生产普通产品转向生产名、特、优、新产品调整，发展精品农业；从单纯面向国内市场转向进入国内、国际两个市场，发展创汇农业；从传统栽培转向设施栽培调整，发展设施农业。③农业规模结构调整，农业产业化经营的“企业连基地，基地连农户”的机制，在农户家庭小规模生产的基础上，形成了新型的富有生命力的“小规模、大群体”的规模结构模式。

2）蒙东地区农业发展概况。蒙东是自治区重要的商品粮、乳、肉、绒的产地，《内蒙古东部区域经济“十一五”发展规划》将蒙东地区的发展战略定位为绿色农畜产品生产加工业基地，东北地区和京津冀的生态屏障。2010年，蒙东地区粮食产量达1793.09万t，占全自治区的71.7%。2007年，猪牛羊肉产量达147.64万t，占81.7%，尤其是牧业产值占农林牧渔业总产值的比重逐年提高，已达40%以上。

蒙东地区农业由粗放型向集约化转变，农业集约化经营水平逐步提高，种植业发挥主产区粮食生产的优势和潜力，加强粮食主产区建设，实现优势种植区耕地占耕地58%，设施农业面积不断扩大。在稳定和提高粮食综合生产能力的前提下，种植结构也由单一种类向粮、经、饲三元结构转变。积极发展优质粮食和优质经济作物，形成粮、经、饲（草）面积较为合理的比例。通过发展草业，为农区舍饲、半舍饲提供条件，使农区零星草地得以休养生息，农业生态环境得以改善和保护，形成以农促牧、以牧促农的良性发展格局，适应农区畜牧业发展和退耕还林还草的需要。在加强粮食生产的同时，积极调整种植业、林业、牧业和渔业之间的结构，农、林、牧、渔总产值之比由2000年的55∶5∶39∶1变为2005年的47∶7∶45∶1，农业的比重下降了8%，牧业的比重上升了6%，林业的比重下降了14%，充分发挥了蒙东地区自身发展草原畜牧业的比较优势。

在农业综合生产能力提升的基础上，蒙东地区农业生产布局进一步优化，基地建设粗具规模。2009年，内蒙古自治区进一步优化东部地区的农牧业布局，加快东部玉米、东部草原肉羊、肉牛以及城郊奶牛产业带建设，科学合理布局粮食生产，集中建设东部嫩江流域、西辽河流域粮食核心产区；在大兴安岭东南建立优质大豆生产区，在西辽河流域推广专用玉米品种；呼伦贝尔重点发展肉牛、肉羊、奶牛饲养；在西辽河平原发展猪、禽、奶牛、肉牛饲养；锡林郭勒草原发展肉羊、肉牛饲养。

（2）东北农业发展存在的问题

1）农业基础设施落后，抗御灾害能力差。东北地区农业基础设施标准低，以旱涝、低温冻害为主的自然灾害频繁，造成农业生产大幅波动。据调查，东北地区一般灾害造成粮食减产可达500多万吨，严重灾害将损失粮食1400万t①。东北地区水资源仅占全国总量的6%，人均水资源量、单位面积水资源量、亩均水资源量都低于全国平均水平，水资源污染、水环境恶化也加剧区域水资源短缺。1949～2006年，松嫩平原旱涝合计频率为79%，旱年出现多于涝年，全区50%左右耕地经常受旱涝灾害的影响。

2）水土流失严重，水土资源的质量在下降。由于长期以来农业资源开发利用中存在的耕地用而不养，林地采而不造，草地牧而不育的掠夺式生产方式，再加上毁林开荒、坡地垦殖，农业水、陆环境污染等多种原因，东北地区农业生态系统已经遭到不同程度破坏。水土流失面积约占全区总面积的27%，形成几乎遍及全区的以辽西北、松嫩平原、中东部山区为主的严重水蚀区，以辽西北为主的强烈风蚀区。东北地区西部分布大面积沙地，是中国北方半干旱沙带的组成部分，西部平原半干旱区土地则呈现出大面积盐碱化现象，土地沙化、盐碱化面积仍在不断扩大。

3）农业投入不足，农业综合生产能力提高难度加大。当前，我国农业投资需求压力大，供需矛盾较为突出。农业投资具有风险大、投资报酬率低等特点，在市场经济条件下，资本的趋利性使投资流动方向的利润导向性明显，农业所需资金无法得到保障。在投资主体中，东北粮食产区政府税收较低且承担着支农财政压力，政府财政用于农业发展的份额从相当长时期看仍是十分有限的。东北地区农民收入相对偏低，投资能力也非常有限，只能集中在短期投资上，用于维持简单的再生产，对于扩大再生产所需的中长期投资无法胜任。从亩均支农支出强度看，经济发达地区明显高出东北地区3～5倍，吉林、黑龙江都远远低于发达地区与全国平均水平。

4）农民收入增长缓慢，农业发展缺乏动力。农民收入增长缓慢的原因主要在于以下几方面：①农业生产资料价格上涨，农业成本加大，生产无利可图。②农田基础设施薄弱，粮食产量受自然条件制约严重。东北地区有效灌溉面积占耕地面积的比例远低于全国平均水平，因此，遇到干旱年，粮食就大幅减产。③农民收入过于依赖粮食生产，增收渠道狭窄。吉林和黑龙江两省农民的种植业收入占人均纯收入的比例目前仍高达63.5%和67.8%，远高于全国平均水平，这就导致农民的家庭收入过于依赖农业生产，如果农业生产遭遇亏损，农民则很少有其他增加收入的项目。

2.4.3 区域农业合作方向与对策

（1）区域农业合作的原则

区域农业合作应从共同利益出发，以国内外市场为导向，依托农业资源开发和技术合作，实现生产要素的优化组合，通过投资、技术、劳务和贸易的多边、多层次合作，

① 张赋兴．2010-3-30．东北农业“四化”寻路．科学时报．

提高区域农业综合生产能力，保护农业生态环境，促进农业经济的可持续发展。

1）互利原则。中国东北地区与俄罗斯东部、蒙古在农业资源、产品结构，技术水平、生产方式等方面的差异决定了区域农业合作具有高度的互利性，各方之间应以互利为基础进行农业开发与科技合作，互补互利是自愿合作的前提和基础。

2）多样性原则。区域农业合作的形式和内容应该多样化、多层次、多领域，以便增加农业合作的灵活性和广泛性，使合作向广度和深度发展。区域农业合作应包括农产品贸易、农业直接投资、劳务输出、生态保护等领域的综合性发展。

3）可持续发展原则。在开展农业合作过程中，不但要充分利用各方优势农业资源，提升农业经济成果和效益，而且也要关注农业生态效益的充分发挥，保护区域农业生态环境，推进农业生态合作，实现农业的可持续发展。

4）开放性原则。中国东北地区与俄罗斯东部、蒙古的农业合作涉及土地面积广阔，行政区域众多，在合作过程中应该建成一种开放性系统，甚至在符合双方的利益的情况下，鼓励和吸收东北亚地区其他国家和地区加入进来。

总之，中国东北地区与俄罗斯东部、蒙古的农业合作应当在农业资源互补与生态利用的前提下，以农产品贸易、农业资源开发、农业生态保护、农业科技与劳务交流等为主要内容，坚持平等互利、多样性与开放性原则，实现区域整体农业资源的优化配置与农业可持续发展。

（2）区域农业合作的问题

1）政策环境的阻碍。①俄罗斯、蒙古市场不规范，政策和法规多变，制度透明度差，办事效率低，信用观念不强在一定程度上阻碍了农业合作的顺利进行；②俄罗斯政府对从国外引进的劳工，尤其是中国劳工顾虑重重，甚至持有一定的敌对态度，这在一定程度上也阻碍了农业合作层次的提高；③由于俄蒙国内政策的不稳定，中俄、中蒙之间的农产品贸易层次还很低，尚且停留在初级农产品贸易的层次上，贸易层次有待进一步提高。

2）农业开发区域条件恶劣。目前，从东北地区投资机构在俄蒙开发的土地状况看，地块多处于较偏远的地方，农业基础设施差，居住条件恶劣，交通通信不便，耕作期间机械的燃料供应、农机具维修困难。开垦的荒地大多撂荒时间长，农机器具损坏严重，劳务人员在野外生产、生活条件非常艰苦。而且农业投资时间长，投资金额大，在这样恶劣的开发条件下其投资风险也相应提高。这在一定程度上挫伤了投资者和外出务工人员的积极性。

3）资金筹措规模有限。东北经济区发展相对滞后，融资渠道少，资金问题将成为制约对外农业合作的“瓶颈”。随着对俄蒙农业开发规模的不断扩大，资金不足问题将会凸显出来。长期以来，俄蒙农业投入少，忽视农业基础设施建设，一些原有的生产设施损坏严重，无法继续使用、生产设备、农田水利等的购买与维修费用耗资巨大。东北地区自身资金实力有限，政策支持力度不足，缺少对境外农业投资风险的评估与保障措施，更缺少一个完善有效的融资渠道，成为阻碍东北对外农业合作规模进一步扩大的制约因素。

4）日本、韩国等国家的竞争。日本和韩国作为东北亚区域的重要成员，受其国土面积的制约，农业资源相对贫乏，但是这两个国家资金充裕，农业技术发达，农业研发实力强劲。近年来，受国际粮食价格剧烈波动的影响，日本和韩国加大了对俄远东地区和蒙古的农业开发投入，凭借资金和技术优势，极力扩大在俄罗斯远东地区和蒙古的农业市场份额，使东北地区在该地区的农业开发和经贸合作面临较大的竞争压力。就俄罗斯方面而言，也有意实现合作伙伴的多元化，以使自己在西伯利亚和远东的农业开发中处于主动地位，进一步使得东北地区在与俄进行农业合作是处于不利局面。

2.5　区域工业地区差异与经济联系

中国东北地区及其毗邻的俄罗斯、朝鲜、蒙古存在社会制度、资源禀赋、文化差异等因素的影响，目前所处的工业经济发展阶段与水平存在巨大的区域差异。区域条件是影响区域工业经济发展的先决条件，东北地区及其毗邻地区工业经济发展阶段存在显著差异，区域条件在其中发挥了重要的作用。

2.5.1　工业经济发展的区域条件分析

2.5.1.1　中国东北地区工业发展的优势与劣势

东北地区被誉为新中国的“工业摇篮”，在新中国成立初期，我国重点建设的 156 个重工业项目中，有超过 1/3 的项目集中在东北三省。其中，辽宁省 24 个，黑龙江省 22 个，吉林省 12 个，东北老工业基地的建立使我国拥有了比较完整的基础工业体系和国防工业体系。东北地区各省市优势工业部门较为明显，形成了以“哈尔滨-长春-沈阳-大连”为纽带带动周围地域联动发展的工业经济格局，形成了各具特色和优势的工业格局：以石化、钢铁、冶金工业为主体的辽宁省工业体系；以汽车、石化、食品加工业为主体的吉林省工业体系；以石油、原煤、木材、重型机械工业为主体的黑龙江省工业体系。

振兴东北战略的实施，把内蒙古自治区东部五盟市（包括呼伦贝尔市、通辽市、赤峰市、兴安盟、锡林郭勒盟）纳入东北经济圈，蒙东地区与东北三省地缘相接、水系相通、道路相连、文化相似、人缘相亲、资源互补、市场互通，这使得东北地区的地域范围大大扩展，蒙东地区将成为东北老工业基地振兴重要的能源接续基地，加强两者在规划、产业、项目、基础设施等方面的对接，是实现振兴东北老工业基地的必然要求。

（1）东北地区工业经济发展优势分析

东北地区作为我国一个较为典型的经济区，工业经济具有独特的特点，未来东北地区工业经济发展的优势在于：

1）良好的工业经济基础。东北地区工业经济经过 60 多年的历史积累，作为国家的重工业基地，与全国其他地区相比，东北三省在能源和重工业方面具有明显的产业结构优势，成为全国原油、木材、煤炭、钢铁及多种重型装备的供应地。东北三省的生铁、钢、成品钢材、平板玻璃、硫酸年最高产量占全国比重达 70% 以上，纯碱达 60% 以上，烧碱和汽车达 40% 以上。目前，东北地区各地级市及县级市已经形成自身的代表性产业，具备了围绕优势产业打造产业链条的基础条件，各城市的产业职能类型见表 2-6。

表 2-6　东北地区主要城市的产业职能类型

城市类型	城市数量	所占比例/%	城市名称
综合型	4	8	沈阳市、大连市、长春市、哈尔滨市
机械工业	5	10	齐齐哈尔市、四平市、瓦房店市、公主岭市、普兰店市
冶金工业	3	6	鞍山市、本溪市、通化市
能源工业	11	22	抚顺市、锦州市、阜新市、鸡西市、双鸭山市、鹤岗市、七台河市、辽源市、大庆市、盘锦市、松原市
化学工业	3	6	吉林市、辽阳市、安达市
森林及建材工业	2	4	伊春市、白山市
轻纺食品工业	8	16	牡丹江市、佳木斯市、绥化市、铁岭市、白城市、朝阳市、延吉市、敦化市
旅游业	2	4	五大连池市、兴城市
交通型	4	8	梅河口市、大安市、同江市、图们市
口岸贸易型	8	16	丹东市、营口市、葫芦岛市、黑河市、绥芬河市、集安市、珲春市、东港市

资料来源：刘艳军. 2009. 东北地区产业结构演变的城市化响应机理与调控. 地理学报，64（2）：153-166.

2）优良的人才资源供应。东北三省拥有1000多所中央和省级科研机构，100多所高等院校，受过专门训练、有较高技术水平的工人超过1000万人，形成了不同特点的教学、科研与开发体系。辽宁省在技术、机械、石油、化工、农林土壤、新型材料、计算机硬件等方面具有优势；吉林省在基础化学、量子化学、运输机械、光电子技术等方面的研究领先；黑龙江省则在石化、有色金属、农林、生物工程等技术应用方面有较好的基础。东北地区有较多高等学校，多数集中在沈阳、大连、长春和哈尔滨四市，尤其是理工科较强的院校，如哈尔滨工业大学、大连理工大学、吉林大学、东北大学等，基本可以满足东北地区对热能工程、电气自动化、汽车、通信工程等领域的人才需求。

3）特殊的区位优势。东北三省地处环渤海经济圈的北缘，与蒙古、俄罗斯、朝鲜、韩国、日本等国接壤或邻近，与日本和韩国隔海相望，在我国对东北亚开放中具有不可替代的重要地位，具体的表现在：从资源角度看，与东北地区毗邻的俄罗斯东部地区拥有较为丰富的石油、天然气和木材资源，朝鲜和蒙古的部分矿产资源也较为丰富，通过加强东北地区与毗邻地区的经济合作，可以发挥东北地区资源加工的传统优势，不仅有助于延长产业链，还将很大程度上解决东北地区经济发展的资源约束问题；从利用资金和技术的角度看，东北地区可以充分利用日韩两国先进的技术和充裕的资金优势，推动国有企业改革和产业结构升级，并一定程度上承接日韩两国的产业转移，加快当地的工业化和城市化步伐；从发展进出口贸易来看，东北地区的工业产品可以发挥地缘优势，从而较为方便地进入临近俄罗斯、朝鲜、蒙古、日本和韩国的市场，随着对外开放与合作的进一步展开，极有可能在各国接壤的地区建立自由贸易区甚至是更高形式的经济合作形式，从而推进东北亚地区的市场化与一体化进程。

4）较为丰富的资源。东北地区矿产资源丰富而多样，1987年已探明的矿产资源近百种，占全国已探明矿种的64%，其中有47种为大中型矿床，石油、油母页岩、硼矿、金刚石、滑石等储量均居全国一半以上，菱镁矿、石墨、砂金、方解石、玄武石、浮石、玉石、玛瑙等矿产的储量居全国各地区之首，铁矿石储量占全国的1/4。1999年，在全国已探明储量的 150 种矿产中，东北三省发现矿产 131 种（含亚矿种），约占全国的 87.33%。到 1999 年，全区累计探明的煤炭资源为 291.74 亿 t，石油 76.48 亿 t，天然气 2123.92 亿 m^3，2000 年全区能源生产总量为 18 760.7 万 t 标准煤，能源消耗总量为 19 068.0 万 t标准煤。此外，风能、太阳能、地热能等可再生资源也很丰富（表 2-7）。

表 2-7　1980～2010 年东北地区能源消耗　　（单位：万 t 标准煤）

年份	黑龙江		吉林		辽宁	
	能源生产总量	能源消费总量	能源生产总量	能源消费总量	能源生产总量	能源消费总量
1980	10 855.9	3 716.4	1 530.3	1 930.2	3 765.8	5 272.1
1985	12 708.8	4 581.0	1 947.2	2 658.8	4 953.2	6 325.1
1990	13 615.8	5 539.7	2 572.3	3 523.4	5 958.9	7 170.8
1995	14 014.0	6 261.3	2 512.9	3 954.2	6 239.3	9 381.7
2000	11 494.0	5 663.1	1 885.6	3 527.7	5 380.5	9 877.2
2005	13 755.6	7 619.6	2 574.3	5 258.5	6 219.8	12 883.3
2010	12 959.7	9 666.8	4 790.8	8 172.8	6 769.5	19 856.4

资料来源：《中国能源统计年鉴》、《中国统计年鉴》（1981～2011）。

与东北三省毗邻的蒙东地区却分布着呼伦贝尔、兴安盟南部等规模较大、成矿条件好的能源、有色金属成矿带。内蒙古东部地区的煤炭保有储量 900 多亿吨，仅海拉尔盆地就有 300 亿 t，锡林郭勒盟更有 460 多亿吨，分别是东北三省总和的 1.5 倍和 2 倍多。大兴安岭的有色金属资源和煤炭资源具有巨大的开发潜力，这将为资源日渐枯竭的东北三省提供丰富的有色金属原材料和煤电，成为振兴东北老工业基地重要的能矿资源接续基地。

（2）东北地区工业经济发展劣势分析

改革开放以来，东北地区工业经济取得了巨大的发展，但是日益面临突出的结构性、体制性问题，如矿产资源枯竭、工业结构失衡、企业步履艰难、效益严重下滑、接续产业匮乏，而且也有中西部存在的农业问题，即所谓的“东北现象”。东北地区工业经济发展的劣势条件在于：

1）工业结构过于依赖资源，重化工业特征明显。新中国成立后，我国实行的优先发展重工业的经济发展战略，是重化型产业结构形成的主要原因，由于国家长期控制投资，并对东北初级工业原料产品的依赖逐步加深，导致东北大量耗费自然资源型的产业结构的形成。在东北的工业中，原粮、原煤、原油等“原字号”产业比重较大，2009 年重工业总产值占全部工业总产值的 78.38%，其中辽宁省重工业比重大的问题尤为突出，重工业总产值占全部工业总产值的 85.07%，黑龙江省次之，重工业资产占全部工业资产的 75.37%，而吉林省该指标也高达 74.00%，仅蒙东地区轻重工业比重相对协调，但近几年随着蒙东地区与东北地区经济合作的加深，工业部门日益呈现出重化趋势。东北地区原来支撑工业结构的主要资源如煤矿、富铁矿、部分稀有金属等的赋存不断降低，所拥有的巨额固定资产存量固化在传统产业部门中，吸纳投资变得相当困难。

未来很长一段时期内，东北地区工业结构特点很难有大的改变，新的支柱产业涌现的概率不大。而东北地区钢铁、汽车等行业的行业集中度较高，具有投资大、周期长、资本密集等特征，对东北地区产业经济发展影响巨大，但面临着始于 2003 年的投资热潮所可能引带的产能过剩的负面影响。相关资料表明，到2005年年底，我国钢铁、电解铝、铁合金、焦炭、电石、汽车和铜冶炼等七个行业，出现了可预期生产规模明显大于预期市场需求规模的状况，产能过剩的严峻竞争环境将使得未来东北地区工业经济发展困难重重(表2-8)。

东北地区与其他经济区轻重工业比例对比见表2-8。

表2-8　2010年东北地区与其他经济区轻重工业比例对比

地区	工业总产值/万元	轻工业/万元	重工业/万元	轻工业比例/%	重工业比例/%
东北三省	588 529 200	128 798 200	459 731 000	21.9	78.1
辽宁	362 194 200	70 531 300	291 662 900	19.5	80.5
吉林	130 983 500	34 051 600	96 931 900	26.0	74.0
黑龙江	95 351 500	24 215 300	71 136 200	25.4	74.6
蒙东地区（2010年）	33 395 033	10 245 473	23 149 560	44.26	55.74

资料来源：各省级行政区级行政统计年鉴（2011），蒙东地区相关数据为五盟市轻重工业总产值对比。

2）区域经济发展极不均衡。东北地区经济空间分布不均衡的问题极为突出，辽宁省工业产值超过吉林和黑龙江两省的总和，区域经济总量集中在“哈尔滨-长春-沈阳-大连”为轴带的哈大经济带上，而东北地区东部和西部发展潜力极为有限，无论是经济增长水平还是产业结构水平均与中部地区存在巨大的差距。随着经济不断回升向好，东北三省钢铁、冶金、化工等高耗能行业生产开始回升，新上项目也存在着领域集中、技术和产品趋同的问题，新兴产业集群尚未形成，现代产业体系亟待完善。2010年，东北三省单位GDP能耗均高于全国平均水平，而且吉林省、黑龙江省第三产业比重均显著低于全国平均水平（表2-9）。

蒙东地区虽已加入东北地区经济发展战略规划，但该地区产业明显处于劣势地位，目前工业经济较为依赖资源开采加工业，产业结构水平低，装备制造业及高新技术产业发展水平低下，蒙东地区教育基础设施、职业培训、继续教育等不足，科研能力、人力资源储备明显不足，科技水平明显低于东北三省，客观上需要东北三省的技术和人力资本支持。

表2-9　2010年东北地区工业经济发展对比　　（单位：亿元）

地区	GDP	农业	工业	建筑业	第三产业
东北三省	37 493.45	3 984.13	17 326.85	2 360.39	13 822.08
辽宁	18 457.27	1 631.08	8 789.27	1 187.55	6 849.37
吉林	8 667.58	1 050.15	3 929.31	577.00	3 111.12
黑龙江	10 368.60	1 302.90	4 608.27	595.84	3 861.59
蒙东地区	4 048.29	680.78	1 866.01	259.46	1 242.04

资料来源：《中国统计年鉴2011》、《内蒙古统计年鉴2011》。

3）过于依托国有大型企业，非公有经济发展规模较小。2010年，东北地区国有及国有控股工业企业产值占全部工业企业总产值的40.05%，工业资产占56.91%，东北三省钢铁、化学、一般机械、汽车、石化等大型企业高度密集，形成支撑东北经济发展的骨干企业。非公有制经济不发达是东北地区工业经济的一个主要特征，无论是政策方面还是资金方面，非公有制经济面临着不平等的软约束条件，特别是非公有制经济在金融、资源、航空及电讯等经济性竞争领域难以介入，国有企业在很大程度上垄断着对自然资源、资金、技术、人力资源及市场的支配权，使非公有制经济获得生产要素的能力欠缺、渠道狭小；无论是银行贷款还是企业上市融资，都明显地倾向于国有企业，而非公有制经济融资机会少、规模小、期限短、比重低，担保难、成本高，远远满足不了非公有制经济融资的需求（表 2-10）。

表 2-10　2010 年东北地区非公有制经济发展对比

地区	总产值/亿元	国有比例/%	非国有比例/%	总资产/亿元	国有比例/%	非国有比例/%
东北三省	58 852.92	38.1	61.9	49 744.1	54.9	45.1
辽宁	36 219.42	31.0	69.00	29 076.78	50.2	49.8
吉林	13 098.35	43.5	56.5	10 196.15	55.1	44.9
黑龙江	9 535.15	57.9	42.1	10 471.17	67.9	32.1
蒙东地区	4 607.74	28.04	71.96	3 929.922 86	—	—

资料来源：《中国统计年鉴 2011》、《内蒙古统计年鉴 2011》。

4）工业产品技术水平低，技术进步贡献率低。东北地区的新兴产业由于缺乏政府的强力引导和支持，发展较为缓慢，影响力和支撑力均较为薄弱。在区域经济中起主导作用的仍是资源和资本密集型产业，科技和知识型产业非常落后，产业结构调整并没有取得突破性进展，多数产业不具备产业核心技术和领先技术的掌控力。即使是一些生产能力已经非常巨大的产业，如汽车等其核心技术和关键装备也仍然主要依赖进口，在关键领域不具备战略优势。特别是东北地区有着较为深厚发展基础的装备制造业，总体技术劣势也是十分明显，航空设备、精密仪器、医疗设备、工程机械等具有战略意义的高技术含量产品关键技术自给率较低。东北地区技术进步贡献率呈现出下降趋势，工业部门技术进步在经济增长中的贡献为 30% 左右，主导产品大多为成熟期产品，处于成长期的产品比重偏低，高技术和新产品的比重偏小。如东北地区通信设备、计算机及其他电子设备制造业、仪器仪表等设备制造业创造的工业产值在全国仅占据 1.95% 和 2.72% 的份额，说明新兴装备制造业的发展严重滞后。

2.5.1.2　东北地区条件的优势与区域互补

通过中国东北地区及其毗邻的俄蒙两国的优劣势条件分析，可以发现未来东北地区与俄蒙两国进行区域经济合作存在互补性优势，具体表现在：

1）地缘经济优势。中俄两国在政治领域的战略伙伴关系是两国在该地区进行长期、稳定合作的政治基础，这一点是美国、日本和韩国等国无法比拟的优势；中俄两国在远东开发上有着十分接近的共同利益，即俄罗斯开发远东与中国振兴东北老工业基地的政策目标大体一致。

2）自然资源互补。俄罗斯西伯利亚和远东地区国土辽阔，森林、淡水、石油、天然气等重要资源的储备都十分丰富，但是由于俄罗斯国内劳动力缺乏和投资环境不佳，它们基本上都处于待开发状态，蒙古也有丰富的矿产资源，俄蒙两国能源、木材、矿产、渔业等自然资源开发潜力大，而中国东北地区能源需求量很大，两国与东北地区空间距离较近，能源和矿产资源可以为当地工业经济服务。西伯利亚和远东地区以及蒙古能源和矿产是中国未来保持经济持续稳定增长提供必要的物质基础，更加凸显出中俄保持长期友好合作关系的重要性。

3）产业互补优势。俄罗斯远东地区重工业发达，轻工业、加工业十分薄弱，而中国东北地区加工业和轻工业与俄相比具有显著的优势。中俄两国在东北亚经济一体化合作中具有明显的产业互补优势，中国30年改革开放积累了较为雄厚的资金、技术和管理人才，俄罗斯远东地区有着得天独厚的自然资源，双方国土相邻，交通便利，可以大大降低交易成本等。

4）劳动力互补。中国劳动力潜力巨大，可以为严重缺乏劳动力的俄远东地区提供大量相对廉价的劳动力。俄罗斯远东地区仅有人口620万，平均1.1人/km^2，远远低于全俄8.4人/km^2的人口密度。1989～2002年，远东地区人口减少了125.7万，随着出生率的下降，人口年龄结构更加恶化，使远东地区劳动力短缺的问题也变得更加严峻。据统计，中国东北地区每年有富余劳动力1000万，且劳动力成本低，技术素质较高。从中国进口劳动力可以做到互利互惠，不仅缓和中国东北地区劳动力过剩的压力，而且解决了俄罗斯远东地区劳动力匮乏的问题。

2.5.2 中国东北地区主要优势工业部门及其空间布局

东北地区作为我国的老工业基地，工业经济特点明显，各地区形成了特点鲜明的工业部门体系，表2-11给出了东北地区及内蒙古自治区“十一五”时期重点发展的产业部门，辽宁省以石化、装备制造业及成套设备、汽车及零部件产业和现代服务业为主，吉林省以石化、玉米化工、汽车、冶金、农产品及食品加工、现代物流业、旅游业和高新技术产业为主，黑龙江省以石化、煤化工、绿色食品、森工、装备制造、电子信息技术、生物科技、新材料及新能源为主，内蒙古自治区各盟市发展特点类似，蒙东地区仍将以石化、煤化工、农畜产品加工、冶金、装备制造和高科技为主。

表2-11 各省级行政区“十一五”产业发展规划比较

地区	辽宁	吉林	黑龙江	内蒙古
化工	石化	石化、玉米化工	石化、煤化工	石化、煤化工
农产品、森工	—	农产品、食品加工	绿色食品、森工	农畜产品加工
服务业	现代服务业	现代物流、旅游业	—	—
汽车、钢铁、冶金	汽车及零部件产业	汽车、冶金	—	冶金
装备制造业	装备制造业、成套设备	—	装备制造	装备制造
高新技术产业	—	高技术	电子信息技术、生物科技、新材料、新能源	高科技

注：—表示该省级行政区未将该产业列入重点产业发展规划。

资料来源：《中华人民共和国国民经济和社会发展第十一个五年规划纲要》。

哈尔滨市是全国最大的电站设备制造中心，“三大动力”生产的水力、火力发电设备占全国首位。除哈尔滨外，在齐齐哈尔、牡丹江、佳木斯与绥化等市还形成了大型电机、工业锅炉、汽轮机、继电器、变压器、电器开关、绝缘材料、电线电缆等生产电力设备的重点企业或配套厂家。在哈尔滨市还具有交通运输设备制造优势，哈尔滨飞机制造公司主要生产直9与运12电机，主要性能已达到国际同类产品的先进水平。哈尔滨哈飞汽车工业集团汽车年生产能力已达80万辆，在全国微型汽车行业中排列第2；中航工业哈尔滨东安有限公司生产能力35万台，市场占有率全国第二。在齐齐哈尔、鸡西、佳木斯还形成了矿山、冶金设备制造工业基地。主要是齐齐哈尔第一机床厂和第一重型机器厂，鸡西煤矿设备制造厂。在哈尔滨、齐齐哈尔、佳木斯、牡丹江和大庆等地还形成了工业设备制造工业产业系列，它包括起重设备、冶金设备、机床、工具、轴承、石油化工设备、轻纺机械等。哈尔滨轴承厂是全国三大轴承厂之一，哈尔滨第一工具厂是全国最大的生产精密复杂刃具和特种钻头的骨干企业。哈尔滨第二工具厂是全国重要的精密刀具和木工工具生产企业。在哈、齐、牡、佳等大工业中心城市，电表仪器、农业机械制造工业也很发达。另外，哈尔滨还形成了制药产业集群。

沈阳市是我国重大装备制造业的科研生产基地之一，尤其在数控系统、数控机床、工业机器人等先进制造技术及产品开发方面在全国优势明显，同时，一批重要装备的核心或关键技术，嵌入式软件系统、机器人及自动化生产线、燃气轮机等新型装备制造技术及产业化处于国内领先。沈阳市还被国家科技部确定为“用高新技术改造传统装备制造业，推进先进装备制造基地建设试点城市”。大连市利用其港口优势，成功发展了造船、制冷业和软件产业基地。大连软件园，为国家级软件产业基地，重点发展软件出口和人才培训。鞍山市、本溪市则是我国钢铁原材料的重要生产基地。鞍山软件园，以面向冶金等传统产业改造为特色。盘锦市是一座新兴的能源、石油化工城市。营口、辽阳、瓦房店等形成了机械生产、化工生产基地。

长春第一汽车制造厂奠定了发展交通运输设备制造业的优势。以汽车制造为主的东北交通运输设备制造业，是东北第一位的主导产业和东北仅有的为数不多的处于扩张状态的主导产业之一，也是东北制造业中唯一的资产利用水平高于全国平均水平的行业。在长春市、吉林市具有发展石化工业、食品制造业、医药产业、电子信息等制造业的优势与潜力。吉林市配套了很多重工业项目，如吉化集团、吉林铁合金厂、吉林造纸厂、吉林碳素厂等。

2.5.2.1　装备制造业

东北地区是我国装备制造业的发源地和重要的产业集聚地，经过半个世纪的建设与积累，东北地区装备制造业已经形成门类比较齐全的行业体系，涵盖了发电、输变电电力设备；以机床、工具、轴承等为代表的基础类装备；以重型机械、冶金设备、石化设备和重型矿山设备为代表的重大工程专用设备；以船舶、汽车及机车为代表的交通运输类装备；以新型潜水器和新型航空器为代表的现代军事设备；以工业机器人和数字化医疗设备为代表的高技术设备等领域，积累了巨大的存量资产和生产能力。目前，东北地区形成了以汽车制造业为主而形成的运输机械工业产业集群——以长春、大连为基地，以一汽集团、长春客车厂、大连造船厂、大连机车厂为骨干企业，可形成在全国具有绝对优势的汽车、船舶、铁路机车、客车生产集聚地和设备制造业产业集群——以哈尔滨、沈阳、齐齐哈尔的动力设备制造业为主体（表2-12）。

表 2-12　东北地区具有优势和基础的装备制造业企业和产品

地区	优势企业	优势产品	国内市场占有率
辽宁省	沈阳机床股份有限公司为全国最大的机床开发制造商，进入世界机床行业15强；大连机床集团有限公司世界机床业排名20强；瓦轴轴承集团有限责任公司主要经营指标在中国轴承业排名第一；大连冰山集团、大连重工起重集团为国内同行业的最大工业企业；重组后的沈阳鼓风机集团股份有限公司更加确立了行业中的优势地位；东北输变电机械制造股份有限公司、特变电工沈阳变压器集团有限公司、沈阳飞机工业集团等都是行业骨干企业；沈阳机车车辆有限责任公司是亚洲最大的货车生产基地；大连机车车辆有限公司的规模产量在国内具有绝对优势，内燃机车出口占全国总量的80%以上；大连新船重工集团是我国最大的造船企业，进入国际造船企业前30强	超高压输变电设备，千万吨级露天煤矿采矿设备、大型全断面隧道掘进机，履带推土机、挖掘机、大型矿选设备、剪切设备，各种大型船舶，高吨位大型起重机，各种压缩机、工业泵、风机等，大功率内燃机车和蒸汽机车，歼击机、导弹、潜艇，高速加工中心、数控机床及数控系统、组合机床，铁路机车，燃气轮机，环保设备，大中型轴承，低速大功率柴油机、嵌入式软件系统、机器人及自动化生产线、数字化医疗影像设备	轴承系列国内市场占有率超过15%，其中铁路轴承为31%，汽车轴承为29%，冶金矿山轴承为26%；轻型客车、车用柴油发动机系列产品市场占有率分别为24%和21.6%；中央空调和冷冻、冷藏系列市场占有率30%以上；铁路内燃机车一直位居全国第一，产量和出口分别占全国的50%和80%；船用柴油机占国内市场份额的40%左右；数控机床国内市场占有率超过10%，组合机床为35.5%，自动线占70%；航空发动机占有率60%；大型起重机市场占有率50%，翻车机市场占有率70%，装卸船机市场占有率25%
吉林省	中国第一汽车集团公司是全国最大的汽车生产基地，拥有六大系列产品；长春客车机车厂是国内最大的客车机车生产厂商	重、中、轻、轿等汽车整车，电线束、消音器、变速箱控制单元、精锻连杆、仪表板总成等汽车零部件，光学仪器，联合收割机，铁路客车，等等	汽车销售量占国内市场份额18%，在吉林省占总产量的54%，轿车市场占有率位居国内第2位，中重型车占国内第1位，轻微型车位居同行业前5位
黑龙江省	哈尔滨电站设备集团公司是我国最大的发电设备和舰船动力装置制造基地；中国第一重型机械集团公司是我国国家级企业，在大型加氢反应器和宽带轧钢设备生产方面达到国际先进水平，齐重数控装备股份有限公司生产的重型数控机床为国防、造船、航天航空等做出重要贡献；齐齐哈尔铁路车辆在国内同行业中保持技术领先地位，哈尔滨航空工业集团有限公司在直升机制造方面领先；佳木斯煤矿机械有限公司是我国最大的采煤机设计、制造企业	以大型型材、板材轧机为主的冶金设备，重型锻压设备，大型压力容器、大型铸锻件，60万kW、20万kW火电发电设备，70万kW大型水力发电设备，重型汽轮机发电设备，大型抽水蓄能机组，300MW大型循环流化床锅炉，电站控制设备；大功率采煤机；精密轴承、量仪；重型机床等	冶金设备市场占有率超过50%，锻压机械设备（大型）市场占有率为35%，大型石化容器市场占有率95%，大型铸锻件占有率40%，工矿配件市场占有率25%。 60万、30万kW火电设备市场占有率30%，大型电站直接空冷系统国内独家生产。数控重车市场占有率90%，重型落地镗铣床市场占有率85%。铁路货车市场占有率33%。采煤机市场占有率45.6%

资料来源：《东北振兴规划——专项规划研究卷》。

2.5.2.2　化工冶金产业

东北地区历来是我们国家重要的石化工业基地，是以石油化工为主体的多品种的化工基地，主要中心有大连、吉林、沈阳、抚顺、鞍山、本溪、大庆、辽阳等，形成了以大庆、吉林、辽河三大油田为生产基地，以大庆石油化学工业公司、吉林化学工业公司、辽阳化学工业公司锦西石油、大连石油化学工业公司、大连西太平洋石化公司等企业为骨干，形成配套的石油化学工业产品加工体系，特别在炼油方面占有很大比重。东北地区石油化学工业产业带从北向南包括哈尔滨、大庆、齐齐哈尔、牡丹江石化产业带、吉化-吉林油田石化产业基地以及环渤海（大连、抚顺、锦州、葫芦岛、盘锦、辽阳等）石化产业聚集区。该产业带不仅具有先天的资源优势（大庆油田、吉林油田、辽河油田）、良好的产业基础（大庆石化总厂、吉化、辽化、锦州石化、大连石化、大化、西太平洋）和雄厚的研发实力（大庆石油学院、抚顺石油学院、吉林大学、大连理工大学、大连化物所、长春应化所、抚顺石化研究院、吉化研究院、大庆石化研究院、大连光明化工研究院等），并且三者之间的叠合程度较高。

东北地区冶金工业较为发达，已经形成了以鞍山钢铁集团公司、本溪钢铁集团有限责任公司等企业为骨干，形成冶金行业及关联产品深加工基地，并逐渐朝着集群化的方向发展。东北地区钢材总的生产能力略大于需求，供需基本平衡。在建和计划拟建的重大项目完成后，产品结构基本趋于合理，冶金工业发展所需的资源（铁矿石、辅助原料）基本可以立足本地解决。目前存在的突出问题是，板带材产品深加工能力不足；落后的工艺与装备所占比例高于全国平均水平；一些企业老污染源没有得到有效治理，环保欠账较多，能源消耗高；特殊钢企业的专业化分工不明确，缺少各自的拳头产品。未来东北地区冶金工业应加快发展冷轧薄板、镀锌板，以及汽车、机械、军工发展所需的高质量特殊钢材品种，积极采有冷烧结矿、干熄焦、无料钟炉顶、精炼等先进工艺技术，加大污染治理力度，淘汰落后的工艺技术装备，搞好环境治理和资源综合利用。

2.5.2.3　农畜产品加工

东北地区是中国重要的商品粮和农牧业生产基地，也是农业资源禀赋最好、粮食增产潜力最大的地区。2010 年，国家发展和改革委员会、农业部颁发的《关于加快转变东北地区农业发展方式建设现代农业指导意见的通知》提出，“把建设现代农业作为全面振兴东北老工业基地的基础支撑，加快转变农业发展方式，夯实农业发展基础，优化农业产业结构，强化农业科技支撑，创新农业经营机制，发挥国有农场引领示范作用，把东北地区建设成为维护国家粮食安全的战略基地、全国重要的畜禽水产品生产加工基地和农业现代化示范区”。目前，东北地区农产品加工业正处于规模扩张和提高质量阶段，农产品加工业已经粗具规模，逐步形成了以玉米、大豆和稻谷为主导产业的加工业格局。从 20 世纪 80 年代开始，东北地区的农产品加工业快速成长起一批龙头企业，如黑龙江省的北大荒米业集团、绿都集团、响水米业、鹤鸣米业、星火绿色精洁米公司等，已位居全国先进行列，吉林省以玉米深加工为核心的长春大成集团，是目前亚洲最大、世界第三的玉米深加工企业，在国内外市场具有较强的竞争力（图 2-2）。

畜产品方面，与国内其他地区相比，东北地区饲料费用较低，成本优势明显，东北地区无论是生猪生产，还是肉牛、肉羊、肉禽生产，其规模经营产品均居全国前列。畜牧业规模经营有利于控制动物疫病，有利于实行严格的畜禽养殖和环境控制标准，采用先进的科学技术，降低成本，保障畜产品质量，增强市场竞争能力，是现代畜牧业的重要标志。目前，东北地区已经拥有多家畜产品龙头企业，如皓月集团、华正集团、德大

图 2-2　东北地区农业生态区及 19 个样点分布

资料来源：朱大威和金之庆，2008.

集团等。另外，其他地区的一些畜产品加工企业在东北地区设立分厂，如山东省金锣集团在吉林省九台市建立了肉猪和肉鸡屠宰工厂，上海市汉德食品有限公司在吉林省榆树市建立肉牛屠宰加工工厂及生物制药项目，鸿大公司在吉林省德惠市建立肉鸡屠宰线等。蒙东地区未来也规划发挥当地农牧资源优势，建设大兴安岭地区和科尔沁草原区高标准奶牛示范养殖带，建设西辽河流域、科尔沁草原区标准化优质肉牛示范养殖育肥带，建设锡林郭勒草原标准化优质肉羊示范养殖带，建设重点生态建设工程区优质牧草生产加工带，建设呼伦贝尔、兴安、通辽、赤峰等优质专用玉米、优质专用大豆、脱毒马铃薯生产与深加工产业带。

2.5.3　区域工业经济联系现状与问题

2.5.3.1　区域工业经济联系现状

中国东北地区与其毗邻地区经济发展与合作具有天然的地缘优势，国家间的经济联系比国内其他地区更为紧密，尤其是中蒙、中俄边界地区，由于历史地理条件的影响，两个国家国界两边往往形成规模相近的中小城市。

1）资源型产品向东北地区流动，东北地区的轻工业、机电产品向其他地区流动是主要特点。目前，边境贸易额已经占中俄贸易总额的 1/3，远东地区对中国出口接近其出口总量的 50%。据我海关统计，2010 年全年中俄贸易额为 555.33 亿美元，已接近国际金融危机前水平（2008 年为 568.3 亿美元），较 2009 年增长 43.3%。其中，对俄出口 296.1 亿美元，同比增长 69%；自俄进口 259.2 亿美元，同比增长 21.7%。机电产品目前占据中俄双边贸易的“半壁江山”。来自机电商会的数据显示，2010年中国机电产品对俄出口135.1亿美元，同比增长85.1%，占全年对俄出口的45.6%。目前世界各国正逐步走出全球金融危机的阴霾，带动石油、天然气等大宗初级产品的需求进而推动其价格上涨，这将刺激以能源主导为特征的俄罗斯经济发展，为其开展国内基础设施建设提供资金保障，也促使俄罗斯企业加大投资、扩大生产，这客观上为中国企业提供了市场机会。

中蒙贸易方面，2000~2010年，中国对蒙古出口额从1.11亿美元增加到14.5亿美元，中国从蒙古进口额从2.12亿美元增加到25.5亿美元，出口和进口分别增长了12.06倍和11倍。与中国对世界的贸易额增长率相比，2000~2008年，中国对蒙古的平均出口增长率比中国对世界的平均出口增长率高出27.4%，中国从蒙古的平均进口增长率比中国从世界的平均进口增长率高出24.6%。2000~2010年，蒙古对华出口份额占据了蒙古出口总额的一半左右，中国始终是蒙古第一大贸易伙伴国。自2001年中国加入WTO之后，中国对蒙古出口的拉动作用进一步增强，对蒙古出口的贡献份额稳步增长，据蒙古海关统计，2008年蒙古对华出口占据其出口总额的比例高达64.2%。

2）相互之间进出口量不大，有很大发展潜力。中俄、中蒙的贸易联系日趋紧密，中俄贸易总额由2000年的61.97亿美元发展到2010年的555.33亿美元，增长了将近8倍，然而远东地区与中国的贸易量并不大，远东地区与中方边境贸易额从2000年的23.7亿美元增加到2008年的83.7亿美元，但是占中俄贸易的比例却由2000年的38.42%下降到2008年的14.97%，可以说远东地区与中国的贸易联系对中俄贸易的重要性程度在下降，这显然不利于东北亚区域合作的长远战略。随着俄罗斯对远东地区开发战略的实施和中俄合作谈判的进一步展开，中国与远东地区的经济联系将更加密切，有巨大的发展潜力。中蒙贸易方面，两国之间的贸易额目前仍较低，还未突破10亿美元，但是随着中蒙多条国际通道的打开，未来的合作形势仍然较好，同样具有较大的发展潜力。

2.5.3.2 问题

东北地区作为东北亚区域的中心，在区域经济合作中发挥中心带动作用，却遇到了很多的问题，主要表现在如下几个方面。

（1）与俄方合作存在重重困难

通过多年的发展以及企业机制的转换，各边境地区民营外经贸主体已经成为对俄经贸合作的主力军，在中俄贸易中这些民营企业做出了不可磨灭的贡献。从改革开放之初的小商小贩，到常年坚持运作的边贸企业，再到去俄罗斯投资建厂，民营企业经过商海风浪的起伏颠簸，逐渐成长壮大，日趋成熟，成为中俄贸易的中坚力量。然而这些民营企业的实力不够强大，企业规模偏小，缺少资金，缺乏专业化，集团化经营能力差，效益水平不高，技术水平低，产品档次低，缺乏国际市场竞争力。国内一些名牌企业的知名商品还没有占据俄罗斯的主要市场，而小企业中由于缺乏科学决策，可行性研究深度不够，盲目合资合作，投资不到位，引进的工艺、设备落后等原因的存在，造成了企业运行质量不高。对俄合作存在许多困难，具体的表现在：首先，在经济合作的承接能力上俄方企业存在着一定的困难，没有足够的基础投入和合作资金。另一个原因是在意识形态上，由于受到惯性力量的影响，长期的观念和认识等还存在着僵化和老大故步自封的管理方式。再有就是在利益格局方面，对外来投资合作缺乏认同感，地方集团势力很难攻破。在出现经济问题时，中方企业的利益存在巨大的风险，基本的投资成果得不到相关法律的保障。

(2) 韩国工业品竞争的影响

中国东北地区目前已经处于工业化中期阶段，产业结构正在转型升级的过程中，但是地处东北亚的韩日两国经济发展水平早已步入发达国家水平，其工业品的国际竞争力总体上要强于我国东北地区，未来进行区域合作时，日韩两国若采取以产品换资源的策略，将使我国陷入被动的境地。而且两国均是能源相对贫乏的国家，未来东北亚合作开发过程中，远东地区以及蒙古的能源、矿产等自然资源将是各个国家进行竞争博弈的重要领域，能源安全问题将是东北亚区域经济合作的重要问题。

(3) 各国进出口政策的影响

东北亚地区各个国家和地区的进出口政策对未来国家之间的经贸联系影响较大，俄罗斯为了保证经济发展的质量，已经意识到初级原材料出口对当地经济增长的贡献较低，因而对木材、石油等原材料的出口进行了相关限制，初级原材料需要在当地进行一定的加工处理，方可出口到国际市场，蒙古作为一个较为落后的国家，未来与中国进行国际贸易时也将进行相关进出口策略的调整，以保证当地经济增长的质量，在东北亚区域合作过程中，综合协调国家能源安全战略、产业结构互补等多个方面，制订有利于各个国家利益的综合开发策略显得极为重要。

2.6 区域第三产业合作

在世界经济大发展的背景下，中国东北和俄蒙毗邻地区所处的东北亚次区域，总体经济水平正不断提高。在产业结构不断优化升级的过程中，各地区的第三产业在国民经济中的比重不断提高。

在中国东北和俄蒙毗邻地区的经济社会中，第三产业发展各具特点。中国东北开发较早，第三产业水平较高，且近年来更以平均每年近15%的速度增长，区域内部产业结构正稳步向高级化推进；俄罗斯的国民经济在国家政策的引导和支持下有所回暖，但东部的东西伯利亚和远东由于自然和社会等各种因素的影响，经济发展仍很缓慢，第三产业水平较低，各类轻工产品不能完全满足当地居民的日常需求；“休克式”的经济转型使蒙古的产业结构演进轨迹呈逆工业化发展态势，虽然第三产业在其国民经济中的比重近年来一直保持在40%以上，但其内部机构极不平衡，占据主导地位的部门均属生产附加值较低的初级产业，现代服务业发展滞后，且部门的依赖性过强。

第三产业的发展是一个国家（或地区）经济发展水平和综合实力的体现和反映。与经济发达国家（或地区）相比，中国东北和俄蒙毗邻地区的第三产业发展均相对落后，但比较优势的存在为三个区域第三产业的合作提供了一个很好的互补性条件，并且在互补性基础上进行的区域经济合作有利于区域经济的整体发展。

2.6.1 旅游业

经过一个多世纪的发展，旅游业已经成为世界上最大的产业，并因其较强的经济带动作用而逐渐成为第三产业的核心。同时，由于具有经济与文化的双重属性，旅游业在政治较为敏感地区的社会经贸合作中具有很好的桥梁作用。

2.6.1.1 中国东北与俄蒙毗邻地区的旅游资源基础

(1) 中国东北

中国东北旅游资源丰富，河流山川与古迹名胜遍布各地。东北地区的西、北、东三面由大、小兴安岭和东部山地环绕，南部濒临黄海和渤海。山地外侧被额尔古纳河、黑龙江、乌苏里江、图们江和鸭绿江所环抱，内侧东北大平原土壤肥沃。特定的地理环境成就了东北地区的优质冰雪资源，独特的气候条件使其四季分明。冰雪、森林、草原、湿地等自然景观的多样性为东北地区丰富多样的自然旅游资源奠定了很好的生态基础。历史悠久的东北地区人文景观丰富多彩，黑土文化特色鲜明。作为连接东北亚与欧洲的重要通道，区域内的边境口岸众多，异国风情魅力独特。

中国东北的旅游资源种类齐全，并已基本构成体系。冰雪旅游资源遍布区域各地。其中，以黑龙江省最为丰富。由于开发较早，现已形成包括冰雪节、滑雪节、冰雪大世界和冰博会等享誉中外的一系列冰雪旅游产品。其中，亚布力滑雪场和北大湖滑雪场是中国符合国际标准的大型旅游滑雪场；依托大、小兴安岭和东部山地的森林旅游资源品质优良，大小兴安岭、长白山、千山和医巫闾山等都是闻名国内外的山川。东北地区的自然保护区密布，森林公园众多，包括蒙东在内共有58个国家级森林公园（表2-13）。

表2-13 中国东北的国家级森林公园在各地区的分布 （单位：个）

地区	黑龙江省	吉林省	辽宁省	内蒙古东部	共计
森林公园个数	22	12	18	6	58

资料来源：通过相关数据整理获得。

内蒙古东部的大草原是北半球中高纬度地区最肥美的草原之一，“风吹草低见牛羊”的空旷幽深使其更加壮阔，呼伦贝尔草原是中国最美丽的草原，锡林郭勒草原则是蒙古历史文化的中心；星罗棋布的湖泊和纵横交错的河流给中国东北增添了很多灵气，扎龙和向海自然保护区都是国际重要湿地保护区，其中扎龙湿地是中国北方同纬度地区保留最完善、最原始、最开阔的湿地生态系统。东北亚第一大淡水湖兴凯湖、世界第二大高山堰塞湖镜泊湖、第四纪火山遗迹五大连池，以及黑龙江、乌苏里江、鸭绿江和松花江等都是东北地区享誉世界的旅游资源；东北地区的滨海旅游资源全部集中在辽宁省境内，海岸线全长2878.5km，占全国海岸线总长的12%。这里是我国滨海地区的最北部，属于温带海洋性气候，四季阳光充足，特别是夏、秋两季气温宜人，且许多岸段水质优良，沙细滩平，适宜建设各类海水浴场；此外，被称为“世界地质公园”的五大连池火山群拥有世界上保存最完整、分布最集中、品类最齐全、状貌最典型的新老期火山地质地貌。这里的铁硅质重碳酸钙镁型的矿泉水是“世界三大冷泉”之一，蜚声中外。而被称为中国四大自然奇观之一的吉林雾凇，是四处自然景观中最为特别的一个。每当雾凇来临，吉林市松花江岸十里长堤“忽如一夜春风来，千树万树梨花开”的景色美妙绝伦。

人文景观与自然资源相伴而生，珠联璧合。东北地区与中原大地一样是中华文明的起源地之一，历史文化遗存丰富。新、旧石器时代遗址保存完整，金牛山遗址、沈家台遗址和新乐遗址是各时期最典型的代表；少数民族政权的不断更迭，为东北地区留下了众多民族的优秀文化和历史古迹，从凤凰山山城到渤海国遗址，从北魏石窟到亚沟摩崖石刻，再从广济寺古建筑群到沈阳故宫，无一不展示了东北地区异彩纷呈的历史文化。沈阳故宫是现存仅次于北京故宫的最完整的皇宫建筑，集汉族、满族、蒙古族建筑艺术为一体，具有很高的历史和艺术价值。宁远古城是东北地区保存最完整的古城，被称为中国四大古城之一。哈尔滨中央大街的建筑艺术博物馆汇集了欧洲三四百年的建筑艺术成果，涵括了西方建筑史上最具影响的四大建筑流派，而中华巴洛克建筑群则是中西合璧的建筑艺术瑰宝。自中日甲午海战开始，东北地区的抗日斗争从未间断，不计其数的大小战役和无数的英雄事迹为后人留下了宝贵的爱国主义教育题材。众多的少数民族为东北地区提供了丰富多彩的民俗资源，满、蒙、朝、达斡尔、锡伯、鄂温克，鄂伦春和赫哲族等是都是这里的世居民族，特有渔猎文化和桦皮艺术弥足珍贵。此外，东北秧歌和二人转独具地方特色，现已作为关东文化的典型代表入选国家非物质文化遗产，皮影、刺绣和剪纸等民间工艺也都影响深远。

（2）俄罗斯远东和东西伯利亚

俄罗斯远东和东西伯利亚土地辽阔，气候多样。北部和东部分别濒临北冰洋和太平洋，南部与中国东北及蒙古接壤，海岸线和边境线都很漫长。被称为世界自然资源宝库的俄罗斯远东与东西伯利亚，大部分地区尚未开发，自然生态系统环境极佳。同时，众多的民族又使这里在漫长的历史发展过程中，形成了丰富多彩的传统文化。在俄罗斯东部地区的南北两大旅游带中，北部旅游带和南部旅游带的贝加尔湖沿岸旅游区、远东旅游区都在这一区域范围内。

俄罗斯远东和东西伯利亚自然旅游资源以其生态的原始性和独特性著称，自然保护区众多。堪察加克罗诺茨基自然保护区内的动植物几乎全部被载入《珍稀动植物手册》。贝加尔湖是淡水湖，但湖里却生活着许许多多地道的海洋生物，而许多淡水生物在西伯利亚其他江河湖泊都找不到踪迹。锡霍特山脉自然保护区、远东海洋自然保护区、克德罗瓦亚帕季自然保护区和兴凯湖生物圈保护区等都被列入了世界生物圈大自然保护体系。堪察加半岛和千岛群岛是俄罗斯唯一的火山区，这里除拥有被列入世界文化及自然遗产目录的“堪察加火山群”外，温泉和矿泉遍布，且有罕见的间歇泉。俄罗斯远东和东西伯利亚的矿泉和泥浴非常丰富，滨海边疆区的泥浴用泥种类齐全。远东的滨海边疆区因面对太平洋而成为俄罗斯气候条件最好的地区，除乌格洛沃伊海湾的大量医疗用泥外，这个海港城市更是良好的海滨浴场和体育港，在南部沿海直到9月仍可进行海水浴。

俄罗斯远东和东西伯利亚的民族众多，仅萨哈林州就居住着27个北方土著民族，不同的民族在不同的历史阶段和不同的生活环境下形成了各具风格的生活和生产方式。俄罗斯远东和东西伯利亚的土著民族多信奉萨满教和东正教，贝加尔湖沿岸至今尚存有包括“檀香木菩萨”和“藏医图解集”在内的300多处文化和建筑古迹。伊尔库茨克的神迹修道院、十字架教堂、耶稣升天–伊诺肯季耶夫斯基修道院、贝加尔湖畔的波索利斯基主显圣容（救世主）修道院、白海边的索洛韦茨修道院和克拉斯诺亚尔斯克的圣母庇护教堂等都非常著名。外贝加尔边疆区既信奉萨满教和佛教，也信奉东正教。作为一个多宗教和多文化汇集的地方，该区迄今为止仍是俄罗斯的佛教中心，并建有俄罗斯唯一的一所佛教大学。因此，它是俄罗斯唯一既能朝拜，又能观赏自然风光和名胜古迹的地方。

（3）蒙古东部

蒙古位于亚洲中部，北部与俄罗斯接壤，南临中国。蒙古是一个内陆国家。典型的大陆性气候使蒙古四季分明，并且由于海拔较高，夏季与同纬度其他国家相比相对凉爽。蒙古地域辽阔、地貌类型多样。同时，蒙古国一个以喀尔喀蒙古族为主体的多民族国家，历史文化悠久，并且许多居民仍保持着传统的游牧生活方式。

蒙古东部地区风景优美，作为北半球中纬度人类对自然干预破坏程度最轻的国家，其空气清洁、水源清澈。这里的自然景观人为痕迹极少，绝大多数均保持着其原始风貌，多样性的自然景观和野生动物是蒙古东部自然旅游资源的重要基础。东方省和苏赫巴托省拥有一望无际的草原，肯特省和色楞格省森林资源丰富，东戈壁省则是蒙古戈壁景观的最典型代表。蒙古戈壁虽是世界第二大沙漠，但与撒哈拉沙漠不同，这一地区曾是海洋，所以古生物化石繁多，并且有双峰骆驼、野马、野骡、豹、野山羊和戈壁熊等稀有野生动物资源。博格多山、纳嘎勒汗山、巴特汗山、勒哈饮旺达德草原、特尔勒吉国家自然公园和呼斯台国家自然公园都是蒙古的重要自然保护区。蒙古疗养业以矿泉疗养为主，其东部地区作为一个疗养胜地，早在 2000 多年前就开始利用温泉进行医疗。富含硫酸盐泥、泥炭和热资源泥的矿泉湖水中，平均每升含碳酸盐泥 118 ~ 159g，有机质含量很高，医疗效果显著。嘎鲁特河、额尔浑河以及贝尔湖和冈嘎湖都是东部地区著名的旅游资源。

历史悠久的蒙古，古代文化异彩纷呈，并且完整地保留了匈奴、鲜卑、突厥、回鹘，契丹、女真、蒙古等民族不同历史时期的大型文化遗存。位于图拉河畔的乌兰巴托市，最早建于 1639 年，这个在蒙语中意为“宫殿”的城市曾是喀尔喀蒙古第一个“活佛”哲布尊巴一世的驻地。在蒙古最大的寺庙甘丹寺内，高 28m 的佛像全身镀金，并且镶嵌了大量宝石，这一蒙古国宝更是世界最大的铜铸大佛之一。博格达汗冬宫是一个拥有汉、藏两种式样殿宇的建筑群，曾是第八世哲布尊丹巴活佛的豪华住宅。博格多汗宫夏宫公园原为蒙古宗教领袖博格多汗哲布尊丹巴（1869 ~ 1924 年）的夏宫，是蒙古最重要的历史古迹之一。13 世纪蒙古帝国首都哈尔和林遗址，成吉思汗故乡呼德呼日德及遍布全境的匈奴、突厥墓葬群落等都是探究和了解北方古代游牧民族更迭演绎的理想之地。原始宗教文化氛围浓厚的蒙古一直保持着传统纯正的古老民俗，大部分地区仍保持了他们基于游牧文化的风俗习惯和生活方式。作为一个多民族国家蒙古境内除了蒙古族外，还有哈萨克族、杜尔伯特、巴雅特、布里亚特等少数民族，民俗节庆活动丰富多样。春节是蒙古最隆重的节日，春节期间各地都会举办摔跤、赛马、赛骆驼等传统的比赛活动。而反映蒙古牧民生活习惯和文化的那达慕大会则是一种按古老的传统方式举行的集体娱乐活动，民族特色浓郁，并且已成为蒙古国庆活动的一个主要组成部分。此外，由于受东欧文化的影响，蒙古的现代城市建设多呈现出独特的蒙欧风情，首都乌兰巴托是其最典型的代表。

2.6.1.2　中国东北与俄蒙毗邻地区的旅游开发现状

（1）中国东北

中国东北旅游资源丰富多样，具有很好的开发潜力。作为国内重要的老工业基地，其经济社会发展水平较高。凭借东北老工业基地振兴的大好机遇，国家对东北发展旅游产业更给予了很好的政策支持。在各种条件与机遇的促进下，东北地区旅游产业地位不断提升，旅游经济呈现出跨越式发展。

东北地区的旅游设施有一定基础，并且近年来投资剧增，设施的数量与质量都有明显增长。四通八达的交通网络及区域交通条件的持续改善更为东北地区的旅游产业的快速发展提供重要保障。在振兴东北老工业基地的背景下，中国东北地区旅游产业在地方经济发展中的作用逐渐凸显，旅游业总收入的增长速度连续五年超过全国平均水平，并以年均增长超过20%的速度迅猛发展。2005～2010年，中国东北旅游业发展总体情况见表2-14。

表2-14　2005～2010年东北旅游业发展总体情况

年份	地区生产总值/亿元	旅游总收入/亿元	国内旅游收入/亿元	旅游外汇收入/亿美元	国内旅游人数/万人	入境旅游人数/万人
2005	18 387	1 333	1 202	14.0	17 946	341
2006	21 327	1 729	1 566	17.6	22 701	423
2007	89 151	2 261	2 060	23.9	28 152	527
2008	30 912	3 001	2 750	28.7	34 520	695
2009	33 953	3 772	3 504	29.7	42 716	709
2010	41 542	4 614	4 381	37.95	52 526	737

资料来源：黑龙江省、辽宁省、吉林省及内蒙古自治区东五盟（市）2005～2010年政府统计公报。

依托丰富的旅游资源，中国东北不断通过旅游产品的深度开发来提高区域旅游产业的竞争力。辽宁省通过滨海大道将沿海旅游资源整合，推动了传统观光游向休闲度等新兴旅游方式的转型升级，并使东北地区的滨海旅游资源发挥了经济效益的最大化作用。黑龙江省在进一步提升冰雪旅游的品牌效应外，利用资源优势深度开发“大森林”、“大草原”、“大界江”、“大湿地”、“大农业”等特色旅游产品。在蒙东地区不断挖掘草原文化、打造新型旅游产品的同时，吉林省则以长白山旅游为核心，深入开发特色旅游产品。

根据表2-14东北地区旅游收入和旅游人数的相关数据分析，中国东北的旅游业仍以国内大众旅游为主，2005年和2010年国内旅游收入分别占旅游总收入的90.2%和95.0%，国内旅游人数分别占旅游总人数的98.1%和98.6%。在国内客源市场构成中，该区游客和南方游客所占比例较大，近距离短期旅游是前者的主要目的，而体验北方特色旅游则是后者的主要愿望。中国东北与俄蒙两国的边境线共计6222.52km，其中中俄边境4325.7km。随边境贸易的不断升温，边境旅游也在稳步发展。除2009年受世界金融危机影响外，东北地区的入境旅游人数年均增长26.8%。尽管区域旅游外汇收入逐年增加，但因受国际汇率的影响，使其在区域旅游总收入中的比重不断缩水。在东北地区的入境旅游客源中俄罗斯游客占70%以上，大多来自俄罗斯远东与黑龙江接壤的四个边疆区、与蒙东毗邻的外贝加尔边疆区，购物游和滨海游是其首选。国内边境旅游客源市场则以东北地区以外的客源为主，周边省（区、市）和经济发达地区客源居多。此外，大连、沈阳、长春和哈尔滨作为东北地区的四大中心旅游城市，承担了整个区域的全部旅游集散功能，并对东北旅游产业发展贡献巨大。大连和哈尔滨分别依托滨海资源和冰雪资源成为中国东北的南、北两大旅游增长极，对区域旅游发展带动作用很强，而沈阳和长春的历史效应显著，发挥着历史文化旅游基地的重要作用。

中国东北的旅游产业虽然发展较快，但区域内部的地域差异显著，旅游资源禀赋和资金问题仍是发展的主要瓶颈。辽宁省是东北地区唯一的滨海省份，黑龙江省旅游资源禀赋极佳，优越区位条件和显著的品牌效应使两者旅游产业发展迅速。而蒙东地区由于旅游资源单一，且受季节的限制较大，旅游经济总量一直偏小。此外，粗放式管理和粗放式服务的问题也比较普遍，并且区域内部的旅游合作仍需要进一步深化。

（2）俄罗斯远东和东西伯利亚

随着俄罗斯经济的复苏，人们的生活水平大幅提高，生活观念和生活方式也随之改变，旅游日渐成为人们生活的重要组成部分。远东和东西伯利亚是俄罗斯旅游资源极其丰富的地区，但由于开发较晚、旅游业尚属新兴行业之列。由于国情特殊、俄罗斯的旅游市场形成较晚。2007 年 1 月，俄罗斯联邦政府批准投资 3360 亿卢布建立的 7 个旅游休闲经济特区中有 2 个选址在东西伯利亚，分别位于伊尔库茨克州和布里亚特共和国。在这种社会环境下，俄罗斯旅游业发展势头强劲，并日渐成为地方经济收入的重要来源。俄罗斯远东和东西伯利亚地区旅游业发展较为成熟的是远东南部和外贝加尔地区，远东北部和东西伯利亚的广大地区目前尚处在规划和开发阶段。

受收入及消费水平的影响，俄罗斯旅游者近年来更青睐在国内休闲度假，远东和东西伯利亚地区的国内旅游人次是出境旅游人次的 5 倍。滨海边疆区和外贝加尔边疆区是国内旅游者的主要集中地之一，俄罗斯每年都有上千万的人到此疗养度假。到克拉斯诺亚尔斯克边疆区旅游的人数比该地出外旅游的人数高出倍，而哈巴罗夫斯克边疆区则是国内旅游和出入境和同步发展。据阿穆尔共青城市政府统计，该市 2007 年旅游总收入达 1.5 亿卢布，比 2006 年翻了一番，占其国内旅游总收入 52%。由于旅游费用的增加，2003～2007 年俄罗斯远东与东西伯利亚的入境旅游人数减少了 1/4。2007 年到滨海边疆区观光的外国游客比 2006 年下降了 6 成，到哈巴罗夫斯克旅游的日本游客也比 2006 年下降了 10%，整个远东地区 2007 年的入境旅游人数还不足 4 万。因交通造成的旅游费用过高问题已成为制约俄罗斯远东和东西伯利亚地区旅游业发展的重要因素。

随着俄远东和东西伯利亚地区经济状况持续好转，旅游服务业规模不断扩大，但在旅游业发展中仍存在一些问题。除各地区对发展旅游业的态度不尽相同外，还有很多因素阻碍这一区域的旅游发展。资金不足是困扰旅游业发展的最大问题，有些地方因基础设施建设不足而直接影响地方的旅游收入。旅游主管部门受计划经济的影响尚存，旅游市场规范化程度较低。旅游行业员工的意识跟不上现代化服务的要求，出入境手续繁杂、收费高、耗时长等因素都是俄远东和东西伯利亚旅游业快速发展的巨大阻力。

（3）蒙古东部

蒙古旅游产业发展起步较晚，20 世纪 50 年代才有观光旅游出现。由于旅游业较强的经济带动作用和良好的宣传功能，蒙古政府近些年对旅游产业的重视程度不断提高，先后出台了很多优惠政策，并将发展东部地区旅游作成为政府的一项长期战略。受经济社会发展水平和国内经济转轨等因素的影响，入境旅游在蒙古旅游业中占很大比重，对国民经济发展贡献很大（表 2-15）。

表 2-15　2005～2009 年蒙古旅游外汇收入对国民经济发展的贡献

年份	2005	2006	2007	2008	2009
旅游外汇收入/亿美元	3.39	3.86	4.5	4.69	4.65
占 GDP 的比重/%	12.0	10.1	8.0	7.7	7.0

以草原风光为主的生态旅游和戈壁探险旅游是蒙古东部的主要旅游产品，并且已形成了以乌兰巴托为中心的辐射整个东部地区的旅游网络。近年来，为改变旅游业发展落后的局面，蒙古政府制定了一系列特色旅游发展规划，在着力打造狩猎和民俗风情旅游产品的同时，更大力发展家庭旅游，不断扩大牧民对旅游业的参与。同时，深入挖掘草原文化，开发具有历史底蕴的旅游产品，蒙古政府已投资 3200 万图格里克修缮了曾是 13 世纪蒙古古都的哈拉和林。

随着蒙古国内经济状况的好转和各级政府对旅游业的重视，节假日里与亲友结伴出行旅游的人数有所增加，出游的形式以家庭为单位的自驾游居多。首都乌兰巴托是蒙古最重要的旅游城市。作为整个蒙古的旅游集散中心，乌兰巴托的旅游基础设施和各类配套服务较为齐全。2008 年 5 月建成的希尔顿饭店是蒙古第一家国际连锁饭店，布普特-乌哈机场内日本和韩国的进港航班不断增加。由于蒙古国经济发展平稳，物价水平较低，赴蒙旅游费用较少，符合大多数发展中国家游客的消费心理和消费能力。蒙古的入境旅游者有 90% 以上来自亚太地区和欧洲，中国和俄罗斯这两大邻国是其主要的入境旅游客源地。入境旅游每年都为蒙古带来大量的外汇收入。蒙古旅游部给出的数据显示，2010 年上半年，赴蒙的中国游客大幅增加，带动了蒙古东部地区旅游收入同比增长 20%。因此，蒙古旅游发展的目的在很大程度上是为了吸引更多的国外旅游者（表 2-16）。

表 2-16　蒙古 2009～2010 年各地区入境旅游者比较　　（单位：%）

年份	总量	各地区					
		亚太	欧洲	美国	中东	南亚	非洲
2009	100.0	62.0	33.8	3.4	0.3	0.4	0.1
2010	100.0	63.9	31.8	3.2	0.5	0.5	0.1

注：蒙古统计年鉴中从 2009 年开始对旅游人数进行统计。

资料来源：《蒙古统计年鉴》（2009、2010）。

在政府的大力支持下，蒙古的旅游产业虽然已具相当规模，但存在的问题依然颇多。交通不便及各项基础服务设施落后是制约蒙古旅游业发展的重要瓶颈，很多旅游景点道路建设滞后，可进入性差。蒙古虽有丰富多样的旅游资源，但因开发力度不够而使产品结构单一，受季节影响较大，资源的旅游价值未得到真正体现。此外，旅游产业结构不合理，尚未形成完善的产业链，旅游企业间也缺乏应有的协调性。旅游专业技术人员偏少、行业服务质量不高和管理落后等都是影响蒙古旅游业进一步发展的障碍因素。

2.6.1.3　中国东北与俄蒙毗邻地区旅游产业的区域合作

随着世界旅游产业的发展，旅游经济已成为许多地方经济发展的重要支柱。在区域经济一体化进程中，区域旅游产业的合作，也成为区域经济合作的一个重要组成部分。20 世纪 80 年代末，随着中俄蒙三国边境的陆续开放，中国东北与俄蒙毗邻地区逐渐形成以边贸游、边境游为主，多种方式并存的旅游合作形式。随着这一国际性区域内部边贸往来的不断扩大，区域旅游合作日渐成为经贸合作的重要组成部分。

在中俄战略协作伙伴关系不断发展的背景下，双方经贸合作日益紧密，两国政府对旅游业的合作也给予了政策上诸多优惠。俄罗斯现已全面开放中国公民赴俄的团体旅游，并以互免团体旅游签证的方式促进双边旅游合作。当前，俄罗斯正在加快发展东部地区经济的战略实施中，对远东和东西伯利亚的旅游产业非常重视。俄哈巴罗夫斯克与滨海边疆区非常重视旅游产业并积极开展与中国的旅游合作，外贝加尔边疆区正努力创建中俄蒙三国跨国旅游胜地。在贝加尔湖沿岸的伊尔库茨克州正在建设过境中转的同时，堪察加州正在积极探寻跨国旅游合作伙伴。中国东北近年来的俄罗斯入境游客数量增幅很大，五年时间内增长了两倍以上，俄远东和东西伯利亚是中国东北的第一大入境旅游客源地。而中国东北的客源市场因对俄罗斯文化怀有特别情结，使其成为俄远东和东西伯利亚的第二大入境旅游客源地。与此同时，中俄双方的旅游市场都在发生变化，以“纯旅游”为目的比例在增大，旅游者的旅游目的地日趋多样化，旅游合作也开始逐步走向“全方位”发展轨道。

蒙古旅游业的发展最先得益于活跃的中、俄跨境旅行经商活动。目前，与蒙古东部毗邻的中国东北地区，是其最大的旅游客源地和旅游目的地，双方互为客源的基本格局已经形成。近年来，中蒙货物贸易的发展带动了旅游服务的快速增长，旅游的发展又进一步促进了双方的商务往来，以此为基础的中蒙旅游合作发展态势良好。蒙古为促进旅游业的发展，对社会环境的投入不断加大。虽然蒙古边境开放时间不长，出入境受到限制严格，但因中国游客占蒙古入境旅游者的 57% 以上，以及中国游客对蒙古经济较大的带动作用，蒙古政府不断简化出入境手续，提高口岸工作效率，为双方的旅游合作创造良好条件。与此同时，蒙古国内现已发展有 15 家旅行社专门开展中蒙的跨国旅游，并大量培训汉语导游，以适应中蒙旅游进一步合作发展的需要。

虽然中国东北及俄蒙毗邻地区的旅游合作成绩斐然，但是其在进一步的深入合作中仍存在许多障碍。东北亚地区历来都是一个政治敏感地带，其区域经济合作和一体化进程均落后于世界其他地区。中俄蒙三国历史关系的微妙，国际角色的转换和政治制度上的差异更使中国东北与俄蒙毗邻地区的旅游合作多了几分不稳定性。各地经济发展存在一定差距，旅游基础设施及相关配套服务水平高低不同。区域内大多数旅游企业规模较小，无法达到对外宣传的预期效果，缺少旅游产品的品牌效应，客源市场培育的不成熟。此外，各国大多从自身利益出发制定规章制度，旅游市场没有形成一个统一的标准化的管理体制，一些管理制度和服务标准很难与国际接轨。尽管如此，在国际经济浪潮的推动和各国政府的大力支持下，中国东北与俄蒙毗邻地区的国际区域旅游合作前景光明。

2.6.2　金融与信息产业

作为现代经济的核心，金融被誉为区域经济发展的“第一推动力”，金融合作则是国际经贸合作的重要内容，而区域金融合作成功的必要条件则是充分的信息交流。

（1）中国东北与俄蒙毗邻地区金融产业的合作现状

金融服务是国际经贸合作必不可少的一部分，随着中国东北与俄蒙毗邻地区经贸合作的断升级与深化，金融合作也越加紧密。

根据市场和双边经贸发展的需要，中国东北与俄远东和东西伯利亚的金融务实合作日趋深入，双边银行间的业务往来不断扩大。总理定期会晤机制和中俄金融论坛的两大平台为中俄双方的金融合作创造了良好的制度环境。在双边货币兑换业务运行平稳的基础上，2010 年卢布对人民币交易正式挂牌，中国银行黑河分行办理的首笔使用卢布人民币直接汇率的卢布汇入汇款业务，实现“真正意义”的本币结算汇款业务。边贸本币结算范围的扩大降低了双方银行和企业在经贸往来中的汇兑成本及汇率风险，提供该服务的银行覆盖了东北地区的黑龙江、吉林和内蒙古东部等地区，并已从边境贸易扩展到旅游服务。虽然中国东北与俄远东和东西伯利亚的金融合作取得了若干可喜成绩，但仅这样的合作深度与中俄战略伙伴关系和经贸关系发展的内在需求相去甚远。配套政策的不健全会在一定程度上制约本币结算的健康快速发展，并且当本币结算业务量发展到一定程度时，清算平台的缺失将成为制约人民币区域化的关键因素；俄方海关高关税一直困扰着本币业务中现钞的调运，现钞调运成本过高问题，将导致双方商业银行无法实现卢布、人民币现钞头寸平补；随着中俄经贸合作的不断发展，开拓各种境外本币金融业务、实现金融机构设置与金融业务的全面对接已成为当务之急，但中方银行在俄设立分支机构力度不足，业务空间尚有局限；中俄金融合作信息交流机制的不健全使有价值的信息非常有限且时效性差，从而使法律法规调整的实效性及针对性受到限制。

与中俄毗邻地区初见成效的金融合作相比，中国东北与蒙古东部的金融合作直到今日仍处于较低水平。《中国人民银行与蒙古银行关于支付和结算的协定》中明确了双边边贸本币账户的使用范围是两国边境地区的商品和服务贸易结算，非边境地区的企业和个人对蒙古的人民币结算很受限制。在允许跨境人民币结算地区外汇管理政策中，人民币计价结算使用范围较窄，制约了边境地区银行跨境人民币结算规模。中蒙账户银行人民币结算业务品种单一，而且由商业银行自行制定实行调运人民币现钞进出境许可证制度和凭海关凭证放行政策，缺乏有效约束力。此外，中蒙边境口岸金融机构缺乏对现金活动流的信息监测，对现金存款的来源、用途、流向无法进行监控。

（2）中国东北与俄蒙毗邻地区信息产业的发展现状

随着世界信息技术的迅速发展，信息产业不断深化，并日渐成为区域经济发展的主要推动力。中国东北的信息产业一直保持平稳发展，2004 年至今，电子信息产业销售收入平均增长率近 30%。2006 年，东北三省的电子信息产业实现销售收入 971.69 亿元，工业增加值 230.63 亿元，创税 20.08 亿元。但是东北地区信息产业内部的硬、软件结构尚不协调，相对于电子信息制造业来讲，软件和信息服务业发展较慢，在中国的电子百强企业中，东北地区仅有 6 家。总体来讲，东北地区信息产业规模依然较小，特别是电子信息产业销售收入总量仅占全行业的 2%，产业结构调整缓慢，市场化程度还不高，投资软环境有待进一步改进。蒙古由于其重工业化的发展道路，使信息产业在内的服务行业发展相对滞后，国内电子产品的需求基本靠进口满足。除乌兰巴托和各省省会以外，广大牧区通信水平较低，信息传播严重滞后。

通过多年的合作和共同努力，中俄信息产业合作也取得一定进展。华为、中兴等企业在俄罗斯投资建厂并设立研发中心，信息产业合作正在从单纯的双边贸易向包括投资合作、技术合作在内的多元化经贸合作发展。在充分认识信息产业合作的潜力和前景的情况下，中国东北凭借与俄远东与东西伯利亚毗邻的地理条件及自身老工业基地的产业优势，成为中俄信息产业合作的前沿区域。黑龙江省是中国东北对俄机电产品出口的重要省份，其中电子信息产品出口占整个机电产品出口的 50% 以上。2009 年开始运行的中俄电子信息交流平台，采用了全新 B2M 交易模式，既为中俄企业合作消除了语言壁垒，缩短了交流时间，又拓宽了合作渠道。此外“中俄信息产业园”作为东北地区最大的产业集群和产业链，于 2005 年 8 月开始筹建，园区基础设施建设总投资 61 亿元人民币。中俄信息产业园包括哈尔滨园区、牡丹江园区、远东园区 3 个园区（图 2-3）。

图 2-3　中俄信息产业园空间区位示意图

2.6.3　科技文教事业

科学技术是现代社会的第一生产力。文化教育在映射一个国家（地区）经济社会发展程度的同时，更肩负培养和开发科技生产力的双重使命。科技文教的区域合作是区域经济合作发展到一定阶段的必然，虽然中国东北与俄蒙毗邻地区的科技文教合作尚处于初级水平，但随着合作的深化，这一区域的国际经贸合作将快速发展并不断升级。

2.6.3.1　中国东北与俄蒙毗邻地区的科技发展现状

在历史发展条件和经济发展水平的影响下，中国东北与俄蒙毗邻地区的科技发展特点各异。中俄双方的科技各具优势，且优劣互补性明显。蒙古的整体科技水平与前两者都具有明显的梯度性差距，利于区域内部技术转移性的科技合作的开展。

目前，俄罗斯的大多数科研经费和科技人员仍然在为军工服务，与军工有关的科研项目和成果，仍然保持着世界先进水平。但是俄罗斯的应用研究、消费工业部门科研力量却相对薄弱，水平不高。重研究、轻开发的这一情况使其国内的大量研究成果在转化、投入生产方面遇到很多困难。也正是由于俄罗斯在科技方面存在的这一问题，给中俄双方开展科技领域合作提供了良好契机。中国的应用研究投入较多，科研成果丰硕，在工业技术方面，轻纺、食品、轻化工、医药、家电产业方面水平较高，发展较快，尤其是中国东北的农业技术水平要远高于俄罗斯远东和东西伯利亚地区。中俄双方在科技上各有长短，在许多领域内都有满足对方需求的能力和成果，这正是中俄开展科技合作的基础和有利条件。另一方面，蒙古各方面的科技水平都相对落后，其国内经济的振兴与发展亟待引进众多的外国科技成果，通过承接世界较发达国家（或地区）的产业转移和技术扩散发展国民经济。中国东北与蒙古东部地区毗邻，虽然并非世界发达地区，但经济与科技发展已达到向外进行辐射和扩散的水平，恰与蒙古的科技需求构成了良好的互补条件。俄罗斯的科技实力、蒙古的市场需求及两者优越的区域地缘优势，为中国东北与俄蒙毗邻地区的科技合作提供了广阔的发展平台。

2.6.3.2 中国东北与俄蒙毗邻地区的教育合作与文化交流

教育国际化和经济全球化都是当今世界发展的客观趋势。在中国东北与俄蒙毗邻这一国际区域内，中俄双方都具有良好的教育资源，教育领域合作历史源远流长。随着中蒙两国睦邻友好合作关系的不断深化发展，中蒙双方已于2005年签订了教育友好合作协议，中国东北与俄蒙毗邻地区的国际教育合作也自此全面展开。

中国东北的教育水平较高，教育基础设施也很完善。到目前为止，全区共有485所各类教育机构，其中20所为专门培养研究生的院所，普通高校有231所。俄罗斯是个教育十分发达的国家，与很多西方国家相比，俄罗斯拥有同样优良的教育传统，高等教育质量很高，一些重点院校在基础理论教学和学生动手能力培养方面具有丰富经验。蒙古一直以来都非常重视国民教育，教育理念也比较先进，其义务教育已延长至11年，且高等教育正在向普及化迈进中，研究生教育也是名列世界前茅。

政府之间有效的合作机制是国际教育合作的重要保障。近年来，在中俄两国积极探索教育改革之路的同时，双方教育领域合作层次也不断深化，成果显著。中国东北与俄远东和东西伯利亚地区的国际教育交流合作已逐步从“单向需求”转为“双向需求”，并形成了多边、互动的新局面。黑龙江省因地缘优势最早对俄罗斯开展高等教育合作。多年的边境贸易在促进中俄双方经济发展的同时也促进了文化教育交流。中俄两国签署了双方相互承认学历的协议，对黑龙江省高校在教育与科技方面与俄罗斯高校的合作奠定了坚实基础。另一方面，中蒙两国都很重视参与教育的国际化进程，随着中国国际地位的迅速提升以及国际影响力的扩大，越来越多的蒙古民众想更直接地了解中国、认识中国，蒙古政府对中文教育也表现出极大支持和鼓励。为满足蒙古国民学习汉语的需求，中国每年向蒙古派出志愿者教师，并于2008年在蒙古国立大学设立孔子学院。中国政府每年向蒙古提供“政府奖学金”名额，2009年，有300多人来华留学。另外，从2005年起，中国每年派出一批汉语教师志愿者赴蒙古教授汉语，2009年我国共选派110名志愿者赴蒙古从事汉语教学工作。

黑龙江省作为中国东北对俄教育合作基地，在省内27所本科高校中，有24所与俄罗斯高校有合作办学项目。高校合作项目占全省对外合作办学项目的近50%。东北农业大学是最早同俄罗斯开展大学间合作办学的中国高校，从1995年起率先开始与俄罗斯哈巴罗夫斯克国立技术大学合作办学，1999年又与俄罗斯远东国立技术水产大学联合办学。2005年在中俄加强文化教育领域合作的战略背景下，依托东北农业大学的农业部俄语培训中心承担了教育部中俄联合培养本科生“1+4”项目。2006年1月，中国黑龙江大学—俄罗斯远东国立大学联合研究生学院在黑龙江大学正式成立。俄罗斯在哈巴罗夫斯克成立的东方教育国际合作中心，专门负责远东和外贝加尔地区高校对中国东北的教育交流。此外，中国东北高校赴俄留学的学生中，在俄罗斯所获的学位层次逐年提高，各层次学位所占比例的详细情况如表2-17所示。

表2-17　中国东北高校赴俄留学学生所获学位的比例　　（单位：%）

年份	本科生	硕士研究生	博士研究生	留俄学生总计
2002	65	30	5	100
2005	46	47	7	100

资料来源：郭翔宇，赵宝辉，王磊，等. 2010. 中俄高等教育合作特点与存在的问题分析——以黑龙江省和东北农业大学为例. 高等农业教育，(11)：86-88.

虽然中国东北与俄蒙毗邻地区的教育合作取得了良好成效，也获得了各方的认可，但合作的学科领域还过于狭窄。语言和管理在以往的中俄教育合作中占有相当比例，航天和计算机领域的交流也比较频繁，但在艺术、音乐、医学、绘画等方面的交流却很少，这一情况即反映了中俄经济快速发展的特殊情况，也反映了双方教育合作还处于发展之中。而中蒙间的教育合作则以语言领域为主，其他方面的合作交流很少，教育合作仍有很大挖掘潜力。

中国东北与俄蒙毗邻地区的教育合作是其区域经贸合作的重要组成部分。俄罗斯国际公认的国际科技教育强国的地位，使中俄教育领域的合作，共同培养国际型人才显得尤为重要。中国一直是蒙古最大的贸易伙伴、最大的投资国、最大出口目的国和第二大资源来源国。随着双方在经贸领域合作的扩大和人员往来的大量增加，蒙古需要更多懂中文的人才。在中俄、中蒙政治、经济往来日益密切的趋势下，中国东北与俄蒙毗邻地区的国际教育合作前景良好。

随着社会文明的不断进步与发展，文化逐渐成为一种资本。这种情况下，经济发展与文化的联系越来越紧密。经济合作需要文化支撑，文化交流能够促进经济合作，这是当今经济全球化形势下国际交往的一个具有规律性的普遍现象。

在中国东北与俄蒙毗邻地区积极进行文化交流的同时，仍存在一些不容忽视的潜流。这源于国际上反华势力大肆鼓噪的各种“中国威胁论”，更来自俄蒙民众对中国的认知差异。同时，也说明这一区域内文化交流形式过于单一，科研教育合作有待加深，旅游合作更要深度挖掘其对文化交流的巨大促进作用。

2.7　中国东北与其毗邻地区经济联系现状

2.7.1　中国东北在与俄蒙经济联系中的地位

2.7.1.1　中国与俄罗斯经济联系发展现状与趋势

中俄两国经济互补性强，经济合作发展潜力巨大，特别是21世纪以来随着两国经济的快速发展，两国的经济联系也越来越密切。

（1）中俄双边贸易

1）双边贸易规模。中俄双边贸易从2000年开始走出了90年代低徘徊局面，达到80亿美元的历史最高水平，此后双边贸易额连续十年保持较快增长速度：2001年突破100亿美元，2004年突破200亿美元，2006年突破300亿美元，2007年突破400亿美元，2008年突破500亿美元。1992～2006年，俄罗斯对华贸易一直处于贸易顺差。2007年，中国首次实现了88亿美元的贸易顺差，2008增长至92.4亿美元，同比增长了4.76%。中国也正处于经济结构的盘整期，进出口总额同比有较大幅度下降。2009年中国全年进出口总额22 075.4亿美元，比2008年下降16.11%，中俄实现外贸额387.5亿美元，同比下降31.9%，其中中国向俄罗斯出口总额175.2亿美元，同比下降47%；进口总额212.3亿美元，同比下降10.9%。俄罗斯成为中国主要贸易伙伴中下降幅度最大的国家。2010年，中国全年进出口总额29 740亿美元。中俄贸易额为555.3亿美元，同比增长43.3%，其中俄对华出口259.2亿美元，同比增长22.1%；自华进口296.1亿美元，同比增长69%；对华贸易逆差36.9亿美元。中国为俄第一大贸易伙伴（表2-18）。

表2-18　中国与俄罗斯双边贸易数据

年份	进出口总额		出口		进口		差额
	亿美元	增幅/%	亿美元	增幅/%	亿美元	增幅/%	亿美元
1991	39.0	—	20.8	—	18.2	—	2.6
1992	58.6	50.3	23.4	28.0	35.3	69.0	-11.9
1993	76.8	31.1	26.9	15.0	49.9	41.0	-23.0
1994	50.8	-33.9	15.8	-41.0	35.0	-3.0	-19.2
1995	54.6	7.5	16.6	5.0	38.0	9.0	-21.4
1996	68.5	25.5	16.9	2.0	51.5	36.0	-34.6
1997	61.2	-10.7	20.3	20.0	40.8	-21.0	-20.5
1998	54.8	-10.5	18.4	-9.0	36.4	-11	-18.0
1999	57.2	4.40	15.0	-19.0	42.2	16.0	-27.2
2000	80.0	12.0	22.3	49.0	57.7	37.0	-35.4
2001	106.7	33.4	27.1	21.0	79.6	38.0	-52.5
2002	119.3	11.8	35.2	29.9	84.1	5.6	-48.9
2003	157.6	32.1	60.3	71.4	97.3	15.7	-37.0
2004	212.3	34.7	91.0	51.0	121.3	24.7	-30.3
2005	291.0	37.1	132.1	45.1	158.9	30.9	-26.8
2006	334.0	14.8	158.0	19.6	176.0	10.8	-18.0
2007	481.6	44.3	284.9	79.9	196.7	12.1	88.2
2008	569.0	18.3	330.7	16.1	238.3	21.0	92.4
2009	387.5	-31.9	175.2	-47.0	212.3	-10.9	-37.1
2010	555.3	43.3	296.1	69	259.2	22.1	36.9

资料来源：根据《中国统计年鉴》以及海关统计整理。

2）双边贸易结构。中国向俄罗斯出口商品主要为劳动密集型商品，但近年来，中国对俄出口的产品中化工产品和机电的比重略有增加，劳动密集型产品有所下降。2008年，中国出口俄罗斯的商品中机电类产品、纺织品及其原料和贱金属制品额度分别为160亿美元、31亿美元和29亿美元，同比上升约47%、56%和40%，共占中对俄出口总额的63%，此类产品在俄罗斯外贸进口市场中分别占22%、40%和23%的份额，见表2-19。

表2-19　2008年中国对俄罗斯出口主要商品构成

海关分类	HS编码	商品类别	2008年/百万美元	2007年同期/百万美元	同比/%	占比/%
类别	章	总值	34 659	24 282	42.7	100
第16类	84-85	机电产品	16 000	10 859	47.3	46.2
第11类	50-63	纺织品及原料	3 052	1 963	55.5	8.8
第15类	72-83	贱金属及制品	2 922	2 087	40.0	8.4
第12类	64-67	鞋靴、伞等轻工产品	2 194	1 577	39.2	6.3
第17类	86-89	运输设备	1 915	1 705	12.3	5.5
第20类	94-96	家具、玩具、杂项制品	1 699	1 150	47.7	4.9
第7类	39-40	塑料、橡胶	1 511	1 026	47.2	4.4
第18类	90-92	光学、钟表、医疗设备	900	609	47.8	2.6
第13类	68-70	陶瓷、玻璃	865	733	18.0	2.5
第6类	28-38	化工产品	855	599	42.8	2.5
第2类	06-14	植物产品	678	553	22.6	2.0
第8类	41-43	皮革制品、箱包	501	300	66.9	1.4
第4类	16-24	食品、饮料、烟草	460	361	27.4	1.3
第5类	25-27	碱产品	391	248	57.5	1.1
第10类	47-49	纤维素浆、纸张	242	142	70.6	0.7
其他			475	371	28.1	1.4

资料来源：中华人民共和国商务部.《国别贸易报告——俄罗斯》.2009年第一期.

俄罗斯对中国出口商品中原材料和资源类产品占主要部分：中国从俄罗斯主要进口金属、化工、矿产品及木制品，2008年上述商品合计占俄罗斯对中国出口总额的78.4%。特别是在矿产品中原油和成品油的进口量所占比例最大，2008年能源资源类产品占出口额70%。俄机电产品和高新技术产品在对中国出口产品的比重中不断下降。光学钟表、纺织品及原料、植物产品则减少明显，出口额下降39.2%、41.7%、67.9%，见表2-20。

表2-20　2008年俄罗斯对中国出口主要商品构成

海关分类	HS编码	商品类别	2008年/百万美元	2007年同期/百万美元	同比/%	占比/%
类别	章	总值	20 387	15 031	35.6	100
第5类	25-27	矿产品	11 905	7 059	68.7	58.4
第9类	44-46	木及制品	2 476	2 717	-8.7	12.1

续表

海关分类	HS 编码	商品类别	2008 年/百万美元	2007 年同期/百万美元	同比/%	占比/%
第 6 类	28-38	化工产品	2 402	1 998	20.2	11.8
第 15 类	72-83	贱金属及制品	1 138	819	38.9	5.6
第 10 类	47-49	纤维素浆、纸张	809	665	21.7	4.0
第 16 类	84-85	机电产品	774	892	-13.2	3.8
第 7 类	39-40	塑料、橡胶	524	407	28.7	2.6
第 1 类	01-05	活动物、动物产品	130	180	-28.0	0.6
第 17 类	86-89	运输设备	107	102	5.6	0.5
第 18 类	90-92	光学、钟表、医疗设备	81	133	-39.2	0.4
第 11 类	50-63	纺织品及原料	13	23	-41.7	0.1
第 8 类	41-43	皮革制品、箱包	9	7	23.2	0.0
第 2 类	06-14	植物产品	6	18	-67.9	0.0
第 20 类	94-96	家具、玩具、杂项制品	5	4	40.0	0.0
第 13 类	68-70	陶瓷、玻璃	5	3	55.7	0.0
其他			4	4	2.9	0.0

资料来源：中华人民共和国商务部．《国别贸易报告——俄罗斯》．2009 年第一期．

中俄间贸易方式逐步符合国际规则，信用证贸易在两国贸易方式中比重逐步加大。经营规范的大中型企业逐步成为中国与俄罗斯之间贸易的主角。由于中俄大型油气资源类型合作项目的启动，俄罗斯出口中国的产品仍将是能源资源性产品为主。而中国对俄出口将继续保持轻工业产品占据主导地位的格局。同时近几年俄罗斯商品消费需求正向中高级消费品转变并以 30% 的速度增长，这向中国对俄出口产业提出了新要求。中俄将进一步消除关税壁垒，为双边贸易额的扩大创造有利条件并且使双边服务贸易由此走上新的高速发展轨道。

(2) 中俄双边投资

中俄间的相互投资活动相比于两国的贸易发展速度明显进展缓慢，截至 2008 年年底，中俄相互直接投资额累计仅有 25.6 亿美元。双方的投资规模与两国的贸易额、战略协作伙伴关系极不相称，与两国国内经济发展总体速度和利用外资规模相比微不足道。这无论对两国各自的经济增长，还是对形成稳固的市场、拉动双边经贸关系的战略升级所起的作用都十分有限。

1）中国对俄投资。中国对俄投资近年来呈现扩大趋势。中国对俄罗斯非金融类直接投资额从 2003 年的 3062 万美元增长到 2007 年的 4.8 亿美元。2008 年受金融危机影响，中国对俄罗斯的投资流量 3.95 亿美元，同比下降 17.7%，2009 年为 3.48 亿美元，同比下降 11.9%，占对欧洲地区投资的 10.4%，存量 22.2 亿美元，占中国对欧洲地区投资存量的 25.6%，见表 2-21。

表2-21　中国对俄罗斯投资状况

年份	非金融直接投资	投资流量/亿美元	同比/%	占对欧洲地区投资/%	存量/亿美元	投资领域
2003	3.4	0.3062			0.6164	房地产业，农/林/牧/渔业，采矿业、制造业、商务服务业、批发和零售业等
2004	1.1	0.7731	152.5		1.2348	
2005	3.2	2.0333	163.0		4.6557	
2006	4.7	4.5211	122.3		9.2976	
2007	4.4	4.7761	5.6	31	14.2151	
2008	2.38	3.9523	−17.7	45.1	18.3828	
2009	4.13	3.4822	−11.9	10.4	22.2037	
2010		5.6772	63	8.4	27.8756	

资料来源：历年《中国对外直接投资统计公报》及《国别贸易投资环境分析》。

2）俄罗斯对华投资。俄罗斯对华投资总体规模不大。据原外经贸部统计，2002～2005年，俄罗斯对华投资金额合同金额呈逐渐增长的趋势，2006～2010年，俄罗斯对华投资出现下滑（表2-22）。

表2-22　俄罗斯对中国投资状况

年份	投资项目/个	合同金额/亿美元	实际使用金额/亿美元
2000	82	0.2600	0.1623
2001	107	0.3827	0.2976
2002	116	0.4585	0.3865
2003	129	1.6456	0.5430
2004	145	2.2000	1.3000
2005	162	3.0000	0.8000
2006	126	2.3342	0.6720
2007	105		0.5207
2008	95		0.5997
2009	94	1.7900	0.3177
2010	59		0.3497

资料来源：历年《中国对外经济统计年鉴》及《中国贸易外经统计年鉴》。

3）中俄双边投资特点。总体来看，中俄相互投资主目前要呈现出以下几个方面的特点。

第一，投资的地区分布较为集中。中国对俄投资大都集中在哈巴罗夫斯克、滨海边疆区和阿穆尔州等远东地区俄罗斯对中国投资主要集中在东北地区。

第二，投资领域不断扩展。中国企业将在俄罗斯家电和电子产品组装、通信设备制造和技术研发、农产品和海产品加工、森林、矿产、油气资源开发和勘探等领域增加投资，俄罗斯则在核能、航天、化肥工业及高新技术领域具有对华投资潜力。

第三，中俄相互投资总体规模不大，对俄协议投资总额仅占我国境外投资总额的

5%左右。但两国通过总结十多年中俄经贸合作发展的经验教训切实认识到开展中俄经贸合作的重要性。预计未来将保持稳步增长的发展势头。

第四，小型企业占投资的主体部分，投资规范化程度较低。两国相互投资的中俄或俄中合资企业主要都是一些小型企业，法定注册资金不多，单家合资企业的投资一般不超过5万~10万美元。

第五，两国政府签署的大项目起到了明显的带动作用。未来中俄大项目合作将得到进一步落实，中俄原油和天然气管道建设，俄罗斯对华出口大型热电站和核电站设备、民用航材，中国在俄罗斯远东地区投资建设纸浆木材加工企业，对俄罗斯出口大型集装箱检测系统等项目将被逐步推进，IT投资也将成为中俄经贸合作的新亮点。此外，俄罗斯目前正在建立以吸引外资、发展加工工业和高新技术产业为目的经济特区，这也是为双方投资和经济技术合作的全面展开提供了极为重要和难得的契机，为日益升温的中俄经贸合作创造了新的合作空间。

2.7.1.2 中国与蒙古经济联系发展现状与趋势

1949年10月16日中蒙两国正式建交，两国于1951年建立了贸易关系。60年来，尽管中蒙经贸关系经历了一段波折和起伏，但1989年两国关系正常化以来，中蒙关系继续得到顺利发展，经贸合作关系进一步深化。

（1）中蒙双边贸易

1）中蒙双边贸易规模。中蒙贸易的发展速度较快，双边贸易额迅速上升，1999~2010年，中国已经连续11年保持在蒙古第一大贸易伙伴国地位。1999年中蒙贸易总额为2.86亿美元，占蒙古对外贸易的比重为28.01%。到2008年，中蒙贸易总额为25.35亿美元，占蒙古对外贸易的比重为43.87%。2009年蒙古因出口中国的矿产品价格下跌导致出口量减少。受危机影响，蒙古居民消费能力下降、国内建筑市场萧条，蒙自我进口主要产品建筑机械设备、建筑材料、生活日用品等都不同程度下降，导致自华进口额降幅大于全国进口总额降幅。随着矿产品价格的逐渐上升，双方贸易额从2009年下半年特别是11月开始迅速增加。据蒙古海关统计，2009年，蒙古外贸总额为40.34亿美元，同比下降30.2%。其中，出口额为19.03亿美元，同比下降24.9%；进口额为21.31亿美元，同比下降34.30%。外贸逆差2.29亿美元，同比下降67.79%。其中，中蒙贸易额为24.29亿美元。2010年，中蒙贸易总额为40.02亿美元，见表2-23。

2）中蒙双边贸易商品结构。蒙古向中国出口的主要产品为矿产品、原油、畜产品、废旧铁铝等。矿产品主要包括铜精矿粉、铝精粉和萤石。蒙古从中国主要进口石油制品、运输工具、粮食、水果蔬菜、轻工产品和中低档生活用品。

表2-23 1991~2010年蒙古对外贸易及中蒙贸易的情况

年份	蒙对外贸易总额/亿美元	中蒙贸易总额/亿美元	中蒙贸易比上一年度增长率/%	中蒙贸易占蒙古对外贸易的比重/%
1991	7.09	0.69	—	9.73
1992	7.74	1.27	84.06	16.41
1993	7.40	1.86	46.46	25.14

续表

年份	蒙对外贸易总额/亿美元	中蒙贸易总额/亿美元	中蒙贸易比上一年度增长率/%	中蒙贸易占蒙古对外贸易的比重/%
1994	7.37	0.97	-47.85	13.16
1995	9.24	1.22	25.77	13.20
1996	9.34	1.47	20.49	15.74
1997	11.07	1.65	12.25	14.91
1998	10.45	1.58	-4.24	15.12
1999	10.21	2.86	81.01	28.01
2000	11.50	3.23	12.94	28.09
2001	11.59	3.62	12.30	31.23
2002	12.15	3.63	0.30	29.88
2003	14.17	4.40	21.03	31.05
2004	18.91	6.94	57.70	36.70
2005	22.49	8.60	24.00	38.24
2006	30.28	15.81	83.84	52.21
2007	40.06	20.30	28.4	50.67
2008	57.79	25.35	24.88	43.87
2009	40.34	24.29	-4.2	60.21
2010	—	40.02	64.76	—

资料来源：http//unstats.un.org/unsd/Snaama/selbasiFast.asp.

（2）中蒙两国经济合作

1）双边直接投资。中国已经连续 12 年占据蒙古第一大投资国的地位。中国在蒙古国外投资总额和投资企业数量中占首要地位，中国对蒙古外资项目数和投资金额的比重都很高。随着两国双边贸易的快速增长，1998～2006 年中国对蒙古项目和投资额一直保持快速稳定增长（表 2-24）。截至 2009 年年底，中国对蒙古累计投资 23 亿美元，投资项目 4900 多个（表 2-24）。中资企业主要集中在蒙古的矿山、石油、商贸餐饮、建筑建材、轻工业、畜产品加工、信息通信技术以及服务业等领域（表 2-25）。

表 2-24　1998～2006 年中国在蒙古投资情况

年份	投资项目			投资金额		
	在蒙古外资项目总数/个	中国		在蒙古外国投资总额/亿美元	中国	
		项目数/个	比重/%		投资额/亿美元	比重/%
1998	276	108	39.1	0.46	0.25	54.35
1999	336	111	33.0	0.87	0.22	25.29
2000	291	115	39.5	0.90	0.33	36.67
2001	350	131	37.5	1.25	0.47	37.6
2002	390	161	41.3	1.73	1.35	78.0

续表

年份	投资项目			投资金额		
	在蒙古外资项目总数/个	中国		在蒙古外国投资总额/亿美元	中国	
		项目数/个	比重/%		投资额/亿美元	比重/%
2003	635	323	50.9	2.05	0.47	22.9
2004	805	438	54.4	2.37	1.13	47.7
2005	988	568	57.5	3.12	2.36	75.6
2006	1293	724	56.0	1.47	0.62	42.2

资料来源：依据蒙古外资外贸局历年《统计摘要》数据整理。

表 2-25　1990 ~ 2008 年中国对蒙古投资在各行业分类情况

按投资排名	投资行业	占在蒙古总投资额的比重/%	中国企业数	中国在蒙古企业数占在蒙古总企业数的比重/%
1	矿产勘探开发	67.43	118	2.55
2	贸易、饮食服务	20.84	2996	64.74
3	工程、建筑、建材	2.15	234	5.06
4	轻工业	1.39	88	1.90
5	畜产品加工	1.36	110	2.38
6	食品加工	0.41	79	1.71

资料来源：依据历年蒙古工商局统计数据整理。

另外中蒙两国有着渊源的地缘文化优势，同时双方领导和人民均有发展友好合作关系的共同愿望。中蒙两国的企业行为，随着外部环境的改善和内部机制的完善，并逐步与国际贸易惯例接轨，将会极大地促进中蒙贸易的发展。

2）中国对蒙经济援助。自 1949 年建交中蒙两国至 2007 年，中国已向蒙古提供和许诺提供 40 多亿元人民币的各种援助和贷款。其中，在 2003 ~ 2007 年的 5 年间向蒙古提供 30 多亿元人民币援助和贷款，远远超过前 50 多年的总和。中国对蒙古援助和贷款的增加，对扩大两国经贸合作，落实两国在基础设施和资源领域的合作协议提供了有利的条件。

2.7.1.3　中国东北在与俄蒙经济联系中的地位

在地理位置上，中国东北处于东亚经济合作的中心位置，东北三省的北部和东部隔黑龙江（阿穆尔河）、乌苏里江与俄罗斯相望，西部与蒙古接壤，东南部靠近朝鲜半岛和日本，南邻黄海、渤海。东北地区形成了以铁路、公路为主，包括航空、海运、管道在内的交通运输网，区域内铁路运输营运里程近 1.5 万 km，是全国铁路分布密度最高的地区。东北地区共有 15 个大小港口，可以通过水路与世界上 150 多个国家和地区保持往来。铁路、公路运输与江海航运和空运相配合，从而形成了多功能的综合运输网体系，对于东北老工业基地与东北亚各国的经济交往与联系提供了有利的条件。东北地区的自然资源和工业基础在与俄蒙的经济合作中具有互补优势，对原材料、资源产品有强大的吸引力，而且东北地区劳动力资源丰富，可大力发展劳动密集型产业，同时也是未来东北亚地区最大的消费市场之一。东北地区也可以通过海外直接投资方式，将其纺织、食品、轻工等相对成熟的产业，向蒙古及俄罗斯远东地区转移，充当产业技术转移的中介，是中国与俄蒙开展经济合作的纽带。

2.7.2　中国东北与毗邻俄蒙地区加强经济联系的主要障碍因素

2.7.2.1　基础设施不完备、经济结构畸形

俄远东地区虽有丰富的自然资源，但由于该地区长期在俄罗斯体系中被边缘化，造成生产技术不配套，基础设施薄弱，铁路、公路等运输能力低、港口吞吐量小，严重制约了该地区与东北亚各国的经贸合作。而且由于设备的老化以及工艺的落后，使得各生产部门效率降低，浪费惊人。

由于经济结构不合理，科技水平落后，基础设施投入不足，蒙古基础设施建设比较落后，自然环境脆弱，许多地方尚未形成水、电、交通、通信系统。蒙古中央铁路是连接中俄蒙三国的唯一通道，铁路运力不足、线路速度不快。基础设施落后严重影响了蒙古经济贸易的发展，增加了运输成本，制约了蒙古丰富资源的开发与利用，蒙古口岸的基础设施落后条件也严重影响着边境贸易的发展和两国过境运输的发展。

中国东北地区的老工业基地也存在基础设施陈旧折旧率高、固定设备老化、企业产品的销售市场严重萎缩等问题，导致中俄蒙整体区域经济合作无法启动，延迟三国经贸关系发展进程。

从经济结构看，东北经济区与俄远东地区在各自国内都属于边远、经济欠发达地区，而且产业结构都是以重工业为主，军事工业占较高比重，自然资源富集而采掘工业较发达。从这个意义说，中俄毗邻地区经济上虽有一定的互补性，但更多的是趋同性。

2.7.2.2　国际关系，尤其东北亚形势影响

中国东北和俄罗斯东部地区不仅在地理位置上是邻国，也是多年合作的伙伴，这一点不容置疑。但是在世界经济一体化的今天，中国东北和俄罗斯东部地区的对外开放都不是单向的，而是全方位的，对任何国家的机会都是平等的。随着俄罗斯经济的复苏，西方国家也逐渐认识到了这个巨大的投资市场，并正在凭借自身的资金和技术优势，在贸易、能源开发、科技合作及文化教育等各个领域大规模进入俄罗斯市场，成为我国最强劲的竞争对手。在亚太国家中，中国依然是俄罗斯最大的贸易伙伴，日本和韩国分别是第二和第三大贸易伙伴。

近年来，蒙古已成为世界大国博弈的重要场所。美、日等国对蒙古外交策略的转变和蒙自身外交策略变化，在一定程度上影响着中蒙经济关系的发展。

蒙古的铜、磷、铀、煤和石油等多种战略性资源储备丰富，受到了世界各发达国家的关注，美国、日本、俄罗斯、澳大利亚、韩国等多个国家采取积极的措施加强发展与蒙古的政治从事贸易和投资活动，争夺蒙古市场和矿产资源。目前，俄罗斯已成为蒙古的“资源型贸易伙伴”，在蒙古矿产资源的外国开发者中居领先地位。美国已成为蒙古的“战略型贸易伙伴”。日本是向蒙古提供援助贷款最多的国家，已成为蒙古的“贷款

援助型贸易伙伴”，并是蒙古第5大贸易国和投资国。金融危机使蒙古的经济环境急剧恶化，又推动了新一轮对蒙的国际援助热潮。与此同时，各大国纷纷增加对蒙古战略资源的投资。目前，日本、韩国、美国、加拿大、俄罗斯、澳大利亚等大力援建蒙古的基础设施项目，签订和达成了多项经济合作协议。各大国对蒙投资正在引发国际投资者的蒙古热。因此，中蒙经贸的发展存在着很多不确定性因素，受到大国关系的影响，在蒙古市场上各国竞争越来越激烈。

2.7.2.3 民族历史与民族心理

由于俄罗斯国内民族主义情绪严重，造成中俄在经贸领域存在一些偏见和误解。面对中国的崛起，一方面希望从中国飞速增长的经济中受益，同时又害怕中国的强大，担心日益强大的中国会对俄罗斯造成威胁。这种心理导致俄罗斯在与我国的经贸合作方面有诸多的顾虑，经常会在两国经贸关系发展的道路上设置障碍，安大线石油管道、图们江开发区的破产以及“中石油退标”事件等，都体现了俄罗斯国内对中国的担心。俄罗斯希望对华保持科技上的优势，它考虑的是与中国合作会不会影响该国的科技竞争力。

从中国来看，在苏联解体后，面对俄罗斯经济实力下降，而中国经济快速、持续、稳定增长的情况下，对中俄双边贸易不重视，失去了很多贸易机会，这在一定程度上影响了中俄经贸领域合作的广泛开展。

中蒙两国特定的历史关系曾在很大程度上阻碍了两国友好合作。两国之间的交流曾经长期中断，其间蒙古改革了文字体系，中国内蒙古的居民若不学习新蒙语则仅能与蒙古居民进行口头交流，无法阅读蒙古的文字材料。目前，蒙古对中国仍存有疑虑，“中国威胁论”在蒙古仍有很大市场。蒙古民众担心随着两国经贸关系的进一步增加，会导致蒙古经济对中国产生依赖，进而导致蒙古的经济命脉被中国控制，危机蒙古的国家经济安全。

2.7.2.4 出口政策与通关制度

俄罗斯对中国经济政策多变性的增强构成了对中俄两国经贸持续向前发展的阻碍。俄罗斯通过实行许可证与出口配额指标的形式限制中国产品对俄罗斯市场的进口，同时提高从事对华贸易产品的出口关税税率，限制俄罗斯本国能源类原材料出口的同时又限制了中国轻工业类消费品对俄罗斯的进口。如近期俄罗斯突然针对向中国出口原木及木制品采取了提高出口价格等一系列限制措施，使中俄木材贸易及加工合作发生较大波动。近年来，俄罗斯平均进口关税有所下降，但是仍有部分进口商品被征收25%以上的关税，其中包括部分纺织面料和服装等中国对俄出口大宗商品。

由于正处于转型阶段，蒙古国内政治不稳定，导致国内法律和经济政策的不稳定，执行政策也存在随意性，缺乏连续性和长期性，与中国签订的经济协定与合同存在不能按期执行的现象。因此，蒙古政府的信誉度较差，尤其在能源、矿产资源开发等国家战略性项目方面，政策变动较大。蒙古官方存在着严重的官僚主义，规章制度、立法过程缺乏透明，对蒙古贸易和投资在一定程度上存在着不可忽视的风险。失业人口在30%以上，使在蒙古投资风险更是加大。政策法规体系很不健全、经济形势不稳定，不但造成我方企业在蒙投资利益受损，而且也挫伤了企业在蒙投资的积极性。

2.7.2.5　经济联系缺乏规范化、制度化

中俄之间的贸易制度，如银行结算制度、法律仲裁制度、信用保险制度、质量监控制度和通关制度还不够健全。具体表现为：法制不够健全；贸易方式不规范，没有形成良好的商业信誉和银行体系；银行直接结算规模不大，保险和信贷领域合作水平不高；企业经营资信的透明度不高；口岸通关能力不强，贸易仲裁机制不健全，双方发生纠纷不易解决；俄罗斯对外商保护不力，税收混乱，人员入境手续不够简化；俄罗斯的海关估价方法不符合国际规范，对中国商品存在一定歧视，海关还未实行电子报关程序等等。这些问题若不能得到解决，必将制约中俄经贸合作的发展。

目前，中蒙贸易人民币结算业务中还存在很多有待改善的因素。人民币结算不享受出口退税制度、人民币银行结算不够到位、中蒙银行间账户行关系的建立还不普遍等等。还有人民币现钞携带出入境较多，不利于遏制地下钱庄及黑市交易，也给金融监管工作带来了较大难度。人民币汇款业务存在以下问题：蒙古银行对中国银行汇款信息填写不够准确，资金清算速度慢，汇款手续费较高，中国商业银行网上银行均没有蒙文版本，边境地区人民币流通仍未形成一套完整科学的监测体系。这些因素限制业务的开展，表现为两国结算制度还不够健全。

2.7.3　对外加强经济联系的对策与举措

（1）加强交通基础设施和边境口岸通行能力建设

经济振兴离不开功能完善的基础设施。利用地缘优势，参与石油、天然气管道交通建设，不仅对于地区与国内外其他地区之间的经贸往来具有重要意义，而且能够拉动相关产业的发展，有助于改变管线通过地区的落后局面。

加快中俄跨境路桥和贸易口岸的建设，增强交通基础设施和边境口岸通行能力，解决口岸货站货物积压严重的情况，满足货物和人员往来扩大的需要。特别是哈尔滨到海参崴的高速公路、黑龙江大桥、洛古河大桥和满洲里-外贝加尔斯克口岸、绥芬河-格罗捷科沃口岸、黑河-布拉戈维申斯克口岸、抚远-哈巴罗夫斯克口岸等进出通道的扩建，绥芬河-牡丹江的复线改造和东宁-乌苏里斯克地方铁路的建设，满洲里口岸、绥芬河口岸应实现 24h 通关。加速航空运输，形成以港口为门户、铁路为动脉、公路为骨架、航空和管道运输相配合的连接全国各地和东北亚的、纵横交错的立体物流网络。

在蒙古投资建设铁路、公路等基础设施，通过多种融资渠道，加快乔巴山至伊尔施铁路建设，并且改造阿尔山至白城铁路，提高中蒙东部铁路通道的运输能力，为扩大中国与蒙古能源合作奠定基础。同时，保护蒙古自然环境，为两国经贸关系可持续发展打好基础。

立足于口岸基地，抓好以资源就地转化为主的加工中心建设，围绕加工中心建设生产研发中心、物流配送，流配送中心、金融服务、中介服务等方面为主要支撑体系，逐步形成加工产品规模。同时，加大政策引导和扶持，逐步建成一批以骨干企业为龙头，以主导企业、主导产品为核心，以专业化协作为主要内容，产业配套相对集中的特色工业园区，进而形成有效的产业集聚效应，推动整个产业的快速发展。

(2) 以市场需求为导向，以当地有国际竞争力的产品为中心，打造出口商品生产基地

首先要牢固树立起中国商品在俄罗斯、蒙古的良好形象。加强相关的法律法规的建设，提高国民素质，促进与世界接轨的速度，杜绝假冒伪劣商品的出口。坚持“以质取胜”的原则，提高中国商品的国际上的声誉与竞争力。针对俄蒙两国目前的经济发展水平和居民消费能力，通盘考虑，提供质量过硬、价廉物美的产品，力争以优质产品市场上长期占有一席之地。与此同时，还要注意加强管理，使中国企业在蒙经营进一步有序化和规范化，避免相互之间的恶性竞争，切实树立起中国企业良好的信誉。

(3) 开展政治、经济和文化等多层面的交流以加深双方的理解与互信

从两国政治关系的良好发展现状出发，在发展与扩大两国的经贸合作上，充分体现我国坚持“与邻为善，以邻为伴”的外交方针和“睦邻、安邻、富邻”的政策，力争在互利互惠的原则基础上实现“双赢”，并通过双边经贸关系的健康稳定发展来推动和促进两国关系的全面发展。

(4) 完善政策法规体系，规范贸易秩序

当前，中俄贸易环境存在着法律、法规不健全，政策变动大的问题，这需要两国政府积极调整本国经贸政策，为更好地发展中俄经贸合作提供政策保证。当前要着力解决好以下三个问题：一是根据当前经贸关系中存在的问题和实际需要，两国政府制定和完善有关经贸合作、投资政策、技术贸易、合资合作经营、引进人才等一系列政策和法规，规范企业间的经贸行为，并逐步与国际惯例接轨，以适应双边经贸的深层次发展需要。二是采取有效措施，尽快整顿边贸秩序，加强对假冒伪劣商品的打击力度，切实保护双方的合法利益，为发展中俄经贸关系创造良好的贸易环境。三是实施贸易便利化与加强贸易行为监管并举，加大对外贸活动的监管力度，形成高效的监管机制，建立有法可依、有法必依、执法必严、违法必究的贸易新秩序。

蒙古各党派应当联合起来，停止相互间的斗争，以发展本国经济为重点，维护并巩固政局稳定。目前来看，蒙古政府首要的任务是保持政策的连续性和稳定性，增加政府信誉度。再者是进一步完善有关投资和矿产资源开发的法律法规，保障法律的稳定性、严肃性，使外商投资更有序的进行。蒙古政府在制定政策时应当考虑外资企业的实际情况，维护外资企业的利益，达到双赢的目的。这不仅有利于外资企业的利益，更是解决非法劳动力等社会问题的根本。

(5) 建立健全经贸管理机制

中俄双方必须加强合作，积极采取相应的措施，建立中俄银行共同保障基金，降低双方商业银行采用人民币和卢布结算所产生的非经营性汇率风险。应当建立中俄贸易信息网络系统，强化两国贸易的中介服务体系，大力开辟电子商务的全方位服务，实施现代营销方式，建立国际物流配送体系，延长国际联运线路，使中俄双边贸易向两国纵深的腹地进军，将中俄贸易关系切实推向战略的高度。

中蒙双方应积极开展双边银行之间的结算、汇款、货币兑换业务。首先，应该鼓励两国银行积极开办双边本币结算业务，加快边贸本币结算业务的推广进程，由蒙古中央银行或其指定的商业银行作为清算银行，远程接入人民银行支付系统并开立清算账户，提高资金清算速度、减少汇款手续费，为其国内商业银行的人民币跨境清算业务提供服务。

（6）积极开发俄蒙两地自然资源

根据中俄蒙三国自然资源禀赋的差异性，中国短缺的自然资源，如石油、天然气、木材、铁、铜、铝、硫、钾盐及其他俄罗斯、蒙古蕴藏丰富的金属和非金属矿藏，都可以作为中国企业投资开发的目标。

要加快完善国内外互动的协调机制，协调解决境外投资企业在经营中遇到的实际困难和问题。重点鼓励和支持有条件、有实力的大型企业优先参与资源开发和利用。与此同时，各国也应坚持互通有无、优势互补、共同发展的原则，根据各国的基本国情，中国投资俄蒙能源，实行开采加工一体化，共同开发俄蒙矿产能源，这完全符合三国面向 21 世纪互利合作的长远利益。

（7）充分发挥现有的对俄科技合作机制的作用，搞好对俄罗斯的高技术引进及产业化工作

2007 年 8 月国务院振兴东北办公室公布了《东北地区振兴规划》。根据规划，中国将把东北地区建成具有国际竞争力的装备制造业基地、国家新型原材料和能源保障基地、国家重要商品粮和农牧业生产基地、国家重要的技术研发与创新基地。

应抓住这一难得的机遇，充分利用国家已经出台和将要出台的振兴东北的优惠政策和鼓励措施，着力培育装备制造业的自主创新能力。要进一步提高对俄科技合作的层次和水平，把引进俄高新技术与提高企业自主创新能力结合起来。开发出具有自主知识产权的产品。以一个具有自主创新能力的企业群体，支撑起一个具有国际竞争力的装备制造业基地。

（8）鼓励地区高技术企业“走出去”，在俄蒙投资建立高技术企业和研发中心

改革开放政策极大地促进了中国的经济发展和科学技术进步。30 多年来，中国不但引进、消化、吸收了大量西方高新技术并有所创新，而且独立研究开发了不少先进技术，完全可以出口到俄罗斯、蒙古。东北经济区各省应积极宣传，推介中国的先进技术。可以利用东北经济区的优势技术到俄蒙两地兴办科技型企业，出口中国的工艺技术和设备，并可利用俄蒙优秀人才和较低成本的原材料开发新的产品。还可入驻俄罗斯新辟建的经济特区和技术园区，进行技术开发。

充分发挥各类所有制企业的积极性，鼓励和支持有条件、有比较优势的企业，采取合资、独资、联营、收购、兼并国外企业等方式到蒙投资办厂，开展跨国经营，进行境外加工贸易和境外资源开发。另外还应加大国家对外投资政策的宣传力度，完善境外投资服务体系，重视并发挥其在实施“走出去”发展战略。

第 3 章　中国华北地区经济社会考察

3.1　中国华北地区概述

3.1.1　地域与区位

本项目考察的华北地区包括华北平原、内蒙古高原主体、黄土高原东部等地区，位于秦岭淮河以北，东临渤海和黄河。该范围广于传统意义的华北地区，具体指黄河以北除东北、西北地区以外的国土面积，包括北京市、天津市、河北省、山西省和内蒙古自治区大部分地区，以及山东省和河南省。

3.1.2　自然地理条件在中国北方与毗邻地区的总体特征

3.1.2.1　地势平缓，以平原为主

考察的华北地区面积主要属于华北平原、黄土高原和内蒙古高原三大地貌类型，地势起伏相对和缓，呈现平原、高原自然过渡，以平原类型为主的地形特点。其中，华北平原是黄河，淮河，海河三大河系冲积平原，西起太行山，东至渤海、黄海。华北平原的行政区划包括现在的北京市东南部，天津市，山东省西部和北部，河北省中南部，河南省全部，山西省和陕西省中北部属黄土高原。内蒙古高原又称北部高原，是我国第二大高原，东起大兴安岭和苏克斜鲁山，西至马鬃山，南界祁连山麓和长城，北接蒙古，和俄罗斯接壤，东西长 2000 多千米，面积约 130 万 km^2，海拔 1000m 左右。内蒙古高原上既没有青藏高原的雪山，也没有云贵高原上的峡谷，其地势起伏微缓，是一个可千里驰骋的高平原，特别是位于华北地区范围内的内蒙古，主要由西部的阿拉善高原、南部的鄂尔多斯高原等构成，阴山横亘中部，山南有河套平原、呼和浩特盆地等断陷平原和盆地。在阴山以北，地表坦荡开阔，低缓山岭之间，分布有宽浅的洼地或盆地，当地称为“塔拉”。为内蒙古辽阔草原的形成和畜牧业的发展，提供了有利的条件。

3.1.2.2　呈暖温带季风性气候特点

华北地区北部的内蒙古高原地区多属暖温带半湿润大陆性气候，四季分明，光照充足；冬季寒冷干燥且较长，夏季高温多雨，春秋季较短。中南部华北平原地区的热量和雨水明显增多。除毗邻渤海、黄海的山东地区属暖温带海洋性季风性气候以外，大部分地区属典型的暖温带大陆性季风气候。冬季干燥寒冷，夏季高温多雨，春季干旱少雨，

蒸发强烈。春季旱情较重，夏季常有洪涝。年均温和年降水量由南向北随纬度增加而递减。黄淮地区年均温 14～15℃，京津一带降至 11～12℃，南北相差 3～4℃。7 月均温大部分地区 26～28℃；1 月均温黄淮地区为 0℃左右，京津一带则为-5～-4℃。全区 0℃以上积温为 4500～5500℃，10℃以上活动积温为 3800～4900℃，无霜期 200～220d。平原年降水量 500～1000mm，京津一带 500～600mm。平原西部和北部边缘的太行山东麓、燕山南麓可达 700～800mm，冀中的束鹿、南宫、献县一带仅 400～500mm。各地夏季降水可占全年 50%～75%，且多暴雨，尤其在迎受夏季风的山麓地带，暴雨常形成洪涝灾害。降水年际变化甚大，年相对变率达 20%～30%，京、津等地甚至在 30%以上。

3.1.2.3 自然资源丰富多样

华北地区自然资源类型丰富多样。北部内蒙古高原地区森林资源最为丰富，内蒙古森林总面积约 1406.6 万 hm^2，占全国森林总面积的 11%，居全国第二位，是国家重要的森林基地之一。森林覆盖率达 13.8%，高于全国 13.4% 的平均水平。森林总蓄积量 11.2 亿 m^3，居全国第四位。树木种类繁多，全区乔灌树种达 350 多种。内蒙古是我国矿床类型比较齐全的省级行政区之一。铌、锆、稀土、冰洲石、煤、铬、锌、钽、铍、铅、萤石、砷、蛭石、锡、硅藻土、珍珠岩、铁、铜、银、钨等储量居全国前 10 位，特别是稀土资源储量居世界之首，铬铁矿探明储量 180 万 t，居全国第二位。

中南部地区矿产资源丰富，有煤、石油、铁矿等，但尤其以油气资源最负盛名，主要集中于中国著名的大港油田和胜利油田。大港油田东临渤海，西接冀中平原，东南与山东毗邻，北至津唐交界处，地跨津、冀、鲁 25 个区、市、县，勘探开发总面积 18 716km^2。根据我国第三次油气资源评价，大港探区石油资源蕴藏量 20.56 亿 t，天然气资源蕴藏量 3800 亿 m^3。截至 2005 年年底，累计探明石油地质储量 9.36 亿 t，探明天然气地质储量 734.77 亿 m^3；累计生产原油 1.32 亿 t，生产天然气 164.5 亿 m^3。大港油田原油年生产能力约 480 万 t，天然气年生产能力约 3 亿 m^3。胜利油田地处山东北部渤海之滨的黄河三角洲地带，主要工作范围约 4.4 万 km^2，是我国第二大油田，累计探明石油地质储量 41.71 亿 t，探明天然气地质储量 367.2 亿 m^3，海上地区探明石油地质储量 3.66 亿 t。西部山西省煤炭保有资源储量 2670.7 亿 t，占全国资源储量的 25%，居全国之首。省内分布大同、宁武、河东、西山、霍西、沁水六大煤矿，煤矿面积大、品位高，是我国重要的煤炭基地。

3.1.3 社会经济条件在中国北方与毗邻地区的总体特征

(1) 经济发展现状

华北地区地跨中国七个省级行政单元，包含京津冀都市圈和重要的资源、能源大省。经济总量大、发展迅速，是区域经济发展的重要增长极，经济水平在中国北方及毗邻地区处于相对领先的地位。

1）经济规模大、增速快。华北七省（自治区、直辖市）经济总量规模大。2010

年，华北七省（自治区、直辖市）（包含内蒙古自治区全部）GDP 107 386.03 亿元，占全国国内生产总值的 31.537%。

华北地区经济规模庞大，但却始终能够保持较高的经济增长速度，引领着区域经济的快速发展，2005～2010 年的 5 年里，华北地区保持着平均 16.95% 的经济增长速度（图 3-1）。

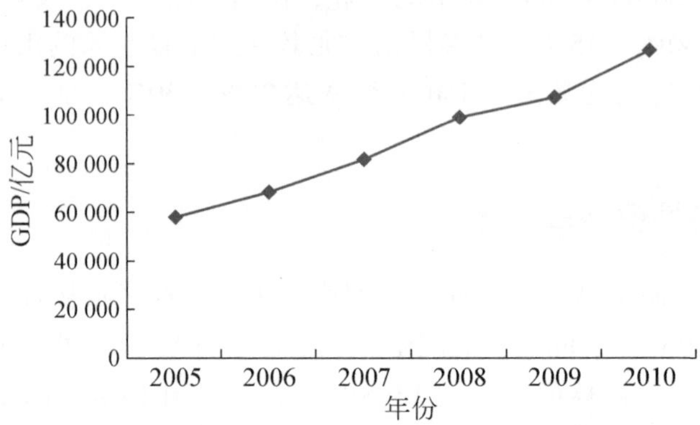

图 3-1　2005～2010 年华北七省（自治区、直辖市）GDP 增长情况

2）以第二、第三产业为主的产业结构。华北地区产业结构以第二、第三产业为主。2010 年分别占 GDP 总量的 51% 和 40%。而第一产业仅占 GDP 的 9%，且第二、第三产业所占比重呈现差距日益缩小的趋势，主要的产业门类集中于装备制造、采矿、金属冶炼、房地产、餐饮、交通运输等类型（图3-2）。

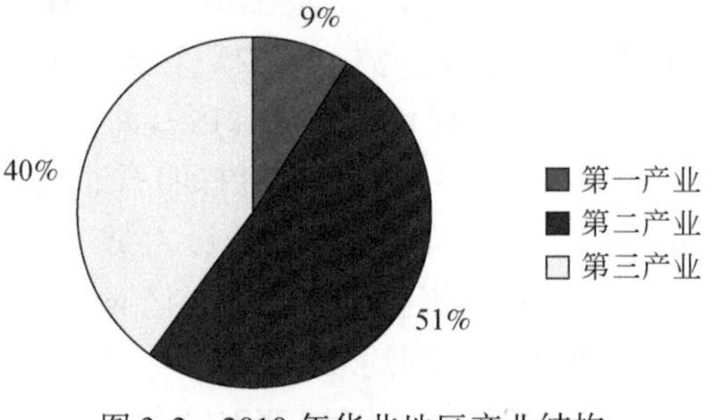

图 3-2　2010 年华北地区产业结构

（2）社会发展现状

华北地区包含中国环首都圈广阔地区，社会建设与发展起步早、发展快，是中国北方及毗邻地区社会发展水平较高的区域之一。

1）城镇面积比重高，城镇人口比重大。华北地区包含东北亚地区最大的都市圈之一——京津冀都市圈，也是中国北方及毗邻地区城镇面积比重最高和城镇人口比重最大的都市圈。华北七省（自治区、直辖市）平均城镇人口比重 55.9%，其中最高的北京市城镇人口比重高达 80%。华北地区城镇面积 55 381.26km^2，占全国城镇面积的 31.56%。华北地区城镇人口总数达 16 497.31 万人，平均城镇人口密度 2353 人/km^2，比全国平均城镇人口密度高出9.5%。

2）科学文化事业发达，研发投入不断增加。华北地区科教文卫事业起步早，发展快。全区共有高校587所，约占全国25.47%，居我国各地区之首。2009年区内本、专科在校毕业生591.4209万人，约占全国的27.58%。截至2010年，华北七省（自治区、直辖市）共有博物馆492个，公共图书馆750个，省级和地市级文化馆76个。发达的科教产业发展，为华北地区提供了大量的优质人才资源，极大地促进了区域科研、经济、社会建设的发展。逐渐以京津冀都市圈为核心，形成了中国研发投入最集中的区域之一。2010年，区内大中型工业企业研发经费达11 437 582.7万元，约占全国的28.48%；研发项目数145 589项，约占全国的27.95%。

3.1.4 区域在中国北方与毗邻地区的定位与功能

（1）中国北方与毗邻地区的重要经济增长极和核心区

华北地区经济总量大，经济增长快速，而且集中了中国大量的信息、人才、高科技产业、高校和科研机构，具有良好的产业集群基础和突出的科技创新优势。华北地区以京津冀都市圈为核心已经逐渐形成继长三角、珠三角之后中国最具竞争力的区域增长极，在中国北方和毗邻地区中具有不可替代的核心战略地位。未来的定位应立足国内，面向亚洲，力争将华北地区建设成为辐射全国和东北亚地区的区域经济增长极，发挥其在区域经济、文化等多领域合作和各类资源、要素流动的辐射和带动作用。

（2）中国北方与毗邻地区的重要物流枢纽区

华北地区位于中国北方和毗邻地区的中部地区，北方通过内蒙古与蒙古、俄罗斯等国开展国际经济合作；东部通过天津、山东众多的优良港口打开海上交通通道；西部与我国资源富集的西北地区接壤，承担着资源运输、产业转移等要素流动战略任务。因此，华北地区不但是区域经济重要的增长极和推动力量，同时也应定位于中国北方与毗邻地区物质流通和要素流动的物流枢纽区。

3.1.5 区域发展的基本优势与重要存在问题

（1）基本优势

1）具有高度集中的政治、信息、科技、人才和产业优势。华北地区以首都经济圈为核心，独有的大国首都政治、信息资源优势和发达的总部经济，吸引着全球的人才、信息、资源不断汇聚，为区域创新和发展提供了重要的软环境，不断积聚和培养的科技人才资源为华北地区发展高科技产业，参与国际高端市场的竞争提供了坚实的基础。此外，分工明确、实力雄厚的产业体系也为华北快速发展提供了稳健的基础和方向。山西、河北、山东的能源产业、山东、天津的港口物流和海洋产业、京津地区的高科技产业、内蒙古的畜牧业及配套加工产业等都为当地的经济、社会发展提供了强大的推动力量，成为华北地区的主要优势之一。

2）区位条件优越，自然资源丰富。华北地区自然资源丰富，具备发展现代化工业和高端服务业所需的能源、黑色金属、有色金属、化工原料、建筑材料等矿产资源、旅游资源和文化、历史等人文资源；拥有渤海、黄海众多海洋资源和天津港、青岛港、曹妃甸港等天然优良港口和现代化的空港、贯穿东西的公路网和铁路网。华北地区已成为中国北方及毗邻地区的核心交通枢纽，为建设成为东北亚经济增长极和物流枢纽提供了良好的基础。

（2）主要劣势

1）水资源严重短缺。水资源紧缺已经成为制约京津冀都市圈发展的一个瓶颈。区域自产水量正在不断减少，普遍出现了超前超量开采地下水的现象。区域内生态环境也不容乐观，尤其是天津、唐山等工业城市污染较为严重，区域内河流污染程度较重。

华北地区自然资源丰富，但水资源的短缺问题却是当地最大的资源瓶颈，自20世纪80年代后期以来，华北平原就陷入了持续的、规模空前的恶性水源危机，生态脆弱不堪。目前，华北平原京津冀三省市已形成20多个下降漏斗区，5万km^2出现“漏斗”。地下水埋藏最深的在天津，达到110m。河北省近年来自产水资源量与20世纪50年代相比减少近50%，入境水量减少70%。全省可利用的水资源量不足170亿m^3，而总用水量已达205亿~215亿m^3，远超出了水资源承载能力，如果不考虑环境用水，一般年份河北省缺水40亿~50亿m^3。京津地区快速发展的工业和日趋快速的城镇化进程，不断扩大的人口规模都快速增加着京津地区的水资源需求。内蒙古近年来脆弱的生态环境和保持水土、防风固沙的生态需求也与匮乏的水资源存量形成了日趋尖锐的矛盾。

2）资源消耗和环境压力日趋严重。华北地区作为我国最重要的化石能源基地之一和工业产业集聚区，多年来的大量开采已造成华北地区各类自然资源的严重消耗。对矿区的环境破坏也日益严重，大量资源型城镇面临资源枯竭、产业接续困难的严重危机限制了区域的可持续发展。同时，由于多年来的工业发展，工业废气、废水、废渣的累积排放已对华北地区的环境质量造成极大地污染和损害。水资源污染严重、空气质量下降、城市垃圾堆积等问题已成为华北地区普遍存在的现象。日趋脆弱的生态环境和快速发展的产业体系、不断扩大的资源需求之间的矛盾日渐加剧，已成为华北地区亟待解决的重大发展问题和瓶颈。

3.2 中国华北地区的经济发展

3.2.1 区域经济的总体规模与实力

在我国的区域经济发展过程中，华北地区也有明显的竞争优势：北京得天独厚的政治文化、总部经济，天津滨海新区国家政策支持等优势，河北、山西、内蒙古优越的能源、矿产、生态农业等资源优势。京、津、冀、晋、蒙完全有可能通过紧密合作，在改造传统产业和发展新兴产业的基础上，造就支撑全国未来经济持续发展的第三增长极（表3-1）。

表 3-1　华北地区及山东、河南总体经济规模

年份	2005	2006	2007	2008	2009	2010
北京 GDP/亿元	6 969. 52	8 117. 78	9 846. 81	11 115	12 153. 03	14 113. 58
天津 GDP/亿元	3 905. 64	4 462. 74	5 252. 76	6 719. 01	7 521. 85	9 224. 46
河北 GDP/亿元	10 012. 11	11 467. 6	13 607. 32	16 011. 97	17 235. 48	20 394. 26
山西 GDP/亿元	4 230. 53	4 878. 61	6 024. 45	7 315. 4	7 358. 31	9 200. 86
内蒙古 GDP/亿元	3 905. 03	4 944. 25	6 423. 18	8 496. 2	9 740. 25	11 672
华北 GDP/亿元	29 022. 83	33 870. 98	41 154. 52	49 657. 58	54 008. 92	64 605. 16
山东 GDP/亿元	18 366. 87	21 900. 19	25 776. 91	30 933. 28	33 896. 65	39 169. 22
河南 GDP/亿元	10 587. 42	12 362. 79	15 012. 47	18 018. 53	19 480. 46	23 092. 36
华北 GDP 增长率/%		16. 70	21. 50	20. 66	8. 76	19. 62
全国 GDP/亿元	184 937. 4	216 314. 4	265 810. 3	314 045. 4	340 902. 8	401 202. 0
全国 GDP 增长率/%		16. 97	22. 88	18. 15	8. 55	17. 69
华北 GDP 占全国比重/%	15. 69	15. 66	15. 48	15. 81	15. 84	16. 10

资料来源：《中国统计年鉴 2011》。

由图 3-3 和表 3-1 可以看出，华北地区经济总量逐年上升，华北地区 GDP 由 2005 年的 29 022. 83 亿元增长到 2010 年的 64 605. 16 亿元，增长 122. 60%，年均增长 24. 52%，始终高于全国水平。华北地区 GDP 占全国比重由 2005 年 15. 69% 上升到 2010 年的 16. 10%（图 3-3）。

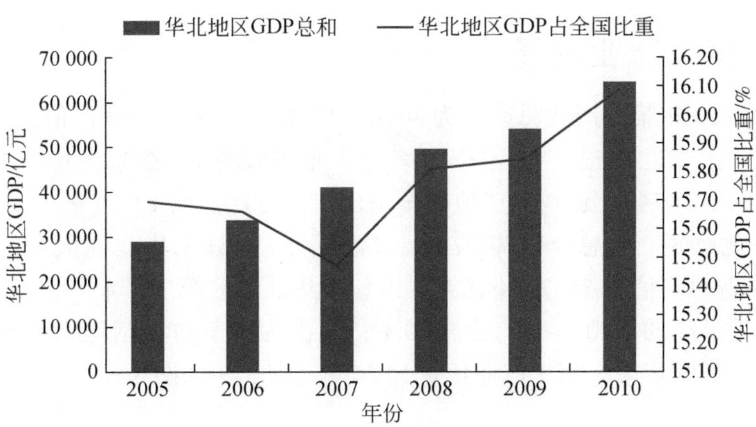

图 3-3　华北地区经济发展在全国的地位

3. 2. 2　第一产业发展

华北地区 2010 年第一产业产值为 4482. 51 亿元，占华北地区总产值的 6. 94%，占

全国第一产业产值比重为11.06%，略高于全国第一产业比重值10.10%。区内河北省第一产业比重最高，为12.6%；其次为内蒙古，为9.4%；北京、天津第一产业比重较低，分别为0.9%、1.6%（表3-2和图3-4）。

表3-2　2010年华北地区及山东、河南第一产业发展状况

地区	北京	天津	河北	山西	内蒙古	华北地区	山东	河南	全国
GDP/亿元	14 113.58	9 224.46	20 394.26	9 200.86	11 672.00	64 605.16	39 169.92	23 092.36	401 202.0
第一产业产值/亿元	124.36	145.58	2 562.81	554.48	1 095.28	4 482.51	3 588.28	3 258.09	40 533.6
第一产业比重/%	0.9	1.6	12.6	6.0	9.4	6.94	9.16	14.11	10.10

注：华北地区占全国比重：GDP，16.10%；第一产业产值，11.06%。

资料来源：《中国统计年鉴，2011》。

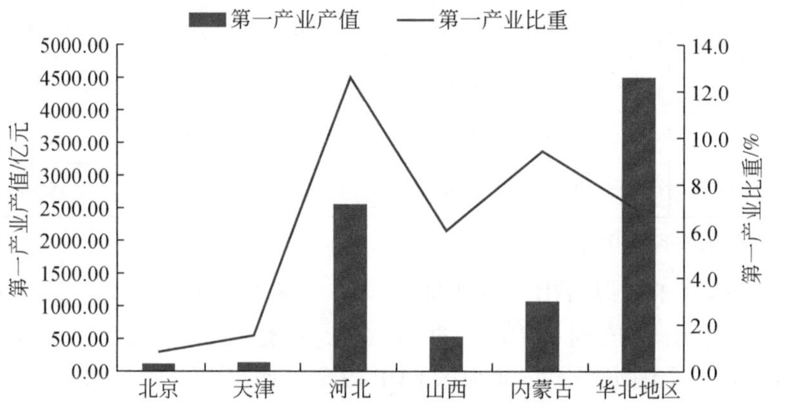

图3-4　2010年华北地区第一产业发展状况

3.2.3　第二产业发展

华北地区2010年第二产业总产值为30 537.98亿元，第二产业产值占华北地区总产值的47.27%，全区第二产业产值占全国第二产业产值的13.88%，其中工业产值占全国工业总产值的13.97%，建筑业产值占全国建筑业总产值的13.21%。

2010年华北地区工业总产值为27 005.24亿元，占整个华北地区第二产业产值的88.43%，建筑业总产值为3532.74亿元，占整个华北地区第二产业产值的11.57%。区内第二产业比重最高的为山西省，达56.9%；其次为内蒙古自治区，占54.6%；第二产业比重最低的为北京市，第二产业比重为24%（表3-3和图3-5）。

表3-3　2010年华北地区及山东、河南第二产业发展状况

地区	GDP/亿元	第二产业产值/亿元	第二产业占GDP比重/%	工业产值/亿元	工业产值第二产业比重/%	建筑业产值/亿元	建筑业产值占第二产业比重/%
北京	14 113.58	3 388.38	24	2 763.99	81.57	624.39	18.43

续表

地区	GDP/亿元	第二产业产值/亿元	第二产业占 GDP 比重/%	工业产值/亿元	工业产值第二产业比重/%	建筑业产值/亿元	建筑业产值占第二产业比重/%
天津	9 224.46	4 840.23	52.5	4 410.85	91.13	429.38	8.87
河北	20 394.26	10 707.68	52.5	9 554.03	89.23	1 153.65	10.77
山西	9 200.86	5 234	56.9	4 657.97	88.99	576.03	11.01
内蒙古	11 672	6 367.69	54.6	5 618.4	88.23	749.29	11.77
华北地区	64 605.16	30 537.98	47.27	27 005.24	88.43	3 532.74	11.57
山东	39 169.92	21 238.49	54.22	18 861.45	88.81	2 377.04	11.19
河南	23 092.36	13 226.36	57.28	11 950.88	90.36	1 275.50	9.64
全国	401 202.028 4	220 064.77	54.85	193 317.84	87.85	26 746.93	12.15

注：华北地区占全国比重：GDP，16.10%；第二产业产值，13.88%；工业产值，13.97%；建筑业产值，13.21%。

资料来源：《中国统计年鉴 2011》。

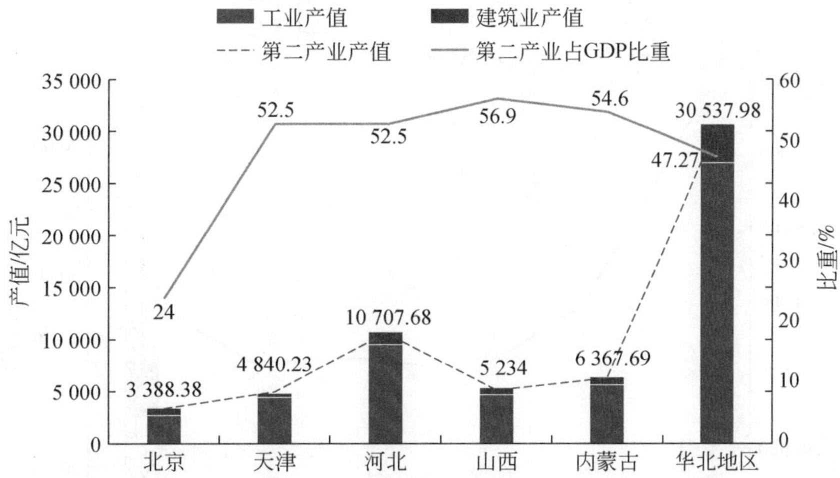

图 3-5　2009 年华北地区第二产业发展状况

3.2.4　第三产业发展

华北地区 2010 年第三产业总产值为 29 584.66 亿元，第三产业产值占华北地区总产值的 45.79%，全区第三产业产值占全国第三产业产值的 16.77%，其中交通运输、仓储和邮政业产值占全国交通运输、仓储和邮政业总产值的 21.28%，批发和零售业产值占全国批发和零售业总产值的 15.56%，住宿和餐饮业产值占全国住宿和餐饮业总产值的 14.33%，金融业产值占全国金融业总产值的 17.80%，房地产业占全国房地产业总产值的 13.34%（表 3-4 和图 3-6）。

区内第三产业比重最高的为北京市，达到 75.11%，其次为天津市，达到 45.95%，第三产业比重最低的为河北省，第三产业比重仅为 34.93%，见图 3-6。

表 3-4 2010 年华北地区及山东、河南第三产业发展状况

地区	GPD/亿元	第三产业产值/亿元	第三产业占 GDP 比重/%	交通运输、仓储和邮政业/亿元	批发和零售业/亿元	住宿和餐饮业/亿元	金融业/亿元	房地产业/亿元	其他/亿元
北京	14 113. 58	10 600. 84	75. 11	712. 01	1 888. 51	317. 34	1 863. 61	1 006. 52	4 812. 85
天津	9 224. 46	4 238. 65	45. 95	585. 37	1 090. 68	157. 66	572. 99	377. 59	1 454. 36
河北	20 394. 26	7 123. 77	34. 93	1 745. 91	1 529. 26	265. 02	615. 42	697. 79	2 270. 37
山西	9 200. 86	3 412. 38	37. 09	654. 08	695. 51	231. 62	448. 3	192	1 190. 87
内蒙古	11 672	4 209. 02	36. 06	875. 61	1 051. 96	332. 24	346. 44	309. 25	1 293. 52
华北地区	64 605. 16	29 584. 66	45. 79	4 572. 98	6 255. 92	1 303. 88	3 846. 76	2 583. 15	11 021. 97
山东	39 169. 92	14 343. 14	36. 62	1 971. 00	4 257. 40	670. 97	1 361. 45	1 622. 15	4 460. 17
河南	23 096. 36	6 607. 89	28. 61	873. 30	1 293. 50	605. 23	697. 68	773. 23	2 364. 95
全国	401 202. 0284	176 444. 36	43. 98	21 494. 03	40 198. 44	9 095. 82	21 605. 83	19 363	64 687. 25

注：华北地区占全国比重：GDP，16. 10%；第三产业产值，16. 77%；交通运输、仓储和邮政业，21. 28%；批发和零售业，15. 56%；住宿和餐饮业，14. 33%；金融业，17. 80%；房地产业，13. 34%；其他，17. 04%。

资料来源：《中国统计年鉴 2011》。

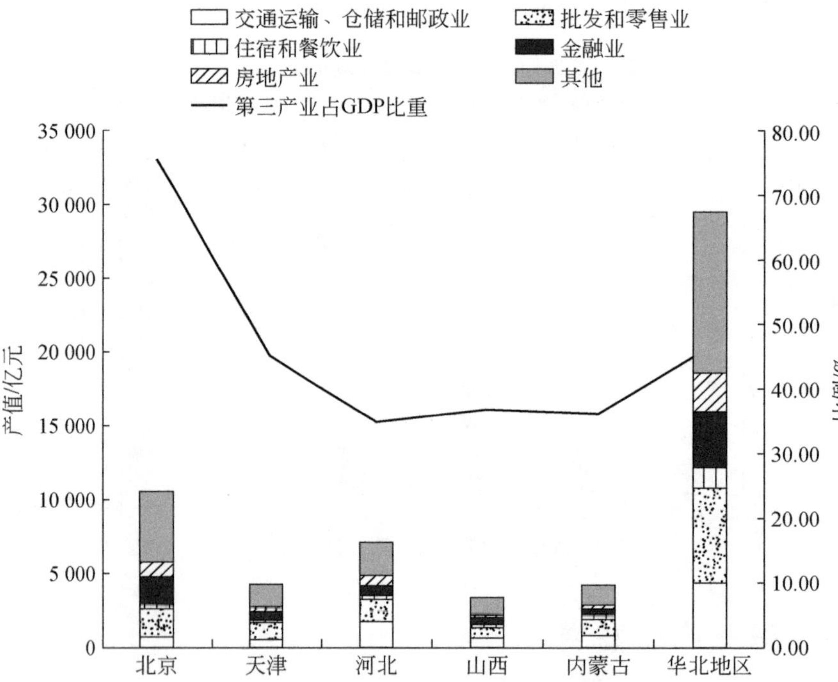

图 3-6 2010 年华北地区第三产业发展状况

3. 3 中国华北地区的社会发展

3. 3. 1 人口

(1) 人口规模与人口增长

1) 人口总量。2010 年华北地区总人口为 16 501 万人，比 2000 年增长了 1701 万人。2000～2010年华北五地人口增长中，北京市增长最快，内蒙古自治区人口增长最慢；华北人口在全国人口总数中的比重有所提升，少数民族人口也有所上升。所以华北地区人口总量增长较快，且在全国人口比重有所提高（图3-7）。

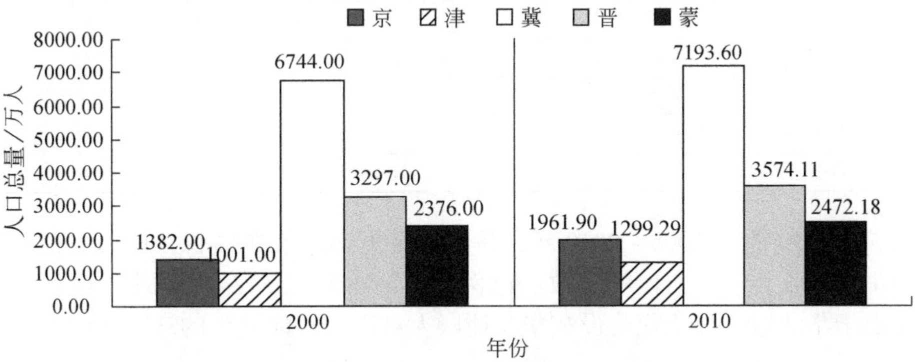

图3-7　华北地区人口总量（2000年、2010年）

2）人口增长速度。2000～2010年，华北地区的人口增加了1682万人，人口增长率高于全国同期平均水平5.8‰。之后，2000～2010年，华北地区人口年均增长率上升到11.4‰，高于全国平均水平6.25‰。如表3-5所示，近年来华北地区人口自然增长率保持平稳。但2000～2010年，北京总人口年均增长3.56%，天津总人口年均增长2.60%，说明京津地区人口机械增长率较高；山西、河北和内蒙古的总人口年均增长率分别为0.80%、0.64%、0.39%，结合各地区人口自然增长率数据，说明省级行政区间人口自然增长率差异较大。

表3-5　华北地区及山东、河南人口自然增长率年际变化　　（单位：‰）

地区	2000年	2001年	2002年	2003年	2004年	2005年	2006年	2007年	2008年	2009年	2010年	年均
北京	0.90	0.80	0.90	-0.10	0.70	1.09	1.29	3.40	3.42	3.50	3.07	1.72
天津	1.55	1.64	1.45	1.10	1.34	1.43	1.60	2.05	2.19	2.60	2.60	1.78
河北		4.98	5.28	5.16	5.79	6.09	6.23	6.55	6.55	6.50	6.81	5.99
山西	7.48	7.16	6.72	6.22	6.25	6.02	5.75	5.33	5.31	4.89	5.30	6.04
内蒙古	4.40	4.98	3.68	3.07	3.55	4.62	3.96	4.48	4.27	3.96	3.76	4.07
华北地区		4.84	4.66	4.27	4.73	5.02	4.93	5.31	5.26	5.13	5.25	4.94
山东	4.46	4.88	4.55	4.78	6.01	5.83	5.50	5.00	5.09	5.62	5.34	5.19
河南	7.10	6.90	6.00	5.60	5.20	5.30	5.30	4.90	5.00	5.00	5.00	5.57

（2）人口结构

1）人口性别结构。2005～2010年，华北地区人口性别比为103.45～105.20，由于人口性别趋向男性人口偏高，其中人口性别比升高幅度中主要贡献地区是天津市；人口性别比地域差别表现为，河北省是下降的，其他是上升的。

2）人口年龄结构。华北人口正经历着由“成年型”向“老年型”人口类型的转变过程，人口老龄化程度相对还较低。从华北地区看，65岁及其以上人口占比重低于全国水平；从分省级行政区的情况来看，（京津冀晋蒙）已经迈入老龄化社会，2010年65岁及其以上人口占总人口的比重分别达到8%，这些省级行政区正处于由“成年型”向

"老年型"年龄结构类型转变中。总体说来，华北地区劳动力数量资源较为丰富，2010年，华北地区15~64岁的人口数量占华北地区人口的比重达到77%（表3-6）。

表3-6　华北地区人口年龄类型

年份	2010
65岁以上老年人口比例/%	8
0~14岁少年儿童比例/%	14.95
老少比/%	54
年龄中位数/岁	39

3）人口城乡结构。2005~2010年，华北地区人口总数在增长，城镇人口在总数和人口比例都在增长，乡村人口的总数和比例都在减小（表3-7）。华北地区城乡人口变动主要是由于华北地区城镇化建设和华北地区人口由农村向城市的迁移所引起的。

表3-7　华北地区城乡人口变动

指标	2005年	2010年
城镇/万人	7 184	7 992
乡村/万人	7 975	6 808
总人口/万人	15 160	14 800
城镇人口比例/%	47.4	54
乡村人口比例/%	52.6	46

（3）人口素质

1）文化素质。华北地区人口素质较全国平均水平高，文盲半文盲人口比例除内蒙古和全国水平持平外，其余四个省市15岁及其以上的人口文盲和半文盲比例都比全国水平低。2005~2010年，华北地区文盲人口比例在下降，从6.72%下降到2.58%。

2）身体素质。由表3-8可以看出，历年来华北地区人口预期寿命高于全国水平。但区域内部各省级行政区之间存在较大差异，北京、天津两直辖市人口预期寿命始终较大幅度的高于全国水平，河北、山西两个省份的1990年人口预期寿命与全国平均值持平，但近年来上升较快，拉大了与全国均值的差距，而内蒙古自治区始终处于全国平均值以下。

表3-8　华北地区及山东、河南主要年份人口预期寿命统计表　　（单位：a）

地区	1990年	2000年	2010年
全国	68.55	71.4	74.83
北京	72.86	76.1	80.18
天津	72.32	74.91	78.89
河北	70.35	72.54	74.97
山西	68.97	71.65	74.92
内蒙古	65.68	69.87	74.44
山东	70.60	73.90	76.50
河南	70.00	72.80	74.6
华北地区	70.04	73.01	76.68

（4）少数民族人口

在华北地区分布着众多的少数民族，包括蒙古族、回族、满族、朝鲜族和壮族，分布呈现大分散、小聚居的特征，这一特征不仅在新疆和宁夏这两个少数民族自治区表现明显，在青海和甘肃地区也比较明显。

综上所述，中国华北地区人口具有如下特征：第一，华北地区人口自然增长率稳步下降，人口总量增长速度趋缓。第二，人口性别比由性别比合理趋向男性人口偏高。第三，华北地区正经历着由“成年型”向“老年型”人口类型的转变过程，人口老龄化程度相对还较低。第四，城乡人口的变动表现为城镇人口数量和比重都在增长，乡村人口数量和比重都在下降。第五，华北地区人口素质较高，文盲半文盲人口比例较低。第六，华北地区少数民族人口众多，地区分布不均衡，内蒙古自治区少数民族人口分布较为集中，山西和天津分布较为零散，少数民族分布集中度低，城市少数民族人口高于乡村。

3.3.2　收入和消费

（1）城乡收入与消费

1）城镇收入和消费。2010年华北地区城镇人均可支配收入为20 595元，高于全国平均水平7.77%。2005～2010年，华北地区城镇人均收入增长了6106元，低于全国平均增长水平29%。

2010年华北地区城镇人均消费性支出为14 120元，高于全国13 471元的平均水平。其中北京城镇人均消费性支出最高，山西最低。2005～2010年，华北地区城镇人均消费性支出增长了5546元，高于全国平均增长水平0.3%。

2）农村收入和消费。2010年华北地区农村人均收入为7912元，高于全国平均水平33.67%。2005～2010年，华北地区农村人均收入增长了1304元。

2010年华北地区农村人均消费性支出为5546元，高于全国平均水平27.8%。其中北京市农村人均消费性支出最高，山西省最低。2005～2010年，华北地区农村人均消费性支出增长了2264元，高于全国平均增长水平5%。其中山西省农村人均收入增长最快，天津增长最慢。

（2）恩格尔系数

1）华北地区城镇恩格尔系数。2010年，华北地区城镇恩格尔系数为32.31%，较全国平均水平低3.4%。其中天津市城镇恩格尔系数最大，内蒙古最小。2005～2010年，华北地区城镇恩格尔系数整体处于下降趋势部分省市略有上升。其中北京市的城镇恩格尔系数呈现上升趋势，其他省市处于下降趋势。

2）华北地区农村恩格尔系数。2010年，华北地区农村恩格尔系数为36.85%，较全国平均水平低4.2%。其中天津市农村恩格尔系数最大，北京市最小。2005～2010年，华北地区农村恩格尔系数呈现为持续下降的趋势。其中天津农村恩格尔系数呈现略微上升。

就华北地区整体居民生活状况而言，2005～2010年城乡人均收入和消费支出存在明显的差距，可见华北地区城乡二元结构仍然很明显；农村恩格尔系数下降速度快于农村，可见在2005～2010年，华北地区农村生活改善速度快于城镇。

3.3.3 就业

（1）三次产业就业人数

2010年，华北地区三次产业总就业人数为8478万人，占华北地区总人口比例为57.2%。其中第三产业就业人数最多，第二产业就业人数最少。

在2001～2010年，华北地区第一产业从业人员比例呈现下降趋势，第二产业从业人员比例呈现缓慢的上升态势，第三产业从业人员比例呈现较快的上升趋势。

（2）不同所有制单位工资

2010年，华北地区国有单位、城镇集体单位和其他单位的年平均工资分别为45 187元、27 411元、42 775元，分别高于全国平均水平18%、14%、30%。其中，国有单位员工年平均工资最高省级行政区是北京，城镇集体单位员工年平均工资最高省级行政区是天津，其他单位员工年平均工资最高省级行政区是北京。

2005～2010年，华北地区国有单位年平均工资增长幅度最大，增长了22 453元，其次是其他单位，城镇集体单位增长最慢。其中，国有单位年平均工资增长最快省级行政区是天津，最慢省级行政区是山西；城镇集体单位年平均工资增长最快省级行政区是天津，最慢省级行政区是河北；其他单位年平均工资增长最快省级行政区是北京，增长最慢省级行政区是内蒙古自治区（表3-9）。

表3-9　2010年华北地区及山东、河南分单位员工年平均工资　（单位：元）

地区	国有单位员工年平均工资	城镇集体单位员工年平均工资	其他单位员工年平均工资
北京	67 403.00	26 677.00	66 246.00
天津	56 635.00	37 686.00	48 557.00
河北	31 977.00	21 825.00	31 953.00
山西	32 664.00	21 579.00	35 863.00
内蒙古	37 255.00	29 287.00	31 257.00
华北地区	45 186.80	27 410.80	42 775.20
山东	38 490	25 626	29 328
河南	31 470	20 385	29 272
全国	38 359.00	24 010.00	33 014.00

（3）失业率

2010年，华北地区登记失业人数为100万人，失业率为3.3%，占全国失业人数的11%。其中河北失业人数最多，北京市失业人数最少；北京失业率最低，河北失业率最高。

2005～2010年，华北地区失业人数由2005年82万人增长到2010年100万人。其中河北省失业人数增长最快，北京市失业人数减少。除山西省失业率有所升高外，其他省市失业率都有所下降（图3-8）。

综上所述可知：华北地区就业第一，第一产业就业比重大，二三产业就业比重持续增长；国有单位平均工资最高，且增长速度最快，其次是其他单位，最后是城镇集体单位；失业率由增长型转为平稳型。

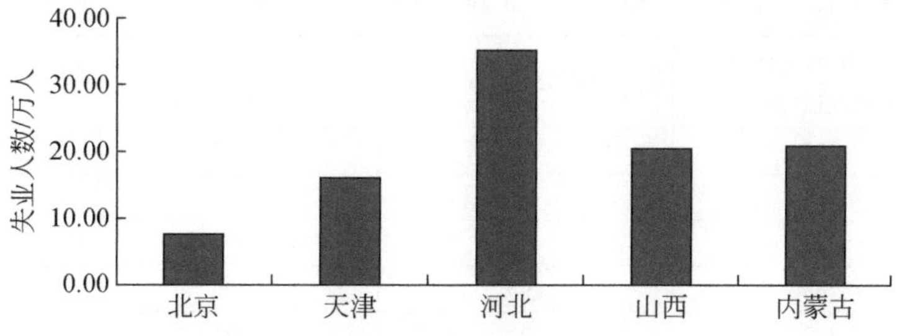

图 3-8　华北五地失业人数

3.3.4　社会保障

本节的社会保障由社会保险、社会救济、社会福利、优抚安置等组成。其中，社会保险是社会保障的核心内容。本节内容从养老保险、失业保险和医疗保险三方面来衡量华北地区的社会保障发展情况。

(1) 养老保险

2010 年华北地区参加养老保险的人数分别为 981 万人、431 万人、988 万人、591 万人和 431 万人。

在 2005 ~ 2010 年，华北参加养老保险的人数持续增加，参加养老保险人数比例呈现大幅度上升（图 3-9）。

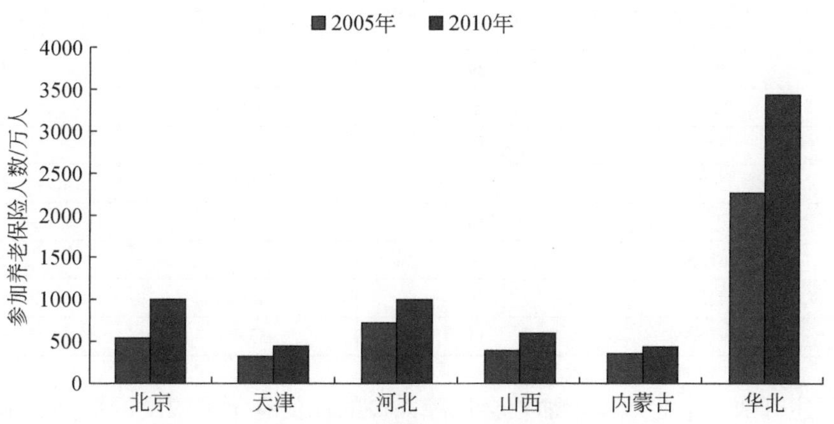

图 3-9　华北五地参加养老保险人数

2005 ~ 2010 年，华北地区参加养老保险人数增长了 51%；2005 ~ 2010 年华北地区参加养老保险人数与全国参加养老保险人数比例呈现上升趋势。

(2) 失业保险

2010 年参加失业保险的人数分别为 2050 万人，较 2005 年增长了 34%。

2005 ~ 2010 年，华北参加失业保险人数占各个省总人口的比例整体上呈现较为稳定的状态。整个华北参加失业保险的人数比例呈现平缓上升趋势（表 3-10）。

表 3-10　2005 年、2010 年华北地区及山东、河南失业保险参保人口

地区	2005 年失业保险参保人口/万人	百分比/%	2010 年失业保险参保人口/万人	百分比/%
北京	357	23	774	39
天津	198	19	246	19
河北	461	7	493	7
山西	289	9	306	9
内蒙古	222	9	231	9
华北地区	1 527	10	2 050	12
山东	771. 1	8. 3	931. 2	9. 7
河南	681. 9	7. 3	696. 7	7. 4
全国	10 648	8	43 263	32

(3) 医疗保险

2010 年华北参加医疗保险的人数分别为 5496 万人。2005 ~ 2010 年，华北参加医疗保险的人数增加幅度较大。2005 ~ 2010 年，华北五省（自治区、直辖市）参加医疗保险人数比例呈现大幅增长，见表 3-11。

表 3-11　2005 年、2010 年华北地区及山东、河南医疗保险参保人口

地区	2005 年参保人口/万人	比例/%	2010 年参保人口/万人	比例/%
北京	575	37	1 207	62
天津	299	29	961	74
河北	562	8	1 518	21
山西	325	10	924	26
内蒙古	292	12	886	36
华北地区	2 053	14	5 496	33
山东	861. 5	9	2 771	29
河南	641. 5	7	2 044	22
全国	13 783	11	43 263	32

综上所述可知：华北地区参加社会保障人口的比例有了大幅度的提高，但与全国社会保障人口比例表现为下降趋势，这说明华北地区社会保障发展水平较慢，低于全国的平均水平，因而华北地区社会保障事业还需要进一步提高。

3. 3. 5　教育

本考察主要从每 10 万人口各级学校平均在校生数、每 10 万人口各级学校平均专任教师数、每 10 万人口各级学校平均学校所数三个指标来衡量华北地区教育发展水平。

(1) 在校生规模

2010 年华北地区各级学校每 10 万人口在校生数低于全国的平均值。其中，山西省每 10 万人口在校生数最多，北京市最少。

由表 3-12 可以看出，2005 ~ 2010 年华北地区各级学校在校生数呈现两种变化趋势：

1）华北地区小学和初中每10万人口在校生数均呈现不同程度的下降趋势。小学每10万人口在校生数下降幅度较大，下降幅度最大省是内蒙古自治区；初中每10万人口在校生数下降幅度最大省是河北省。

2）华北地区高中每10万人口在校生数下降幅度最大的是北京市，高校每10万人口平均在校生数在上升。

表3-12　每10万人口各级学校平均在校生数　　（单位：人）

地区	小学		初中		高中		高校	
	2005年	2010年	2005年	2010年	2005年	2010年	2005年	2010年
北京	3 312	3 722	2 154	1 766	3 727	2 363	6 580	6 196
天津	5 205	4 119	3 507	2 226	3 910	2 776	4 340	4 412
河北	7 348	7 273	5 460	3 145	3 375	3 647	1 443	1 951
山西	10 502	8 492	5 773	5 004	3 462	4 478	1 611	2 132
内蒙古	6 696	5 907	4 556	3 364	3 132	3 581	1 303	1 884
华北地区	6 613	5 903	4 290	3 101	3 521	3 369	3 055	3 315
山东	6 703	6 644	4 313	3 681	3 631	3 224	1 598	2 202
河南	10 156	11 284	5 869	4 948	3 199	4 024	1 119	1 839
全国	8 358	7 546	4 781	4 071	3 070	1 824	1 613	1 606

资料来源：《中国统计年鉴》（2006、2011）。

（2）专任教师数量

2010年华北地区小学、初高中和高教学校专任教师数为182.3万人，小学、初中、高中高校专人教师比例分别为37%、23%、22%和18%。华北地区各级学校每10万人口专任教师数高中和高校高于全国的平均值，小学和初中低于全国平均值。其中，山西省每10万人口专任教师最多，天津市最少。

由表3-13看出，2005～2010年华北地区各级学校每10万人口专任教师数呈现两种变化趋势：一是小学和初高中每10万人口专任教师数呈现下降趋势，下降幅度较大的是天津市；二是高校的每10万人口专任教师数呈现上升趋势。

表3-13　每10万人口各级学校平均专任教师数　　（单位：人）

地区	小学		初中		高中		高校	
	2005年	2010年	2005年	2010年	2005年	2010年	2005年	2010年
北京	321	282	208	172	266	234	379	388
天津	401	304	267	211	256	222	249	263
河北	470	454	319	253	178	237	85	109
山西	577	556	360	348	202	291	110	130
内蒙古	499	469	299	264	159	227	86	110
华北地区	454	413	291	250	212	242	182	200
山东	409	404	291	272	201	198	86	98
河南	507	521	320	311	102	128	49	82
全国	428	422	266	263	99	112	74	97

资料来源：各省统计年鉴及《中国统计年鉴》（2006、2011）。

（3）各级学校数量

2010年每10万人口学校数量和全国持平，其中高校数量京津地区最高（表3-14）。

表3-14 每10万人口各级学校平均学校所数 （单位：所）

地区	小学		初中		高中		高校	
	2005年	2010年	2005年	2010年	2005年	2010年	2005年	2010年
北京	9.1	5.6	2.6	1.8	2.2	1.5	0.5	0.4
天津	10.2	7.4	3.9	2.6	2.2	1.6	0.4	0.4
河北	30.5	18.9	5.7	3.7	1.2	0.9	0.1	0.2
山西	72.6	35.7	8.0	6.2	1.7	1.5	0.2	0.2
内蒙古	24.5	11.2	5.1	3.4	1.5	1.2	0.1	0.2
华北地区	35.3	18.9	5.7	3.9	1.5	1.2	0.2	0.2
山东	17.2	13.0	3.9	3.2	1.8	1.3	0.2	0.2
河南	35.2	30.41	5.9	5.2	1.2	1.2	0.09	0.1
全国	28.0	18.8	4.7	4.0	1.2	1.0	0.2	0.2

资料来源：各省份统计年鉴、《中国统计年鉴》（2006，2011）。

综合上述可知：华北地区中小学教育规模在减弱，高校教育规模在壮大，华北地区教师队伍整体在提升（表3-15）。

表3-15 华北地区教育指标变化（2005～2010年）

指标	小学	初中	高中	高校
在校生数	降	降	降	升
专任教师	降	降	降	升
学校数	降	降	降	升

注：根据华北五省（自治区、直辖市）2006年、2011年分省统计年鉴整理。

3.3.6 科技

本节内容主要从区域创新能力综合值、研究与实验发展经费支出、技术市场成交额和高新技术企业产值四个指标来衡量华北地区科技发展水平。

（1）区域创新能力综合水平

区域创新能力是指一个地区将知识转化为新产品、新工艺、新服务的能力。区域创新能力是衡量一个地区科技发展水平的重要指标。

从图3-10可知，中国区域创新能力发展水平差距较大，并且存在明显的地域差异。其中，东部和中部的区域创新能力综合水平明显高于西部地区。华北地区区域创新能力也比较明显。

（2）研究与实验发展经费支出

1）华北地区研究与实验发展经费。2010年，华北地区研究与实验发展经费支出为1143亿元，占全国的比例为28.48%。

2001～2010年，全国研究与实验发展经费增长了4.6倍，华北地区研究与实验发展

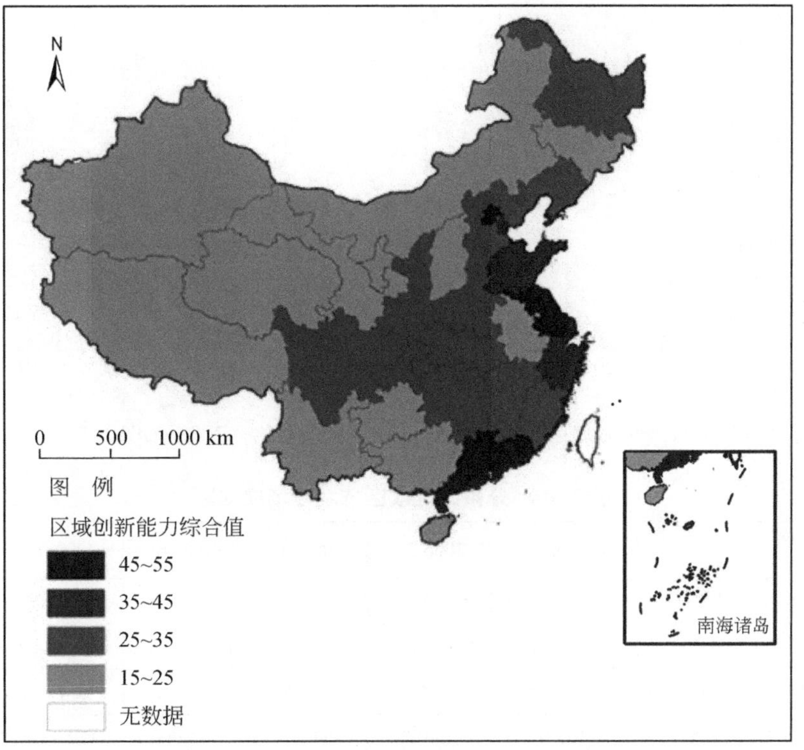

图 3-10　全国区域创新能力综合值（2010 年）

经费增长了 3.4 倍；在 2001 ~ 2010 年，华北地区研究与实验发展经费投入比例在全国呈现下降趋势。由此可知华北地区的研究与实验发展的经费投入增长低于全国平均水平。

2）分省级行政区研究与实验发展经费支出。2010 年，北京、天津、河北、山西、内蒙古、山东、河南研究与实验经费支出分别为 106 亿元、139 亿元、108 亿元、68 亿元、47 亿元、527 亿元、148 亿元。

2001 ~ 2010 年，华北五省（自治区、直辖市）研究与实验经费支出均呈现不同程度的增长趋势。其中，增长额度最大的是北京市，增长了 351 亿元；增长比例最大的是内蒙古，增长了 5 倍。

（3）技术市场成交份额

1）华北地区技术市场成交额。2010 年，华北地区技术市场成交额为 1763 亿元，占全国的比例为 45%；2003 ~ 2010 年，全国技术市场成交额增长了 5 倍，华北地区技术市场成交额增长了 8.7 倍；2003 ~ 2010 年，华北地区技术市场成交额比例在全国总体上呈现波动上升趋势（图 3-11）。由此可知华北地区的技术市场成交额高于全国平均增长水平。

2）分省级行政区技术市场成交额。2003 ~ 2010 年，华北技术市场成交额和变化趋势见表 3-16。

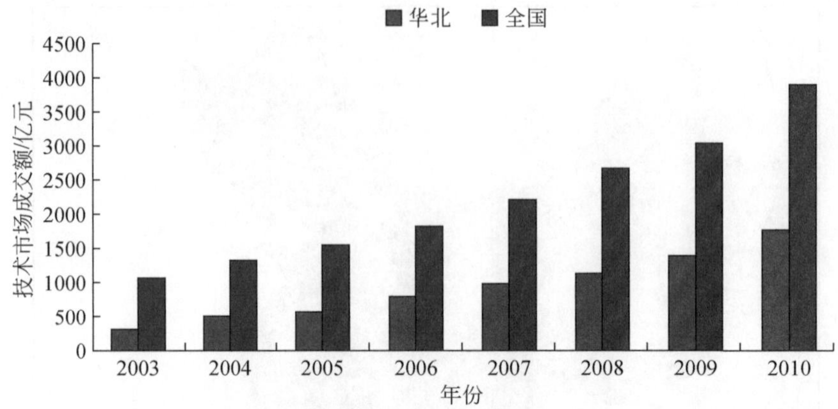

图 3-11　华北地区和全国技术市场成交额对比（2003～2010 年）

表 3-16　分省级行政区技术市场成交额　　（单位：万元）

地区	2003 年	2004 年	2005 年	2006 年	2007 年	2008 年	2009 年	2010 年
全国	10 846 728	13 343 630	15 513 694	18 181 813	22 265 261	26 652 288	30 390 024	39 065 753
北京	2 653 574	4 249 975	4 895 922	6 973 256	8 825 603	10 272 173	12 362 450	15 795 367
天津	420 008	450 276	507 093	588 624	723 356	866 122	1 054 611	1 193 390
河北	67 969	72 718	103 827	156 099	164 329	165 906	172 112	192 931
山西	32 251	59 960	47 980	59 213	82 677	128 425	162 068	184 911
内蒙古	108 452	104 085	109 939	107 127	109 835	94 423	147 651	271 464
山东	525 682	75 0850	983 614	232 005	450 275	660 125	719 391	1 006 769
河南	192 690	203 207	263 737	237 288	261 907	254 425	263 046	272 002

资料来源：《中国统计年鉴 2011》。

（4）高新技术企业及开发区

2010 年华北地区开发区高新技术企业产值分别为 4988 亿元、1845 亿元、962 亿元、784 亿元、1120 亿元和 1127 亿元。

2001～2010 年华北地区高新技术企业产值增长较快，由 2001 年 1437 亿元增长到 2010 年的 10 872 亿元。其中，北京市高新企业产值增长最多，包头市高新技术企业产值增长比例最大，见图 3-12。

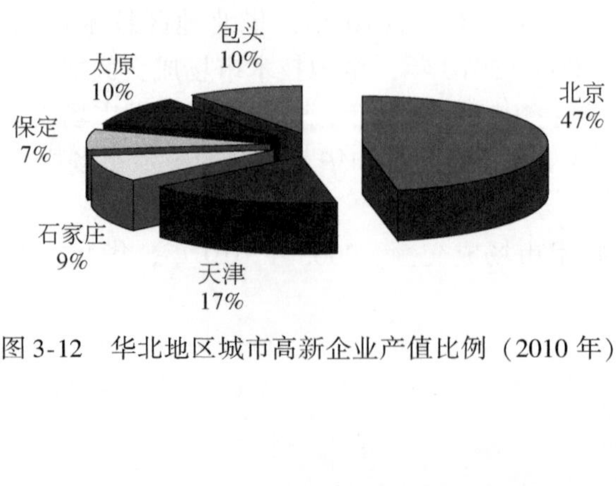

图 3-12　华北地区城市高新企业产值比例（2010 年）

由上述可知，华北地区科技发展水平表现为：第一，在中国六地区中，区域创新能力差异较大。其中，北京市创新实力位于全国的前列，居于华北地区之首。第二，科研经费增长速度低于全国平均水平。第三，华北地区技术市场成交额增长幅度较快，主要集中在北京市和天津市。

3.3.7　医疗卫生

（1）医疗卫生机构及人员

1）卫生机构数量和结构。2010 年华北地区共有卫生机构 159 019 家，约占全国总卫生机构数的 17%；其中医院 3712 家，占全国医院总数的 17.7%，京津冀晋蒙占华北地区医院总数比例分别为 14.6%、7%、33%、32%、12.4%；

2）卫生技术人员数量和结构。2010 年，华北地区共有卫生机构人员数量为 1 202 572人，占全国卫生机构人员数量的 14.6%；其中执业医师、注册护士、药师、检验技师、乡村医生和卫生员、其他技术和工勤人员所占华北地区卫生机构人员的比例分别为 25.7%、23.2%、4%、2.7%、13.1% 和 4.3%。

（2）医疗卫生事业发展水平

本书从每 10 万人拥有医院数目、每万人拥有的医生数目和每万人拥有病床数目三个指标来衡量华北地区医疗卫生事业的发展水平（表 3-17）。

表 3-17　华北五省（自治区、直辖市）医疗水平指标变化

地区	每 10 万人医院数		每万人医生数		每万人病床数	
	2005 年	2010 年	2005 年	2010 年	2005 年	2010 年
北京	3	3	33	52	51	47
天津	3	2	24	29	40	38
河北	1	2	15	18	24	35
山西	3	3	20	25	32	44
内蒙古	2	2	21	23	29	38
华北地区	2	2	20	29	30	39
山东	1	1	15	19	27	40
河南	1	1	12	16	23	35
全国	1.43	1.52	34	41	26	36

资料来源：《中国卫生统计年鉴》（2006、2011）。

1）每 10 万人拥有医院数目。2010 年华北地区每 10 万人拥有的医院数目为 2 家，高于全国的平均水平。其中，每 10 万人拥有医院数目最多的是北京，为 3 家；最少的是河北，为 1 家。

2005～2010 年，华北地区每 10 万人拥有的医院数没有明显变化，个别省级行政区略有增减，增长速度低于全国的平均水平。

2）每万人拥有医生数目。2010 年华北地区每万人拥有的医生数目为 29 人，低于全国的平均水平。其中，每万人拥有医生数目最多的是北京，为 52 人；最少的是河北，为 18 人。

2005～2010 年，华北地区每万人拥有的医生数由 20 人增长到 29 人，每万人拥有医生数目增长速度高于全国的平均水平；2005～2010 年，北京每万人拥有医生数目增长速度最快，其中内蒙古每万人拥有医生数增长速度最慢。

3）每万人拥有病床数目。2010 年华北地区每万人拥有的病床数目为 39 张，高于全国的平均水平。其中，每万人拥有病床数目最多的是北京市，为 47 张；最少的是河北省，为 35 张。

2005～2010 年，华北地区每万人拥有的病床数由 30 张增长到 39 张，每万人拥有病床数目增长速度与全国的平均水平大体持平。

综合上述可知：华北地区医疗条件较差，改善速度较慢，低于全国平均水平，华北地区每 10 万人拥有的医院数、医生增长速度低于全国的平均水平。

3.3.8 文化事业

（1）文化娱乐机构

2010 年，华北地区文化事业机构数目 7806 个，约占全国文化事业机构数的 14%。华北地区文化事业机构主要包括博物馆、公共图书馆、艺术表演场馆、艺术表演团体、文化馆和群众艺术馆等。华北地区文化事业发展过程中，文化馆和群众文化艺术管的建设规模较大。在博物馆和公共图书馆的建设中，省建设规模最突出。

（2）广播电视事业

华北地区近几年在广播电视业取得了很大的成就，广播电视综合覆盖能力继续提高，广播电视业数字化程度明显提高。

1）广播业。2010 年，华北地区公共广播节目套数 395 套，约占全国公共广播节目套数的 15%，其中公共广播节目播出套数最多，广告最少；全年公共广播节目播出时间为 180 万 h，约占全国总数的 15%。

2）电视业。2010 年，华北地区电视节目套数 468 套，约占全国电视节目套数的 14%，全年电视节目播出时间为 210 万 h，约占全国总数的 13%，其中公共电视节目播出时间最多，广告时间最少；全年播出电视剧 34 516 部，占全国总数的 14%。

（3）公共图书馆

2010 年，华北地区公共图书馆共有 459 个，占全国总数的 16%。总藏书量为67 326 万册，占全国总数的 11%。

综上所述可知：华北地区公共文化服务基础设施条件较好，省级行政区差异较大，尤其是华北少数民族地区公共文化服务基础薄弱。其中，北京市文化产业发展较好，居于华北地区之首。

3.3.9 城镇建设

新中国成立以来，华北地区城市发展的总体有了很大提高。北京、天津、石家庄、太原、呼和浩特等城市已经成为现代化的大都市。同时还发展了一批中小城市，都已成为具有相当规模的新兴城市。本节内容主要从华北地区城镇化率、城市规模、城市设施水平三方面来衡量华北地区城镇发展情况。

(1) 城镇化水平

2010年华北地区城市数为33个。华北五省（自治区、直辖市）中，北京市的城镇化率最高，河北省的城镇化率最低。2005～2010年，河北的城镇化速度最快，为每年增长1.26个百分点；北京市的城镇化速度最慢，为每年增长0.48个百分点。

2010年华北地区的城镇化率为53.97%，高于全国平均水平7.3%，更远远低于东部地区。2005～2010年，华北地区的城镇化速度高于全国平均水平，每年增长1.31个百分点（表3-18）。

表3-18　华北五省（自治区、直辖市）及山东、河南城镇化率变化情况

指标	年份	北京	天津	河北	山西	内蒙古	华北地区	山东	河南	全国平均
城市数/个	2005	1	1	11	11	9	33	17	17	
	2010	1	1	11	11	9	33	17	17	
城镇化率/%	2005	83.62	75.11	37.69	42.11	47.20	47.39	45.00	30.65	42.90
	2010	86.00	79.55	44.00	48.05	53.40	53.97	49.70	38.50	46.60
城镇化速度	2005～2010	0.48	0.89	1.26	1.19	1.24	1.31	0.94	1.57	0.74

资料来源：《中国统计年鉴》（2006、2011）。

(2) 城市规模

到2010年，华北地区超过300万的特大城市共有5个，超过100万的大城市有11个。华北地区有1个大型城市群：京津冀城市群。京津冀城市群是以北京为中心，包括天津和河北的唐山、廊坊、保定等（表3-19）。

1）建成区面积。2010年华北五省（自治区、直辖市）中建成区面积最大的是河北省，最小的是天津市。在2005～2010年建成区面积增长速度最快的省份是北京市，最慢的是山西省。

2010年华北地区城市建成区面积为5608.72km^2，约占全国比例为14.0%。2005～2010年华北地区城市建成区面积增加了1528.69km^2，建成区面积占全国的比例较2005年增长了1.5个百分点。由此可知，华北地区建成区面积占全国较低，但建成区增长速度快于全国的平均水平。

2）城市相对密度。城市相对密度是每百万人拥有的城市个数。2010年华北五省城市相对密度值最小的是北京市，最大的是内蒙古自治区。

在2005～2010年华北地区城市相对密度值都呈现减小的趋势，变化幅度不大且比较均匀。

3）城市人口密度。2010年，华北五省（自治区、直辖市）城市人口密度最大的是山西省，最小的是内蒙古自治区。在2005～2010年，城市人口密度均呈现增长趋势，其中增长速度最快的是天津，最慢的是河北省。

2010年华北地区城市人口密度值为2072人/km^2，低于全国的平均水平2147人/km^2。在2005～2010年，华北地区城市人口密度年均增长值为172人/km^2，低于全国平均水平319人/km^2。

表 3-19　华北五省（自治区、直辖市）及山东、河南城市规模变化情况

指标	年份	北京	天津	河北	山西	内蒙古	华北地区	山东	河南	全国
城市建成区面积/km^2	2005	1 200.00	530.00	1 316.38	709.29	824.36	4 080.03	2 675.5	1 572.0	32 520.70
	2010	1 400.00	686.00	1 619.67	864.73	1 038.32	5 608.72	3 566.2	2 014.4	40 058.01
城市相对密度/（个/百万人）	2005	0.07	0.10	0.16	0.33	0.38	0.22	0.18	0.18	0.21
	2010	0.05	0.08	0.15	0.31	0.36	0.20	0.18	0.18	0.21
城市人口密度/（人/km^2）	2005	937.20	863.50	2 131.90	1 587.80	538.40	1 211.76	921.4	5 404.8	870.00
	2010	1 383.00	2 752.00	2 354.00	2 890.00	981.00	2 072.00	1 389	5 178	2 209.00

资料来源：《中国统计年鉴》（2006、2011）。

综上，2005～2010年，华北地区城市建成区面积、城市人口密度和城市平均经济规模都表现为大幅度增长，城市相对密度减小，可见华北地区城市建成区面积、人口都有了一定的提升。

（3）城市基础设施建设

城市基础设施状况是城市发展水平和文明程度的重要支撑，是城市经济和社会协调发展的物质条件。华北地区城市基础设施建设主要从城市用水普及率、城市燃气普及率，每万人拥有的公交车辆、人均拥有道路面积和人均绿地面积来衡量华北地区城市基础设施建设状况（表3-20）。

1）城市用水建设。2005～2010年华北地区城市用水建设速度高于全国平均水平，华北地区城市用水建设水平高于全国平均水平；在城市用水建设中，北京是建设速度最快的，内蒙古自治区建设速度最慢。

2）城市燃气普及率。2005～2010年华北地区城市燃气普及发展速度快于全国的平均水平，目前华北地区燃气普及率仍高于于全国平均水平；在华北五省（自治区、直辖市）城市燃气设施建设中，山西省城市燃气设施建设速度最快，北京市燃气普及率最高。

3）城市每万人拥有公交车辆。2005～2010年华北地区人均拥有公交车辆状况有所改善，目前整体状况低于全国的平均水平，但是人均拥有公交车辆的改善速度低于全国的平均水平。

4）人均拥有道路面积。2005～2010年道路建设增长速度低于全国的平均水平，华北地区人均道路面积建设现状略低于全国的平均水平，其中道路建设表现最为突出的是河北省。

5）人均拥有公园绿地面积。2005～2010年华北地区公园绿地建设水平高于全国的平均水平，但是建设速度略低于全国的平均水平。

表 3-20　华北地区及山东、河南城市基础设施建设情况

指标	年份	北京	天津	河北	山西	内蒙古	华北地区	山东	河南	全国
城市用水普及率/%	2005	100.00	100.00	99.95	90.32	83.88	94.83	77.39	91.94	91.10
	2010	100.00	100.00	99.97	97.26	87.97	97.04	99.57	91.03	96.10

续表

指标	年份	北京	天津	河北	山西	内蒙古	华北地区	山东	河南	全国
城市燃气普及率/%	2005	100.00	98.50	94.19	68.29	68.18	85.83	75.74	69.25	82.10
	2010	100.00	100.00	99.07	89.94	79.26	93.65	99.30	73.43	91.40
每万人拥有公交车辆/辆	2005	17.64	11.22	7.15	5.25	5.61	9.37	6.92	7.77	8.60
	2010	14.24	12.05	9.53	6.83	6.89	9.91	10.18	7.58	11.10
人均拥有道路面积/m^2	2005	10.56	10.41	12.17	7.93	10.14	10.24	12.54	9.72	10.90
	2010	5.57	14.89	17.35	10.66	14.89	12.67	22.23	10.25	12.80
人均公园绿地面积/m^2	2005	12.66	8.38	7.79	6.02	7.78	8.53	8.09	7.85	7.9
	2010	11.28	8.56	14.23	9.36	12.36	11.16	15.84	8.65	10.70

资料来源：《中国统计年鉴》（2006、2011）。

2005～2010 年，华北地区城市基础设施建设各项指标都有了大幅度提升，但是现阶段城市基础设施落后于全国平均水平。

综上所述可知，华北地区城镇建设发展特点表现为：第一，华北地区城镇化率较高，城镇化速度略高于全国平均水平。第二，华北地区城市建成区面积、人口、经济规模都有了一定的提升。第三，华北地区城市基础设施建设水平区域差异明显。

第 4 章　中国西北地区经济社会考察

4.1　中国西北地区概述

4.1.1　区位与自然地理特征

中国西北地区位于 32°11′N ~ 49°33′N，73°21′E ~ 108°46′E，地处欧亚大陆腹地，面积共计 309.51 万 km^2，包括陕西、甘肃、宁夏、青海、新疆五省（自治区）（图 4-1），分别与蒙古、俄罗斯、哈萨克斯坦、吉尔吉斯斯坦、塔吉克斯坦等中亚国家接壤。

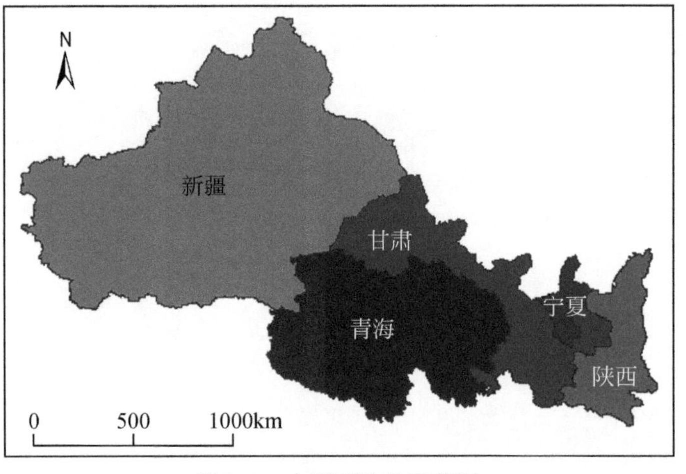

图 4-1　中国西北地区范围

西北地区地形起伏大，高原盆地相间分布，沙漠、黄土分布广泛，气候以干旱、半干旱为主，呈现荒漠、荒漠草原、草原和森林草原景观，该区土地资源丰富，土地总面积占全国总土地面积的 32.3%，其中农用地面积占可利用土地面积的 50.3%，远高于中东部地区。水资源匮乏，多年平均水资源总量仅为全国的 9.95%。能源资源富集，主要的能源资源包括天然气、煤炭、太阳能、风能、水能等，且矿产资源储量大、种类多、开发利用潜在价值大且分布相对集中。

4.1.2　西北地区经济社会发展现状

4.1.2.1　西北地区的经济发展现状

西北地区总体经济规模偏小，经济增长速度低于东部地区；从经济结构看，该区第一产业对全国经济的贡献率较大，第二产业次之，第三产业不够发达；从经济效益看，整体工业规模偏小，但利润率较高。农业中畜牧业发达，且种植业以宁夏和新疆为典型区域代表的灌溉农业和绿洲农业等特色农业类型；工业以重工业为主，形成了以冶金、煤炭、石油、化工、电力、电子、机械为主的重工业体系；第三产业发展滞后，以餐饮业、住宿业等初级服务形态为主，而物流业、旅游服务业的发展还比较欠缺（图 4-2）。对外经济以边贸为主，贸易领域多为资源型产品，主要的贸易往来国家有俄罗斯、哈萨克斯坦、蒙古等。开展的贸易往来与合作主要集中在矿产资源、羊毛、环境保护等领域，与东部地区相比，该区对外贸易活动弱小。

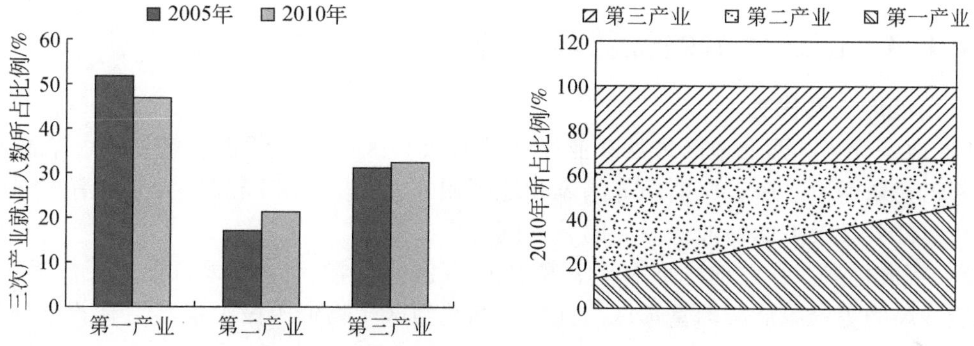

图 4-2　西北地区三次产业产值与就业结构

4.1.2.2　西北地区的社会发展现状

西北地区近几年居民生活水平有所提高，恩格尔系数总体上呈现下降趋势，但城乡二元结构明显，城镇居民与农村居民收入相差悬殊，且城乡差距逐渐扩大（图 4-3）。

西北地区的社会保障日趋完善，每年参与养老保险、失业保险、医疗保险、工伤保险和生育保险五项保险基金的收入逐年递增。同时，劳动力素质有待提高，就业结构有待进一步优化和升级。

近几年科教文卫事业有较大发展。教育方面，2010 年该区普通高等院校占全国高等院校总数的 8.2%。其中，陕西省有高校 89 所，数量居全国第 12 位，西安拥有高校 73 所，其数量仅次于北京、上海、武汉，居全国第 4 位。科学技术方面，2010 年西北地区的专利申请受理数、授权数分别占全国总数的 2.8% 与 2.1%。文化方面，该区逐渐实现了由“政府办文化”向“政府管文化”的战略转变。卫生方面，目前西北地区的疾病预防控制体系、公共卫生突发事件医疗救治体系和医疗保障体系基本建成，随着开展农村合作医疗地区的增多，农民的看病难问题有所缓解。

目前西北地区城市化率为 43.8%，城市化水平低于全国，但近几年随着城市建设

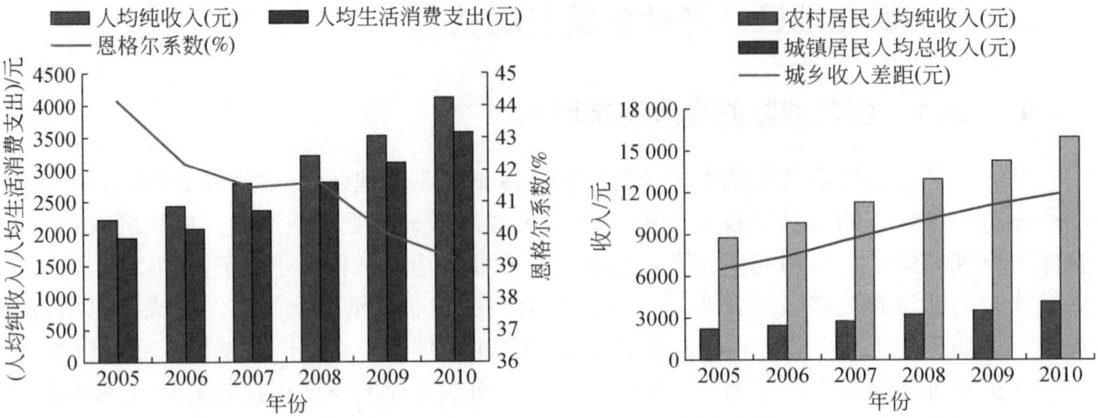

图 4-3　西北地区城乡居民收入比较

水平的提高，关中城市群、关中-天水经济区及西咸一体化建设将西北地区的城市纳入一个大的发展体系，城市化速度较快。

4.1.3　区域发展的优势与劣势

（1）区域发展优势

1）地缘优势。西北地区地处欧亚经济带的核心区域，与蒙古、俄罗斯、哈萨克斯坦、吉尔吉斯斯坦、塔吉克斯坦等国家和地区相邻，在资源和经济结构上具有很强的互补性，在社会发展上面临加快发展的共同问题。

2）资源优势。西北地区拥有丰富的矿产资源和能源，是我国石油、天然气、煤、太阳能、风力等资源能源的富集区。此外，西北地区生物资源极为丰富，有着十分复杂的陆地生态系统。

3）文化优势。西北地区是华夏民族的发祥地和源头。另外，西北地区是我国少数民族集中分布的地区之一，有别具特色的民族文化。文化产业将成为西北地区经济发展的新增长点。

4）政策优势。作为西部大开发的主战场，国家对西北地区实行了一系列的优惠政策。西部大开发以来国家给予了西北地区人力、物力、财力方面的极大支持，使得该区基础设施建设、投资环境得到改善，生态和环境恶化已得到初步遏制。

（2）区域发展劣势

1）生态环境脆弱。西北地区干旱缺水，大部分地区森林覆盖率低，是我国生态环境最脆弱的地区，自然因素使西北地区水土流失、风沙等自然生态环境的退化过程十分严重。这不仅严重制约了本地区社会经济发展，而且危及江河下游地区乃至全国的生态环境安全。

2）思想观念滞后。中央政府虽然高度重视西北地区的发展，但未在全国形成高度一致的思想认识。此外，西部地区发展过程中的政策创新不足。加之西部地区的人们思想普遍保守，思想观念滞后，成为了限制西部地区快速发展的一大因素。

3）产业结构失衡。西北地区的第一产业所占比重偏大，第二产业发展速度较慢，近几年第三产业在国民经济中所占比重在逐年提升仍以传统服务业为主，现代服务业比重低，尤其是为生产服务的现代服务业的发展尚处在较低层次。

4）民族问题突出。西北地区是我国少数民族集中分布的地区，历史上，西北地区便是民族战争频发的地区，如今，少数民族已经和汉族融入一个大家庭。一些民族极端主义者及恐怖力量借故滋事现象时有发生，不利于国家的长治久安和区域经济社会的发展。

4.2 中国西北地区的经济发展

4.2.1 区域经济总体发展状况

（1）区域经济的总体规模与实力

西北地区经济不甚发达，但经济总体运行良好。从省级行政区尺度来看，陕西和新疆的经济总体实力最强（图 4-4）。

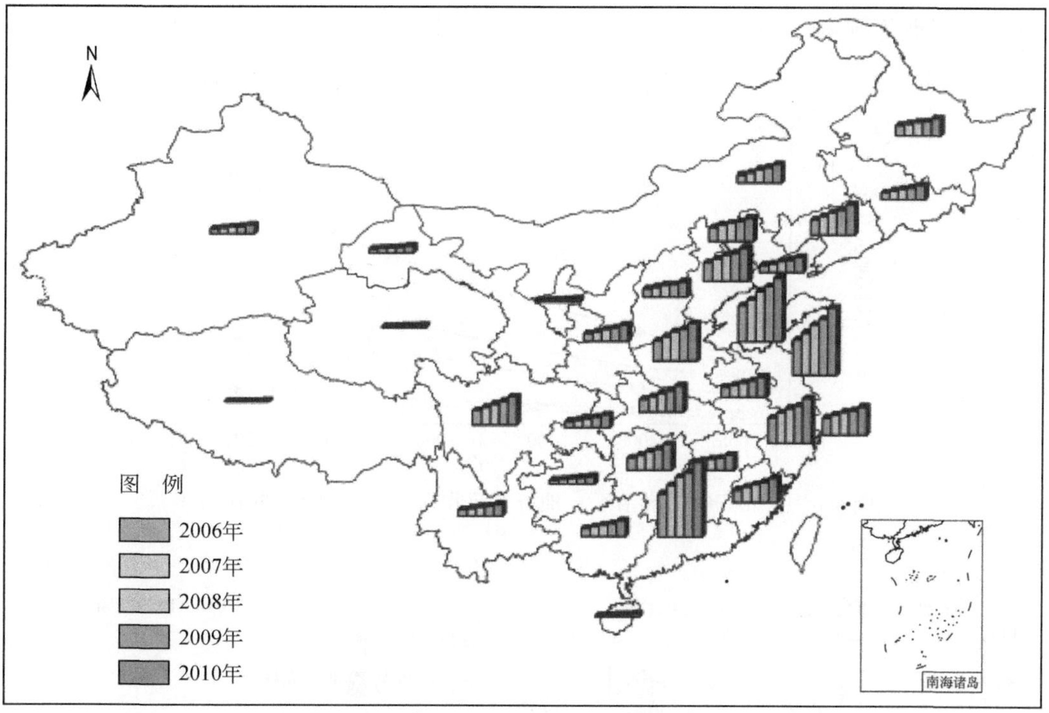

图 4-4 中国各省（自治区、直辖市）GDP 比重（2006～2010 年）

1）区域经济总量（GDP）。西北地区经济总体发展水平比较落后。从 GDP 总量看，西北地区与东部沿海地区相差悬殊。西北五省（自治区）内部经济发展呈现不均衡特征，陕西省 GDP 在五省（自治区）中所占比重较大，新疆、甘肃次之，青海与宁夏 GDP 总量较小（图 4-5）。

2）地区生产总值指数。2005～2010 年全国经济增长速度平稳增长。从内部来看，经济增长速度差异较小，新疆经济平均增长指数高于平均增长速度。

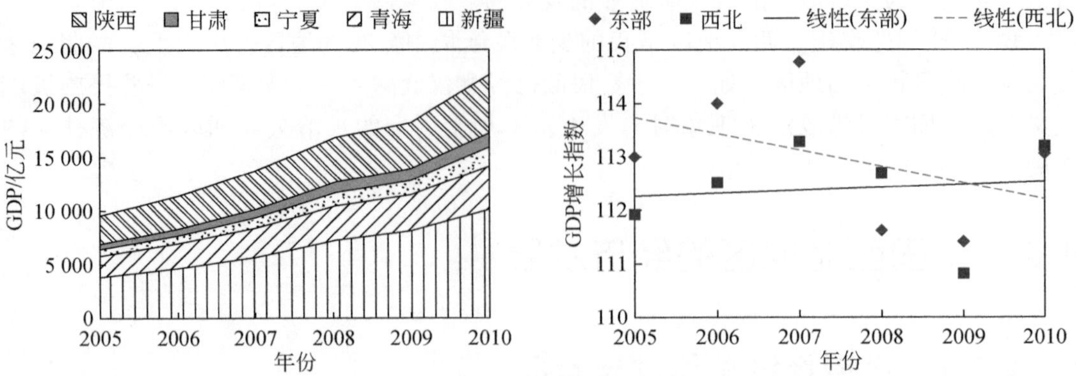

图 4-5　西北与东部 GDP 增长指数比较

3）财政收入和支出。西北地区财政收入与支出在全国所占比重不高，但增速较快。从区域内部来看，陕西省财政收入一直处于领先地位，并保持着较快的增长速度；青海和宁夏的地方财政收入较少，且涨幅较为平缓（图 4-6）。财政支出多集中在教育、社会保障和就业等领域（图 4-7）。

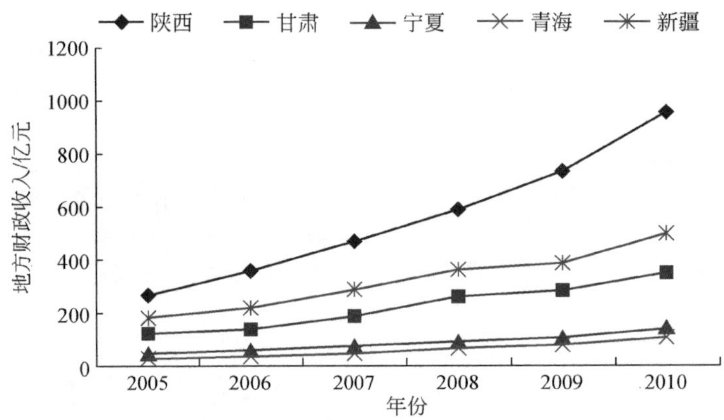

图 4-6　西北五省（自治区）地方财政收入变化（2005 ~ 2010 年）

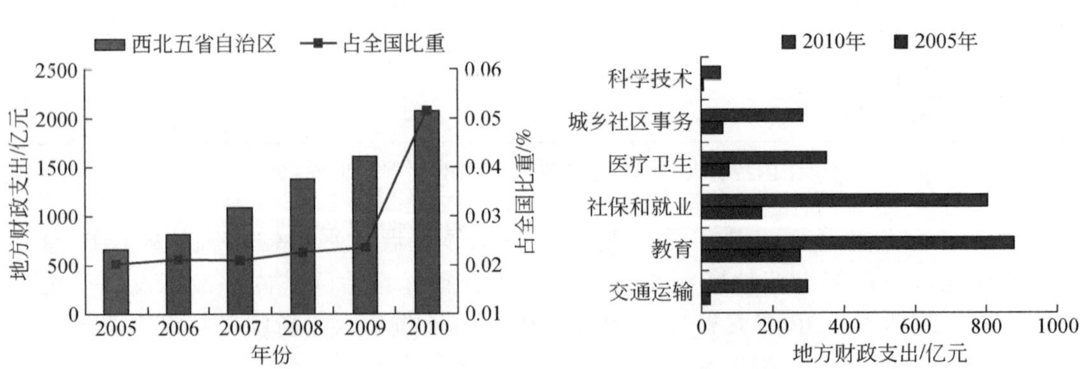

图 4-7　西北五省（自治区）地方财政支出情况

(2) 区域经济的活力与竞争力

西北地区正处于建设期和经济上升期，但经济活力与竞争力不强；从省级行政区尺度看，各省级行政区利用外资情况呈现明显不均衡，陕西省的地方经济活力较强。

1) 固定资产投资额。近年来西北地区固定资产投资总额增速较快，从产业构成看，对第一产业与第二、第三产业的投资差额大幅度增加，说明该区在战略上更加注重第二、第三产业的发展（图 4-8）。

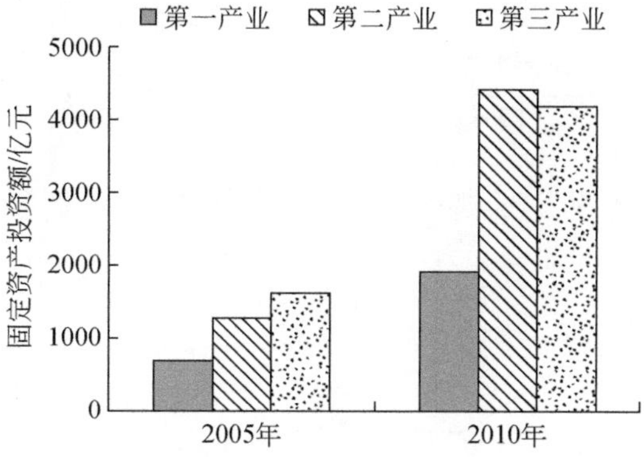

图 4-8　按三次产业分固定资产投资额

2) 固定资产投资率与相对投资效果。2005～2010 年西北地区固定资产投资率以年均 4.8% 的速度上升，说明该地区正处在经济建设的活跃期（图 4-9）。该区国有大中型企业较多，所以国家固定资产投资规模较大。从投资效果来看，地区差异也比较明显（图 4-10）。西北地区的固定资产投资效果低于东部地区，且各地的投资效果均呈下降趋势（图 4-11）。

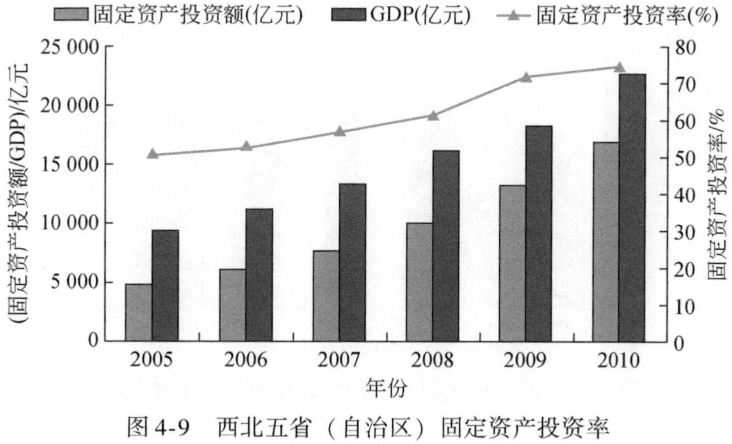

图 4-9　西北五省（自治区）固定资产投资率

3) 外资投资比重。随着西北地区的开放，利用的外资投资逐渐增加，但外资所占比例呈下降趋势。自 2000 年西部大开发以来，国家对西北地区在财力上给予了大力的支持，因此西北地区的固定资产投资额增速较快且增幅较大，而利用的外商投资总额则相对稳定（图 4-12）。

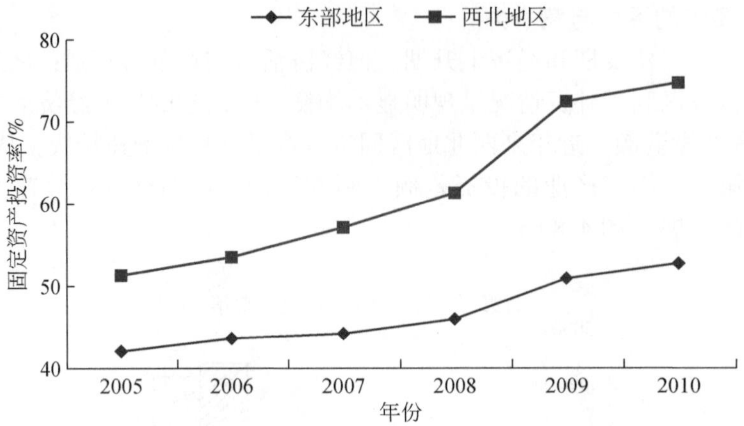

图 4-10　西北地区与东部地区固定资产投资率比较

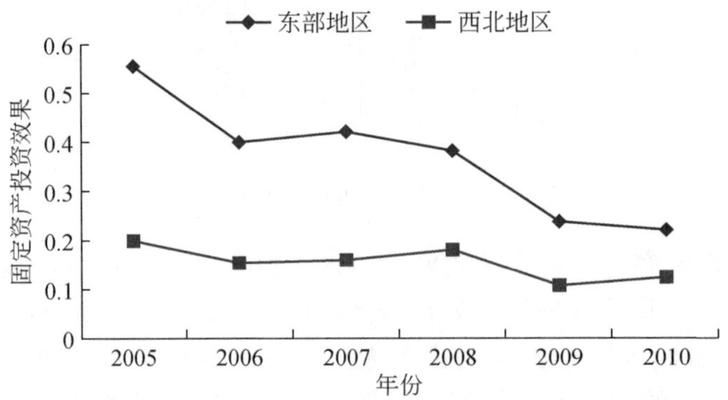

图 4-11　西北地区与东部地区固定资产投资效果比较

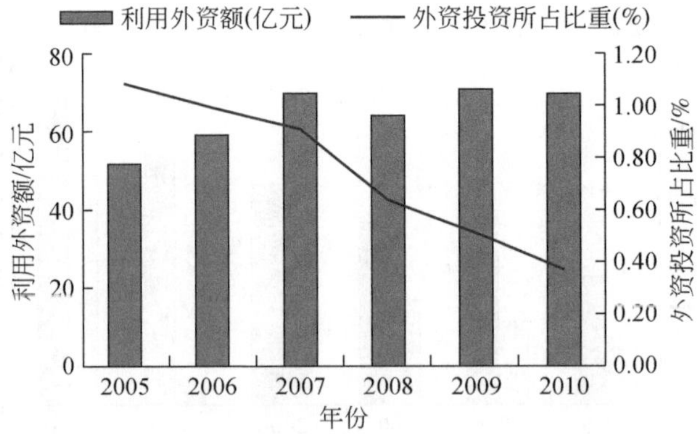

图 4-12　西北地区固定资产投资利用外资额及比重

4）非国有经济所占比重。由于西北地区原有的工业基础加之历史因素、地理因素等，使该地区企业以国有工业为主，主要集中在石油、电力、矿产加工等领域。随着市场经济的发展和进一步开放，经济所有制结构正在向多元化发展。地方经济活力逐渐增强。从省（自治区）内部看，陕西、甘肃和新疆的国有工业企业地位突出，而青海省国有企业和非国有企业均不够发达（图 4-13）。

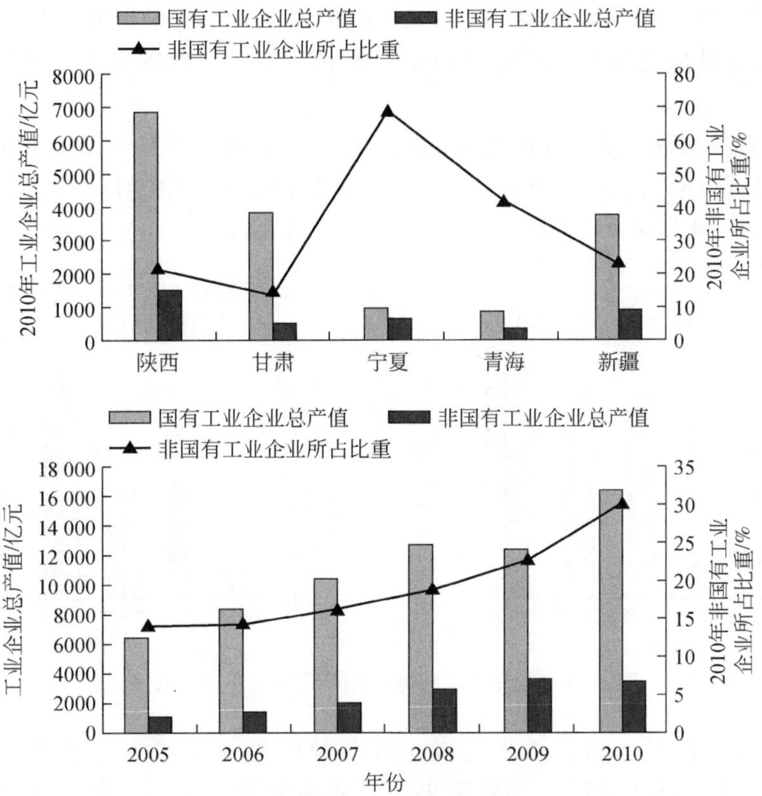

图 4-13　西北五省（自治区）国有及非国有企业产值

注：此处的非国有工业企业包括私营企业和三资企业。

（3）区域经济的开放水平

西北地区近年来由于对外开放的进一步扩大，对外经济蓬勃发展。从内部看，新疆和陕西发展较快，而其他三省（自治区）的对外经济状况发展较弱（表 4-1）。

表 4-1　西北五省（自治区）的进出口总额及经济外向度（2005 ~ 2010 年）

（单位：亿美元）

年份	2005	2006	2007	2008	2009	2010
陕西	76.53	89.90	115.60	137.09	84.01	121.02
甘肃	26.34	38.38	54.93	60.94	38.21	74.03
宁夏	9.67	14.37	15.84	18.82	12.02	19.60
青海	4.13	6.52	6.12	6.88	5.86	7.89
新疆	79.42	91.03	137.16	222.17	138.28	171.30
进出口总额	196.09	240.20	329.65	445.90	278.38	393.84
GDP	1143.02	1403.99	1757.52	2345.67	2673.97	3356.38
经济外向度	0.17	0.17	0.19	0.19	0.10	0.12

注：经济外向度 $=\frac{\text{进出口总额}}{\text{GDP}}$。

资料来源：《中国统计年鉴》（2006 ~ 2011）。

1）经济外向度。由于自然环境、人文环境和政策环境等的限制，与东部地区相比，西北地区的经济外向度偏低，从省（自治区）内部来看，陕西和新疆的进出口贸易额较高。

2）对外贸易总额。受国际国内宏观经济环境的影响，2005～2010年西北地区的对外贸易总额呈现波动式上涨。出口额与进口额的比例呈现不稳定特征，五年间进出口贸易总额增长228.54亿美元，年均上涨28.7%（图4-14）。

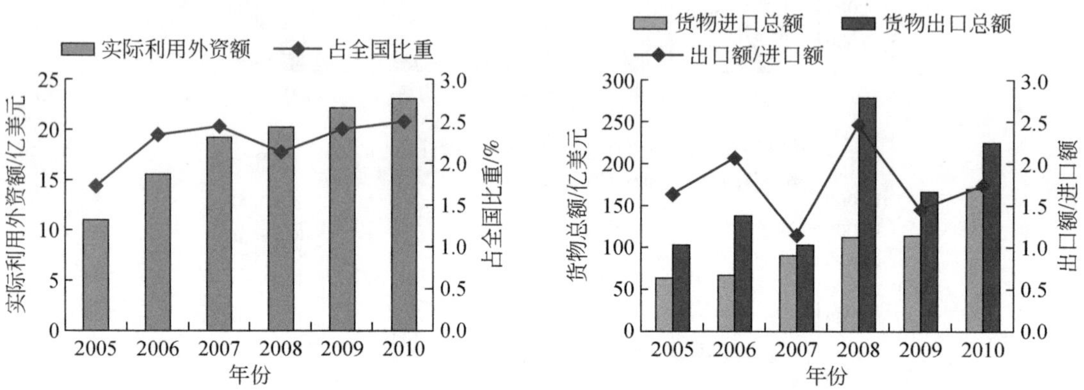

图4-14　西北地区实际利用外资额及占全国比重

3）利用外资情况。随着西北地区对外开放的进一步扩大，吸引的外资逐年增加，但占全国比重仍然较低。其外资来源主要为韩国、美国、日本等国家。

4）外商投资状况。西北地区外商投资情况与东部地区仍有较大差距，外资企业在华的投资在西北地区的投资则一直较弱（图4-15、图4-16）。从投资结构来讲，外商在西北地区的投资主要集中在制造业、加工工业，并且以劳动密集型产业居多。

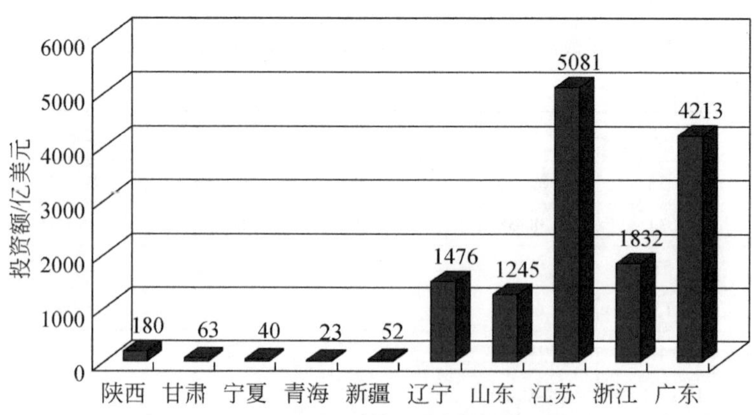

图4-15　外商在各地的企业投资额（2010年）

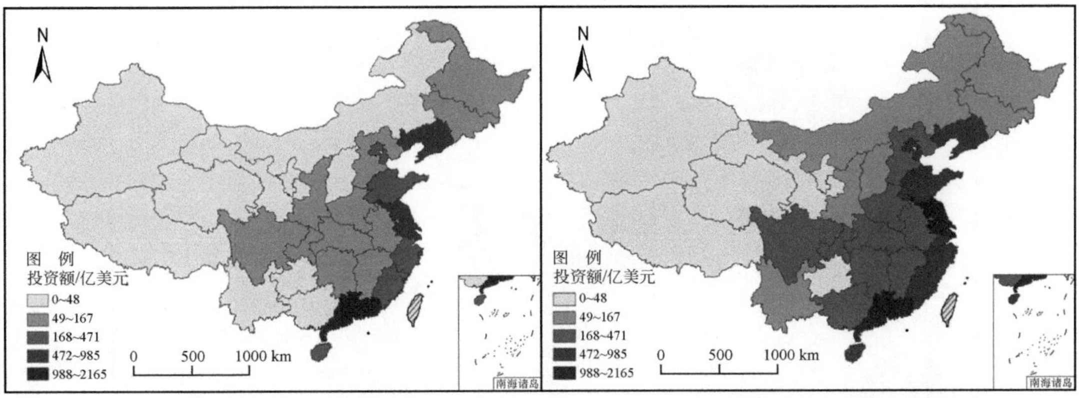

(a) 2000年外资企业在华投资额　　(b) 2010年外资企业在华投资额

图 4-16　外资企业在华投资额空间分布格局

（4）区域经济的市场运营

西北地区市场运行状况总体良好，市场需求日益增大；社会消费品零售额持续增长，居民购买力持续增强，城乡差距呈扩大之势；从省级行政区尺度看，各省级行政区的居民消费价格指数差异不明显，陕西省的市场较为活跃。

1）市场供求结构与态势。2005 ~ 2010 年，西北地区主要农产品供求状况保持平稳，始终表现为供大于求（图 4-17）。但在其他商品需求方面变化较大，尤其是对小轿车、数码产品、移动电话、家用电器等商品需求量增长较快，成为带动西北地区商品市场快速发展的主要推动力量。

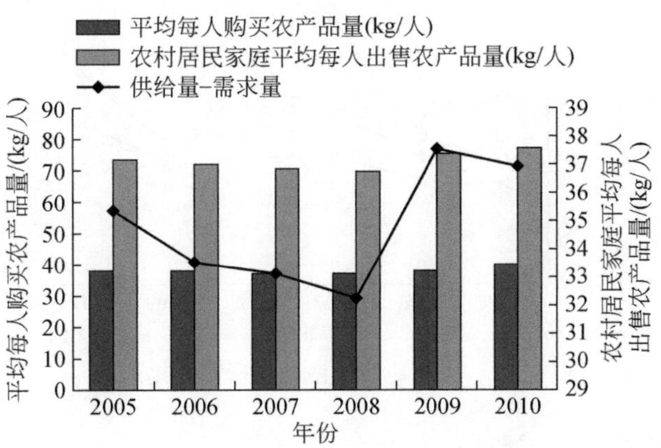

图 4-17　西北地区农产品市场供求状况

注：本图统计的农产品包括蔬菜、猪肉、牛羊肉、鲜蛋、鲜奶、水果。

2）社会消费品零售总额。西北地区市场运行平稳，市场需求增长较快，社会消费品零售额构成批发零售业为主，但住宿餐饮业不够发达，且城乡社会商品消费额差距逐渐扩大。各省级行政区内部亦存在着显著差异，陕西省的社会消费品零售额最高且增速较快，而宁夏和青海则较少（图 4-18）。

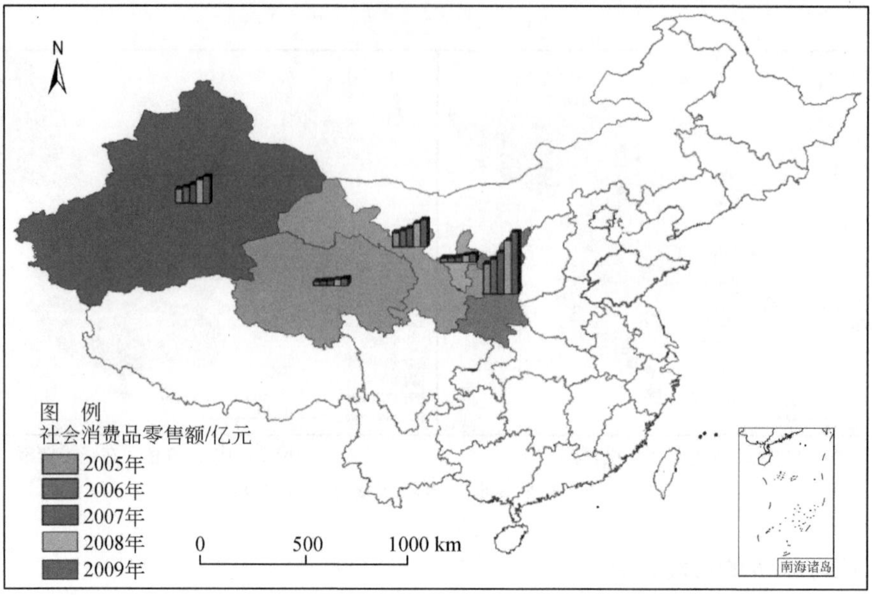

图 4-18　西北五省（自治区）社会消费品零售额（2005～2009 年）

3）物价水平与物价指数。西北地区经济比较落后，且深居内陆，货物的物流成本较高，所以具有较高的物价水平。在西北地区居民消费价格指数中食品的波动性最大，而交通通信、衣着价格较为稳定（图 4-19）。

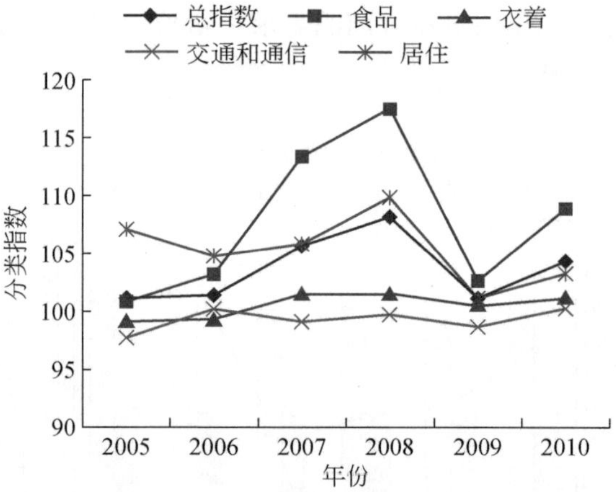

图 4-19　居民消费价格分类指数变化情况

（5）区域经济结构与发展阶段

西北地区的经济结构层次较低，同时就业结构与产值结构存在着明显的不平衡现象（图 4-20）。目前该地区总体处于工业化发展的初期阶段，低于全国平均水平。经济结构不合理，处于经济发展的初期阶段；从省级行政区尺度看，新疆、甘肃第一产业比重较大。从人均 GDP 来看，以陕西为最高，甘肃最低。宁夏、青海的工业化发展水平较高，处于工业化的中期前半期，其他三省（自治区）均处于工业化初期水平。

1）产业结构和就业结构。西北地区第一产业比重偏大，第二产业以重工业为主，第三产业相对薄弱。近几年由第二产业占主导发展到第二、三产业均衡发展。西北地区就业结构层次较低，第一产业就业高于全国平均水平，这说明西北地区是全国的农业经济区域。

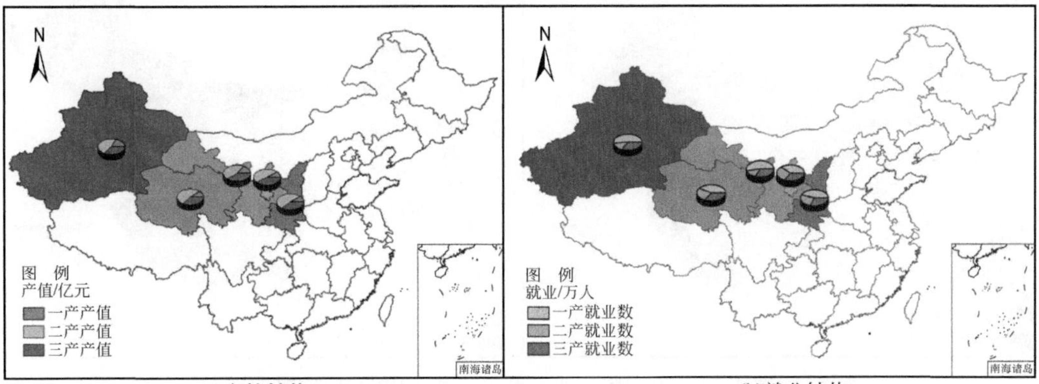

(a)产值结构　　(b)就业结构

图 4-20　2010 年按三次产业划分西北五省（自治区）

西北地区产值增长较快，而就业结构比较稳定；该地区的产值结构与就业结构存在着严重的不平衡现象，尤其表现在第一产业与第二产业之间（图 4-21、图 4-22）。

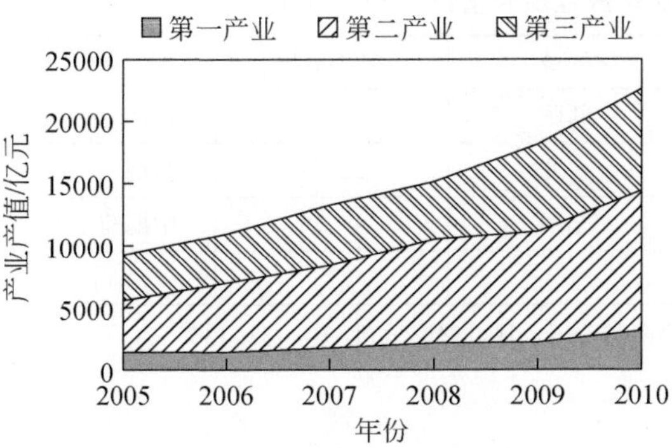

图 4-21　三次产业结构

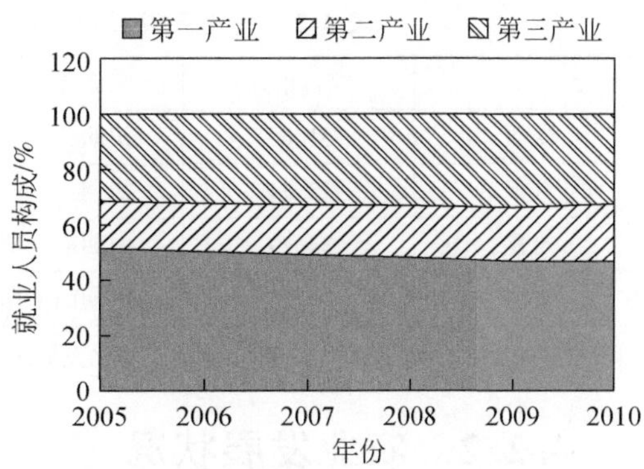

图 4-22　三次产业就业人员构成状况

2）人均 GDP。西北地区的人均 GDP 占有量小，但经济发展潜力巨大，2005～2010 年西北地区人均 GDP 年均增长 17.7%，且增长速度呈逐渐加快趋势（图 4-23）。从内部看，陕西、新疆的经济发展状况较好，甘肃省最低（图 4-24）。

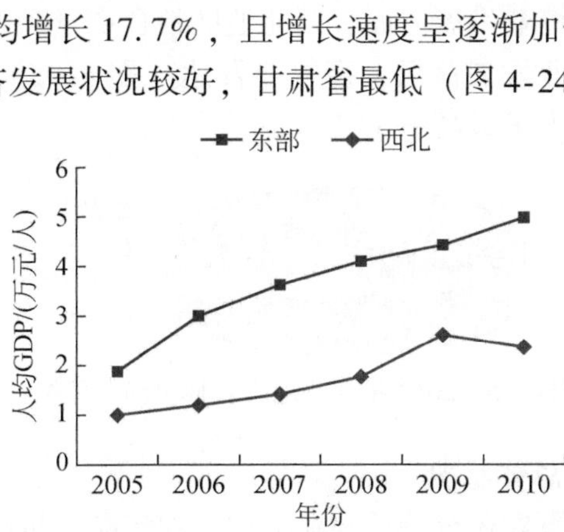

图 4-23　西北地区与东部地区人均 GDP 变化状况

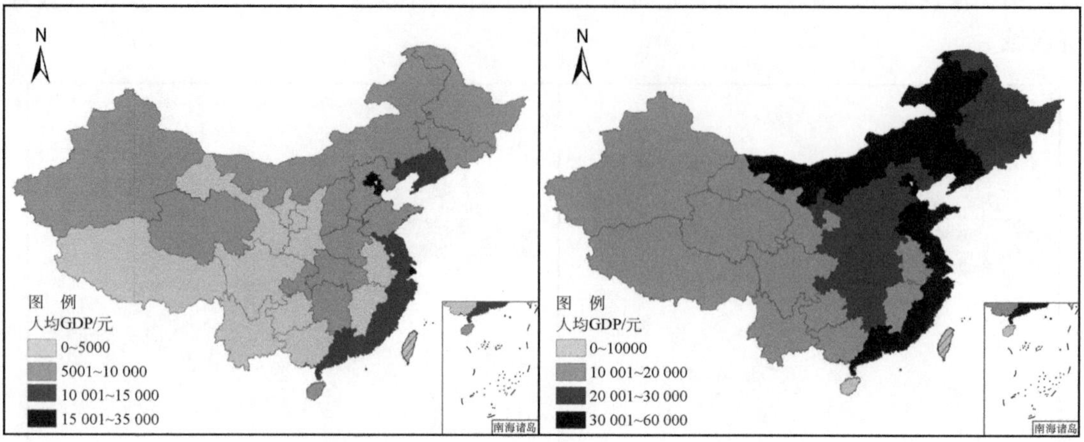

图 4-24　中国各省级行政区人均 GDP 变化情况

3）工业化水平。西北五省（自治区）总体处于工业化初期水平，落后于全国平均水平。各省级行政区内部也略有差异，其中宁夏和青海两省（自治区）工业化发展水平较高，见表 4-2。

表 4-2　西北五省（自治区）工业化进程综合指数（2007 年）

区域	综合指数	工业化阶段	区域	综合指数	工业化阶段
陕西	31. 60	初期	新疆	24. 11	初期
甘肃	22. 24	初期	西北	26. 78	初期
宁夏	34. 79	中期前半期	全国	48. 79	中期前半期
青海	33. 65	中期前半期			

资料来源：王成勇 . 2010. 西北地区工业化发展阶段的判断与分析 . 甘肃理论学刊，6：132–136.

4. 2. 2　农业发展状况

西北地区的农业发展状况较好。农产品产量较高，但附加值低，致使农业总产值和经济效益偏低；农产品种类丰富，具有三河马、细毛羊、枸杞、大枣等特色农产品；农业机械化水平偏低；在种植业发展方面，西北地区粮食产量和人均粮食占有量较高，但总体粮食商品率较低，渔业发展落后，畜牧业发达（图 4-25）。从省级行政区尺度看，以新疆和宁夏的农业发展水平最高。

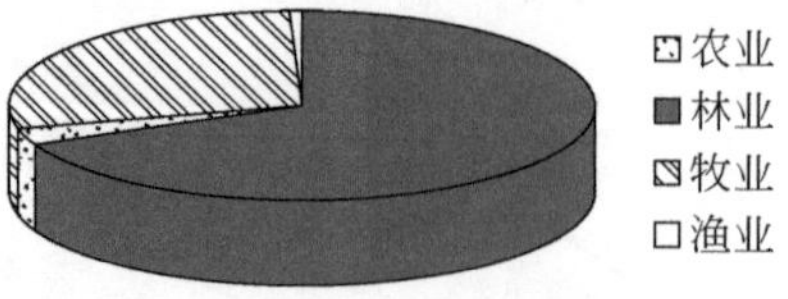

图 4-25　2010 年西北地区农林牧渔产值结构

（1）农业产业发展的总体状况

形成了绿洲农业和灌溉农业等特色农业类型，农产品产量高，拥有细毛羊、马铃薯等优势农产品，各省级行政区特色农产品种类略有差异，陕西的水果产量和新疆的棉花产量长期居于全国前列，而青海、宁夏的畜产品产量高、品质优良。

1）农业产值。西北地区农业产值占主要地位，近几年农业总产值上升速度较快，但在全国农业总产值中所占的比重偏低（图 4-26）。

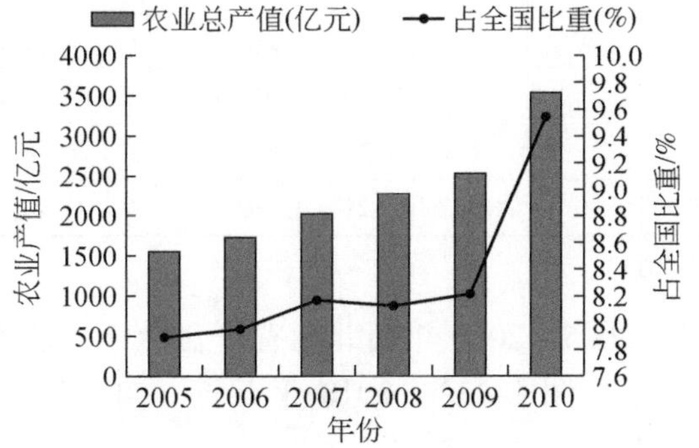

图 4-26　2010 年西北地区农业总产值及占全国比重

2）农业经济效益。西北地区农业经济效益偏低，在农林牧渔业中，农业发展位于全国平均水平，牧业发展高于全国平均水平，其中青海和新疆的牧业收入位于全国前列。渔业和林业发展异常落后。

农村居民家庭平均每人出售主要农产品见表 4-3。

表 4-3　农村居民家庭平均每人出售主要农产品（2010 年）　　（单位：kg）

农产品	全国	陕西	甘肃	宁夏	青海	新疆
粮食	460. 46	210. 75	205. 85	395. 62	77. 89	634. 74
棉花	14. 71	2. 07	15. 22	—	—	159. 60
蔬菜	168. 26	104. 10	248. 14	151. 67	23. 79	259. 65
水果	65. 93	265. 89	72. 09	49. 88	3. 59	143. 18
猪	33. 10	17. 05	8. 53	14. 73	4. 09	2. 35
牛	2. 56	0. 78	3. 93	11. 87	5. 06	13. 16
羊	2. 76	2. 63	2. 62	9. 17	17. 28	19. 68
牛羊奶	11. 27	31. 31	6. 53	53. 20	7. 32	28. 06
水产品	11. 13	0. 25	0. 06	6. 15	2. 01	—

注：本表为农村住户抽样调查资料。

3）农业内部结构。该区农业结构以种植业和畜牧业为主，二者年均产值分别占农业总产值的 64. 4% 和 26. 5%。现初步形成了棉花、牛奶、羊绒、水果等一批在全国具有重要影响和较强市场竞争力的主导特色产业。

西北地区主要农产品产量及在全国位次（2010 年）见表 4-4。

表 4-4　西北地区主要农产品产量及在全国位次（2010 年）　（单位：万 t）

地区	农产品				畜产品				水产品		林产品	
	粮食		棉花		肉类		奶类					
	产量	位次	产量	位次	产量	位次	产量	位次	产量	位次	产量	位次
陕西	1 164.9	18	6.9	11	102.6	22	177.6	6	6.0	27	11.1	12
甘肃	958.3	22	7.6	10	84.4	23	36.3	17	1.2	29	4.8	20
宁夏	356.5	25	0		25.7	30	84.5	9	9.0	24	—	29
青海	102.0	30	0		28.3	28	26.3	20	0.2	30	—	27
新疆	1 170.7	17	247.9	1	121.7	21	132.8	7	10.1	23	12.4	11

资料来源：《中国统计年鉴 2011》。

4）农业机械化水平。2005～2010 年西北五省（自治区）的农机化综合水平不断提高，但仍低于全国平均水平（图 4-27）。2010 年五省（自治区）共拥有农机总动力占全国农用机械总动力的 7.1%。

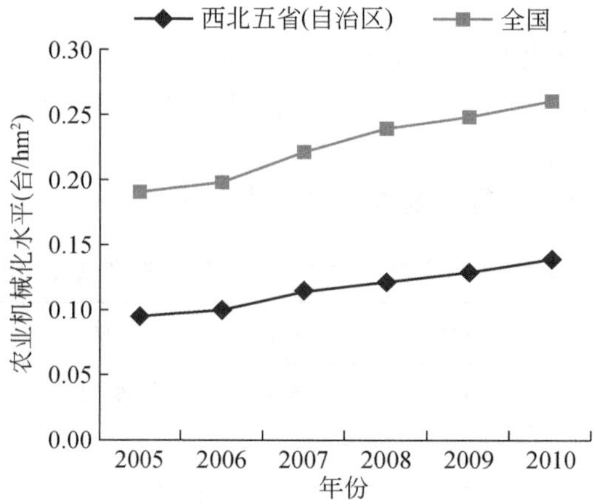

图 4-27　西北地区与全国农业机械化水平对比

5）农业生态问题。长期以来，该地区大量农药、化肥的不合理施用，加上农机、农用塑料薄膜等的不断推广普及，农业土壤也遭到较为严重的污染与破坏。2010 年西北地区的化肥施用量达到 319 kg/hm^2，约为国际化肥安全施用上限的 1.6 倍（图 4-28）。

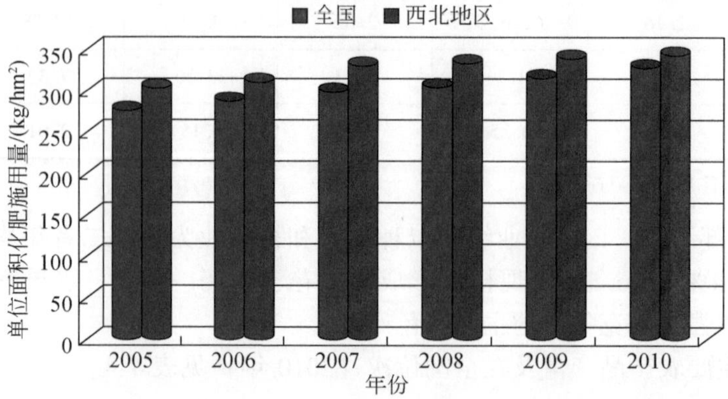

图 4-28　西北地区单位面积化肥施用量

(2) 种植业发展

该地区的种植业较发达，粮食单产量与人均粮食占有量逐年提高。种植结构以粮食作物为主，同时蔬菜、棉花和油料作物也占较大比重。棉花、糖料单产量在全国位次靠前，但整体种植业经济效益偏低，果蔬业不够发达。从省级行政区域尺度看，新疆的种植业水平较高。

1）耕地面积与人均粮食占有量。近几年区域内耕地面积整体减少，但播种面积增长 2.4%，且单位面积的粮食产量逐年提高，说明该地区的农业正在由传统型农业向集约型的现代农业转变。人均粮食占有量高于东部地区（图 4-29、图 4-30）。

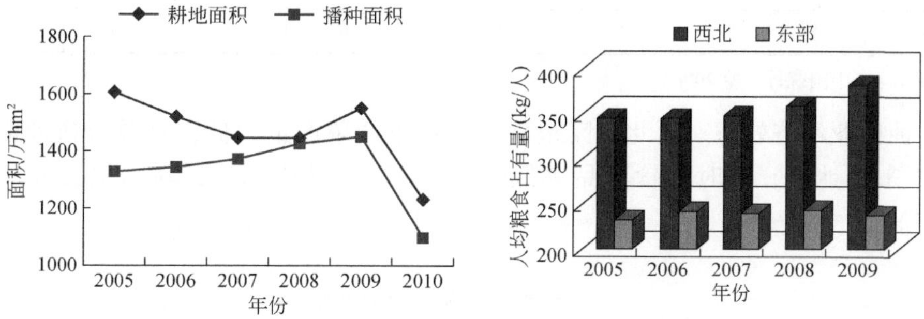

图 4-29　西北地区与东部地区人均粮食占有量

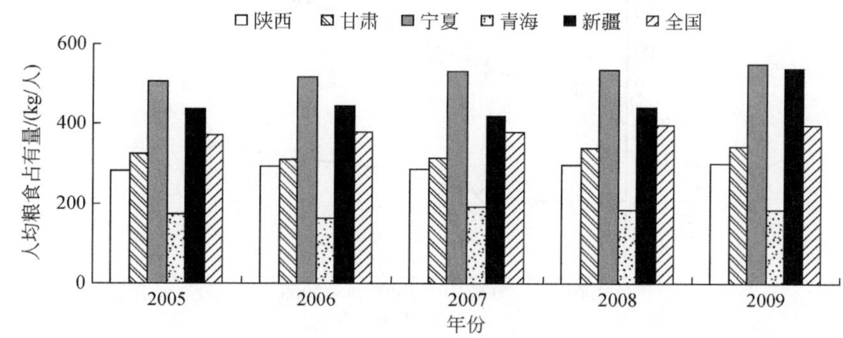

图 4-30　西北五省（自治区）人均粮食占有量及与全国比较

2）主要种植业作物及产量。西北地区的种植业在农业中占很大比重，2009 年种植业总产值占农业总产值的 64.4%，棉花总产量和单产量均位于全国前列（图 4-31）。

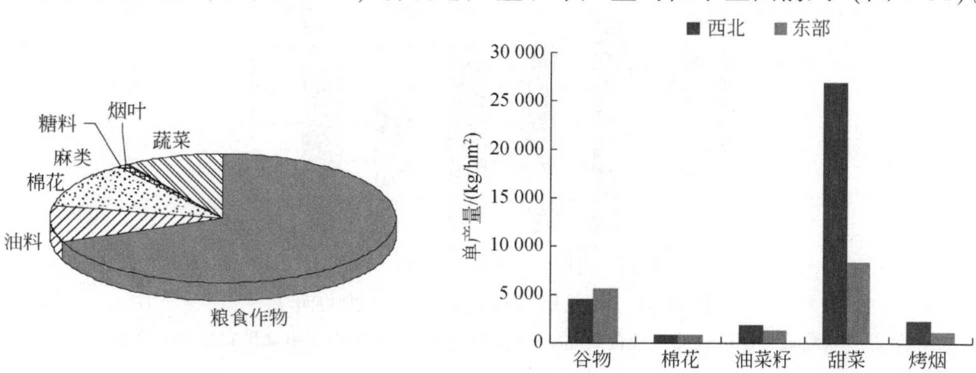

图 4-31　西北地区与东部地区主要作物单产量比较（2010 年）

西北五省（自治区）粮棉油糖产量在全国位次见表4-5。

表4-5 西北五省（自治区）粮棉油糖产量在全国位次（2005年）

地区	总产量位次				每公顷产量位次			
	粮食	棉花	油料	糖料	粮食	棉花	油料	糖料
陕西	18	13	18	27	30	19	23	25
甘肃	23	9	16	19	31	4	27	18
宁夏	25	24	26	25	22	3	30	26
青海	31	—	24	26	29	—	22	22
新疆	21	1	22	4	4	2	13	5

资料来源：《中国统计年鉴2006》。

3）种植业经济效益。西北地区粮食、油料单产单产量偏低，且单位耕地面积产值普遍低于东部地区，同时粮食商品率低（图4-32）。从内部看，新疆粮食商品率较高（图4-33）。

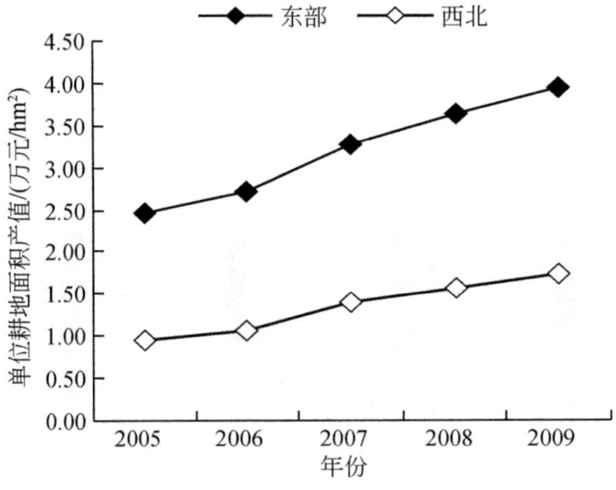

图4-32 东部地区与西北地区单位耕地面积产值

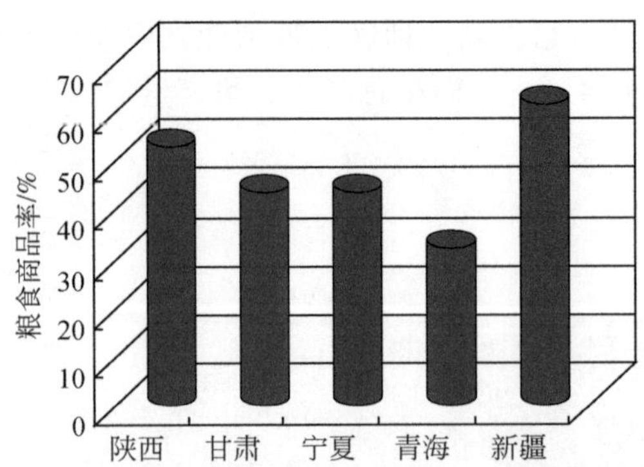

图4-33 西北地区粮食商品率（2009年）

注：粮食商品率的计算：粮食商品率=(乡村总人口×人均出售粮食量)/粮食总产量。

4）果蔬业。西北地区果蔬业不甚发达，种植面积呈缓慢上升趋势，品种主要有苹果、梨、猕猴桃、大枣等。在蔬菜生产方面，该地区蔬菜种植面积在稳定中呈缓慢上升趋势，种植的主要作物有长圆葱、胡萝卜、青红椒、甘蓝、梅豆、菠菜、芹菜等（图 4-34）。果蔬产业发展方面，目前西北地区只有陕西省的水果加工业发展良好。

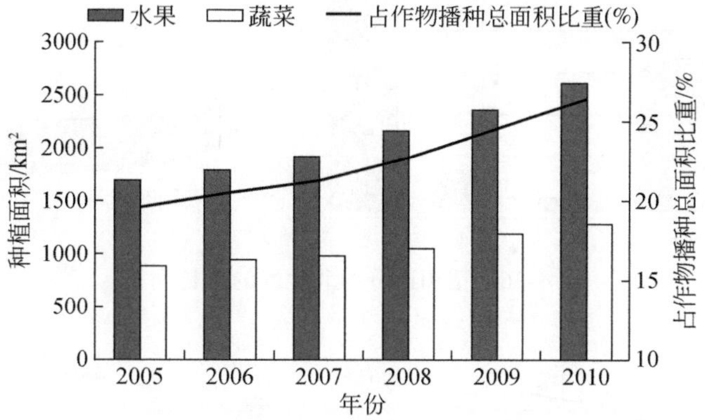

图 4-34　西北五省（自治区）蔬菜、水果种植面积及其占作物播种总面积比重

（3）林业发展

1）林业生态建设。西北地区森林覆盖率和积蓄量均较小（图 4-35），但造林面积增加较快，林产品种类少，以灌木居多，从用途来看，以防护林为主，经济林和用材林比重偏小（图 4-36）。从省级行政区尺度看，陕西省的林业发展水平较高（图 4-37）。

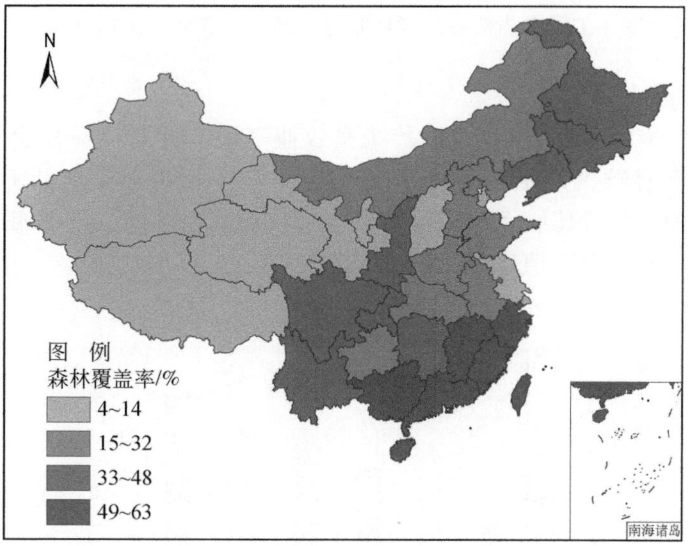

图 4-35　全国森林覆盖率状况（2008 年）

2）林业经济效益。西北地区的森林覆盖率较低，所以林业产值不高，近几年西北地区的森林覆盖率和林业产值在稳步提升，年均增长 11.9%。该地区经济林比重有所增加。在林业产业方面，该地区主要发展了中药材加工业、木材加工业和森

林公园旅游产业。

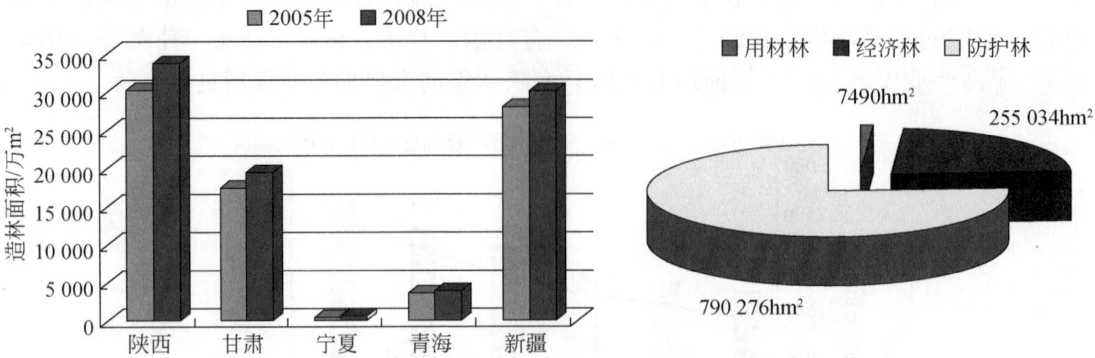

图 4-36　按用途分西北地区的造林面积

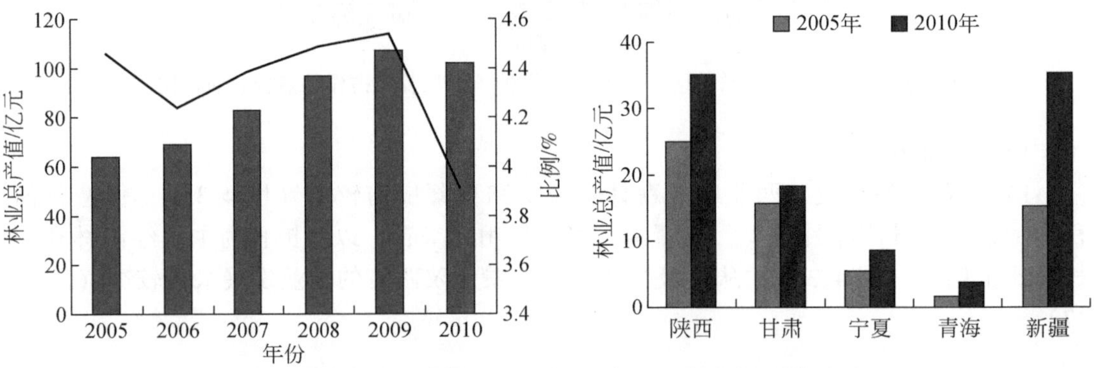

图 4-37　分省级行政区林业总产值（2005 年、2010 年）

（4）畜牧业发展

1）畜牧业产值。西北地区是我国传统畜牧业基地，近几年畜牧业迅速发展。目前畜牧业产值与东部有较大差距，畜牧业在当地 GDP 中所占比重也低于全国平均水平，这种状况与西北地区作为传统畜牧产区及全国畜牧业基地的地位极不相称。

牧业总产值占农业总产值比重见图 4-38。

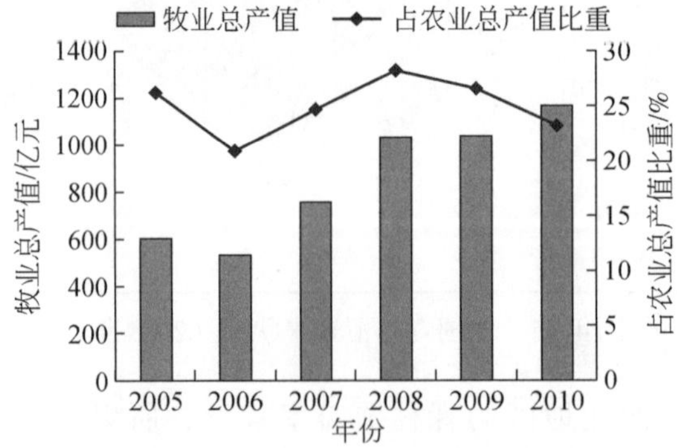

图 4-38　牧业总产值占农业总产值比重

2）畜牧业产品结构和产量。西北地区主要牲畜出栏情况见图4-39。

畜产品以肉类、奶类、羊毛、羊绒为主。但由于草地退化、牲畜品种改良进程缓慢、生产方式落后、牧畜加工业不发达等原因，传统畜牧业基地的西北地区畜牧业发展落后于中东部地区。从内部看，陕甘新畜产品产量和产值较高（图4-40）。

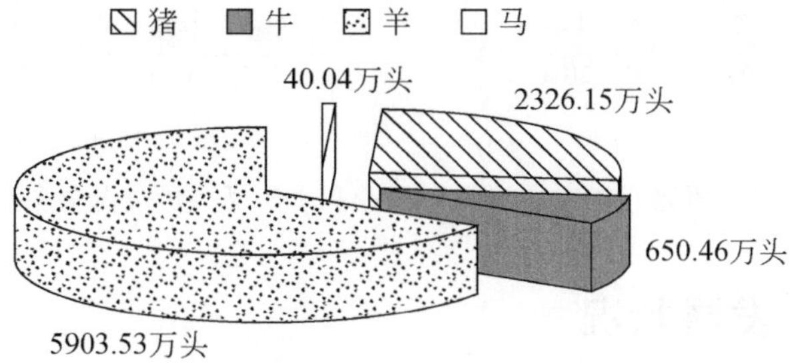

图4-39　西北地区主要牲畜出栏情况（2005年）

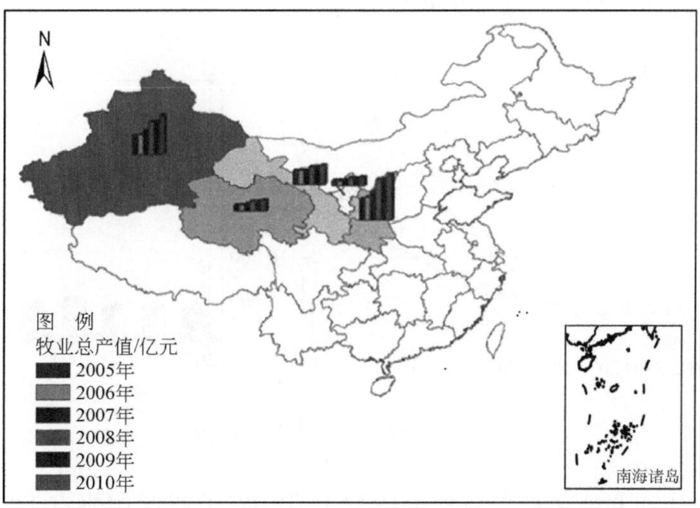

图4-40　分省（自治区）牧业总产值（2005～2010年）

（5）渔业发展

由于深居内陆，使该地区成为全国渔业发展最为落后的地区，渔业产值低、产量小，结构以淡水鱼类为主；从省级行政区尺度看，新疆、陕西、宁夏的渔业产值和水产品产量较多。

1）渔业生产规模。2010年仅占全国渔业总产值的0.47%［图4-41（a）］。水产品产量稳定中呈现波动性上升，五年间增长了15.7%［图4-41（b）］。其中，新疆、陕西、宁夏的水产品产量较多。

2）渔业生产结构。西北地区的渔业全部为内陆养殖，养殖的水产品中以鱼类为主，鱼类中以鲤鱼和鲫鱼为主，两种鱼占鱼类总产量的49.4%。

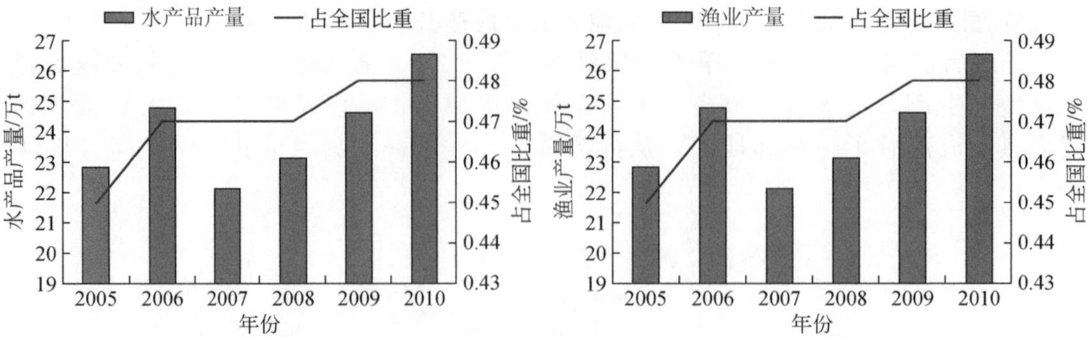

(a) 渔业　　(b) 水产品

图 4-41　西北五省（自治区）渔业和水产品产量及占全国比重

4.2.3　工业发展状况

（1）工业产业规模

2001～2010 年西北地区工业生产总值持续增长①（图 4-42），但增长率低于全国平均水平。其中，陕西、甘肃、新疆增长率较高。

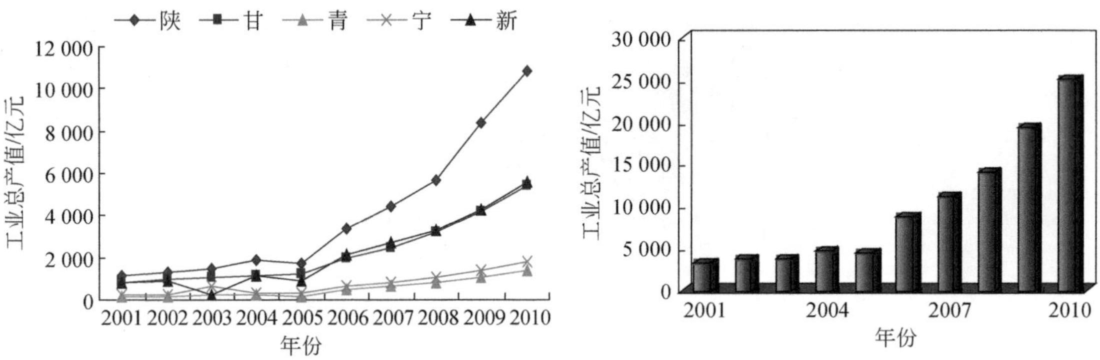

图 4-42　西北地区工业总产值

2001～2010 年西北地区重工业比例略有上升，轻工业比例略有下降。在西北五省（自治区）中，青海轻重工业比例失调较为严重（表 4-6）。

表 4-6　西北五省（自治区）轻重工业产值及比重　　（单位：亿元）

区域	年份	重工业产值	轻工业产值	重工业比重/%	轻工业比重/%
陕西	2002	969.9	368.3	72.5	27.5
	2010	6 921.7	1 250.6	84.7	15.3
甘肃	2002	798.8	152.4	84	16
	2010	4 512.1	495.8	90.1	9.9

① 本节中工业数据若无特别说明，即《中国工业经济统计年鉴》（2000～2010）数据。

续表

区域	年份	重工业产值	轻工业产值	重工业比重/%	轻工业比重/%
青海	2002	174. 2	19. 9	89. 7	10. 3
	2010	1 474. 4	92. 4	94. 1	5. 9
宁夏	2002	224. 1	44. 7	83. 4	16. 6
	2010	1 435. 6	281. 6	83. 6	16. 4
新疆	2002	713. 9	162. 6	81. 4	18. 6
	2010	4 331. 4	681. 8	86. 4	13. 6
西北地区	2002	2 881	748	79. 4	20. 6
	2010	18 675. 2	2 840	86. 8	13. 2

（2）工业产业经济效益

西北地区工业经济规模较小，工业经济效益较好，其中规模以上工业企业利润最多的是陕西，最少的是宁夏（图 4-43）。

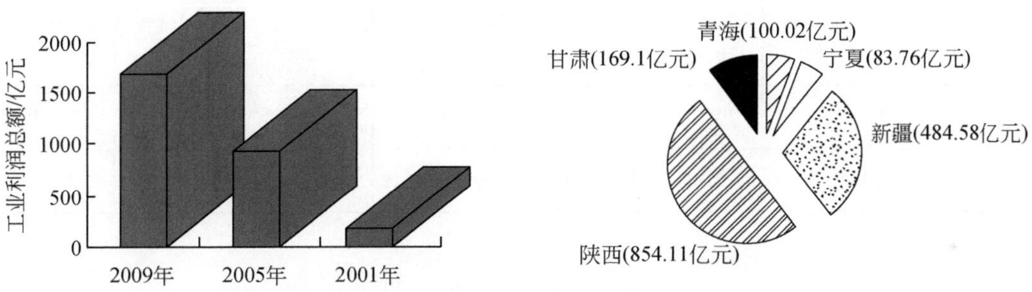

图 4-43　西北地区工业利润总额

（3）工业产业所有制结构

2001～2009 年国有及国有控股工业各行业企业比例有所下降；私营工业和三资工业各行业企业比例呈上升态势，但国有企业仍然占据着绝对主导地位（图 4-44）。

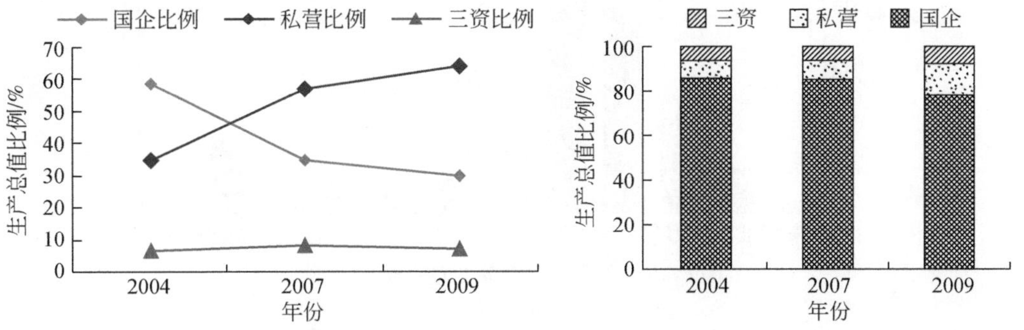

图 4-44　不同所有制企业生产总值比例

（4）主要工业产品及销售情况

西北地区产品都是资源性型产品，技术性较强的通信设备和家用电器的产量却是很低，不到全国总量的1%（表4-7）。居于全国前列的包括原煤、原油、天然气、乙烯、纯碱、初级形态的塑料和化肥（图4-45）。2005～2010年西北地区工业产品销售率呈现下降趋势（图4-46）。

表4-7　西北地区主要工业产品产量

年份	指标	化学纤维	原盐	原煤	原油	天然气	发电量
2005	西北地区	5.4万t	85.2万t	0.39亿t	2 406万t	106.7亿m^3	310kW·h
	占全国比例	0.4%	5%	11.7%	24.7%	41.6%	7.6%
2010	西北地区	2.8万t	273.3万t	4.8亿t	5447万t	478.3亿m^3	3012kW·h
	占全国比例	0.40%	5.00%	11.70%	24.70%	41.60%	7.60%
年份	指标	生铁	粗钢	钢材	乙烯	碳酸钠	汽车
2005	西北地区	260万t	313万t	323万t	26.1万t	12.6万t	0.1万辆
	占全国比例	3.1%	3.2%	3.1%	6.7%	5%	0.7%
2010	西北地区	2011万t	1916万t	2385万t	118.5万t	183万t	52.6万辆
	占全国比例	3.6%	3.3%	3.4%	11.1%	9.4%	3.8%

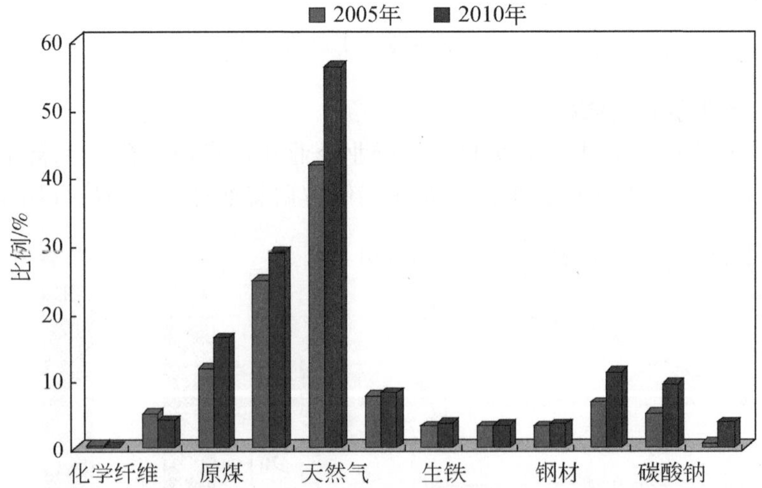

图4-45　主要工业产品产量占全国比例

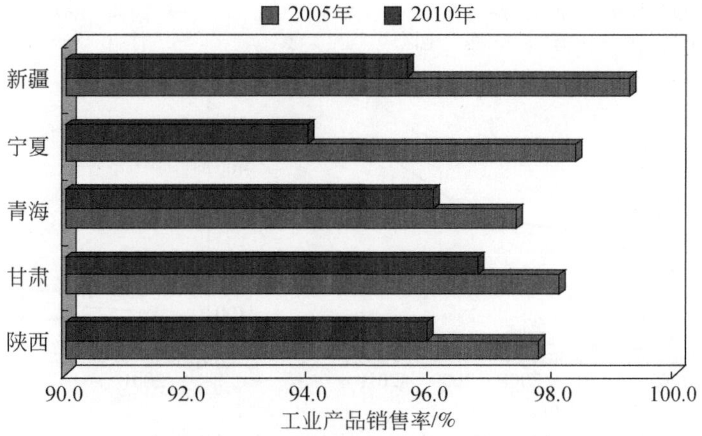

图 4-46　西北五省（自治区）工业产品销售率

4.2.4　服务业的发展状况

4.2.4.1　旅游业发展

（1）丰富的旅游资源

西北地区旅游资源数量大，种类多（表 4-8）。独特的地理环境造就了西北地区得天独厚的自然风光，悠久的历史给予西北地区丰厚的历史文化遗存，多民族的集聚使得西北地区有绚丽多姿的民族风情，这一切都成为西北地区旅游业发展的最大优势。

表 4-8　2010 年国家 3A 级及其以上旅游景区数量　　（单位：个）

地区	5A	4A	3A
陕西	3	27	40
新疆	3	15	32
青海	0	8	2
甘肃	2	26	7
宁夏	2	3	3
西北地区	10	79	84
全国	66	872	521

注：根据国家旅游局公布的 A 级旅游景区数据统计。

（2）旅游业发展现状

1）旅游产业发展迅速。在外汇收入方面，总收入 2000 ~ 2010 年上升了 182.27%。其中，陕西作为旅游大省外汇收入增长 262.86%；在接待入境方面，各省（自治区）均在平稳中上升（图 4-47）。

2）旅游产业区域发展差异显著。从横向比较，西北地区发展水平较低，西北地区总的外汇收入 2010 年仅占全国的 2.7%；从纵向来看，西北地区各省（自治区）发展极不协调，陕西省外汇收入最多，且增长速度最快。

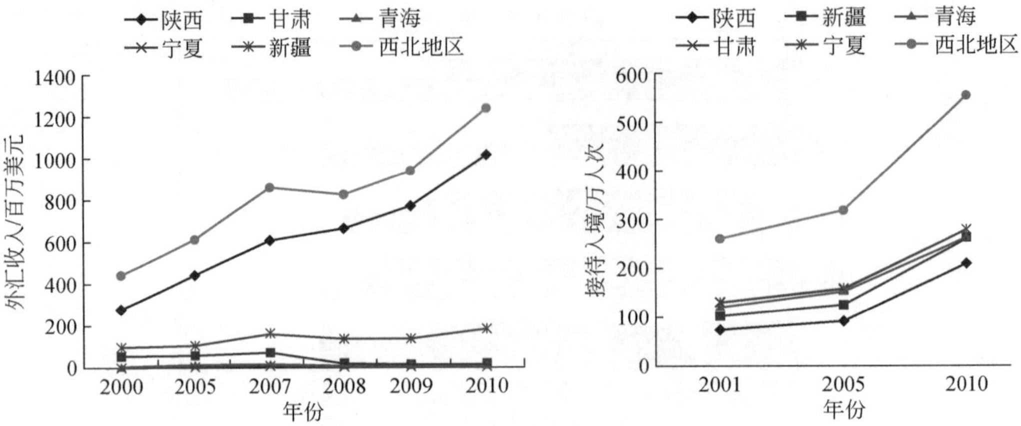

图 4-47　西北地区及其省（自治区）外汇收入和接待入境

4.2.4.2　房地产业发展

(1) 投入力度大，区域差异明显

西北地区 2010 年房地产投资额达到 3074.52 亿元，增长趋势明显，且投资额累积增长率高于全国水平。西北地区内发展极不平衡，陕西投资额增长强势，而其他 4 个省（自治区）发展较为缓慢，其中青海省规模最小（图 4-48）。

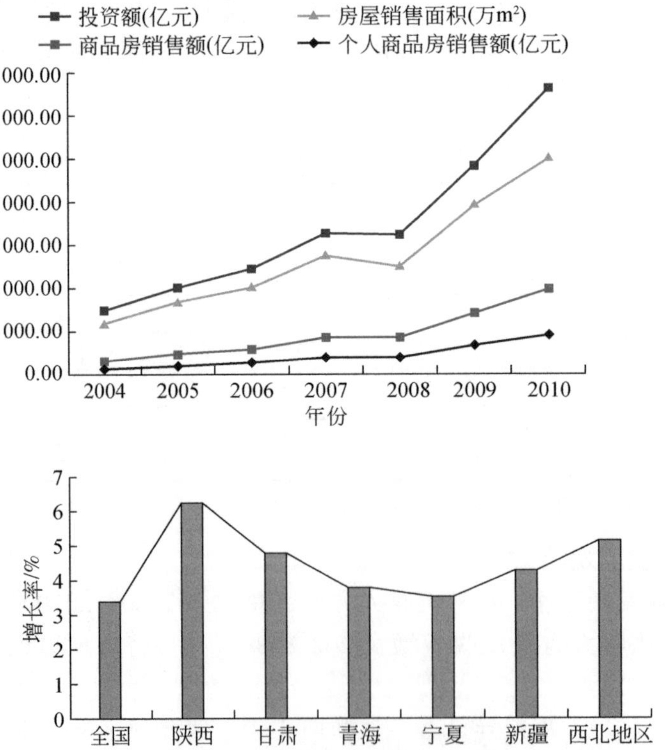

图 4-48　西北地区与全国投资额增长率（2004～2010 年）

(2) 增速高于全国平均水平

西北地区总体增长率均高于全国水平，其中陕西省的个人商品房销售额增长水平已经达到全国增长水平的 2.96 倍（图 4-49）。

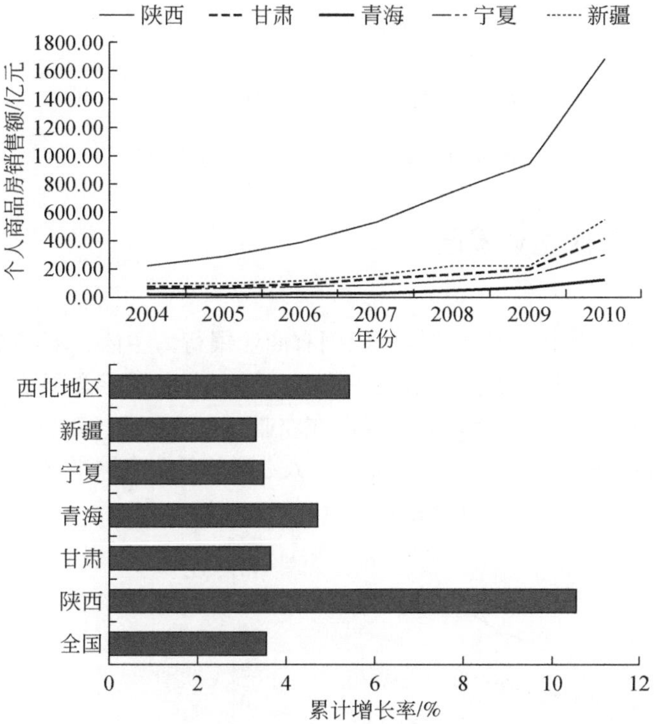

图 4-49　2004～2010 年西北地区与全国个人商品房销售额

表 4-9　中国六大地区房地产指标增幅对比（2009 年）

地区	省级行政区数	土地购置面积正增长省级行政区数	土地购置面积负增长省级行政区数	土地开发面积正增长省级行政区数	土地开发面积负增长省级行政区数
华北地区	5	1	4	2	3
东北地区	3	0	3	1	2
华东地区	7	1	6	0	7
华南地区	6	1	5	2	4
西南地区	5	2	3	2	3
西北地区	5	2	3	3	2

资料来源：《中国房地产统计年鉴 2010》。

(3) 从业人员数量在波动中上升

2005～2010 年西北地区从房地产从业人数增加了 3.7 万。虽然每年的人数总会上下波动，但总体来看呈上升趋势（图 4-50）。

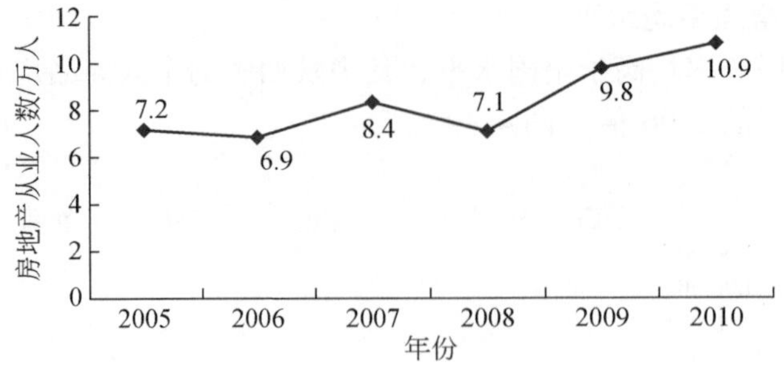

图 4-50　西北地区房地产从业人数

4.2.4.3　金融保险业发展

（1）金融业

西北地区已建立了由中央银行领导、以国有商业银行为主体、多种金融机构并存的较为完备的金融体系。金融业发展体现出以下特点：投入力度低于全国平均水平；金融存款增长较快，金融贷款增势平稳，新增贷款投向在农业、乡镇企业、粮食企业、工业和国家和自治区重点建设项目上的比重加大；金融业从业人数增幅低于全国平均水平（图 4-51）。

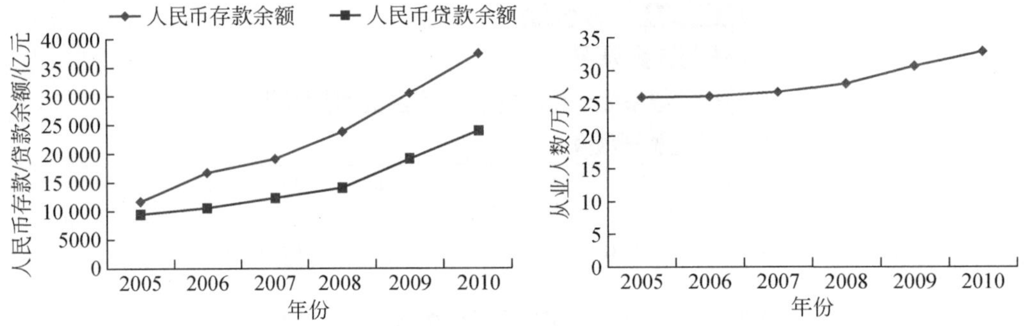

图 4-51　西北地区金融业

（2）保险业

保险业务收入保持较高增长趋势，其中财险增长趋势变化平缓，寿险增长迅速（图 4-52）；保险市场发展成熟，保险密度增长率明显高于全国水平，国民参保程度很大，保险深度基本接近于全国水平，且每年的增长率高于全国水平（表 4-10）。保险市场监管力度大大加强，市场运行机制逐步完善。

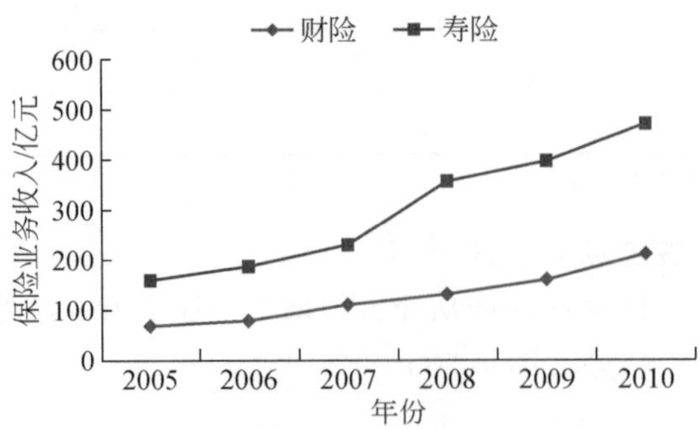

图 4-52　西北地区保险业务收入组成变化趋势

表 4-10　2010 年西北地区与全国保险业发展状况

年份	保险业务收入/亿元		保险密度				保险深度			
	西北/亿元	全国/亿元	西北地区/亿元	增长率/%	全国/(元/人)	增长率/%	西北地区/%	增长率/%	全国/%	增长率/%
2005	241.7	4942	255.4		377.9		2.5		2.7	
2006	286.4	5640	300.1	17.5	429.0	13.5	2.5	-0.2	2.6	-2.4
2007	361.2	7 035.8	375.4	25.1	532.5	24.1	2.6	5.3	2.7	1.5
2008	513.6	9 784.2	529.9	41.2	736.7	38.3	3.0	14.6	3.1	17.7
2009	588.2	11 137.3	603.4	13.8	834.4	13.2	3.2	6.5	3.3	4.9
2010	693.6	14 527.9	716.9	18.8	1 083.4	29.8	3.0	-5.1	3.6	10.7

资料来源：《中国保险年鉴 2011》。

4.2.4.4　交通运输业发展

(1) 交通运输业特点

各项指标均呈上升趋势。以公路运输为主，以铁路、航空运输为辅（图 4-53）。区内发展差异明显，新疆、陕西是西北地区主要的运输大省，青海、宁夏等省（自治区）交通运输业起点低，发展慢。

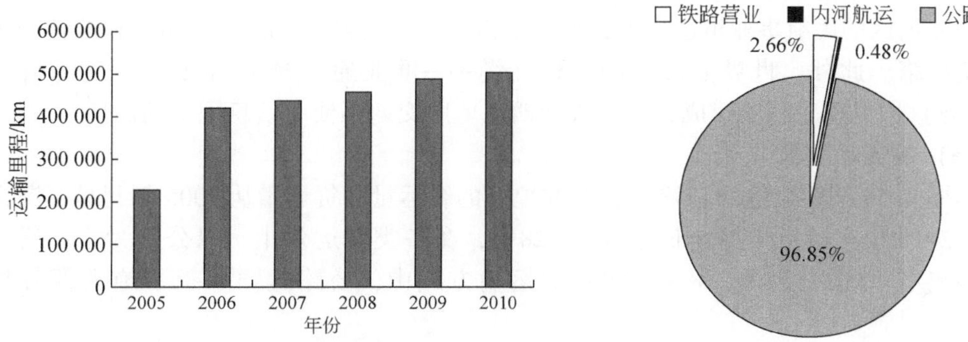

图 4-53　西北地区各类路运输里程所占比重

(2) 铁路

西北地区境内通过的铁路干线主要有包成–成昆线，京包–包兰线，陇海–兰新线，目前有西安、宝鸡、兰州、乌鲁木齐 4 个铁路枢纽，2005 ~ 2010 年西北地区铁路营业里程在起伏中上升，年平均增长率为 6.26%（图 4-54、图 4-55）。

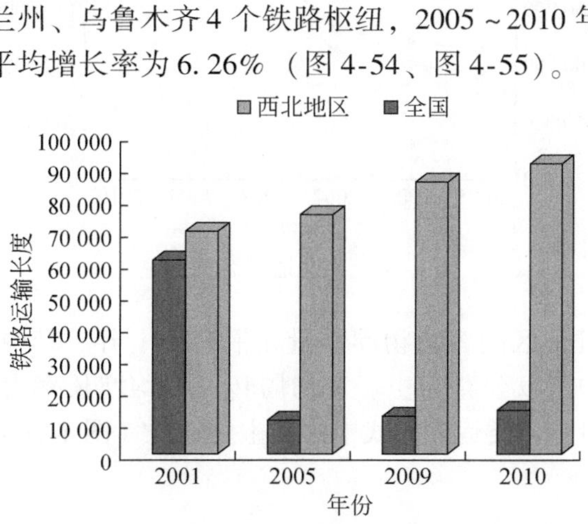

图 4-54　西北地区铁路运输长度与全国对比

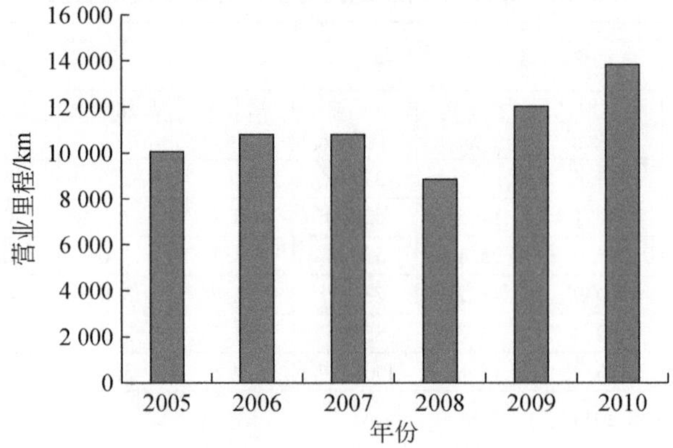

图 4-55　西北地区铁路营业里程

(3) 公路

公路运输在西北地区交通运输中占重要地位。2010 年西北地区的公路营业里程在西北地区各类运输长度中所占比重为 96. 85%，年均增长率达到 20. 14%。

(4) 其他交通运输业

西北地区的民航事业迅速发展，形成了以西安、乌鲁木齐、兰州和呼和浩特为中心的航空网络。此外，世界上最长的陆地光缆——欧亚通信光缆西（安）兰（州）乌（鲁木齐）段电缆工程的建成，彻底改变西北地区交通不便、信息闭塞的困境。

(5) 综合运输量

由图 4-56 ~ 图 4-58 可以看出，西北地区的客运量和货运量从 2005 年起呈不断上升趋势，2010 年客运量年均增长率为 24. 28%，在各类客运量中，以公路为主；货运量 2010 年年均增长率为 16. 58%，在各类运输方式中，公路运输承担了绝大部分货运任务。

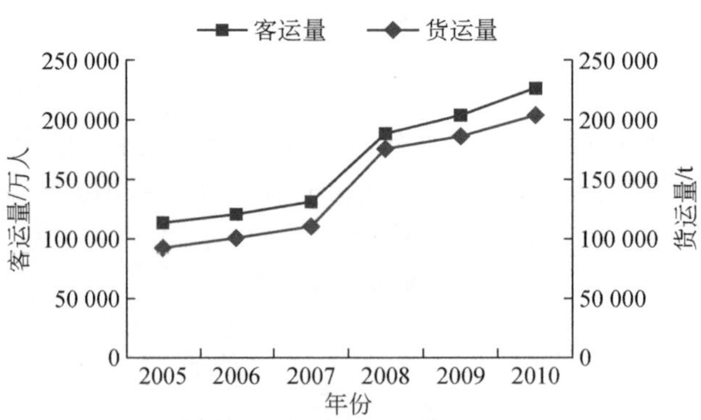

图 4-56　西北地区客货运量

2005 ~ 2010 年西北地区的客货物周转量在平稳中上升。其中，旅客周转量增长平缓，在各类运输方式中，以公路为主。货物周转量年均增长率为 18. 65%（图 4-59）。其中，铁路货运周转量在各类运输方式中占到主要地位（图 4-60）。

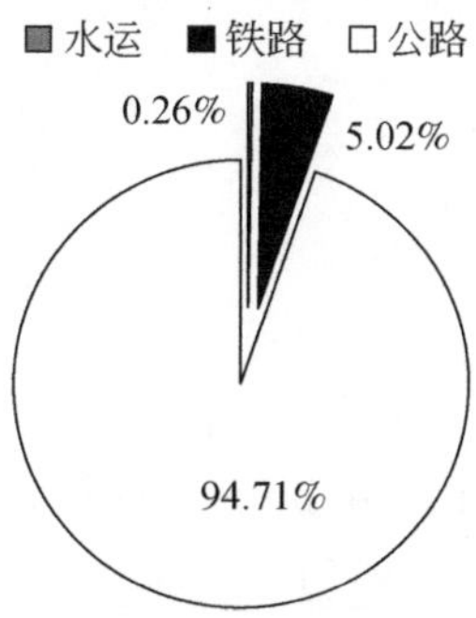

图 4-57　西北地区各类客运量所占比重（2010 年）

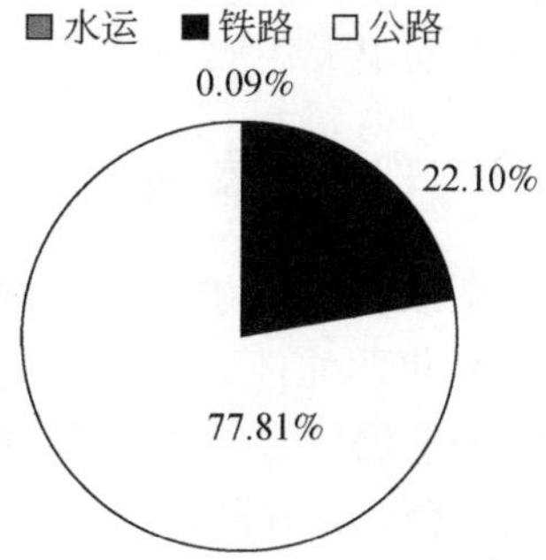

图 4-58　西北地区各类货运量所占比重（2010 年）

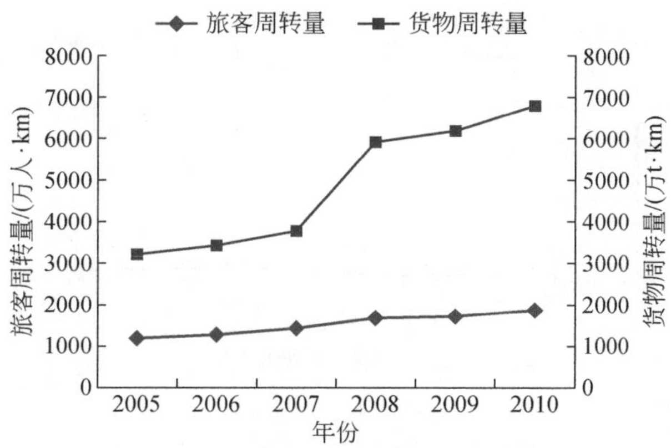

图 4-59　西北地区旅客/货物周转量

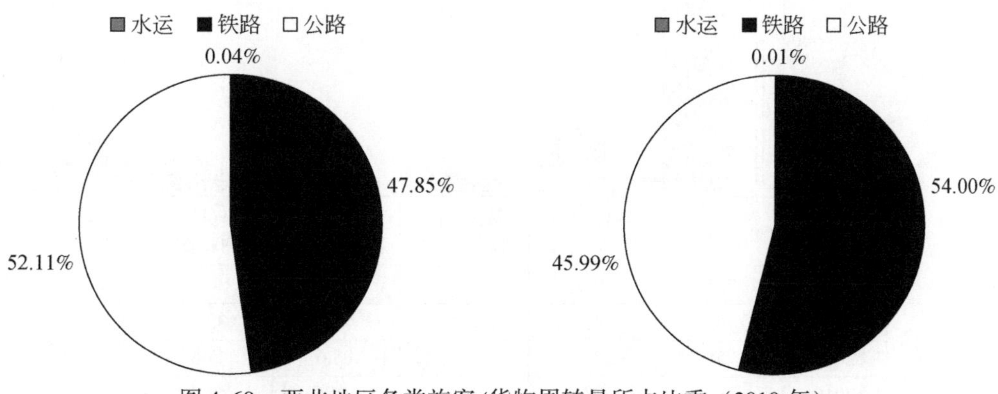

图 4-60　西北地区各类旅客/货物周转量所占比重（2010 年）

4.2.5　信息产业的发展状况

4.2.5.1　信息产业发展的总体情况

目前西北地区形成了以陕西为主，甘肃、宁夏、新疆、青海为辅的发展格局，产品以彩色显像管、彩电、冰箱、程控交换机、集成电路封装、智能化工具、仪表等为主。

虽然近几年，西北地区信息产业的发展有所进步，但整体处于低水平发展。区内发展不均衡，陕西省占据很大一部分。

4.2.5.2 软件业发展

(1) 软件业规模逐步扩大，布局集中在陕西省

2007～2010 年西北地区软件企业个数都呈不断上升趋势，软件产业的规模在逐渐扩大，但总体水平仍较低，2010 年西北地区软件企业占全国 4.86%。从各省（自治区）看，大多数软件企业都在陕西省，占整个地区 79.52%（图 4-61）。

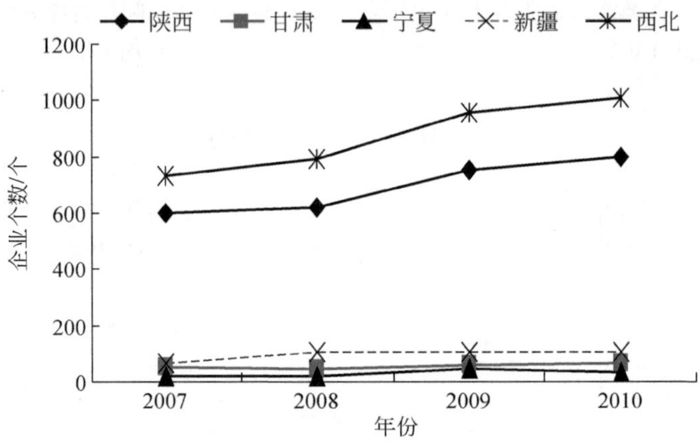

(a) 企业个数变化状况

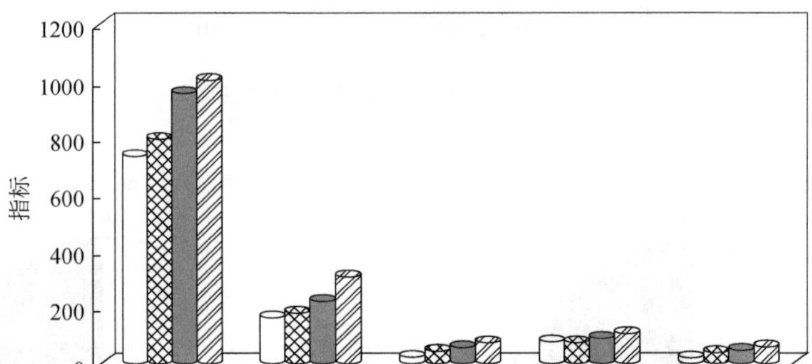

	企业个数	软件业务收入/亿元	软件产品收入/亿元	系统集成和支持服务	信息技术咨询和管理
2007年	735	164	22.3	79.9	18.68
2008年	794	180.2	45.6	73.4	38.5
2009年	958	221.9	57.9	88.6	47.8
2010年	1006	308.8	74.9	105.2	59.2

(b) 各经济指标情况

图 4-61　西北地区（不含青海省数据）软件产业

资料来源：《中国电子信息产业统计年鉴》(2008～2011)。

(2) 软件产业业务收入迅速上升

2007～2010 年西北地区软件业务年平均增速为 22.07%。其中，宁夏和新疆年平均增速高于全国平均水平（图 4-62）。

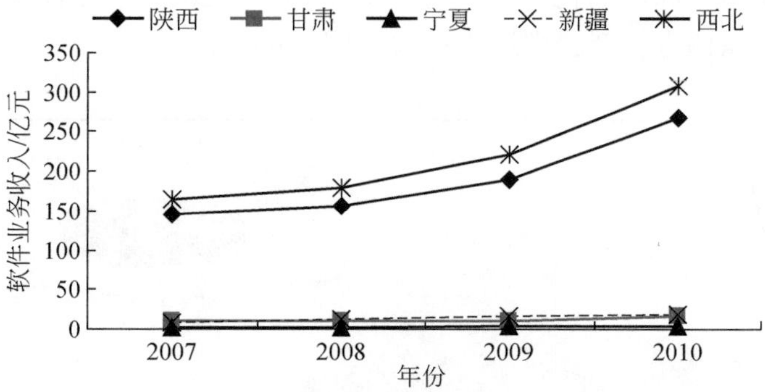

图 4-62　西北地区软件业务收入变化状况（2007 ~ 2010 年）

1）由图 4-63 可见，软件产品收入增速快、潜力大。2007 ~ 2010 年西北地区年平均增速达到了 58.94%，超过全国的平均水平，其中宁夏的软件产品收入增长速度较大。

2）系统集成和支持服务收入平稳，主要源自陕西。2007 ~ 2010 年西北地区系统集成和支持服务收入增长比较缓，2010 年西北地区（缺青海省）占全国 3.61%。大部分收入都源自陕西。从年平均增速来看，新疆和宁夏均高于全国均值 96.86%。

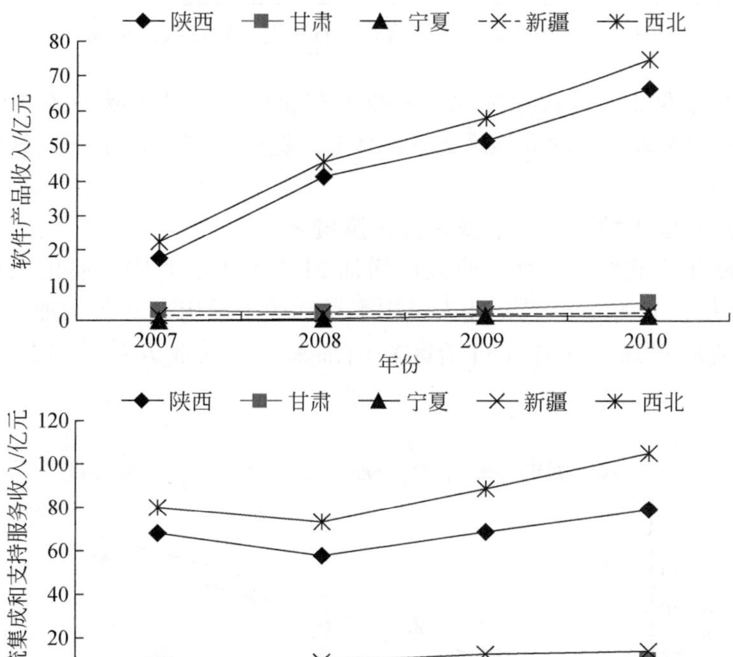

图 4-63　西北地区软件产品收入、系统集成和支持服务收入

（3）软件业结构调整突出，服务化趋势显著

对比 2007 年与 2010 年西北地区（不含青海省数据）软件收入构成情况，西北地区业务结构变化较大，信息技术咨询和管理服务收入与设计开发收入、软件产品收入所占

份额加大，但系统集成和产品仍然是业务主力。2007～2010 年各省（自治区）中软件业务收入最高的是陕西省，新疆则进步很大（图 4-64）。

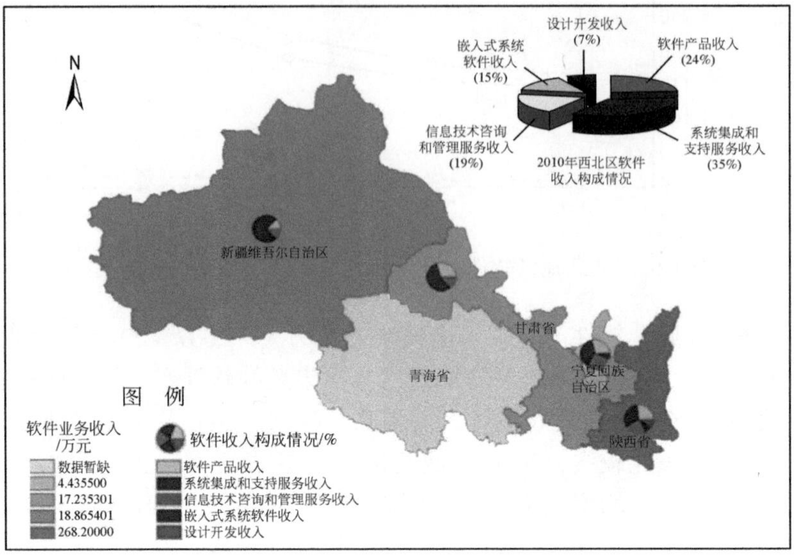

图 4-64　西北地区（不含青海省数据）软件收入构成

2007～2010 年西北地区软件技术服务收入有所增加，其中陕西省贡献占了很大一部分。从年平均增速来看，西北地区为 54.21%，超过全国平均水平，其中宁夏年均增速最快（图 4-65）。

（4）软件业从业人数增多，研发人员比重增大

2002～2009 年西北地区软件从业人员增加 21 321 人。其中，研发人员占从业人员比重由 39.18% 增加到 47%，且从业人员中本科和硕士学历也有所增加，说明西北地区软件从业人员素质提高。从省（自治区）内部来看，从业人员数量最多的是陕西省（图 4-66）。

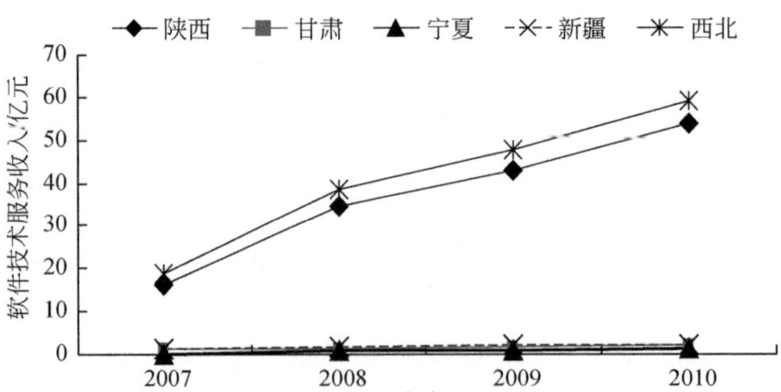

图 4-65　西北地区软件技术服务收入曲线

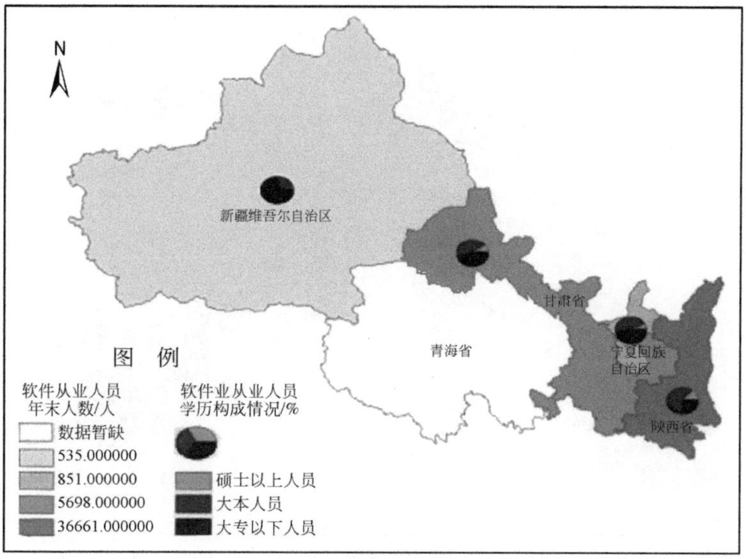

(a) 2002年

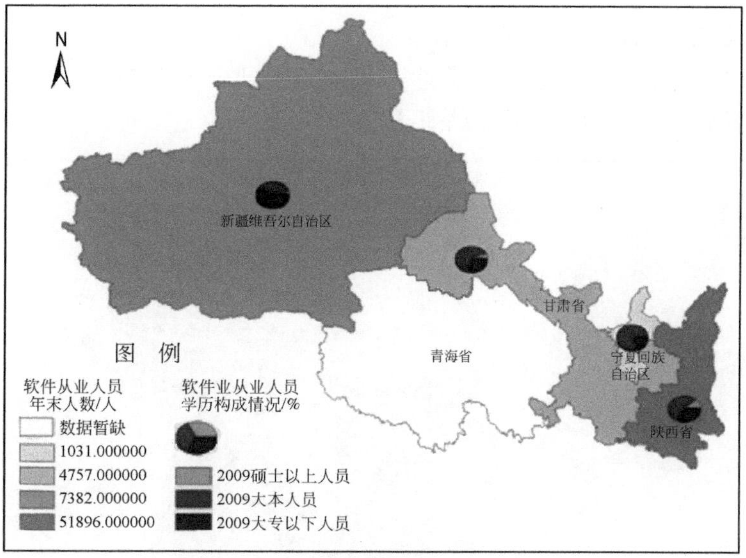

(b) 2009年

图4-66　西北地区软件从业人员学历构成变化

4.2.5.3　电子信息产业制造业发展

(1) 产业发展良好，以陕西省为主

2002～2009年西北地区电子信息产业发展取得了很大的进步，而从业人员平均人数却有所下降，主要是由科技的进步，机械逐步取代人工所致；从内部看，电子信息产业制造业依旧是以陕西省为主，以其他省（自治区）为辅，进行发展（图4-67）。

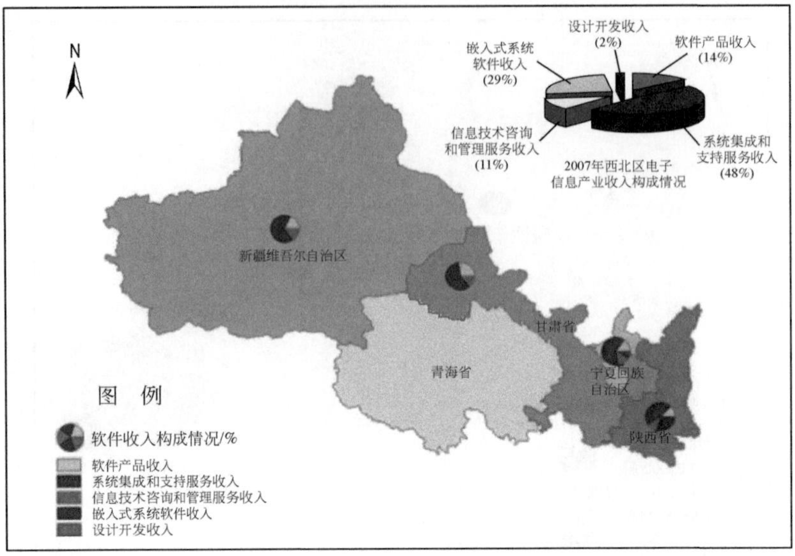

图 4-67　2007 年西北地区电子信息产业制造业主要经济指标情况

(2) 主营业务收入占全国比重较小

西北地区电子信息产业制造业主营业务收入只占到全国 0.5%，全国电子信息产业制造业各区域发展很不均衡，东西部差距显著（图 4-68）。

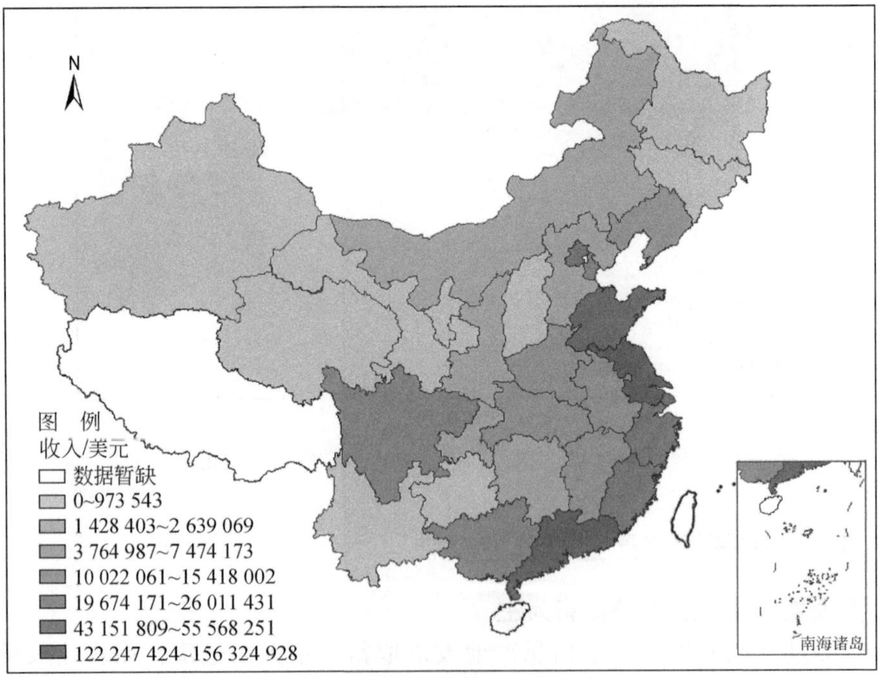

(a) 主营业务收入状况

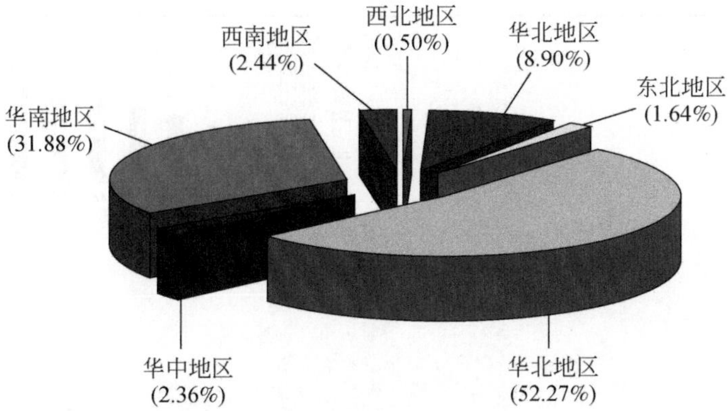

(b)主营业务收入分布情况

图 4-68　2009 年各地区电子信息产业制造业

（3）总体进口大于出口

2009 年西北地区电子信息产业进口完成 142 241. 36 万美元，出口完成 86 153. 2 万美元，分别占全国电子信息产业进出口的 0. 45%、0. 19%。从五省（自治区）看，陕西、甘肃、青海三省进口额均大于出口额，宁夏和新疆则是出口额大于进口额。其中，陕西电子信息产业进出口总额占整个西北地区的很大一部分（图 4-69）。

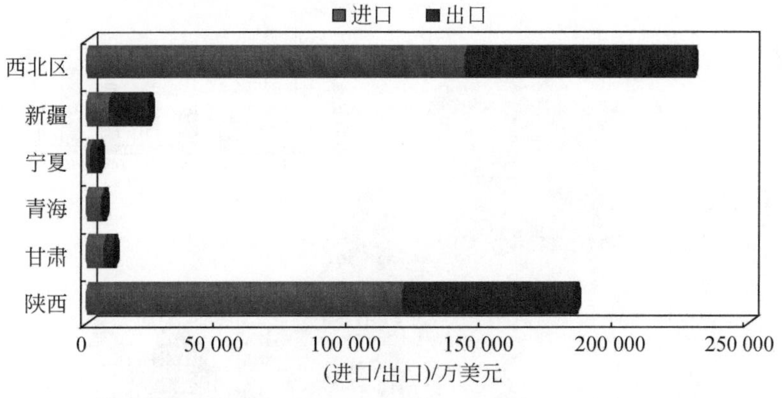

图 4-69　西北五省（自治区）电子信息产业进出口情况（2009 年）

4. 2. 5. 4　电信业发展

（1）电信业务总量持续增长

通信基础设施持续快速发展，综合通信服务能力增强，电话用户规模进一步扩大。2003～2010 年西北地区电信业务总量逐步上升，2010 年累计完成电信业务总量 2146. 1 亿元，固定电话用户 1936. 9 万户，移动电话用户 6103. 3 万户。

（2）移动电话普及率增长明显，固定电话普及率有所下降

电话用户发展总体平稳，通信普及水平进一步提升。2010 年西北地区电话用户总数达到 8040. 2 万户，比 2009 年增长 668. 1 万户；移动电话用户在电话用户总数中所占的比重达到 75. 91%。2003～2010 年，西北地区各省（自治区）移动电话普及率逐步上升，而固定电话普及率日趋下降（图 4-70）。

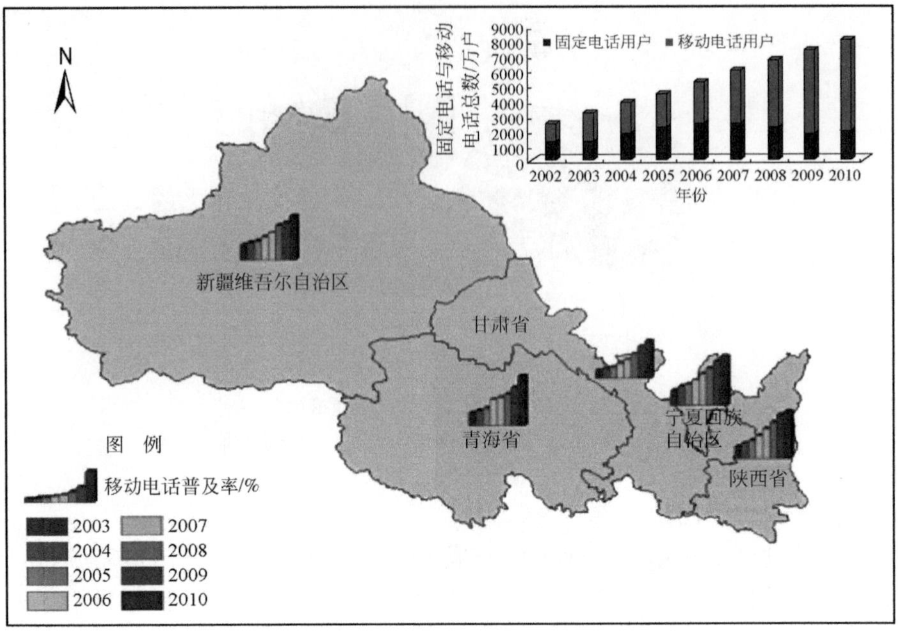

(a)移动电话

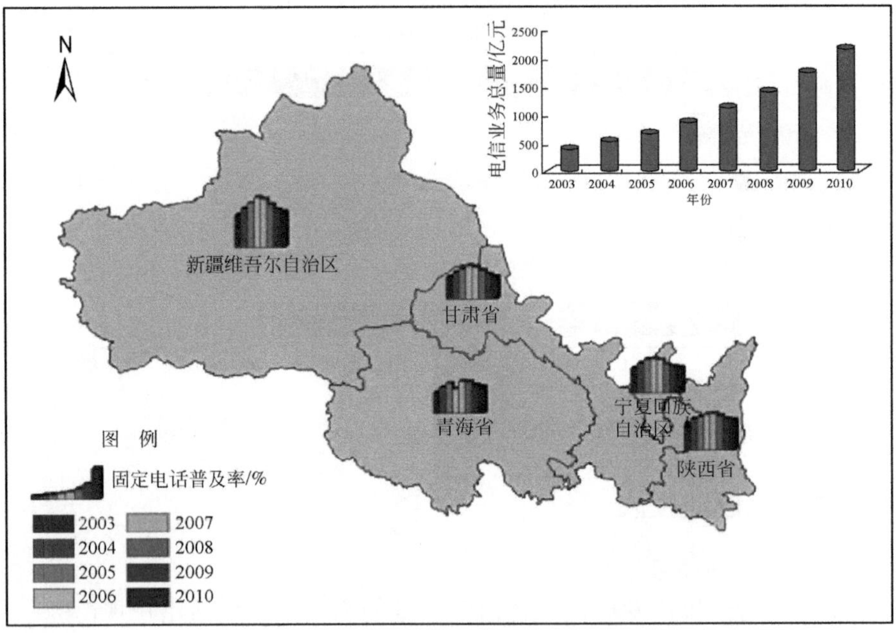

(b)固定电话

图 4-70 2003～2010 年西北五省（自治区）电话普及率

(3) 电信能力水平进一步提升

电信能力建设方面，2003～2010 年西北地区长途光缆线路长度逐步加大，而局用交换机容量 2008 年以后有所下降（图 4-71）。

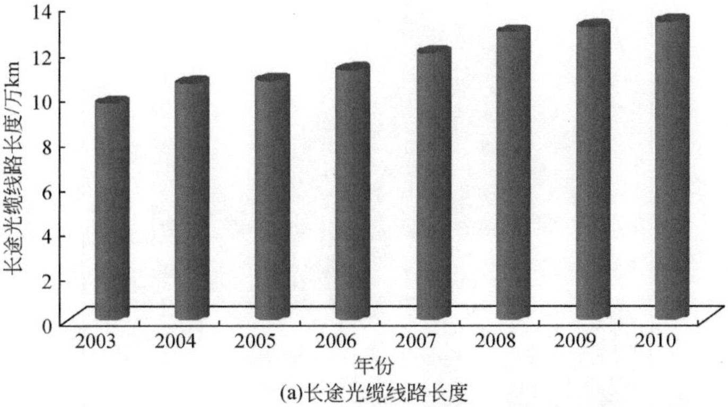

(a)长途光缆线路长度

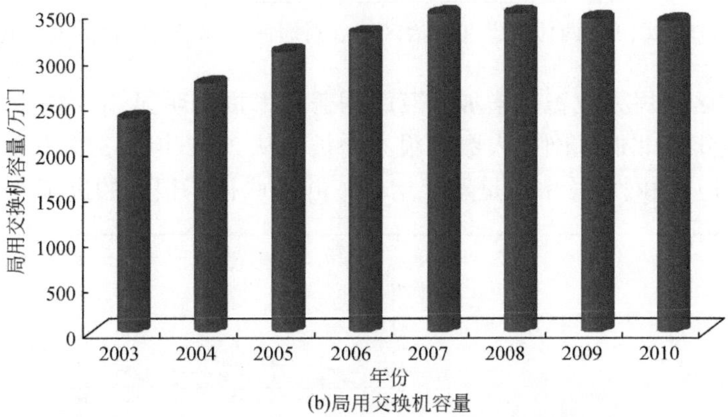

(b)局用交换机容量

图 4-71　西北地区长途光缆线路长度和局用交换机容量变化

(4）居民家庭平均每百户家用电脑拥有量增长明显

2005～2010 年西北地区居民家庭平均每百户家用电脑拥有量稳步上升，尤其是农村居民家庭取得了很大的进步。从内部来看，陕西省最高，最低的是青海省（图 4-72、图 4-73）。

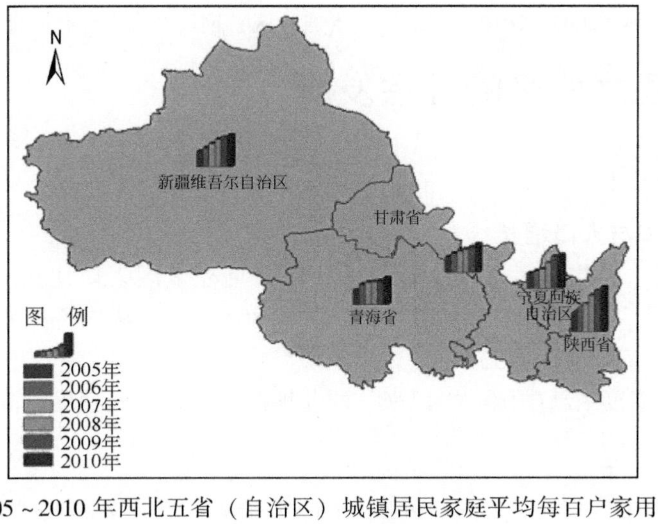

图 4-72　2005～2010 年西北五省（自治区）城镇居民家庭平均每百户家用电脑拥有量

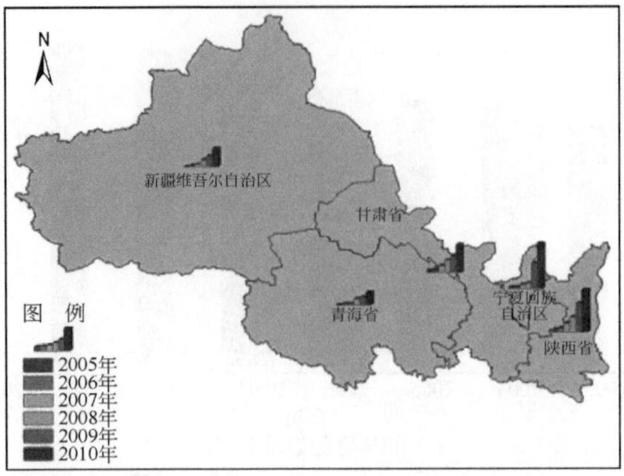

图 4-73 2005～2010 年西北五省（自治区）农村居民家庭平均每百户家用电脑拥有量

（5）西北地区网民人数稳步增加，互联网普及率提升明显

2002～2009 年西北地区网民人数有很大增长，从 2002 年的 319 万人增加到 2009 年的 2459 万人，且互联网普及率也是逐年增长，并且取得了很大的进步（图 4-74）。

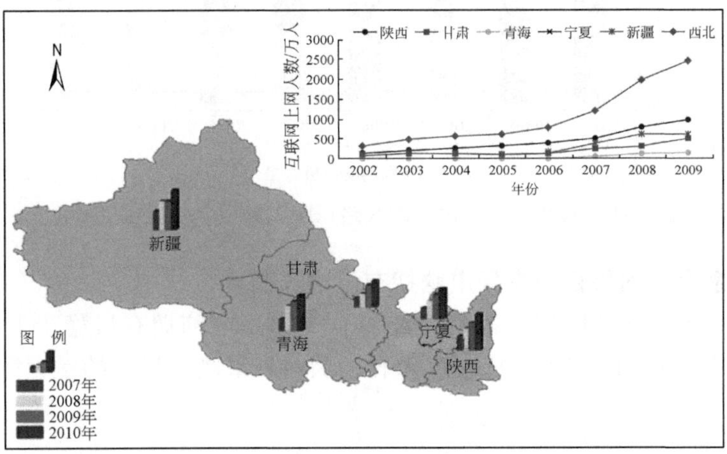

图 4-74 2007～2010 年西北五省（自治区）网民规模和互联网普及率

4.3 中国西北地区的社会发展

4.3.1 人口

（1）人口规模与人口增长

1）人口总量。西北地区人口总量增长较快，且在全国人口比重不断提高，少数民族人口也有所上升。2010 年西北地区总人口为 9801 万①。从内部来看，新疆人口增长最快，最慢则为青海（图 4-75）。

2）人口增长速度。新中国成立以来，西北地区的人口增长速度均高于全国平均水平，

① 本章社会发展数据若无特别说明，即《中国统计年鉴》（2001～2011）数据和西北五省（自治区）统计年鉴数据。

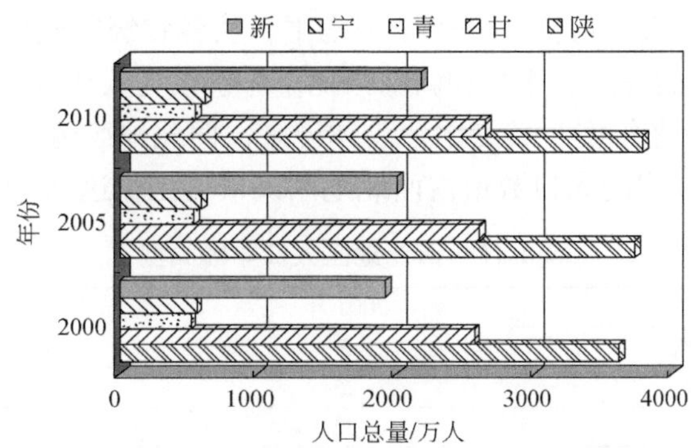

图 4-75　西北五省（自治区）人口总量
（2000 年、2005 年、2010 年）

但该区的人口增长率经历了一段波动上升而后稳定下降的过程。从内部来看，新疆、宁夏、青海依然处于全国的前四位，省级行政区间人口自然增长率差异较大（表 4-11）。

表 4-11　西北五省（自治区）人口自然增长率及其在全国的排位状况（单位:‰）

地区	1982 年		1990 年		2000 年		2010 年	
	排位	NGR	排位	NGR	排位	NGR	排位	NGR
陕西	8	16. 9	18	5. 1	21	4. 0	20	4
甘肃	16	14. 5	10	8. 0	13	6. 0	10	6. 6
青海	9	16. 9	1	13. 1	4	9. 5	6	8. 3
宁夏	1	18. 8	5	11. 9	2	11. 0	3	9. 7
新疆	2	18. 6	4	12. 2	1	11. 4	1	10. 6
西北地区		17. 2		10. 0		8. 4		7. 8
全国平均		14. 4		7. 6		5. 9		5. 1

资料来源：历年《中国统计年鉴》和西北五省区分省年鉴。

（2）人口结构

1）人口性别结构。2005 ~ 2010 年西北地区人口性别比在 102 ~ 103. 5 变动，好于全国平均水平，人口性别合理趋向男性人口偏高，省级行政区域差别表现为：主要贡献省级行政区是宁夏和甘肃。青海和新疆呈下降态势，陕西、甘肃、宁夏则为上升（图 4-76）。

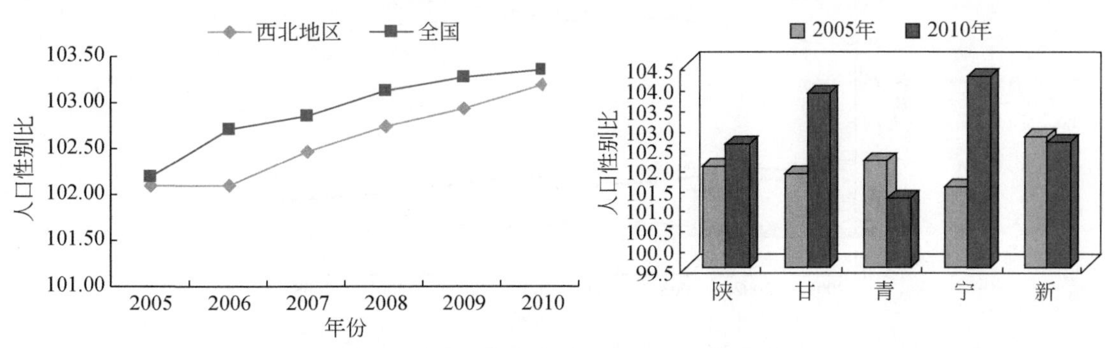

图 4-76　西北五省（自治区）人口性别比

2）人口年龄结构。西北人口正经历着由“成年型”向“老年型”过渡的转变过程，西北地区65岁及其以上人口占比重低于全国水平；从各省级行政区情况看，陕西和甘肃已经迈入老龄化社会，而青海、宁夏和新疆该比重分别仅为6.03%、6.02%和6.48%，正处于由“成年型”向“老年型”转变中。总体说来，西北地区劳动力数量资源较为丰富，2010年西北地区15～64岁的人口数量占西北地区人口的比重达到74%（表4-12）。

表4-12　西北地区人口年龄类型

西北地区	2001年	2010年
65岁以上老年人口比/%	5	8
0～14岁少年儿童比/%	25	18
老少比/%	22	45
年龄中位数/岁	31	39

注：根据《中国统计年鉴》（2002、2011）数据整理。

3）人口城乡结构。2000～2010年西北地区城镇人口数量和比例均增长，乡村人口总数和比例均减小（表4-13）。主要是由西北地区城镇化建设和人口由农村向城市的迁移所致。

表4-13　西北地区城乡人口变动

指标	2000年	2005年	2010年
城镇/万人	2791	3373	3902
乡村/万人	6381	6082	5891
总人口/万人	9172	9455	9793
城镇人口比例/%	30.4	35.7	39.8
乡村人口比例/%	69.6	64.3	60.2

注：根据《中国统计年鉴》（2011、2006、2011）整理。

（3）人口素质

2001～2009年西北地区文盲人口比例在下降，高等学历人口比例在增加，但仍呈现人口素质不高，文盲半文盲人口比例高，少数民族地区尤为明显的特点；从内部看，2009年15岁及其以上的人口中，文盲和半文盲总比例除新疆（8.32%）、陕西（10.33%）较低外，其他省级行政区均在全国平均水平之上（图4-77）。

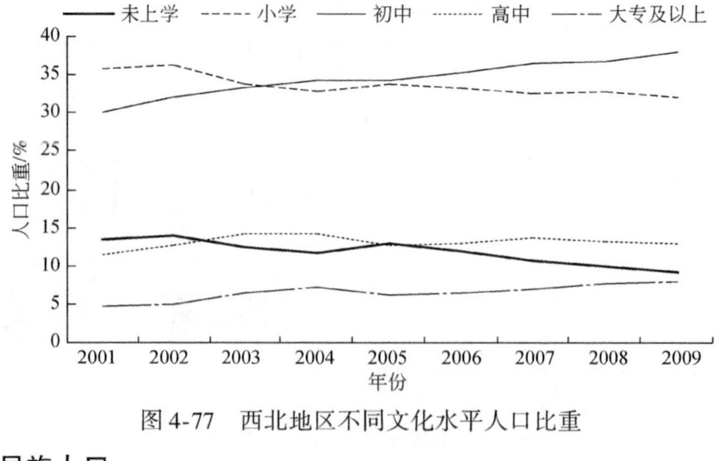

图4-77　西北地区不同文化水平人口比重

（4）少数民族人口

在西北地区分布着众多的少数民族，包括维吾尔族、回族、藏族、土族、哈萨克族、柯尔克孜族、蒙古族等。甘肃、宁夏、青海和新疆四省少数民族人口为1695.34万人，占西北地区总人口的30.45%。其中，新疆少数民族人口超过本自治区总人口的一半。少数民族的分布呈现大分散、小聚居的特征。

4.3.2　收入和消费

(1) 城乡收入与消费

西北地区城乡收入与消费水平虽逐年上升，但均低于全国平均水平，且增长速度也不及全国水平，且城乡人均收入和消费支出存在明显的差距，可见西北地区城乡二元结构仍然很明显。

从省级行政区内部来看，陕西城镇人均收入水平和消费水平最高且增长最快（图4-78）。农村人均收入水平最高且增长最快（图4-79）；但在农村人均消费水平和增速上，则是以宁夏最为突出。相比之下，甘肃和青海水平较低，且增速也较慢（图4-80）。

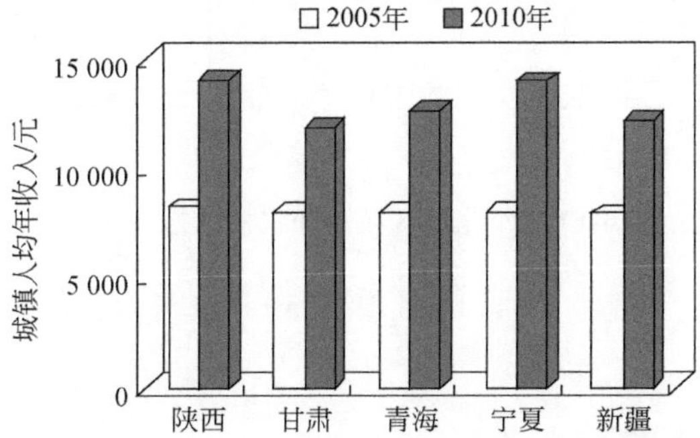

图4-78　西北五省（自治区）城镇人均年收入

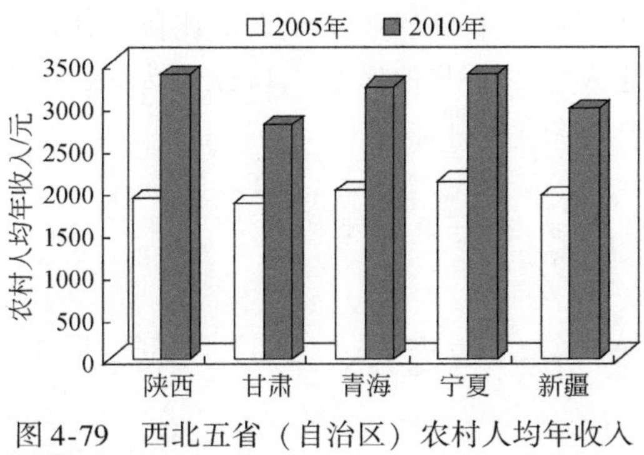

图4-79　西北五省（自治区）农村人均年收入

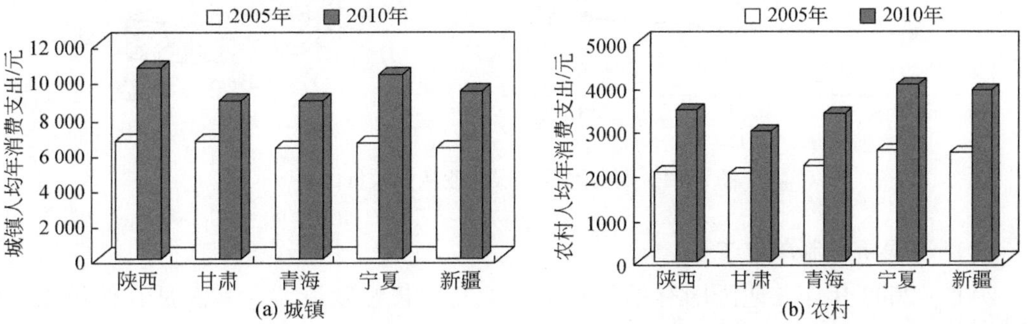

图4-80　西北五省（自治区）城镇和农村消费支出

（2）恩格尔系数

2001～2010年西北地区城镇恩格尔系数出现略微的上升趋势，农村恩格尔系数呈现持续下降的趋势，西北地区农村生活改善速度快于城镇。2010年西北地区城镇恩格尔系数较全国平均水平高出0.5%，农村恩格尔系数较全国平均水平低1.8%。从内部来看，各省（自治区）恩格尔系数变化趋势有所差异（图4-81）。

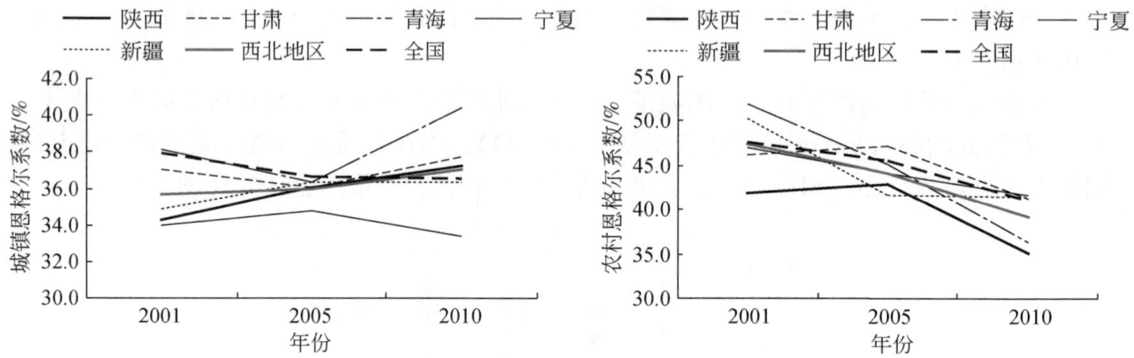

图4-81　西北地区城镇和农村恩格尔系数

4.3.3　就业

（1）三次产业就业人数

2001～2010年西北地区第一产业从业人员比例呈现下降趋势，第二产业从业人员比例呈现较为缓慢的上升态势，第三产业从业人员比例呈现较快的上升趋势。2010年西北地区三次产业总就业人数占西北地区总人口比例为48.9%。其中，陕西就业人数最多，宁夏就业人数最少（图4-82）。

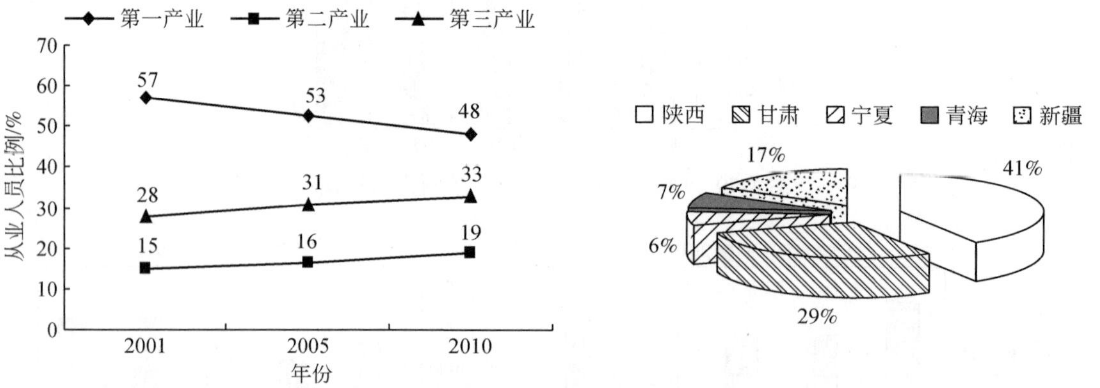

图4-82　西北地区三次产业从业人员比例

（2）不同所有制单位工资

2005～2009年西北地区国有单位年平均工资增长幅度最大，其次是其他单位，城镇集体单位增长最慢。其中，国有单位年平均工资增长最快的是青海，最慢的是新疆；城镇集体单位年平均工资增长最快的是宁夏，最慢的是新疆；其他单位年平均工资增长最快的是宁夏，增长最慢的是青海（图 4-83）。

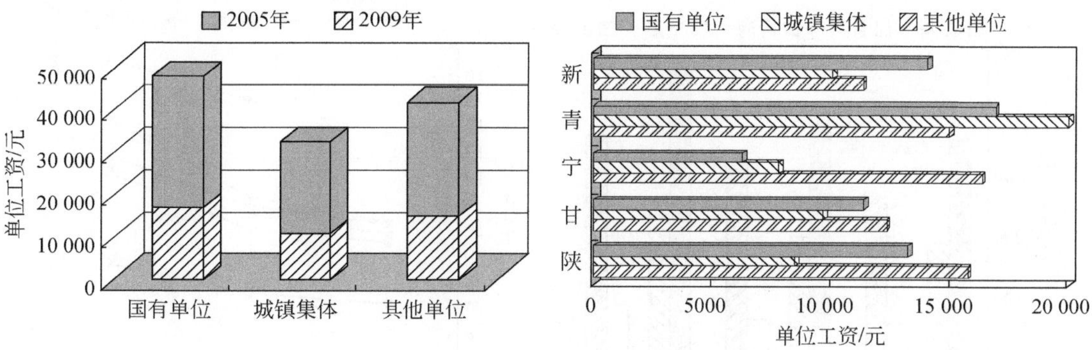

图 4-83　西北地区不同所有制单位工资

（3）失业率

2001～2009 年西北地区失业人数增长 15.2 万人，在 2001～2005 年失业人数增长幅度较大，2005～2009 年西北地区失业人数增长幅度较小，失业率由增长型转为平稳型。2009 年西北地区失业率为 3.8%，占全国失业人数的 7%。从内部看，甘肃失业率最低，宁夏失业率最高，陕西失业人数最多且增长最快，宁夏和青海增长最慢（图 4-84）。

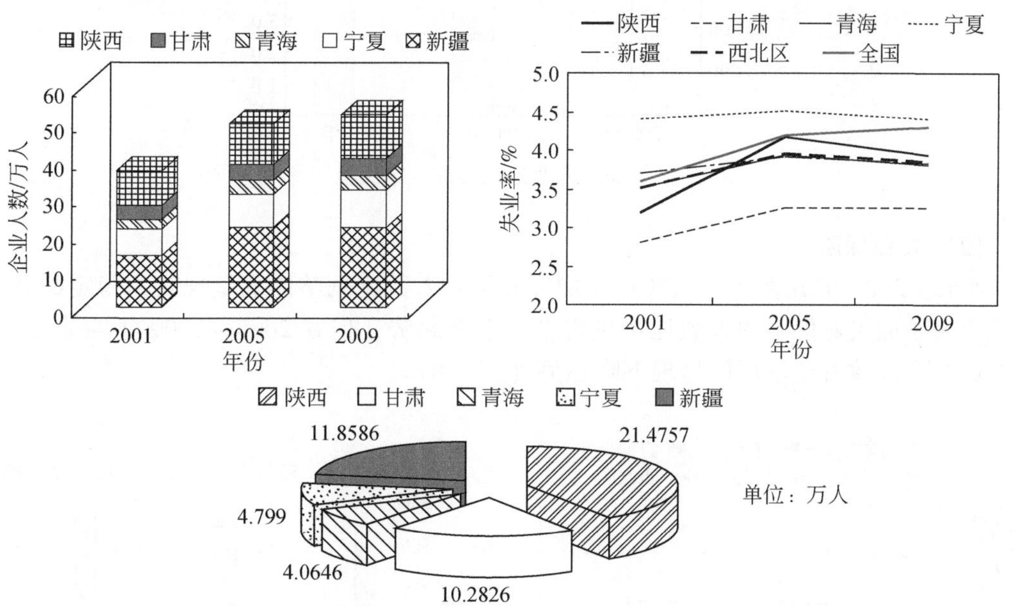

图 4-84　各省（自治区）失业人数

4.3.4　社会保障

（1）养老保险

2002～2009 年陕西、甘肃、青海、宁夏和新疆五省（自治区）参加养老保险的人数持续增加，比例呈现大幅度上升，增长了31.9%。其中，宁夏和青海上升幅度最大，但该区总体占全国参加养老保险人数比例则呈现下降趋势（图4-85，图4-86）。

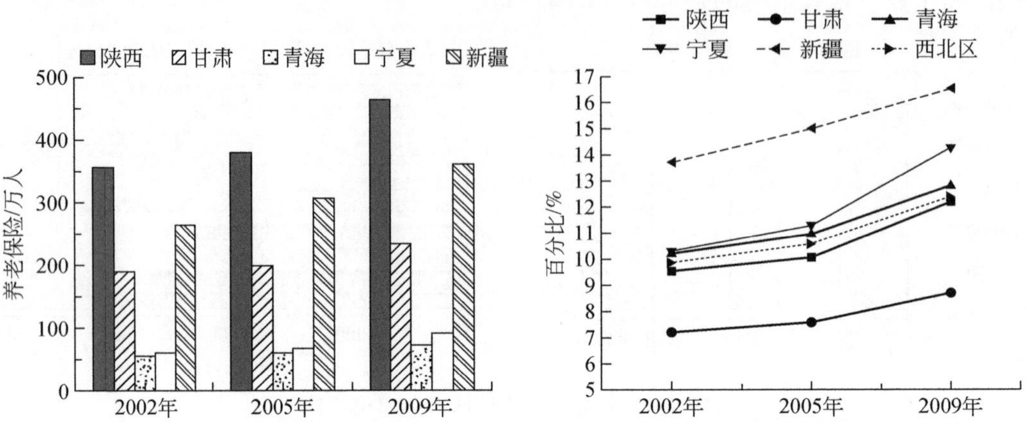

图4-85　西北地区参加养老保险

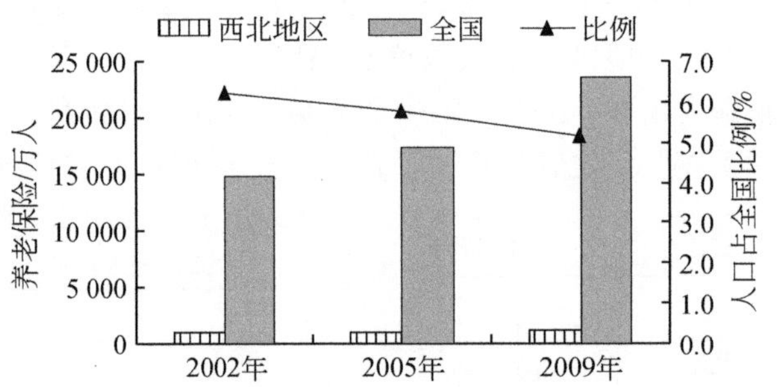

图4-86　西北地区参加养老保险

（2）失业保险

2002～2009年五省（自治区）参加失业保险人数比例整体上呈现较为稳定的状态，西北地区参加失业保险的人数比例呈现平缓上升趋势，但在2005～2009年西北地区参加失业保险人数占全国比例呈现下降趋势（图4-87）。

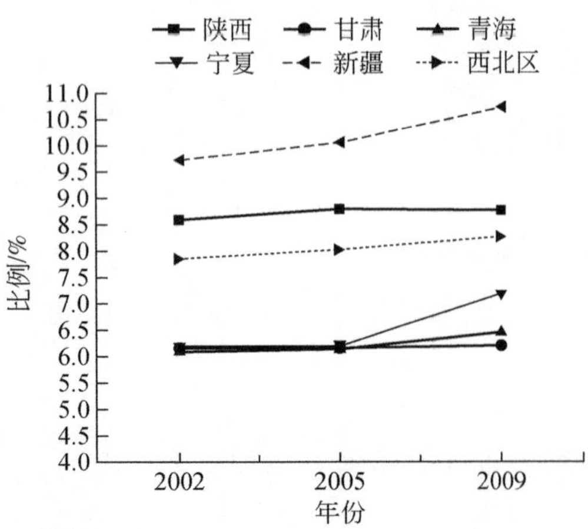

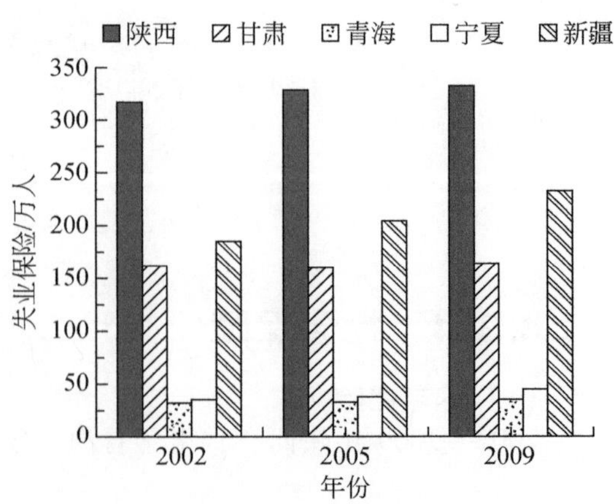

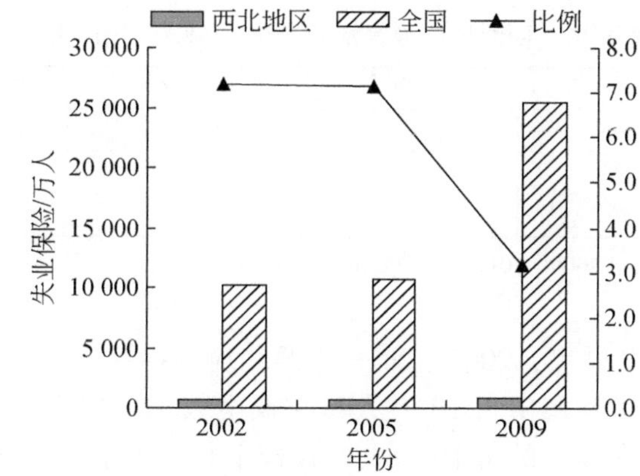

图 4-87　西北地区参加失业保险

(3) 医疗保险

2002～2009 年五省（自治区）参加医疗保险的人数增加幅度较大，比例呈现平缓稳定的趋势，但占全国参加医疗保险人数比例呈现下降趋势，由 2002 年的 7.5% 下降到 2009 年的 5.9%（图 4-88）。

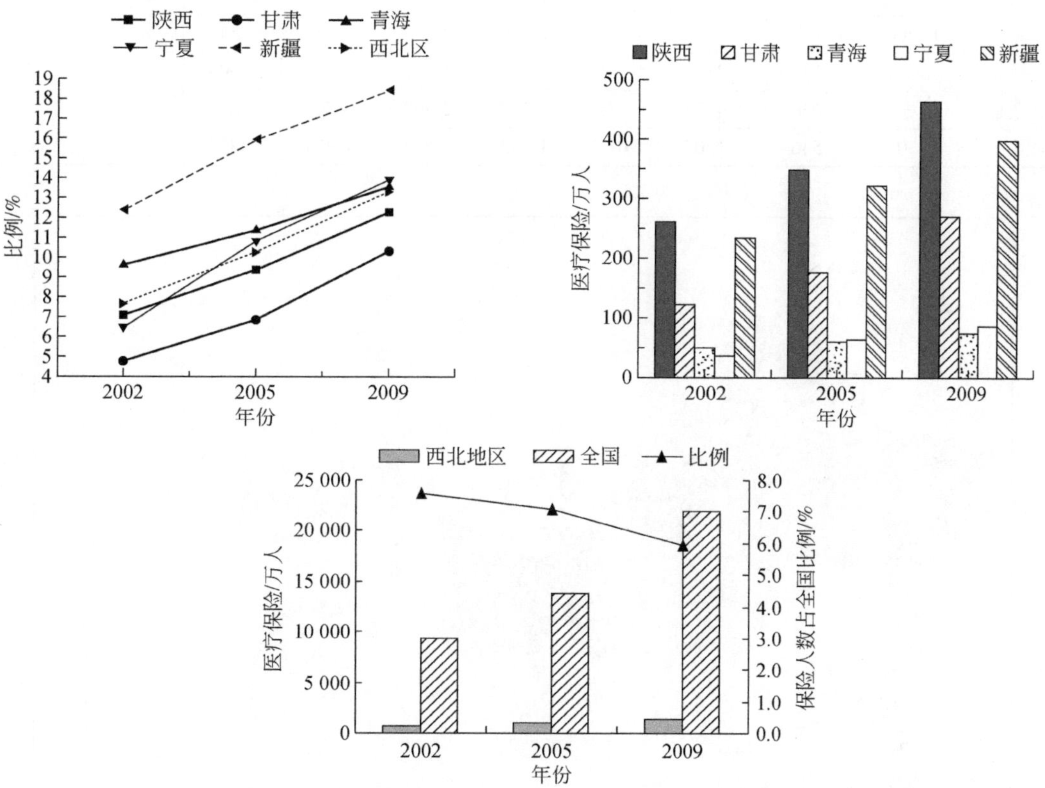

图 4-88　西北地区参加医疗保险

4.3.5　教育

西北地区中小学教育规模在减弱，中职和高校教育规模在壮大，教师队伍整体提升（表 4-14）。

表 4-14　西北地区教育指标变化（2005～2010 年）

指标	小学	初中	高中	中职	高校
在校生数	降	降	升	升	升
专任教师	降	升	升	升	升
学校数	降	降	降		升

注：根据《中国统计年鉴》(2006、2011）整理分析。

(1）在校生规模

由表 4-15 和图 4-89 看出，2005～2010 年西北地区各级学校在校生数呈现两种变化趋势：一是西北地区小学和初中每 10 万人口在校生数均呈现不同程度的下降趋势；二是西北地区高中、中职和高校的每 10 万人口在校生数呈现不同程度上升趋势。

表 4-15　每 10 万人口各级学校平均在校生数　　（单位：人）

地区	小学		初中		高中		中职		高校	
	2005 年	2010 年	2005 年	2010 年	2005 年	2010 年	2005 年	2010 年	2005 年	2010 年
陕西	9 142	7 196	5 751	4 779	2 436	2 503	1 150	1 658	1 793	2 369
甘肃	11 703	9 586	5 311	5 355	2 183	2 393	754	1 290	885	1 372
青海	9 334	9 574	4 180	3 858	1 851	1 935	454	1 371	603	786
宁夏	11 631	10 730	4 714	4 783	2 105	2 250	986	1 543	816	1 209
新疆	10 666	9 143	5 739	4 760	1 929	1 932	577	1 008	905	1 119
西北地区	10 336	8 636	5 472	4 878	2 205	2 298	870	1 391	1 225	1 658
全国	8 309	7 546	4 720	4 071	1 842	1 824	1 013	1 333	1 194	1 606

资料来源：《中国统计年鉴》(2006、2011)。

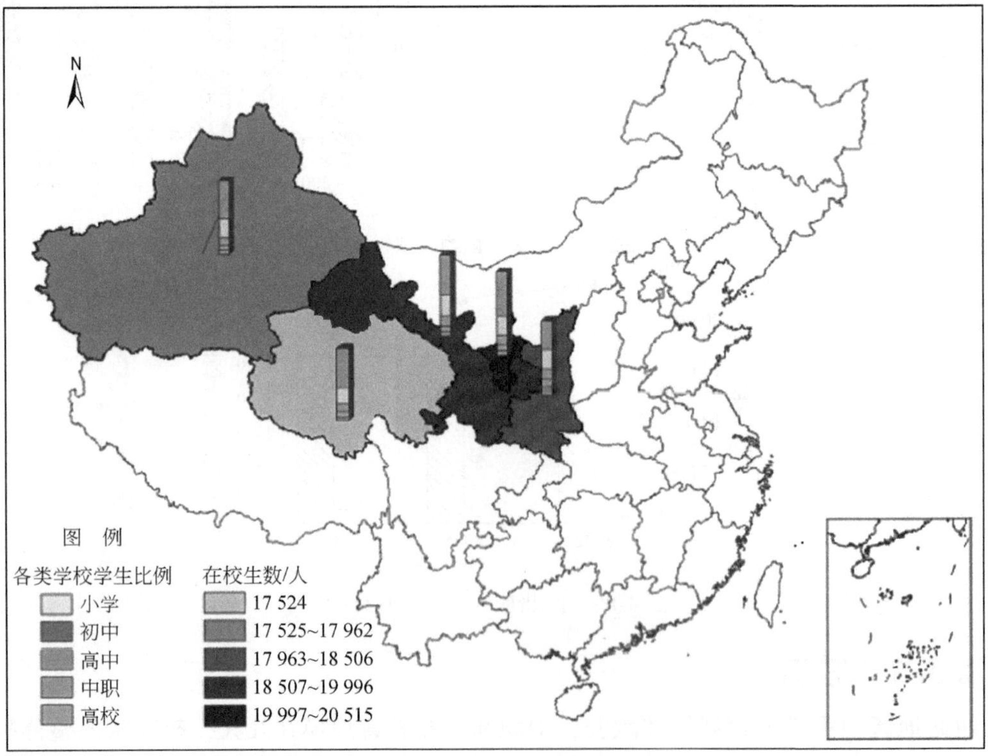

图 4-89　每 10 万人口各级学校在校生情况（2010 年）

(2) 专任教师数量

由表 4-16 和图 4-90 看出，2005 ~ 2010 年西北地区各级学校每 10 万人口专任教师数呈现两种趋势：一是小学每 10 万人口专任教师数呈现下降趋势；二是初中、高中、中职和高校的每 10 万人口专任教师数呈现上升趋势。

表 4-16　每 10 万人口各级学校平均专任教师数　　　（单位：人）

地区	小学		初中		高中		中职		高校	
	2005 年	2010 年	2005 年	2010 年	2005 年	2010 年	2005 年	2010 年	2005 年	2010 年
陕西	502	473	309	310	119	141	50	55	115	149
甘肃	504	531	270	305	112	138	44	55	57	74
青海	506	481	248	248	121	135	29	45	56	67
宁夏	566	534	257	292	117	137	29	38	68	82
新疆	670	622	381	377	125	136	43	49	63	75
西北地区	543	526	307	319	118	138	45	52	82	104
全国	428	422	266	263	99	112	45	51	74	97

资料来源：《中国统计年鉴》(2006、2011)。

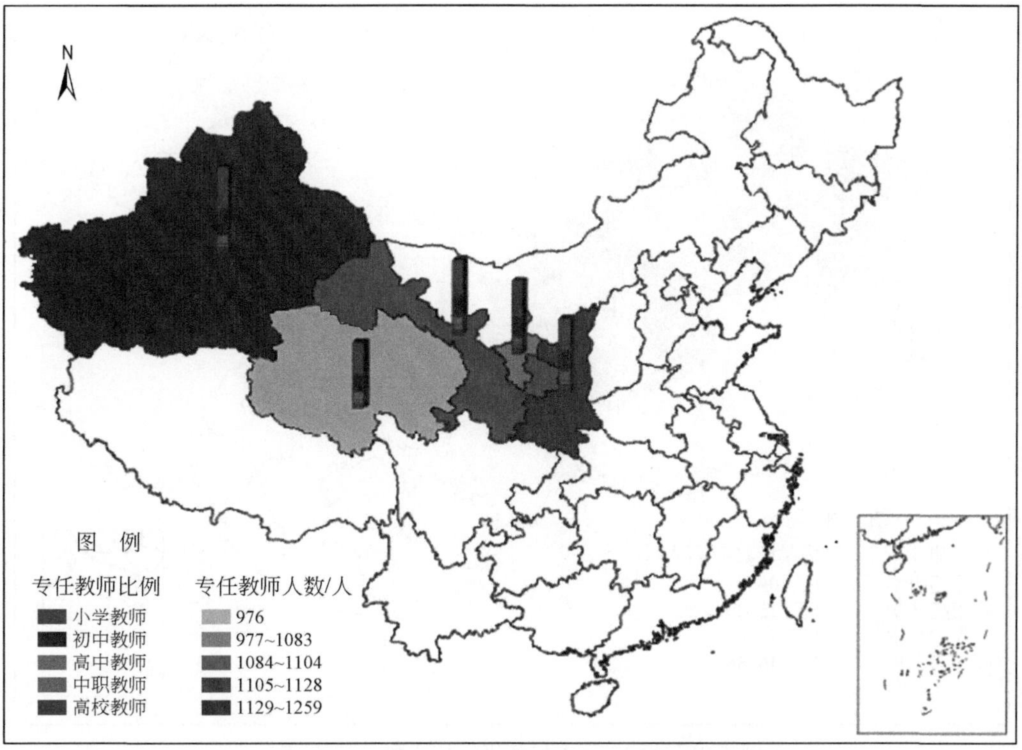

图 4-90　每 10 万人口各级学校专任教师情况（2010 年）

（3）各级学校数量

由表4-17和图4-91看出，2005～2010年西北地区各级学校平均学校数呈现两种变化：一是小学、初中和高中每10万人口学校数呈现不同程度下降趋势；二是高校每10万人口学校数呈现上升趋势。其中，陕西省高校数占总数的47%，且上升幅度最大。

表4-17　每10万人口各级学校平均学校所数　（单位：所）

地区	小学		初中		高中		中职		高校	
	2005年	2010年	2005年	2010年	2005年	2010年	2005年	2010年	2005年	2010年
陕西	55.7	30.7	5.6	5.1	1.7	1.6			0.2	0.2
甘肃	57.7	48.0	6.0	6.1	1.9	1.8			0.1	0.2
青海	53.4	36.8	6.8	5.8	2.7	2.3			0.2	0.2
宁夏	42.4	34.1	5.3	4.4	1.7	1.3			0.2	0.2
新疆	25.9	16.9	7.2	5.5	2.5	1.9			0.2	0.2
西北地区	48.9	32.9	6.1	5.5	2.0	1.7			0.2	0.2
全国	28.0	21.0	4.7	4.2	1.2	1.1			0.1	0.2

资料来源：《中国统计年鉴》（2006、2011）。

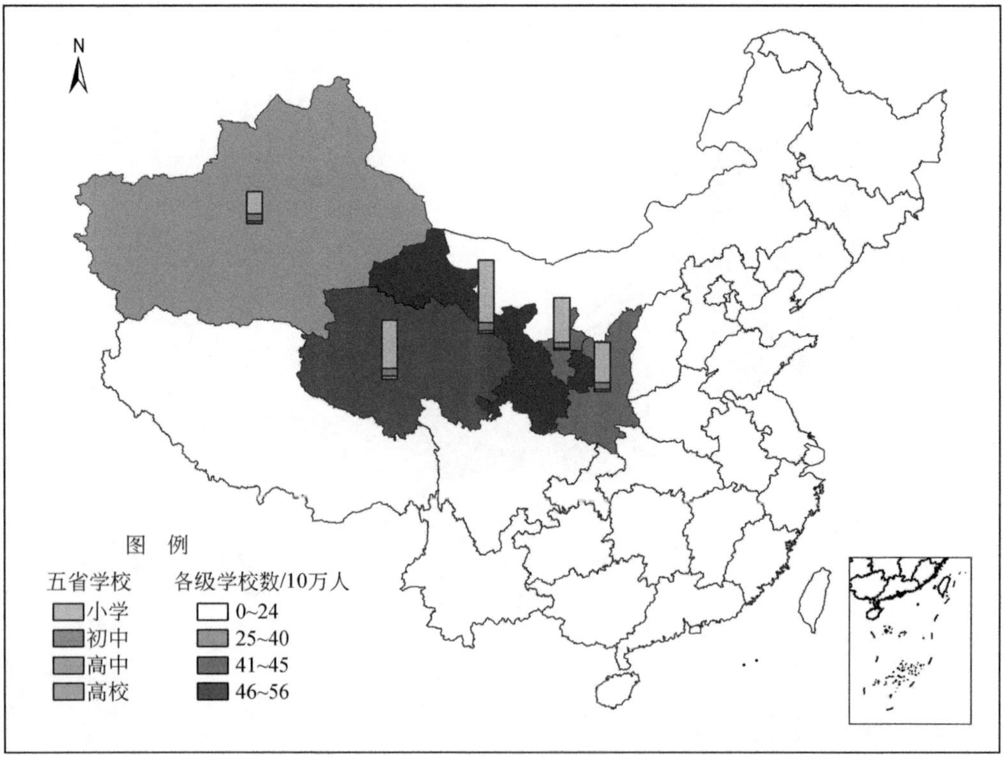

图4-91　每10万人口各级学校所数（2010年）

4.3.6 科技

西北地区科技发展水平表现为：第一，区域创新能力较低；第二，科研经费增长速度低于全国平均水平，省级行政区差异明显；第三，技术市场成交额增长幅度较快；第四，高新技术企业数和企业产值增长迅速。

（1）区域创新能力综合水平

2010 年西北地区区域创新能力是中国六大地区最低之一。在西北地区内部，除陕西区域创新能力较好之外，其他四省（自治区）区域创新能力都很薄弱（图 4-92）。

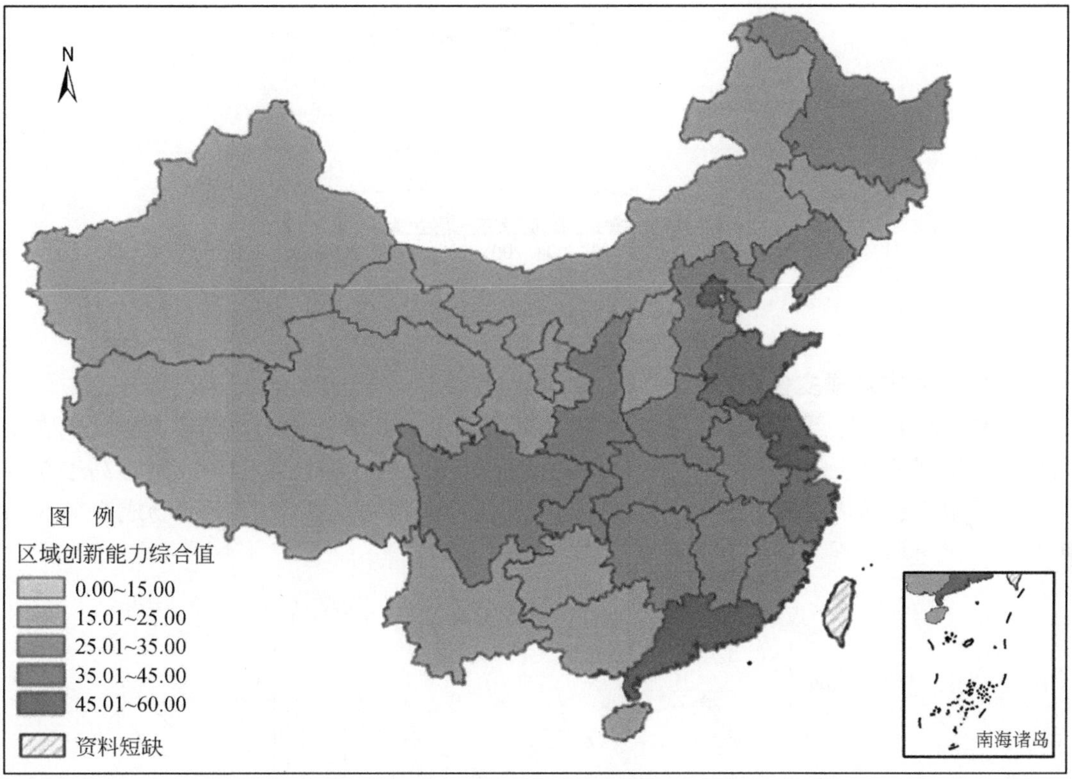

图 4-92　全国区域创新能力综合值（2010 年）

（2）研究与开发经费支出

2001～2009 年西北地区研究与开发经费增长了 3 倍，但投入比例在全国呈现下降趋势。研究与开发的经费投入低于全国平均水平。从省（自治区）内部来看，增长幅度最大的是陕西，增长了 136.7 亿元；增长比例最大的是宁夏，增长了 5.8 倍，但陕西和甘肃研究与开发经费比例呈微弱的下降趋势，青海、宁夏和新疆呈现微弱的上升趋势（图 4-93）。

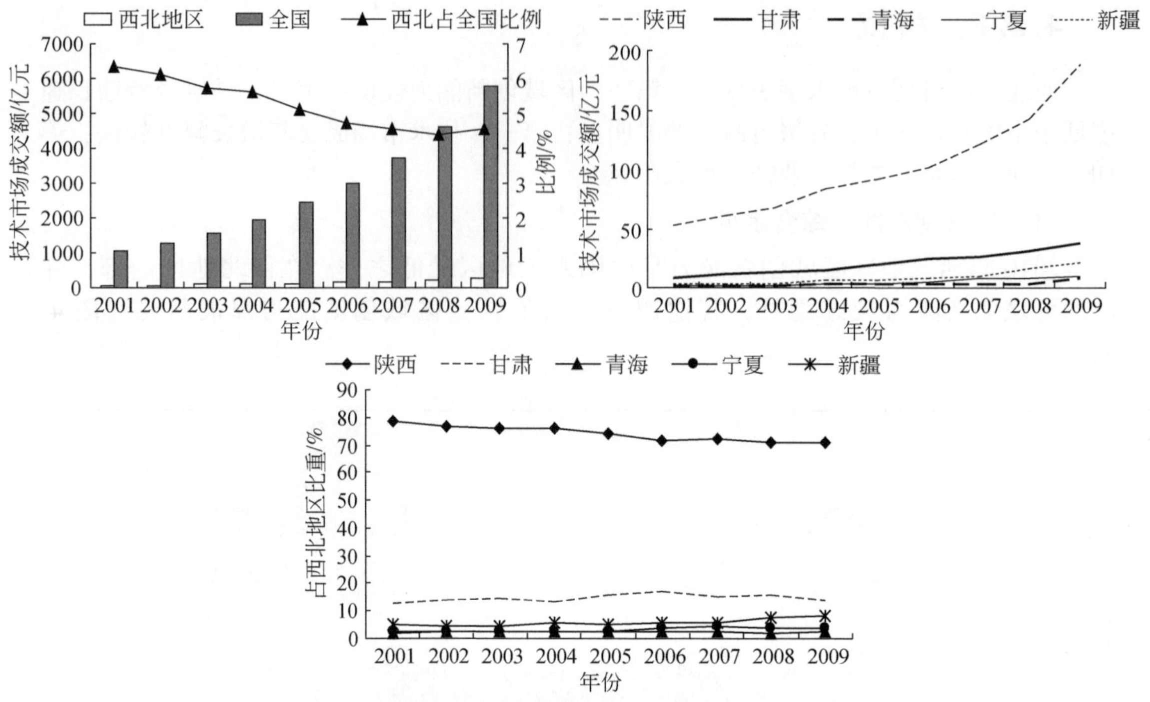

图 4-93　省（自治区）研究与实验

（3）技术市场成交份额

2001～2009 年，西北地区技术市场成交额增长了 4.6 倍，技术市场成交额比例在全国总体上呈现波动上升趋势（图 4-94）。由此可知西北地区的技术市场成交额高于全国平均增长水平；从内部看，2001～2009 年，西北五省（自治区）技术市场成交额和占西北地区比重均呈现不同的变化趋势（图 4-95）。

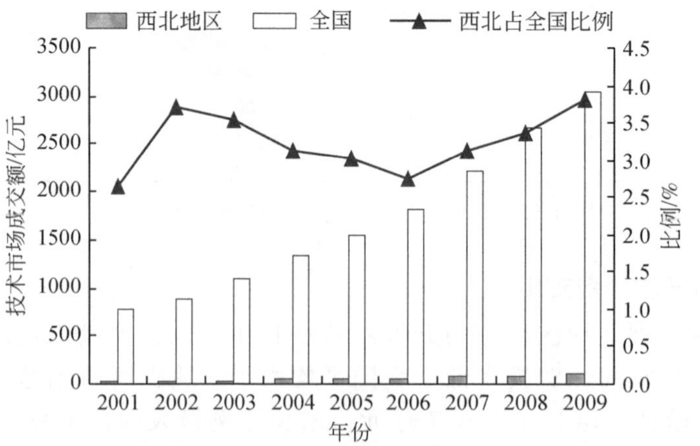

图 4-94　省（自治区）技术市场

（4）高新技术企业及开发区

西北地区高新技术开发区的代表性城市为西安、宝鸡、杨凌、兰州、乌鲁木齐。

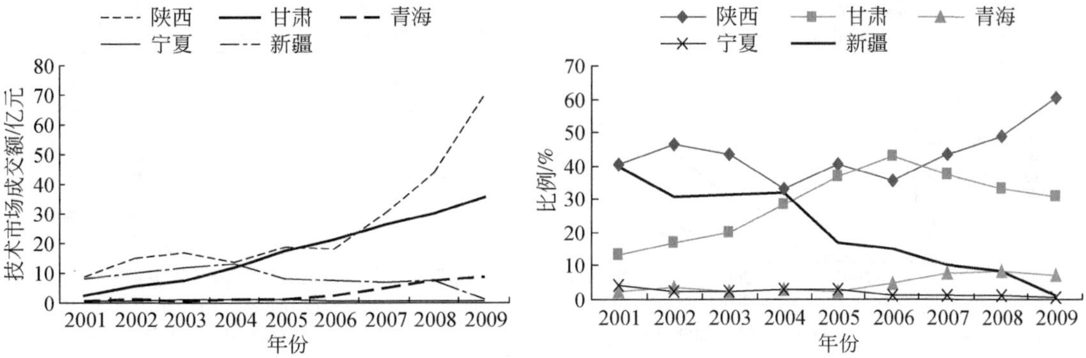

图 4-95　省（自治区）技术市场成交

1）高新技术企业数量。2001～2009 年西北地区高新技术企业数目增长较快。其中，西安市高新企业数目增长最多，宝鸡市高新技术企业数目增长比例最大；兰州市高新技术企业所占比例呈现大幅下降，2009 年西北地区西安、宝鸡、杨凌、兰州和乌鲁木齐开发区高新技术企业占西北地区开发区高新技术企业比例分别为 74%、8%、3%、10% 和 5%（图 4-96～图 4-98）。

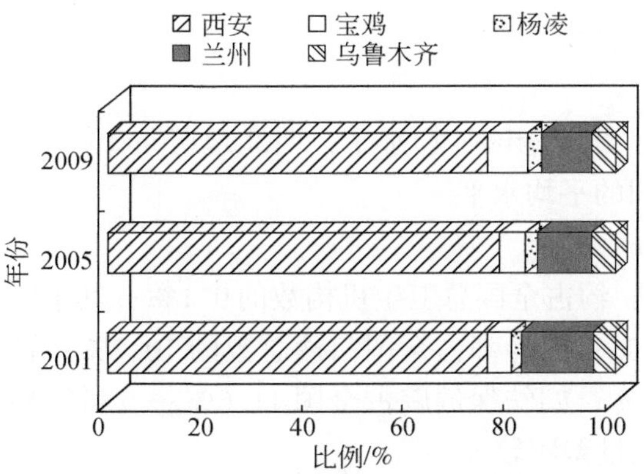

图 4-96　西北地区高新技术企业比例

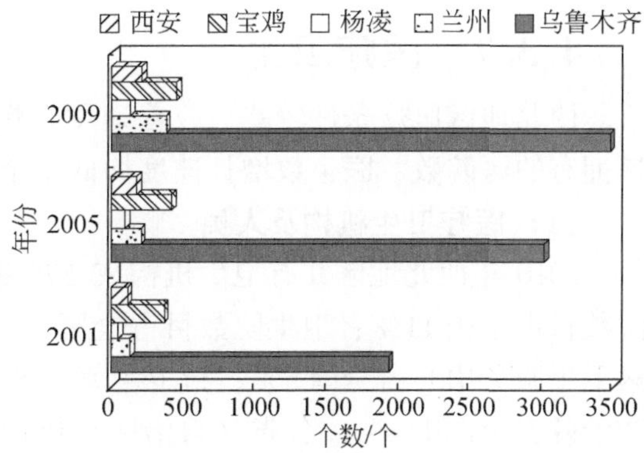

图 4-97　西北地区高新技术企业个数

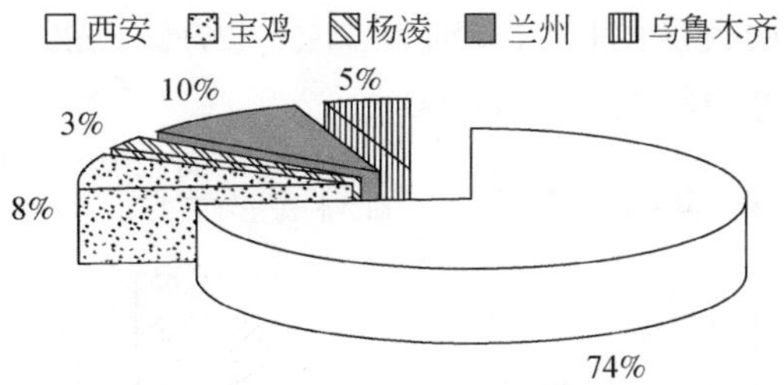

图 4-98　西北地区高新技术企业比例（2009 年）

2）高新技术企业产值。2001～2009 年西北地区高新技术企业产值增长较快。其中，西安市高新技术企业产值增长最多，宝鸡市高新技术企业产值增长比例最大。2009 年西北地区西安、宝鸡、杨凌、兰州和乌鲁木齐开发区高新技术企业产值分别为 2016.2 亿元、742.2 亿元、46.3 亿元、516.3 亿元、162.6 亿元（图 4-99）。

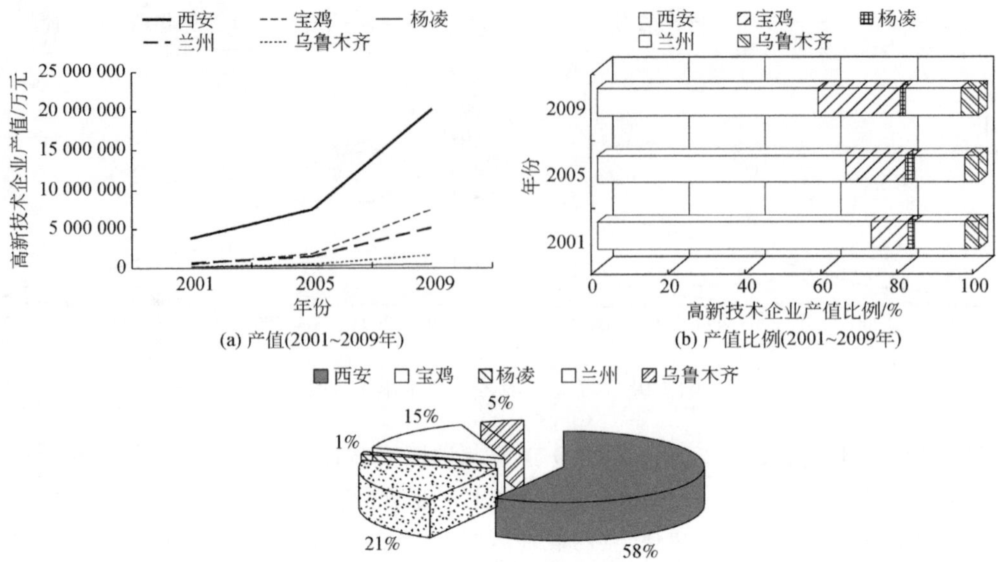

(c) 产值比例(2009年)

图 4-99　西北地区高新技术企业状况

4.3.7　医疗卫生

西北地区医疗条件较差，改善速度较慢，低于全国平均水平，西北地区每 10 万人口拥有的医院数、医生数增长速度均低于全国的平均水平。

（1）医疗卫生机构及人员

2010 年西北地区共有卫生机构 83 579 家，约占全国总卫生机构数的 9.1%；其中医院数目占全国 11%；卫生院数目占全国 11.7%；门诊部占全国门诊总数的 10.7%；社区卫生服务中心占全国 5%；村卫生室占 8.6%；妇幼保健院占全国 11.6%；专科疾病防治院占全国 1.4%。各省（自治区）机构数量差距较大。

2010 年，西北地区共有卫生机构人员 590 846 人，占全国卫生机构人员数的 7.6%。其中，执业医师、注册护士、药师、检验技师、乡村医生和卫生员、其他技术和工勤人员所占西北地区卫生机构人员的比例分别为 33%、27%、5%、5%、13% 和 17%。各省（自治区）人员数量差距较大（图 4-100）。

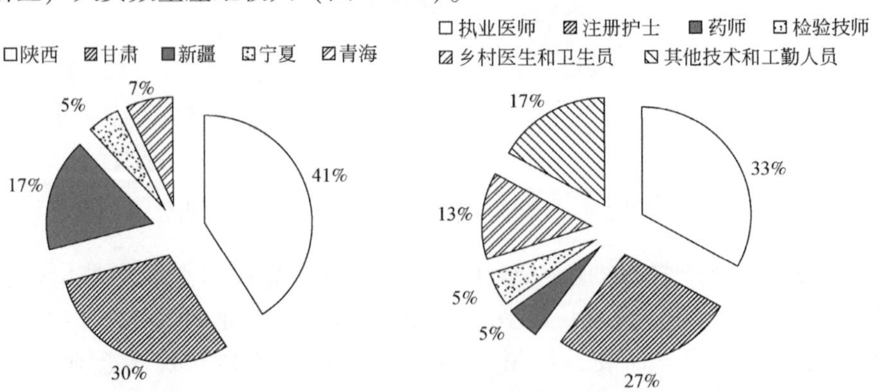

图 4-100　西北各类医疗人员比例（2010 年）

（2）医疗卫生事业发展水平

1）每 10 万人口拥有医院数目。2005～2010 年西北地区每 10 万人口拥有医院数目增长速度低于全国的平均水平，2010 年西北地区每 10 万人口拥有的医院数目为 2.3 家，高于全国的平均水平。其中，数目最多的是新疆，最少的是甘肃（表 4-18）。宁夏医院数目增长速度最快，陕西和青海每 10 万人口拥有医院数目出现了负增长。

表 4-18　西北五省（自治区）医疗水平指标变化

地区	每 10 万人口医院数		每万人口医生数		每万人口病床数	
	2005 年	2010 年	2005 年	2010 年	2005 年	2010 年
陕西	2.24	2.16	37	46	28	36
甘肃	1.47	1.42	32	35	24	31
青海	2.39	2.32	37	43	28	35
宁夏	2.25	2.53	39	45	30	35
新疆	3.37	3.53	48	54	39	50
西北地区	2.28	2.30	38	44	30	37
全国	1.43	1.52	34	41	26	33

资料来源：《中国统计年鉴》（2006、2011）。

2）每万人口拥有医生数目。2005～2010 年西北地区每万人口拥有医生数目增长速度低于全国的平均水平，陕西增长速度最快，甘肃最慢。2010 年西北地区每万人口拥有医生数目为 44 人，高于全国的平均水平，其中每万人口拥有医生数目最多的是新疆，最少的是甘肃。

3）每万人口拥有病床数目。2005～2010 年，西北地区每万人口拥有病床数由 30 张增长到 37 张，每万人口拥有病床数目增长速度高于全国的平均水平，2010 年西北地区每万人口拥有病床数目为 37 张，高于全国平均水平。其中，新疆增长速度最快，宁夏增长速度最慢（图 4-101）。

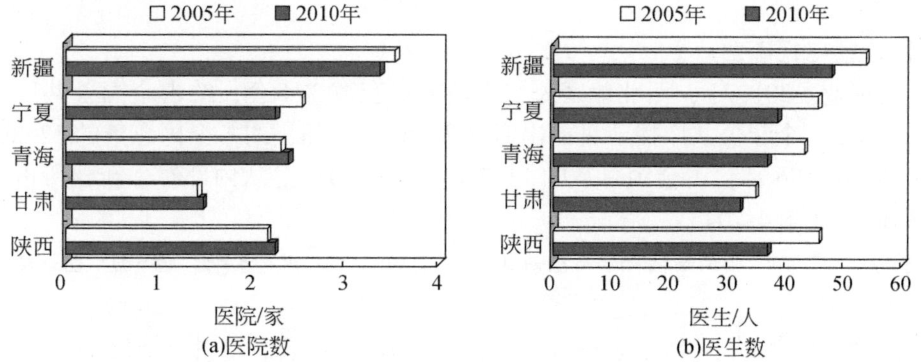

(a)医院数　(b)医生数

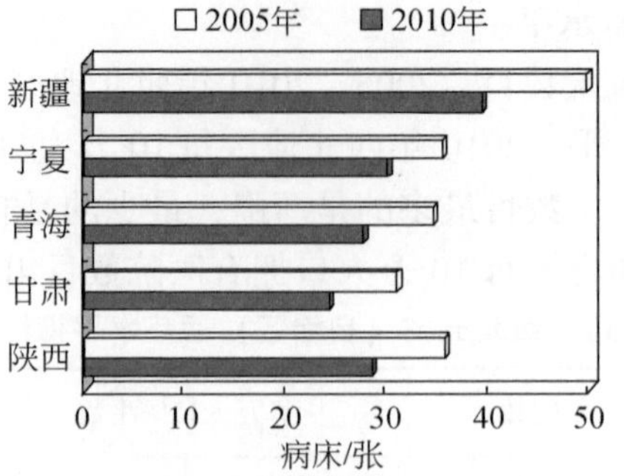

图 4-101 西北五省区医疗水平指标变化

4.3.8 文化事业

西北地区公共文化服务基础设施条件较差，省（自治区）差异较大，尤其是少数民族地区公共文化服务基础薄弱。西北五省（自治区）都在国家文化产业发展规划的大背景下，制定了省（自治区）内文化产业发展规划。其中，陕西省文化产业发展较好。

（1）文化事业机构数量及结构

2010 年西北地区文化事业机构数目 6080 个，约占全国文化事业机构数的 11%（图 4-102）。西北地区文化事业机构主要包括博物馆、公共图书馆、艺术表演场馆、艺术表演团体、文化馆和群众艺术馆。西北地区文化事业发展过程中，文化馆和群众文化艺术管的建设规模较大。

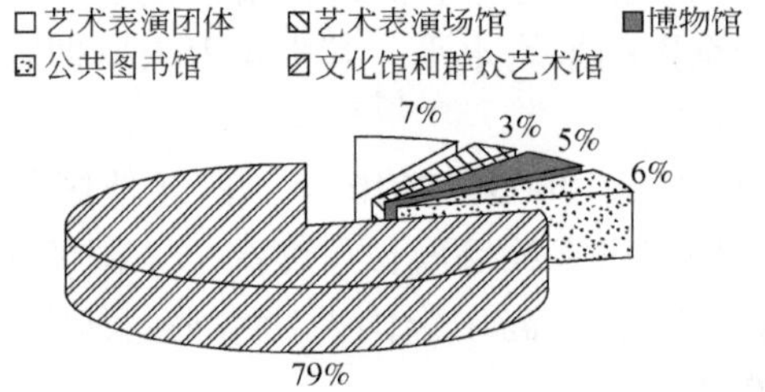

图 4-102 西北地区文化事业机构比例

（2）广播电视事业

1）广播业。2010 年，西北地区公共广播节目套数 374 套，约占全国公共广播节目套数的 14.8%；全年公共广播节目播出时间为 150.2 万 h，约占全国总数的 12.2%；全年播出广播剧 4106 部，占全国总数的 13.7%（图 4-103）。从内部看，新疆所占比重最大，青海最低（图 4-104）。

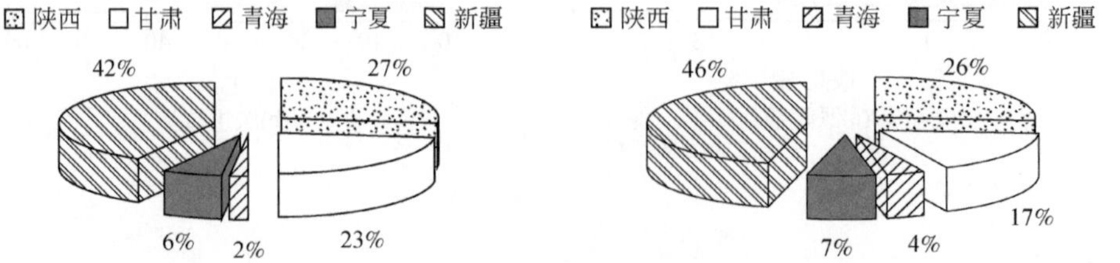

图 4-103 西北五省（自治区）公共广播节目套数与广播剧套数比重

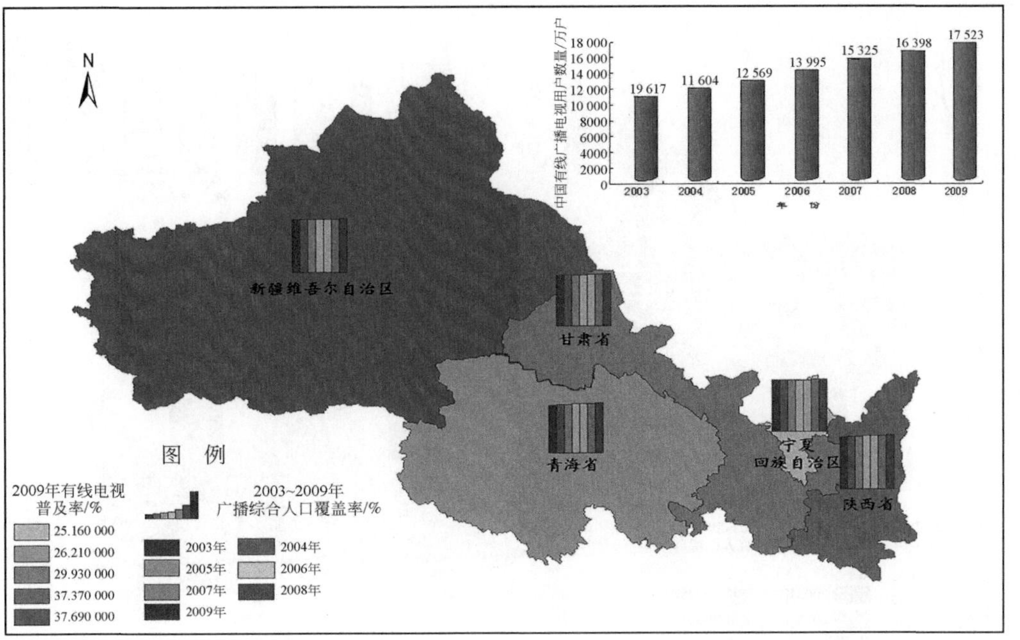

图 4-104　西北五省（自治区）广播综合人口覆盖率

2）电视业。2010 年西北地区电视节目套数 374 套，约占全国电视节目套数的 14%；全年电视节目播出时间为 201.9 万 h，约占全国总数的 12.8%；全年播出电视剧 37 469 部，占全国总数的 15.7%（图 4-105）。从内部看，新疆所占比重最大，青海最低（图 4-106）。

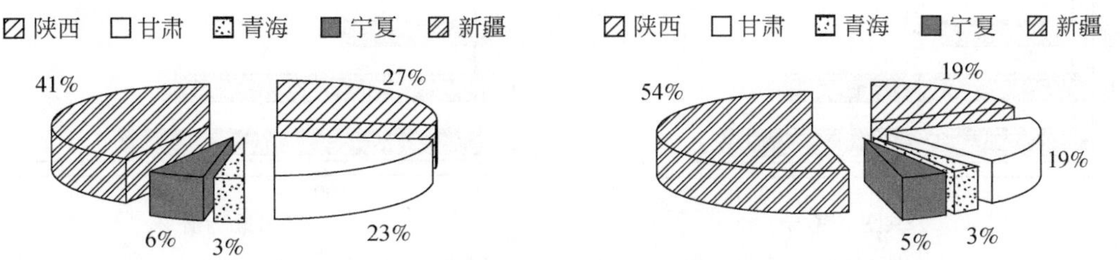

图 4-105　西北地区电视剧播出部数比例

(3) 公共图书馆

2010 年，西北地区公共图书馆占全国总数的 12.7%。总藏书量占全国总数的 6.5%。阅览室坐席占全国总数的 7.5%（图 4-107）。

4.3.9　城镇建设

(1) 城镇化水平

西北地区城镇化率较低，速度与全国平均水平相当。2010 年西北地区的城镇化率为 40.78%，低于全国平均水平 5.8%。西北五省（自治区）中，宁夏的城镇化率最高；陕西的城镇化速度最快，为 1.3%；甘肃城镇化率最低，且速度最慢（表 4-19）。

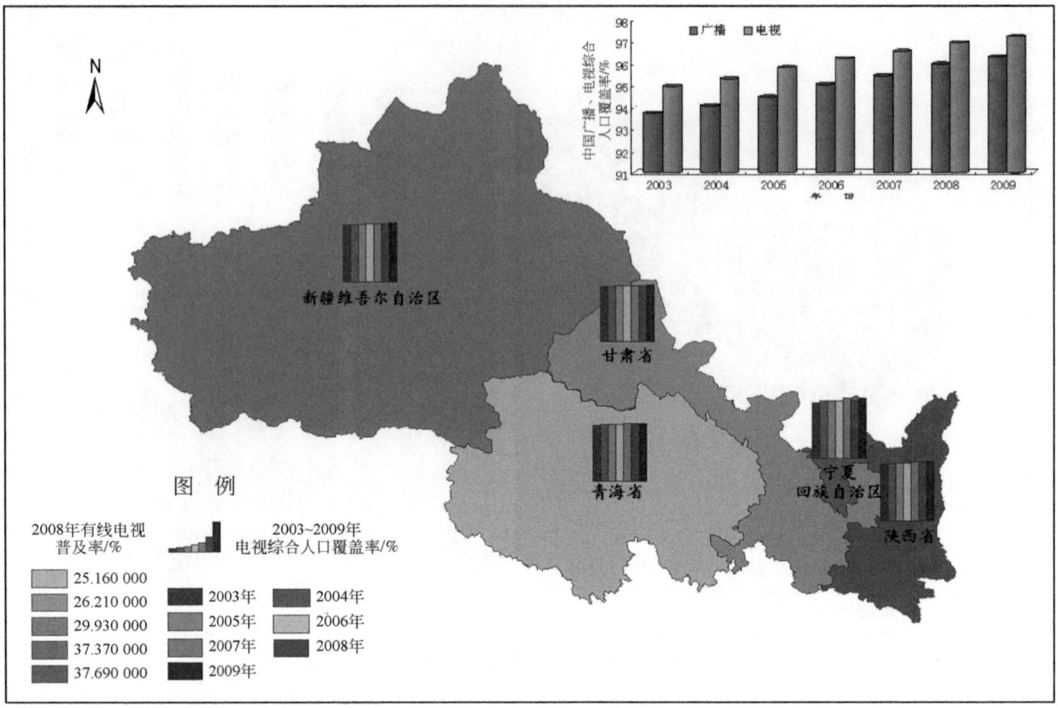

图 4-106　西北五省（自治区）广播电视覆盖情况（2003 ~ 2009 年）

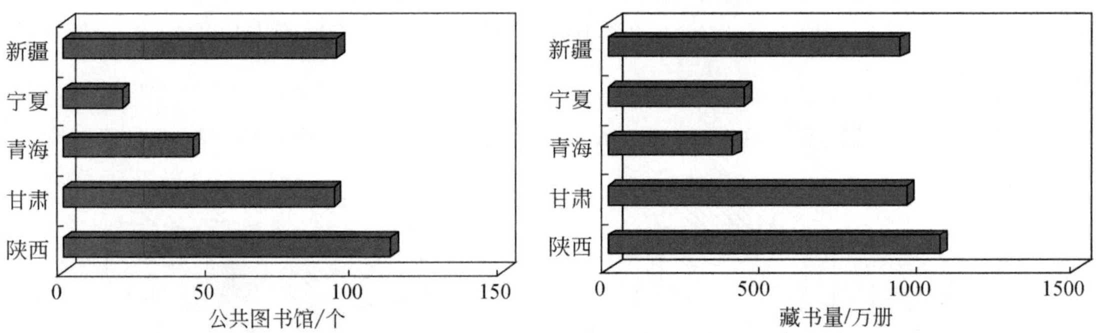

图 4-107　西北五省（自治区）公共图书馆藏书量（2010 年）

表 4-19　西北五省（自治区）城镇化率变化

指标	年份	陕西	甘肃	青海	宁夏	新疆	西北地区	全国平均
城市数/个	2005	13	16	3	7	22	61	—
	2010	13	16	3	7	21	60	—
城镇化率/%	2005	38.1	30.1	38.2	42.0	37.0	37.1	42.9
	2010	43.5	32.6	41.8	46.1	39.8	40.8	46.6
城镇化速度	2005 ~ 2010	1.3	0.6	0.9	1.0	0.7	0.9	0.9

资料来源：《中国统计年鉴》(2006、2011)、西北五省区统计年鉴。

(2) 城市规模

2005 ~ 2010 年，西北地区城市建成区面积、城市人口密度和城市平均经济规模都表现为大幅度增长，城市相对密度减小，建成区面积、人口、经济规模上都有了一定的提升（表 4-20）。

表 4-20　西北五省（自治区）城市规模变化

指标	年份	陕西	甘肃	青海	宁夏	新疆	西北地区
城市建成区面积/km^2	2005	561.7	507.4	105.9	248.9	595.5	2019.4
	2010	685.6	604.4	112.4	321.1	800.4	2523.9
城市人口密度/（人/km^2）	2005	2531	2030	2001	188	230	2196
	2010	5530	3814	2189	902	4922	3471
城市平均经济规模/（亿元/个）	2005	282.7	120.9	181.1	86.6	118.4	157.9
	2010	628.5	211.7	360.4	193.3	203.7	319.5

资料来源：《中国统计年鉴》（2006、2011）、西北五省区统计年鉴。

1）建成区面积。西北地区建成区面积占全国比重较低，但建成区增长速度快于全国的平均水平。2010 年西北地区城市建成区面积约占全国的 6.6%。2005～2010 年建成区面积占全国的比例较 2005 年增长了 0.2%。从内部看，建成区面积最大的是陕西，增长速度最快的是新疆，面积最小且增长速度最慢的是青海。

2）城市相对密度。2005～2010 年西北地区城市相对密度值都呈现减小的趋势。其中，新疆城市相对密度值变化最大。

3）城市人口密度。2005～2010 年城市人口密度均呈现增长趋势，速度最快的是新疆，最慢的是青海。西北地区城市人口密度年均增长值为 318 人/km^2，与全国平均水平接近。

4）城市平均经济规模。2005～2010 年城市平均经济规模呈现不同程度的上升，年均增长规模为 40.4 亿元/个。年均增长速率最快的是陕西，最低的是新疆。2010 年西北地区城市平均经济规模最大的是陕西，最小的是宁夏。

（3）城市基础设施建设

2005～2010 年西北地区城市基础设施建设各项指标都有了大幅度提升，西北地区城市基础设施建设速度快于全国平均水平，但是现阶段城市基础设施落后于全国平均水平（表 4-21）。

表 4-21　西北地区城市基础设施建设情况

指标	年份	陕西	甘肃	青海	宁夏	新疆	西北地区	全国
城市用水普及率/%	2005	93.2	85.9	100	62.9	97.9	88.0	91.1
	2010	98.1	89.7	99.5	97.2	99.0	96.7	96.1
城市燃气普及率/%	2005	79.8	55.4	72	51.8	89.3	69.7	82.1
	2010	89.6	73.0	91.5	87.1	89.3	86.1	91.4
每万人拥有公交车辆	2005	8.2	6.3	17.8	4.8	13	10.0	8.6
	2010	13.4	8.2	17.6	10.1	12.2	12.3	11.1

续表

指标	年份	陕西	甘肃	青海	宁夏	新疆	西北地区	全国
人均拥有道路面积/m^2	2005	8.2	9.7	9.7	10.2	11.5	9.9	10.9
	2010	12.9	11.3	11.8	16.6	12.6	13.0	12.8
人均公园绿地面积/m^2	2005	5.1	6.9	5.8	5.4	6.4	5.9	7.9
	2010	9.3	8.0	8.1	15.0	8.5	9.8	10.7

资料来源：《中国城市统计年鉴》（2006、2011）。

4.3.10 进一步需要考察的重大问题

西部大开发以来，我国西北地区在经济社会发展中取得了较大成就。在西部大开发第二个十年序幕拉开之时，西北地区仍面临若干问题需进一步考察。

（1）对西北地区构建和谐民族关系的进一步思考

西北地区周边与多国为邻，民族宗教关系复杂。一方面，国际局势和地缘经济政治格局的变化，必然会渗透和反映到西北地区民族关系中；另一方面，国内经济社会、政治形势的深刻变化，对西北地区的民族关系都有一定影响。因此在进一步推进西部大开发战略的同时，应注重西北地区民族问题，就构建和谐民族关系需进一步研究。

（2）西北地区公共服务与政策研究

西北地区由于受自然、社会、历史等多重因素影响，公共事业和民生问题更加突出。如何针对西北地区的资源、环境等自然因素以及民族、宗教等社会因素的特殊性，探索适应西北地区的公共服务建设模式，对于我国社会建设与边疆社会稳定具有重要的战略意义。

（3）西北地区城乡协调发展的进一步思考

西北地区畜牧业在全国居重要地位，但是由于畜产品的产业链延伸不足等因素，该地区牧民收入与城市居民差距较大，从而使西北地区城乡二元结构趋于严重，由于特殊的“双重二元结构”的存在拉大了西北地区的城乡差距，加深了城乡差距的负面影响。如何依据科学发展观测量西北地区城乡不协调发展的程度，寻求影响西北地区城乡差距不断扩大的区域因素以及探索西北地区城乡协调发展的有效途径等，都值得进一步探索。

第5章　俄罗斯贝加尔湖地区经济社会考察

5.1　贝加尔湖地区概况

5.1.1　基本概况

贝加尔湖地区位于中西伯利亚高原南部，指以贝加尔湖为中心，勒拿河以南、叶尼塞河上游以东、色楞格河西北、鄂嫩河以北，尼布楚河以西的广大区域，包括了伊尔库茨克州和布里亚特共和国两个行政区，以及外贝加尔边疆区。本地区总面积155.8万km^2，2010年总人口为458.3万（表5-1）。

贝加尔湖地区资源丰富，开发建设已有较好基础，在俄罗斯的社会劳动地域分工中具有重要地位。这里拥有极其丰富的森林、煤炭、油气和水能等能源，以及金、铝、铜、铁、锡、镍等多种有色金属矿藏和稀土元素。贝加尔湖是世界上最大的淡水湖泊，该地区动植物资源和矿产资源都非常丰富，农业、工业生产也有一定的发展历史与规模。该区毗邻中俄蒙边境，与中国有着相当亲密的地缘和经济关系，历史上曾是中俄之间的主要贸易地（经蒙古），其战略意义十分重要。

表5-1　俄罗斯贝加尔湖地区的基本情况

分区	伊尔库茨克州	布里亚特共和国	外贝加尔边疆区
面积/万km^2	77.48	35.13	43.19
2010年底人口/万人	250.30	96.30	111.70
自该地区首府至莫斯科距离/km	5192	5682	6224
自该地区首府至贝加尔湖地区港口城市符拉迪沃斯托克的距离/km	4106	3616	3074
气候	极端大陆性	极端大陆性	大陆性和极端大陆性
1月平均气温/℃	-16.8	-2.0	-23.1
7月平均气温/℃	18	18.5	20.9

续表

分区	伊尔库茨克州	布里亚特共和国	外贝加尔边疆区
矿产资源	煤、铁、金、云母、花岗石、钾盐、石膏、石油、天然气	锌、铅、钼、钨、镍、石英、煤、石棉、铝土、锡、金、磷酸盐、磷灰石等	煤、天然气、铁、钛、铜、铅、锌、锡、钼、钨、砷、钽、铌、锂、锗、稀土元素、金、银、铂、铂铜、铀、萤石、菱镁矿
大湖	贝加尔湖南北长 636km，宽 25 ~ 79km，水面面积 3.15 万 km^2，最深处 1680m，容积 2.36 万 km^3	巴龙 - 托列依湖（580km^2），宗-托列依湖（300km^2）	
通航河流	安加拉河1779km	色楞格河	英戈达河、石勒卡河、阿尔贡河
行政区划	区：33 个 城市：9 个 镇：67 个 农村居民点：365 个	区：21 个 城市：6 个 镇：16 个 农村居民点 623 个，村委会和苏木 238 个	区：31 个 城市：6 个 镇：41 个 农村居民点：750 个

资料来源：《俄罗斯联邦统计年鉴 2012》。

5.1.2 重要的地缘政治区域

贝加尔湖地区处于俄罗斯西伯利亚南部与远东地区南部之间，南北纵向长 636km，宽 25 ~ 79km。该湖南端距俄蒙边境仅 120km，交通地理区位十分重要。该地区既有俄罗斯重要的东西交通中枢和通道，又有开发远东地区的后方基地。

贝加尔湖地区地处连贯俄罗斯欧洲中心地区与西伯利亚、远东联邦区的运输大干线——西伯利亚大铁道中枢；在贝加尔湖北部地区又有“第二条西伯利亚大铁道”贝加尔-阿穆尔铁路和太平洋输油管道通过，该地区的战略意义十分重要，是俄罗斯的重要战略基地。在今天经济全球化的开放时代，西伯利亚大铁道、太平洋输油管道等欧亚洲际运输大干线、能源输出大通道的战略意义就更加凸显出来了。

对于我国来说，贝加尔湖地区是距离京津政治经济中心最近的俄罗斯边境地区。京、津两市距该地区中心城市仅约 2000（至乌兰乌德） ~ 2500km（至伊尔库茨克）。伊尔库茨克是俄罗斯与我国最早进行商业贸易的城市。这说明中俄这两个地区进行两国经济交流与合作具有较好的条件和基础。对于贝加尔湖地区的经济发展来说，京、津两个特大城市的经济社会资源和国际贸易港口条件是其利用最便利的地方。伊尔库茨克和乌兰乌德距莫斯科 5000km 以上，距符拉迪沃斯托克（海参崴）等远东海港城市有 3600 ~ 4000km 之遥，大约是到京津地区两倍的距离。

5.1.3 区域资源在俄罗斯国家劳动地域分工中占有重要地位

贝加尔湖地区拥有极其丰富的森林、煤炭、油气等能源和水能、金、铝、铜、铁、锡、镍等多种有色金属矿藏和稀土元素。其中，伊尔库茨克州资源总量在俄罗斯83个主体行政区中居第7位。因水电发达，该州的电价为全国最低，具有投资竞争优势；外贝加尔地区的有色金属矿藏等丰富多样。伊尔库茨克州是俄罗斯东部最大的综合工业经济综合体，该地区作为俄罗斯开发中西伯利亚地区和远东地区重要的工业和科研教育基地，是俄罗斯实现国家一系列发展计划的重要区域，也是俄罗斯满足国内需要和多种出口物资的重要产区之一。

目前该地区电力和燃料生产、运输、黄金外汇储备、毛皮货源、有色金属、木材和纸浆、飞机制造，以及休憩与旅游业等产业具有一定的国际影响。

5.1.4 贝加尔湖的淡水和旅游资源具有世界意义

贝加尔湖淡水容量2.365万km^3，占世界淡水总量的1/5，而且水质好，是天然饮用水，可供50亿人口饮用半个世纪。未来俄罗斯在这里可能建设大型高质量的淡水供应基地。

贝加尔湖作为重要的世界自然遗产，是人类社会共同关注之地，其沿湖地带独特的自然条件具有国际旅游吸引力。作为世界最深（达1637m）的地层断裂大湖及独特的生物世界，是许多地学和生物学者们热衷研究的对象。除俄罗斯的学者外，美、德等国的学者也早已对此进行了实地考察研究。

5.2 贝加尔湖地区经济社会发展现状特征

5.2.1 人口总量呈现下降趋势，人口密度低

近年来贝加尔湖地区人口总体呈现下降态势，尤为突出的是1990年以来伊尔库茨克州、外贝加尔边疆区人口总体特征呈现连续负增长。

2006年贝加尔湖地区的净迁出人口达13 916人，占西伯利亚联邦区净迁出人口的77%，成为西伯利亚人口净迁出的主要地区。该地区人口的自然增长率基本上处于负增长的状态，外贝加尔地区从2007年才出现人口自然增长率由负增长转变为正增长，增长率为0.5‰，布里亚特2006年人口由负增长转变为正增长，自然增长率为0.3‰。

2010年贝加尔湖地区人口458.30万人，比2005年减少6.71万人，年平均减少4.28‰。其中，伊尔库茨克州为人口最多的地区，2010年人口250.30万人，占本地区人口55%，也是该地区人口减少最快的地区，比2005年减少4.29万人，年均减少4.41‰。其次为外贝加尔边疆区，2009年人口111.7万人，与2005年相比人口减少1.772万人，年均减少4.35‰。布里亚特共和国2005~2009年人口总量基本保持不变。俄罗斯联邦国家统计委员会的预测结果是2016年贝加尔湖地区人口将达到650万人左右（表5-2）。

表 5-2　2005～2010 年贝加尔湖地区的总人口　　　（单位：万人）

地区	2000 年	2005 年	2007 年	2009 年	2010 年
全地区三行政区合计	479.9	465.01	459.59	458.32	458.30
伊尔库茨克州	262.30	254.53	251.38	250.27	250.30
布里亚特共和国	99.70	96.91	96.00	96.35	96.30
外贝加尔边疆区	117.90	113.57	112.21	111.7	111.70

资料来源：《俄罗斯联邦统计年鉴 2012》。

贝加尔湖地区人口自然增长率见表 5-3 和图 5-1。

表 5-3　1990～2010 年贝加尔湖地区人口自然增长率　　　（单位：‰）

地区	1990 年	1995 年	2000 年	2005 年	2006 年	2007 年	2008 年	2009 年	2010 年
俄罗斯联邦	2.2	-5.7	-6.6	-5.9	4.8	-3.3	-2.5	-1.8	-1.7
伊尔库茨克州	6.2	-4.1	-4.8	-5.1	-2.8	-0.2	-0.9	1.3	0.80
布里亚特共和国	9.2	-0.3	-1.5	-1.6	0.3	2.7	3.6	4.4	4.30
外贝加尔边疆区	8.4	-0.6	-2.7	-3.7	-1.7	0.5	1.6	2.3	2.1

资料来源：《俄罗斯联邦统计年鉴 2012》。

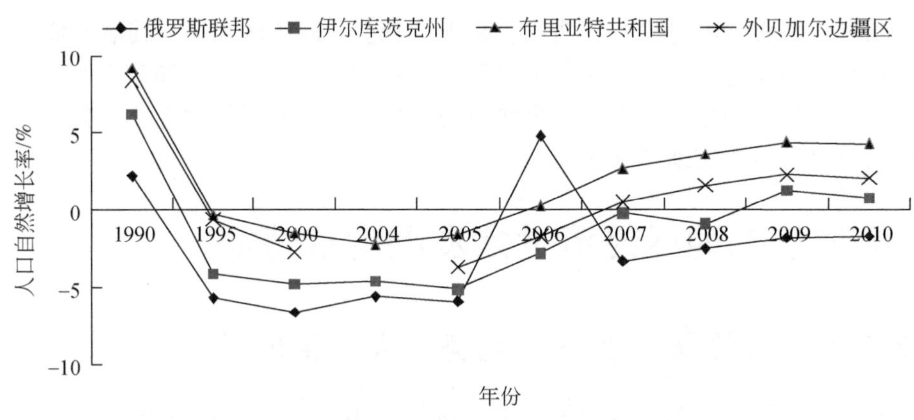

图 5-1　贝加尔湖地区人口自然增长趋势

2010 年贝加尔湖地区的伊尔库茨克州、布里亚特共和国人口密度均在 4 人/km^2 以下。该区域人口密度低，区域开发强度更有待于提高（表 5-4）。

表 5-4　2010 年贝加尔湖地区和西伯利亚联邦区的人口密度比较

分区	伊尔库茨克州	布里亚特共和国	外贝加尔边疆区	西伯利亚联邦区
平均人口密度（人/km^2）	3.2	2.7	2.6	2.6

5.2.2　劳动力总量逐年下降，失业率趋于好转

贝加尔湖地区劳动力持续减少，制约了该地区的经济发展。2010 年该地区劳动力 230.6 万人，比 2000 年减少 6.3 万人，年均递减 6.3‰。其中，伊尔库茨克州劳动力减

少 4.4 万人，布里亚特共和国减少 1.7 万人，外贝加尔边疆区减少 0.2 万人。随着人口形势不断恶化，人口持续减少，劳动潜力被破坏（表 5-5）。

表 5-5　贝加尔湖地区的劳动力数　（单位：万人）

地区	2000 年	2005 年	2010 年
三行政区合计	236.9	230.4	230.6
伊尔库茨克州	134.9	130.8	130.5
布里亚特共和国	48.6	45.3	46.9
外贝加尔边疆区	53.4	54.3	53.2

资料来源：《俄罗斯联邦统计年鉴 2012》。

2010 年贝加尔湖地区的布里亚特共和国、外贝加尔边疆区、伊尔库茨克州总人口为 458.3 万人，就业人口 230.6 万人，就业人口占总人口的 50.32%（表 5-6）。随着该地区经济的好转，各行政区失业率普遍下降。但与西伯利亚相比，失业率依然偏高。伊尔库茨克州 2010 年失业率由 2000 年的 11.6% 下降为 10.2%，外贝加尔边疆区由 14.4% 下降为 11.4%，布里亚特共和国由 10.4% 下降为 14.1%，阿加布里亚特区由 25.6% 下降为 0.9%，只有乌斯季奥尔登斯基布里亚特自治区由 9.7% 上升为 12.6%（表 5-7）。

表 5-6　2010 年贝加尔湖地区人口与平均就业人数　（单位：万人）

地区	人口	平均就业人数
布里亚特共和国	97.0	46.9
外贝加尔边疆区	110.9	53.2
伊尔库茨克州	244.0	130.5

资料来源：《俄罗斯联邦统计年鉴 2012》。

表 5-7　贝加尔湖地区的失业率　（单位：%）

地区	2000 年	2005 年	2010 年
伊尔库茨克州	11.6	10	10.2
布里亚特共和国	19.1	12	10.4
外贝加尔边疆区	14.4	11.1	11.4

资料来源：《俄罗斯联邦统计年鉴 2012》。

5.2.3　经济总量偏小，占全国经济比重逐年下降

2000 ~ 2010 年，贝加尔湖地区伊尔库茨克州、布里亚特共和国和外贝加尔边疆区三个州级行政区的总产值保持了持续平稳增长，但相对于西伯利亚联邦区和全俄罗斯经济增长速度相对缓慢。

2010 年贝加尔湖地区在西伯利亚联邦区与全俄罗斯经济格局中所占有的比重不高，只占西伯利亚联邦区 GDP 的 22.5%，占全俄罗斯 GDP 的 2.12%（表 5-8）。

表 5-8　2000～2010 年贝加尔湖地区与远东部分地区生产总值与人均值

地区	GDP/亿卢布			人均 GDP/卢布		
	2000 年	2005 年	2010 年	2000 年	2005 年	2010 年
全俄罗斯联邦	73 056. 46	216 097. 66	451 727. 48	49 835. 00	150 571. 00	316 226. 00
西伯利亚联邦区	6 870. 72	19 513. 00	40 935. 89	33 682. 00	99 628. 00	212 440. 00
伊尔库茨克州	1 030. 14	2 581. 00	5392. 46	39 115. 50	102 904. 00	221 531. 00
布里亚特共和国	215. 75	749. 10	1 363. 74	21 555. 00	77 313. 00	140 500. 00
外贝加尔边疆区	300. 25	696. 50	1 621. 00	25 320. 00	61 741. 00	146 357. 00

资料来源：《俄罗斯联邦统计年鉴 2012》。

2010 年贝加尔湖地区 GDP 及构成见表 5-9。

表 5-9　贝加尔湖地区与全俄 2010 年国民生产总值及构成

（单位：百万卢布）

俄罗斯联邦主体	地区生产总值（按目前基本价格计算）	固定资产（账面价值在 2010 年底）	货物发运、工程和服务类经济活动的产值			农业产值
			采矿业	制造业	生产和销售电力、燃气及水	
伊尔库茨克州	546 141. 0	1 641 443. 0	41 140. 7	88 889. 4	39 545. 6	34 925. 5
布里亚特共和国	34 512. 3	402 856. 0	6 504. 9	19 058. 5	6 040. 7	7 676. 6
外贝加尔边疆区	162 100. 2	592 903. 0	21 343. 4	6 630. 2	6 520. 8	8 863. 8
三行政区合计	742 753. 5	2 637 202. 0	68 989. 0	114 578. 1	52 107. 1	51 465. 9

资料来源：伊尔库茨克州数据出自《伊尔库茨克州统计年鉴 2014》；布里亚特共和国数据出自《布里亚特共和国统计年鉴 2014》；外贝加尔边疆区数据出自《外贝加尔边疆区统计年鉴 2011》。

2000～2010 年，伊尔库茨克州地区生产总值占全国比例由 2000 年的 1. 41% 下降到 2010 年的 1. 19%，布里亚特共和国地区生产总值占全国比例由 2000 年的 0. 30% 仅增长到 2010 年的 0. 32%，外贝加尔边疆区地区生产总值占全国比例由 2000 年的0. 41% 下降到 2009 年的 0. 36%（表 5-10）。

表 5-10　2000～2010 年贝加尔湖地区占俄罗斯地区生产总值的比例（单位:%）

地区	伊尔库茨克州	布里亚特共和国	外贝加尔边疆区
2000 年	1. 41	0. 30	0. 41
2005 年	1. 19	0. 35	0. 32
2010 年	1. 19	0. 32	0. 36

资料来源：《俄罗斯联邦统计年鉴 2012》。

5. 2. 4　区域经济快速增长，但滞后于俄罗斯全国发展水平

2000～2010 年贝加尔湖地区三个行政区 GDP 实现快速增长，年平均增长率均达到了 18. 87% 以上。三个行政区人均 GDP 年平均增长率达到了 19. 58% 以上，低于俄罗斯全国平均水平 20. 29%（表 5-11）。

表 5-11　2000 ~ 2010 年贝加尔湖地区与全国的 GDP 和人均 GDP 年平均增长率

（单位：%）

地区	全俄	西伯利亚大区	伊尔库茨克州	布里亚特共和国	外贝加尔边疆区
GDP/%	19.98	19.54	18.00	20.25	18.37
人均 GDP/%	20.29	20.22	18.93	20.62	19.18

资料来源：《俄罗斯联邦统计年鉴 2012》。

5.2.5　区域经济发展空间差异大，地区三次产业结构不平衡

5.2.5.1　资源型工业比重大

贝加尔湖地区自然资源富集而采掘工业较发达，该地区工业主要有煤、水电以及石油等能源工业、炼铝及有色与黑色冶金业、森林工业和化学工业等。但是以资源型工业为主，而且主要集中在伊尔库茨克州，地区发展不均衡。

在四个主要生产部门中，电气水生产配送业所占比重较高，以伊尔库茨克州为主，占到三个行政区的 63.4%；其次为农业生产，伊尔库茨克州也占到一半以上。相对于俄罗斯与西伯利亚联邦区，加工业比重不大，集中于伊尔库茨克州，特别是伊尔库茨克市，是贝加尔湖三行政区的加工工业中心，占三行政区的 90%。采矿业生产比重占西伯利亚联邦区的 10%，占俄罗斯的 1%，相对于丰富的矿产资源，潜力巨大。

伊尔库茨克州在三行政区中大部分经济发展指标居主导地位，但在交通运输领域，伊尔库茨克与外贝加尔地区具有同样的地位，说明伊尔库茨克作为贝加尔区域交通运输中心，外贝加尔边疆区作为中俄边境贸易运输中心，对贝加尔湖地区经济发展具有重要意义。

5.2.5.2　耕地数量持续减少，农业生产水平波动较大

2010 年贝加尔湖三个州级行政区农业用地面积继续递减，平均年递减率为 1.7%，比 2000 年减少 48 万 hm^2；耕地面积 284 万 hm^2，比 2000 年减少 25 万 hm^2；仍高于西伯利亚联邦区（0.8%）。其中布里亚特共和国农用地由递减转为递增，为 6.58%；伊尔库茨克州、外贝加尔边疆区耕地面积依然递减，平均速度达 4.1%，由于播种面积的减少，谷物产量持续下降。随着农业生产水平的下降，畜禽产品也不断下降（表 5-12）。

表 5-12　伊尔库茨克州主要农业经济指标

年份	1990	1995	2000	2001	2002	2003	2004	2005	2006	2007	2008	2009	2010
农作物播种面积/10^3hm^2	1573	1398	1002	952	911	850	748	715	670	663	682	673	428
肉产量/千头	836	613	419	419	421	385	346	322	318	330	317	296	279.50
粮食产量/kt	745	874	529	654	520	438	561	645	572	754	758	688	554.30

资料来源：《伊尔库茨克州 70 年统计年鉴》（2007）；《伊尔库茨克州统计年鉴 2014》。

5.2.5.3 林业木材采伐量大幅度下降，林业经济正在转型

该地区作为俄罗斯森林最为富集的地区之一，林业发展对俄罗斯经济影响至关重要。2010 年该地区木材采伐量为 0.267 亿 m^3，其中伊尔库茨瓦州占 85%，1990 ~ 2000 年，该区木材平均年采伐量减少了 0.602 亿 m^3，年平均递减 9%。

表 5-13 贝加尔湖地区与全国的木材采伐量 （单位：万 m^3）

地区	1990	1995	2000	2001	2005	2006	2010
全俄	30 380	11 620	9 480	9 630	11 320	11 760	17 363.37
西伯利亚大区	8 322	2 989	2 039	2 089.6	2 777	3 327.6	5 040.76
三行政区合计	4 197.6	1 622	1 158	1 358.7	1 636	1 893.6	2 667.52
伊尔库茨克州	3 405.6	1 405	1 063	1 256.9	1 468	1 695.1	2 262.53
布里亚特共和国	403.66	123.2	46.85	52.92	81.51	103.62	204.41
外贝加尔边疆区	388.34	93.33	47.55	48.92	86.38	94.83	200.58

资料来源：2010 年数据出自俄罗斯联邦林业部网站。

2006 年该地区实用木材生产量为 1650 万 m^3。其中伊尔库茨克州产量 1495 万 m^3。该地区暂时终止了对雪松的工业采伐，发展利用低级木材资源。该地区的木材采伐与加工以伊尔库茨克为中心，其他地区发展相对不足。发展木材加工，扩大对华合作成为共识。

5.2.5.4 服务业发展快

（1）运输业

该地区的运输业除了完成本地区的货客运输外，主要为东西向过境运输服务。基本上由铁路完成。大量运输集中在南部西伯利亚大铁道沿线地区（泰舍特、伊尔库茨克、乌兰乌德、赤塔等地，已全线电气化）的行政和经济中心城镇。北部有几年前新建成的贝加尔——阿穆尔铁路（简称贝阿铁路，即“第二条西伯利亚铁路”）。两大铁路干线交会于伊尔库茨克州西界的泰舍特（表 5-14）。

表 5-14 贝加尔湖地区各州（区）的公路货运总量 （单位：万 t）

地区	2000 年	2005 年	2010 年
伊尔库茨克州	15 134.4	16 682.9	22 041.2
布里亚特共和国	—	—	662.9
外贝加尔边疆区	1 528.63	1 428.80	2 947.86

资料来源：伊尔库茨克州统计局网站 http：//irkutskstat.gks.ru/wps/wcm/connect/rosstat_ts/irkutskstat/resources. 外贝加尔边疆区统计局网站 http：//chita.gks.ru/wps/wcm/connect/rosstat_ts/chita/resources

水运主要在色楞格河、贝加尔湖和安加拉河。因冰冻期长，通航期短，又呈南北向非主要运输方向，所以运输量不大。由赤塔的音果达河港航行，经石勒喀河可通达阿穆尔河。

航空运输仅在伊尔库茨克市机场有国际航班。从该市到北京飞行仅 2.5h。布里亚特共和国希望乌兰乌德机场也开通国际航班，否则从该市出国要通过伊尔库茨克机场，

需要陆上交通工具行驶 500km 路程。

著名的管道运输有泰纳线（从东西伯利亚的泰舍特起，绕行贝加尔湖以北，到太平洋港口纳霍德卡）输送石油，年运输能力达 8000 万 t。其中，中国支线（从阿穆尔州的斯科沃罗季诺向南进入我国黑龙江省）到大庆市，年运输能力 3000 万 t。

（2）商品零售与餐饮业快速增长

随着俄罗斯市场经济制度的不断完善，私营商业发展势头迅猛，商品零售总额逐渐增加，人均零售商品周转额与居民人均商品零售额都有大幅度的增长。但该地区相对全俄罗斯与西伯利亚联邦区而言，由于产业发展与居民收入等原因，人均值依然较低，平均发展速度增长较慢（表 5-15、表 5-16）。

表 5-15　贝加尔湖地区与全俄的人均零售商品周转额　（单位：卢布）

地区	2000 年	2005 年	2006 年	2010 年
俄罗斯联邦	16 162	49 063	60 901	115 500
西伯利亚联邦区	12 633	41 892	52 893	91 799
伊尔库茨克州	15 767	41 587	51 625	81 043
布里亚特共和国	10 959	36 472	43 769	88 021
外贝加尔边疆区	8 419	35 002	42 302	84 899

资料来源：《俄罗斯联邦统计年鉴 2012》。

表 5-16　贝加尔湖地区与西伯利亚大区的居民人均商品零售额（单位：卢布）

地区	2000 年	2005 年	2006 年	2010 年
西伯利亚大区	12 633	41 892	52 893	91 799
伊尔库茨克州	15 767	41 587	51 625	81 043
布里亚特共和国	10 959	36 472	43 769	85 436
外贝加尔边疆区	8 419	35 002	42 302	94 031

资料来源：《俄罗斯联邦统计年鉴 2012》。

商品结构发生了变化。在零售总额之中，非食品商品的比重不断增加，而食品的比重则相对下降。在食品商品中，高质量食品，如鱼、肉、奶、蛋、水果等比重在增加，粮食制品比重下降。文化生活用品、日用品，特别是耐用品非食品商品销售日益活跃，反映了俄罗斯居民生活的提高和日用轻工业的迅速发展。

餐饮业得到较快的发展。随着俄罗斯进一步的开发，现代餐饮业逐步活跃起来。2000～2010 年该地区餐饮业发展速度虽然略低于俄罗斯与西伯利亚联邦区，但外贝加尔边疆区与布里亚特共和国餐饮业发展速度明显高于俄罗斯平均水平，特别是阿加布里亚特区餐饮业发展速度在该地区尤其引人注目。

（3）通信业发展迅速

通信业是为数不多且有很大发展的产业部门。电话机数量增加，尤其是住宅电话增加最多，发展了传真、电邮和互联网等现代化通信设施。2000～2010 年人均电信服务收入增长最快的地区为外贝加尔边疆区，伊尔库茨克州人均电信服务收入则处于较高的水平（表 5-17）。

表 5-17　伊尔库茨克州电讯总服务收入　　（单位：百万卢布）

地区	2000 年	2005 年	2010 年
伊尔库茨克州	1 628.1	7 386.0	16 914.4

资料来源：《伊尔库茨克州统计年鉴 2014》。

本地区居民人均通信消费额同样得到了快速增长。布里亚特共和国居民人均消费额最低（表 5-18）。

表 5-18　2010 年贝加尔湖地区居民通讯总消费额　（单位：百万卢布）

地区	伊尔库茨克州	布里亚特共和国	外贝加尔边疆区
总消费额	13 508.9	5 057.2	5 824.4

资料来源：《伊尔库茨克州统计年鉴 2012》；外贝加尔边疆区统计局网站 http://chita.gks.ru/wps/wcm/connect/rosstat_ ts/chita/resources/c00ee00040f76957afadef367ccd0f13；《布里亚特共和国统计年鉴 2012》。

2000～2010 年本地区通信设施得到了较快的增长，伊尔库茨克州、布里亚特共和国、外贝加尔边疆区城市居民每万人拥有的固定电话数量年均增长速度分别为 3.9%、4.3% 和 4.8%，乡村居民分别为 2.6%、2.7% 和 6.9%，居民通信设施得到一定的改善（表 5-19）。

表 5-19　贝加尔湖地区城、乡居民每千人拥有的固定电话数量　（单位：台）

地区	2000 年		2005 年		2010 年	
	城镇	乡村	城镇	乡村	城镇	乡村
伊尔库茨克州	163.2	38.6	237.6	52.2	240.1	50.2
布里亚特共和国	126.1	82.7	204.2	94.6	192.9	108.5
外贝加尔边疆区	121.5	44.2	165.8	61.6	194.3	86.1

资料来源：《俄罗斯联邦统计年鉴 2012》。

（4）生活服务业飞速发展

日常生活服务业是俄罗斯消费市场所有行业中发展最快的行业。2000～2010 年，布里亚特共和国和外贝加尔边疆区有偿服务总消费额年均增长率分别达到 28.23% 和 28.07%，高于俄罗斯平均水平 23.42%（表 5-20）。

表 5-20　贝加尔湖地区有偿服务总消费额　　（单位：百万卢布）

地区	2000 年	2005 年	2006 年	2010 年
俄罗斯联邦	602 755.0	2 271 733.0	2 798 901.0	4 943 482.0
西伯利亚大区	64 508.0	238 750.0	290 223.0	483 885.0
伊尔库茨克州	7 769.0	29 946.0	35 353.0	63 253.0
布里亚特共和国	1 724.0	8 930.0	11 421.0	20 723.0
外贝加尔边疆区	1 904.0	9 396.0	11 635.0	22 605.0

资料来源：《俄罗斯联邦统计年鉴 2012》。

5.2.6 城市住宅总量呈现“波动型”剧烈变化，城市交通建设滞后

1990 ~ 2010 年贝加尔湖地区城市住宅呈现波动变化特征，贝加尔湖地区城市住宅投产面积（不含乌斯季奥尔登斯基布里亚特自治区和阿加布里亚特区）由 1516m^2/千人下降到 308m^2/千人，年平均减少达 27.4%。其中，伊尔库茨克州 1990 ~ 2010 年城市住宅投产面积年平均减少最多，为 33.6%。2001 ~ 2010 年贝加尔湖地区城市住宅投产面积由 334m^2/千人增长为 517m^2/千人呈现较快增长，年平均增长率为 9.2%，其中伊尔库茨克州年平均增长率为 13.6%，外贝加尔边疆区年平均增长率为 15.2%。

由于人口持续减少，剩余人口通过就业向欧洲区域回迁，贝加尔湖地区的部分城市中出现了大量废弃的厂房、居民楼、公用建筑。

城市公共交通设施服务水平整体下降。该地区城市交通由有轨电车、无轨电车、公共汽车、出租车等交通工具组成，但设施陈旧，万人拥有公共汽车数量持续下降（表5-21）。

表 5-21 贝加尔湖地区每万人拥有公共汽车数 （单位：辆）

地区	1990 年	1995 年	2000 年	2005 年	2006 年	2010 年
全俄	103	87	74	55	51	44
西伯利亚大区	97	96	75	54	49	40
伊尔库茨克州	100	86	75	56	47	41
布里亚特共和国	68	72	42	20	14	8
外贝加尔边疆区	56	53	33	32	33	26

资料来源：《俄罗斯联邦统计年鉴 2012》。

5.2.7 固定资产投资规模小，增长缓慢，耗损严重

5.2.7.1 固定资产规模小，投资增长相对缓慢

该地区相对于西伯利亚联邦区固定资产投资增长速度较为缓慢，如 2010 年三个州级行政区固定资产投资额为 173 051 百万卢布，占西伯利亚联邦区的 22.20%。2000 ~ 2010 年，贝加尔湖三行政区固定资产规模占西伯利亚联邦区的比重徘徊在 28% 和 25% 之间。其中，伊尔库茨克州固定资产规模较大，占到三个州级行政区总体规模的一半以上，外贝加尔边疆区相对增长最快，其次为布里亚特共和国，伊尔库茨克州固定资产规模增长速度相对缓慢。

5.2.7.2 固定资产以交通通信业与不动产租售服务业为主

2010 年，三个州级行政区整体固定资产规模约占西伯利亚联邦区的 25%。相对于西伯利亚联邦区，三个州级行政区在运输与通信业、建筑业、旅店与餐饮业、金融业、政府与国防机构、医疗保健部门等部门固定资产规模所占比重较高，具有一定资产的存量优势。

在西伯利亚联邦区经济社会固定资产构成中，运输与通信业、不动产租售服务业、电气水生产与配送业、加工工业、采矿业五大部门固定资产总值占到79%（表5-22、表5-23和图5-2）。

表5-22　布里亚特共和国和外贝加尔边疆区分部门固定资产状况

（单位：百万卢布）

项目	布里亚特共和国（2011年）	外贝加尔边疆区（2010年）
总计	430 210.00	563 677.00
农猎林业	9 267.00	11 727.00
采矿业	15 173.00	12 263.00
加工工业	12 162.00	7 838.00
电气水生产与配送业	64 992.00	50 110.00
建筑业	18 266.00	16 926.00
商业与车辆修理业	3 976.00	4 891.00
旅店与餐饮业	1 748.00	1 771.00
运输与通讯业	190 823.00	293 003.00
金融业	5 901.00	3 497.00
不动产租售服务业	63 948.00	86 761.00
政府与国防机构	15 164.00	32 908.00
教育部门	12 572.00	17 334.00
医疗保健部门	10 198.00	21 571.00
其他社会公共服务部门	5 766.00	3 077.00

资料来源：《布里亚特共和国统计年鉴2014》；外贝加尔边疆区统计局网站 http：//chita. gks. ru/wps/wcm/connect/rosstat_ ts/chita/resources/.

表5-23　布里亚特共和国和外贝加尔边疆区分部门的固定资产构成　（单位:%）

项目	布里亚特共和国	外贝加尔边疆区
总计	100	100
农、猎、林业	2.15	2.08
采矿业	3.53	2.18
加工工业	2.83	1.39
电气水生产与配送业	15.11	8.89
建筑业	4.25	3.00
商业与车辆修理业	0.92	0.87
旅店与餐饮业	0.41	0.31
运输与通讯业	44.36	51.98
金融业	1.37	0.62
不动产租售服务业	14.86	15.39
政府与国防机构	3.52	5.84

续表

项目	布里亚特共和国	外贝加尔边疆区
教育部门	2. 92	3. 08
医疗保健部门	2. 37	3. 83
其他社会公共服务部门	1. 34	0. 55

资料来源：《布里亚特共和国统计年鉴 2014》；外贝加尔边疆区统计局网站外贝加尔边疆区统计局网站 http：//chita. gks. ru/wps/wcm/connect/rosstat_ ts/chita/resources/.

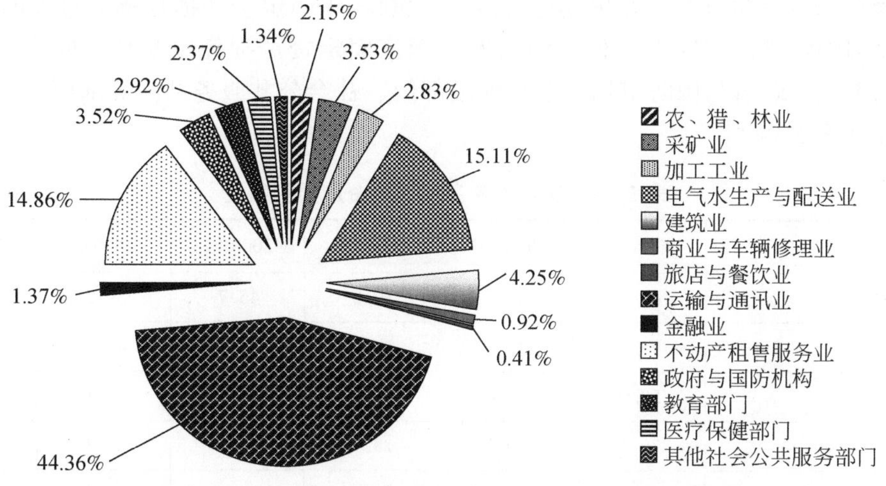

图 5-2　2011 年布里亚特共和国分部分固定资产构成

伊尔库茨克州作为贝加尔湖地区经济中心与交通枢纽，运输与通信业为最大产业设施部门，其次为不动产租售服务业。作为该地区工业中心，2010 年，加工工业、电气水生产与配送业、采矿业等部门固定资产比重占到30. 5%，农业设施规模较小，仅占3. 6%。

布里亚特共和国运输与通信业产业设施规模接近行政区总规模的一半，2010 年固定资产比重达 49%，其次为不动产租售服务业，不动产规模占 14%。工业部门产业设施规模较小，电气水生产配送业、加工工业、采矿业比重合占 16%，农业设施规模比重与伊尔库茨克州相当或略高，占 4%（图 5-3）。

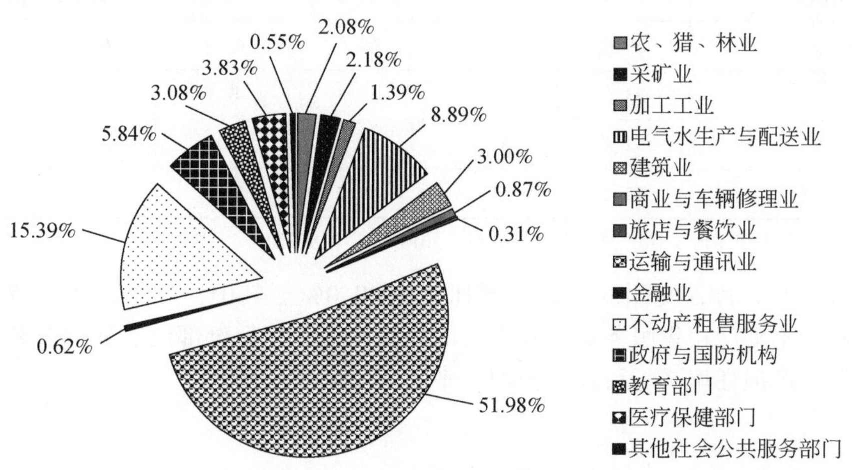

图 5-3　2010 年外贝加尔边疆区分部分固定资产构成

贝加尔湖边疆区作为中俄边境地区，运输与通信业固定资产比重更大，占行政区的56%，不动产租售服务业占16%。采矿业、加工工业与电气水生产服务业等工业部门仅占10%，农业仅占2%。

5.2.7.3 各行政区的不同关键部门设施设备处于严重消耗状态

该地区各行政区的不同关键部门设施设备处于严重消耗状态，整体固定资产损耗率是发达国家的1倍，而且2000～2009年，固定资产损耗率不断提高。其中，伊尔库茨克州（含乌斯季奥尔登斯基布里亚特自治区）2006年固定资产损耗率超过50%，布里亚特共和国固定资产损耗率较低，但与发达国家固定资产损耗率相比，同样偏高。其中，加工工业、政府与国防机构、医疗保健部门、社会公共服务部门等部门固定资产损耗率较高（表5-24）。

表5-24 伊尔库茨克州固定资产损耗程度 （单位:%）

项目	2005年	2006年	2007年	2008年	2009年	2010年
总损耗程度	49.2	50.5	50.8	45.7	39.2	40.0
农林牧业	51.1	49.6	50.8	49.3	49.2	52.0
渔业	50.0	50.0	14.8	14.6	16.1	16.8
采矿业	26.1	30.3	23.9	29.3	29.3	23.6
加工业	61.0	61.4	59.3	54.7	54.3	56.0
水、电、气加工生产行业	54.1	47.6	45.0	46.7	46.3	48.7
建筑业	42.8	44.3	45.7	45.8	47.5	46.2
商贸流通与汽车修理行业	45.0	46.5	42.6	44.3	47.5	53.3
旅馆及餐饮业	74.3	76.6	67.7	68.2	67.4	69.0
交通与通讯业	46.0	42.4	44.1	31.0	21.4	25.1
金融服务业	49.3	58.3	57.1	61.5	64.1	62.3
房地产开发及租赁等	44.6	50.7	53.5	52.6	46.6	42.5
国家行政及社会安全	65.6	66.7	69.6	65.1	61.1	56.3
教育	33.6	37.3	39.8	42.0	43.3	44.9
保健及社会服务	52.4	52.5	60.5	64.8	69.3	72.7
社区及个人服务行业	52.2	53.7	49.7	51.1	51.6	46.7

资料来源：俄罗斯伊尔库茨克州75周年统计资料（2013年）第260页。

2010年，伊尔库茨克州固定资产损耗率为40.0%。其中，加工工业、旅店与餐饮业、金融业、不动产租售服务业、政府与国防机构、医疗保健部门、社会公共服务部门等部门固定资产损耗率高于行政区平均水平。

5.2.8 外资逐步活跃，开放程度不断提高

2010 年贝加尔湖三个州级行政区吸引外资 25 400 万美元，相对于 2000 年的 8270 万美元，年均增长 67.3%。但是，由于伊尔库茨克州良好的经济基础与交通枢纽地位，外商投资主要集中在伊尔库茨克州，随着利用外资不断增多、对外贸易不断活跃，该地区对外开放程度也在不断提高。2000 年伊尔库茨克州吸引外资占三个州级行政区总和的 99%，2010 年比重有所下降，但依然占到 58.7%（表 5-25）。

布里亚特共和国在三个州级行政区中外资增长速度最快。2000 ~ 2010 年，外资投入年均增长速度达到 42.6%，2010 年吸引外资约 350 万美元，外资投资形式呈现多样化。

外贝加尔边疆区凭借其中俄口岸的区位优势，表现出较强的对外开放的活力。2010 年利用外资约 7000 万美元。

表 5-25　2000 ~ 2010 年贝加尔湖地区等地的外资投入及构成

（单位：万美元）

地区	2000 年	2005 年	2010 年
三行政区合计	8 270	35 000	25 400
伊尔库茨克州	8 200	27 100	14 900
布里亚特共和国	30	5 000	3 500
外贝加尔边疆区	40	2 900	7 000

资料来源：《俄罗斯联邦统计年鉴 2012》。

5.2.9 社会收入整体水平较低，居民收入与购买力逐年上升

随着本地区经济状况逐渐好转，2010 年伊尔库茨克、布里亚特共和国、外贝加尔边疆区货币收入分别为 14 965.4 卢布/月、13 977.5 卢布/月、14 069.9 卢布/月（表 5-26）。

表 5-26　贝加尔湖地区及西伯利亚大区的居民货币收入状况比较

（单位：卢布/月）

地区	2000 年	2005 年	2010 年
西伯利亚大区	1 933	6 622	14 891.5
伊尔库茨克州	2 374	6 953	14 965.4
布里亚特共和国	1 639	5 943	13 997.5
外贝加尔边疆区	1 406	5 807	14 069.9

资料来源：《俄罗斯联邦统计年鉴 2012》。

该地区人均货币收入相对全俄罗斯较低。2010 年西伯利亚大区的人均现金收入为 15 006.6 卢布/月，低于全俄罗斯人均现金收入（18 950.8 卢布/月）。由于收入的差异，造成了本地区人口与劳动力的持续外流（表 5-27）。

表 5-27　2010 年贝加尔湖地区与俄全国的人均现金收入与支出情况

地区	人均现金收入/（卢布/月）	工人平均每月工资/（卢布）	零售业营业额/（百万卢布）
俄罗斯联邦	18 950.8	20 952.2	16 499 045.0
西伯利亚大区	15 006.6	18 657.6	1 768 915.0
布里亚特共和国	14 270.7	17 999.7	85 436.0
外贝加尔边疆区	14 204.5	18 684.5	94 031.0
伊尔库茨克州	15 109.7	20 475.6	197 272.0

资料来源：《俄罗斯联邦统计年鉴 2012》。

5.3　经济社会发展的主要问题

俄罗斯贝加尔湖地区是尚未完全开发的自然资源富集区之一，既有得天独厚的森林资源又有丰富的能源资源，但该地区的矿产资源大多分布在气候恶劣、人烟稀少、基础设施薄弱的偏远地区，因此，贝加尔湖地区经济社会的发展存在着许多制约因素。

5.3.1　自然条件比较差

俄罗斯贝加尔湖地区属强烈的大陆性气候，北部地区地处北极圈内，冬季漫长且寒冷干燥，夏季凉爽而短促，植物生长期短，大部分土地位于常年冻土带，农业基础薄弱。虽然河流包含在俄罗斯长度名列第一和第二的阿穆尔河（黑龙江）和勒拿河，但因封冻期长，通航期仅六七个月。南部地区受太平洋季风的影响雨季集中，又常常造成河水泛滥，冬夏温差可达 70～80℃，在寒冷的天气里，人们的呼吸都会感到困难。恶劣的自然条件制约了贝加尔湖地区的开发和基础设施的建设，增加了人类的生存成本。因而，与拥有同类资源且自然条件相对适宜的地区相比在贝加尔湖地区开展经济合作的吸引力必然较差。

5.3.2　交通设施建设滞后

贝加尔湖地区过境铁路建设是俄罗斯东西向交通和物流运输的大动脉，贝阿铁路向东绕行贝加尔湖北端的北贝加尔斯克，经外贝加尔边疆区和阿穆尔州的北部、阿穆尔共青城（属哈巴罗夫斯克边疆区），直抵太平洋岸的苏维埃港。

全区域目前公路密度低，全境还没有高速公路。即使是与西伯利亚大铁道平行的干线公路，也只相当于我国的二、三级公路，其中有些区段还没有沥青路面，公路交通严重滞后于经济发展，贝加尔湖地区各州平均硬路面公路的长度见表 5-28。

表 5-28　贝加尔湖地区各州平均硬路面公路里程　　（单位：km）

地区	2000 年	2005 年	2010 年
伊尔库茨克州	12 151	12 341	14 140
布里亚特共和国	6 226	3 825	7 170

续表

地区	2000年	2005年	2010年
外贝加尔边疆区	11 883	11 596	23 027

资料来源：伊尔库茨克州统计局网站 http：//irkutskstat. gks. ru/wps/wcm/connect/rosstat _ ts/irkutskstat/resources/8ebb22004e63c782959bf721f378d622；《布里亚特共和国统计年鉴》；外贝加尔边疆区统计局网站 http：//chita. gks. ru/wps/wcm/connect/rosstat_ ts/chita/resources/98210000405ea3ac885fef367ccd0f13.

该地区硬路面公路密度有一定提升，但比全俄罗斯与西伯利亚联邦区增长速度低。布里亚特民族地区硬路面公路密度增长速度在该地区较为显著（表5-29）。

表5-29　贝加尔湖地区硬路面公路密度　（单位：km/万 km^2）

地区	2000年	2005年	2010年
伊尔库茨克州	156.83	159.28	182.50
布里亚特共和国	177.23	108.88	204.10
外贝加尔边疆区	275.13	268.49	533.16

资料来源：伊尔库茨克州统计局网站 http：//irkutskstat. gks. ru/wps/wcm/connect/rosstat _ ts/irkutskstat/resources/8ebb22004e63c782959bf721f378d622；《布里亚特共和国统计年鉴 2012》；外贝加尔边疆区统计局网站 http：//chita. gks. ru/wps/wcm/connect/rosstat_ ts/chita/resources/98210000405ea3ac885fef367ccd0f13.

2000～2010年，俄罗斯及西伯利亚联邦区公用铁路密度呈现略微下降趋势，该地区作为俄罗斯东西方交通枢纽，公用铁路密度建设同样处于停滞状态。而布里亚特民族区域公用铁路密度略有上升。其中，布里亚特共和国由2000年的34.13km/万 km^2 上升到2010年的34.93km/万 km^2（表5-30、表5-31）。

表5-30　公用铁路里程　（单位：km）

地区	2000年	2005年	2010年
伊尔库茨克州	2479	2478	2506
布里亚特共和国	1199	1227	1227
外贝加尔边疆区	2399	2399	2399

资料来源：伊尔库茨克州统计局网站 http：//irkutskstat. gks. ru/wps/wcm/connect/rosstat _ ts/irkutskstat/resources/8ebb22004e63c782959bf721f378d622；《布里亚特共和国统计年鉴 2012》；外贝加尔边疆区统计局网站 http：//chita. gks. ru/wps/wcm/connect/rosstat_ ts/chita/resources/98210000405ea3ac885fef367ccd0f13.

表5-31　公用铁路密度　（单位：km/万 km^2）

地区	2000年	2005年	2010年
伊尔库茨克州	32.00	31.98	32.34
布里亚特共和国	34.13	34.93	34.93
外贝加尔边疆区	55.55	55.55	55.55

资料来源：伊尔库茨克州统计局网站 http：//irkutskstat. gks. ru/wps/wcm/connect/rosstat _ ts/irkutskstat/resources/8ebb22004e63c782959bf721f378d622；《布里亚特共和国统计年鉴 2012》；外贝加尔边疆区统计局网站 http：//chita. gks. ru/wps/wcm/connect/rosstat_ ts/chita/resources/98210000405ea3ac885fef367ccd0f13.

俄贝加尔湖地区虽有丰富的自然资源，但基础设施比较薄弱。在苏联时期，该地区是全国重要的军工生产基地，长期以来实行封闭政策，与外界隔绝，基础设施建设不能与社会发展同步，其发展程度低于苏联其他地区。向市场经济转轨后，持续多年的经济危机使贝加尔湖地区的基础设施落后、设备老化、技术过时等问题更加严重。

在燃料动力方面，贝加尔湖地区的气候条件、生产布局特点及以动力耗量大的生产部门为主的生产结构决定了贝加尔湖地区经济的动力耗量高于其他地区。经济转轨以来，贝加尔湖地区燃料、动力部门的运营状况一度处于危机状态。虽然拥有极其丰富的煤炭、油气等动力资源，但贝加尔湖地区的电价和热力费用却远远高于全俄平均指标。昂贵的热电费用无疑加大了企业的生产成本，降低了产品竞争能力。

在通信方面，贝加尔湖地区每千人所拥有的固定电话的数量和当地移动电话用户的数量明显落后于全俄平均水平，在七个联邦区中位居末尾。贝加尔湖地区银行体系的发展水平也低于全俄平均水平。贝加尔湖地区经济中基础设施部门发展水平的落后状况给投资活动的开展带来很大阻力，严重制约了贝加尔湖地区国际经贸合作的发展。

5.3.3 经济结构不合理

贝加尔湖地区在苏联时期曾是重要的军工生产基地，贝加尔湖地区的工业体系是苏联军队积极运转和行动的保证。正是由于这种历史原因，贝加尔湖地区产业结构表现为：军事工业较强，重工业部门起主导作用，高技术生产部门、轻纺工业、食品工业和农业比较落后。

在转轨过程中，出现了经济全面衰退、生产投资全面下降、通货膨胀严重失控等现象。为抑制经济下滑，缓和经济危机，在国内需求不足的情况下，只能依靠出口带动经济走向稳定。鉴于俄能源工业和基本材料工业较发达，在国际市场最具竞争力，俄罗斯只好倚重发展能源、原材料工业的出口带动经济走向稳定。但也出现了一些负面效应：一方面造成俄经济对世界市场上燃料和原材料价格的依赖性加强，另一方面也加重了俄经济结构的原料化。

当然，在经济转轨时期，依靠出口自然资源和原材料来支持整个经济的发展是无可厚非的。但从目前情况来看，这一历史任务已基本完成，俄罗斯应当着手改变靠出口贝加尔湖地区自然资源和原材料维持国家发展的不利局面，提高出口质量，才能与邻国形成互利互惠的合作关系。

5.3.4 政策问题

在俄罗斯争取加入世贸组织的过程中，其涉外经济法律也在不断规范和补充，联邦法律与地方法律脱节，不同领域的法律对同一类问题的规定有不一致的情况。其中，最大问题则是有些法律法规变动较频繁，缺乏稳定性。如 2006 年 2 月 26 日，俄罗斯联邦政府通过《关于修改俄罗斯联邦自然人携带自用商品过关入境缴纳统一关税和商品税税率条例》法令。2006 年 11 月 15 日，俄罗斯联邦政府又出台《关于规定 2007 年俄罗斯联邦境内零售贸易经营主体使用外籍劳工许可比例》第 683 号政府令，规定自 2007 年 4 月 1 日起全面禁止外籍劳工从事商店以外的零售贸易。

俄罗斯以前为吸引外资投入其境内资源开发，颁行了《产品分成协议法》，后随着经济形势好转，国内企业实力增强，政府开始限制外资进入其战略矿产地的开发。2005

年 10 月俄罗斯公布了禁止外国投资商进入的具有战略意义的油田、金矿和铜矿产地的名单，这份名单中包括石油储量分别为 5700 万 t 和 8200 万 t 的季托夫油田、特列布斯油田、储量占全俄铜矿总储量 40% 的乌多坎铜矿及苏霍伊-洛格大型金矿。2008 年 4 月 2 日，俄罗斯国家杜马通过了《对保障国防和国家安全具有战略意义的经济团体外国投资实施办法》，将限制外资进入的战略行业由 38 个增至 42 个，明确规定联邦级矿床包括大陆架矿床的开采勘探限制外资进入。铀、金刚石、镍、铌和铂金矿床均属联邦级矿床。此外，储量在 7000 万 t 以上的油田、500 亿 m^3 以上的天然气田、50t 以上的金矿及 50 万 t 以上的铜矿开采业均列入战略行业。

5.3.5　税费问题

俄罗斯对我国在其境内开展工程承包、劳务合作和投资经营征收各种名目的税费，是对投资项目所需设备征收关税和增值税，大型农机具及零部件过境税费征收标准不断提高。1997 年后，俄海关对中方投资企业自带自用物资开始征税，各州（区）税费标准还不统一。

5.3.6　行政执法问题

俄罗斯部分政府部门办事程序繁琐，缺乏透明度。在俄罗斯办理劳务许可证手续繁（涉及联邦和地方多个部门）、收费高（每名劳务俄方收费约 2000 元人民币）、耗时长（三四个月）。现行法律要求劳务人员一人一卡，转移工作地点须另行报批，俄方通关速度过慢，运材车辆出入俄海关因检查手续繁琐而造成积压。在俄罗斯政出多门的问题也比较严重，在贝加尔湖地区有权检查外资企业的机构多达 32 家。

5.4　经济社会地区合作重点领域

5.4.1　能源和矿产资源

5.4.1.1　油气资源

中俄之间将联合打造千万吨石油储备基地，充分利用俄罗斯贝加尔湖地区和远东地区丰富的石油资源，争取国家支持，并将中俄石油贸易项目纳入中俄总理定期会晤内容和贸易分委会会谈内容，签订政府合作协议，在延边建立千万吨石油储备基地，促进吉林省石化、轻工和纺织产业的发展。

5.4.1.2　电力资源

西伯利亚联邦区拥有鄂毕河、叶尼塞河等著名大河。西伯利亚的水电资源丰富，占俄罗斯的 50%。据测算，如果在鄂毕河、额尔齐斯河、叶尼塞河和安加拉河上建造电站，年发电约 4000 亿 kW · h。

5.4.1.3 其他矿物资源

（1）贵重金属资源

西伯利亚的金矿主要分布在叶尼塞河中上游的东部地区。采金中心有北叶尼塞斯克、诺沃耶鲁金斯克、南叶尼塞斯克和阿尔捷莫斯科。金矿黄金储量460t，品位为每吨矿砂0.8～2g黄金。使用采金船开采砂金，可年产黄金20t左右。

（2）有色金属资源

在俄罗斯西伯利亚已发现几十处铝矾土矿和含铝的霞石矿。虽然含氧化铝仅为22%～28%，品位不算高，但埋藏浅，露天开采成本低。贝加尔湖地区大型炼铝厂有新库兹涅茨克、伊尔库茨克等。由于这里的水资源丰富，炼铝成本比俄欧洲部分低1/5～1/4，比外高加索低1/3。

伊尔库茨克州的东萨彦岭地区和叶尼塞山脉是俄罗斯镁矿的重要产区。伊尔库茨克州北部，在距乌斯季库特250km处发现了俄罗斯最大的涅帕-加任卡钾矿，为光卤石钾镁盐矿。该矿分9层，总厚度35m，总面积2万km^2，预测储量700亿t。最厚的一块矿层达18.6m，面积也很大。该矿钾石盐层含钾量高，含氯化钾30%～40%。这里的钾盐经浮选后可获得纯氯化钾。

（3）黑色金属资源

伊尔库茨克州安加拉-卡塔地区是俄罗斯铁矿石主要分布区。

与此同时，俄罗斯贝加尔湖地区和远东地区矿业企业存在工艺技术和设备落后、人才短缺、资金和劳动力不足等问题。而中方可以弥补俄方的上述制约因素。因而，中俄之间形成了矿产品的供需市场格局，双方的矿业合作潜力巨大。

5.4.2 林业资源

俄罗斯西伯利亚森林面积4.48亿hm^2，木材储量为483.9亿m^3。中俄联合打造千万立方米木材加工基地。依托俄罗斯、延边地区丰富的木材资源，大力发展木材加工产业，建设“木材工业园区”，打造延边千万立方米木材加工基地，促进腹地建筑材料、木制品产业发展。

5.4.3 农业资源

俄罗斯西伯利亚农业用地的结构特点是刈草地和天然牧场比重大，占农业用地的50%以上。据统计，俄罗斯远东和西伯利亚还有1200万hm^2适于农业用土地尚未开发，主要分布在俄罗斯贝加尔湖地区伊尔库茨克州其他边疆区境内，但绝大部分不在现有的农业发达地区，开发成本较高。

目前中俄农业合作规模不大、层次较低，发展前景广阔。要转变观念，制定切实可行的政策，积极加以推动。

1）开展农业机械和食品加工机械生产领域的合作。我国生产的中小型拖拉机以及面粉、稻米、食用油加工、包装等机械设备，在性能、价格等方面优于俄罗斯产品，具有较大的市场潜力。相关生产企业可以采取出口产品或合作办厂等方式进行合作。

2）发展农业科技合作。双方可在农作物改良、饲养业发展、土壤改良、合成有机化肥、生态资源保护等多个领域进行合作。

3）优化对俄出口商品结构。发展特色农产品、有机农产品和绿色食品，提高对俄食品制成品出口的高档产品比重。建设一批粮食、蔬菜、肉和禽蛋基地，发展订单农业和农产品仓储、冷藏、精深加工等产业，扩大对俄出口规模，提高产品的附加值。发展粮食和畜产品贸易领域的合作，探讨取消由于不符合动植物检疫要求提出的农产品贸易禁令问题。

4）扩大农业劳务合作。利用远东地区土地资源和我国劳动力资源及农用机械设备，在俄发展农业种植业和养殖业，可将产品在当地销售，返销中国国内或销往他国。

5.4.4　生态环境领域

中俄两国山水相连，生态环境相互贯通，加强生态环境合作是双方共同的需要，符合两国和两国人民的根本利益。中俄两国有 4300 多千米边境线，共同拥有黑龙江（阿穆尔河）、乌苏里江、额尔古纳河、松阿察河及兴凯湖等“两江、两河、一湖”，涉及大小岛屿近 2500 个。两国界河里程之长（3479km），岛屿之多，为世界之最；两国许多陆地动植物也存在着天然的联系。同时，两国在应对全球变化、荒漠化等世界性环境难题方面，具有共同的目标，两国生态环境合作领域广阔。

（1）中俄两国生态环境合作方面取得的成就

中俄跨境生态环境合作起步于 20 世纪 90 年代初。随着两国战略协作伙伴关系的确立和发展，两国生态环境合作呈现出三大特点：一是合作地位不断提升，迅速进入两国政治议程；二是合作领域和渠道不断拓展，涉及自然保护、跨界水体污染防治和联合监测等方面，包括中央政府和两国毗邻地方政府等层面；三是合作活动迈向务实和机制化，在两国总理定期会晤委员会下建立了环保分委会这一长效机制和综合平台。

（2）中俄跨境生态环境合作的重要领域及建议

1）共同应对全球气候变化。在俄罗斯西伯利亚、远东地区和中国北方地区建立基于气候研究的长期野外定位观测台站（监测样点），两国共享区域气候数据，成立中俄气候变化合作研究中心，共同预防和应对东北亚区域极端气候问题。

2）共同治理跨境污染。以跨境河流水污染防治为重点，完善跨境河流水质监测制度，制定跨境污染防治规划，建立跨境污染预警机制。

3）共同建立跨边境的自然保护区。以保护东北虎等濒危物种和主要候鸟栖息地为重点，探索建立跨国界自然保护区的新机制，推进跨边境地区野生动物种群恢复。

4）共同实施跨界河流和湖泊保护计划。以黑龙江（阿穆尔河）、乌苏里江、额尔古纳河和兴凯湖为代表，实施主要跨界河流和湖泊休养生息工程。

5）共同保护野生动物跨境迁徙与疾病传播控制。建立主要野生动物迁徙监测系统，防止禽流感等疾病通过迁徙动物传播。

6）共同打击边境地区非法偷猎。实施边境地区反盗猎计划，建立共同打击跨边境地区非法偷猎的国际合作机制，保护跨境地区珍稀野生动植物。

7）共同分享生态环境保护技术。在荒漠化治理、冻土保护等领域展开技术交流，成立中俄两国专门生态环境技术研究小组，加强技术宣传和交流。

8）共同加强林业生态建设。在林业病虫害防治、森林防火等领域展开全方位合作，保护森林生态系统不受自然和人为灾害的影响。

9）共同建立生态工业园。在跨边境地区实施生态工业发展战略，主要工业进园区，走生态工业园区的道路，防治边境地区工业污染。

5.4.5 人力和科技资源的互补合作

俄罗斯劳动力资源比较缺乏，而中国的劳动力资源则是大量过剩。近年来，俄罗斯人口不断减少并导致国内劳动力短缺，吸引外国劳动力已成为俄罗斯解决劳动力不足的重要途径之一。

贝加尔湖地区具有一定的科技基础和技术出口潜力，引进和利用一些高科技比引进和购买西方国家的高科技更容易、更经济。从技术设备看，贝加尔湖地区的某些技术设备在我国仍有较大的市场，而我国在某些领域的技术设备，如轻纺、电子、建材、食品加工等，俄罗斯也有很大需求。

中俄毗邻区域广泛开展科技合作和技术贸易，既有助于提高中俄总体科技水平，也有助于科研成果产业化。俄罗斯贝加尔湖地区寒地技术等实用技术方面也处于领先地位，中俄在这些领域也可形成贸易互补并展开深入的技术合作。中国的家用电器制造技术、电脑生产技术、通信设备生产技术、石化产品技术、建材生产技术、食品加工技术、工程机械生产技术、石油开采和提炼技术等已处于世界先进水平的行列，这些技术在俄罗斯有广阔的市场，有很大的贸易潜力，它可以弥补俄罗斯在这些领域的不足，从而形成中俄在技术领域的优势互补。

5.4.6 旅游领域

以俄罗斯为主要客源目标国，联动贝加尔湖地区的旅游发展，做大做强东北各省的旅游经济。打破旅游“行政区经济”的旧观念，树立大旅游区域合作的新观念。东北经济区各主要城市和边境口岸要与周边国家特别是俄罗斯东部地区进行旅游会展的资源整合、对接和互动，形成立足本地区、覆盖全东北、辐射全国、跨越国家的大旅游格局，做到资源共享，互利共赢。在发展以俄为主的跨境旅游业时要注意：一是打造旅游知名品牌和特色旅游线路，营造旅游市场。根据东北地区地理、民族和气候特点，着力打造冰雪文化娱乐游、俄罗斯文化风情游、满族、蒙古族、朝鲜族等少数民族民俗文化游等精品；二是大力创新旅游产品，向中俄纵深腹地和周边国家（地区）延伸旅游线路，深度开发跨境旅游市场。应与俄方旅游部门密切合作，加大旅游新产品开发力度，不断推出新的项目和线路。

5.5 中俄关于贝加尔湖地区合作开发的模式

5.5.1 境外生产加工型投资

2005年7月22日，俄罗斯公布实施了《俄罗斯联邦经济特区法》，该法规定在俄罗斯设立工业生产型和技术推广型两种经济特区，经济特区内企业在缴纳所得税和财产税方面将享受优惠。中国华北和东北各省级行政区的某些装备制造、电子信息、轻工、纺织、食品、医药、建材、化工等与俄罗斯特别是其东部地区相比，拥有程度不同的比较优势，可以作为“走出去”对俄投资的主导行业，通过资本、技术、服务输出，对俄罗斯市场进行深度开发，到俄罗斯这种经济特区投资办厂，既能享受特区的税收及其他优惠，又便于把自己生产的产品向俄罗斯及第三国出口。在具体实施时要注意搞好调查研究，对投资目标地区的经济社会情况、投资软硬环境，特别是有关外资的政策法律、拟开发产品的市场供求现状及未来趋势、原料供应情况、基础设施（水、电、热力）保障程度都要进行综合分析和论证研究，以选择经济上合理、技术上先进、实践上可行的最佳方案，从而为企业的最终投资决策提供科学的依据，从源头上规避投资风险。

投资方式和经营方式要根据自己的条件，或独资或合资，或参股或并购。规模还是由小到大较为稳妥，如资金不足可用设备、技术和服务入股。还可考虑作非股权安排，如租赁俄方企业、厂房、设备等进行经营。

5.5.2 境外资源开发型投资

鉴于矿产项目投资巨大，我方投资企业可考虑吸引港台地区或东部沿海地区的战略投资者联手开发，或在中国出口信用保险公司帮助下融资并投保。在境外可与俄企业合资经营、合作经营。在有足够财力的情况下，可根据产品分成协议法和租让法，在与俄方签订相应协议的基础上独立开发。先由较小项目做起，进行试点，取得经验后，再逐步推开。

俄政府为发展本国的木材深加工业，对原木出口采取逐渐提高关税税率的政策。从 2008 年 4 月起原木出口关税税率提高到 25%，不低于 15 欧元/m^3；从 2009 年 1 月起提高至 80%，不低于 50 欧元/m^3。而对开办木材深加工企业的俄罗斯及外资企业则实行税收减免、提供廉价原料、国家负责经营所需的道路和基础设施的建设等优惠和鼓励政策。有鉴于此，华北和东北各省级行政区应鼓励本地区企业赴俄从事林业综合开发特别是木材深加工业，而对以俄进口原木为原料的国内木材加工业则要适度控制其发展规模。

5.5.3 基地合作创新模式

基地合作创新模式是中俄企业在大学或研究机构建立共同技术创新基地的一种合作创新组织形式。基地合作创新模式改变了项目合伙制以项目为核心的“点对点”模式，一般由企业提供资金或设备，由大学或研究机构提供场地和研究人员。在这种模式下，共同技术创新基地提供给企业的往往是中间技术或中间产品，同时具有较强的技术培训功能。基地的建设和管理通常由大学或研究机构负责。其创新成果的所有权安排有两种情况：一种是由基地所在单位所有；另一种是由参与企业和基地所在单位共同所有。在这两种情况下，企业要合法取得创新成果都须付费，只是付费的对象不同。基地合作创新的财务风险主要由参与基地建设的企业分担（往往是等额分担，基地所在单位也要承担一定的财务风险，但数量较少），而创新的技术风险基本上由基地所在单位承担。

5.5.4 科技园区孵化模式

中俄经贸合作中，科技合作是突破口。俄罗斯现在仍然是世界科技大国，在航空、航天、核能、舰船等方面居世界领先地位。生物遗传工程、激光技术、新材料、生态环保、农业育种、医疗等方面也有相当优势。俄科技基础研究实力雄厚，水平高于西方，近年已加强了应用研究，开始接触市场，在重点科研领域有40%居世界领先水平，还拥有近5万家科技型小企业，在科技创新、发展经济方面有优势和潜力。俄官方称其国防科研及工业系统内70%的技术为军民两用技术，只要有资金，随时可以转换。同时，俄罗斯的产品水平远远低于科技水平，受经费限制，其开发水平也低于科研水平，科技成果半成品多，工艺水平差，民品技术落后。俄科研人才外流严重，不少科研单位因经费不足而陷入困境。科研人员生活困难，不得不靠出售技术和科技成果来维持生存。我国在这些科学技术领域与俄方有较大差距，对这些高新技术及其产品有较大的需求，而西方国家在上述领域又对中国实行封锁。因此，我们应抓住目前的特殊机遇，建立研究与开发机构，为高新技术向中国扩散提供了可能性，一方面，中国应重点研究中俄R&D合作创新模式与传播扩散的机制，促进中俄科技合作在广度和深度上的发展。另一方面，与俄开展研发合作应选择重点突破地区，新西伯利亚高科技区是目前世界人数最多、规模最大的高科技产业开发区，我们应选择新西伯利亚城（又称科技城）、莫斯科、圣彼得堡等俄罗斯高校和科研机构密集的地区开展研发投资活动，对实现中国海外研发投资多元化战略具有重要的意义。借助中国高技术园区，利用国家制定的各项发展高新技术产业的优惠政策，营造适应中国高新技术产业化的小气候，促进中国高新技术产品的诞生与市场的开拓。这种模式的特点：一是具有明显的环境优势；二是全部产业化工作由园区总负责，效率高，效益好。这种模式的优点在于既体现了专业化的特点，又体现了专业互补的优势，园区和科研单位或高校均可获得相应的经济效益。

5.5.5 双基地合作模式

在平等互利的基础上，通过“双基地”这种组织形式为中俄两国科技创新企业提供科研、金融、中介、商业、法律等良好环境，推动双方多种形式的交流与合作，加速科技成果产业化和国际化。主要围绕能源、新材料、新工艺、环保、信息、航天航空、机电一体化、光电转换、化工、材料表面处理、自动化及中俄双方市场需求的技术等开展合作。如中国哈尔滨开发区与俄罗斯新西伯利亚科技园签订了互建中俄罗斯际企业孵化器的协议。根据该协议，双方各自提供孵化场所和政策服务支持，即中方主要提供资金，俄方主要提供技术，分别在哈尔滨开发区和新西伯利亚科技园进行科技项目孵化，进而推动中俄高新技术的产业化进程。双方合作范围涉及电子、新材料、新工艺、生物制药、机械设备及其零部件等技术项目。如哈尔滨开发区将划出2000m^{2}的场地作为科技项目孵化基地，新西伯利亚科技园将提供一幢4000～5000m^{2}的楼房作为科技项目孵化场所。按照双方对等的原则，中俄将为国际企业孵化器制定企业注册、税收、金融、人员出入境、居住、货物进出口等方面的优惠政策，提供服务支持，吸引中俄两国科技人员和科技企业将其科研成果在国际企业孵化器中进行培育和技术开发，创立合作或合资科技型企业。

5.5.6 共建风险投资公司模式

针对中俄合作中风险较大的问题，共建风险投资公司是解决该问题的有效模式之一。共建风险投资公司的主要任务是帮助中国民营企业、中小企业开拓对俄贸易，开发、生产和推销符合俄市场的产品。如黑龙江辰能哈工大高科技风险投资有限公司（简称“辰能风投”）和哈尔滨中俄科技合作基金正迅速成长为黑龙江省乃至中国对俄科技合作的新生力量。“辰能风投”是由黑龙江省政府出资引导，由黑龙江省电力开发公司、哈尔滨工业大学等社会资本积极参与组建的专业风险投资公司，目前已成功投资、支持20多家高新技术企业。哈尔滨中俄科技合作基金是由哈尔滨市科技局出资引导，由“辰能风投”、哈尔滨国创科技投资管理有限公司按国际惯例于2004年建立的契约式对俄专项基金。该基金初始规模为3000万元人民币，致力于推进中俄科技交流与合作，加速对俄科技成果的引进和产业化步伐。目前，哈尔滨中俄科技合作基金已完成整理、筛选对俄科技成果1000余项，调研、论证中俄科技合作项目60余项，确定投资引进项目5项，累计带动社会投资3000余万元人民币。

5.6　经济社会合作开发的对策保障

5.6.1　加强双方政府间的协调关系，为国际合作创造良好环境

充分利用两国首脑、总理会晤机制、各委员会会议机制、中俄边地贸常设工作小组会议、中俄边地贸协调委员会会议机制，协调解决与俄罗斯远东和西伯利亚资源开发合作中的各种难点问题，寻找进行资源开发合作的项目。

5.6.2　政府推动大型相关企业、积极引导有经济实力的大型民营企业参与资源开发与合作

采取优惠政策，鼓励推动我国各大企业积极参加与俄罗斯贝尔湖地区的油气合作。鼓励推动大型企业积极同俄罗斯贝加尔湖地区的大型汽车修配企业和机械厂建立合作关系，出口汽车、客车及其零配件，进口汽车零配件和原材料等。鼓励推动我国大型肉食企业积极与俄罗斯贝加尔湖地区合作发展养牛业、养猪业、养鹿业和养鸡业，在俄罗斯建立独资和合资企业，加工畜禽产品，带动我国畜禽产品出口。

5.6.3　优选合作领域

1）能源开发合作。与俄罗斯开展石油、天然气、煤炭资源开发合作，进口俄罗斯的煤、石油和天然气；与俄罗斯开展水电、火电资源开发合作，进口俄罗斯电能。

2）矿业开发合作。与俄罗斯合作开发金矿、金刚石矿、锡矿、铅锌矿；与俄罗斯合作开发铝矾土矿、乌多坎铜矿和伊尔库茨克钾石岩矿，主要进行劳务合作，促进我国的劳动力出口，以劳务换原料，增加矿物进口。

3）开展与俄罗斯远东、西伯利亚的林业资源开发合作，承包林地，采伐木材和进行木材深加工；促进我国林业劳务和设备出口，以劳务换木材，增加木材进口。

4）开展与俄罗斯远东的渔业资源开发合作，租赁承包俄罗斯远东渔场、渔船，出口渔业劳务，进行渔业劳务合作，以劳务换渔产品，增加渔产品进口。

5）开展与俄罗斯的农业合作，租赁或承包土地、农场进行农业劳务合作，以劳务

换取原材料，增加原材料进口。

5.6.4 建立健全支撑性服务体系

首先要建立以信息产业为纽带的网络体系，中国在俄罗斯的各类信息机构应在建立市场信息交易所的基础上与俄方当地信息组织开展积极的交流，建立信息业务联系，获取经贸合作信息。同时要充分利用中国在俄市场上的经贸机构［如公司代表处独资企业中外合资（合作）企业中中合资（合作）企业及在俄分支机构等］的市场信息渠道，根据有偿转让和互利的原则，逐步建立起市场信息库和协调中心。要建立专业化的对俄经贸合作中介机构和咨询评估机构，对中国从事对俄贸易企业在扩大品牌商品出口市场开发法律援助、信息咨询等方面给予更大支持，通过加强培训，帮助企业全面了解俄经贸法规政策和投资环境。要大力培养对俄经贸服务人才，应依托国内高等院校和科研机构建立合理的人才培养和开发体系，同时，应与俄罗斯的高等院校和科研机构建立长期的合作，通过互访和交流，培养急需的人才。

5.6.5 积极拓展新的合作领域

为了提高中俄经贸合作的层次和规模，促进中俄经贸合作向多元化方向发展，应努力探寻中俄经贸合作新的增长点。其中，电信、汽车及零部件生产、制药建筑建材、旅游和会展等领域的合作都是中俄双方亟须拓展的新领域。电信领域方面，中国部分通信公司已获得俄罗斯市场的认可，在固定电话和移动通信网络建设等方面均具备了与俄合作的可能。

汽车及零部件生产领域方面，由于俄罗斯内缺乏生产先进的复杂的汽车零部件的物质和技术基础，2005 年 3 月，俄政府颁布了鼓励外国公司在俄投资组装汽车的关税政策，决定减免组装汽车一部分零部件的进口关税，这为中国汽车进军俄罗斯市场提供了良好契机。

制药领域方面，俄罗斯不仅原料药主要依靠进口，成品药也远远不能满足国内实际需要，且国产药品的自给率越来越低，这为中国医药生产和经营企业提供了理想的发展空间。

建筑、建材领域方面，俄罗斯建材工业落后，生产力水平低下，难以满足俄罗斯建筑市场的需求，大部分建筑装修材料需要进口。与此同时，中国建材行业蓬勃发展，产品质量不断提高，而且在价格上一般要比欧洲同类产品便宜一半左右，深受俄罗斯人的欢迎，因此对俄有巨大的出口潜力。

旅游领域方面，从近几年的发展势头来看，俄罗斯来华旅游已经形成了一个规模颇为可观的市场大力发展中俄旅游合作不仅可以促进两国人民之间的交流和加深友谊，而且将增加两国经贸合作的内涵，加速两国经贸合作的快速发展。

会展领域方面，近年来，随着中俄两国科技与经贸关系的深入发展，各种博览会、投资洽谈会频频举办，为促进中俄贸易、投资发挥了重要的作用。今后的博览会、投资洽谈会要突出特色，开辟独立的中俄相互投资洽谈区，甚至专门举办中俄投资洽谈会

5.6.6 制定适应性政策

中俄边境地区经贸合作的发展离不开两国政府的政策支持，特别是在俄罗斯经济尚

未恢复、投资环境有风险的情况下，更需要双方政府加大政策倾斜力度。在关税和其他税收方面，鉴于边贸关税收入占国家的关税总收入的比重很小，为扶持边境地区发展，建议对边贸进口关税、进口环节增值税实行全额免征；或将目前执行的按法定税率减半征收的政策改为长期政策，不再设政策时限。边民互市贸易的出口货物应实行一般贸易退税政策，建议取消增值税专用缴款单和外汇核销单，使用商业流通发票或增值税发票与报关单进行退税。在财政金融方面，鉴于对俄贸易风险较大、我方银行不愿为边贸企业贷款的情况，建议国家建立专门机构并设立专项基金，为边贸企业的出口信贷提供担保，以利于边贸企业融资。在进出口商品管理方面，为适应世贸组织的要求，建议国家原则上取消边境贸易的进出口商品配额和许可证管理，或在年度进口计划中把给边境贸易的配额予以单列，年初一次性下达到各边境开放城市。

第6章　俄罗斯远东地区经济社会考察

6.1　俄罗斯远东地区概况

俄罗斯远东联邦区（以下简称“俄远东大区”）包括中西伯利亚高原以东，直到太平洋沿岸南北的俄罗斯联邦的广袤地区，由滨海边疆区、哈巴罗夫斯克边疆区、犹太自治州、阿穆尔州、萨哈林州、马加丹州、堪察加州（含科里亚克自治区）、楚科奇自治区和萨哈（雅库特）共和国9个主体政区组成。陆地面积616.94万km^2，占全俄的36.4%，是俄罗斯联邦区中面积最大的。其南、东、北三面依次为日本海、太平洋和北冰洋，其海岸线总长1.8万km。在海域中拥有主权的海洋经济带1500万km^2（表6-1）。

表6-1　俄罗斯远东联邦主体政区基本情况（截至2010年年末）

主体政区名称	面积/万km^2	人口/万人	人口密度/（人/km^2）	GDP/亿卢布	人均GDP/（万卢布/人）	地均GDP/（万卢布/km^2）
滨海边疆区	16.47	195.3	11.86	4 643.25	23.77	281.92
哈巴罗夫斯克边疆区	78.76	134.3	1.71	3 512.61	26.15	44.60
犹太自治州	3.63	17.6	4.85	325.38	18.49	89.64
阿穆尔州	36.19	82.9	2.29	1 795.09	21.65	49.60
萨哈林州	8.71	49.7	5.71	4 927.3	99.14	565.71
马加丹州	46.25	15.6	0.34	581.74	37.29	12.58
堪察加州	46.43	32.2	0.69	1 016.77	31.58	21.90
楚科奇自治区	72.15	5.1	0.07	253.2	49.65	3.51
萨哈（雅库特）共和国	308.35	95.8	0.31	3 847.26	40.16	12.48
俄远东大区	616.94	628.5	1.02	21 069.4	33.52	34.15

资料来源：《俄罗斯联邦统计年鉴2012》。

俄远东大区处于东北亚的高纬度地区，气候高寒严酷。植被分布北冰洋沿岸地带向南依次为冻土苔原地带和森林苔原地带；其余大部分地区按自然植被分为北、中、南三个泰加林区，北泰加林区与中泰加林区大致以雅库茨克为界，其北为北泰加林区，其南为中泰加林区，外兴安岭（斯塔诺夫山脉）以南为南泰加林区；布拉戈维申斯克（海兰泡）以南至符拉迪沃斯托克（海参崴）以混交林和草原森林带为主。

6.1.1　俄远东地区资源特点及开发现状

6.1.1.1　能源矿产、森林和水资源特点

（1）能源矿产、森林和水资源非常丰富

俄远东和东西伯利亚丰富的自然资源首先表现在能源方面，远东与东西伯利亚地区的油气资源已探明储量为 128 亿 t，主要分布在西伯利亚台地和远东的萨哈林州，其中有 92.4 亿 t 储藏在东西伯利亚地区。天然气探明储量约 4.9 万亿 m^3，约占全俄的 10%，其中 90% 以上蕴藏在东西伯利亚。东西伯利亚地区的油气资源又大多集中在克拉斯诺亚尔斯克边疆区，远东萨哈林州的大陆架油气资源主要集中在大陆架的东北部。俄罗斯的煤炭储量居世界第三位，且 90% 以上都分布在其东部地区。远东的煤炭探明储量为 181 亿 t，其中 42% 都分布在萨哈（雅库特）共和国。东西伯利亚的煤炭则主要集中在克拉斯诺亚尔斯克边疆区、伊尔库茨克州和贝阿铁路沿线地区。金属铁、铜、铅、锌、黄金和非金属萤石、金刚石和石墨等都是这一区域内的优势矿产。铁的储量约为 120 亿 t，东西伯利亚拥有 75% 的储量，集中分布于克拉斯诺亚尔斯克边疆区、伊尔库茨克和外贝加尔边疆区，阿尔丹、恰拉-托克和奥缪马克是远东的主要分布地。俄罗斯东部的铜矿主要集中在东西伯利亚，储量占全俄的 62.6%，约 5527 万 t，分布在外贝加尔边疆区东北部和克拉斯诺亚尔斯克边疆区北部，远东南部地区也有少量的分布。铅矿在东西伯利亚和远东的储量约 644 万 t，集中分布在布里亚特共和国和克拉斯诺亚尔斯克边疆区，其中克拉斯诺亚尔斯克边疆区的戈列夫的铅储量就占全俄总储量的 40% 以上。而俄罗斯已探明的锌储量居世界之首，总储量 4540 万 t。其中，近一半分布在东西伯利亚的布里亚特共和国。俄罗斯是世界上最重要的贵金属生产国，在全俄 15 万 t 的黄金总储量中，东西伯利亚拥有 37.8%，远东拥有 43.9%，主要分布在东西伯利亚的维季姆河、外贝加尔边疆区以及远东的阿尔丹河、科雷马河和楚科奇等地。萤石的探明总储量为 1670 万 t。其中，1200 万 t 集中在远东的滨海边境区。金刚石主要分布在远东的萨哈（雅库特）共和国，俄罗斯商品金刚石生产的 99.8% 都集中在此。石墨则主要分布在伊尔库茨克、哈巴罗夫斯克边疆区和滨海边疆区（表 6-2）。

表 6-2　俄罗斯远东地区主要矿产资源及其空间分布

矿产种类	储量/t	占全俄比重/%	主要分布地点
煤炭	181 亿	60	南雅库特煤田、连斯克和济良诺夫斯克煤田、坎戈拉斯克褐煤矿
铁矿石	44 亿	8～10	79% 分布在萨哈（雅库特）共和国南部，16% 在犹太自治州，5% 在阿穆尔州
锰	640 万		萨哈（雅库特）共和国和哈巴罗夫斯克边疆区
金刚石		84.1	萨哈西部

续表

矿产种类	储量/t	占全俄比重/%	主要分布地点
金矿			萨哈（占全远东的44%）、马加丹州（占17%）、堪察加州（占16%）、哈巴罗夫斯克边疆区（占14%）和阿穆尔州（占8%）
锡		95	萨哈（雅库特）共和国（占全远东储量的44%）、哈巴罗夫斯克边疆区（占21%）和马加丹州（占14%）
钨		24	滨海边疆区（占全远东储量的40%）、萨哈（37%）、马加丹州（14%）和哈巴罗夫斯克边疆区
铅			81%集中在滨海边疆区
锌			79%集中在滨海边疆区

俄罗斯的森林资源总面积为11.11亿hm^2，其中绝大部分位于东部地区，东西伯利亚的森林资源面积为2.97亿hm^2，占全俄的27%，木材蓄积量为263.3亿m^3，居全俄之首。东西伯利亚的森林资源主要分布在克拉斯诺亚尔斯克边疆区和伊尔库茨克州。远东地区森林资源面积为4.96亿hm^2，占全俄的45.1%。木材蓄积量为203.62亿m^3，仅次于东西伯利亚，其中森林覆盖率为76.1%的滨海边疆区是远东森林覆盖率最高的地区。此外，这一地区人口稀少，森林采伐利用率远低于增加的森林利用率，以致形成大面积的成熟林和过熟林，其中东西伯利亚地区的成熟林占54.8%，过熟林占26.9%，森林资源的开发潜力巨大。

俄罗斯水量最丰富的河流叶尼塞河、勒拿河及包括兴凯湖在内的10万多个大小湖泊更使该区水资源总量富足。

由于多种地理因素与大气环流因素的综合作用，俄罗斯东部的农业主要集中在东西伯利亚的贝加尔湖沿岸和远东南部的阿穆尔河沿岸，农业用地共计2949.51万hm^2。其中，东西伯利亚地区占74.7%，这一地区的土壤以草甸土和灰色森林土为主。俄大部分地区因地理位置原因而热量资源总体不足，东西伯利亚和远东南部的年积温1500～2500℃。含有丰富水汽的大西洋气团到东西伯利亚地区仅剩200～300mm降水，但远东的太平洋沿岸地区因受海洋季风的影响降水会增至500～1000mm。小麦、黑麦和燕麦等旱地作物是该区的主要农业产品。

俄远东和东西伯利亚地区自然资源的开发不仅能够使其成为西部工业的能源基地，还能为东部地区经济社会的发展提供充足的资金与机遇，而且对俄罗斯参与东北亚的经济合作意义重大。

（2）能源矿产、森林和水资源开发量较小

俄罗斯对东部资源长期的大规模开发，使远东与东西伯利亚形成了独特的经济结构。作为国家的原材料生产基地和出口商品基地，这一地区在俄罗斯经济和对外经贸中的地位和作用非常重要。

东西伯利亚和远东地区油气储量丰富，但开采量较小。2010年，石油产量2289万t（表6-3），仅占全俄石油总产量的4.6%；天然气产量223亿m^3（表6-4），仅占全俄天然气产量的3.8%（表6-5）。

该区域石油产量的增加主要是依靠投产新油田。此外，2008年东西伯利亚和远东萨哈（雅库特）共和国被列入“东西伯利亚–太平洋”输油管道工程区段后产量大幅增加。2009年该输油管道的一期工程“泰舍特–斯科沃罗季诺”输油管线投产后，东西伯利亚地区的石油产量达到了750万t，比2008年提高了11倍（表6-3）。

表6-3　2008年、2010年俄罗斯东西伯利亚及远东地区石油产量

地区	石油产量/万t		同比增长/%
	2008年	2010年	
东西伯利亚	67	499	644.8
其中：克拉斯诺亚尔斯克边疆区	13	340	2515.4
伊尔库茨克州	54	159	194.4
远东	1358	1790	31.8
其中：萨哈（雅库特）共和国	78	250	220.5
萨哈林州	1 280	1 540	20.3
总计	1425	2289	60.6

资料来源：《近30年来俄罗斯石油工业发展概述》。

表6-4　2008年、2010年俄罗斯东西伯利亚及远东地区天然气产量

地区	天然气产量/亿m^3		同比增长/%
	2008年	2010年	
东西伯利亚	43	55	27.9
其中：克拉斯诺亚尔斯克边疆区	42	53	26.2
伊尔库茨克州	1	2	100
远东	109	168	54.1
其中：萨哈（雅库特）共和国	18	18	0
萨哈林陆地矿区	7	7	29.8
萨哈林州大陆架	84	143	70.2
总计	152	223	46.7

资料来源：《东西伯利亚和远东地区石油天然气工业发展前景》。

东西伯利亚和远东2013年的煤炭总产量约为1818亿。其中，东西伯利亚占72.7%。东西伯利亚的煤炭生产集中在克拉斯诺亚尔斯克边疆区、伊尔库茨克州和赤塔州。

表 6-5　俄远东及东西伯利亚地区能源矿产的探明储量

（单位：亿 t/亿 m^3）

地区 / 矿产	俄罗斯远东及东西伯利亚地区
煤炭	1818
石油	128
天然气	472

资料来源：俄罗斯联邦远东及外贝加尔地区 2013 年以前经济社会发展专项规划、《蒙古国统计年鉴》等。

东西伯利亚和远东的矿物资源也非常丰富，但目前各类矿产的开采规模尚且有限。铁矿只在东西伯利亚的克拉斯诺亚尔斯克边疆区和外贝加尔边疆区及远东的哈巴罗夫斯克边疆区有小规模开采。东西伯利亚是铜的主要产地，外贝加尔边疆区乌多坎是全俄最大的铜矿产地，铜和银储量为 267 万 t[①] 马加丹州的黄金开采量一直居全俄之首。俄罗斯几乎全部的金刚石储量和开采量都集中在远东萨哈（雅库特）共和国。萨哈（雅库特）共和国金刚石开采量分别占全俄的 98% 和全世界的 25%，尤其是近年都以年均 5% 的速度增长。

俄远东及东西伯利亚和中国东北地区的金属矿产种类繁多，且储量很大（表 6-6）。

表 6-6　俄远东地区金属矿产的探明储量　（单位：万 t）

地区 / 矿产	俄远东及东西伯利亚地区
铁	1.2×10^6
铅	644
锌	2270
铜	5227

资料来源：俄罗斯联邦远东及外贝加尔地区 2013 年以前经济社会发展专项规划。

东西伯利亚的森林资源丰于远东，但远东的木材采伐量却高于东西伯利亚。远东的森林工业遍布所有区域，但南部地区集中了远东林业综合体主要的生产设备和生产潜力。据俄罗斯专家估测，保持远东森林资源不至枯竭的年许可森林采伐量为 1.072 亿 m^3，而 2005 年远东计算采伐量利用率只有 22%，萨哈（雅库特）共和国的利用率仅为 1.8%。虽然近年来的生产能力不断提高，但远远达不到历史最高水平。

俄罗斯的水资源大多分布在东西伯利亚和远东地区，但由于这里人口稀少，开发较晚，水资源的利用率很低。东西伯利亚和远东的平均年取水量约为 113 亿 m^3，其中工业用水占 55%。东西伯利亚和远东可用于经济开发的水能资源为 8593 亿 kW · h/a，但

① 资料来源：http：//www. veinchina. com/C/30/43634. html. 2014-05-21.

该地区水力资源的利用率却只有 8%。俄罗斯的水库和水利工程建设比较发达，最大的水电站是建在叶尼塞河上的萨扬舒申斯克水电站，装机容量为 640 万 kW。

远东海域作为俄罗斯最重要的捕鱼区，年捕鱼量达 300 万 t，并逐年递增。其中，滨海边疆区的捕捞量几乎占远东鱼类和海产品总量的一半。此外，叶尼塞河流域、勒拿河、亚纳河、克雷姆河和伊吉格勒克河等在全俄罗斯的河流捕鱼业中意义重大，贝加尔湖的年捕鱼量约 3000t。

凭借所拥有的丰富资源，远东与东西伯利亚在今后很长时期都将是俄罗斯的主要能源基地和原材料出口基地。

6.1.1.2　农业资源特点、开发及存在问题

（1）农业自然条件

1）远东地区自然条件概况。远东地区地形以高原和山地为主，山地平均海拔 1000 ~ 1500m，只有在河流两岸才有为数不多的平原，不适宜大规模的农业开发。由于地域面积辽阔，尤其南北跨度最高达到 4000km，使得各地区气候条件差异较大，南部沿海地区受季风气候影响，气候较为温和湿润，年均气温在 0.4℃左右，夏季受太平洋季风影响雨量集中，充沛的雨量与温和的气候使南部沿海地区成为远东经济区内主要的农业生产区，适宜种植水稻、大豆、小麦、大麦以及蔬菜等作物。而内陆地区呈现出明显的大陆性气候，冬季寒冷干燥，无霜期较短，不适宜农作物的生长，但是利用地热温室大棚种植蔬菜以及大面积种植饲料作物发展畜牧业具有一定的有利条件，尤其是北方地区的苔原冻土地带是北方鹿群的主要放牧地带。

远东地区森林与水资源丰富。远东地区大部分地区都被森林所覆盖，北部地区以落叶松、红松、雪松等针叶林为主，50°N 以南则以针阔叶混交林为主，乌苏里原始森林中针叶林、阔叶林以及各种藤本植物众多，也为种类繁多的动物提供了生存空间，形成了狩猎与饲养的特色产业。水产品方面，远东地区河流交错，鱼类种类繁多，尤其是一些特有鱼种具有非常高的经济价值；另外，远东地区具有长达 1 万多千米的海岸线，鱼类以及蟹、虾、海参等非鱼类海产品丰富，海洋捕捞在远东经济中占有重要的地位。

2）东西伯利亚自然条件概况。东西伯利亚绝大部分地区是海拔 500m 以上的山地，南方和西南方边界地区有萨彦岭。由于远离大西洋，太平洋和印度洋的暖风又被山脉阻断，使东西伯利亚具有最典型的大陆性气候特点，具体表现为冬夏温差巨大，昼夜温度剧烈变化。在北冰洋的直接影响下，东西伯利亚成为世界上最寒冷的地区之一，夏短冬长，春天化冻晚，而秋天上冻早。在冬季长达九、十个月的北部地区，河流和土壤只在夏季有限的三两个月里解冻，依靠地面热气的植物匆忙开花结果，很多植物的生长过程往往延续几年，甚至几十年。大陆性气候的另一个表现是降水量少。西部地区的年降水量为 600mm，而东部仅为 300mm。在降水量最少的东南部地区，冬季平均雪厚只有 5 ~ 10mm。

西伯利亚 70°N 以南的绝大部分地区是森林草原地带。森林资源丰富，木材蓄积量达 280 亿 m^3。主要树种为针叶树，阔叶树（桦树、山杨）约占 15%。分布在永久冻土带的森林几乎由兴安落叶松组成，中西伯利亚高原中部和东部以及外贝加尔边疆区的主

要树种是松树，而在西伯利亚高原西部和哈卡斯的森林则由喜欢潮湿的云杉和冷杉组成。东西伯利亚的成熟林和过熟林比重达到80%，为林业发展提供了可靠保障。

东西伯利亚河流密布，在全俄河流流量中占30%的比重，贝加尔湖是世界最清澈和最深的淡水湖（深1620m），面积3.15万km^2，有336条河注入该湖。湖中有40多种鱼，其中许多为独有鱼种。

（2）农业资源特点

1）面积大、人口少。远东地区是俄罗斯面积最大的经济区，总面积616.93万km^2，占全俄面积的36.4%，而东西伯利亚地区面积达412.28万km^2，占全俄面积的24.1%。尽管远东与东西伯利亚地区幅员辽阔，但是人口规模却较小，两地合计人口占全俄人口的11.6%左右，而且人口分布极其不平衡。例如，楚科奇自治区人口密度仅为0.4人/km^2，而滨海边疆区人口密度为12.1人/km^2。地广人稀，加之生活条件恶劣、失业率上升等因素的影响，人口自然增长缓慢，老龄化问题严重，人口不断外流，区域农业劳动力资源明显不足。

2）因地制宜、农畜结合。远东地区的年平均气温较低，1月最南部地区的平均气温在-21℃左右，最北部地区的气温在-37～-40℃；7月南部地区的平均气温在20℃左右，北部地区在0～4℃，无霜期很短。东西伯利亚约有1/4面积在北极圈内，寒冷的气候和较少的降水量使农业发展遇到很大困难。远东地区的阿木尔州、犹太自治州、哈巴罗夫斯克边疆区南部平原和滨海边疆区中南部平原地带的气候条件适宜农业发展，可生产多种蔬菜、马铃薯、大豆、玉米和水稻等作物。东西伯利亚南部的米努辛斯克盆地、伊尔库茨克州南部和布里亚特共和国的南部地区也是主要的播种区。同时远东与东西伯利亚的严寒气候也为畜牧业发展提供了较为适宜的条件，北方苔原冻土带是鹿群生长的天然场所，东西伯利亚的米努辛斯克盆地、图瓦盆地和外贝加尔边疆区有良好的天然牧场和草场，具有发达的养羊业，羊毛产量很大。此外还饲养肉牛、奶牛、猪和禽，为居民提供大量牛奶、鸡蛋和鲜肉。

3）资源闲置、潜力巨大。俄罗斯东部地区幅员辽阔，土地资源丰富，耕地、草场、牧场、林地等资源质量好，农业生产成本低。但是由于人口稀少，农业劳动力不足，许多农业资源闲置，例如阿穆尔州有农业用地273.35万hm^2，其中耕地127.21万hm^2，草场41.83万hm^2，牧场48.23万hm^2，农业从业人口仅2.6万人，弃耕地达50万hm^2，荒地54.9万hm^2，80%的畜舍和农产品加工设备闲置，可开发利用的土地、草原十分丰富。俄罗斯远东和东西伯利亚地区的农业资源还有待进一步开发与利用，其农业发展具有巨大的潜力。

（3）农业发展概况

在20世纪90年代俄罗斯实行“休克疗法”之前，农业总产值中，种植业占34%，畜牧业占66%。种植业主要集中在南部自然条件较好的阿穆尔州、哈巴罗夫斯克边疆区和滨海边疆区，是俄大豆和土豆的主产区。其中阿穆尔州农业最为发达，耕地面积占全远东地区的60%，农业产值占该州GDP的67%，大豆产量占全俄第一（占全俄大豆产量的70%）。畜牧业主要是家畜家禽饲养业，养猪业、养禽业、养鹿业、养马业、养蜂业。牛羊猪及家禽饲养集中在东南部，鹿、马饲养集中于北部地区。20世纪90年代，在俄罗斯经济“休克疗法”中，远东农业失去了中央政府的巨额补贴，生产陷入了严重危机，农业生产虽在个别年度偶有上升，但总体上呈下降趋势。20世纪90年代初至2003年，全俄农业用地减少了9%，耕地减少了8.4%，远东则相应减少了31.7%和29.2%。现有耕地226.1万hm^2，2003年播种面积只有130.6万hm^2，占57.8%。1990~2003年全俄粮食播种面积下降28%，远东地区下降61%，全俄粮食产量下降38%，而远东则为76%。牛羊存栏数下降88%，猪存栏数下降91%，家禽下降76%。牛奶产量全俄下降44%，远东则为58%；肉产量全俄下降55%，远东下降75%；鸡蛋全俄产量下降29%，远东下降67%。远东农业生产全面陷入衰退。近年来，随着俄总体经济的恢复发展，远东农业逐步摆脱衰退，生产缓慢回升，但不够稳定。例如，2004年远东农业总产值463.871亿卢布，较2003年增长1.1%，肉类屠宰量14.41万t，蛋99.02万t,大豆33.57万t，较2003年有所增长，但是，奶产量60.99万t，下降3.1%，粮食26.94万t，下降17%，土豆167.01万t，下降6.3%。蔬菜生产57.13万t，与2003年持平。农业主产区是阿穆尔州、滨海、哈巴边疆区，仅阿穆尔州就集中了远东农业用地的39%和耕地的53%。2005年农业生产总体上保持跌势。因受干旱天气影响，阿穆尔州大豆收割比原计划减少15%，产量只有18.9万t（加工后重量）。滨海边疆区大豆产量达13万t（加工后重量），比2004年增长16.1%，但是马铃薯的收获量严重不足。另外，滨海边疆区、哈巴罗夫斯克边疆区和阿穆尔州畜牧业因受口蹄疫影响而遭受重大损失。

东西伯利亚严酷的气候条件使农业发展遇到很大的困难，不能种植越冬作物，只能种植一些生长期短的作物，其中包括春小麦、大麦、燕麦、甜菜和亚麻。播种区主要集中在南部的米努辛斯克盆地、伊尔库茨克州南部和布里亚特共和国的南部地区。近年来，饲料作物的播种面积迅速扩大。在南部城镇郊区主要种植马铃薯和蔬菜，以满足城镇居民的需要。东西伯利亚畜牧业相对发达。在北方苔原冻土带，北方少数民族放牧庞大的北方鹿群，为市场提供大量鹿皮和鹿肉。东西伯利亚的北方鹿数量占全俄的19%。在南方的米努辛斯克盆地、图瓦盆地和外贝加尔边疆区有良好的天然牧场和草场。这里有发达的养羊业，羊毛产量很大。此外还饲养肉牛、奶牛、猪和禽，为居民提供大量牛奶、鸡蛋和鲜肉。

（4）农业发展存在的问题

受自然条件以及各种社会因素的影响，俄罗斯远东和东西伯利亚地区农业发展存在以下问题。

1）农业发展自然条件恶劣。虽然俄罗斯东部地区面积广阔，但是由于自然地理和气候条件恶劣，绝大部分地区属于永久性冻土地带，农业实用面积小，成为农业发展面临的主要难题。

2）农业发展资金不足。在俄罗斯实行经济改革之前，国家对农业的高投入保障了东部地区农业的稳步发展，但是在改革之后，国家对东部地区资金投入的减少，农业生产单位债务负担沉重，不得不减少对农业生产的投入，甚至无法完成农业在生产。

3）物质技术薄弱。在俄罗斯实行经济改革前，远东地区农机保障率本来就低。改革开始后，由于缺少资金以及与传统的技术设备供应地区联系中断，远东地区农业技术设备数量急剧减少，技术设备老化达90%~95%。物质技术薄弱导致农业生产率低，与日韩等发达国家相比，整个远东地区农业劳动生产率要低50%～67%，而某些产品的生产能力更为低下。

4）农业改革成效不大。从目前远东地区农业所有制和经营形式来看，改革成效并不显著，改组后的大多数农业企业（合营公司、农场主联合会、农业合作社等）内部组织结构和利益关系并未发生实质性的变化，尤其是农业企业尚未建立起新的适应市场经济条件的经营机制。

5）农业生产力不足。受区域自然环境与社会环境影响，俄罗斯西伯利亚或远东地区的人口正往人口相对稠密的俄罗斯西部地区（俄罗斯的欧洲部分）迁移，导致俄罗斯西伯利亚或远东地区人口迅速减少，进一步加剧了这一地区的农业劳动力短缺，导致大量土地撂荒，农业生产受挫。

6.1.2 远东地区经济社会发展特征

6.1.2.1 俄远东地区的经济社会特点和地缘政治经济条件

1）距离俄罗斯发达的欧洲中心地区最遥远的地区，跨区域交通运输联系不便。远东地区至俄罗斯欧洲中心地区8000～9000km，陆上跨区域联系主要靠近边界的西伯利亚大铁道，后来建成的贝加尔–阿穆尔铁路（第二条西伯利亚铁路）也在南部地带，且只通到东西伯利亚。海上运输要环绕欧亚大陆，北冰洋航线只在夏季短暂通航。远东地区南北之间的勒拿河航运也只有在夏季可行。

2）人口稀少，且呈大量下降趋势。2010年年初全区共有人口628.5万，只占全国总人口的4.6%；平均人口密度每1km^2不到1.1人，是俄罗斯人口最少、人口密度最低的大区。远东各主体政区2008年年初的人口比重见图6-1，其人口年龄结构图显示其人口自然增长率呈下降趋势。

在苏联解体后，该区人口减少许多，1990～2008年人口减少了159.4万，即减少了19.8%。这一方面是因为俄罗斯普遍的人口自然增长率下降，另一方面主要是这里人口大量外流，回流到欧洲发达地区和国外。其中外兴安岭以南黑龙江（阿穆尔河）和乌苏里江沿岸的一些主体政区人口相对减少较少（如滨海边疆区减少26万），位于北部沿海的楚科奇自治区、马加丹州和堪察加州和萨哈林州人口减少最多。随着时间的推移，国家经济状况好转，人口外流趋势转缓。

在此期间，外流人口中城镇人口超过乡村人口，所以远东地区的人口城镇化率略有下降，从76.1%降至74.3%。外流的人口主要是原籍欧洲地区的居民；同时，中亚独联体国家的人口流入。

该区人口的民族构成以俄罗斯人为主，少数民族有乌克兰人、犹太人和土著雅库特人、图瓦人、埃文克人和楚科奇人等。

3）经济总量少，南北发展梯度差异明显。俄远东联邦区不仅人口最少，人口密度最低，也是经济社会发展程度最低的地区。据2008年统计，全区地区生产总值12 918.32亿卢布，与该区人口在全国中所占的比重一样，只占全国总量的4.6%。

远东地区的经济发达程度与人口分布状况一样，自南向北呈梯度下降趋势。大致在

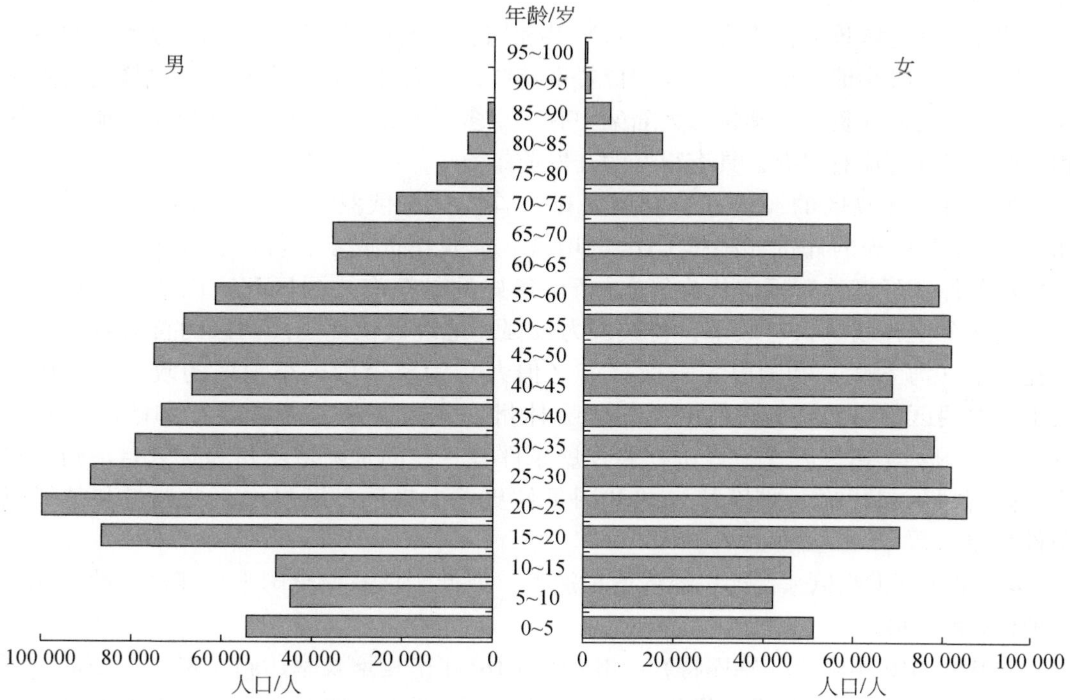

图 6-1 俄远东联邦区 2008 年年初人口的年龄与性别结构（单位：人）

同一经度范围内的滨海边疆区、犹太自治州、哈巴罗夫斯克边疆区和萨哈（雅库特）共和国等 4 个主体政区的人口密度与经济密度见图 6-2。

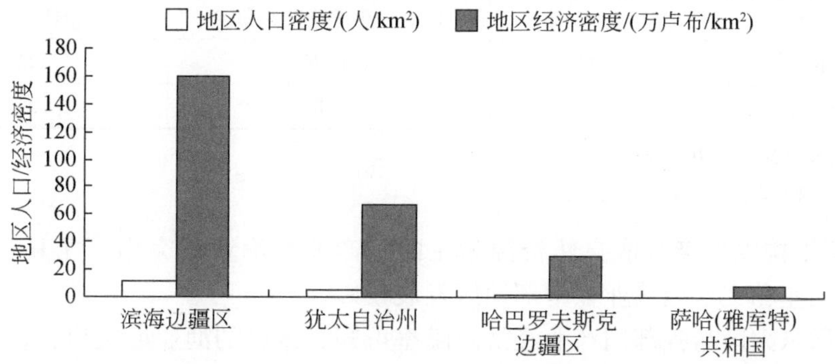

图 6-2 俄远东南北样带的纬度人口和经济密度的梯度变化（2008 年）

俄远东地区辽阔，由于南北气候差别大，区域开发早晚和程度不同，大致形成了以外兴安岭（斯塔诺夫山脉）为界的南北两大区域差异。经济社会南北差异是远东地区内部的基本差异。例如南部地区人口密度是 3.5 人/km^2，北部是 0.3 人/km^2，相差 10 倍多。按总人口计，最南端的滨海边疆区的人口数是最北端楚科奇自治区的 40 倍。

远东南部 5 个主体政区：滨海边疆区、哈巴罗夫斯克边疆区、阿穆尔州、犹太自治州和萨哈林州等地理位置较好，气候比较温暖，适宜人类居住，拥有较丰富的自然资源和经济社会能力，并直接濒临太平洋或通过阿穆尔河通达大洋，便于与亚太地区及世界各国交通。

北部4个主体政区：萨哈（雅库特）共和国、马加丹州和堪察加州、楚科奇自治区等地区的经济社会能力要小些，地理位置也差些，然而这些地区有较丰富多样的自然资源潜力，包括海洋资源。其领海大陆架中有丰富多样的自然资源，生物资源、矿产资源和石油天然气等应有尽有，具有很好的开发前景。

远东各主体政区的经济社会发展基础：首先，按俄罗斯太平洋地理研究所所长П. Я. 巴克兰诺夫的评价（根据GDP的增减、产业耗费成本、价格、经济效益和居民的生活条件，经济地理区位优劣等），条件最好的是滨海边疆区和哈巴罗夫斯克边疆区。这两个主体政区人口最多，科技实力较强，地理区位优越。两区的首府符拉迪沃斯托克市（海参崴）和哈巴罗夫斯克市（伯力）为整个俄远东地区的政治经济中心城市，但两区的自然资源总体上不如萨哈林州（库页岛和千岛群岛）和萨哈（雅库特）共和国等丰富。其次，经济社会发展条件差一些的是阿穆尔州和犹太自治州。再次，萨哈林州和萨哈（雅库特）共和国条件更差。最后，堪察加、马加丹和楚科奇条件最差。

4）虽然新世纪以来，远东经济增长加快，但低于俄罗斯全国平均速度，故区域经济地位有所下降。

2001～2010年萨哈（雅库特）共和国的GDP年平均增长率达到8.83%，滨海边疆区2002～2009年GDP年平均增长率为13.32%，远低于俄罗斯全国平均水平16.34%。因此，这两政区的经济总量在全国所占比重分别由2000年1.318%下降到2009年的0.006%，由2002年的0.156%下降到2009年的0.001%（表6-7）。

表6-7　2000～2010年俄远东部分地区与全国GDP平均增长率比较（单位:%）

项目	全俄	萨哈（雅库特）共和国	滨海边疆区*
GDP增长率	20.28	16.79	22.45
人均GDP增长率	20.59	16.81	23.48

*滨海边疆区为2002～2009年数据。

资料来源：《俄罗斯联邦统计年鉴2014》。

5）经济结构以直接获取自然资源为主的矿产业和渔业较突出，尤其在北部地区；农业、加工工业和交通运输业在南部地区发展较好。

比较俄远东大区与各部门产业经济贡献率可知，该区的渔业最突出，矿业、交通运输、政府-国防-社保机构和教育业较发达，发展较弱的是加工工业和商贸-修理业。

俄罗斯远东海域是俄罗斯最重要的捕鱼区，如白令海、鄂霍次克海和日本海。远东年捕鱼约300万t，占俄罗斯捕鱼总量的50%。主要捕捞对象为鳕类鱼、鲱类鱼、鲑、鳟类鱼、鲽鱼、海蟹、抹香鲸、海兽（海狗、海獭、海豹）等。远洋捕鱼主要捕捞智利竹荚鱼、太平洋竹荚鱼、无须鳕、澳洲鳕等。

比较各主体政区与远东大区各部门产业经济的贡献率可知：一些南部主体政区贡献率较高的部门是农业、加工工业和交通运输业（岛屿中的萨哈林州除外，其经济结构与北部地区相似），不发达的是矿业和渔业；而北部地区正好与南部相反（表6-8）。

农业比重最高的是犹太自治州，达16.8%；其次是阿穆尔州和哈巴罗夫斯克州，比重为 8% ~9%。

加工工业比重最高的是哈巴罗夫斯克边疆区（15.0%）和滨海边疆区（10.5%），其次是犹太自治州（8.7%）。

南部陆上 4 个主体政区的交通运输贡献率分别为 19% ~27%，而矿业和渔业均不发达。但滨海边疆区的渔业还是比较突出的，达 7.8%。

矿业贡献率最高的是萨哈（雅库特）共和国，达 39.5%；其次是马加丹州和南部岛屿中的萨哈林州，分别达 27.1% 和 22.1%。

渔业比重最高的是堪察加州，达 19.5%；其次是南部的滨海边疆区，达 7.8%。

6.1.2.2　俄罗斯远东及外贝加尔地区工业经济优劣势分析

早在苏联时期，远东及外贝加尔地区就经历过多次发展热潮，苏联政府有意识地往远东地区移民，制订了地区发展的种种优惠政策。大批新兴城市在远东地区荒无人烟的土地上拔地而起，铁路、公路、航空港、海港星罗棋布，远东地区获得了前所未有的发展，不过这一地区始终大大落后于苏联的欧洲地区。

（1）俄罗斯远东地区工业经济发展优势

1）地缘经济与地缘政治地位。俄罗斯横跨欧洲和亚洲两个大洲，俄罗斯远东及外贝加尔地区拥有独特的地缘战略，中俄两国 98% 的边界线都集中在这里。该地区毗邻与国、朝鲜、日本、美国，尤其俄罗斯远东地区与中国东北地区是两国国界接壤最长的部分，战略地位十分重要。远东及外贝加尔地区与中国历史上经历了地缘对抗到今天的地缘合作的过程，该地区对中俄关系的发展和营造中国安全的周边环境有着特殊的意义，体现在中俄基于这一地区开展优势互补的区域合作所带给中国的巨大地缘经济潜力，还体现在俄远东地区对当前中国具有国家战略意义的能源安全和军事现代化建设所能发挥的不可替代的作用。

2）丰富的资源条件。俄罗斯远东地区地大物博，远东的森林覆盖率为 45%，森林总面积达 4.96 亿 hm^2，占全俄森林面积的 45.1%，森林面积居各经济区之首。木村蓄积量达 203.62 亿 m^3，仅次于东西伯利亚经济区而居第二位，占全俄木材蓄积量的 26%。成熟林和过熟林的比重为 45.9%，蓄积量近百亿立方米，为大规模采伐提供了条件。远东地区地下资源也极为丰富，已发现和探明储量的矿物有 70 多种。俄罗斯远东地区现在利用的主要燃料资源是煤炭，已勘探的煤田约 100 个，确认储量为 181 亿 t。其中，65% 为褐煤，35% 为石煤（其中 46% 为焦煤）。远东地区已探明的铁矿石储量为 44 亿 t，占全俄储量的 8% ~10%。萨哈（雅库特）共和国和哈巴罗夫斯克边疆区还有炼钢所需要的锰，而且储量达 640 万 t；其他辅助原料也都齐全，这为建立强大的黑色冶金基地提供了优越的条件。在萨哈西部有世界上最大的金刚石矿，俄罗斯 84.1% 的金刚石资源集中在这里；远东是俄罗斯重要的黄金产地，而且银储量在全俄处领先地位，虽然目前还未发现纯银矿，但在 50 多处其他矿石产地发现了银；远东是俄罗斯最大的锡矿石产地，全俄 95% 的锡矿资源钨矿集中在这里，已探明 183 座可供工业开采的矿山；远东钨矿资源占全俄储量的 24%，已探明可供工业开采的钨矿和含钨矿矿山有 55 处；远东有铅锌矿 30 处，81% 的铅矿石和 79% 的锌矿石集中在滨海边疆区，其他储量分布在哈巴罗夫斯克边疆区和马加丹州的多金属矿之中（表 6-8）。

表 6-8　俄远东 2010 年各主体政区分部门的经济贡献率

（单位:%）

政区	总计	农业、狩猎林业猎	渔业	矿业	加工业	电、气、水的生产与输送	建筑业	商贸、修理	旅店餐饮	交通运输	金融	房地产	政府、国防、社保机构	教育	医疗	其他服务业
滨海边疆区	100	5.6	7.8	1.6	10.5	4.5	3.4	20.8	1.1	22.0	0.5	7.1	5.8	4.0	4.3	1.0
哈巴罗夫斯克边疆区	100	8.2	1.9	4.7	15.0	5.2	5.9	13.0	0.8	19.1	0.3	9.5	5.6	4.8	4.4	1.6
犹太自治州	100	16.8	0.0	0.5	8.7	2.0	11.6	12.0	0.9	25.3	0.0	3.3	7.3	4.6	5.5	1.5
阿穆尔州	100	9.4	0.0	5.3	4.0	9.2	8.9	15.3	0.5	27.2	0.1	4.0	5.7	4.6	4.8	1.0
萨哈林州	100	2.4	6.1	22.1	4.9	3.0	29.9	7.6	0.7	8.8	0.1	5.1	3.2	2.1	3.2	0.8
马加丹州	100	2.1	3.2	27.1	3.8	11.3	3.3	13.6	0.9	7.7	0.1	6.1	8.4	4.8	6.1	1.5
堪察加州	100	5.6	19.5	3.9	8.0	8.9	5.1	12.0	1.2	6.4	0.2	4.8	9.4	5.6	7.6	1.8
楚科奇自治区	100	1.6	4.2	7.5	1.2	15.3	20.3	8.9	0.3	8.3	0.0	3.8	12.0	7.2	7.7	1.7
萨哈（雅库特）共和国	100	4.1	0.0	39.5	2.9	3.8	5.9	9.8	0.9	7.2	0.1	11.6	3.6	4.8	4.4	1.4
远东大区	100	5.7	4.3	14.9	7.7	5.3	9.3	13.4	0.9	15.2	0.2	7.7	5.3	4.3	4.5	1.3
俄罗斯联邦	100	5.2	0.3	12.8	18.5	3.8	5.7	21.8	0.9	10.6	1.1	9.0	2.9	2.8	3.1	1.5

(2) 俄罗斯远东地区工业经济发展劣势

由于空间距离十分遥远，俄罗斯远东及外贝加尔地区与其欧洲中心部分在经济社会联系方面实际上一直处于割裂状态。在苏联时期，政府曾经以补贴方式鼓励人民居住在远东地区，但苏联解体后，受俄罗斯经济与社会转型的影响，远东地区不再享受苏联时期的各种优惠政策，资金缺乏、技术落后、基础设施老化、人才流失等现象成为地区经济发展的瓶颈问题，远东经济发展相对俄罗斯西部变得日渐衰微。

1）经济发展水平极低。根据俄罗斯联邦经济发展与贸易部的统计，2006 年远东联邦区的地区生产总值为942.59 亿卢布，仅占俄罗斯全国的6%，地区经济规模处于较低水平。远东地区经济规模在俄罗斯联邦大区中排名最后，而且矿产资源采掘在工业生产中占了很大比例，达到44.8%。同时，地区生产总值的增长速度一直低于全俄罗斯平均指标。

远东地区经济发展极大程度上需要依赖于国家境内西部地区，未能形成独立的经济部门体系，产业结构水平低下，这样使得远东地区必须负责高额的运输成本，八成的产品是从俄罗斯其他地区输入，而输出的大多是原材料金属等低价产品。俄罗斯独立以后，中央政府实行的“休克疗法”力图使国民经济向市场经济转轨，然而俄罗斯经济在这一时期却经历了急速下滑的过程。到 1999 年年初，远东的工业生产比 1990 年下降了60%，高于全俄平均下降46%的幅度。普京上台以后，俄罗斯经济逐渐复苏，但在很大程度上要依赖于石油和天然气的出口，而远东地区缺少这类出口创汇的物资，所出口的贸易产品在国际市场上价格疲软。远东地区的经济发展只能依赖于出口境内资源，而自身并没有具备市场竞争力的工业产品，在东北亚区域经济合作的过程中，处于劣势地位。此外，由于远东地区人口稀少，内需对经济增长的拉动作用远没有欧俄地区明显，不仅远东地区的铁路、公路等运输能力低，港口的吞吐量也很小，而且目前正面临着人口不断流失的窘境，各种法律、金融、信息、制度等软环境发展极为滞后，生产结构低下和外贸经济的失衡使得远东地区经济复苏任重而道远。

2）区域经济合作风险较大。俄罗斯远东地区的经济发展水平与其欧洲部分的差别很大，这不仅关系到远东资源的开发，还影响到俄罗斯政局的稳定。远东地区当地政府往往存在对外合作的倾向，而中央政府给予政治、经济等宏观战略考虑则处处设限，使得中国在该地投资的许多工业项目搁浅，甚至有些建成运营的工厂资产被非法没收，极大地打击了外国资本在该地投资的积极性，投资风险成为境外资本流入的重要考虑因素。

6.1.2.3 俄罗斯远东地区主要产业部门及其空间布局

(1) 能源工业

2008 年，俄罗斯全国的煤炭出口量为9550 万 t，进口量为2580 万 t，占了世界煤炭市场交易量的 10%，位居澳大利亚、印度尼西亚之后，是世界第三大煤炭出口国(表6-9)。

表 6-9 2006～2008 世界十大煤炭出口国出口情况 （单位：百万 t）

国家	2006 年	2007 年	2008 年
澳大利亚	234.60	244.90	252.19
印度尼西亚	138.00	202.00	199.95
俄罗斯	71.50	100.00	98.12
哥伦比亚	62.55	67.00	68.52
美国	53.66	73.94	73.95
南非	71.00	67.00	57.89
中国	63.24	53.12	45.29
加拿大	27.98	31.07	33.03
哈萨克斯坦	20.00	26.00	32.91
越南	21.80	29.60	20.7
其他	26.06	29.40	54.94
世界合计	799.39	924.03	936.44

资料来源：《世界矿产资源年评》（2007～2008）。

长期以来，远东地区的能源需求实际上靠吸取西伯利亚和外贝加尔地区远距离提供的燃料资源来维持的，这造成了燃料资源（原油、石油制品、煤）高价格消费并对外地能源有很大的依赖性。由于运输费用高，运来的燃料消费价格提高了 1～3 倍。远东地区消费的煤、石油、石油产品、电费和燃料费是俄罗斯最高的，在远东运来的动力煤的价格超过世界市场价格的50%甚至1 倍。煤炭开采业在远东地区能源生产中所占比重为70.2%，具有极其重要的作用。在煤炭开采业中，“远东煤炭”、“滨海煤炭”、“萨哈林煤炭”、“雅库特煤炭”、“东北煤炭”等联合公司占有主要地位。远东及外贝加尔地区煤炭资源很多，有可能成为出口煤炭的巨大产地，但由于基础设施落后，投资不足严重困扰着地区煤炭工业的发展，而且地质调查工作也严重滞后，目前正在采掘的产地也没有勘查清楚，难以确保煤炭产量的大幅度增长，2005 年年产煤炭仅 900 万 t。萨哈林大陆架“萨哈林-1”项目和“萨哈林-2”项目将投产，这样萨哈林州的天然气开采将达到2300 万 t。其后，在国家积极推行矿产利用和实行许可证制度、地质勘探工作急剧扩大、加工和运输基础设施不断完善的情况下，东西伯利亚和远东地区的石油开采到2020 年将达到9000 万 t，到2030 年将达到14 500 万 t。到2010 年，伊尔库茨克州、萨哈（雅库特）共和国和克拉斯诺亚尔斯克边疆区天然气年度总开采量将达到300 亿 m^3。科维克塔气田将进行工业开发，萨哈林大陆架的天然气开采量将增长到200 亿 m^3。到2010 年，东西伯利亚和远东地区的天然气开采量将增长到200 亿 m^3，到2020 年，达到1400 亿 m^3，到2030 年将增长到1500 亿 m^3。

远东地区电力工业正处于转型期，电力出口及相关基础设施建设都归俄罗斯电力公司（InterRAO）统一管辖。2006 年以后，远东地区规划将完成水力发电向火力发电（包括煤发电和天然气发电）的转型，并在2015 年以后逐渐发展核电。远东地区与中国电力合作已经有十多年的历史，远东地区与中国东北地区曾有三条跨国电力运输线路，

2006 年共输送电力 5 亿 kW·h，2003 年俄罗斯 InterRAO 公司与中国签订了 2004 ~ 2013 年共输送 130 亿 kW·h 电力的框架协议，但是电力合作过程中存在诸多问题，如出口合同缺乏一个长期和短期的价格规制，合同期为一年的情况下，往往需要颁发制定下一年度的合同条款，而且电力出口价格往往低于本国消费价格，所以电力供应有时会因为两国价格分歧而被迫中断（表 6-10）。

表 6-10　远东地区电力工业发展规划

电力工业	2006 ~ 2010 年		2011 ~ 2015 年		2016 ~ 2020 年	
	电力 /（10 亿 kW·h）	比例/%	电力 /（10 亿 kW·h）	比例/%	电力 /（10 亿 kW·h）	比例/%
核电	—	—	—	—	0.7	18.4
水电厂	1.2	80	1	15.6	2.2	57.9
火电厂	0.3	20	5.4	84.4	0.9	23.7
煤	0.3	20	4.3	67.2	0.5	13.2
天然气	—	—	1.1	17.2	0.4	10.5
合计	1.5	100	6.4	100	3.8	100

资料来源：《远东地区电力工业基本规划（2006 ~ 2020 年）》。

因此俄罗斯政府决定，在开采工用和民用燃料时，近几年应将力量投放在以下三个方面：开发萨哈林岛大陆架、开发萨哈（雅库特）共和国的石油和天然气，完成露天采煤场的建设；在一些小型的矿产地上建设一些造价不太高的露天采煤场；完成布列亚水电站的建设，作为稳定“东方”联合动力系统的又一个主要条件，减少向该地区运送固体燃料；在动力工程方面，必须把力量投放到完成动力设备的建设、旧设备和动力网的现代化和修理上，以稳定动力系统的工作；必须解决远东和外贝加尔地区的电力试验性市场职能问题，并使之并入全俄市场。《俄罗斯联邦远东及外贝加尔地区 2013 年以前经济社会发展联邦专项规划》指出，将在萨哈（雅库特）共和国筹建以涅尔云格里、杰尼索夫和丘利曼为主体的煤炭综合基地项目，并通过完善基础设施保障运力体系，加大勘探力度，使得资源储量的信息更加完备。

远东地区的工业产值和燃料能源产量见表 6-11。

表 6-11　俄远东大区 2010 年各主体政区的工业产值

地区	加工工业/亿卢布	电、气、水的生产与输送/亿卢布	矿业	
			产值/亿卢布	其中能源产值比重/%
滨海边疆区	636.47	326.73	69.13	37.2
哈巴罗夫斯克边疆区	1047.31	287.54	191.18	8.6
犹太自治州	38.17	19.85	3.08	2.5
阿穆尔州	140.32	176.34	151.32	10.4
萨哈林州	188.88	104.13	2171.05	99.2
马加丹州	28.84	63.97	157.57	3.3
堪察加边疆区	112.19	126.70	45.67	6.9

续表

地区	加工工业/亿卢布	电、气、水的生产与输送/亿卢布	矿业	
			产值/亿卢布	其中能源产值比重/%
楚科奇自治区	4.88	32.96	205.06	5.0
萨哈（雅库特）共和国	150.65	274.01	1360.23	29.6
远东大区	2347.71	1412.23	4354.29	60.5

哈巴罗夫斯克边疆区和滨海边疆区是俄远东的两大加工工业区，最大的矿产在萨哈（雅库特）共和国和萨哈林州，其中萨哈林州的矿产几乎都是能源（石油和天然气）。2007 年俄远东各主体政区各类能源产量及其在全国和远东的地位见表 6-12。

表 6-12　俄远东联邦区 2007 年的燃料和能源产量

地区	煤炭		石油		天然气		发电量	
	百万 t	占全国比重/%	百万 t	占全国比重/%	亿 m^3	占全国比重/%	亿 kW·h	占全国比重/%
滨海边疆区	9.7	3.1					88	0.9
哈巴罗夫斯克边疆区	2.4	0.8					75	0.7
犹太自治州	0.04	0.01						
阿穆尔州	3.3	1.0					97	1.0
萨哈林州	3.4	1.1	14.9	3.0	64	1.0	28	0.3
马加丹州	0.4	0.1					23	0.2
堪察加边疆区							16	0.2
楚科奇自治区	0.5	0.2					5	0.05
萨哈（雅库特）共和国	12.2	3.9	0.3	0.1	16	0.2	73	0.7
远东大区	31.94	10.21	15.2	3.1	80	1.2	405	4.05
俄罗斯联邦	315.0	100	491.5	100	6510	100.0	10 160	100

资料来源：《俄罗斯工业 2008》。

2008 年俄远东主要工业产品的产量、占全国比重及产地分布状况是：

煤炭，3233.3 万 t，占全国产量的 9.84%，仅次于西伯利亚大区。主产区在萨哈（雅库特）共和国和滨海边疆区。

石油，1363.5 万 t，占全国产量的 2.8%，在俄罗斯居第 5 位。主产区在萨哈林州（库页岛北部）和萨哈（雅库特）共和国。

天然气，94.24 亿 m^3，占全国的 1.4%，居全国第 4 位。主产地同上述石油产地，此外，在堪察加和楚科奇也有一些生产。

钢，106.5 万 t，占全国的 1.4%，居全国末位。主产地在哈巴罗夫斯克边疆区，滨海边疆区、阿穆尔州和马加丹州也有生产。

钢材，102.1 万 t，占全国的 1.8%，居全国第 6 位（倒数第 2 位），主产地在哈巴罗夫斯克州（也产钢管）。

发电能力 1450 万 kW，发电量 4180 万 kW·h，均居全国末位。

家用电冰箱，18.9万台，占全国的5.1%，居全国第5位，产地仅在滨海边疆区。

洗衣机，9.12万台，占全国的3.4%，列全国第3位。产地在滨海边疆区和哈巴罗夫斯克边疆区。

电视机，4.31万台，占全国的0.6%，列全国第4位。产地也在滨海边疆区。

(2) 农业

远东地区各主体政区的农业产值较大。全区的主要农产品产量见表6-13。

远东地区农产品主要在南部地区生产。其中，谷物和大豆生产只在南部陆上地区生产。

表6-13 2008年俄远东各主体政区农产品产量

政区	畜牧产品			作物产品			
	肉类/万t	牛奶/万t	蛋类/万只	谷物/万t	大豆/万t	马铃薯/万t	蔬菜/万t
滨海边疆区	4.81	11.16	26 000	16.41	10.27	32.33	12.50
哈巴罗夫斯克边疆区	2.69	5.32	27 010	2.66	0.87	27.04	6.97
犹太自治州	0.55	2.90	2 500	3.42	6.64	11.90	3.59
阿穆尔州	4.29	14.76	20 900	27.28	30.49	36.48	6.73
萨哈林州	0.37	3.10	10 220			9.39	4.10
马加丹州	0.08	0.50	1 920			1.52	0.45
堪察加边疆区	0.37	1.52	5 060	0.02		5.40	1.83
楚科奇自治区	0.11	0.01	370			0.01	0.02
萨哈（雅库特）共和国	3.76	20.07	12 050	0.64		7.52	3.08
远东大区	17.03	59.34	106 030	50.43	48.27	131.59	39.27

资料来源：《远东联邦区滨海边疆区统计年鉴2009》。

(3) 森工产业

远东联邦区和外贝加尔地区拥有丰富的森林资源，占俄罗斯森林面积的45%、森林蓄积的35%，集中了俄罗斯1/3以上的木材，一半的森林是适宜工业用的可利用林。远东及外贝加尔地区森林资源丰富，但由于木材加工产业落后，与出口市场竞争的是1~2级原木，这将导致不合理的森林利用以及环境条件恶化。当地所产木材的80%都运往外地，20世纪70年代以来圆木出口保持在400万m^3以上，2002年更是超过1000万m^3，锯木和木屑出口则一直处于较低水平。其中，2002年原木所占比例高达84.4%，仅15.6%的木材进入国际市场前得到加工处理，可以说木材几乎没有经过任何的加工处理便运到了国外，根本无法实现林业产品的产业附加值。近年来因经济危机和原木出口关税的影响，俄罗斯远东及外贝加尔地区采伐量减少，以林业生产为主的哈巴罗夫斯克边疆区，采伐量减少约40%。但在萨哈林州及萨哈（雅库特）共和国，因矿山、石油开采等内需好转，采伐量有所增加。远东及外贝加尔地区森工产业存在一些尖锐的问题，例如缺乏木材精加工业，同时边疆区缺乏大型用户，缺乏加工低端、废弃木材的工厂，这也对林业资源的利用率、木材原料基地状况、森林恢复过程以及生态产生了不利的影响（图6-3）。

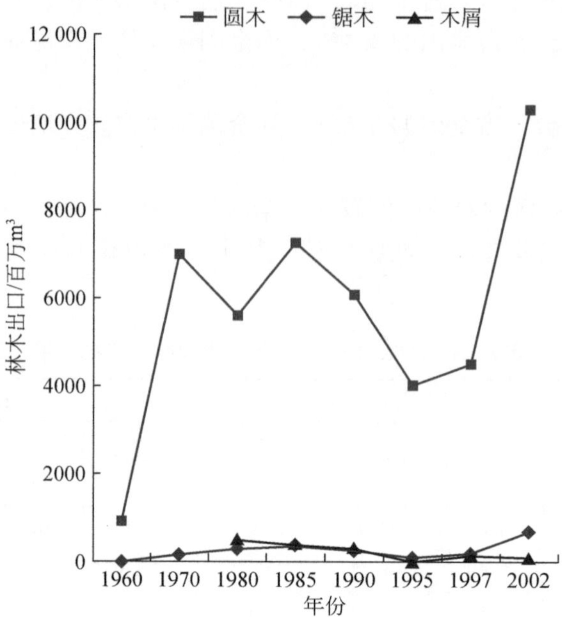

图 6-3　远东地区林木出口变化趋势

远东及外贝加尔地区现在可用的木材采伐量超过 8000 万 m^3，然而据估算，只有一半的可采伐木材是经济可行的，剩余的可采伐木材需要高技术装备和道路系统的配套方可利用。就表 6-14 中远东及外贝加尔地区森工产业的空间分布来看，萨哈（雅库特）共和国、哈巴罗夫斯克边疆区以及阿穆尔州林业储量最为可观，可采伐空间最大，然而目前哈巴罗夫斯克边疆区和滨海边疆区的采伐量在远东地区位居前两位，萨哈（雅库特）共和国和阿穆尔州的采伐量仅 40 万 m^3 和 120 万 m^3，可见远东地区林木采伐极不均衡。有的地区开发率较高，超过 40%；而有的地区如萨哈（雅库特）共和国，年许可采伐量使用比重仅为 1.3%。

表 6-14　远东及外贝加尔地区各区域木材情况

地区	每年许可采伐量/百万 m^3		产量/百万 m^3	年许可采伐量使用比例/%	中间采伐量/百万 m^3
	总计	可采量			
萨哈（雅库特）共和国	35.4	30.6	0.4	1.3	0.066
犹太自治州	1.3	0.6	0.08	13.3	0.016
楚科奇自治区	0.04	0	0	0	0.004
滨海边疆区	8.3	6	2.4	40.0	0.689
哈巴罗夫斯克边疆区	26.5	16.6	7.1	42.8	0.454
阿穆尔州	16.0	10.0	1.2	12.0	0.041
堪察加边疆区	1.4	0.9	0.1	11.1	0.006
马加丹州	0.1	0.04	0.001	2.5	0.016
萨哈林州	3.6	2.2	0.9	40.9	0.131

续表

地区	每年许可采伐量/百万 m^3		产量/百万 m^3	年许可采伐量使用比例/%	中间采伐量/百万 m^3
	总计	可采量			
赤塔州	14.3	9.6	0.6	4.2	0.02
阿加布里亚特自治区	6.2	4.3	0.5	8.1	0.01
合计	113.14	80.84	13.281	176.2	1.453

资料来源：《远东地区林业概况：生产、产业和违法砍伐问题》。

(4) 水产业

20世纪80年代后期，苏联是世界上最大的水产国，捕鱼量超过1100万t，占世界捕鱼量的比例超过10%。苏联解体后，作为其最大的政体，俄罗斯保留着绝大多数海岸线和渔港，但是由于产业财政补贴的匮乏、私有渔业公司现金流的缺乏、从过去中央计划体制下的产业向市场利益驱动的产业转变、经济危机使得渔业投资困难、政府税收和配额机制严重打击了从业个体的积极性、远洋捕捞受别国管辖权的影响变得更加困难等诸多原因，远东及外贝加尔地区海产品数量大幅下降。远东海域是俄罗斯最重要的捕鱼区，年捕鱼量达300万t左右，捕鱼量占全国捕鱼总量的比重近65%，其海洋鱼量占全国海洋总鱼量的90%以上，俄罗斯四大温水海区中的三个（白令海、鄂霍次克海和日本海）位于该海域。远东海岸有许多优良港湾可供渔业利用，主要的渔港有符拉迪沃斯托克（海参崴）、苏维埃港、马加丹、南萨哈林斯克、科尔萨科夫、霍尔姆斯克、涅韦尔斯克、亚历山德罗夫斯克等。较大的水产加工中心有堪察加地区彼得罗巴甫洛夫斯克、乌斯季堪察茨克、涅韦尔斯克、霍尔姆斯克、科尔萨科夫、纳霍德卡、尼古拉耶夫斯克和鄂霍次克等（表6-15）。

表6-15 远东及外贝加尔地区渔业发展状况 （单位：万t）

种类	1997年	1998年	1999年	2000年	2001年	2002年	2003年
鱼类	390.05	399.93	374.52	361.23	330.56	245.66	261.53
哺乳动物	0.88	0.92	0.97	0.95	0.74	0.98	10.16
螃蟹	6.98	7.16	8.79	8.26	7.69	7.75	8.63
软体动物	35.22	47.31	55.53	39.92	37.38	43.47	43.84
海胆	2	1.98	1.62	1.93	1.46	1.63	1.83
藻类	5.75	6.09	12.32	11.73	14.13	15.05	19.33

6.1.2.4 远东地区各主体政区的农业居民收入情况

居民收入处于中等水平，南部较发达地区收入偏低。2008年俄罗斯远东大区的居民人均货币收入15 622卢布，在俄列第3位。该大区各主体政区居民的月平均工资和货币收入列于表6-16中。该表显示，远东陆上4个主体政区的工资和收入水平大致是北部4个主体政区的，南部仅以油气生产为主的萨哈林州收入水平较高，仅次于东北端的楚科奇自治区。萨哈林居民的较高收入得益于油气开发产业。北部居民的高收入是因为享受极北艰苦地区的高工资鼓励政策。

表 6-16 2008 年俄远东各主体政区的月均工资与人均货币收入

地区	月均工资/卢布	人均货币收入/卢布
滨海边疆区	16 805.1	12 927.3
哈巴罗夫斯克边疆区	18 984.5	16 283.5
犹太自治州	15 037.5	11 306.3
阿穆尔州	16 665.0	11 789.7
萨哈林州	30 060.4	25 007.3
马加丹州	28 030.4	19 937.2
堪察加边疆区	27 254.2	20 116.1
楚科奇自治区	38 317.4	30 554.3
萨哈（雅库特）共和国	23 815.9	18 586.4
远东联邦区	20 778.3	15 916.2

资料来源：《俄罗斯联邦统计年鉴 2012》。

6.2 远东地区在俄罗斯联邦中的地位及其面临的形势与问题

苏联解体后，俄罗斯远东地区的地位相对上升，其发展更受中央政府重视。据俄罗斯太平洋地理研究所研究，苏联解体后，该地区的面积及其地缘关系未受影响，因而其区域经济地位和地缘政治地位都提高了，特别是其南部地区。更加重视的原因是：

第一，俄罗斯远东地区整体经济社会意义提高了。目前，其人口、GDP、工业和农业等占全国的5%~6%，而在苏联时期只占3%。

第二，俄罗斯远东地区的许多陆上自然资源的地位提高了，包括黄金、白银，白金、钻石；广泛的林业资源；燃料动力资源。其中，首先是油气资源。

该地区的自然资源潜力占国内的比重提高了10%~15%。据粗略评估，目前俄罗斯的自然资源潜力的分区分布如下：欧洲和乌拉尔地区占25%，西伯利亚占40%，远东地区包括大陆架占35%。远东的海洋渔业捕获量等海产品的产量已占全俄的60%，而在苏联时代只占40%。

现在，远东石油和天然气开采主要在库页岛北部及其附近的大陆架上，但开采规模不大。按预测，俄远东地区还有很多地方具有良好油气开发前景：北极圈大陆架、堪察加北部大陆架、鄂霍次克海、阿穆尔河下游地区等。

此外，原苏联的各加盟共和国独立后，俄远东南部沿海地带成了该国最南部的领土。这个地区对大部分领土处于北极圈内外寒带气候条件下的俄罗斯来说，更为重要了。俄远东地区南部（包括滨海边疆区和萨哈林州、堪察加州和哈巴罗夫斯克边疆区的南部），可供海产养殖的沿岸地带约占全国的80%。

第三，远东诸海港成了俄罗斯最主要的对外海上出口。在俄罗斯丧失了波罗的海和黑海的许多港口的情况下，连其西部地区与亚太地区国家的联系也要通过远东地区的海港了。远东诸海港的海运吞吐量占全国的 60%。苏联时代的 17 个海运公司，现在在俄罗斯联邦的只剩下了 8 个，其中 4 个在远东。从滨海边疆区西端的波西耶特港到萨哈（雅库特）共和国北冰洋岸的季克西港，共有近 30 个大海港和约 300 个小港。其中最重要的对外海港城市是：符拉迪沃斯托克（海参崴）、纳霍德卡和东方港、瓦尼诺、波西耶特。

原苏联的航天发射中心拜康奴尔留在了哈萨克斯坦，俄现在远东阿穆尔州的斯沃博德内新建了航天器发射场。

因此，俄罗斯的东进政策在进一步强化，对远东地区的开发正越来越重视。国际社会认为，俄罗斯的国力已获得由西向东推进的巨大潜力。

普京治国的要略集中在以开采石油天然气为基础的能源发展方针上，而乌拉尔山西部地区的石油天然气开发已经受到蕴藏量和潜力的限制，向乌拉尔山以东、向西伯利亚、远东和库页岛推进已成为俄罗斯不可推迟的方向。

6.2.1　与国家经济社会中心地区脱节，但与亚太国家经济联系增加

市场经济体制使该地区与西部中心地区之间的远距离运输成本大幅度增加，导致远东地区与国家中心地区之间的各种社会联系削弱。铁路与航空运输的价格猛增了 1.0 ~ 1.2 万倍（包括币制改革因素），这使远东人到国家西部地区难以成行。如果考虑到今天远东地区的居民几乎有一半是出生在西部地区的，在那里有他们的全部亲戚，或者大部分亲戚，显然他们必然想要经常往来于远东与西部地区之间。在 20 世纪七、八十年代的春夏时节，向国家西部地区的客流量多次增长，致使航空班数增加了 4 ~ 5 倍，但到 90 年代，夏季的客运量只是增加了 1.0 ~ 1.5 倍。因此，俄远东地区与西部地区的亲缘关系被撕裂开来了。科技专业方面和文艺体育方面的联系降低到了最低程度。

1991 年以前，俄罗斯从其西部地区向远东运入 60% ~ 85% 的生产和生活资料，而该地区的主要经济部门生产的货物 70% ~ 100% 运往西部地区。而在苏联垮台后的演变过程中，军事工业转型，订单急剧减少，特别是运输成本大增（各种产品的运费上涨 1.0 ~ 1.2 万倍），这导致远东地区的许多主要专业企业做出两难的抉择，要么关门，要么转向经济上有利可图的亚太地区的邻国市场。在这种情况下，渔业、矿业、林业的企业，以及在一定程度上机械制造业开始在亚太国家寻找市场，从而走出了困境。同时，亚太国家向俄远东地区供应原料、油品、五金、机器和设备、日用消费品和粮食。早先这些供货都是从苏联其他地区来的，占当地消费量的 60% ~ 85% 以上。而后，有些货物要么不可能从本国供应，要么在经济上是非常不合算的。过去向远东各地供应的原油和石油制品来自西伯利亚，甚至伏尔加河地区。原油到远东地区的运输途径是通过油管从西伯利亚运输到伊尔库茨克，然后用铁路运输到哈巴罗夫斯克和阿穆尔共青城。石油和油品价格放开和运价急剧上涨，这导致远东地区的炼油厂（在哈巴罗夫斯克和阿穆尔共青城）获得的原油价格超过国际原油价格。远东地区的许多油品的价格也上涨到了国际的油价。俄罗斯太平洋地理研究所通过调研和计算，得到了出乎意料的结论：对于远

东地区的炼油厂来说，购买波斯湾国家通过海运到纳霍德卡港和瓦尼诺港进入的原油更经济合算。购买油品也是从美国、韩国和日本那里便宜些。因此，符拉迪沃斯托克（海参崴）等城市的一些公司已在销售日本汽油了，远东的渔船和商运船舶常到美国、加拿大、韩国、中国、日本及其他国家加油。

远东地区与俄罗斯西部及其他独联体国家的经济联系削弱、中断，这就迫使这里的经济活动急促地转向亚太地区国家，许多企业开始向亚太地区国家寻找原料市场和成品来源。政治上远东地区内部及与国内的区域关系上出现了多方面显著的分离倾向。从哈巴罗夫斯克边疆区分立出犹太自治州、从马加丹州分立出楚科奇自治区。科里亚克自治区几次试图从堪察加州分立出来。分立出新的主体行政区也会导致中断或削弱远东大区内部的许多经济、政治甚至社会联系。

在体制变革之前，俄远东地区一直是输入地区。该地区的总需求量总是超过区内的供给量，不足部分需要从地区外输入。物价和运费飞涨，远东地区与俄罗斯其他地区及其他独联体国家的经济联系减少，导致该地区的生产和消费关系改变。这体现在总产量上，俄远东地区对亚太地区国家来说，是输入地区，因自 1992 年起远东的出口始终超过进口，而与俄罗斯大区之间的交换量余额几乎等于零。在 20 世纪 90 年代，远东地区与 70 多个国家保持了经济联系。与这些国家的外贸额达到 99% 的比重。而与此同时，远东地区与独联体国家的外贸比重不断下降，从 1996 年的 3% 下降到 1998 年的 1%。1998 年远东地区最重要的外贸伙伴有中国（占 28%）、朝鲜（占 22%）、日本（占 18%）、美国（占 10%），与这 4 国的外贸额比重合计达到了 78%。

俄远东地区 90 年代向亚太地区国家的出口额增长了近 2 倍，来自这些国家的进口额增长了 1 倍多。按目前开放的，向市场经济发展的条件看，俄远东地区有许多有利条件与东北亚和亚太地区国家实现经济一体化。

6.2.2 市场空间密度很小

由于人口密度低（不足 1.1 人/km^2，其中北部地区平均仅 0.3 人/km^2），人口居住分散，城镇尤其少。俄远东地区共有 68 座城市、262 个镇分散在非常广阔的土地上，即平均每个城市有 10 万 km^2 腹地，或每个城镇有 2 万 km^2 腹地。因此，该地区对消费品和一些生产用的商品的需求总量较少，而按地域面积平均的需求量则更低。远东 76.6%（495.3 万人）的人口集中在南部地区，因此，相应的消费品和生产用品需求量也集中在那里（南部 5 个主体政区共有 48 座城市，140 个镇）。

因此，该地区的内部市场非常狭小，对原料工业来说如此，对加工工业产品来说也如此。在 20 世纪 90 年代，由于国家的经济总体下跌，地区内部的需求越来越萎缩，远东市场的容量缩小更多。由于这个缘故，在远东地区内形成了消极的自我调节机制。该地区的再生产过程中已形成了这样的恶性循环：地区内部需求量低——生产规模小——收入低——地区内部需求量低。

6.2.3 有许多难以改变的提高成本的因素

自然条件严酷，国内区位条件差，开发程度低，不利的极端气候如周期性地出现的暴风雪、台风及水灾、海啸、地震等灾害多，导致这里的建设成本高，生活费用也很高，这使远东地区的许多产品在很大程度上降低了竞争能力。

例如运输价格和动力供应也成了生产领域和社会环境中越来越昂贵的因素。运往远东的能源数量很大（约950万t煤、700万~800万t石油和将近1000万t油品），高额的运输费用提高了电力和热能的耗费，而高额的运价和动力耗费最终影响到该地区所有的商品价格和服务费用。

由于远东地区具有边远性，远离国家的许多工业区，因此几乎所有经济部门的产品成本中运费占很高比重。该地区的地区生产总值中运输费用几乎是全俄平均水平的2倍。例如滨海边疆区1996年的GDP中运输费用占18%，而这在全俄平均只占8.9%。

远东地区的运输系统与能源生产关系紧密，互相影响。运输费用的增长中包含了能源生产和供应的成本，运输成本增长又提高了能源生产和消费的成本。最终，这些费用进入各种商品和服务的实际成本之中，从而导致周期性涨价。

6.2.4　人口锐减，劳动力严重不足，大量土地荒芜

这是该地区特殊的社会和人口问题。从1990年起，远东地区人口锐减，当地劳动力短缺，土地荒芜，农产品产量大幅下降（表6-17）。

表6-17　俄罗斯远东地区的农用地减少情况（1990~2006年）　　（单位：万 hm^2）

地区	农用地		耕地	
	1990年	2006年	1990年	2006年
萨哈（雅库特）共和国	154.05	69.37	14.28	9.69
滨海边疆区	142.64	77.22	79.08	44.02
哈巴罗夫斯克边疆区	38.65	21.63	12.84	8.64
阿穆尔州	254.64	110.17	181.64	78.67
堪察加边疆区	13.29	7.1	6.92	3.25
马加丹州	11.93	5.28	3.54	0.72
萨哈林州	12.34	7.21	4.98	3.02
犹太自治州	36.51	16.99	15.90	12.40
楚科奇自治区	0.83	0.14	0.01	0.00
远东大区	664.88	315.11	319.19	160.41

若以1990年数为100，俄远东地区农用地、耕地、播种面积、谷物和肉类产量都呈下降趋势，只有马铃薯产量增加了（图6-4）。图6-5显示整个俄远东地区的播种面积在1990年达到顶峰，至今大幅度下降，但自2005年以来略有回升；俄远东地区的播种面积基本上都在南部地区。

俄罗斯太平洋地理研究所参与的远东地区发展规划表明，远东地区恢复和发展农业

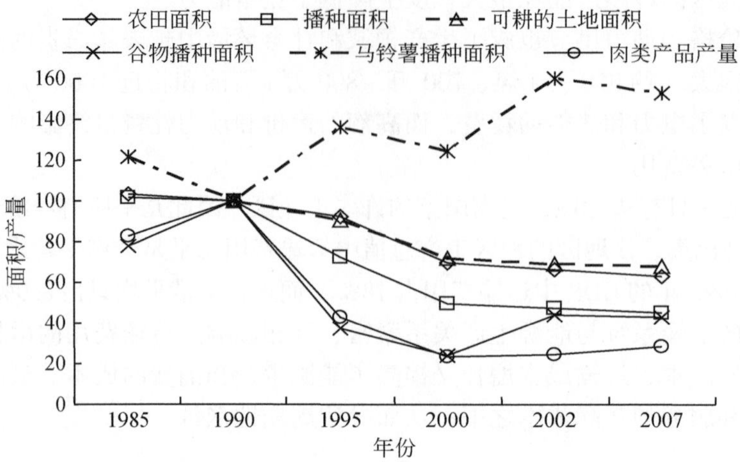

图 6-4　俄远东地区 1985 ~ 2007 年农业用地与主要农产品的增减状况

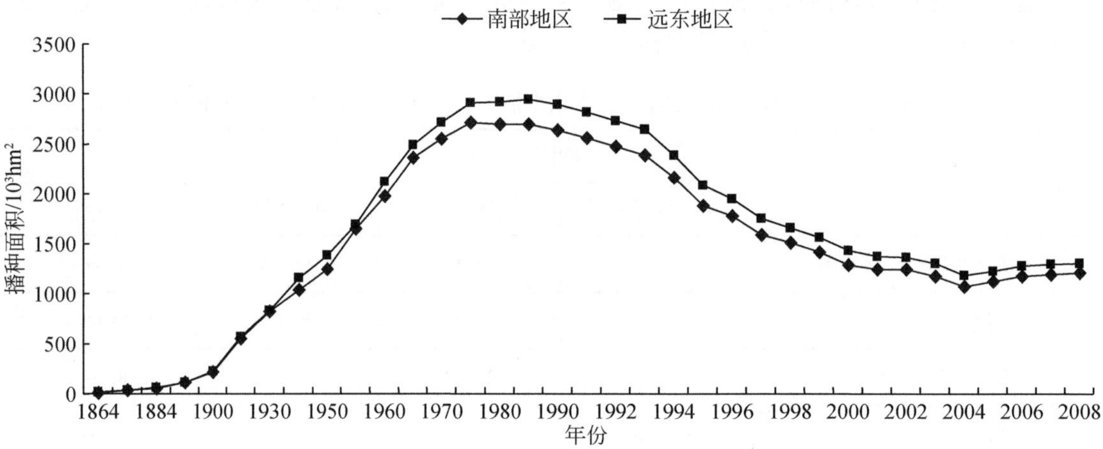

图 6-5　俄远东地区（含南部地区）的播种面积变化

的潜力是很大的。按 2007 年该地区的谷物总产量是 56.27 万 t，平均单位面积产量只有 15q①/hm^2；而这在我国东北三省是 53.8 ~ 70.7q/hm^2。按现有的单位面积产量和利用的土地计，远东区可养活 450 万人；如果将该地区的土地全部利用起来，即恢复到 1990 年的耕地和播种面积，就能养活 900 万人。这样，粮食产量提高一倍，就可以有余粮出口。如果再提高一些农业技术和农业生产物资保障，余粮将更丰富。

6.2.5　南部开发程度较高地区生态保护问题突出

整个远东各地在经济地理和生态上有强烈的反差：北部和东北部未开发或很少开发的地域，生态未遭破坏或很少被破坏；到西伯利亚大铁道沿线地带及南部高度开发的地域，自然系统遭破坏很多。其中生态问题很尖锐的地方有：大彼得湾、兴凯湖湖滨地

① 1q = 100kg。

区、阿穆尔共青城、哈巴罗夫斯克、赖奇欣斯克、斯帕斯克达利尼、涅里云格腊、奥哈等城镇地区。

6.2.6　与周围国家经济社会状况差异很大，承受着地缘政治经济压力

在俄罗斯走上开放的市场经济发展道路时，鲜明地显现出该地区与邻国及其地区存在尖锐化的社会、经济、地理和地缘政治上的反差。如在人口的数量与密度、地域开发程度、经济发展指标、市场容量、社会情况等许多参数方面，目前俄远东地区都比邻国（中国、韩国、朝鲜、日本、美国、加拿大）低。

上述国家的政治制度是大相径庭的。而俄远东地区正处于这些世界上政治制度差异最大的国家之间。这里彼此留下了大规模的战争创伤，地缘政治问题很尖锐，在很大程度上是 19、20 世纪中多次战争造成的结果。

6.3　俄远东地区的主要发展轴线与分区概况

俄远东地区发展的布局，按俄罗斯太平洋地理研究所所长 П. Я. 巴克兰诺夫院士的概括，有以下几条主要轴线：

第一条是最主要的轴线。西伯利亚大铁道沿线从符拉迪沃斯托克（海参崴）经哈巴罗夫斯克到犹太州和阿穆尔州。该地带集中了俄远东地区 60% 的经济社会潜力。

第二条是经济轴线。20 世纪 70 年代在贝加尔–阿穆尔铁路（贝阿铁路）沿线形成。这里的经济社会潜力已占到远东地区的 5% ~6%。将来其潜力还要增长，尤其在建成通向萨哈（雅库特）共和国的铁路之后。

第三条是海岸沿线。从南端的波西耶特和符拉迪沃斯托克（海参崴）向东北直到堪察加和楚科奇。该地带聚集了俄罗斯远东地区 30% 的经济社会潜力。该地带在区域可持续发展中的作用越来越重要，特别是在开发海洋自然资源方面。

第四条是阿穆尔河（黑龙江）沿岸地带。这是历史上俄罗斯开发远东最初形成的轴线，现在其经济社会潜力占俄远东地区的 20%。今后其重要性不减。

第五条是与朝鲜、中国交界的边境沿线地带。其经济社会潜力约占俄罗斯远东地区的 15% ［该轴线自哈巴罗夫斯克以远与阿穆尔河（黑龙江）沿岸地带重复］。该地带的交接地带结构和功能作用是很有利的。

这些轴线今后都有发展前景。首先要发展的是纬线方向的经济联系，自西向东将这些经济轴线都联系起来。岛屿地区是特殊地区，如库页岛和千岛群岛，还有遥远的堪察加半岛也可列入这类特殊地区。虽然从地理学来说这是个半岛，但与其联系也像与岛屿一样。这类岛屿地区尽管自然条件复杂（地震频发，经常有极端气候现象和其他极端自然现象），却有大量多种多样的自然资源潜力。考虑到毗连大陆架上的油气等海洋资源，这里发现的自然资源还会增加。总的来说，在这个地带有很大一部分（60% 以上）是可再生自然资源，若将独特的游憩资源也算在内的话，可再生资源的比例将会更高。因此，虽然在俄远东地区中的海岛地带常住人口并不多，也具有长期持续发展的条件。又如在库页岛，建设这样两处海峡铁路隧道有很大意义，一条通过鞑靼海峡连接俄远东大

陆，另一条通过拉波鲁兹海峡（即宗谷海峡），接通日本北海道。这样，可使日本从铁路通过俄罗斯的西伯利亚大铁道抵达欧洲。

此外，我们不能忽视俄罗斯的北海航线对极北地区和极东北地区沿海地带开发的意义。随着全球气候变暖，海洋资源的开发，特别是油气资源的开发，该航线的意义将会突显出来。

总之，沿海地区、沿国界地区和沿交通大干线（西伯利亚大铁道、贝阿铁路）等三方面是优先发展的地区。但 П. Я. 巴克兰诺夫认为，开发整个国界沿线地带（与中国、朝鲜、美国交界）具有特殊意义：发挥其经济地理区位优势，通过互利的经济联系和对外经济活动获得经济利益；此外，还可以达到重要的地缘政治目的：降低俄罗斯边境地区与外界非俄罗斯地区的差异，消除出现地缘政治问题的根源。为此，要推动有关国家共同制订开发边境地带［黑龙江（阿穆尔河）、兴凯湖、乌苏里江和图们江等河、湖流域，日本海地区、白令海地区等］的计划和实施，要鼓励在这类地区对共同制订的基础设施建设项目进行投资，如交通运输干线、输气管道、输电线路、自然保护项目和旅游基础设施等。

6.3.1　黑龙江（阿穆尔河）—乌苏里江沿岸地区

6.3.1.1　滨海边疆区

滨海边疆区是俄远东最温暖的地区，有舒适的季风气候。7 月平均气温 15 ~ 20℃，1 月平均气温-20℃。

该区面积只占远东地区的 2.7%，但其人口却占 30% 左右，工业产品约占 30%，农产品占 25% 以上，生产的电力也约占 25%，就业人口占总人口的 49.3%。这里集中了相当大的科技潜力：俄罗斯科学院远东分院的力量几乎有一半在该边疆区，还有国立远东大学（ДВГУ）和国立远东科技大学（ДВГТУ）、渔业技术大学、海洋科学院以及许多大型高等院校和科研院所。滨海边疆区的经济社会能力总体上占远东地区的 25% ~ 30%，约占俄全国的 1.5%。就俄罗斯与许多亚太地区国家的相互关系而言，滨海边疆区可发展成为国际远东中心地区之一。这里是俄罗斯唯一与中国和朝鲜两国都交界的行政区，并且与亚太地区高度发达国家和发展中国家具有最短的海运航程。因此，在包括滨海边疆区在内的俄远东各主体政区生产普遍下跌，甚至处于危机的情况下，这里的对外经济部门虽有些摇摆不定，但仍有较大发展。

该区的矿产资源在俄远东地区不算丰富。虽发现有约 200 种矿物，而其中已探明储量的矿区只有 30 多个，产量也不大。主要矿物是煤、泥炭、长石、黑色金属、锌、铅、钨、金和银等。

滨海边疆区是俄远东加工工业最发达的地区之一，其产量在俄远东大区所占的地位显示于表 6-18。

表 6-18　2008 年滨海边疆区主要产品产量

产品	产量	占远东地区的比重/%
电力/（亿 kW·h）	94.69	22.7
煤炭/万 t	1 006.00	31.2
采伐木材/万 m^3	370.50	29.1
其中：用材/万 m^3	328.53	29.1
水泥/万 t	207.29	71.0
鱼等海产品捕捞量/万 t	68.80	31.6
食用鱼产品（含罐头）/万 t	56.50	28.9
鱼罐头/万听标准罐	19 362.70	72.0
肉类/t	20 805.0	45.1
香肠/t	42 587.0	56.3
糖果点心/t	11 721.0	30.4
植物油/t	4 584.0	23.9
全脂奶产品/t	54 148.0	21.4
沃特加等烈性酒/万 L	120.60	41.3
软饮料/万 L	796.60	47.6
家用电冰箱/万台	18.90	100.0
电视机/万台	4.31	100.0
超高频电磁炉/台	9 489	100.0

资料来源：《远东联邦区滨海边疆区统计年鉴 2009》。

该区兼有发达的海港（是俄远东第一大港）、渔港（设有俄远东海洋渔船队总部）、铁路和航空运输设施，还有一些跨国境的公路，基础设施较为齐全。东西伯利亚至太平洋的石油管道起自伊尔库茨克州的泰舍特，止于纳霍德卡附近的科兹明诺海湾。今后积极建设运输基础设施，包括能源管道运输设施是其发展对外经济联系的首要设施。除了东西伯利亚至纳霍德卡的输油管道以外，还将建设从库页岛到该区，并进一步通过朝鲜至韩国的天然气管道。

在该边疆区沿海还要建炼油厂，若再建成核电厂，则又可能再建铝业联合工厂。库页岛–哈巴罗夫斯克–符拉迪沃斯托克（海参崴）输气管道建成后，在该边疆区还可能配套建设天然气加工厂。

全区有 12 个城市，617 个乡村。主要城市：符拉迪沃斯托克（海参崴）61 万人（2006 年年初），纳霍德卡 17.3 万人，乌苏里斯克（双城子）15.5 万人，阿尔乔姆 11.2 万人。

滨海边疆区南部的工业交通设施具有特殊重要的战略意义。符拉迪沃斯托克（海参崴）和纳霍德卡两大城镇群是俄罗斯太平洋沿岸最大的经济增长中心，也就是俄罗斯太平洋沿岸最大的国际交流中心。

符拉迪沃斯托克（海参崴）市有较大的对外吸引力，在此集中了滨海边疆区40%的外籍职工。该市的产业发展将考虑在“大符拉迪沃斯托克（海参崴）市”区域内展开，即包括在其周围城镇群区的范围内布局。这个城镇群很有创新潜力，因为这里有发达的科研和多层次的专业教育事业。有特色的科研专业主要是有关海洋开发的科学技术和基础研究，近岸和海洋自然资源开发利用研究，包括生物和纳米技术研究，潜水机器人研究等。产业方面，在这个城镇群将建设生物资源加工产业集群的基地，包括水生资源和海洋养殖产品的开采和深加工。该市作为俄罗斯在亚太地区进行国际合作最大中心城市，将进入新的发展阶段。

纳霍德卡城镇群在东西伯利亚至太平洋的输油管二期工程竣工后，将建炼油和石油化工综合企业。其他主要加工工业有木材加工、建材生产、机器制造（首先是造船），以及为这些专业生产服务的企业。

6.3.1.2 哈巴罗夫斯克边疆区

哈巴罗夫斯克边疆区历来是俄罗斯远东开发的战略重点地区，其社会经济和科技能力也较强。这里的工业系统中，国防工业占很大比重。机械工业产品、木材和炼油制品是其主要产品。基础设施也主要为俄罗斯远东军队和军港服务。

哈巴罗夫斯克城镇群区是俄罗斯远东地区数一数二的大型人口聚居地，是俄罗斯远东地区的社会与政治行政中心、工业、运输（贸易物流中心）和科教中心［与符拉迪沃斯托克（海参崴）共为远东科技创新中心］。工业主要是机械制造和石油化工生产。该城镇群作为俄罗斯远东大区的经济中心，是区域性的重点发展的地方之一，发展方向为吸引有科技创新能力的高科技含量的产业，并进一步提高其作为区域性的金融信贷中心。作为远东工业、运输、科学、文化和教育中心城市，很有投资吸引力。

共青城工业中心包括阿穆尔共青城、阿穆尔斯克市、松涅契内镇（пос. Солнечный），这里是俄远东最大的工业中心。产业主要职能是以军工为主的机械制造（飞机制造、造船）、冶金、矿业开采（有色金属矿）、木材采伐和加工、林化工、炼油和石油化工。该工业中心对整合俄远东工业系统起重要作用。

瓦尼诺-苏维埃港运输与工业枢纽是第二条西伯利亚大铁道——贝阿铁路的出海口，具有大宗货物铁路与海港联运和军事海运的职能。工业有船舶修理、渔业加工，还有其他海洋经营活动。俄中央政府为加强国家在亚太地区的活动能力，将采取一系列措施，使这个运输枢纽的能力扩大5倍以上。同时也指望通过这个运输枢纽加强远东与俄罗斯中心地区、与独联体其他国家，以及远东各主体政区之间经济联系［这对萨哈（雅库特）共和国、库页岛、堪察加、马加丹等地很重要］。贝阿铁路和瓦尼诺-苏维埃港使俄中心地区与远东地区之间有了最短的运输距离，这比通过西伯利亚大铁道和东方港运输缩短约500km运输路程。这样远东南部地区可以获得萨哈（雅库特）共和国和东西伯利亚的矿产及其他大宗货物，使远东地区的开发能够向北推进一步。

该边疆区也有较丰富的矿产资源，已开发的有动力用煤、炼焦用煤（在Эльгинское）、黄金等有色金属矿。

阿穆尔河（黑龙江）是该边疆区很重要的内河航运干线，对建设阿穆尔共青城和尼古拉耶夫斯克（庙街）物资运输起过重要作用。

6.3.1.3 犹太自治州

该州虽然面积较小，但都是平原，气候较温和，交通运输，所以农业和工业发展都较好。矿产开发已有动力用煤矿和铁矿（在 Кимканское 和 Сутарское）。

该州既是国防边境重地，又是边境贸易和运输枢纽区之一。根据其资源基础和区位特殊性，在此建立了黑色冶金中心（以本州和阿穆尔州的铁矿资源为基础）和运输与物流综合体。在依兹韦斯特科维镇（Известковый）将建高科技的冶金工业综合体，生产生铁和钢材。

在其首府比罗比詹建大型工业中心加工货物，并在下列宁斯科耶建跨黑龙江（阿穆尔河）大桥，通往中国同江县，这样能提高西伯利亚大铁道和贝阿铁路的运输合理流向，提高运输效率。

6.3.1.4 阿穆尔州

该州拥有广阔的平原，气候条件也较好，所以农业一向是其主导经济部门。工业、交通运输、电力等发展也较好。主要工业部门是机械制造和金属加工业、有色冶金业、黄金采掘、电力（包括水电）、燃料工业、食品工业、林业和木材加工业、建材等。

已开发有动力用煤矿、铁矿（在 Гаринское）、黄金等有色金属矿。

该州首府布拉戈维辛斯克既是行政中心，又是较大的工业中心，主要产业有机械制造（生产小轿车、日用工业技术产品）、医疗仪器和制药、食品加工、木材加工和运输业。作为边境城市，与我国黑河市隔江相望。两市有合作发展的意愿，若在此规划跨黑龙江大桥，两市将可形成中俄合作特有的跨境双城结构关系。

斯沃博德内工业与运输枢纽：处于西伯利亚大铁道与赤塔—哈巴罗夫斯克—符拉迪沃斯托克国道公路的交接处，又有结雅河运通黑龙江（阿穆尔河），交通运输功能较强。目前俄罗斯在此建“东方”航天器发射场，并将以该发射场为依托，建设高科技产业区，优先发展“远东航天创新中心”，以备发射科研、经济社会和商业用途航天器，通向空间轨道站的航天飞船和货运舱。

6.3.2 萨哈林州

萨哈林州由库页岛和千岛群岛组成，拥有丰富的油气资源等矿产资源和海洋生物资源。按矿藏规模和资源开发总况，该州在俄罗斯 83 个主体政区中列第 17 位。但其 GDP 在国内列第 37 位。因人口稀少，按人均产值计则列第 4 位，仅次于俄罗斯最大的产油区秋明州、人口更稀少的楚科奇自治区和萨哈（雅库特）共和国。目前其产业以资源开采为主，2005 年其资源性商品是其加工工业产品产值的 3 倍多，其中 97% 的矿产是能源。该年产石油和凝析汽油 400 万 t，天然气 19 亿 m^3，煤炭 340 万 t，捕鱼量达 50 万 t。库页岛上有矿物原料 50 多种，其中有工业价值的主要是石油、天然气、石煤和褐煤、建材、泥炭、地下淡水等；零星分布的有钛磁铁矿、矿泉水和地热矿点等，显露的矿点还有含锶、汞、锰、钨、银、铜、铅、锌、铬、镍、钴、钛、滑石、石棉等；分布广泛的非金属矿产有天然硫等。这里出产的天然气将通过管道经过滨海边疆区和朝鲜输送到韩国。

千岛群岛最主要的资源是极其丰富的海洋生物资源，有鱼类、海兽、虾蟹、软体动物和棘皮动物，如欧洲鳀、金枪鱼、秋刀鱼、沙丁鱼、鲨鱼、海豹、乌贼，扇贝、喇叭虫、海参等。这里是世界大洋中的著名捕鱼区之一，海产的种类和生长密度在世界上都名列前茅。这里约有海洋生物资源 500 万 t，超过俄全国的海产捕获量。还有千岛群岛各海湾中的鲑鱼洄游到库页岛、滨海边疆区、哈巴罗夫斯克边疆区、马加丹州和堪察加半岛西部各条河流产卵。

千岛群岛也有重要战略矿藏，油气、黑色、有色金属矿应有尽有，其中包括航天工业应用的铼矿，但目前大多尚未开发利用。在其周围大陆架上估计有油气资源 16 亿～18 亿 t 标准燃料，超过开发中的萨哈林 1 号和萨哈林 2 号两矿产地的总蕴藏量，金矿藏量 1867t，银矿 9284t，钛矿 3970 万 t，锌矿 440 万 t，铜矿 130 万 t，铁和钒矿的蕴藏量也很大。这里，每年火山喷发能带出 36 吨 t 铼，这相当于世界年消耗铼的总量。这里是俄罗斯独一无二的铼产地。

该州最大的 15 个城镇（按 2006 年初人口计）是：南萨哈林斯克 17.34 万人，科尔萨科夫 3.55 万人，霍勒姆斯克 3.29 万人，奥哈 2.69 万人，涅维里斯克 1.74 万人，波格纳依斯克 1.71 万人，乌格列戈尔斯克 1.25 万人，萨哈林亚历山大洛夫斯克 1.19 万人，多林斯克 1.17 万人，沙赫乔尔斯克 1.03 万人，阿尼瓦 0.81 万人，马卡洛夫 0.69 万人，托马里 0.49 万人，北库里尔斯克 0.25 万人，库里尔斯克 0.20 万人。

6.3.3 西太平洋沿岸北部地区

西太平洋沿岸北部地区包括马加丹州、堪察加州（含科里亚克自治区）和楚科奇自治区及周围海域。

这是横跨北太平洋和北冰洋的地区。白令海和鄂霍次克海的海洋生物资源也很丰富，有许多名贵鱼种、虾、蟹、软体动物、乌贼、棘皮动物、海豹、海狗、鲸鱼哺乳动物、藻类等。这里也是世界大洋中的著名大渔场。堪察加-白令海地区的捕鱼量和其他海产品产量在国内居第 2 位，仅次于滨海边疆区，超过摩尔曼斯克州和萨哈林州等著名鱼产区。

该区分布有色金属矿种如铜、金、银、锌、镍、钨、铂（在堪察加），还有煤、名贵石料等。在该区域的极北部地区具有工业开采价值的矿区中，最重要的有扬诺-楚科奇-阿拉斯加矿区（含锡、金、铂），科里亚克-堪察加矿区（含铂、汞）。主要石油、天然气矿区在依其基洛-科累姆、新西伯利亚群岛-科累姆等。堪察加大陆架和北冰洋大陆架中有石油和天然气开发前景。在北冰洋中的东西伯利亚海、楚科奇海、楚科奇半岛和弗兰格尔岛都有油气开采前景，资源潜力巨大。

6.3.3.1 马加丹州

马加丹运输兼工业枢纽是俄罗斯开发其东北部地区重要的运输枢纽。将来可依托该枢纽开发鄂霍次克海中临近马加丹的大陆架上的石油和天然气。

6.3.3.2 堪察加州（含科里亚克自治区）

该州按人均 GDP 计在俄罗斯联邦的 83 个主体政区中居第 21 位；按矿物产量计，

列第 47 位。在科里亚克自治区有分散分布的铂矿。

6.3.3.3 楚科奇自治区

按目前矿物产量计，楚科奇自治区在俄罗斯联邦的 83 个主体政区中列第 46 位。在该自治区西南部发现的铜矿是俄罗斯的主要矿区之一。这里的“五月”金矿是俄罗斯最大的金矿。该自治区的经济产值总量不大，但因人口稀少，故按人口平均在俄罗斯居第 2 位，仅次于油气生产大州秋明州，超过莫斯科州。

6.4 关于俄罗斯远东地区开发的中俄合作思考

俄罗斯实施东进策略，正在加强其远东地区的开发，而目前又是两国关系处于良好时期。俄方已经认识到，西伯利亚和远东地区与中国东北合作发展，这是其恢复大国地位战略的现实需要。因此，我们要抓住机遇，积极开展区域开发合作，尽可能取得多方面合作双赢的发展成果，共同抵御东北亚国际竞争中的压力。

中俄罗斯土资源禀赋不同，经济结构互补性强，即使是我国东北与俄远东地区比较，也是如此。因此，可以双方的区域合作开发前景良好。为取得双赢的区域合作开发成果，相互还要多方面深入了解彼此的发展条件、基础和意向。我们通过在俄初步考察，了解到他们远东地区的发展意向如下。

1）尽可能提高其经济自主性发展的能力，调整经济结构，使整个远东地区能够可持续发展。

2）增强国内区域经济社会发展相互紧密的联系与协调，无论是在区域内部各个层次上，还是在国内大区层次上，都是如此，旨在提高国家和区域社会的凝聚力。在远东，俄罗斯尤其重视那些与邻国交界的行政区的发展，要使它们之间形成密切的经济和社会联系。故对于我国交界的黑龙江（阿穆尔河）和乌苏里江沿岸各州和边疆区的建设尤其重视；近年又显示决心要加强贴近日本的南千岛群岛（日本“北方四岛”）的建设。

3）考虑与邻国边境地区的发展相协调。中俄交界长达 4500km，主要在远东地区。现在他们注意到其远东地区的经济发展要与中国当前振兴东北的经济发展计划相协调。

4）关注边境地区与相邻国家共同保护生态环境问题，特别是同在一个地理系统中的地方，如在同一流域、海域或同一景观系统中的边境地区，更要重视。尤其是俄远东南部的陆、海国界跨越许多完整的自然资源系统：黑龙江（阿穆尔河）及其流域、乌苏里江及其流域、图们江及其流域、兴凯湖及其流域，这些河流最终流入日本海和鄂霍次克海等。在这些河、湖和海域中有许多互相关联的自然流程和自然资源，如鱼类、林材、石油天然气、土地资源和水资源等。一个国家在某个流域开采利用这类资源会导致这类资源在其他国家其他地区发生很大变化。一个地区采取有害的技术措施和不良的生态作用，会影响到其他地区、其他国家及其他们所拥有的资源。

5）在俄远东区域开发合作有广阔领域。通过考察，我们了解到，除了待开发的、中方需要的能源和矿产资源、林业以外，道路、油气输送管道、输电线路、旅游、医疗、文化、体育等基础设施建设有助于发展经济，提高居民生活质量和社会凝聚力，在俄远东地区具有迫切性。

此外，继续参与农业和建筑业、水产养殖等劳动密集型产业。在资源利用方面，都希望发展深加工产业和高技术含量产品生产。发展关系民生的轻工业投资。商业贸易有待提高档次，发展正规的大贸易。积极发展高层次的知识产业合作。俄远东地区虽然处于俄罗斯边远地区，但科技和教育还是有一定优势的，如海洋生物化工、船舶制造、航天产业、军工等。教育事业在远东也是比较发达的，高于俄罗斯平均水平；旅游资源特色丰富。发展教育产业和旅游业已列上俄远东地区的重点发展产业之列。建设生态环境监察网和自然保护项目，发展新兴的环保产业。

第7章　俄罗斯勒拿河流域经济社会考察

7.1　俄罗斯勒拿河流域概况

7.1.1　地理位置

勒拿河流域面积249万km^2，列世界第9位。该流域绝大部分在萨哈（雅库特）共和国境内，并包括伊尔库茨克州和外贝加尔边疆区两主体政区的北部地区（图7-1）。

勒拿河长4400km，长度列世界第10位。该河发源于中西伯利亚高原以南的贝加尔山脉海拔1640m处，距离贝加尔湖仅20km，朝东北方向流动，基陵加河和维京河汇入其中。与奥廖克马河会合后，经过最大城市雅库茨克就进入低地区。接着河流转向北方再汇入右支的阿尔丹河。在上扬斯克山脉的阻挡下，河流被迫以取西北途径，再吸纳最重要的左支维柳伊河，最后向北注入北冰洋边缘的拉普捷夫海，并在新西伯利亚群岛西南方形成面积18 000km^2的三角洲，河道分成七支，最重要的是最东的贝科夫河口（图7-2）。

图7-1　勒拿河三角洲

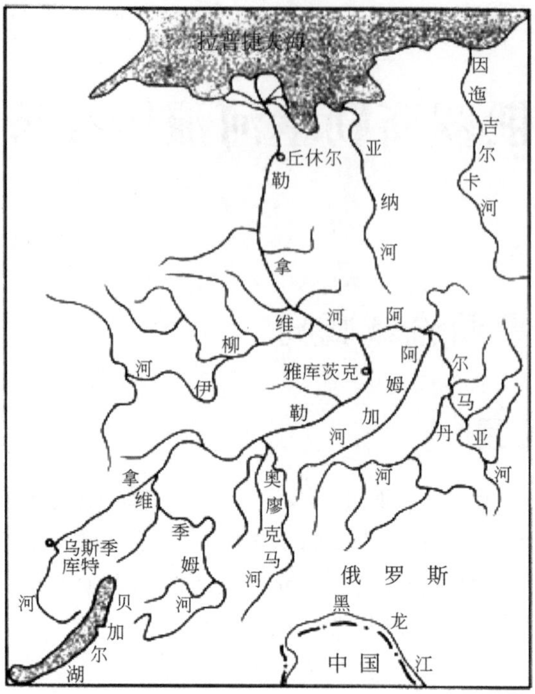

图 7-2　勒拿河水系

资料来源：http：//veimages. gsfc. nasa. gov//3451/landsat_ art_ lena_ lrg. jpg.

7.1.2　气候水文

1 月平均气温为-40 ~ -30℃，7 月平均气温为 10 ~ 20℃。由于远离海洋，流域降水量很小。70% ~80% 的降水量在夏季以平稳的降雨形式落下。春汛水位较高，春汛期的流冰常阻塞河床，夏季洪水多，结冰期长达 8 个月（9 月末 ~ 翌年 6 月初）。年平均流量为 16 400m^3/s（579 000ft/s）。最大流量超过118 923ft/s（4 200 000m^3/s），最小流量低至 1104m^3/s（39 000ft①/s）。

7.1.3　主要城市及港口

雅库茨克是俄罗斯萨哈（雅库特）共和国的首府和经济、文化中心，位于勒拿河中游左岸，2010 年 1 月底人口为 26. 8 万人，2008 年人口为 9. 5 万人，2005 年 95 万人。这里是俄向亚洲东北部、向南及向太平洋沿岸的河港，航空要港及公路运输中心。轻工、食品、建材工业较发达，并有船舶及汽车修理厂和发电厂，有数所高校及科学院西伯利亚分院的分部。

基廉斯克是俄罗斯伊尔库茨克州中部的一个城市，位于勒拿河与基廉加河汇合之处，距首府伊尔库茨克东北 710km，2008 年人口为 1. 57 万人，2002 年人口 1. 3 万人。

① $1ft = 3.048 \times 10^{-1} m$。

奥廖克明斯克是萨哈（雅库特）共和国的一座城市。位于勒拿河左岸，雅库茨克西南651km 处。2008 年人口为2.54 万人（2002 年人口普查）；1989 年11 478 人（1989 年人口普查）。奥廖克明斯克保持着世界温差最大的记录（最低温记录是-66℃，最高温纪录是45℃）。

7.2　资源特征及开发利用

7.2.1　自然资源状况

勒拿河三角洲的广阔地域内森林、煤、天然气、铁、金、金刚石、钾盐等资源丰富。水力资源约有 4000 万 kW，仅在支流上建有马马卡斯克和维柳伊斯克水电站等。在萨哈（雅库特）共和国低地界内，可种植各种农作物——大麦、燕麦、小麦、马铃薯、黄瓜等。该流域有着巨大的煤炭和天然气矿藏，黄金也已开采多年。1955 年，在维柳伊河流域发现丰富的钻石矿藏。

勒拿河在西伯利亚大河中为开发程度最低的河流。勒拿河卡丘格（Kachug）以下河段可通航小船，乌斯季库特（Ust-Kut）以下可通航大船。奥谢特罗沃（Osetrovo）是现代机械化的重要河港，是东西伯利亚河运交通命脉，使雅库茨克南经乌斯季库特与贝加尔-阿穆尔铁路干线相通，北经季克西同北海航线相通。下游渔业发达，主产马克鲟鱼、西伯利亚白鱼、凹目白鱼等。主要河港与经济中心有基廉斯克、奥廖克明斯克、雅库茨克、桑加尔等。

7.2.2　主要矿产资源

（1）金属矿产资源

在南雅库特已发现 30 多个铁矿床，最集中的是阿尔台地的中部和纳戈内村北部，有大型的赤铁矿和磁铁矿。在阿尔丹河和阿姆加河的分水岭还有一些褐铁矿。恰拉-托克和奥科克马-阿姆加铁矿区的预测储量为 400 亿～500 亿 t。此外，还有上杰尼索夫斯克和季特-埃利金斯克等矿。

（2）煤炭资源

勒拿煤矿于 1930 年开始局部开采，总地质储量约 2.6 万亿 t，符合工业指标的储量 1.539 万亿 t，探明储量 39.7 亿 t，煤层达数十层之多，主要有褐煤和烟煤两种，主要型号为长焰煤和气煤，以露天开采为主。由于该煤田的地理位置不利，短期内大规模开采尚有困难。南雅库特已探明近 900 处煤矿，其地质储量为 440 亿 t，工业储量为 395 亿 t，探明储量为 51.9 亿 t，已勘查 15 个优质煤田，主要有涅柳恩格里煤田、丘利曼煤田、穆阿斯塔赫煤田、亚科基特煤田等。

（3）非金属矿

萨哈（雅库特）共和国是俄罗斯金刚石开采中心，1953 年在勒拿河支流维柳伊河流域发现金刚石产地，1959 年开始开采，已建起了米尔内金刚石生产联合公司，其产量居全俄首位。在西雅库特北部还建设了艾哈尔–乌达奇内工业枢纽，其原料是艾哈尔和乌达奇内等几个金刚石筒矿。南雅库特阿尔丹金云母的矿区总面积达 20 万 km^2，储量居全俄第二位，已发现有 42 个矿床，其中最大的有列格利耶尔、埃梅利贾克等，但由于技术落后，在开采云母时留下大量废料，尚未得到利用，如果这一问题得到解决将可使这一地区的云母开采业的效率大大提高。

7.2.3 资源开发利用状况

勒拿河及其支流构成的水道网相当稠密，水量充沛，其水能资源也较为丰富，约 6000 万 kW 以上。勒拿河及其支流水能资源开发利用尚不充分，现在只在维柳伊河及其支流马马坎河进行了梯级开发，修建了维柳伊水电站和马马坎水电站。总装机 6 万 kW，1983～1999 年在Ⅰ、Ⅱ号厂房下游 141.2km 处修建第 2 个梯级电站。电站装机 36 万 kW，年发电量 12 亿 kW · h。

萨哈（雅库特）共和国工业有金刚石、黄金、锡、锑等开采和木材加工，农业以种植马铃薯和饲料为主，以资源型产业为主，出口产品有金刚石、钻石、煤炭、贵金属、木材、毛皮。除此之外，金刚石磨、首饰产品的加工制造、锯材制造业、毛皮加工业等前景广阔。

7.3 经济社会发展状况

7.3.1 基本概况

萨哈（雅库特）共和国西邻克拉斯诺亚尔斯克边疆区，西南与伊尔库茨克州相连，南接阿穆尔州和外贝尔边疆区，东南与哈巴罗夫斯克边疆区相邻，东接马加丹州和楚科奇自治区，北滨拉普捷夫海和东西伯利亚海（图 7-3）。海岸线总长度超过 4500km。雅库茨克离莫斯科 8468km，离哈巴罗夫斯克 1590km。萨哈（雅库特）共和国横跨三个时区，与莫斯科的时差分别为 6h、7h、8h。

图 7-3　俄罗斯联邦萨哈（雅库特）共和国区位

7.3.2　主要产业发展

萨哈（雅库特）共和国是远东经济区成员，以发展燃料能源工业及矿山开采业为主。萨哈（雅库特）共和国内有 5 个主要的经济区（图 7-4）。

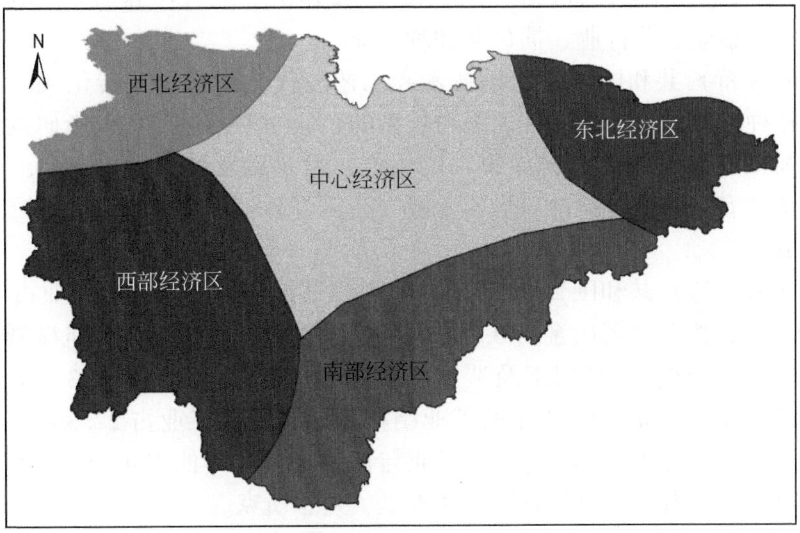

图 7-4　萨哈（雅库特）共和国经济区分布

南部经济区——以金、云母、煤等资源开采，木材、木材加工，黑色金属冶金，磷灰石开采工业为主。

西部经济区——以金刚石开采和能源工业为主。

中心经济区——以天然气开采及农业为主。

东北经济区——以开采金、锡、石炭和锑为主。

西北经济区——主要为农业区，以养鹿业和毛皮工业为主。

(1) 农业

萨哈（雅库特）共和国的农业以畜牧业、肉奶加工业、养鹿业、狩猎业和渔业为主，还有土豆种植业和蔬菜种植业。粮食作物有小麦、燕麦、大麦，这些作物产于萨哈（雅库特）共和国西南地区。此外，萨哈（雅库特）共和国还有养马业、养兽业等（云狐、棕狐和紫貂）。据 2010 年统计，萨哈（雅库特）共和国共有农庄 3760 个，平均拥有土地规模 46hm^2（表 7-1）。

表 7-1　萨哈（雅库特）共和国农业产值概况　　（单位：百万卢布）

项目	2000 年	2002 年	2003 年	2004 年	2005 年	2006 年	2007 年	2010 年
农产品产值	5 329.1	8 140.2	9 173.3	10 778.3	12 174.4	13 104.0	14 240.7	18 206.6
植物类	1 505.5	2 190.0	2 414.4	2 549.8	3 267.2	2 832.5	3 557.7	5 106.5
动物类	3 823.7	5 950.1	6 758.9	8 228.5	8 907.5	10 271.5	10 683.0	13 100.0

资料来源：2010 年数据来自《萨哈共和国统计年鉴 2011》，其他数据来自《俄罗斯联邦统计年鉴》。

萨哈（雅库特）共和国的农业体系约占远东联邦区农业生产总值的 20%，2010 年，其农产品生产总值为182.066亿卢布，农业在萨哈（雅库特）共和国GDP中所占的份额为7%，畜牧业产品处于主导地位，约占75%。造成这种不平衡现象的原因是只能在永久冻土带的高风险耕作区发展农作物生产。能够适应萨哈（雅库特）共和国环境的牲畜种类（牛、马和鹿）是发展畜牧业的基础，其牲畜养殖数量在远东联邦区所占的份额分别为：牛50%、马90%、鹿30%。比较发达的产业有：养马业、养鹿业、养猪业、养禽业、狩猎业、养兽业、捕鱼业和种植业。

萨哈（雅库特）共和国通过农场技术和工艺现代化将畜牧业转化成产业基地，提高经济作物在种植面积中的比例，加强增长型的企业的科技保障和创新研发。农产品和禽类产品（特别发展工业化禽类养殖）的生产，是今后发展重要方向。由于淡水捕捞十分发达，预计渔业将会得到进一步的发展。

（2）工业

在萨哈（雅库特）共和国2009年的工业部门结构中，电力能源工业占14.6%，燃料工业占17.4%，黑色金属冶金占0.1%，有色金属冶金占52.1%，机械制造与金属加工工业占1.7%，木材、木材加工及造纸工业占1.3%，建材工业占3.5%，轻工业占0.6%，食品工业占6.9%；1993年的工业结构为电力能源工业占22.3%，原料加工工业占71.7%，机械制造业占1.1%，轻工业与食品工业及其他占4.4%。主要工业中心有雅库茨克市、米尔内市、涅尔波根、阿尔里、列恩斯克。

主要的经济部门有采矿业（约占40%）、贸易、运输和通信。相对而言，萨哈（雅库特）共和国的工业比较多元化，主导行业为金刚石和黄金的开采，电力、燃料工业和食品工业。萨哈（雅库特）共和国的人口和生产能力主要集中在西部、南部和中部，西部是金刚石开采业，南部是燃料—能源中心，中部是服务业、建筑材料业。

从表7-2可见，萨哈（雅库特）共和国受欧洲金融危机冲击比较大，但近年来工业增长有所改观。

表7-2　萨哈（雅库特）共和国工业增长率

年份	2000	2005	2008	2009	2010	2011	2012	2013
工业增长率/%	5.4	-6.6	4.2	-13.6	0.26	16.1	9.0	6.2

资料来源：《萨哈共和国统计年鉴2014》。

（3）交通运输

萨哈（雅库特）共和国的交通以河运为主，即沿北海沿线及勒拿河及其支流进行航运，此外就是公路、航空，公路长度超过2.5万km，其中有国家级公路2100km，地区级公路1.77万km。内河水路长1.61万km，有河运码头6个；33个机场，其中包括两个国家级机场（雅库茨克机场和季克西机场），年空运旅客60万人次，货运量约3.38万t。主要公路有阿穆尔-雅库茨克干线，列恩斯克-米尔内线，汉恩德戈-马加丹线。为全面改善交通环境，萨哈（雅库特）共和国在俄罗斯中央政府的鼎力支持下，正致力加强包括铁路和公路干线网、发展水上和空中运输在内的基础设施建设，别尔卡基特-托莫特-雅库茨克铁路，是国家东北部最可靠的交通线，大大减低货运费用。此外，干线管道长1818km。

发展萨哈（雅库特）共和国地区交通基础设施并连接规划中的联邦级主干交通网，这将成为经济社会发展、提升人民生活水平和生活质量，以及大规模吸引投资的重要刺激性因素。在2025年之前，萨哈（雅库特）共和国将解决以下主要问题：减少交通通行的季节性制约因素；克服交通线的低密度缺点；这些阻碍着自然资源潜力的发挥，以及与亚太国家经济一体化的实现。总之，在陆上、河流、海洋和航空运输的交汇点，正形成萨哈（雅库特）共和国交通物流中心，这些项目将成为未来交通技术和不同运输方式的主要综合体，为中、西雅库特工业发达地区的客货运输服务。建立萨哈（雅库特）共和国交通物流中心，不仅仅保证了上述交通方式的协同合作，也可更有效地在北极地区铁路-内河多种方式联运框架下，根据北方运输网络和货物运输方式的变化调整内河运输。

（4）外贸及投资

2002年萨哈（雅库特）共和国经济吸引外资2.913亿美元，其中89.3%的外资投入金刚石的开采，7.3%投入钻石加工企业、3.4%投入黄金开采。2002年在整个远东联邦区中，萨哈（雅库特）共和国吸引外资排名第二。最有投资吸引力的是钻石加工、黄金开采和燃料动力行业（石油天然气开采、煤炭开采和电力生产）。2005年共和国经济吸引外资6.69亿美元，其中97.8%的外资投入金刚石的开采。可见萨哈（雅库特）共和国的资源是外商投资热点。

2003年头9个月，萨哈（雅库特）共和国对华出口额为1570万美元，增长55%，进口额为27.7万美元。总体来说，萨哈（雅库特）共和国与中国企业之间建立起的外贸合作具有相当稳定的性质，但贸易潜力还很大，还远没有挖掘出来。

（5）能源电力发展状况

在萨哈（雅库特）共和国的气候条件下，电力是重要的生活保障资源，电力系统立足于确保地区电力安全，以及消除经济发展的基础设施限制。预计俄罗斯“统一动力系统”在东部的发展将通过伊尔库茨克州、萨哈（雅库特）共和国、马加丹州的集中供电枢纽得以实现，用于扶持低收入人群，特别是北方少数民族原住民，随着交叉补贴总量的减少，将引入用户扶持和补贴部分电费（包括电力预算津贴）的特殊机制。

7.4 人口及民族构成

7.4.1 人口

萨哈（雅库特）共和国是俄罗斯联邦最大的行政主体，占俄罗斯国土面积的近1/5，但人口稀少，人口密度仅0.31人/km^2（2009年）。人口在逐年减少中（表7-3），2011年年底总人口95.83万人，分属120多个民族。行政单位数量为32个区、3个共和国附属城市、7个区附属城市、两个市内区、67个城镇、316个行政农庄。萨哈（雅库特）共和国的当地居民为雅库特人。除了雅库特人，在萨哈（雅库特）共和国内还生活着55万余俄罗斯人，约占共和国居民总数的50%，乌克兰人为十多万人，占共和国人口的10%，以及埃文基人、楚科奇人、尤卡戈尔人等。

表7-3　萨哈（雅库特）共和国人口　（单位：万人）

年份	总人口	城市人口	农村人口	年份	总人口	城市人口	农村人口
1990	111.15	74.33	36.82	2001	95.75	61.46	34.29
1991	111.90	74.73	36.64	2002	94.93	61.00	33.93
1992	110.03	73.39	36.64	2003	94.86	61.11	33.75
1993	107.97	71.17	36.80	2004	95.00	61.29	33.71
1994	106.46	69.70	36.76	2005	95.32	60.95	34.36
1995	103.72	67.17	36.55	2006	95.44	60.73	34.71
1996	102.03	65.83	36.20	2007	95.61	60.93	34.68
1997	101.01	65.12	35.89	2008	95.89	61.54	34.35
1998	99.50	64.12	35.38	2009	95.81	61.72	34.08
1999	97.71	62.84	34.87	2010	95.85	61.46	34.40
2000	96.25	61.60	34.65	2011	95.83	61.46	34.37

资料来源：《萨哈共和国统计年鉴2014》。

萨哈（雅库特）共和国总人口自然增长率从1990年的12.7‰下降到2010年的7.0‰，但总人口一直在下降，主要是由于从2000年开始死亡率上升，自然、经济等因素影响人口迁移（表7-4）。

表7-4　城乡人口变化动态　（单位：‰）

年份	城市人口			农村人口			总人口自然增长率
	出生率	死亡率	人口自然增长率	出生率	死亡率	人口自然增长率	
1990	16.4	6.0	10.4	25.5	8.0	17.5	12.7
2000	12.3	9.8	2.5	16.1	9.5	6.6	4.0
2005	13.8	10.1	3.7	15.0	10.2	4.8	4.1
2008	16.0	10.0	6.0	16.0	9.9	6.1	6.0
2009	16.7	9.9	6.8	16.7	9.5	7.2	7.0
2010	16.5	9.9	6.6	17.4	9.7	7.7	7.0

资料来源：《萨哈共和国统计年鉴2014》。

7.4.2　民族状况

生活在勒拿河流域的民族中，俄罗斯人为数最多，其次为雅库特人（一操突厥语的民族）、埃文基人和尤卡戈尔人。

雅库特人自称萨哈人。雅库特人过去主要从事半定居的游牧业，饲养马、鹿等；19世纪后半叶大批人改事农业，种植大麦、小麦、燕麦、马铃薯和蔬菜，有些地区还从事狩猎和捕鱼，手工业有铁器和毛皮加工等。

埃文基人亦称埃文克人（Evenki，亦作 Evenky），是西伯利亚北部许多小民族中人口最多、分布最广的一支。现在埃文基人大多已定居，主要从事饲养毛皮兽类、农业、工业。

尤卡戈尔人是极地西伯利亚冻原及灌丛带一群古代人的遗族，因贫困、受侵袭和其他群体引进疾病而被带至灭绝边缘，20 世纪晚期人数约 1100 人。

7.5　文化及社会事业

7.5.1　文化教育

在萨哈（雅库特）共和国教育部的领导下，成立了新的信息技术中心和远程教育中心。为有天才和特殊才能的孩子开设了网上数学、物理和信息技术特长班，举行网上奥林匹克竞赛。在农村建立了新技术中心、电教室。迄今为止，有 15 所萨哈（雅库特）共和国国立大学和俄罗斯大学分校。大学生人数超过 3.62 万人，还有两所非国立院校，有 1000 多名学生。教育设施的不足之处在于 67% 的学校房屋是木屋，8% 的学校房屋被列为危房；超过 25% 的学校属于小型综合学校；2/3 的农村学校是居民点唯一的学校，到最近的学校距离为 50 ~ 550km，这些情况决定了学校学生数量减少，地区预算负担加重。

7.5.2　医疗卫生

萨哈（雅库特）共和国居民健康状况的特点是整体患病率高、婴儿和产妇的死亡率有所下降、结核病发病率高、其他某些疾病发病率高（酒精中毒、血液循环系统疾病），过去血液循环系统疾病的发病率有所增加，心血管疾病是萨哈（雅库特）共和国居民的主要死因，占到这一地区所有死亡情况的 40%。据世界卫生组织预测，随着预期寿命上升，肿瘤和心血管疾病导致的死亡率将增加。

在萨哈（雅库特）共和国，北方和北极圈的村社中医疗—预防服务水平低下，医疗—预防机构的物质技术基础十分落后。为此，将在雅库茨克市设立心脏疾病诊疗所，这将完善专业化医疗服务的组织和质量，同时降低血液循环系统疾病的发病率，扩大医疗服务范围，以及提高医疗服务质量。其最重要的机制是推广全科（家庭）医生中心和远程医疗，在开发萨哈（雅库特）共和国西部和东部时，必须建立移动门诊，用专业化的医疗运输（提供紧急医疗服务）确保这些移动门诊的运作。

7.5.3　社会保障

确保向居民提供高质量的饮用水是萨哈（雅库特）共和国特别是北极地区面临的最尖锐问题之一，虽然在北极地区拥有储量巨大的地表水和地下水，但是 2/3 居民由于缺乏必要的净化设施和供水系统，不得不继续生活在分散供水的条件下。

萨哈（雅库特）共和国未解决的住房问题和住房公共事业发展不足是影响居住环境的负面因素之一，也是民众向萨哈（雅库特）共和国以外移民的原因之一。萨哈（雅库特）共和国近 50% 的住房达不到居住设施的最低水平，破旧和危房占到总住房面积的 12.37%。

7.6 勒拿河流域经济社会发展的制约因素

7.6.1 自然因素

从自然气候条件看，远东并非进行投资开发的理想场所。这里大部分地域属强烈的大陆性气候，冬季漫长且寒冷、干燥，夏季短促、凉爽。只有南部的部分地区属温和的季风性气候，作物有5~6个月的生长期。

此外，远东的地震也比较活跃。在这里每1卢布产值的资金消耗量远高于全俄平均水平，北部地区高出50%~60%，南部地区高出30%~35%，获取同样的经济成果，在这里投入的资金要比在俄中部地区增加20%左右，经营花费则高出25%。

7.6.2 公路交通设施建设滞后

勒拿河地处北极圈内，地广人稀，居民点分散，资源开发呈点状分布，主要经济中心距俄欧洲地区9000多公里，距俄乌拉尔工业区7000多公里，距西西伯利亚最西端6500km。交通运输状况对该地区的社会生产活动影响重大，运费在产品中所占份额比全俄平均水平高出1倍。20世纪90年代初远东交通运输体系虽已具备相当规模，但与俄其他地区相比仍显薄弱。转型以来，这种薄弱状况非但没能改变，反而在多种因素的作用下不断强化，路网密度低且分布不均衡，交通运输设施老化且破损严重，交通运输服务价格高、质量差。

7.6.3 经济结构不合理

勒拿河流域有色冶金的采掘行业虽有良好的原料基础及需求较大的国内外市场，但该部门的发展存在两个主要问题：一是原料加工程度不足。开发活动的最终产品是精矿而不是成品，几乎所有产品都运到地区外加工，因此，产品附加值不高，有色及稀有金属矿藏的综合利用率相当低，仅为20%~25%。二是地质勘探活动滞后，预测资源多，探明储量少。转型以来，远东矿物原料基础的再生产状况急剧恶化，有些种类的原料探明储量已严重不足。现有的矿藏储备主要是苏联时期探明的，许多企业因后备资源不足而面临转产或停产的命运。

林业部门20世纪90年代初在经济中发挥过重要作用。地区工业总产值中几乎8%是由森工、木材加工业和纸浆造纸业创造的。但在投资下降、技术落后、生产成本大等因素的作用下，90年代该行业的产量大幅下降，在经济结构中作用减弱，并由于行业结构不发达、森林开发方法老化、主要资产磨损率高而经历严重的危机。2000年，森工、木材加工业和纸浆造纸业在地区工业生产的整个结构中所占比重只有4.4%，附加值较高的加工部门的发展水平仍然不足。

7.6.4 投资和贸易环境较差

俄罗斯正处于向市场机制转轨时期，经济活动受政府的干预较大，而政府在制定政策时会考虑到诸多因素，并不像企业只是为了获取最大利润，因而给经济环境增加了许多不确定性因素。如远东将被作为项目其他参与者的原料基地或者半成品来源地，因而成为原料附庸；项目的实施会使大量外国劳动力，主要是中国劳动力进入俄境，远东会因之而中国化等。近年来，为了促进本国经济的协调发展，俄罗斯政府采取鼓励措施促进本国轻工业、食品等日用消费品行业的发展，限制同类产品的进口。同时，随着俄罗斯本国经济的回升，对原材料需求逐渐增加，也减少或限制其出口，因此，缺乏一个长期稳定的投资与贸易环境。

此外，由于各种原因，中俄双方目前还没有建立起迅速、便捷的贸易结算体系，而且俄罗斯的外贸限制很多，在出口方面对高新技术和产品限制较多；在进口方面对进口商品征收很高的关税，最终导致贸易服务体系不完善、双边合作很难实施，在一定程度上也制约了对外经贸关系的发展。

7.7　中勒拿河流域经贸合作战略机遇与合作措施

7.7.1　中勒拿河流域经贸合作战略机遇

（1）地缘政治生态改善

目前，俄罗斯虽然面临着十分复杂的经济和社会问题，但经济连续十多年 GDP 年均增速超过 6%，经济持续快速发展，使俄罗斯逐步恢复了大国地位，提升了在世界经济中的地位，也标志着俄罗斯彻底摆脱苏联解体之后的衰退，开始步入真正的增长轨道。中俄两国的经济高速增长和综合国力的提升，为加强在国际政治、经济舞台的合作提供了保障。

（2）中俄贸易额度将出现大幅度的恢复性增长

2010 年 1 季度数据显示，中俄双边贸易额达 119.9 亿美元，同比增长 63.8%。其中，中国对俄出口 52 亿美元，同比增长 39.3%；自俄进口 67.9 亿美元，同比增长 89.4%。主要利好因素包括：①中国全球贸易重点的转移。从中国情况来看，后危机时期贸易发展战略的转变已是必然，在新的贸易发展战略中最主要的就是贸易重点的转移和风险的分散。在这形势下，中国将俄罗斯作为新的重点贸易对象是非常必要的。②由于两国在经济上的高度互补性、地理位置优势和两国长久以来的良好政治关系，中俄贸易的发展将出现大幅度的增长。

（3）俄罗斯需要更为可靠的贸易伙伴

由于长期在意识形态领域和政治上的巨大差异及猜忌，俄罗斯的传统贸易伙伴——欧盟不能成为俄罗斯可以信赖的贸易伙伴。特别是在欧债危机以来，欧洲市场急剧萎缩，导致俄罗斯经济受到极大地伤害，这对于俄罗斯长远的发展存在极大地不确定性。为了经济的全面复苏，俄罗斯需要新的战略贸易伙伴，中国将会成为俄罗斯新战略贸易伙伴的首选。

7.7.2 加强中俄勒拿河流域地区经贸合作的设想

（1）加强能源和资源进口加工转化基地建设

我国进入重工业时代，经济增长对能源和矿产品的需求急剧增加。俄罗斯勒拿河地区的油气、地下矿藏资源极为丰富，这对保障中国北方的优质能源和矿产品供应提供了便利。同时，中俄在木材供求方面存在着巨大的互补性。我国森林资源十分稀缺，俄罗斯森林资源亟待开发，特别是勒拿河地区的木材加工业非常薄弱，只有47%的木材能够制成加工品。而我国木材加工业实力、技术实力雄厚，劳动力资源丰富，在木材加工贸易方面双方有较大的互补性，从俄罗斯勒拿河进口大量油气、矿产品和木材，进行就地加工转化，这是进一步实施我国引进能源和资源战略的最佳突破口。

（2）建立保税区

保税区按照国际惯例运作，是我国对外开放程度最高、运作机制最便捷、政策最优惠的经济区域之一，已经成为中国与国际市场接轨的“桥头堡”。同江作为毗邻俄罗斯的边境口岸城市，口岸设施日趋完善，对外交通十分便捷，已经具有了与沿海开放口岸城市相同的区位条件。在“同江对俄经济开发区”辟建保税区，充分利用保税区内“境内关外”的政策，按照保税仓储、出口加工、国际贸易、商品保税展示等基本运作方式，大大提高物流效率、节省加工成本、发挥国际转口贸易的功能、降低国际产品展览成本，发挥其对我国东北和俄罗斯勒拿河流域的辐射带动作用，从而推动对俄经贸合作的快速发展。

（3）应加强农业合作

俄罗斯勒拿河流域市场农产品供给不足，肉类、蔬菜、水果等供需矛盾突出，需从国外大量进口，巨大的市场缺口提供了中俄农业合作机遇。针对这些互补性应加强与俄罗斯勒拿河地区的农业合作，鼓励中俄企业在该地区内开展种植、养殖、渔业、农产品加工等领域的经济技术合作，发展现代农业和综合开发，对部分重点示范性项目可给予适当资金支持，以典型作用推动对俄罗斯农业合作。

第 8 章　蒙古经济社会考察

8.1　蒙古概况

蒙古的面积约 156.4 万 km^2，是亚洲中部的内陆国家，地处蒙古高原。东、南、西三面与中国接壤，北面同俄罗斯的西伯利亚为邻。西部、北部和中部多为山地，东部为丘陵平原，南部是戈壁沙漠。山地间多河流、湖泊，主要河流为色楞格河及其支流鄂尔浑河。截至 2010 年，蒙古人口为 276.1 万人，全国人口密度为 1.8 人/km^2。全国人口的 69% 为城市人口，31% 为乡村人口，首都乌兰巴托居住着全国一半以上的人口（图 8-1）。

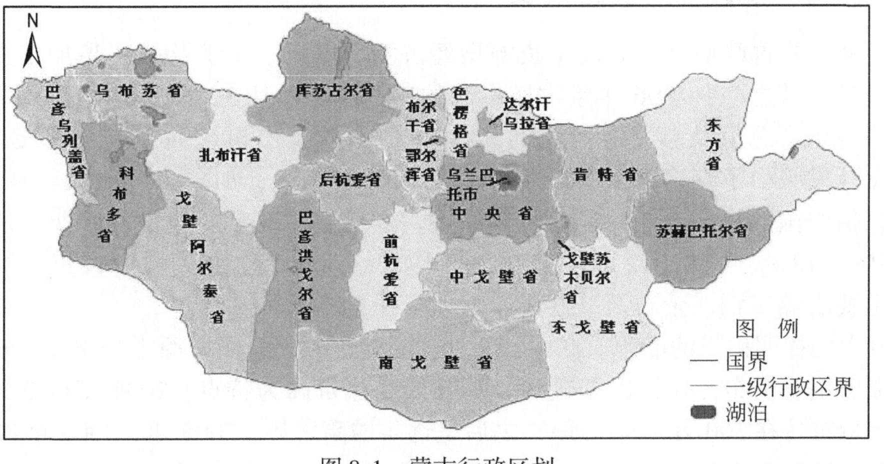

图 8-1　蒙古行政区划

作为亚洲中部的一个内陆国家，蒙古具有典型的内陆大陆性气候，季节变化明显，冬季漫长寒冷、夏季短暂酷热，日夜温差大，牧草生长期短，干旱少雨，春季风大，平均降水量 230mm，雨量多的地区 350mm 左右，少的地区不足 100mm。月平均气温，北方 1 月为–35℃，7 月可达 18℃，南方 1 月为–10℃，7 月最高达 26℃。

蒙古主体民族为喀尔喀蒙古族，占总人口的 85%；少数民族有哈萨克占 7%，通古斯人占 4.6%，杜尔伯特、巴亚特、布里亚特等占 3.4%。

蒙古的地形、地貌特征呈多样化状态。北部、西部为多山高原森林地区，南部、东部为戈壁平原地区。蒙古可利用土地面积为 15 646.64 万 hm^2。其中，戈壁荒漠地区约占国土面积的 35%，山地森林带约占 5%，森间草地约占 25%，典型草原约占 25%，适宜种植业的面积占 2%，其余为其他类型区。森林面积为 1530 万 hm^2，全国森林覆盖率为 10%，木材蓄积量为 12.8 亿 m^3，草原面积占土地利用面积 76%。

境内主要河流色楞格河及支流河，河流年平均径流量为390亿m^3，地下水资源为120亿m^3。境内有大小湖泊3000多个，总面积达1.5万余平方千米。库苏古尔湖位于蒙古北部，是蒙古最大的湖泊，其水域总面积为2760km^2，素有“东方的蓝色珍珠”之美誉。库苏古尔湖的动植物群落与位于其东部200km外的俄罗斯贝加尔湖有相近的起源。

现已探明的有铜、钼、金、银、铀、铅、锌、稀土、铁、萤石、磷、煤、石油等80多种矿产。其中，煤蕴藏量500亿~1520亿t，铁20亿t，磷2亿t，萤石蕴藏量约800万t，铜800万t，钼24万t，锌6万t，银7000t，金3000t，石油60亿桶。俄蒙合营的额尔登特铜钼矿已列入世界十大铜钼矿之一，位居亚洲之首。自1995年以来，采矿业成为蒙古发展最快的行业。

8.2 蒙古经济发展状况

8.2.1 主要资源开发现状

8.2.1.1 能源矿产资源开发

近年来，蒙古政府全面启动了资源型经济发展模式。采矿及矿产品加工业成为该国主要经济领域之一，2006年蒙古所生产的矿产品总值达30 970.24亿图格里克，分别占其国内生产总值及总工业产值的37%和62.1%，出口产品中有81%是矿产品。蒙古矿业开发吸引了众多国际矿业资本，美国、俄罗斯、加拿大、澳大利亚、日本、韩国，包括中国的许多企业。矿业部门在蒙古经济中占有重要地位，矿业产值的年增长率为8%~12%。截至2012年，有20个国家近5000个企业到蒙古投资。产量较大的矿种主要有煤、铜、萤石及一些用于建筑业中的非金属矿产。

在蒙古已探明储量的能源矿产中，石油相对贫乏，但煤炭资源十分丰富，规模大小不同的煤田星罗棋布，并且以埋藏浅、灰分低和热量高为特点。2004年以前，蒙古煤炭的年产量维持在500万~700万t，之后呈逐年增高之势，2005年、2006年和2010年的年产量分别为825万t、788万t和2516.2万t。

蒙古的铜矿开发已初具规模，开采量居世界第13位，铜精粉出口占全国出口总值的50%，其产值占蒙古GDP的25%。额尔登特铜（钼）矿年产精铜矿40万t，已列入世界十大铜（钼）矿之一。南戈壁省奥尤陶勒盖金铜矿（距离中国边界不足100km），是世界级大型金铜矿之一，初步探明铜储量为3110万t、黄金储量为1328t、白银储量为7600t。该矿正在进入开发阶段。

蒙古已探明萤石矿床60多处，大多位于中、东部各省，总储量约为5100万t。占世界总量的3.3%，居第五位，主要集中在中东部的肯特省、中戈壁省和东戈壁省。主要萤石矿有蒙俄合资的宝日温都尔矿（储量约1700万t）、别尔和矿区（储量为200万t）、哈日艾拉格矿区（储量为700t）、奥尔根矿区。

目前，蒙古一些大中型有色金属和黄金矿山正在建设之中，部分金属矿山即将投入使用，铜、铅、锌和黄金等金属矿产的产量都将有大幅度增加，矿产品出口量也会随之大幅增长。

8.2.1.2　农业资源开发

草原畜牧业一直是蒙古的基础产业，也是农业的主体，这一传统产业的生产方式一直与蒙古农业资源特点相适应。但是，由于受到气候条件恶劣、自然灾害频发，尤其是转入市场经济体制后，由于草牧场的产权制度没有做出相应的变革，即草牧场的产权不明确，导致对草牧场的无计划利用，致使草牧场退化现象严重，畜牧资源受到较大破坏。由于定居、人口密度增加，蒙古国土面积的 42.5% 已经不同程度荒漠化，而且正以每年 13% ~18% 的速度扩展。蒙古自然环境部 2009 年最新调查显示，截至目前，蒙古已有 72.1% 的土地遭受不同程度的荒漠化，其中荒漠类草原受损程度最为严重，植物种类由 33 种下降到 18 种，每 $1hm^2$ 植物产量由 320kg 下降到 230kg。20 世纪 90 年代初，蒙古森林面积占国土面积的 8.1%，为 1751.62 万 hm^2，其森林 80% 地处西伯利亚泰加林南缘，分布在较湿润的杭盖、肯特、阿尔泰山脉地区。近年来，因气候干燥、乱砍滥伐和森林火灾频繁发生等原因蒙古森林大面积减少。加之，改革初期因经济困难大量出口木材，目前蒙古的森林覆盖率仅为 6.7%，而境内戈壁地带一年中发生的沙尘暴次数，却比 20 世纪中后期增加了 4 ~5 倍。

8.2.2　经济总体发展状况

蒙古经济以畜牧业和采矿业为主，曾长期实行计划经济，1991 年开始向市场经济过渡。1997 年 7 月，政府通过《1997 ~2000 年国有资产私有化方案》，使私营经济成分在国家经济中占据了主导地位。

2010 年，蒙古经济发展态势良好，宏观经济指标稳步增长，财政收入增加，汇率基本保持稳定。2010 年，蒙古国内生产总值达到 84145.05 亿图格里克，比前一年增长 6.4%（图 8-2、图 8-3）。采矿类企业、燃料动力类企业和加工类企业是蒙古主要的工业企业（图 8-4）。畜牧业是蒙古传统的经济部门，也是其国民经济的基础，素有“畜牧业王国”之称。2010 年，蒙古牲畜存栏总数达 3273 万头（表 8-1）。

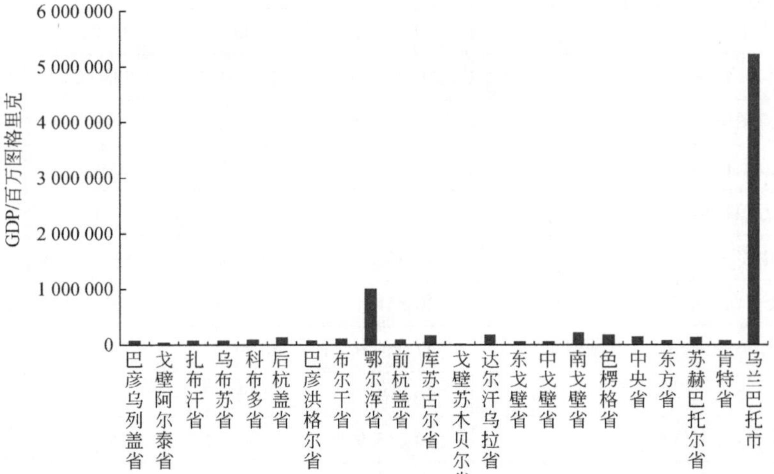

图 8-2　2010 年蒙古 GDP 分布

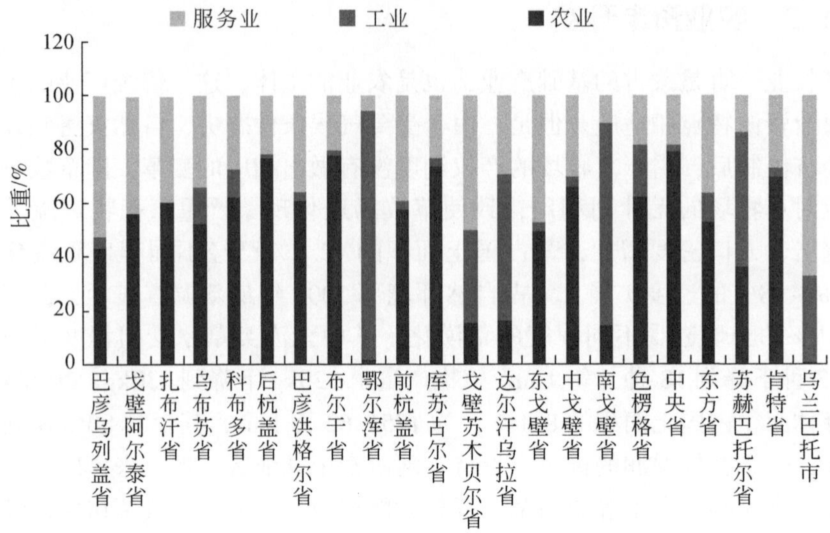

图 8-3 2010 年蒙古三次产业比重分布

表 8-1 蒙古 2000 年、2005 年、2008 年、2010 年 GDP 及其各部门的产值（按当年价计算）

项目	2000 年	2005 年	2008 年	2010 年
国内生产总值/百万图格里克	591 612. 87	2 831 113. 8	3 335 396. 88	8 201 972. 8
人均国内生产总值/千图格里克	436. 97	1 091. 0	1 348. 9	3 072. 5
GDP 按部门计/百万图格里克				
农业、狩猎、林业/百万图格里克	32 876. 8	608 229. 3	795 473. 7	1 202 155. 6
渔业/百万图格里克		105. 8	53. 5	
采矿业/百万图格里克	11 161. 0	608 208. 9	665 848. 8	1 913 040. 1
制造业/百万图格里克	6 507. 3	101 962. 9	156 093. 4	539 836. 0
电力、燃气及供水/百万图格里克	2 631. 7	80 021. 1	95 839. 8	220 411. 8
建筑业/百万图格里克	19 310. 8	58 835. 2	61 216. 7	107 201. 6
批发零售、车辆维修/百万图格里克	243 883. 5	226 961. 1	333 865. 2	696 502. 6
餐饮旅馆业/百万图格里克	13 584. 9	19 135. 0	28 062. 5	47 522. 9
交通、仓储/百万图格里克	112 195. 8	309 100. 0	28 062. 58	645 747. 5
信息、通信/百万图格里克				245 884. 3
金融中介/百万图格里克	25 414. 0	99 966. 8	144 773. 8	239 607. 2
房地产、租赁及其他商业活动/百万图格里克	10 351. 4	217 120. 3	237 064. 8	554 498. 9
公共管理及防务、社会安全/百万图格里克	47 064. 0	66 847. 2	74 136. 6	303 036. 1
教育/百万图格里克	46 960. 8	84 915. 7	177 352. 4	336 646. 3
健康及社会工作/百万图格里克	19 233. 9	37 966. 5	96 472. 8	143 194. 3
产品及进口税净额/百万图格里克		311 738. 0	469 142. 8	1 003 615. 1

资料来源：历年《蒙古国统计年鉴》。

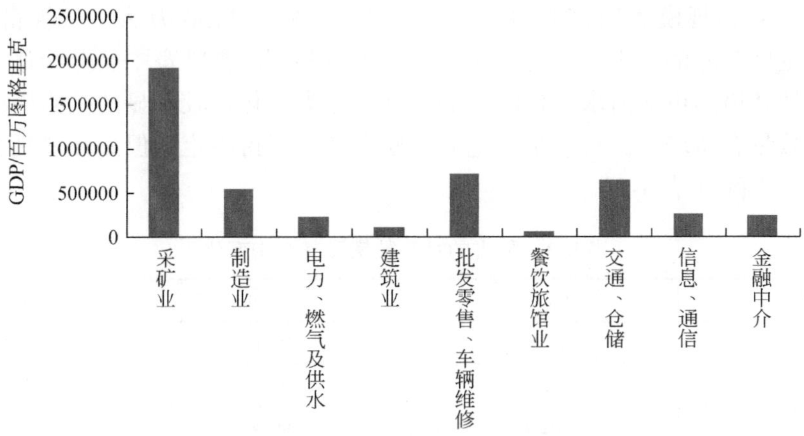

图 8-4　蒙古 2000 年、2005 年、2008 年、2010 年 GDP 构成对比

资料来源：《蒙古统计年鉴》（2001、2006、2008、2010）。

8.2.3　蒙古农业经济发展

农业经济（表 8-2）是蒙古国民经济的基础部门，分为畜牧业、种植业、狩猎业等部门。农业经济一方面向蒙古国民提供无污染食品，向轻工业、食品工业提供原料。蒙古农业生产受自然条件的制约，具有季节性特点。根据蒙古自然条件、城乡布局，蒙古农业经济区划分为：①杭爱、库苏古尔的肉乳牛、肉脂和粗毛绵羊经济区；②色楞格的种植业、肉乳兼用牛、细毛和粗毛绵羊经济区；③布尔干、杭爱的种植业的辅助部门、肉乳兼用牛、细和粗毛绵羊经济区；④东方的肉脂和粗毛绵羊经济区；⑤阿尔泰伊赫诺尔盆地的肉脂和粗毛绵羊经济区；⑥戈壁的肉脂、粗毛绵羊、山羊和骆驼经济区。

表 8-2　蒙古 2000 年、2005 年、2010 年农业总产值

（单位：百万图格里克）

项目	2000 年	2005 年	2010 年
按当年价合计	632 790.3	851 704.1	1 981 215.8
畜牧业	538 970.5	738 477.4	1 584 981.6
种植业	93 819.8	113 226.7	396 234.2
按 2005 年不变价合计	563 891.5	851 704.1	1 470 583.2
畜牧业	488 903.7	738 477.4	1 256 890.4
种植业	74 987.8	113 226.7	213 692.8

资料来源：历年《蒙古国统计年鉴》。

8.2.3.1　畜牧业

（1）草原畜牧业概况

蒙古是一个传统的放牧业国家，草原畜牧业是其国民经济的主体，其中种植业生产的粮食实现自给自足仍有一定的困难。随着国内经济形势好转，国家对草原畜牧业投入有所增加，同时，蒙古加入世界贸易组织和国内有计划经济向市场经济转型，国际国内对皮毛制品、牛羊肉类奶类制品的需求逐年增加，促使蒙古牲畜畜养规模呈现稳步增长的趋势。

2010 年末牲畜规模达到 3273 万头，比 2009 年减少 1130 万头。从牲畜种类来说，蒙古畜牧业主要蓄养的是骆驼、马、牛、绵羊和山羊，各类牲畜中又分为诸多品种。受到近些年自然环境与市场需求变化的影响，牲畜总类变化比较明显的是骆驼的数量在减少，山羊的数量有所增多，马、牛在绝对规模上基本保持稳定，但是在总牲畜规模中的比例却有所下下降（表 8-3）。

表 8-3　蒙古的牲畜数量及其结构变化　　（单位：万头）

牲畜	2000 年	2005 年	2010 年
骆驼	31.6	25.4	27
马	261	202.9	211.3
牛	302.8	196.4	217.6
绵羊	1320.6	1288.5	1448
山羊	1027	1326.7	1388.3
总数	2943	3040	3292.2

资料来源：历年《蒙古国统计年鉴》。

从上述数据可以看出，近年来蒙古的畜牧业保持了较大幅度的恢复性增长态势。畜牧业的发展，在保障国内肉、奶等食品类产品需求的同时，也为牲畜产品的加工和出口提供了充足的原料。

随着畜养牲畜规模的增大，草原载畜量也大幅度增加，这在一定程度上加重了草场的负担。蒙古有 1.47 亿 hm^2 适宜放牧的草场。其中，80% 的草场已被利用，这些草场的年均饲料储量相当于 4650 万 t 牧草。蒙古草场平均自然载畜量是 6200 万只羊，平均实际载畜量是 5600 万只羊，从蒙古整体状况来看，草场实际载畜量并没有超过自然载畜量（图 8-5 ~ 图 8-8）。

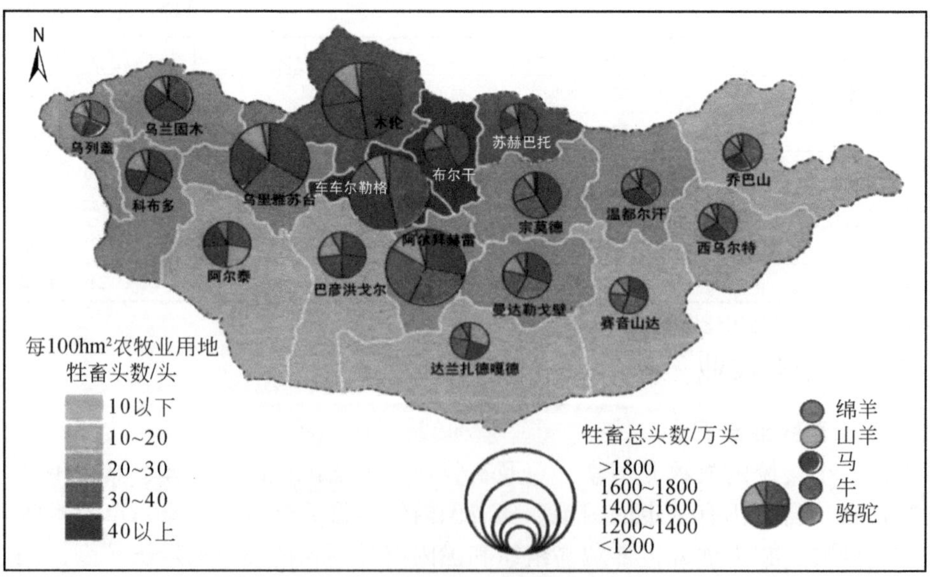

图 8-5　蒙古畜牧业结构分类

资料来源：宝音. 2012. 蒙古学百科全书·地理卷. 呼和浩特：内蒙古人民出版社.

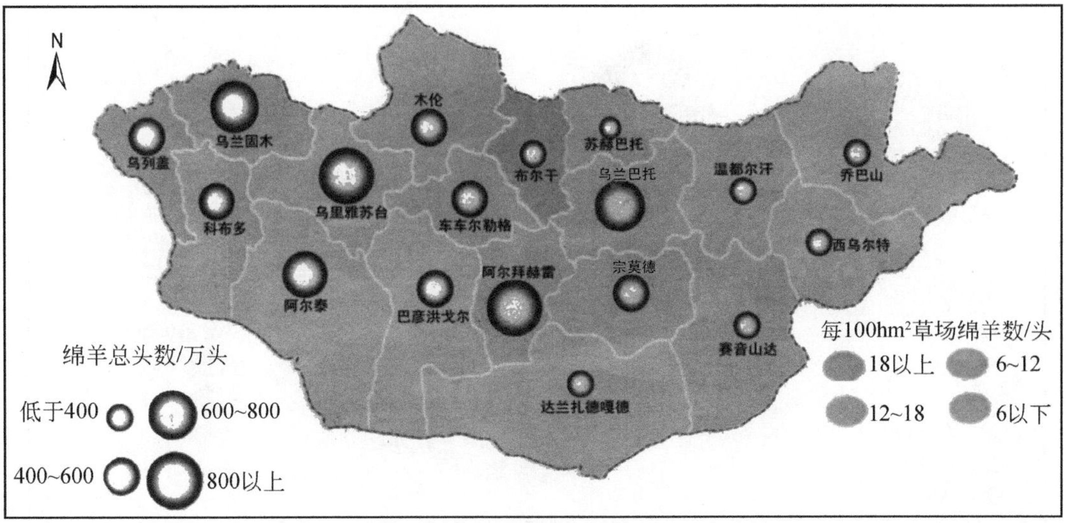

图 8-6　蒙古绵羊饲养分布

资料来源：宝音 . 2012. 蒙古学百科全书 · 地理卷 . 呼和浩特：内蒙古人民出版社 .

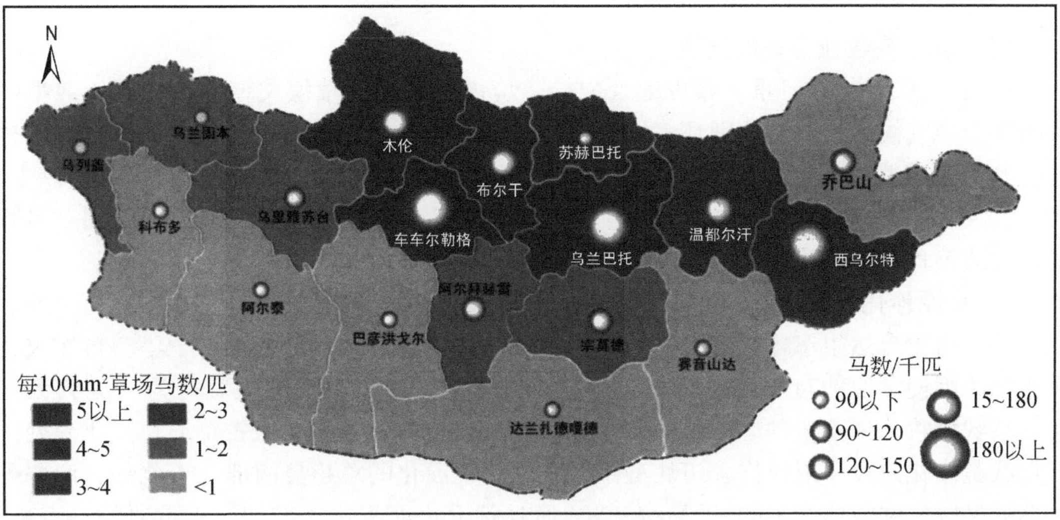

图 8-7　蒙古养马业分布

资料来源：宝音 . 2012. 蒙古学百科全书 · 地理卷 . 呼和浩特：内蒙古人民出版社 .

在发展畜牧业的同时，蒙古从 20 世纪 90 年代开始，在广大牧区建立社会文化服务区，建立教育医疗以及兽医服务站等社会服务机构，通电牧区范围越来越大。尽管如此，牧区的教育医疗等条件同城市相比较差距依然很大，近些年来，富裕牧民为了更好的医疗和教育条件逐渐向其他产业转移，而贫困的牧民则移居城市转移到其他产业，导致牧区牧户、牧民人口逐年减少。2010 年牲畜总头数达 3273 万头（只），畜牧业产值占农业经济总产值的 73. 65%，呈下降趋势。

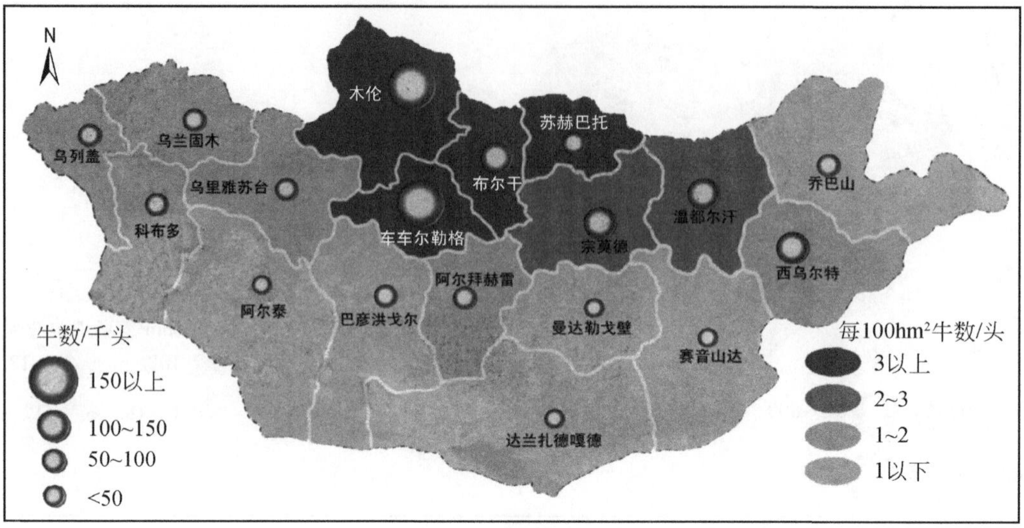

图 8-8　蒙古养牛业分布

资料来源：宝音 . 2012. 蒙古学百科全书 · 地理卷 . 呼和浩特：内蒙古人民出版社 .

（2）草原畜牧业存在的问题

1）自然灾害影响严重。蒙古地处内陆，境内高低起伏荒漠戈壁纵横，属于典型的大陆性干旱气候。特殊的地理环境导致自然灾害频繁，使其畜牧业的发展面临巨大的挑战，尤其是近些年全球气候的变化更对其产生较大的消极影响。20 世纪 90 年代以来，蒙古雪灾、旱灾、火灾频繁发生，对于畜牧业发展造成很大损失，更严重威胁到众多牧民家庭的粮食保障和生计。

2）草原沙化现象严重。在人为因素和自然因素双重作用下，蒙古草原沙化呈现加重趋势。由于自然生态环境自身具有很强的季节性、脆弱性，加之气候干旱、自然灾害频繁等原因使草原的自我恢复能力变得越来越差。同时，人为的主观行为（如露天开矿、超载放牧、垦荒耕种等）进一步加剧了草原荒漠化。目前，蒙古草原荒漠化尚处于斑点状荒漠化阶段，形成许多斑块型草原荒漠，荒漠化的总趋势南部大于北部，南部干旱草原呈以风蚀沙化为主的荒漠化趋势，而且荒漠化面积逐年增加。更重要的一点是，在这种情况下，目前为止还没有采取修复和治理草原的行动，使得草原荒漠化速度远远超过修复、治理草原的速度。

3）发展资金短缺。蒙古目前国民经济发展相对缓慢，经济结构单一，财政配套能力低，又面临着基础设施和生态建设方面资金投入不断加大的困境。对于一直靠国外支援支撑财政支出的蒙古政府来说，要拿出一定的资金，用于草原建设，支持草原畜牧业发展变得很困难。目前，蒙古草原畜牧业基础脆弱，牧民收入低，同时牧民也面临很难拿到国家贷款，以及还贷压力越来越重等困境，因此难以拿出用于建设草原和改善基础设施的各种自筹资金，导致草地培育不足、基础设施简陋，草原畜牧业经济效益下滑。

4）畜产品加工能力偏低。蒙古国内加工设备与技术落后，难以实现高附加值产品的效益，大多数的畜产品以初级原料的价格销往国外。例如，蒙古每年生产的皮革约 700 万张。其中，出口约 300 万张，本国的皮革加工企业生产能力不足且技术设备落后，污染问题严重，在市场开发的条件下尚未形成竞争力。蒙古的畜肉质量和品味俱佳，但其出口量并不多，其原因主要是蒙古尚未形成规范的畜肉收购、运输和加工、检疫体系。因此，作为蒙古基础产业的畜牧业，虽然在畜牧数量方面已经形成规模，但是其自然经济的经营状态仍未得到有效改变。

5）服务体系不完善。目前，蒙古草原畜牧业依然是传统游牧畜牧业，以封闭式、半封闭式和内循环为基本特征，属于半自给的经济，牧户基本上都是一户单干，加工一些最初级的畜产品，而且把其中的很少部分直接提供给城市居民。在整个过程中，牧民与牧业生产销售相关企业的关系不密切，而且牧民合作组织发挥不了优势作用，草原畜牧业产前、产中、产后服务不到位等，制约着蒙古草原畜牧业的发展。

8. 2. 3. 2　种植业

种植业是蒙古农牧业经济的主要部门，2010 年产值占蒙古农业总产值 26. 35%，呈逐年上升的趋势。现在蒙古 21 个省（市）200 多个县、企业或农牧业生产部门的 2/3 都在不同程度地从事种植业生产。森林草原地带大部分县的种植业以谷物为主，杭爱、库苏古尔、阿尔泰多山地带、戈壁绿洲地区以饲料作物为主。科布多、乌布苏省的灌溉面积逐步扩大。种植业中，谷物播种面积占耕地面积的 82. 2%，播种面积和产量位居首位。主要谷物品种是小麦、大麦、燕麦和少量的黑麦、黍子。小麦在谷物生产中居首位，播种面积占一半，年产量达 34. 55 万 t。小麦主要分布于气候凉温，且栗钙土、暗栗钙土占优势的鄂尔浑—色楞格河流域，其次是克鲁伦河流域、汗呼赫附近。马铃薯、蔬菜在蒙古种植业中居第三位。哈拉哈河流域大面积的播种马铃薯（土豆）、蔬菜。马铃薯播种面积的 72% 集中在中央省，6% 分布在色楞格省。各地都有蔬菜种植，面积最多的是色楞格省、科布多省、东方省以及乌兰巴托、达尔汗、苏赫巴托、东哈拉等地人口集中的工业城市附近（表 8-4 和图 8-9、表 8-5 和图 8-10）。

表 8-4　蒙古 2000 年、2005 年、2010 年主要农产品产量　（单位：万 t）

农产品	2000 年	2005 年	2010 年
肉类	31. 06	18. 39	20. 12
羊毛	2. 17	1. 42	2. 35
奶类	37. 56	42. 59	33. 84
谷类	14. 21	7. 55	35. 51
小麦	13. 87	7. 35	34. 55
马铃薯	5. 89	8. 28	16. 8
蔬菜	4. 4	6. 41	8. 23

资料来源：历年《蒙古国统计年鉴》。

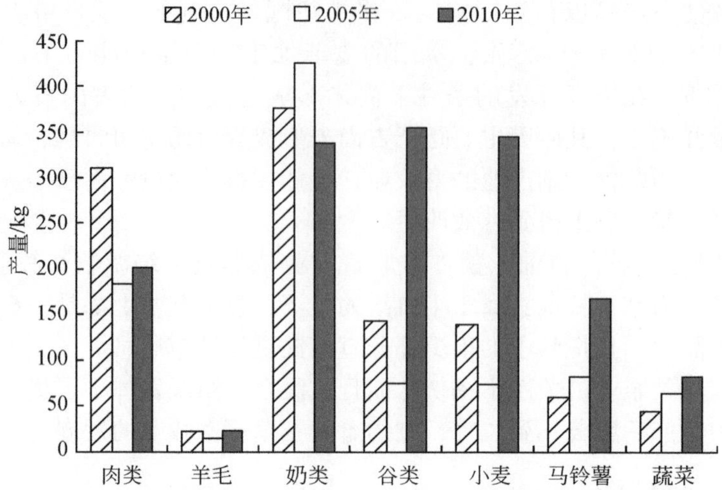

图 8-9　蒙古 2000 年、2005 年、2010 年主要农产品产量对比

表 8-5　蒙古 2000 年、2005 年、2010 年人均农产品产量

项目	2000 年	2005 年	2010 年
肉类/kg	129. 9	72. 2	73. 5
奶类/kg	157. 1	167. 2	123. 6
鸡蛋/个	2. 8	8. 4	20
谷物/kg	59. 4	29. 5	129. 6
马铃薯/kg	24. 6	32. 3	61. 3
蔬菜/kg	18. 4	25. 0	30

资料来源：历年《蒙古国统计年鉴》。

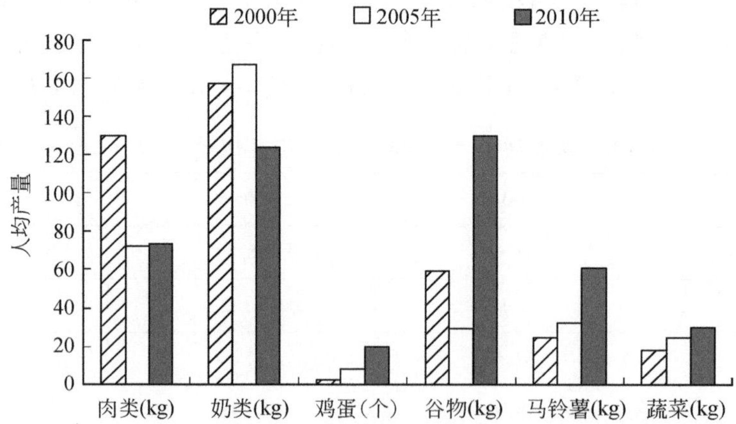

图 8-10　蒙古 2000 年、2005 年、2010 年人均农产品产量

8. 2. 3. 3　林业

蒙古的森林位于东西伯利延伸的原始森林的南部边缘，具有恢复森林生态功能的特点。林地面积 1530 万 hm^2。蒙古森林以生长缓慢的针叶林为主。总储藏量为 14 亿 m^3，多为过熟林。蒙古林业主要进行育林、栽培、加工等工作，在有森林资源的省和县分布

森林工业企业。

8.2.4 蒙古工业经济发展

蒙古工业以采矿业、燃料动力工业、轻工、食品加工业为主。2010 年工业总产值为49 870.03 亿图格里克（按当年价格计算），比 2009 年增长 44.89%。同 2009 年相比，矿业增长 43.52%，电力、能源、供水等增长 14.61%，制造业增长 59.47%。

8.2.4.1 蒙古工业经济优劣势分析

实施经济转轨以来蒙古国内经济形成以农牧业、矿产业、加工业和旅游业四大支柱产业为主体的经济社会结构。依托丰富的矿产资源及出口贸易的发展使国内经济快速增长，到 2010 年蒙古工业生产总值为 49870.03 亿图格里克（按当年价计算），同比增长44.89%。2000 年9 月蒙古政府施政纲领中指出，新一届政府四年任期内经济总目标是：在保障宏观经济稳定和推进私有为主所有制结构改革基础上，保证经济的稳定和高速增长并对促进畜产品加工水平，发展出口生产和旅游业予以优先意义。可见近期蒙古将实施的是：以资源开采加工出口为主，以近期、中期轻度国内市场保护为辅的产业经济发展战略，实施该战略的主导产业目标应该是：进一步发展目前唯一的主导产业——矿山采掘冶炼业的同时，优先方向上培育并引导发展未来不同时期的主导产业——畜产品二次加工业和旅游业。

（1）蒙古工业经济发展优势分析

蒙古基于千年发展目标的国家全面发展战略（The Millennium Development Goals-Based Comprehensive National Development Strategy of Mongolia，简称蒙古家全面发展战略）指出，蒙古的相对优势表现在四个方面，包括丰富的历史遗产、原始的生态系统（包括稀有的动物、植物）及特有的游牧生活方式、丰富的矿产资源和公民较高的受教育程度。显然资源丰富是蒙古的最大优势，很长一段时期内，蒙古经济发展形势将取决于该国矿产资源开发的程度以及利用本国矿产资源进行深加工的能力。就矿产资源来看，蒙古位于中亚成矿带，目前探明的有效矿物种类达 80 余种，其中石油、天然气、黄金、铀、铜储量列入世界前十多位，煤、钼、铁、锰、铝、锌、锡、铅、钛、钒、稀有金属、萤石、磷钙石、沸石、宝石等的储量也相当可观，而且主要矿产资源如石油、天然气、铜、钼、铀、萤石、磷钙石等地域分布集中，有利于大规模开发。

蒙古大型铜矿有奥云陶勒盖铜矿及查干苏布拉格铜矿，其中奥云陶勒盖铜矿位于南戈壁省，距我国边境约 80km，矿区铜矿石储量约 20 亿 t，矿石的含铜品位和黄金含量较高，据估计铜储量为 2000 多万吨，黄金 700 多吨。蒙古 2010 年生产铜精粉35.71 万 t，钼矿精粉 4677.1t。蒙古铁矿点很多，主要有靠近铁路沿线的两个矿带：位于乌兰巴托北部 240km 的达尔汗地区和色楞格省的图木尔陶勒盖、图木尔泰、巴彦格勒三个矿区和位于乌兰巴托西南 300km 处的宝日温都尔地区的额仁、洪格尔、都尔乌仁、巴日根勒特等四个矿区，七个矿区储量为 7.3 亿 t，全国铁的地质储量约为 20 亿 t，2010 年铁矿石产量 320.3 万 t。蒙古的铅锌矿主要分布在东北和东南，其中图木尔廷敖包锌矿矿石储量约 755 万 t，锌品位为 14% 左右，2010 年产量为 11.26

万 t。蒙古的黄金金矿主要有砂金矿、脉金矿、散生金矿三大类，总储量约为 3100t，2010 年产黄金产量约 6t。蒙古探明煤炭总储量约为 2000 亿 t，2010 年煤炭产量 2516 万 t。蒙古石油总储量约在 60 亿桶左右，主要分布在与我国接壤的东方、东戈壁、南戈壁、巴音洪格尔、戈壁阿尔泰、科布多和肯特等省，2010 年石油产量 218 万桶。

(2) 蒙古工业经济发展劣势分析

“蒙古家全面发展战略”中针对蒙古劣势条件的分析指出，蒙古人口稀少且分布分散，缺少优秀的工程师、技术工人和市场经济专家，科学技术发展水平低下，本国产品和技术缺少国际竞争力，农牧业的发展过度依赖天气，经济结构单一且基础设施落后，与国际发达区域经济联系受限，生态条件较为脆弱，金融及外资存量极为有限，经济发展依赖于个别日用品部门。可以看出，蒙古经济发展的劣势条件比优势条件更多，经济发展需要克服的困难重重。

经济结构单一，经济增长水平不高，是蒙古最为主要的劣势条件。从人均 GDP 看，蒙古直到 2006 年才首度突破 1000 美元，并且这一突破主要是因为 2004 年以来国际市场上矿产等大宗商品价格上涨所致，经济增长水平低下使得国内市场发育程度极低，没有足够的内需拉动经济增长，未来蒙古经济增长更大的动力将是吸引国外投资和进出口贸易。由于地理位置的关系，蒙古甚至没有条件像东南亚和南亚那些发展较为迟缓的国家一样，利用“东盟”之类的集团平台参与区域合作、发挥影响和取得有利于本国经济发展的国际条件，从而难以在亚洲崛起之势中借力，反倒是面临严重的被崛起的亚洲“边缘化”的风险。蒙古工业发展还处于初级阶段，蒙古工业以轻工、食品、采矿和燃料动力工业为主，工业发展方向主要是能源和矿产业，以资源密集型企业为主，产业结构层次较低，深加工也十分薄弱（图 8-11）。而且蒙古基础设施落后，远没有形成支撑大量生产与出口笨重矿产品的有效支持体系。

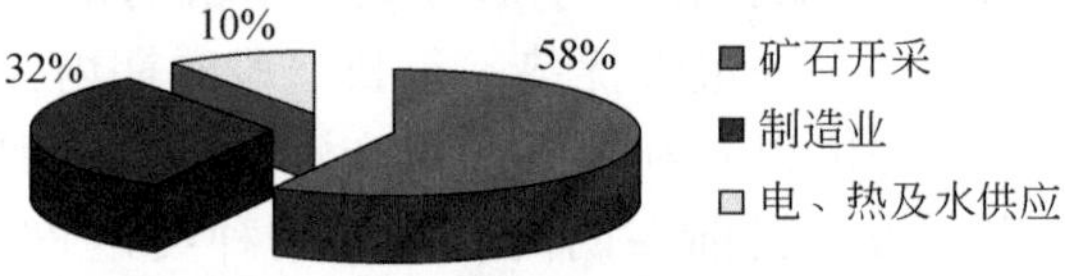

图 8-11 2009 年蒙古产业部门比重

资料来源：《蒙古统计年鉴 2009》。

8.2.4.2 蒙古工业经济主要部门及其空间布局

(1) 采掘业

采掘业是指勘探开采矿物原料、初步加工、生产半加工产品等部门。依据所开采矿产资源种类，分成若干个部门。蒙古可发展采掘业的矿产资源种类较多。现已探明的有铜、锌、钨、钼等混合金属、金银等贵重金属和稀有金属。

蒙古工业经济以矿产资源开采业为主，2009 年矿石开采产值占国民生产总值的 58%，其中仅金属矿物采掘业产值即占工业总产值的 47%。

1）煤炭采掘业。煤炭是蒙古的主要能源（图 8-12），储量多、分布广，可露天开采，成本低，不仅满足国内需要，而且向国外大量出口煤炭。随着煤炭工业的发展，蒙古煤炭工业的生产方式和生产技术有了很大进步，基本上实现了机械化和半机械化的开采。蒙古煤炭探明储量为 2000 亿 t（表 8-6）。纳莱赫煤矿位于中部经济区和乌兰巴托经济区，中央省境内，距省会宗莫德市 30km，距乌兰巴托市 45km。纳莱赫煤矿处在盆地西北部，年开采能力 60 万 t 煤。纳莱赫和乌兰巴托市之间有宽轨铁路线相连，它将成为国家的重要能源供应基地。沙林高勒煤矿是中部经济区第二个大煤矿，位于达尔汗乌拉省东南部，探明储量 11 亿 t。沙林郭勒属露天煤矿，年生产 100 万 t 煤，提供了达尔汗工业所需煤的绝大部分，而且供应苏赫巴托市、东哈拉、额尔登特市等工业中心的用煤。

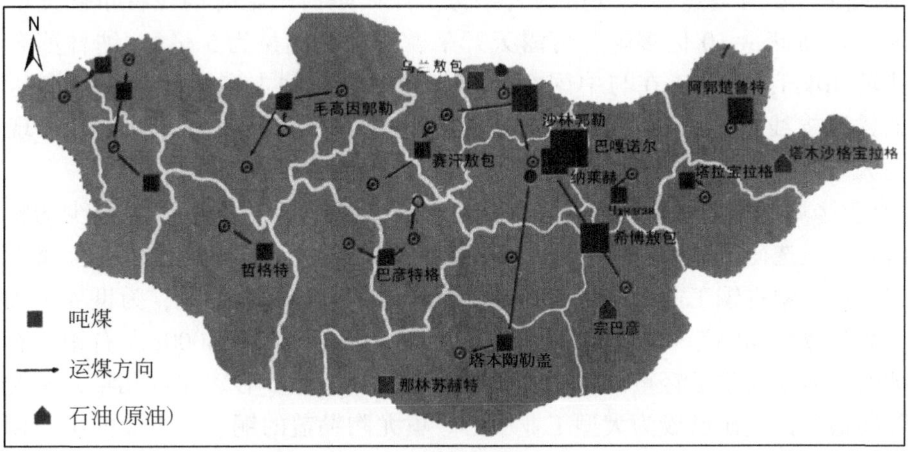

图 8-12　蒙古煤矿分布

资料来源：宝音 . 2012. 蒙古学百科全书 · 地理卷 . 呼和浩特：内蒙古人民出版社

表 8-6　蒙古 2000、2005、2010 煤炭生产消费平衡　　（单位：万 t）

年份	2000	2005	2010
总量	539.8	786.04	2650.61
年初存量	17.0	34.29	134.4
年产量	518.5	751.71	2516.19
国有矿产开采量		445.85	1045.95
私有矿产开采量		305.86	1470.24
总消费量	521.2	547.26	690.58
热点站消费量	444.9	461.96	553.32
经济部门和家庭消耗	76.3	85.30	137.26
工业或建筑业	18.0	10.66	17.96
运输物流业	7.3	10.14	4.95
家居消费	40.7	51.39	61.49
其他	10	11.28	51.86
出口		211.62	1672.62
年末存量	18.6	27.16	287.41

资料来源：《蒙古统计年鉴》(2000、2005、2010)。

塔本陶勒盖、纳林苏海特、乌兰鄂博、特布饮戈壁等地区煤炭资源十分丰富。塔本陶勒盖焦煤矿位于南戈壁省的朝格图车其格县，为世界最大的焦煤矿，储藏量为64亿t，含硫、磷少，灰分中等，热量大，质量好，易燃烧的煤，发热值为5000～5500cal①/kg。建设开采能力达700万～2000万t煤矿。煤层埋深16m，厚度为3～30m。该煤田距铁路最近距离为400km，距中蒙边界甘其毛都口岸190km，中国神华集团已于2009年1月9日开建甘（内蒙古甘其毛道口岸）泉（包头市万水泉车站）铁路，2011年开通运营的铁路，可为未来连接至塔旺陶勒盖煤矿提供最佳选择。神华集团已在甘其毛都口岸开工建设总投资为100亿元的大型炼焦项目。特布钦戈壁煤矿位于中戈壁省首府曼达勒戈壁市的公路旁。该矿是白垩纪时期在特布钦戈壁盆地内沉积形成，地质储量10亿多吨，可露天开采，可开采储量为5亿t。纳林苏海特煤田距中蒙边境40km，目前正在与中国企业合作开采，内蒙古自治区额济纳旗达来呼布镇附近的铁路支线距纳林苏海特175km。纳林苏海特的煤质量好、储量大。现已修通铁路，为大量开采创造了交通运输条件。

2）有色金属采掘业。蒙古有色金属有矿物种类多、伴生矿多、品位少的特点。蒙古的矿山开采、选矿产品占全部工业产品和出口产品的50%。蒙古有色金属工业中铜矿业比较发达。蒙古铜工业中最大的是额尔登特铜钼选矿联合企业，为世界十大优秀企业之一。额尔登特铜钼选矿联合企业平均年产35万t铜矿石、4000t左右钼矿石，在蒙古工业结构方面起着举足轻重的作用，已成为蒙古的工业中心。在近几年，南戈壁地区的奥尤陶勒盖的铜金矿已成为大型工业中心。奥尤陶勒盖的铜、金工业的第一期工程设计生产能力基本上在和现在的额尔登特铜钼矿联合企业开采的矿石产量相等，而矿产资源量比前者多2倍以上。与中国合作的苏赫巴托省首府西乌尔特市附近的铁木尔特泰敖包的混合金属大型矿已投入生产，其中锌、铅矿石向国外出口。

3）贵重金属采掘业。贵重金属，特别是金矿采掘业是蒙古采矿业的一个主要部门。在杭爱、肯特、蒙古—阿尔泰山脉中，早有开采。其中肯特金矿开采的黄金占蒙古所开采黄金的80%。杭爱、肯特发现了开采价值非常高的新金矿。蒙古的黄金带为蒙古阿尔泰、哈尔和林、扎布汗、杭爱西南部、中戈壁的布彦特、额勒吉特，巴彦郭勒额德尔泠山脉带等。蒙古采矿业计划开采奥尤陶勒盖等铜金大矿，也将大大增加蒙古的黄金开采量。

4）萤石采掘业。萤石用于加工合金、玻璃制品等，主要分布在肯特省的贝尔赫、哈朱乌兰、包如温都尔，东戈壁省的宗查干德勒、额尔根、哈拉艾拉格等地。蒙古高原是中生代的花岗岩侵入时期形成的萤石矿床地区，属于世界著名的萤石矿大区。蒙古萤石储量在世界据重要地位。萤石矿集中分布在克鲁伦北部的布尔矿，南部的包如温都尔附近地区，包如温都尔萤石矿年均生产60万t萤石矿石。

（2）轻工业

轻工业是蒙古发展较早的工业部门。其中，农畜产品加工是蒙古的轻工业最早和主要的工业部门，主要加工畜产品乳肉、皮革、绒毛和植物原料。制革工业、制鞋工业、皮制品工业、毡子呢料工业等为蒙古主要轻工业部门（表8-7）。

---

① 1cal=4.1868J。

1）畜产品加工业。畜牧业是国民经济的基础，畜产品是蒙古工业原料和出口物资的主要来源。草场和放牧场占农牧业用地的比例超过99%；畜牧业产值占农牧业总产值的75%～80%，占出口总值的80%～90%，畜牧业收入占整个国民收入的一半以上，以养羊为主，次为牛、马、骆驼等的放牧。由于蒙古产业结构单调，以畜产品加工业便显得尤为重要。从统计数据来看，食品饮料制造业和纺织业是5个部门中产值最高的两个部门，超过5个部门的90%，占全部工业经济的比例接近20%，可见这两个部门在国民经济中的重要性。

表8-7 蒙古主要轻工业产业产值 （单位：百万图格里克）

部门	2000年	2005年	2010年
食品饮料制造业	28 656.7	104 175.0	683 656.4
纺织业	19 302.9	66 049.4	235 093.3
服装、毛皮染色业	2 306.0	31 254.1	28 383.9
包裹、马具和鞋类	633.2	608.0	15 707.8

资料来源：历年《蒙古国统计年鉴》。

2）洗毛加工工业。包括洗毛、半加工、再加工等工业部门。洗毛厂多集中在乌兰巴托市、乌列盖市、乔巴山市。毛纺工业中，地毯厂占有重要地位，蒙古绵羊的粗毛最适合编织地毯。蒙古生产的地毯在国际市场上需求量较大，经济效益好，地毯工业发展前景较好。山羊绒、骆驼绒加工工业是重要毛纺工业部门，是蒙古主要出口部门之一。

3）皮革、制鞋、毛制品工业。居蒙古轻工业第二位，是蒙古传统工业。皮革厂的布局受肉联公司分布的制约。主要生产加工绵羊皮、山羊皮、大型革、鞋子、缝纫、皮革等，主要分布在达尔汗市、乌兰巴托市。

4）食品工业。主要轻工业部门之一。为肉类、面粉、糕点、乳制品、酒类、饮品等食品加工业。食品工业部门与农业经济部门有密切联系：①肉产品加工业。年平均屠宰量为26万多吨，人均110kg。肉类加工业集中在乌兰巴托、乔巴山、达尔汗等工业、交通运输发达，人口集中的城市。②乳制品工业。年均产奶量36万t，人均拥有150kg。乳制品工业多集中在人口多的乌兰巴托市、达尔汗、乔巴山等城市。③面粉加工业。面粉加工业主要分布在种植业地区。木伦、哈尔和林、温都尔汗、乔巴山等城市有面粉、饲料企业。④其他食品加工业。面包、糕点、糖、挂面、饮料等工业企业分布于乌兰巴托市和各省首府和有些县驻地。

5）木材加工工业。蒙古禁止木材产品向国外出口。每年采伐200万m^3，木材加工企业分布在伊罗、杜兰汗、布干特色楞格、蒙根毛勒特（中央省）、海牙勒干特（鄂尔浑）等地，主要是建材加工、家用木器加工业。乌兰巴托市、苏和巴托、陶松臣格勒等地有大型木材加工企业。2010年木材及木制品产值368.93亿图格里克。

8.3 蒙古社会发展

2010年，蒙古人口为276.1万人，其中城市人口为191.08万人，主要集中在首都乌兰巴托市。人口密度为1.8人/km^2，人口自然增长率为15.4‰。60%人口居住在鄂尔浑-色楞格流域，戈壁地区人口密度很小（图8-13）。

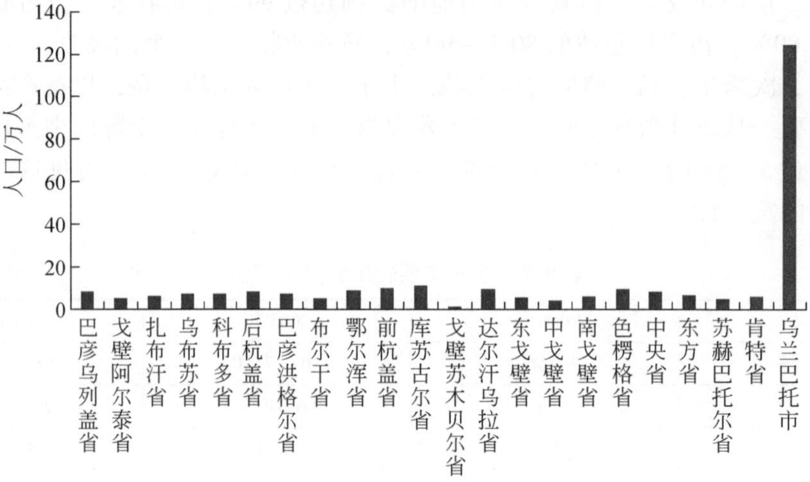

图8-13　2010年蒙古人口分布

8.3.1　人口分布密度

2010年蒙古人口密度为1.8人/km^2，是世界人口密度最小的国家之一。蒙古人口分布地区间差异较大，城镇、铁路沿线人口密度大，首都乌兰巴托市人口密度为253.85人/km^2，重工业中心达尔汗乌拉省达尔汗市为29.1人/km^2、鄂尔浑省额尔登特市为114.36人/km^2。蒙古工业生产布局的变化，影响人口分布。蒙古乡村人口的60%分布在鄂尔浑河、色楞格河流域。西部大山脉围绕的盆地地区、肯特山脉以东人口密度也较大。其中，色楞格省、巴彦乌列盖省、后杭爱省、前杭爱省等地区人口密度接近全国平均数。戈壁阿尔泰省的人口密度仅为0.37人/km^2。影响人口密度的另一个主要因素是人口迁移，国内人口迁移的主要方向是中部和北部经济区（图8-14、图8-15）。

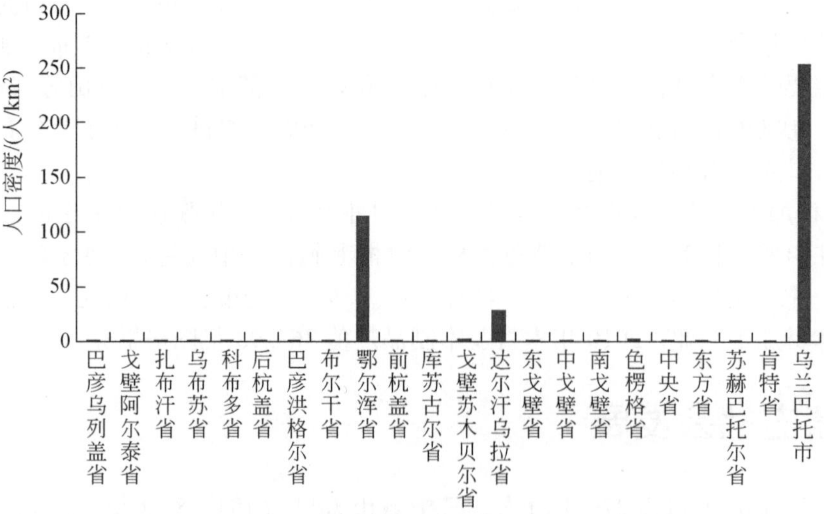

图8-14　2010年蒙古人口密度分布

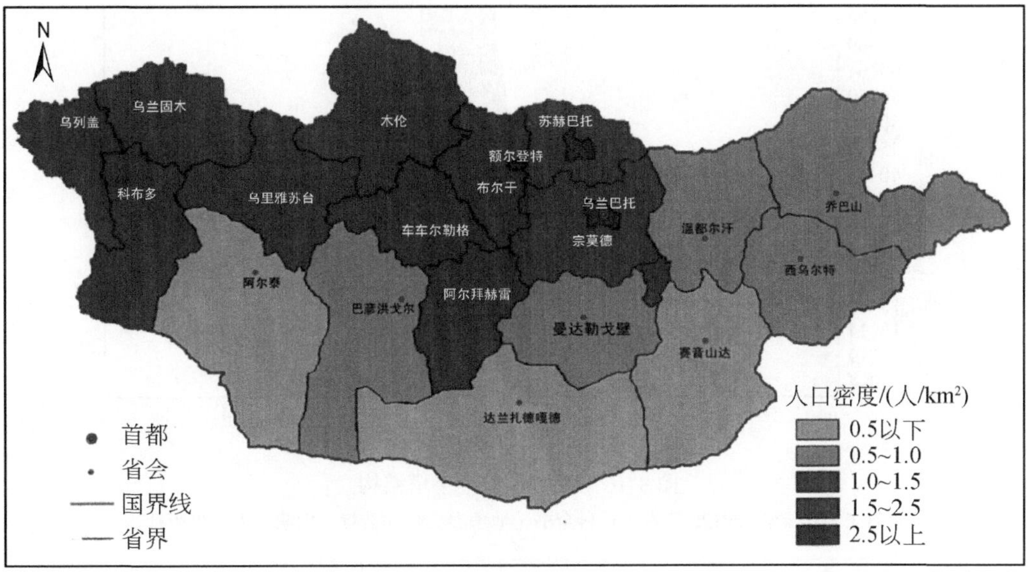

图8-15　蒙古人口密度

资料来源：宝音. 2012. 蒙古学百科全书·地理卷. 呼和浩特：内蒙古人民出版社.

8.3.2　人口的年龄、性别结构

蒙古人口年龄结构属于年轻型。2010年，青少年人口占总人口的67.47%、35~54岁的人口占总人口的23.83%、55岁以上年龄的人口占总人口的7%。2010年，蒙古总人口为276.1万人，其中男性人口为136.7万人，女性人口139.4万人，男少女多，男女性别比为0.95∶1（图8-16）。

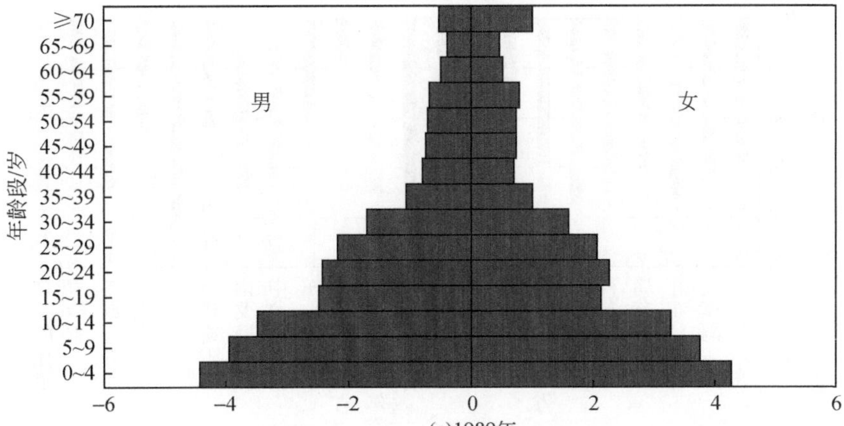

(a)1989年

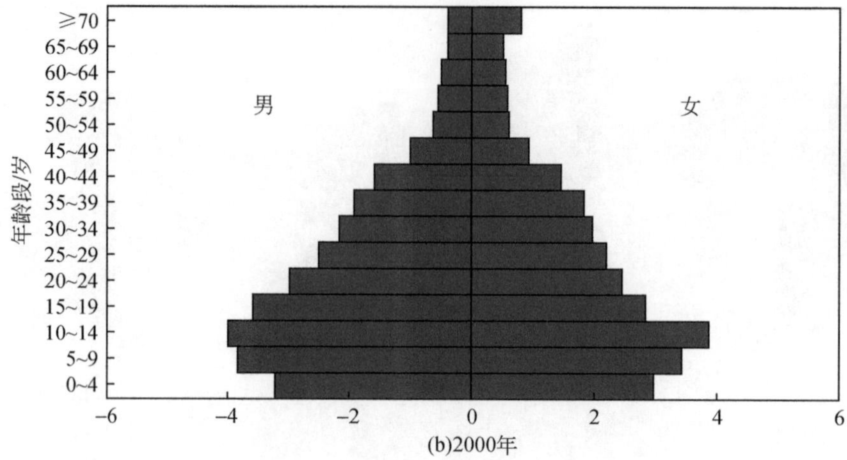

图 8-16　蒙古人口金字塔结构

资料来源：宝音 . 2012. 蒙古学百科全书 · 地理卷 . 呼和浩特：内蒙古人民出版社 .

8.3.3　城市人口

蒙古规定，城市是居民数量不少于 15 000 人，且人口的大部分从事工业、服务行业工作，又有一定的城市基础设施，有组织结构的居住地或集中地。首都乌兰巴托市 2010 年末人口为 124.44 万人，占全国总人口的 45.07%（图 8-17）；其次是达尔汗市、额尔登特市，各有 8 万 ~ 10 万人；在乔巴山市有 4.2 万人；木伦市、乌列盖市、科布多市、乌兰固木市、乌里雅苏台市、巴彦洪戈尔市、赛音山达市温都尔汗市等城市各有 2.0 万 ~ 3.0 万人；在车车尔勒格市、阿尔泰市、布尔干市、西乌尔特市、宗莫德市、达兰扎德嘎德市、曼达勒戈壁市、乔伦市等城市各有 1.5 万 ~ 2.0 万人（图 8-18）。

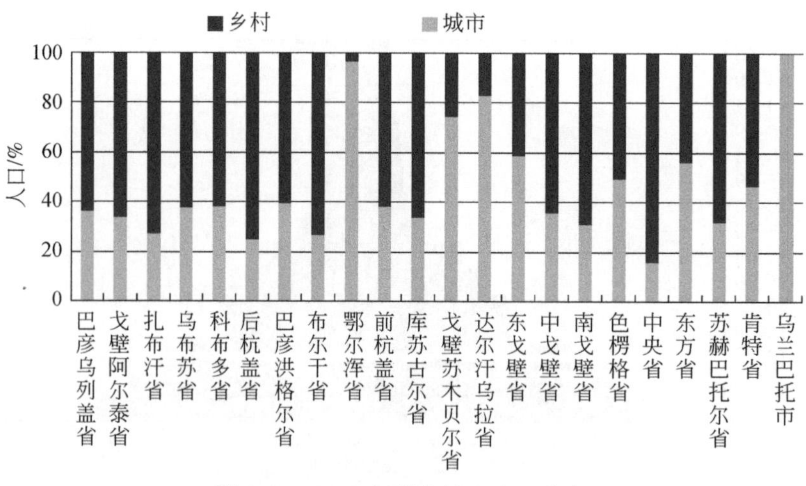

图 8-17　2010 年蒙古城乡人口分布

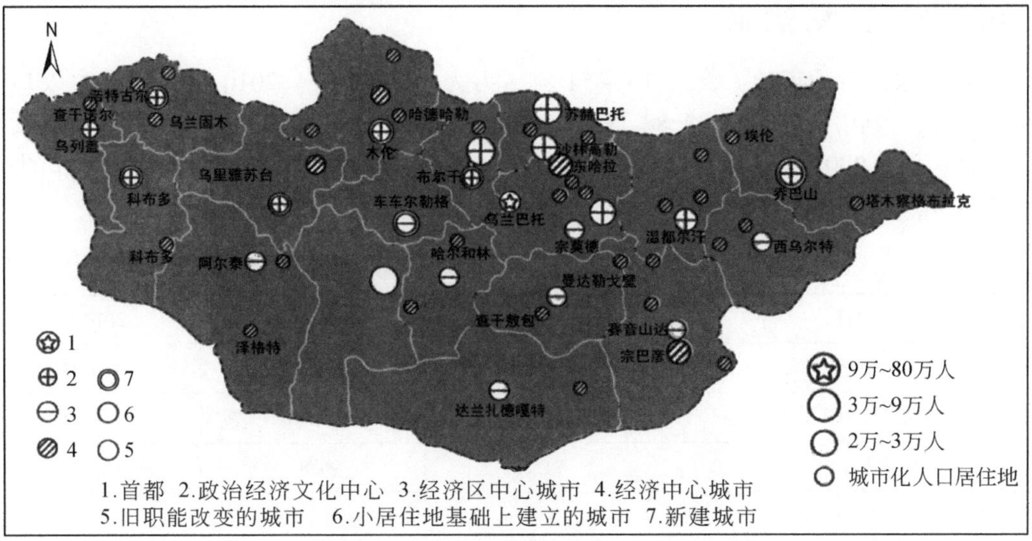

图 8-18　蒙古城市规模等级（人口数）

资料来源：宝音．2012．蒙古学百科全书·地理卷．呼和浩特：内蒙古人民出版社．

乌兰巴托市是国家的政治和经济中心，具有文化、科学、工业、交通运输等多种职能。各省的省会承担本省行政、文化、经济等方面的职能。据 2010 年的统计，全国人口的 60.8% 居住在首都乌兰巴托市和 21 个省的省会、城镇。各省之间城市化水平有很大差距。首府的市政设施和文化教育设施及工业、交通通信设施等在省内得到优先发展，促进了省内人口向首府集聚。沿铁路线分布各省的城市化水平普遍较高，如鄂尔浑省、达尔汗乌拉省、戈壁苏木布尔省、色楞格省、东方省等。这些省一半以上人口居住在城市，城市化得到快速发展。东部经济区人口稀疏，城市化水平较高，西部经济区相对人口多，城市化低。中部和南部人口和居住地相互不同，但城市化水平却差不多。

8.3.4　乡村人口

2010 年，蒙古乡村人口占总人口的 32%，包括常住在苏木（相当于中国的乡）、巴克中心居住地和过着游牧生活的人口。蒙古规定有 500 ~ 15000 人居住，在乡村经济、生产、旅游、度假疗养、交通运输、商业等部门中的某一个部门得到发展并把部门所在地作为居住地，这种居住地称为乡村居民点，相当于镇或集镇。乡村居民点由于处在不同的自然区，在人口数量、居民点的设施有较大差别，即位于森林草原、草原带的北部的乡村居民点的人口多，设施条件相对好，而处在草原的中部以南戈壁、荒漠地区，居民点人口较少，设施较为落后。草地牧民以草场放牧，按季节轮换草场居住在游牧聚落，即浩特或艾力，是几千年以来从事畜牧业的蒙古民族的居住形式。

8.3.5　教育

2009 ~ 2010 学年，蒙古共有高中以下各类学校 755 所。在校生达 73.68 万名，有大学 10 所，在校大学生 7.43 万名。

8.3.6 劳动就业

蒙古的法定劳动年龄：女为 16 ~ 54 岁，男为 16 ~ 59 岁。2010 年，劳动力人口为 164.22 万人。其中，女性为 82.88 万人。有经济活动能力人口 105.4 万人。其中，女性为 53.69 万人。2007 年，就业人口为 102.41 万人，登记失业人口 29.9 万人，人口失业率为 2.8%，女性人口失业率为 3.2%（表 8-8、表 8-9 和图 8-19）。

表 8-8　蒙古 2000 年、2005 年、2010 年就业状况

项目	2000 年	2005 年	2010 年
劳动力人口数量/万人	134.74	157.70	186.34
有经济活动能力人口/万人	84.76	100.12	114.71
其中：就业人口/万人	81.36	96.83	103.37
登记失业人口/万人	3.98	3.29	3.83
劳动力参与率/%	66.7	63.5	61.6
人口就业率/%	63.6	61.4	90.1
人口失业率/%	4.7	3.3	9.9

表 8-9　蒙古 2003 年、2005 年、2010 年工资状况　（单位：千图格里克）

项目	2003 年	2005 年	2010 年
人均月工资	81.5	101.2	341.5
其中：农牧业	48	52.8	172.5
采矿业	88.7	122.8	572.2
制造业	82.7	100.5	326.2
电力、燃气和供水	97.1	119.6	337.5
建筑业	85.9	110.9	247.5
批发零售、机械维修、个人及家庭商品	64.6	73.0	231.6
饭店餐饮业	88	116.1	267.1
运输、仓储及通信	106.1	112.4	369
金融中介	103.8	163.9	696.7
房地产、租赁及其他商业活动	65.3	68.3	277.3
公务员和防务、咨询社会保险	78.2	106.2	351.1
教育	77.5	92.8	311.6
健康及公共安全	60.8	84.6	319.1
其他社区、社会及私人服务活动	53.7	68.4	257.6

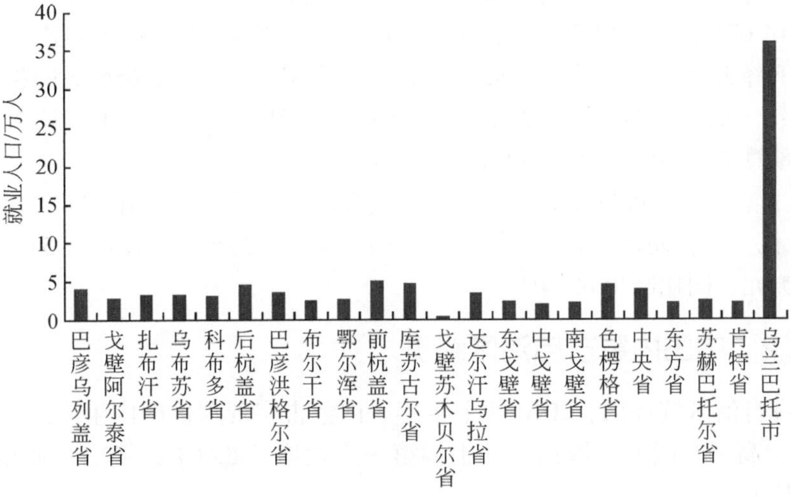

图 8-19 2010 年蒙古就业人口分布

8.4 蒙古与中国内蒙古经济社会比较

8.4.1 蒙古和中国内蒙古经济对比

8.4.1.1 蒙古经济

据蒙古国家统计局《2010 年 7 月月度统计报告》，2010 年二季度，蒙古国内生产总值按 2005 年不变价计算，同比增长 3.4%，比一季度下降 4.2%，比 2009 年同期提高 2.7%。2010 年上半年累计，蒙古国内生产总值同比增长 5.0%，比 2009 年同期提高 6.3%。

初步测算，按照 2005 年不变价格计算，二季度蒙古实际国内生产总值为 9872.492 亿图格里克，同比增长 3.4%。其中，第一产业增加值 2197.881 亿图格里克，同比下降 30.1%；第二产业增加值 2408.222 亿图格里克，同比增长 8.3%；第三产业增加值 3846.754 亿图格里克，同比增长 20.0%；净税收 1419.635 亿图格里克，同比增长 45.9%。

2010 年上半年累计，蒙古实际国内生产总值为 16 506.5 亿图格里克，同比增长 5.0%。其中，第一产业增加值 2479.7 亿图格里克，同比下降 30.7%；第二产业增加值 4517.5 亿图格里克，同比增长 10.2%；第三产业增加值 7160.5 亿图格里克，同比增长 12.5%；净税收 2348.7 亿图格里克，同比增长 40.4%。

2010 年上半年蒙古居民消费价格指数（CPI）比年初上涨了 11.4%，比 2009 年同期的 4.2% 上升了 7.2%。6 月末货币流通量为 4474 亿图格里克，同比增长 25.1%；狭义货币量（M1）为 8399 亿图格里克，同比增长 54.3%；广义货币量（M2）为 35 236 亿图格里克，同比增长 44.5%。2010 年 6 月图格里克对美元平均汇率为 1380.3，同比升值 3.5%。

2010 年上半年蒙古一般政府性收入为 12 396 亿图格里克，同比增长 50%；一般政府性支出为 14 071 亿图格里克，同比增长 29.4%；一般政府性财政赤字为 1675 亿图格里克，同比下降 35.9%。其中，一般政府性经常预算收入为 12 056 亿图格里克，同比增长 46.2%；一般政府性经常预算支出为 11 010 亿图格里克，同比增长 28.0%；一般政府性经常预算盈余 1046 亿图格里克。

2010 年上半年，蒙古货物进出口总值为 26.649 亿美元，同比增长 61.0%。其中，出口 13.087 亿美元，同比增长 71.5%；进口 13.562 亿美元，同比增长 51.9%；外贸逆差 0.476 亿美元，同比减少 63.4%。

8.4.1.2 中国内蒙古自治区经济

据内蒙古自治区统计局，2010 年上半年，内蒙古实现现价国内生产总值 4720 亿元，增长 16.5%，高于全国平均增速。其中，第一产业增长 5.8%，第二产业增长 20.6%，第三产业增长 12%。

2010 年上半年，内蒙古地方财政总收入 868.3 亿元，增长 25.7%，其中地方财政一般预算收入 531.6 亿元，增长 22.4%；城镇居民人均可支配收入 8813.7 元，增长 10.3%，农牧民人均现金收入 3636.9 元，增长 8.2%。

2011 年 1 ~ 8 月，内蒙古自治区从蒙古进口煤炭首次突破千万吨大关，达到 1024.55 万 t，同比增长 115%。其中，策克口岸进口煤炭 520.1 万 t，同比增长 138%；甘其毛道口岸进口煤炭 463.97 万 t，同比增长 93.3%；二连口岸进口 4.48 万 t，同比下降 75.94%。

8.4.2 中国内蒙古与蒙古主要口岸

口岸是国家的门户，是现代经济发展的稀缺资源，对促进对外经济贸易和国际交往意义重大。内蒙古自治区是“欧亚大陆桥”的桥头堡，拥有航空、水运、铁路、公路等多种运输途径与俄蒙互联互通，口岸资源丰富，区位优势明显。从国内看，内蒙古横跨“三北”，与国内八个省级行政区相邻，是东北经济区和环渤海经济带的资源腹地，也是向北开放，实施“走出去”发展战略的主要通道。由于历史的渊源，作为以蒙古族为主体的少数民族自治区，内蒙古与蒙古文化背景、风俗习惯等方面非常相似，有与蒙古保持良好沟通的得天独厚的条件。

内蒙古自治区对蒙古有 11 个口岸：二连浩特铁路口岸、二连浩特公路口岸、策克公路口岸、甘其毛都公路口岸、满都拉公路口岸、珠恩嘎达布其公路口岸、阿尔山公路口岸、阿日哈沙特公路口岸、额布都格水路口岸、巴格毛都公路口岸、满洲里口岸。

1）二连浩特口岸。二连浩特位于中国北部边陲，距中蒙边界线 4.5km，是中国唯一通往蒙古的铁路通道，也是北京、莫斯科铁路最捷径的运线，比走俄罗斯远东西伯利亚铁路近千余千米，是一条重要的欧亚大陆桥。口岸始建于 1956 年，铁路年换装能力达 350 万 t，公路口岸于 1990 年开通，年货运设计能力达 10 万 t 以上，是第二条欧亚大陆桥上的桥头堡，也是我国陆路连接欧亚最捷径的通道。“十一五”时期，要把二连浩特口岸建成蒙古原油、木材、重化工原料进口及加工基地和对蒙古轻工产品出口基地。随着北京–二连浩特–乌兰巴托高速公路的建成，中国内地省级行政区与蒙古的贸易通道将会变得更为便捷、迅速，货物贸易也会随之大幅度提高。据海关统计，2008 年二连浩特市对外贸易额占内蒙古对外贸易总额的约 10%，进出口货物值达 10 亿多美元。每年蒙古在二连浩特出入境旅客多达 78 万人次。

2）策克公路口岸。位于阿拉善盟额济纳旗境内，在居延海以东 10km 处，与蒙古南戈壁省西伯库伦口岸对应，是蒙古煤炭资源进口重要基地。目前已经开通嘉策铁路（甘肃嘉峪关——策克），直接与兰新铁路连接。在临河——哈密铁路临策段，策克口岸是连接蒙古南戈壁省西部地区和巴彦洪格尔省与中国中西部地区贸易的最便捷通道。截至 2011 年 6 月 30 日，策克口岸累计过货总量 1600 万 t，进出口贸易总额 54 373 万美元，出入境人员 104 万人次，出入境车辆 65 万辆次，进口商品以原煤、有色金属为主。

3）甘其毛都公路口岸。位于内蒙古乌拉特中旗，与蒙古嘎顺苏海图口岸相对，是重要的蒙古煤炭、铜金属进口加工基地。距离蒙古世界级铜矿奥尤陶勒盖和塔本陶勒盖最近。2010 年甘其毛都公路口岸进口原煤 771 万 t。目前正在建设甘泉铁路（甘其毛都——包头万水泉）。总投资 100 亿元的神华集团煤电焦化项目已在口岸加工园区开工建设，项目规划达到年产 1200 万 t 洗煤、480 万 t 焦化、48 万 t 甲醇和 4. 8 万 t 焦油的生产能力，一期项目将于 2012 年全部投产，届时将具备年产 600 万 t 洗煤、240 万 t 焦化、48 万 t 甲醇、3 万 t 焦油的能力。

4）满都拉公路口岸。位于包头市达尔罕茂明安联合旗满都拉苏木中蒙边界处，与蒙古东戈壁省哈登包力格口岸对应。该口岸与包头市白云鄂博矿区铁路相距约 100km。蒙古东戈壁省离本国的经济交通中心相对远，而离内蒙古经济中心包头市相对近，在未来的互补性贸易中这一口岸有很大的发展潜力。2009 年经国务院批准，满都拉公路口岸由二类口岸升级为国家一类对外季节性开放口岸，口岸进出口货运量一直呈现上升态势。截至 2010 年年底，满都拉今年的进出口货运量达到 10. 02 万 t，进出口货物总值达 2343 万元，累计出入境人员 4. 05 万人次，出入境交通工具 1. 2 万辆次。

5）珠恩嘎达布其公路口岸。位于锡林郭勒盟东乌珠穆乌沁旗呼布钦高壁苏木，与蒙古苏赫巴托省额尔德尼查干县毕其格图口岸对应，是蒙古煤炭、原油、锌金属进口加工基地。2006 年 8 月 1 日，国务院批准珠恩嘎达布其公路口岸为国际性常年开放的边境陆路口岸。口岸对内辐射内蒙古中东部地区，并向南延伸至东北和华北腹地，对外辐射有色金属、石油及煤炭等矿产资源十分丰富的蒙古东部三省。2010 年 8 月，与锦州港口岸签订了《口岸跨区域框架合作协议》，形成了沿边口岸和沿海口岸双向互动，推进口岸跨区域通关协作改革，创新口岸通关合作模式，方便进出口外贸企业，促进现代商贸物流发展。与此同时，蒙古乔巴山至珠恩嘎达布其口岸铁路项目预可研工作已开始，具有明显区位和运距优势的“新（辽宁省新邱）-珠-乔（蒙古乔巴山）”铁路线正在加快建成，珠恩嘎达布其公路口岸也将成为继满洲里、二连浩特口岸之后内蒙古自治区又一连通欧亚的重要枢纽。

6）阿尔山公路口岸。位于兴安盟西北角，对应口岸为蒙古东方省的松布尔。阿尔山铁路与蒙古塔木察格布拉克铁路的直线距离约为 200km（中国段不足 20km）。中蒙政府已达成协议，铺设这一铁路线。这一铁路的建成将蒙古东方省与阿尔山-白城-吉林-延吉-珲春-图们江铁路贯通，为图们江开发的有效实施提供新的通道。图们江开发项目是 1991 年由联合国计划开发署安排的多国合作开发项目，其目的是地区资源的综合开发、能源交通的协调建设。这一项目包括中国内蒙古东部盟市及东北三省、蒙古东部地区、俄罗斯远东地区、日本、朝鲜、韩国。内蒙古东部地区的口岸与对应国的口岸在经济技术、能源交通等建设方面的双边有效合作，将为未来东北亚区域的多国合作奠定良好的基础，也为北半球新兴经济区域的形成做出一份积极的贡献。

7）阿日哈沙特公路口岸。位于新巴尔虎右旗阿敦楚鲁苏木中蒙边界线处，对应口岸是蒙古乔巴山省哈比日戈。该口岸是中蒙传统的民间贸易口岸，历史上通商往来的路辙至今犹在。设计年运货能力 5 万 t。每年出入境人数上千人次。

8）额布都格水路口岸。位于新巴尔虎左旗阿木古郎镇西南 20km 处，与蒙古白音胡硕口岸对应，以哈拉哈河为界，河面宽处 100m、窄处 60m。历史上两岸居民往来的车辙之痕依稀可辨。以边境小额贸易为主，每年运货量达 5 万 t 以上。

9）巴格毛都公路口岸。位于内蒙古自治区巴彦淖尔市乌拉特后旗潮格温都尔镇境内，106°10′30″E，42°06′42″N，1993 年被内蒙古自治区批复为二类口岸。在 2000 年内蒙古自治区人民政府办公厅关于公布二类口岸清理整顿中，暂时关闭巴格毛都口岸。

10）满洲里口岸。位于内蒙古呼伦贝尔大草原西部，处于中俄蒙三角地带，北接俄罗斯，西令蒙古国，是第一欧亚大陆桥的交通要冲，是我国通往俄罗斯等独联体国家和欧洲各国重要的国际大通道，也是我国最大的边境陆路口岸。口岸货运量始终雄居全国同类口岸之首，2005 年进出口货物达到 1752 万 t，出入境人员 181 万人次。

内蒙古从东到西的地域特点，决定了内蒙古口岸群具有不可替代的区位优势，即在对蒙古贸易中占有地缘经济优势。内蒙古的东部地区将蒙古与中国东部、东北亚地区相接，中部地区将蒙古与北京、天津连接，西部地区将蒙古与河西走廊相接通。提升、完善内蒙古口岸群的功能、设施，对内蒙古边境贸易的发展，连通中国北邻国家与中国内地、沿海省市的经贸渠道将起到事半功倍的作用。

第 9 章　中俄蒙跨境合作重点和对策

9.1　中俄蒙毗邻地区经贸合作的背景分析

9.1.1　现代国际关系背景

9.1.1.1　中国与俄罗斯的国际合作回顾

中国与俄罗斯从苏联时期就曾开展了多领域进行友好合作，体现在以下方面：政治方面，1949 年新中国成立后即与苏联建交，从 1949 年中华人民共和国成立到 1991 年苏联解体时期的中苏关系，经历了 20 世纪 50 年代的全面友好合作、60 ~ 70 年代的全面尖锐对立和 80 年代的关系逐步正常化等若干阶段。1991 年苏联解体，2001 年中俄签订《中俄睦邻友好条约》。军事安全方面，50 年代，中苏间军事合作呈现出全面而深入的特点 60 年的后期中苏因意识形态分歧曾发生边境军事冲突；80 年代中苏关系正常化后，于 1991 年达成了《中苏两国政府关于在中苏边境地区相互裁减军事力量和加强军事领域信任的指导原则的协定》。苏联解体后，中俄两国逐渐建立军事信任关系，在军事科技方面进行广泛的合作与交流。经贸方面，50 年代中苏友好期间，中国政府积极发展与苏联经济贸易合作；80 年代随着中苏政治关系改善力度的加大，中苏贸易额开始连年增长，边境贸易得到了新的发展，苏联解体后，中俄经济贸易发展取得了明显成效。科技方面，新中国成立后，苏联的技术援华推动了现代技术向中国的大规模转移；1982 年中苏两国在科技合作方面恢复往来；20 世纪 90 年代初，中俄两国签订了《中俄政府科技合作协定》。教育方面，中苏间的教育交流方式主要是向苏联派遣留学生、苏联专家来华指导、俄语教学和人员互访的展开、高等学校间的校际交流和图书资料的交流和翻译工作，苏联解体后，中俄两国的教育合作与交流在两国战略协作伙伴关系中得到了新的发展。文化方面，中苏两国的文化交流 1949 ~ 1958 年达到一个新高潮，1956 年中国与苏联签订了文化合作协定。苏联解体后，中俄两国政府积极推动文化交流，1992 年两国政府签署了《文化合作协定》，两国文化交流迎来了大发展的时代。能源矿产方面，20 世纪 80 年代开始，中苏双方决定在能源的天然气和石油领域进行合作。苏联解体后，中俄间的能源合作最初在油气领域展开，俄尤科斯石油公司与中石油公司于 1999 年签署石油供应协议并于次年开始向中国出口原油，开启了俄罗斯向中国出口原油的历史进程。

9.1.1.2　中国与蒙古的国际合作回顾

中国与蒙古历史合作体现在以下领域：政治方面，中蒙两国于 1949 年建立外交关系，20世纪50年代至60年代初，中蒙两国领导人频繁互访，两国关系得到全面发展，60年代中期到70年代，中蒙两国关系随着中俄关系的变化而经历了曲折，80年代以来，随着国际形势的变化，两国关系得到逐步恢复、改善和发展。军事安全方面，1962年，两国政府签订了《两国边界的议定书》随后完成了勘界立标工作，确立了两国的法定边界，60年代中苏关系的全面恶化影响了中蒙关系的发展，80年代中后期中蒙边界关系也得到了改善，1982年中蒙两国对边界进行联合检查。经贸方面，1951年中蒙两国建立贸易关系，两国经贸关系经历了50年代至60年代初的启动和快速发展、60~80年代的大幅萎缩和80年代中后期的全面恢复三个阶段。1989年中蒙两国签署了《关于成立中蒙经济贸易、科技合作委员会》协定书，这标志着两国经贸关系进入了一个崭新的阶段。科技方面，1987年中蒙恢复中断20多年的科技交流，双方签署了两国政府《1987-1988年度科技合作计划》，此后双方定期举行科技合作会议和签订年度科技合作计划。教育方面，两国的教育交流与合作始于1952年，2000年双方签署《利用中国无偿援助款项培养蒙古留学生项目执行计划》。文化方面，两国于1951年起建立文化联系。1954~1965年，中国和蒙古两国政府分别签订中蒙文化合作年度执行计划，1994年双方签署《中蒙文化合作协定》。能源矿产方面，2004年蒙古总统在中蒙经贸洽谈会上表示，双方将共同开发蒙古的铁矿、石油和煤矿，今后蒙古将增加向中国出口该类产品，双方同意在矿业开发、进出口等方面加强合作。

9.1.2 国际经贸合作的政治背景

9.1.2.1 中俄经贸合作的政治背景

中俄关系不断得到改善。自改革开放以来，中俄建立了战略伙伴关系，为两国的贸易发展创造了契机。且近年来中俄地缘政治状况大为改善。中俄两国在经济领域签署了《鼓励和相互投资协定》《经济协定》《避免双重征税和防止偷、漏税协定》《保护知识产权协定》《进出口商品合格评定协议》等一系列重要文件，整顿边贸市场秩序，健全市场规则，为两国经贸往来奠定了法律基础。

2004年，中俄两国签订了《中俄睦邻友好合作条约》，标志着两国睦邻友好关系的确立和战略协作伙伴关系的进一步加强。

2008年10月在莫斯科举行的中俄总理第十三次定期会晤期间，中俄双方签署了《关于在石油领域合作的谅解备忘录》、中国石油天然气集团公司和俄罗斯管道运输公司《关于斯科沃罗季诺-中俄边境原油管道建设与运营的原则协议》等能源领域合作文件。

2010年4月，中俄在北京签署了有关在石油领域的政府间合作协议。根据双方2010年2月达成的框架协议，准备建设“东西伯利亚—太平洋输油管道”通往中国的支线，中国向俄罗斯石油公司和俄罗斯石油运输公司提供250亿美元贷款换取俄罗斯通过“东西伯利亚—太平洋输油管道”支线向中国提供为期20年每年供油1500万t。

2010年9月，来华访问的俄罗斯总统梅德韦杰夫和中国国家主席胡锦涛共同见证了中俄两国多项经济合作协议的签署，包括《中俄关于全面深化战略协作伙伴关系联合声明》《中俄两国元首关于第二次世界大战结束65周年联合声明》及多项经济合作协议，还签署了一系列经济及战略合作协议，其中包括多个能源领域的协议，涉及原油运输、天然气供应、煤炭、电力、可再生能源与核能等。

中俄两国要维持东北亚和平与稳定，两国就必须提高综合国力、消除地区差异，保证国内稳定与团结，加强在国际政治、经济舞台的合作。

9.1.2.2　中蒙经贸合作的政治背景

中蒙两国关系发展迅速。蒙古是中国北部的重要邻国，地处中俄两国之间，中蒙两国边界线长4710km，地理位置独特，中蒙、俄蒙关系是蒙古地缘政治必须面对的国际关系。

苏联解体后，蒙古奉行“周旋于各大国之间以寻求其利益最大化”的外交策略。一方面基于历史原因，蒙俄关系依然占据主导；另一方面在寻求保持警惕地与中国合作的同时，也在积极发展美蒙与日蒙所谓“第三邻国”关系。

中蒙两国于1949年建交以来，两国关系经历过曲折，但睦邻友好始终是主流。近年来，两国关系发展迅速。1994年，双方重新签署《中蒙友好合作关系条约》，为两国关系健康、稳定发展奠定了政治、法律基础。确定建立了两国面向21世纪长期稳定、健康互信的睦邻友好合作关系，为两国关系的未来发展指明了方向。通过双方领导人的互访，确立了中蒙睦邻互信伙伴关系。在国际事务中，双方在许多问题上有着相同或近似的看法，保持密切沟通与合作。多年来，中国政府坚定不移地对蒙古奉行睦邻友好政策。

近年来，两国互利合作不断扩大，中国已连续多年成为蒙最大的贸易伙伴和投资国，成为蒙第一大投资国。

9.1.3　国际经济背景

(1) 经济全球化

经济全球化已成为当今世界经济发展的显著趋势，并且正广泛地影响着世界经济各个方面的发展。世界贸易组织（WTO）作为独立于联合国的永久性国际组织，管理着涵盖货物贸易、服务贸易以及知识产权贸易的世界经济和贸易秩序，世贸组织的贸易量已占世界贸易的95%以上。

(2) 国际经济区域化及上海合作组织

边境跨国经济合作是为了整合被边境分割的某种优势条件而在边境地区开展的一种经济合作方式。在尊重各国主权独立、领土完整和法定边界有效的基础上，承认各方有关政策和体制的差异性，通过双边或者多边的共同协作开发，形成有利于经济发展的条件和优势资源。中国现阶段边境地区跨国经济合作的表现有：中俄绥芬河—波格拉尼奇内贸易综合体、中哈霍尔果斯自由贸易区、黑河-阿穆尔州边境经济合作区等。

上海合作组织于2001年由中国、俄罗斯、哈萨克斯坦、吉尔吉斯斯坦、塔吉克斯坦和乌兹别克斯坦六国成立，并签署了《上海合作组织成立宣言》。上海合作组织成员国总面积3017万km^2，占欧亚大陆的3/5；人口15.1亿，占世界的1/4。中国与俄、哈、吉、塔有共同边境7500km。而中国西北地区是中国西出的门户，其中中国新疆与哈、吉、塔、俄等国的边境线就达3200多千米。自古以来丝绸之路就是联系东西方的纽带，上海合作组织的出现，为中俄蒙以及中亚各国合力建设吸纳与传输世界物质文明的欧亚大陆桥提供了可贵的国际支持。作为一个多边、多领域的合作组织，上海合作组织将全面推进贸易、投资、能源、交通运输、文化、生态等方面的务实合作。

9.1.4 社会文化背景

(1) 中俄社会文化背景

中俄山水相系，文化沟通。过去，俄罗斯文化对中国有较大影响。在中国境内，许多少数民族如哈萨克族、乌孜别克族、俄罗斯族等，其主体民族有的生活在俄罗斯境内，双方在为加强睦邻友好关系而进行努力。中俄双方高层注重文化交流，中俄两国政府签订了1997~1998年度文化交流计划，双方决定在中国和俄罗斯互办文化节，2003年中俄政府联合在圣彼得堡举办了“中国周”活动。2006年在中国举办“俄罗斯年”和2007年在俄罗斯举办“中国年”活动，全面推动两国战略协作伙伴关系向前发展。

(2) 中蒙社会文化背景

蒙古族是中华民族大家庭的主要成员之一。中国内蒙古和蒙古具有相同文化的跨界民族——蒙古族，在中蒙交往中具有良好的区位优势和人文基础。近年来，中蒙两国文化交流越来越深广，根据两国政府签订的文化合作协定、科技合作计划、教育交流与合作计划等。中蒙双方开展了多渠道、多层次、多形式的文化交流与合作，包括每年的文艺团体与体育代表团互访，互派留学生，相互承认学位、学历，中国向蒙古派遣汉语教师志愿者等。

9.2 中俄蒙区域经济合作战略领域

9.2.1 中俄蒙毗邻地区国家开发战略

(1) 俄罗斯西伯利亚与远东地区的开发战略

长期以来，出于长远利益考虑，俄罗斯一直重视东部地区的开发。俄罗斯著名经济学家阿甘别吉扬曾一针见血地指出：“莫斯科不是俄罗斯。要想实现国家的经济复兴，必须实现西伯利亚和远东与欧洲地区均衡发展。”当前，俄罗斯各界有识之士均已认识到，西伯利亚与远东地区必须面向东北亚地区通过合作求发展，这是俄罗斯21世纪恢复大国地位这一战略利益的现实需要。为了融入亚太地区一体化进程，俄罗斯把东部地区视为能融入亚太经济及世界经济一体化的门户。

近年来，随着普京强国战略的实施，俄罗斯经济发展呈现出良性态势，特别是2003年以来，其经济每年都以6%~8%的增速发展，再加上外汇储备的不断增长，使得俄罗斯有条件解决国内区域平衡发展问题，并把开发东部落后地区的任务提上日程。为此，俄罗斯联邦政府出台了一系列远东地区开发政策，不断加强开发力度。2002年，俄罗斯政府重新修订和实施了《1996~2005年和至2010年远东与外贝加尔地区经济社会发展联邦专项纲要》。2005年，又在此基础上制定了新的题为《西伯利亚战略：政府和实业界建立伙伴关系，实现社会稳定和持续发展》的西伯利亚发展战略。目前，从中央到地方正在合力进行战略开发的务实推进，不断加快东部地区的开发步伐。作为普京第二个任期的“优先任务”，他在参加俄罗斯联邦安全委员会的一次会议时表示，远东地区的开发需要一个清晰并且现实的战略思路，需要俄罗斯联邦政府和地方各级政府机构、组织的通力合作。在远东地区取得的成功经验，将被推广到俄罗斯其他地区。普京强调：“开发远东的最终目的不仅仅是要解决一些具体的问题或完成经济任务，而是要为人们创造一个舒适的工作和生活环境。所有的工作都要围绕一个主题，就是把远东地区变得更加舒适宜居，富有吸引力。为此，除了要解决人们的住房、燃气等问题外，还要完善医疗、文化和体育等配套设施和服务。”

从目前来看，俄罗斯的东部开发战略已十分清晰，形成了一整套体系，不仅在经济补贴方面向东部地区倾斜，而且在外来移民的迁入方面加快了步伐，还开展强区战略，推动联邦主体的合并，并加强国家干预，以油气资源开发为中心带动东部地区发展。据俄媒体透露，俄政府将完成“东部大开发”的时间表初步定为 50 年。2007 年，俄罗斯联邦政府会议批准了《2013 年前远东与外贝加尔地区经济与社会发展联邦专项纲要》（简称《纲要》）。《纲要》规定，将优先发展能源与交通领域的基础设施，计划今后五年在远东地区修建 5000 多千米的输电线路、850km 输气管道、6600km 公路、112km 铁路、17 个机场和 10 个海港等。此外，还要建设 8 所医院和 1 个文化设施。为了配合可能于 2012 年在符拉迪沃斯托克（海参崴）召开的亚太经合组织高峰会议《纲要》拟把符拉迪沃斯托克（海参崴）建成亚太经济合作中心，计划从联邦财政投入总额中划拨 1400 亿卢布，用于该市的机场改造、道路和桥梁建设，可容纳 6000～7000 人的会议中心、新闻中心以及宾馆的建设。

（2）中国东北老工业基地的振兴战略

东北是我国重要的老工业基地，是新中国工业的摇篮，原材料和装备制造业等基础产业优势明显，这些产业不仅是计划经济时期我国经济建设的重要支柱，也是实现中国新一轮经济增长的主力之一。改革开放后，东北老工业基地逐渐出现衰退态势。在 20 世纪 90 年代出现明显的经济衰退后，东北三省走上了以体制改革和结构调整为主的全面改革之路，开始步入振兴的历程。2002 年，党的十六大提出了全面建设小康社会的战略目标，把振兴东北老工业基地作为一项重要举措。这一重要举措，受到了国内外的广泛关注，为东北老工业基地的再度振兴创造了难得的机遇，该战略的实施不仅能够促进东北地区经济社会发展，加快全面建设小康社会的进程，而且可为东北亚地区各国的合作构建新的平台，为我国在东北亚区域合作中发挥主导性作用奠定基础。

2004 年 3 月，国务院召开了振兴东北地区等老工业基地领导小组第一次会议，全面部署、启动了振兴东北地区等老工业基地各项工作，一些政策相继实施。目前，东北地区正在按照科学发展观的要求，抢抓机遇，突出体制和机制上的创新，积极推进老工业基地的调整和改造。自党中央、国务院实施东北地区等老工业基地振兴战略以来，东北三省抢抓机遇，积极与国际、国内开展合作，呈现出良好的发展势头。《国务院办公厅关于促进东北老工业基地进一步扩大对外开放的实施意见》（国办发［2005］36）和东北三省有关文件，都把俄远东西伯利亚地区列为东北地区对外开放，特别是“走出去”的重要地区，都把能源、木材加工业、科学技术等领域作为主要合作领域。在国务院已经批复的《东北地区振兴规划》中，对东北地区扩大开放，与俄罗斯远东地区加强合作已经做出了安排。《东北地区振兴规划》中提出，要加强口岸通道建设，对俄重点建设黑龙江（阿穆尔河）绥芬河至符拉迪沃斯托克（海参崴）、珲春至卡梅绍娃亚铁路。东北地区根据国家经济社会发展的总体布局和自身实际，先后制定了老工业基地振兴规划，出台了一系列促进振兴、加快发展的政策措施。如黑龙江省的《黑龙江省老工业基地振兴总体规划》、吉林省的《振兴吉林老工业基地规划纲要》、辽宁省的《辽宁省老工业基地振兴规划》。依据各省振兴规划纲要，黑龙江省重点建设装备、石化、能源、食品、医药、森工六大基地；辽宁省重点建设大连东北亚国际航运中心，培育现代装备制造业和重要原材料工业两大基地，加快发展高新技术产业、农产品加工业和现代服务业三大产业；吉林省重点建设汽车、石化、农产品加工、医药、光电子高新技术五大基地，着力改造和提升机械、冶金、建材、轻纺等传统产业，突出发展资源型城市和地区接续产业，大力发展现代农业和服务业。

（3）图们江经济区开发战略

国务院已正式批复《中国图们江区域合作开发规划纲要——以长吉图为开发开放先导区》，标志着长吉图开发开放先导区建设已上升为国家战略，成为迄今唯一国家批准实施的沿边开发开放区域。

图们江区域是我国参与东北亚地区合作的重要平台。国务院在批复中指出，以吉林省为主体的图们江区域在我国沿边开放格局中具有重要战略地位，加快图们江区域合作开发，是新时期我国提升沿边开放水平、促进边疆繁荣稳定的重大举措。

按照国务院的批复，吉林省长春市、吉林市部分区域和图们江（简称长吉图）是中国图们江区域的核心地区，要加快建设长吉图开发开放先导区，将其发展成为我国沿边开发开放的重要区域、我国面向东北亚开放的重要门户和东北亚经济技术合作的重要平台，培育形成东北地区新的重要增长极。

批复还提出，要以长吉图开发开放为先导，立足图们江，面向东北亚，服务大东北，全面推进图们江区域合作开发。要坚持调整和优化产业布局，坚持保护与开发并举，坚持大胆创新和率先示范，坚持统筹国内与国际合作，努力建设我国沿边开发开放的先行区和示范区。

蒙古是一个内陆国家，铁路是其主要对外运输通道。目前，蒙古中央铁路是连接中俄蒙三国的唯一通道，该铁路以乌兰巴托为中心，向西与俄罗斯西伯利亚大铁路相连，向东经扎门乌德、二连浩特至天津港。同时，以乔巴山为枢纽，建设乔巴山和阿尔山的铁路，经白阿—长白—长图铁路进入日本海，形成第二条连接中俄蒙的铁路通道，该通道对蒙古东部地区的矿产资源开发具有重要的意义。目前，大图们江通道铁路的断点是阿尔山——乔巴山铁路，如果该段铁路建成，并对现有的部分铁路路段进行适当改造，即可打通大图们江地区中蒙国际大通道。该项目已经被列为《东北地区振兴规划》的重点项目，两山铁路以及大图们江地区国际通道建设将是未来一个时期大图们江地区中蒙合作的重点领域。

（4）旅游合作

蒙古旅游资源非常丰富，并且把旅游业作为优先发展的产业。我国旅游业快速发展，出境游快速增加，双方合作的潜力巨大。双方可以加强边境地区的跨境旅游业合作，一方面，加快旅游基础设施的建设和衔接。另一方面，开辟边境旅游、内地旅游的新线路，扩大旅游产业的规模。

9.2.2　中俄蒙资源具有高度的互补性

由于中俄双方要素禀赋不同，中国高增长高能耗的经济发展模式需要进口越来越多的能源和原材料，而俄罗斯作为世界资源最富饶的大国，恰恰可以提供丰富的资源出口；中国具有丰富的初级劳动力资源，而俄罗斯多年来人口都在缓慢减少，劳动力短缺已经成为其经济增长的一大隐忧。这些要素条件禀赋的不同会进一步促进中俄贸易规模的扩大。

（1）中俄能矿资源的互补优势

20 世纪初，中国经济对石油需求的年增长速度已达到16%左右，远远超过世界6%～7%的平均水平。预计到2020 年，石油进口依存度将上升到55.4%，自给率将下降到44.6%。中国的天然气可采资源量为 8.8 万亿 m^3 左右，人均年产量只约为俄罗斯人均年产量的1/172，未来油气资源的相对不足，而进口来源单一以及逐年上升的进口依存度，使得石油供应已成为关系到中国国家安全的重大战略问题。

中国每年高达 1 亿多吨的原油进口除了少量走俄罗斯、哈萨克斯坦和蒙古的陆路通道外，其余 90%左右必须走海运，途经的一系列海峡均为多事和高风险地区。中国的石油主要来源于中东及北非，严重的对外依存以及供给来源的单一，使供给与价格稳定性和运输安全都存在很大风险；而俄罗斯相当大一部分资源是出口至独联体国家及欧洲国家，对东北亚国家的出口比重非常小。其他的矿产资源，东北亚各国间有一定的贸易往来，份额也较小。若区域内中俄双方充分利用地缘优势，共同合作投资开发和建设石油、天然气输送管道，能源产品距离将大大缩短，成本显著降低，供应相对稳定，实现能源来源多渠道的同时也可以分散来源过度集中带来的风险，有利于保障资源安全性。

俄罗斯作为与中国毗邻的油气资源大国和长期、稳定的油气净出口国，无疑应成为中国寻求石油运输陆路安全的最佳选择。从地缘经济角度看，俄所拥有的丰富的石油天然气资源对其他国家特别是周边国家的经济发展有着举足轻重的作用。研究表明，50 年以后海湾地区的石油资源将陷于枯竭，届时俄罗斯的石油将会对国际石油市场起到重要的接替和支撑作用。因此，俄罗斯理应成为中国海外油气资源长期开拓的战略重点。

资源分布不均和资源供需矛盾共同决定了中俄地区资源互补合作的发展趋势。俄罗斯矿产资源丰富且在基本满足自身需求的同时，还是部分矿产资源的重要输出国，中国自身需求过大或资源匮乏导致多数自有资源远不能满足发展需求，而俄罗斯同年的石油出口量就近 2.48 亿 t。另外，俄罗斯生产的铝、铜、镍等有色金属中近 80%用于出口，俄罗斯铝业公司计划到 2013 年原铝产量增加到 620 万 t，增加的部分将主要出口至中国。

俄罗斯东西伯利亚和远东地区限于开发条件恶劣并远离传统市场欧洲，要使这些区域的资源潜在价值变成实际价值需大量资金和技术支持，中国拥有劳动力以及矿藏勘探、开采等技术优势，如果加强合作则可一定程度上促进中俄资源开发。

（2）中蒙矿产领域互补优势

蒙古矿产资源丰富，现已探明的矿产资源 80 多种，主要包括煤、金、铜、钼、钨、铁、锡、萤石、铅、锌、铀、稀土、石油、宝石、石膏等，其中铜、磷、萤石、煤、石膏的探明储量居世界前列。一方面，中国经济发展过程中对资源的越来越大，蒙古丰富的资源为中国缓解资源瓶颈提供了机遇。另一方面，蒙古今后一个时期经济发展主要依靠矿产资源开发，中国不仅是蒙古矿产品最可靠的市场，而且能够提供蒙古最需要的资金和技术，双方在矿产资源开发与加工方面的合作潜力巨大。

蒙古资源正处在开发的初期阶段，开发潜力很大。近年来许多中资企业纷纷进入蒙古矿业，并形成了中资企业蒙古掘矿热。截至2005年，中国在蒙古矿业的投资总额达到3.6亿美元，占中国在蒙古总投资的53%。不过，由于蒙古基本设施如勘探、运输等硬件设施还不能及时跟上，目前矿业领域投资规模不大，从发展趋势看，中蒙矿业合作和投资具有广阔前景。

9.2.3 中俄蒙的跨国经贸合作的前景

9.2.3.1 中国与俄罗斯的经贸合作

中俄两国目前建立了良好的双边贸易基础，中俄贸易额出现大幅度的恢复性增长。

1994年中国对俄贸易额为仅为70.56亿美元，2010年增至387.97亿美元，16年间增长了6.6倍。其中，中国对俄罗斯出口增长10倍，高于同期中国对外出口总体增速。

2010年，中国对外贸易额为2.2万亿美元，同比下降13.9%；俄罗斯对外贸易额为4958.46亿美元，同比下降35.1%。其中中国对俄罗斯出口175.14亿美元，自俄罗斯进口212.83亿美元，俄罗斯是中国第十五大出口目的国和第十一大进口来源国。但中俄贸易占中国对外贸易总额的比重仅为11.76%。另据俄罗斯海关统计，2010年，俄中双边贸易额为395.09亿美元。其中，俄罗斯对中国出口166.69亿美元，自中国进口228.4亿美元，俄中贸易在俄罗斯对外贸易中的比重为8.4%，中国居德国和荷兰之后为俄罗斯第三大贸易伙伴国。

随着双边贸易规模的不断扩大，中国对俄罗斯的贸易结构也在不断变化。按照HS的分类标准，2001年中国对俄罗斯出口的主要产品依次为纺织原料及纺织品、革毛皮产品、鞋帽等产品和机电音像设备等。2010年中国对俄罗斯出口中，机电音像设备成为第一大贸易产品门类，其他依次为纺织原料及纺织品、金属及其制品和鞋帽等产品。这充分说明，中国对俄罗斯的贸易商品结构正由初期的低附加劳动密集型商品向资本或技术密集型商品转移。中国自俄罗斯进口的主要商品，2001年依次为车船航空器等运输设备、贱金属及其制品、化学产品和矿产品，而2010年则变为矿产品、贱金属及其制品、木材及木制品和化学产品。2010年，中国自俄罗斯进口的矿产品在自俄罗斯进口的全部产品中的比重高达49.32%。

中俄贸易的互补性可以从两国资源禀赋和产业结构中得到体现。俄罗斯是世界上自然资源最富集的地区，并且种类多，储量大。其中森林覆盖面积、水力、天然气、铁等储量位居世界第一位，石油、煤、铝等探明储量位居世界第二位，相对稀少的人口，俄人均资源量具有巨大的优势，因此，俄罗斯在矿产品出口上是最具有比较优势的。而我国资源虽然也较多，但人均占有量少，随着经济发展，供求矛盾会进一步显示出来，据估计到 2020 年，我国各类矿产品需求量将增加 1 倍以上，对多数矿产品的需求量将超过美国而名列世界第一位。生产要素上的互补决定中俄贸易进一步发展的必然性。2006 年，中俄两国加强了在能源领域合作的步伐，一方面俄罗斯扩大对中国石油及其制品的出口，同时探讨通过铺设管道向中国出口石油的问题，另一方面双方探讨开展天然气领域的合作，合作领域的扩大将使贸易品种和数量不断增加，从而极大增强两国在能源领域合作的潜力。

从产业结构看，俄罗斯由于受苏联计划经济体制的影响，重工业发达，拥有良好的基础设施和工业基础，科技力量雄厚，劳动者素质较高，俄罗斯在产业结构调整中着重发展了军工产业，高科技和智力密集型产业，而轻工业、农业发展不够。而中国在积极发展高科技产业的同时，也从本国劳动力人数较多的国情出发发展了劳动密集型产业，中国可向俄罗斯出口大量劳动密集型农产品、轻工业产品，但中国重工业方面特别是军工产品和技术落后于俄罗斯。中俄产业结构互补也决定了两国产品互补性。

特点一：中俄经贸关系发展态势良好，中方贸易逆差开始扭转。

近年来，中俄经贸关系发展势头良好，除 2010 年受世界经济低迷影响导致俄罗斯货物贸易出现明显下滑外，自 2005 年以来双边贸易每年保持 35% 以上增长。中俄双边贸易概况如图 9-1 所示。

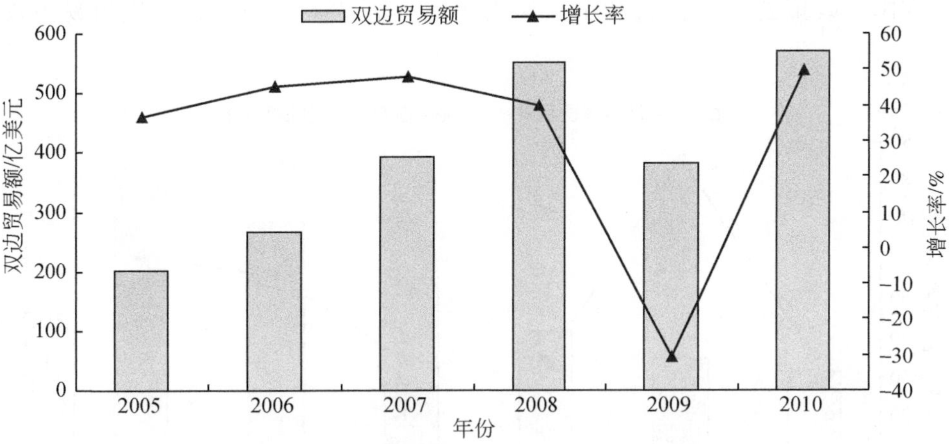

图 9-1　中俄双边贸易概况（2005～2010 年）

资料来源：http：//countryreport. mofcom. gov. cn/index. asp.

特点二：中俄贸易结构呈现互补性特征。

目前，中俄商品贸易结构中，中方以劳动密集型商品与俄方进行贸易。我国对俄出口主要商品为机电产品、纺织品及原料和鞋靴等轻工产品，矿产品、木材、钢材、化肥及其他化工产品仍是中方主要的进口商品。大型油气资源合作项目启动后，中方石油、天然气等资源的进口量将大幅度增加。中俄进出口贸易主要商品如图 9-2 所示。

特点三：中俄贸易方式以一般贸易为主，边境贸易日益活跃。

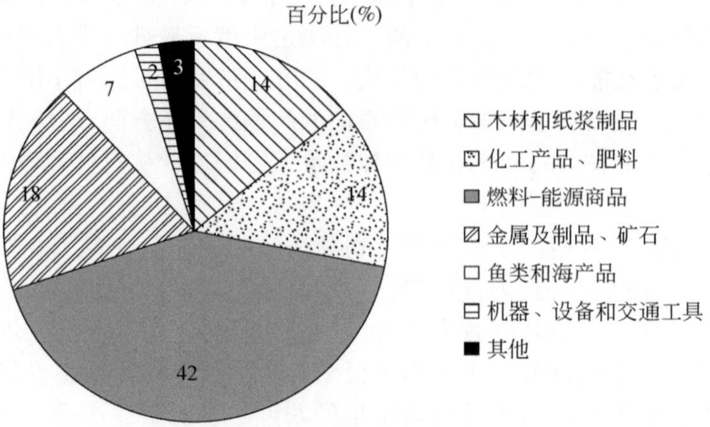

图 9-2　俄罗斯向中国出口产品的结构（2005 年）

资料来源：http：/www. chinaruslaw. com/cn/CnRulrade/lrade/2006112185414_ 766292. htm

中俄边境贸易如图 9-3 所示。依照世贸组织的界定，中俄贸易包括一般贸易、边境贸易和加工贸易三种方式，其中一般贸易为当前最主要形式。2005 年三种贸易方式分别约占双边贸易额的 70%、20% 和 10%。目前中国已有对俄各类开放口岸 26 个（其中国家一类开放口岸 22 个），经国务院和当地省级政府批准设立的中俄边民互市贸易区 12 个。在国家政策的大力扶持和中国实力不断提高的大环境下，边境贸易发展日益活跃。

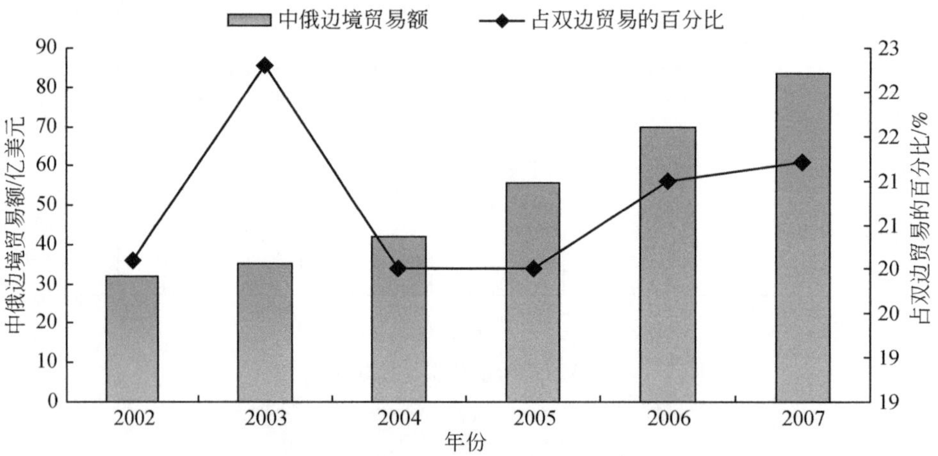

图 9-3　中俄边境贸易（2002 ~ 2007 年）

资料来源：中俄经贸合作网 http：//www. china-rus. com.

特点四：中俄能源领域合作取得突破进展。

近年来，中俄双方能源合作不断加强，石油、天然气、核能、煤炭、电力、新能源、能源勘探、能源开发、能源精加工和销售等领域的合作正在稳步推进。中俄能源在各个合作领域发生大事件的情况如表 9-1 所示。

表 9-1　中俄能源合作领域大事记

合作领域	合作事件
电力合作	2005 年，中国国家电网公司与俄罗斯统一电力公司签署了《中国国家电网公司与俄罗斯统一电力公司长期合作协议》，拉开了中俄电力合作的序幕
石油合作	中俄就修建原油管道和俄罗斯向中国供应原油签署正式协议并开始落实、就深化石油上下游合作达成一致。2010 年，中俄原油管道全线竣工，2011 年 1 月 1 日，中俄原油管道正式投入商业运营，我国东北方向的原油进口战略要道正式贯通，中俄石油领域合作取得实质性进展
煤炭合作	2010 年，中俄双方在俄罗斯远东城市布拉戈维申斯克签署煤炭合作协议，正式拉开了两国煤炭合作的序幕。2010 年中国从俄罗斯进口煤炭 1158.55 万 t，同比减少 1.7%，进口金额 15.04 亿美元，同比增加 47.3%，是中国第五大煤炭进口国
能源勘探	2010 年 10 月 12 日，中俄能源投资股份有限公司正式出资收购俄罗斯松塔儿石油天然气公司 51% 股权，从而取得俄罗斯东西伯利亚地区两块储量达 600 亿 m^3 的天然气田——南别廖佐夫斯基气田和切连杰斯气田的勘探开采权
能源开发	2011 年中国长江电力股份有限公司与俄罗斯能源集团有限公司 EuroSibEnergo 签订合作框架协议，双方约定将共同致力于在俄罗斯境内开发水电项目、加强技术和管理信息方面的合作，旨在开发东西伯利亚的两个水电项目和一个火电项目，这些项目总装机容量超过 300 万 kW

资料来源：新华网 http：//www.xinhuanet.com.

特点五：中俄项目投资规模日益增长。

就投资领域看，中国企业将在俄罗斯家电和电子产品组装、通信设备制造和技术研发、农产品和海产品加工、森林、矿产、油气资源开发和勘探等领域增加投资，俄罗斯则在核能、航天、化肥工业及高新技术领域具有对华投资潜力；就投资方式来看，俄罗斯主要以实物形式、技术、智力资源作为投资，中国一般以部分实物、部分资金入股创办合资企业，这将是两国未来投资的主要形式。

特点六：中俄间资源环境方面合作已提上日程。

在资源开发方面，2000 年中俄政府签订了《关于共同开发森林资源合作的协定》；2003 年，中俄领导人进行了会晤，应进一步发展中俄在资源开发、森工和在俄境内进行木材加工等方面的投资合作。在环境保护方面，2006 年中俄总理定期会晤委员会环保分委会第一次会议通过《中俄总理定期会晤委员会环保分委会条例》。《中俄联合声明》指出，双方合作的优先领域是跨界水体的污染防治、水质监测和生物多样性保护。总体来看，目前中俄在环境保护方面主要集中于跨界水体的监测和防治方面，但双方在环境保护其他领域合作愿望也非常强，并签署了各项协议为今后在环境保护多领域合作方面提供了保障。

9.2.3.2　中国与蒙古的经贸合作

特点一：中蒙贸易规模持续增长。

近几年来，中蒙贸易规模不断扩大，中国对蒙古的贸易地位日益加强，2003 ~ 2007 年，双边贸易大幅度提升，2007 年两国贸易额在蒙古外贸总额中所占比重为 52%，中国已连续 8 年保持蒙古第一大贸易伙伴地位。蒙古对外贸易总额及中蒙双边贸易额见图 9-4。

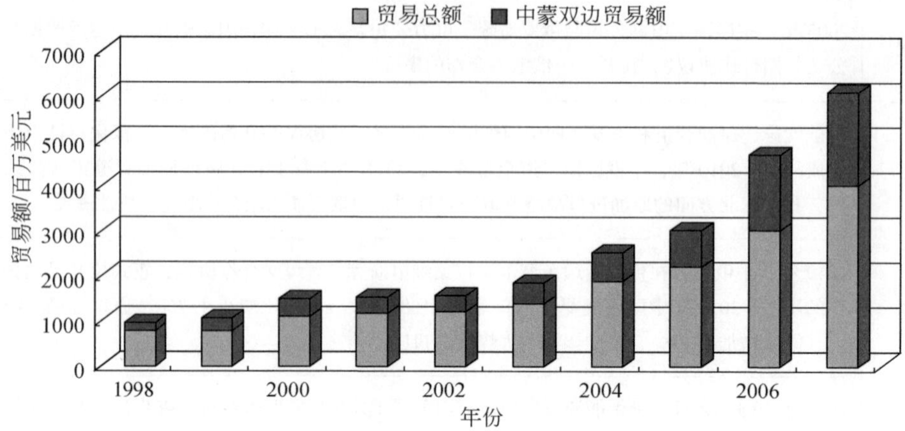

图 9-4　蒙古对外贸易总额及中蒙双边贸易额

特点二：中蒙贸易商品结构保持着垂直竞争型的特点。

即蒙古从中国主要进口石油制品、运输工具、建材、粮食、果蔬、轻工产品和中低档生活用品等工业制成品；蒙古对中国的出口则以矿制品及畜产品原料为主，主要出口铜矿砂和铜精粉、铝矿石及铝精粉；畜产品即绒毛皮、原油、废钢铁和废铝、冻鱼等。中蒙双边贸易主要商品如图 9-5 所示。

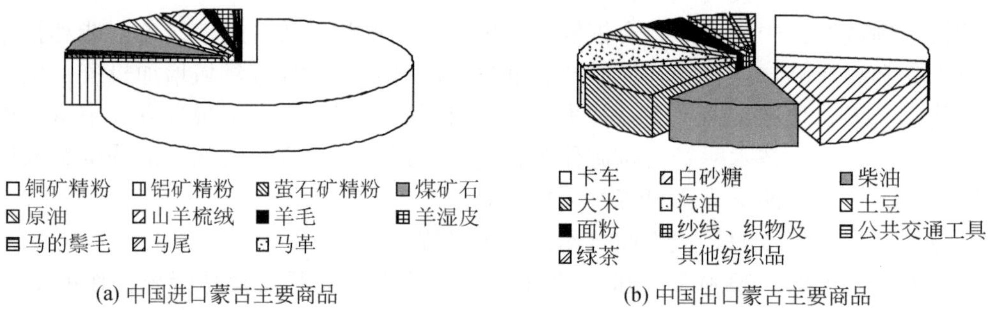

图 9-5　中蒙双边贸易主要商品

特点三：中国对蒙的投资持续升温。

截至 2005 年年底，中国在蒙累计投资 2166 个项目，占在蒙外国投资项目的 45%；投资额 6.81 亿美元，占在蒙外资的 47.3%。自 1998 年以来中国已连续 8 年保持蒙古第一大投资国地位，中国对蒙直接投资主要分布在资源密集型和劳动密集型产业领域，大多集中在矿产勘探开发、贸易、餐饮服务、工程、建筑、建材、畜产品加工、轻工业等领域。

特点四：中蒙间边贸和地区贸易活跃。

边境贸易和地区贸易是促进中蒙经贸合作的重要组成部分。2005 年，中蒙边境贸易额达到 4 亿美元，占中蒙整个贸易额的 50% 左右。现在两国边界开放的常年和季节性口岸共有 16 个。

9.3　中俄蒙经贸合作的对策建议

9.3.1　实现农业合作优势互补

9.3.1.1　中俄两国农业具有巨大互补性

俄罗斯土地资源丰富，其耕地面积约占世界耕地总面积的 8%，但在相当长的一段时间里，俄罗斯的粮食供给却长期依靠进口。随着俄经济发展，国力的增强，政府对农业扶持力度加大。这种局面在 2001 年被打破，当年俄罗斯粮食产量达到 8520 万 t，这不仅满足了国内粮食需求，实现了自给有余，而且使俄罗斯再次成为粮食出口国。2002 年，俄罗斯粮食产量更是创纪录达 8660 万 t，粮食出口 1850 万 t，成为当年第五大粮食出口国。虽然近年来俄罗斯农业生产有所下降，但总体保持较为平稳的发展势态，粮食出口依然保持较高水平，其在国际粮食市场中的地位更加巩固。据俄罗斯农业部公布资料显示，2007 年 7 月至 2008 年 1 月，俄罗斯共出口粮食 1290 万 t。其中小麦 1170 万 t，占出口总量的 90% 多。作为俄罗斯最主要出口粮食作物的小麦，主要出口至埃及、利比亚、意大利、印度、土耳其、突尼斯等国家。

中国是世界上最大的发展中国家，也是传统的农业大国。中国政府历来十分重视农业，高度关注农业的稳定增长和农村社会、经济的协调发展。经过 50 多年的艰难探索和 20 多年的改革开放，中国农业实现了主要农产品由长期短缺到供求总量大体平衡、丰年有余的历史性转变；农村贫困人口大幅度减少，农民生活水平显著提高，实现了温饱，奔小康；农业的市场化程度逐步提高；中国农业与世界农业的交流与合作日益扩大。20 多年来，中国先后与 140 多个国家及主要农业国际组织建立了长期稳定的农业科技交流与经贸合作关系，取得了丰硕成果。中国政府将继续推行改革开放的政策，全面提高农业对外开放水平，认真履行加入世界贸易组织的承诺，积极推进与世界各国全方位、多领域、深层次的农业合作。

9.3.1.2　中俄两国在农业领域的合作已取得了很大成绩

人员交流频繁，增进了相互了解和信任。中俄互办国家年期间，中俄两国的农业部分别在北京和莫斯科举办了多次活动，通过互派代表团参加论坛、会议及展览会等系列活动，增进了友谊，加深了了解，为进一步的深化合作奠定了更好的基础。

农业科技合作日益密切。中俄两国农科院签署了多次科技合作协议，在作物育种与栽培，植物遗传资源的研究和利用，农作物病虫害防治，兽医，畜牧等领域开展了合作，取得了一大批科研成果，促进了两国农业的发展。

渔业合作稳步开展。两国政府先后签署了《渔业合作协定》和《黑龙江、乌苏里江边境水域渔业资源保护、调整和增值的议定书》。双方已召开了 17 次渔业合作混合委员会会议，在两江渔业资源养护、海洋捕捞、渔业养殖等方面开展了有效合作。

农业合作不断深化。中俄双方合作先后建立了种植业、养殖业和农产品加工业基地70多个，开发土地面积十多万公顷，丰富了项目所在地区的农产品供应，促进了当地经济的发展，为两国农业合作和中俄战略协作伙伴关系的发展做出了贡献。

农产品贸易增长迅速。自1999年以来，中俄双边农业贸易额连续8年保持增长，年均增速31.3%。目前，俄罗斯是中国第九大农业贸易伙伴，在中国农产品进出口均排名第六位。

9.3.1.3 加深农业合作，促进俄罗斯农业大国建设，保障中国粮食安全

在全球粮食危机的大背景下，不少耕地少，粮食严重依赖进口的国家开始把目光投向海外。在政府的支持下，“海外屯田”已经成为这些国家确保粮食安全的重要战略。所谓海外屯田，就是一国向另一国购买或租用土地，“通过派遣常驻工作人员”进行农业生产，产出农产品用于供应土地种植国的国内需求。日本海外农田面积三倍于国内。过去一直严重依赖粮食进口的沙特、巴林、科威特、卡塔尔、阿曼、约旦和阿联酋等国家在老挝、印尼、菲律宾、越南、柬埔寨、巴基斯坦、泰国、缅甸等东南亚国家以及中亚和欧洲的乌克兰、哈萨克斯坦、格鲁吉亚、俄罗斯和土耳其都达成或正在磋商租地、购地协议。

中俄两国共同努力，发挥两国地缘优势，推动农业合作向深度发展，中国利用俄罗斯丰富的农业资源，既可增加俄罗斯农产品出口，又可保障中国粮食安全。目前，这一合作初现端倪，例如，“两国一城”的中国黑河市与俄罗斯布拉戈维申斯克市农业合作已有近20年的历史。多年来，双方在互利双赢的基础上，进行了富有成效的合作。目前中方在俄种植大豆、小麦、玉米、蔬菜等，耕地面积已达75万亩，过境农业机械750台（套），赴俄罗斯劳务人员近5000人，并在俄罗斯建立了科技园区。

9.3.2 林产业的国际合作

9.3.2.1 中俄林产业发展具有很大互补性

自中国2000年实施天然林资源保护工程之后，国内木材产量严重不足。根据国家林业局2005年公布的全国森林资源清查结果，中国木材供需缺口基本为1.4亿～1.5亿m^3，2015年缺口将扩大到2亿m^3左右，缺口主要靠进口来补充。中国林产工业协会统计的数据显示：2000年全国进口俄罗斯原木590万m^3，到2005年上升为2004.3万m^3，同比增加308万m^3，增长18.2%。

俄罗斯森林面积达8.5亿hm^2，森林蓄积量890亿m^3，占世界23%，在国际木材产品贸易中，占世界原木出口总额的25.6%，占中国原木进口70%。森林工业产值占俄罗斯国民经济总产值的4.3%（中国为0.9%）。原木和纸浆占俄罗斯出口商品的3.6%。

9.3.2.2 俄罗斯森林工业发展为两国提供了新的合作机遇

由于俄罗斯原木出口关税的大幅度提高，国内原木成本或提高1/4，对于中国北方地区市场影响最大。但是俄罗斯政府决定减少原木出口的同时，木材加工亦被列为俄罗斯经济发展新的增长点之一。为了吸引更多的投资，出口更多的木材加工品，俄政府还

出台很多优惠政策，比如将木浆的出口关税降为零，还有很多木材加工设备关税也降为零，这也减少了企业投资成本。

9.3.3　能源与矿产业的国际合作

9.3.3.1　在世界金融危机的背景下，俄罗斯进一步寻求矿业的国际合作

俄罗斯自然资源部部长特鲁特涅2008年初宣布，俄罗斯将允许外国公司开发具有战略意义的金矿、铜矿和油气田。前些年在矿业和油气田领域一直对外资有颇多限制的俄罗斯，现在出于资金、技术等原因开始开放。

俄罗斯将允许外国公司开发具有战略意义的金矿、铜矿和油气田一经发布，便引起了国际社会的广泛关注。俄罗斯还公布了允许外资进入的首批战略矿产和油气田清单，它们是：7000 万 t 以上的油田、500 亿 m^3 以上天然气田、50t 以上的金矿和 50 万 t 以上的铜矿。这些油气田和矿区仅占俄已探明资源的 8%，但从经济角度出发还是颇具吸引力的，外国公司如果投资，可获得优厚回报。

吸引外商投资，开发利用矿产资源，可促进西伯利亚和远东地区的经济社会发展。

9.3.3.2　中俄双方在矿业经济领域开展合作，具有互补性，前景美好

俄罗斯认识到开发西伯利亚和远东地区，矿业是基础，开发矿业需要外国投资，矿产品市场也看好中国和东亚、太平洋地区，愿意与中国开展合作。我国为实现经济社会可持续发展的目标，加快实施“走出去”的战略，建立海外能源、原材料基地。充分发挥东北地区的地缘优势，到俄罗斯西伯利亚和远东地区勘查、开采能源和矿产资源是一个有利的目的地。我国有一些企业有能力到俄罗斯去投资采矿。

俄罗斯新的矿业政策法规，将矿产资源的管理权和利益收归联邦政府所有，虽必要，但将出现联邦与地方的利益关系、政府与矿业企业的利益关系等新矛盾。改革还在进行中，对俄罗斯的矿业投资环境应继续给予关注。

就俄罗斯目前的政策、法律规定，为了使矿业合作顺利进行，要加强政府部门的作用，两国的资源主管部门加强联系协商，重大项目应由国务院领导决策。国土资源部会同国务院有关综合部门应加强对我国到俄罗斯矿业投资的企业和单位的协调，及时掌握信息，开展必要的咨询服务，帮助他们解决困难。要避免国内企业在国外不必要的相互竞争。

同时，中俄共同开发石油资源的细节需要政府间进一步磋商。俄罗斯国内原油市场已基本饱和，外资企业进入俄罗斯资源勘探开发市场之后获得的原油一般都会用来出口，因此俄罗斯石油的出口关税也成为各投资企业不得不关心的问题。而从 2008 年 2 月 1 日起，俄罗斯原油的出口关税将调至历史最高水平，为每吨 330 ~ 333 美元。而根据俄罗斯《自然垄断法》的规定，一切关于石油和天然气管道的建设、运输及出口权都将全部属于由国家控股的几个大型企业。其他私有的油气出口商必须从这几个相应的企业取得配额才有权出口。除此之外，俄罗斯目前石油资源的开发前景都集中在了偏远或未开发的极地地区，外资企业在这些地区勘探开采资源所需要投入的技术、装备、运输等成本都会大大增加。

9.3.4 开发贝加尔湖国际旅游目的地

9.3.4.1 贝加尔湖丰富的旅游资源

(1) 美丽的自然风光

贝加尔湖素有“西伯利亚明眸”之称，是世界上最深和蓄水量最大的淡水湖，1996年被列入世界遗产名录。湖面海拔456m。同时，贝加尔湖的面积3.17万km^2，在全球湖泊中居第8位。贝加尔湖是由地壳的深裂谷和积水而形成的，大约形成于2500万年前。该湖位于一个很深的构造地带，四周高山围绕，有的山高出湖面2000m。湖底沉积层厚达6100m。

贝加尔湖被誉为“世界之井”，容积巨大的秘密在于深度。按最新数据，最深处达1642m，平均深度为744m，总蓄水量为2.36万km^3，相当于北美洲五大湖蓄水量的总和，约占全球淡水湖总蓄水量的1/5。不仅水量丰富，而且水质上乘，稳定透明（透明度达40.8m），为世界第二。湖水澄澈清冽，可以直接饮用，因为贝加尔湖特产的端足类虾每天可以把湖面以下50m深的湖水过滤七八次，所以湖水相当“纯净”。

贝加尔湖狭长弯曲，曲折的湖岸线总长2100km。湖底谷地两岸地形不对称，西岸为陡坡，东岸坡势较缓。东岸有一半岛伸入湖中，名圣角。湖中共有27个岛屿，最大的奥尔洪岛（面积725km^2）。四周群山环抱，山色圣洁旖旎，湖水纯清见底。原始森林带苍翠茂密，溪涧错落，湖山相映，水树相亲，风景格外奇丽。

贝加尔湖湖水源于色楞格河等大大小小336条河流，来水极其丰富。湖水由唯一河流——安加拉河流出，水流十分湍急，湖水从其宽阔的石子河床上迅疾流逝，一路向北奔向叶尼塞河，最终汇入北冰洋，年均流量为1870m^3/s，湖水注入安加拉河的地方宽1000m以上。河口中间耸立着一块巨大的圆石，气势宏伟，是湖区的一个奇特景观，该石被称为圣石。

(2) 久远的人文历史

贝加尔湖中国古称“北海”，出现在公元前110年前中国的书面记载中，曾是我国古代北方民族主要活动地区，汉代的苏武牧羊即在此地。关于贝加尔湖名称来源，可能是汉语中“北海”的发音成为贝加尔湖俄语名称的起源，也可能是土耳其族语“富裕之湖”逐渐演化成俄语的“贝加尔湖”。也有人说，“贝加尔”一词源于布里亚特语，意为“天然之海”。其西南角上的伊尔库茨克市是俄国主要的交通枢纽，是俄罗斯西伯利亚著名城市。

(3) 丰富的水生生物与陆地动植物资源

贝加尔湖有各种各样的植物和动物，在不同深度共有1200多种动物，在水面或接近水面有约600种植物。其中，3/4是世界其他地方寻觅不到的，湖里有255种虾，包括有些颜色淡得近乎白色的虾。另外，还有两种完全是透明的贝尔鱼。这是一种奇鱼，生活在1000多米的深水中，一旦见到光，身体就会像冰一样化掉。其实贝尔鱼的身体50%是脂肪，是海豹的主要食物。尤其使科学家们感兴趣的是生物的古老性。约有50种鱼，分属7科，最多的是杜父鱼科的25种杜父鱼。大麻哈鱼捕获量很大。有一种贝加尔特产湖鱼，名胎生贝湖鱼，属胎生贝湖鱼科，由母鱼直接产下仔鱼。

贝加尔湖作为淡水湖，却生活着地地道道的海洋生物。海豹、海螺、海鱼和龙虾。在贝加尔湖里生活着世界上唯一的淡水海豹。

贝加尔湖底还有 1 ~ 15m 高像丛林似的海锦，这在其他湖泊里是找不到的，奇形怪状的龙虾就藏在这个“丛林”里。而一般鲟鱼都生活在沿海，贝加尔湖的鲟鱼却已经完全变成淡水鱼了。

贝加尔湖有 200 多种端足动物和 80 多种扁虫。不仅数量多，有些种类还十分奇特吸引人。如最近发现的一些端足类动物呈斑驳杂色，与环境色彩混为一体；同时，还有人在湖中捕到体长达 38cm 的巨扁虫。大量的钩虾等端足类动物使贝加尔湖具有“自体净化”功能。这些动物能够分解水藻、分解动物尸体，这是维持湖水清澈的另外一个主要原因。

贝加尔湖属于贫营养湖，水中氮、磷等营养元素含量低，藻类等浮游动植物总量较少。正是出于这些原因，贝加尔湖的湖水才显得那么晶莹剔透。

贝加尔湖有 320 多种鸟。湖畔辽阔的森林中生活着黑貂、松鼠、马鹿、大驼鹿、麝等多种动物。

(4) 冬暖夏凉的优越的气候条件

湖区气候比周围地区温和得多。阳光充足，有矿泉 300 多处，是俄罗斯最大的疗养中心。湖畔建有多处旅游基地，是旅游者游玩的好去处。目前每年来贝加尔湖旅游、疗养的人约有 200 万。贝湖的特产鱼也是远近闻名的，比如“欧姆利”和“斯贡布利”，据说均属鲑鱼类，肉质鲜美。在感受非同寻常的度假方式的同时，品尝味道鲜美的贝加尔湖鱼确是一种极好的享受。

9.3.4.2　加强国际合作，打造贝加尔湖旅游区

中俄双方政府加强合作，制定相应优惠措施，大力推动贝加尔旅游发展，通过更宽松的经济环境和 5 年的免税政策，合作投资建设贝加尔地区旅游特别经济区，完善旅游基础服务设施，将贝加尔湖旅游作为中俄两国人民加强了解，增进友谊的窗口，突出贝加尔湖地区自然风光，人文景观、生物资源、温良气候优势，开发环保旅游项目，例如多建立供旅客露营的区域，建设中国北方地区避暑度假胜地。

9.3.5　建立境外投资的法律保障机制

9.3.5.1　建立境外投资项目法律评估机制

对俄矿产投资项目的评估集中于经济、技术论证，缺乏对俄投资的法律因素的深层注意和专业性分析，即缺乏对东道国与投资密切相关的物权法律关系网、物权规范的调查，如对他物权、土地权力、公示制度、登记规则的系统调查及境外资本制度、公司法等的分析，这必将为企业后续经营和资本与资源的回流埋下风险。

境外投资法律上的风险潜藏于自项目启动到经营活动中的一切环节。从东道国招投标的设计、吸引外资进入的策略、当地执法机关对人流、物流控制的手段到股权出让公司的审计报告的真实性、公司股份出让的真正原因和动机及其合法性、矿产使用许可证的有效期、许可证被收回或取消的实际状态、公司股东在其所有的股份上设定负担、公

司在企业之间的融资行为、公司可能未公开的补偿或赔偿第三人的协议再到公司所有财产权属登记上的瑕疵等等，都会给投资人带来严重后果。

基于对俄矿产投资法律风险源头多，分布广，并贯穿于整个项目运行过程的特点，国内应该进行必要的立法，对新的未审批矿产投资项目设立法律评估的前置程序，要求企业提交专门的法律意见书，促进对外投资项目评估的实质性完善，健全评估排险的机制。对已经操作运行的项目政府主管机关和矿产投资企业应该组织对俄经济法律专家进行全面的法律审查，以便投资企业尽早排除潜在的风险。

9.3.5.2 为我国投资主体设计提供法律策略咨询

对俄矿产投资的企业在对俄投资的主体身份上缺乏法律策略上的考虑和防范，投资主体涉及法律策略上的考虑，因其涉及公法关系和私法技巧等多种因素，是我国境外投资应该引起重视的一个基本的复杂的法律领域，其目的是要解决我国对外投资企业身份私法化和国际化的问题。

我国对外投资企业和法律界应形成合力，对东道国的投资法、公司法、民法等展开深入研究，对各种离岸公司和跨国公司展开调查，探讨我国对外投资企业利用各种离岸公司和跨国公司等法律工具的实战问题、操作方法和法律技巧。

9.3.5.3 建立强有力的境外经营人力资源和干部队伍

对外投资 80% 的风险存在于取得矿产使用权之后。我国“走出去”投资的资本，要变成利润和资源，再“走回来”。

俄罗斯作为资本输入国还拥有立法、执法和司法上的全面法律优势，在俄罗斯对中国问题还存在不同的政治主张。为了保证收回投资，保障中方投资人的各项权益，我国对外投资企业必须形成一支有巨大适应性、有能力与具有全面优势的东道国相匹敌的操作队伍。企业必须靠自己强悍的团队保证企业在整个投资运行过程的安全和最终收回投资和拿到资源。干部队伍的薄弱，必然会给企业的投资带来巨大风险。

应设立针对国外投资经营人员的专门的机构，将对外经营人员的干部培训、管理和考核制度化，以此强化境外投资企业的团队建设，增强他们对东道国文化的适应能力，有处理危机和化解风险的应变能力，从而保证对外投资项目的人力资源和干部队伍符合实际要求。

9.3.5.4 建立国家境外风险监控机制

目前，一些地方对境外投资后的监管缺乏有效方法和监控机制，其结果往往是将巨额投资的风险之宝押在对外经营企业主管领导人的个人品质上，押在他们和企业每年交的几份报告上，这等于事实上放弃或丧失了在投资东道国实地实时监督、控制和防范风险的时机和方法，这对作为财产所有人的国家和作为纳税人的百姓都是不负责任的。为了降低巨额投资在“体外”循环所存在的风险，保证对外投资的安全，防止国有资产境外流失，规范境外经营活动，国家有必要针对所有对外投资项目进行相关立法，建立风险监控机制。在目前立法缺位的情况下，建议由政府主管部门牵头，法律研究咨询机构及有关专业中介机构参加，组成“对外投资风险监控组织”，对已投资项目和将投资项目在中、外两地进行实地的全面和长期的法律风险的检查和监督，并及时为政府提出排险建议和方案，帮助企业在境外健康运行。

加强涉俄罗斯法律研究，建立俄罗斯法律研究咨询中心，为在中俄经贸投资领域里的各类主体提供专业服务。

9.4　中国东北地区与俄蒙国际合作重点

9.4.1　中国东北与俄罗斯东部地区的经贸合作

9.4.1.1　两地区的资源基础及其互补性

(1) 俄罗斯远东地区自然资源及产业基础

远东是俄罗斯最大的经济区，同时又是人口最少的经济区，只有720余万人，占全俄人口的5.4%，人口平均密度仅为1.1人/km^2。人口分布极不平衡，在人口密度最大的滨海边疆区每平方千米有12.1人，而在地广人稀的萨哈（雅库特）共和国、马加丹和堪察加每平方千米只有0.3~0.8人。城市人口占总人口的76%。

1）俄罗斯远东地区蕴藏着极其丰富的矿物原料资源、燃料动力资源、森林资源、淡水资源及海洋资源。俄罗斯远东地区矿藏丰富，已发现的矿藏有70多种，其中多种矿物储量居世界前列。这里是俄罗斯最重要的锡矿石产地，已经有多座锡矿在滨海边疆区和哈巴罗夫斯克边疆区建成。在滨海边疆区还有多座多金属矿山，可同时采到铅、锌、银、镉等金属矿石。在东部和北部地区有大型汞矿、钨矿和金矿。远东还有丰富的非金属矿藏。丰富的矿产资源为采矿业的发展提供了条件。有色金属采矿选矿业已成为远东的支柱产业之一。远东有丰富的黑色冶金原料。在南雅库特、哈巴罗夫斯克边疆区和阿穆尔州都有储量巨大的铁矿床，同时远东所有行政区都有煤炭资源，煤炭储量占俄罗斯总储量的40%。

远东的石油和天然气资源主要分布在雅库特和萨哈林两大油气盆地。萨哈（雅库特）共和国近年来加紧吸引外资，对雅库特油气田进行开采和对外出口。萨哈林油气田的储量更为丰富。萨哈林岛上的油田早就进行工业开采，原油通过跨海输油管输送到阿穆尔进行加工。岛周围大陆架蕴藏的油气资源则采用租让方式吸引国外公司开采。已制定并实施的开发方案有三个，称为萨哈林1号、2号和3号方案。这些方案由于吸引了大量外国资金、先进的技术和设备而进展顺利，部分油井开始工业产油。这些方案将为俄方带来巨额收入。

俄罗斯远东是世界上唯一尚未充分开发的森林资源宝库，资源总量大。森林总面积3.16亿hm^2，占俄罗斯总面积的31.1%，居全俄各地区之首，木材蓄积量223.1亿m^3，占俄罗斯总量的26%，成熟林和过熟林占蓄积量的70%以上，采伐量不到生长量的1/3；目前森林覆盖面积正逐渐扩大，非森林覆盖地区及非林业用地不断缩小。

远东河流纵横。其中，有俄罗斯长度名列第二和第三的阿穆尔河（黑龙江）和勒拿河。阿穆尔河（黑龙江）是中俄界河，中国称黑龙江，长4444km，注入太平洋。由于雨季集中再加上季风的影响，河水经常泛滥。河里鱼类达99种，其中20种为特有鱼种，有较大经济价值。阿穆尔河（黑龙江）及其支流蕴藏着巨大的水力资源，可供修建达2000万kW的梯级电站。

远东有长达1万多千米的海岸线。海洋在远东经济中占有特殊的地位。在俄罗斯太平洋200n mile经济区内估计有鱼2600万t，其中鳕科鱼1600万t，鲱科鱼300万t，此外还有250万t非鱼类海产品，包括蟹、虾、海螺、海参等，年容许捕捞量可达450万t。目前在俄罗斯年捕捞量中，远东占60%左右。在远东北部沿海和众多海岛仍可猎到海豹、海狗等海洋毛皮兽。

可以说，俄罗斯远东是当今世界上少有的尚未充分开发利用的自然资源宝库，现在正吸引着越来越多的外国投资者去开发。

2）俄罗斯远东地区产业特点。在苏联时期，远东在国内劳动分工中被确定为原材料供应基地和国防工业基地。因此除了发达的采掘工业外，远东还有发达的机器制造业、其中包括船舶修造、飞机制造和大功率船用柴油机、港口机械、车床等。大型制造业企业主要集中在南部各大中城市。远东轻工业不发达，但鱼制品加工业在经济中占有一定地位。

远东有发达的交通运输业，运输种类齐全。在远东具有劳动能力的人口中，有11%的人从事运输生产。远东是俄罗斯通往亚太地区的门户，因此其运输业具有全俄意义。特别是苏联解体后，波罗的梅和黑海的许多海港已不再供俄罗斯自由利用，远东的出海口作用大幅度提高。在运输业中，铁路的地位最突出。西伯利亚大铁路贯穿远东南部，并伸出多条支线，与另一条铁路贝阿干线组成铁路网。西伯利亚大铁路是最重要的欧亚大陆桥，目前远东80%的货运量仍由铁路完成。远东港口众多，纳霍德卡、东方港、符拉迪沃斯托克（海参崴）等都是世界闻名的不冻港。远东约有400艘货船，总载重量为310万t，航行于世界各港日之间。勒拿河是传统的南北运输干线，它把贝阿铁路沿线地区同北方海路连接起来，成为萨哈（雅库特）共和国对外运输通道。改革开放以来，远东新开辟多条国际航线，阿穆尔河（黑龙江）上的港口大都开通了对华边境贸易运输，边境地区的公路外贸运输也活跃起来。

自1999年开始，随着俄罗斯经济的复苏，远东联邦区经济也呈稳定增长态势。虽然就宏观经济形势来看，该地区经济发展比较稳定，但是由于经济结构不合理，加之其基础设施落后，设备老化，该区经济发展仍然困难重重。

（2）中国东北地区自然资源及产业基础

东北地区是中国重要的粮食生产基地、工业生产基地、资源开采基地。同时东北地区得天独厚的地理位置促使它成为面向东北亚区域开放的重要门户。在产业发展方面，东北地区具有三大优势：一是拥有较丰富的自然资源和良好的农业基础；二是具有较好的产业发展基础，尤其是原材料工业和装备制造业的基础；三是科技教育力量较为雄厚，长期形成了一批具有较高素质的产业工人。

东北地区自然资源和矿产资源比较丰富：①拥有耕地面积1651.6万hm^2，占全国耕地面积的14.42%。森林面积达0.395亿hm^2，占全国的33.79%，木材蓄积量达23.15亿m^3，占全国的21.30%。草原面积0.089亿hm^2，占全国的2.81%。②全区水资源总量为1706.8亿m^3，其中地表水为1337.6亿m^3。水力资源理论蕴藏量达1476万kW，可开发利用装机容量1208万kW。已开发利用的只有164万kW，潜力甚大。③全区水产资源也很丰富，沿海渔场面积达 56 426 $(n\ mile)^2$；淡水渔场面积 57.13 万 hm^2，其中湖泊及其他水面 29.3 万 hm^2，水库 29 万 hm^2。④全区拥有经济价值的植物资源千余种。大兴安岭林区是素有“绿色宝库”之称的天然林带、长白山被称为世界“生物资源宝库”。⑤东北经济区已探明的矿产资源达 80 余种。其中黑色金属中，铁矿石储量占全国铁矿储量的 1/4，居全国首位；钼矿储量占全国的 30%；镍矿储量居全国第四位。大型铝土矿也是全国少有的。

原材料加工业、交通运输装备制造业和普通机械制造业是东北地区的优势产业。辽宁省具有的优势产业为石油和天然气开采、石油加工、黑色冶金及加工、普通机械、黑色金属矿采选、有色冶金及加工。吉林省具有的优势产业为：交通运输设备、医药制造、化学原料及制品、化学纤维、食品制造。黑龙江省具有优势产业为：石油和天然气开采、石油加工、医药制造、食品制造、家具制造。

东北地区科技教育力量雄厚：①智力资源总量大，质量高：截至 1998 年年底，东北三省人口 1.05 亿人，占全国的 8.39%。而同期国有企事业单位专业技术人员与国有大中型工业企业中技术开发人员分别占全国的 9.91% 和 10.68%，大幅度高于其人口在全国的比重图。②科研院所和大中专院校聚集：东北三省县级以上的科技机构为 758 所，科技机构中从业人员 9.39 万人，占全国 10.27%。从事科技活动的人员和科学家工程师集中分布在自然科学技术领域，比重高达 95% 以上。高等学校 140 所，占全国的 13.70%；高等学校属研究与发展机构 370 所，占全国的 11.42%。科技活动人员 4.48 万人，其中科学家工程师 4.03 万人，比例高达 90%。③科技进步基础处于全国前列：东北地区的科技进步基础（包括人力资源、科研物质条件、科技意识）处于全国前列，辽、吉、黑三省的排序分别为第 5、8、11 位。科技人力资源优势尤为突出，辽、吉、黑三省专业技术人员指数分别为全国的第 3、8、6 位。1998 年东北三省专利申请授权数 5694 件，辽、吉、黑三省每万人拥有的专利授权数分别为 0.76、0.398、0.40，居全国第 6、11、10 位。

9.4.1.2 中国东北地区与俄远东地区经贸情况

（1）中国东北地区与俄远东地区的商品贸易结构

中方出口劳动密集型产品在中国东北经济区与俄远东地区的贸易结构中占主导地位。以对俄经贸大省黑龙江省为例加以分析（表 9-2）。在黑龙江省对俄出口商品中，占第一位的是服装，2001 ~2006 年，服装出口额增长近 5 倍，在全部出口额中所占比重维持在 40% ~50%。占第二位的是鞋类，此期间出口额增长近 3 倍，在出口总额中所占比重维持在 17% ~28%。2001 ~2006 年，机电产品出口额增长 38 倍，所占比重也增长 6.5 倍。农副产品的出口额稳步增长，但所占比重有所下降。纺织品和旅行用品及箱包的出口额和所占比重都排在第五、六位。从上面情况来看，几年来中国黑龙江省对俄出口商品结构没有明显的改善，大宗出口商品多为劳动密集型产品；机电产品虽增幅很大，但也只占出口总额的 15.1%，远远低于中国对俄机电产品出口额占全部出口额 40% ~50% 这个水平。

表 9-2 中国黑龙江省近年对俄主要商品出口额和所占比重

年份	项目	服装	鞋类	纺织品	机电产品	高新技术产品	农副产品
2001	出口额/亿美元	3.93	1.95	0.43	0.08	0.04	1.29
	比重/%	49.7	24.7	5.4	2.3	0.5	16.4
2002	出口额/亿美元	4.14	2.75	0.21	0.29	0.05	1.93
	比重/%	42.9	29.2	2.2	3.1	0.5	20.5
2003	出口额/亿美元	7.89	2.82	1.38	0.82	0.16	3.00
	比重/%	45.2	16.2	7.9	4.7	0.9	17.2
2004	出口额/亿美元	10.40	4.16	1.93	1.45	0.15	2.69
	比重/%	45.8	18.3	8.5	6.4	0.7	11.8
2005	出口额/亿美元	17.97	6.95	4.40	3.30	0.21	4.23
	比重/%	43.3	16.8	10.6	8.0	0.5	10.2
2006	出口额/亿美元	45.40	20.35	7.75	2.92	6.84	0.60
	比重/%	52.3	23.5	8.9	3.4	7.9	0.7

资料来源：黑龙江省商务厅对俄贸易处，哈尔滨海关统计处编．黑龙江省对俄贸易简要统计．2007.04.

俄罗斯远东地区对华出口商品基本上是矿产品、原材料及资源性产品。从表 9-3 可以看出，俄罗斯远东地区对华出口商品主要是石油产品、木材、黑色金属、鱼和海产品。2002～2005 年，对华传统出口商品——木材、鱼和海产品的比重大体未变，黑色金属增加 1 倍多，石油产品增长 9 倍，而与此同时，机器设备运输工具减少到原来的 1/10，高技术产品几乎是空白。

表 9-3 俄远东对华出口商品结构 （单位：%）

商品类别	2002 年	2003 年	2004 年	2005 年
机器、设备、运输工具	31.2	12.6	5.8	3.0
燃料、矿物原料、金属	24.4	52.1	51.4	55.8
煤	0.4	0.6	0.3	0.4
石油	8.7	12.8	2.9	
石油产品	4.2	28.1	39.5	42.4
黑色金属	4.7	5.4	6.7	10.8
有色金属	5.4	5.0	1.8	0.6
化工产品	0.7	0.6	0.9	0.5
原料及其加工产品	27.6	22.7	28.4	25.9
木材	27.6	22.7	28.4	25.8
食品	11.5	7.0	12.6	12.0
鱼和海产品	11.1	6.6	10.6	11.3
工业消费品	0	0	0.1	0
其他	4.6	5.0	0.8	2.8
出口总量	162.1	81.2	190.2	191.3

资料来源：П. А. 米纳基尔［俄］．2007．俄罗斯远东与亚太地区国家的经济合作．利奥蒂普出版社．

（2）中国东北地区与俄远东地区边境贸易

在中俄区域经贸合作中，边境贸易起先导作用。两国边境贸易自 1983 年恢复以来，一直以较快速度增长，在两国经贸合作中占重要组成部分。从表 9-4 可以看到，中俄边境贸易额是逐年增加的，2000 年为 23.7 亿美元，到 2008 年达到 83.7 亿美元。但它在全国边境贸易额中的比重逐年下降，从 2000 年的 52% 下降到 2008 年的 27.1%。

表 9-4　2000～2008 年中俄边境贸易情况

年份	中俄边贸额/亿美元	中国边贸额/亿美元	中俄边贸额占中国边贸额的比重/%
2000	23.7	45.6	52.0
2001	22.5	41.2	54.6
2002	31.8	57.0	55.8
2003	35.2	77.8	45.2
2004	42.0	94.7	44.4
2006	69.8	—	—
2007	83.5	213.0	39.2
2008	83.7	309.0	27.1

资料来源：中国历年海关统计。

从贸易方式（表 9-5）看，东北经济区各省对俄贸易以边境小额贸易和边民互市贸易为主。在黑龙江省对俄贸易的多种方式中，边境小额贸易占贸易总额的 67.01%，以旅游贸易、“倒包”为主要形式的其他贸易，也占 7.53%。一般贸易位列第二，其贸易额占 23.21%，与边贸相比仍差得很远。至于加工贸易则微不足道。而一般贸易，特别是加工贸易和服务贸易，与该地区产业经济结合得更紧密，其发展会直接带动本地区经济的繁荣。因此，东北经济区各省对俄一般贸易发展速度不快，加工贸易、服务贸易不够发达的局面，对该地区经济的长期、健康、稳定发展是不利的。

表 9-5　2010 年黑龙江省对俄进出口按贸易方式统计

名称	进出口总值/亿美元	同比%	进口总值/亿美元	同比%	出口总值/亿美元	同比%	占进出口总值比重/%
合计	74.7356	34.00	34.3078	38.12	42.8475	31.09	100
一般贸易	17.3486	0.74	11.1360	31.23	6.2126	-28.87	23.21
来料加工	1.0078	13.39	1.0028	13.15	0.0050	96.86	1.35
进料加工	0.2534	-17.96	0.1413	17.28	0.1122	-40.48	0.34
边境小额贸易	50.0768	46.15	19.1854	42.25	30.8913	48.69	67.01
对外承包工程出口货物	0.00	-100.00	0.00	0.00	0.00	-100.00	0.00
保税仓库进出境货物	0.4223	296.98	0.4223	296.98	0.00	0.00	0.57
其他贸易	5.6266	88.64	2.42	-83.09	5.6264	88.73	7.53

资料来源：黑龙江省商务厅统计数据。

9.4.1.3 中国东北与俄罗斯远东地区经济合作

近年来，东北经济区与俄经济技术合作不断升温，合作领域和规模逐年扩大，技术含量也有所提高。双方合作的方式主要集中在承包工程、劳务合作和境外投资等。

(1) 中国东北对俄投资情况

黑龙江省对俄投资项目大多建立在俄远东地区，其次是西伯利亚地区。截至2006年第一季度，经国家批准黑龙江省在俄注册企业145家，投资实业项目142个，总投资额5.121 01亿美元，中方实际投资额4.253 76亿美元，占总投资的83.1%。

吉林省对俄投资项目大多数也设在远东地区，如滨海边疆区、哈巴罗夫斯克边疆区、阿穆尔州、堪察加州；少部分设在西伯利亚地区，如伊尔库茨克州、克拉斯诺亚尔斯克边疆区、布里亚特共和国；有几个设在莫斯科和圣彼得堡。1998年年初至2007年年底，吉林省在俄罗斯投资兴办企业共48家。其中，中方独资企业35家，中俄合资企业13家，总投资额为3.932 819亿美元，中方投资额为2.358 662亿美元。

截至2005年年底，辽宁省在俄罗斯投资设立企业145家，中方累计投资额为7631万美元。

内蒙古自治区对俄主要在工程项目承包领域。

(2) 俄罗斯远东地区对中国东北投资情况

俄罗斯对东北经济区的投资者多来自远东地区，其次是西伯利亚地区和乌拉尔地区。据黑龙江省招商局的统计，1988~2006年，俄罗斯在黑龙江省的投资项目共364个。合同外资额为2.0566亿美元，实际利用外资额达1.0974亿美元。中国东北近年来对俄经济技术合作情况如表9-6所示。俄资企业经营的主要行业是汽车维修及配件销售、机械加工和维修、木制品加工销售、化工、食品加工、商业、饮食服务业等。生产型企业较少，有少量科技开发型企业。

截至2006年年底，俄罗斯在辽宁省实际投资6022万美元。2004~2006年俄在辽宁省的投资企业分别为12家、21家和15家，实际投资额分别为719万美元、196万美元和1114万美元。投资的主要行业依次为制造业（占俄实际直接投资的64%）、租赁和商业服务业（占16%）、采矿业（占7%）、信息传输、计算机服务和软件业（占3%）。截至2007年年底，俄罗斯在辽宁省累计投资项目241个，协议投资额达2.75亿美元。

截至2005年年底，俄罗斯在吉林省投资设立企业13家，累计投资额为262万美元，投资行业为食品加工、机械制造、餐饮和娱乐业等。

(3) 中国东北与俄远东地区经济合作重点领域

1）能源领域。俄罗斯是世界主要的能源生产国和出口国。近年来作为世界第一大产油国，在能源市场中占有举足轻重的地位。石油储量保守估计占世界总储量的13%。其中63%分布在俄西伯利亚与远东地区。天然气储量占世界1/3，其中85%集中在俄西伯利亚与远东地区。此外，远东沿海大陆架还蕴藏着约290亿t碳氢化合物。

表9-6　中国东北近年来对俄经济技术合作统计

项目		黑龙江			吉林			辽宁			内蒙古
		2005 年	2006 年	2007 年	2005 年	2006 年	2007 年	2005 年	2006 年	2007 年	2007 年
工程承包和劳务合作	项目数	64	65	57	57					12	117
	同比/亿美元		13	-12.3	-12.3						
	合同额/亿美元	1.58	2.10	2.44	0.19	0.4470	0.1691	0.4636	60.35	50.76	0.81
	同比/亿美元	1.3	35.4	15.5	-37.6	140.3	-62.2				
	营业额/亿美元	1.29	2.00	2.38	0.15	0.17	0.16			0.15	0.33
	同比/亿美元	28.8	49.6	18.4	9.9	15.1	-3.0				
	派出人数/亿美元	6585	5991	5815	2665	2805	1945	3865	2147	957	5951
	同比/亿美元	93.8	-9.0	-14.1	-1.5	5.3	-30.7				
	设立企业数/亿美元	42	35	70	8	6	12	3	2		9
对俄投资	投资总额/亿美元	1.84	5.50	6.80	0.14	0.40	3.10				
	同比/亿美元	776.5	257.8	23.6							
	中方投资额/亿美元	1.25	4.98	4.98	0.12	0.40	1.59	0.17	0.02		0.32
	同比/亿美元	141.9	299.7	0							

资料来源：黑龙江省商务厅对俄贸易处，哈尔滨海关统计处编．黑龙江省对俄贸易简要统计．2007.04．吉林省商务厅、内蒙古商务厅、辽宁省对外贸易经济合作厅业务统计。

中国对能源的消费需求伴随着经济的快速发展而迅速增长，但是油气产量的增长却滞后于消费量的增长。近10年来，中国GDP年均增长为9.7%，石油消费年均增长为5.77%，而石油供应年均增长仅为1.67%。2009年，我国生产原油1.89亿t，进口原油2.04亿t，进口量超过50%，成为世界最大的石油消费国和进口国之一。中国目前迫切需要增加石油进口渠道，实现石油进口多元化的能源战略，以满足日益增长的石油消费和对外依存度。特别是中国实施振兴东北老工业基地战略后，东北地区对能源的需求将会大幅增长。

中俄之间的能源合作以石油贸易为主，2009年中国从俄罗斯进口原油1530.4万t，俄罗斯已是中国原油进口的第四大供应国，俄罗斯对中国石油贸易份额举足轻重。随着中俄之间的石油管道建设的逐步完善，中俄之间的石油贸易将步入一个新的起点。1994～2011年中俄石油管道博弈情况如表9-7所示。

表9-7　中俄石油管道博弈大事件

时间	事件
1994年	俄罗斯石油企业向中方提出了修建从西伯利亚到中国东北地区石油管道的建议
1996年	中俄双方完成了安大线的项目预可行性研究
2001年9月8日	CNPC同YUKOS及俄罗斯管道运输公司（TRANSEFT）在圣彼得堡签署了关于开展安大线项目可行性研究的总协议
2002年11月	日本恢复自俄的原油进口
2003年1月	小泉纯一郎访俄，力图介入安大线，提出安纳线项目
2003年2月7日	俄能源部会议建议政府采取折中方案，建设安纳输油、输气管线，附建经外贝加尔斯克至大庆的支线
2003年3月14日	俄罗斯总理卡西亚诺夫宣布，俄政府同意折中方案，并在5月1日前确定管道建设的具体步骤
2003年5月	俄政府并未就输油管道的走向问题做任何决定
2003年5月28日	中俄两国公司签署了有关俄方通过建成后的安大线将向中方供应7亿t、价值1500亿美元石油的协议
2003年6～7月	日本政府加紧了对俄的“石油外交”
2003年10月	原本大局已定的中俄原油管道项目再次被搁置
2004年6月30日	安大线与安纳线均流产，俄决定修建从东西伯利亚的泰舍特至远东的纳霍德卡（泰纳线）的管道方案
2006年4月28日	泰纳线一期工程开工，将修建自斯科沃罗基诺至中国的支线
2008年10月28日	温家宝总理访俄，与普京总统会谈，两国签署石油领域的合作谅解备忘录
2008年11月12日	俄罗斯石油公司和石油管道运输公司暂停了从中方贷款修建东西伯利亚—太平洋石油并向中国供应原油的谈判

续表

时间	事件
2009 年 2 月 17 日	中俄在北京签署 7 个能源合作文件，包括俄对中长期原油供销合同、中方对俄方贷款协议、中俄边境相关输油管道的建设运营协议
2009 年 5 月 18 日	中俄石油管道工程中国境内开工仪式
2010 年 9 月 27 日	中俄原油管道正式竣工
2011 年 1 月 1 日	中俄原油管道投入运行，开阀首日输送 4.2 万 t，标志着中国东北方向的原油进口战略要道贯通，每年 1500 万 t、期限 20 年的中俄原油管道输油合同开始履行

注：根据新闻报道资料整理。

中俄能源上的合作除了油气方面外，电力、核能、煤炭等方面也有所涉及。电力合作方面，目前，我国引进的俄罗斯电力主要是供给东北地区和黑龙江省的黑河地区。俄罗斯发电量达 1 万亿 kW · h 以上，其中，西伯利亚和远东地区电力大量过剩。2006 年 3 月 21 日，中国国家电网公司与俄罗斯统一电力系统股份有限公司共同签署了《中国国家电网公司与俄罗斯统一电力系统股份有限公司关于全面开展从俄罗斯向中国供电可行性研究的协议》，这标志着中俄两国在电力方面的合作将向更深的层次迈进。在核电合作方面，中俄两国政府于 1992 年 12 月签订合作协议，共同建设中国连云港田湾核电站。该项目 1999 年 10 月 20 日开工，2004 年 5 月 1 号机组建成发电，并于 2005 年全部竣工。在煤炭合作方面，中国一方面是世界煤炭资源的储量大国、生产大国，另一方面也是世界最大的消费大国和出口大国。但近几年，由于电力不足的原因，中国出现了煤炭出口减少、进口增加的态势。而俄罗斯作为世界煤炭储量第一的国家，对中国出口煤炭有浓厚的兴趣。据俄罗斯能源部 2009 年 9 月向媒体透露的消息，中俄双方煤矿企业已经磋商，拟在西伯利亚与远东开发煤炭资源并建设基础设施，中方还希望参与开发库页岛尚未探明的资源。除了向中国出口煤炭外，俄罗斯在参与中国境内煤田开发与发展煤炭化工业方面也会有所作为。

2）林业领域。远东是俄罗斯最丰富的林区之一，森林总面积约 3.16 亿 hm^2，木材蓄积量约 223.1 亿 m^3。为了提高远东地区林木资源市场的稳定性，尽量减少原木的出口量，促进林木加工业的发展，2010 年俄罗斯政府出台了一系列政策。这将提高加工、机械和高技术等产品的出口比例，促进出口产品由资源型向成品型转变。2009 年 9 月，中俄双方领导人批准《中国东北地区同俄罗斯远东及东西伯利亚地区合作规划纲要》，规定俄境内 89 个重点项目中木材加工项目有 22 个，其中，远东地区占 14 个。这说明，木材加工业已成为俄罗斯远东地区亟待扶持和开发的主要产业之一。

绥芬河是 2001 年国家批准的进口原木加工锯材复出口的指定口岸，目前木材加工企业已经发展到 410 家，年加工木材能力达到 450 万 m^3。满洲里口岸市场的俄罗斯木材进口量仅次于绥芬河，居全国第二位。目前，满洲里口岸的木材加工业尚处于初建阶段，加工能力有限。因此，从该口岸输出的木材仍以原木为主（约占 90%）木材主要销往东北、华北、华东和华中等地区，只有少量流向华南和西南地区。我们应利用地缘优势，鼓励有实力的木材加工企业走出去，以避免俄方原木出口关税提高给我们带来的影响，同时抓住俄罗斯调整木材出口政策的契机，投资远东林业将是非常有发展前景的项目。目前，在远东的乌苏里斯克、西伯利亚的伊尔库茨克和托木斯克都有中方企业建立的大型木材加工基地。

3）科技领域。近年来，中国东北地区与俄罗斯远东地区的科技合作取得了一些进展，但仍然有很大潜力有待开发，目前仍然处于洽谈多，落实的少，出现真正成功取得实效项目更少的局面。自1997年中俄总理定期会晤委员会科技合作分委会成立以来，两国在机械、电子、新材料、农业、生物技术、应用化学、基因工程、仪器制造和医学等领域确立了300多项的合作项目。中俄科技合作已经进入合作目标明确、将合作重点引向高新技术并实现产业化、商品化和国际化领域的合作阶段。通过建立中俄科技园区、共同开发新产品和新工艺，将有效提升产业技术水平，特别是加快东北装备制造工业技术改造和产业结构升级。

9.4.1.4 对外经济合作的潜力分析

（1）中俄两国政治关系稳定发展，对两地合作达成战略共识

经过双方10多年的努力，中俄两国政治关系在各个层面上都取得了很多成就。中俄关系先后从“友好国家关系”、“建设性伙伴关系”发展到了如今的“战略协作伙伴关系”。两国已建立起一整套谈判机制及签订了有关双边关系发展的条约，两国高层交往已制度化。同时中俄两国的战略协作伙伴关系为两国经贸合作奠定坚实的基础，双方领导人把加强双边经贸合作看作是充实战略协作伙伴关系的物质基础。现阶段，中俄两国政府极力倡导和支持地方性区域合作，并就协调两国地方发展战略、提高双方合作水平等达成了共识。2003年我国提出了振兴东北等老业基地的战略，并于2007年颁布了《东北地区振兴规划》，为东北三省的经济发展指引了方向。俄罗斯方面，2007年俄罗斯提出了东部大开发战略。此后促进两国地区间的合作逐渐得到关注，如为落实2007年中俄两国元首会晤取得的互访成果，我国率先编制完成了《中国东北地区老工业基地与俄罗斯远东地区合作规划纲要》，2009年3月，俄罗斯不仅对跨境基础设施、口岸、通道建设等方面进行了回应，而且提出了一批涉及资源及加工、建材建筑和能源等领域的地方合作重点项目，增加了地区环保合作内容，这一具有战略性的规划将会为中俄双方实现战略互动对接提供依据和方向。在2009年9月23日中俄两国元首会晤中，推动中俄毗邻地区合作成为双方会晤的核心内容，双方正式批准了《中国东北地区同俄罗斯远东地区及东西伯利亚地区合作规划纲要》。2010年3月20日，国家副主席习近平访问俄罗斯期间指出：“大力发展两国地方合作的条件已经成熟，边界问题的解决、合作规划纲要的批准，为双方合作奠定了政治、法律基础，两国地方政府和企业的强烈合作意愿，则为双方合作提供了内在动力。”由此可见，在中俄两国稳定的政治、经济合作框架引导下的东北地区对俄远东地区的经贸合作将会逐步向更深层次推进。

（2）中俄两国经济稳定发展，对两地经贸合作充满需求

30年的改革开放使中国实现了经济的高速发展，中国的进口总额从世界第32位跃居到第2位，成为世界经济中重要的组成部分。中国已经成为世界投资者最感兴趣和最重要的投资国，可以说，中国具备了吸引外资“走进来”和鼓励企业“走出去”的基本条件。俄罗斯虽然经济体制尚处于转轨阶段，经济发展相对比较落后，但总体是一个经济大国，一个有非常大的经济潜力的大国，俄罗斯经济自 1999 年开始出现恢复性增长并一直持续至今，因此可以认为俄罗斯已经进入了相对稳定的经济增长时期。在此形势下，中俄两国都希望加强两地之间的经贸合作，扩大两地之间的经贸往来。

（3）双方合作机制和法律逐渐完善

目前中俄两国间的合作机制和法律保障正在不断完善，这将为两地的经贸合作奠定坚实的基础和提供良好的沟通环境。首先，每年中俄两国国家元首都要举行定期的会晤；其次，中俄两国建立了总理定期会晤机制，并且在总理定期会晤委员会下设了涵盖能源、经贸、科技、运输、核能、银行、航天、通信、环保和民用航空技术等领域的十个分委会；最后，1992 年以来，中俄两国政府签署了《经济贸易关系协定》等数十个经贸领域的法律文件，这将进一步促进双方经贸合作的快速发展。

从边境地区经贸合作而言，在调节边境地区贸易的中央政府间协议签订之前，中国东北三省及内蒙古自治区与俄罗斯远东、西伯利亚地区的地方政府间协议得以确定，中国黑龙江省同俄罗斯的滨海边疆区、哈巴罗夫斯克边疆区、克麦罗沃州确定了经济、科技、贸易和医疗等方面合作的主要领域和方向。1997 年，在俄罗斯总统访华期间双方签署了《关于俄罗斯联邦主体行政当局与中国地方政府间合作原则的中俄政府间协议》，它是中俄边境地区间合作的主要法律基础。

从地方合作机制看，中国与俄罗斯边境线最长的黑龙江省从 2002 年初开始着手建立同俄罗斯远东与外贝加尔各联邦主体一对一的地方政府领导人定期会晤机制。可靠的调节机制为中俄两国及边境地区按照 WTO 标准和要求开展合作提供了更多的机遇。

（4）远东地区资源丰富

俄远东地区被誉为地下宝库，自然资源极其丰富。俄远东地区的石油资源主要集中在萨哈林岛上，陆上约有 40 个油气田，这些油气田的特点是油气层多。俄远东地区的天然气预测储量约 13.43 万亿 m^3，主要分布在萨哈（雅库特）共和国和萨哈林两大地区。另外，俄远东地区还蕴藏着丰富的煤炭资源，煤炭地质储量 5.5 万亿 t。除了这些能源燃料资源之外，俄罗斯远东地区还拥有丰富的矿产资源，铁矿、铜矿、花岗岩等都有巨大的储量。这一切对于中国来讲具有极强的吸引力。

俄远东地区拥有巨大的森林资源，森林覆盖率约 50%，森林蓄积量约 210 亿 m^3，其中处于采伐期的森林或过熟老龄林约 54 亿 m^3。俄罗斯是世界木材第三大出口国，仅次于美国和加拿大。这对于中国来讲是巨大的投资机遇，具有巨大的投资潜力。从林业要素禀赋角度来看，两国在主要生产要素上丰裕程度不同，正是这种要素禀赋的不同，可以促进中国企业到俄罗斯投资，重点开发林业的采伐业。同时，中国在木材深加工产品生产方面已经具有一定的实力，并且能大量出口家具林业加工品。俄原木等初级林产品的生产在世界上占有一定的地位，这又驱动了中国企业为接近原料产地而采取直接投资。

（5）两地经贸合作基础条件较好

1）双方合作地缘优势明显。东北和远东西伯利亚之间由长达 4300 多千米的边界线紧密相连，地理条件得天独厚。中国东北地区地处东北亚区域经济合作的中心地带，在地缘上与俄罗斯、蒙古、朝鲜接壤，并与日本、韩国隔海相望，不仅能与俄罗斯建立良好的经贸关系，而且能沟通俄罗斯与其他国家的经贸往来。

2）交通设施比较完备。目前，东北地区基础设施的一体化已初步形成。在铁路方面，积极筹划建设东北东部铁路大通道。当前，东北地区是全国铁路分布密度最高的地区，公路干线密布，对俄运输通道网络已经形成。两地已有多条相互连接的铁路、公路，几十个通商口岸，黑河—布拉戈维申斯克黑龙江公路大桥也已开工建设。

俄远东地区在苏联时期就已经奠定了较好的城市基础设施和陆、海、空交通运输港条件，只是近20年投入不够，设施老化，发展缓慢。原因主要与俄罗斯当时的经济状况有关，经济连年下滑，甚至面临国家分裂的危险，力不从心。目前这里有3条铁路连通中俄，还有14条公路通向中国，包括7条由界河轮渡连接起来的公路，还有14条通过界河运输的水上路线。远东地区有哈巴罗夫斯克、符拉迪沃斯托克（海参崴）、南萨哈林斯克等国际航空港，与中国的航空运输也较便利。

3）具有良好的工业基础。中国东北地区自然资源丰富、产业基础良好、科技优势明显、拥有众多的技术人才和完备的基础设施，是一个极富后发优势的地区。为广泛开展合作提供的了基础和条件。东北地区经过多年的发展形成了以重工业为主体、门类众多的工业体系，成为全国最大的钢铁基地、石油化工基地、机械装备工业基地和汽车工业基地。这成为东北老工业基地与俄远东地区合作的重要条件。特别是近年来随着振兴东北老工业基地战略的实施，现阶段东北的装备制造业、医药工业、石化、绿色农业等产业得到了快速发展，雄厚的工业基础和农业生产条件为东北地区深化与俄罗斯的产业合作，优化商品结构等提供良好的客观条件。

俄远东联邦区有丰富的石油、天然气、矿产、木材等资源，开发潜力巨大。苏联时期，这一地区经过数十年的开发建设，建成了全苏燃料动力工业基地、黑色和有色冶金工业基地、森林采伐、木材加工和纸浆造纸工业基地、化工和石油化工基地以及机器制造基地。俄罗斯经济的快速复苏并持续增长，为两国商品贸易的发展奠定了坚实的物质基础。

4）双方的合作具有有利的人文条件。东北地区的教育事业较为发达，在全国有着重要的影响。那里高等学府与科研院所较多，专业齐全，有近一百个学科或研究方向，均是全国唯一或在全国居于领先地位。东北地区的科技人才众多，科研实力雄厚，每万人在校的高校学生数位居全国首位，比全国平均水平高40%。东北地区以中心城市为依托，各类科研院所、大专院校集中，并在科研布局上各有优势，辽宁省在金属、机械、石油、化工、农林、新型材料、计算机硬件等方面具有优势吉林则在基础化学、量子化学、运输机械、光电子等方面的研究领先；黑龙江则在石化、有色金属农林、生物工程等技术应用方面有较好的基础经验。

5）两地有丰富的合作经验。东北地区是苏联曾经援建中国重大项目最多的地区。“一五”时期援建的156个项目中，有58个建在东北。其中，辽宁省24个、黑龙江省22个，吉林省12个。这些合作项目虽然因受中苏政治关系的影响而搁浅，但是曾经有过的合作为今后两地进一步深化合作提供了宝贵的经验，也为再次合作埋下了伏笔。此后多年来东北地区与俄罗斯一直致力于促进双方经贸合作的发展壮大。虽然期间有过萧条时期，也有徘徊不前时期，但更多的是快速的发展，近十年双方稳步发展的道路越走越宽，相互间的合作关系也越来越紧密，经贸合作覆盖双边贸易、相互投资、资源开发、高技术合作等多个领域。

（6）两地经贸合作互补性

中俄两国在经济结构上有很强的互补性。中国是一个人口众多、市场广阔、有良好农业和基础工业的国家，但同时自然资源缺乏，包括石油、天然气、淡水、可耕地以及可供利用的森林，并且缺乏高科技产业。而俄罗斯却是一个拥有丰富自然资源与重工业基础的国家，其高科技产业也很发达，但是农业与轻工业却不发达，劳动力资源也十分匮乏。中俄相邻地区经济结构比较如表 9-8 所示。基于互补性需求，中国东北及内蒙古东北地区与俄罗斯西伯利亚和远东地区在经济结构、产业结构及资源结构等诸多方面都可以找到合作的切入点。

表 9-8　中俄相邻地区经济结构比较

项目		中国黑龙江、吉林、辽宁、内蒙古东部地区	俄罗斯西伯利亚及远东地区
资源结构		煤炭、耕地、草场较多、劳动力资源丰富	石油、天然气、煤炭、矿产、森林，水资源十分丰富
产业结构		农业、石化、机械、钢铁、农产品加工	石油与天然气开采、煤炭、电力、森工、冶金、建材
技术结构		农业种植、食品加工、机电、轻工、餐食服务、电子信息	军工、核电、能源开发、渔业、电力
出口和进口商品结构	出口	农畜产品、食品、轻工产品、机电	石油、天然气、木材、煤炭、海产品、金属、矿物
	进口	工业原料、钢材、木材、化肥、机械设备	食品、日用品、纺织品

资料来源：中华人民共和国商务部网站欧洲统计数据。

俄罗斯重工业畸形发展，重工业部门、军事工业、采掘工业比重大，有向我国提供机械设备、军事装备、矿产品和原材料的能力，而我国农业轻工业发达，可向俄出口大量的农产品和轻工产品。从外贸出口产品构成看，中国对俄出口以劳动密集型产品为主，俄对华出口以原材料为主，机电等高附加值产品在各自与对方的进出口贸易构成中所占比重居次要地位。近年来中俄两国的贸易格局始终没有发生太大变化，这一事实表明，两国的贸易结构有其存在的合理性，它符合两国目前所处的经济发展阶段、经济竞争实力和各自经济结构的特点，是两国经贸合作互补性的具体体现。

两国由于科技发展的不同，以及各地区经济、科技发展的不平衡，使得两国彼此的科技需求并不完全一样，因此形成了需求互补，这是两地经贸合作最具发展潜力的重要领域。俄罗斯是世界上科技水平较高的国家之一，在航空航天、核能、激光、生物工程、纳米材料、新材料等领域有明显的优势，在军工领域尤其是在军事高科技、新型战斗机、战略导弹、航母设备等方面也具有领先优势；而中国部分日用工业品颇有竞争力，目前中国的家电等日用工业品技术已相当成熟，部分品牌家电在欧美市场所占份额稳步上升。目前来看，中国与俄罗斯在科技方面合作已有一定的成就。

目前中国与俄罗斯的科技合作还处于低水平状态，两国科技合作的规模很小，合作深度和广度都不够，运作方式不规范，不灵活，合作缺乏持久力度。造成这种情况的主要原因是：第一，中国的一些政府官员和多数企业管理者一般把与西方科技合作放到十分突出的位置，但是将与俄罗斯的科技合作放到比较次要的位置。第二，一些政府官员和实业家对俄罗斯科技水平不够了解，在他们心目中俄罗斯科技水平不是很高，因此对发展与俄罗斯的科技合作不甚积极。第三，目前中国既通晓俄语又掌握某个科技专业的人才不多，远远不能满足两国科技合作发展的需要，所以我们应把引进俄罗斯人才和技术作为中俄经贸合作的新重点。

应当看到，俄罗斯的科学技术发展是很不平衡的，军事技术、航空航天技术、重工业技术、基础科学研究领域发展较快，而应用研究、消费工业部门科研力量相对薄弱，水平不高。重研究、轻开发是俄罗斯科技领域的特点或弱点。俄罗斯在科技方面存在的问题正好给中俄两国开展科技领域合作提供了契机，在合作形式上提供了广阔的舞台。中国的应用研究投入较多，有一些好的成果，特别是在工业技术方面和轻纺、食品、轻化工、医药、家电产业方面水平较高，发展较快。由此可见，中俄双方在科技上各有长短，在许多领域内都有满足对方需求的能力和成果。

在能源合作方面，俄远东地区存在勘探投资严重不足、石油开采条件恶化、天然气生产中心距消费地过远、煤炭生产投资不足等问题。这给中国投资能源勘探、开采机械行业带了机遇。中国在今后 20 ~ 30 年内，正好是矿产品使用强度高峰期，根据有关研究，我国目前对矿产品需求压力很大，石油、铜、钾盐、铁矿石等供需有很大缺口。到 2020 年，各类矿产品的需求量将增加 1 倍以上，届时除了石油、铜等少数矿产品外，对大多数的矿产品的需求量将超过美国而名列世界第一，矿产品的需求总量也将跃居世界第一。两地合作开发远东的自然资源，不仅有利于大幅度扩大中俄贸易额，而且有利于中俄两国经贸合作关系的升级和两国的经济发展。

在劳动力资源方面，俄远东地区目前只有 720 多万人，占全俄人口 5.4%，是全俄人口最少的经济区，且人口分布极不平衡。中国的劳动力资源则过剩，这为双方开展就业领域的互利合作奠定了基础。中国劳务人员技术熟练、吃苦耐劳、报酬很低（只有俄籍工人的 1/7 ~ 1/3），人均受教育水平也有很大提高，人们的市场意识也不断增强，对俄罗斯远东地区的企业有极大地吸引力。因此，中国劳务人员始终是远东地区外国劳动力市场的主力军。

总体来说，俄罗斯远东地区与中国东北地区的经贸合作在产业结构、能源、科技及劳动力资源等方面实现优势互补，所以区域经济合作具备十分有利的条件和良好潜力。

俄罗斯远东地区资源丰富，但本身经济发展落后，经济结构单一，设备、技术落后，资金紧缺，人口少，自身市场有限，主要靠出口能源、木材、水产品等维持经济运行和进口生活必需品及食品，恰好对中国东北地区的经济形成较高的依存度。中国东北地区是传统的老工业基地，汽车、机械制造、能源、石化等重工业基础雄厚，有较好的产业基础。设备比较先进，资金充足，同时技术更新也比较快，而且交通方便。矿产资源丰富，已发现 130 多种矿产，但东北地区经过几十年指令性贡献且不计成本的开发，能源产地的优势已不十分明显。在这种情况下，俄罗斯资源对于中国东北老工业基地的振兴具有十分重要的意义。

此外，中国从现有要素禀赋和生产优势来看，是一个轻工业产品的生产和出口大国，俄罗斯则是资源性产品和军工产品的生产和出口大国。中俄通过产业结构的互补实现进出口商品结构的互补，在过去相当长的时期内，双方充分利用互补优势并获得了巨大的福利。中国在相当长一个时期内需要俄罗斯的石油、天然气、矿产品、木材以及大型电站设备、核电站技术、航天技术、农业技术和生物技术等，而俄罗斯同样需要中国物美价廉的纺织品、轻工产品和电子产品等日用消费品。中国经过多年改革和产业结构调整，轻工业和食品加工业发展相当迅速，某些成为长线产品，可以填补俄罗斯市场的短缺。双方通过科技合作、科技园区建设，不仅可推进产业升级，形成产业集群，促进东北地区增长极的形成，还可共同开发新科技，促进整个区域的产业合理化。

9.4.2　中国东北与蒙古东部地区的经贸合作

9.4.2.1　两地区的资源基础及其互补性

蒙古丰富的自然资源开发、利用和中国不断提高的科技、经验、资金等的互补性特点十分明显。

蒙古东部地区由位于其东部的东方省、肯特省与苏赫巴特三省组成，总面积为 28.94 万 km^2（占全国总面积的 18.9%），人口为 220 800 人，占总人口的 9.6%，有约 300 万头牲畜（占全国的 10.6%），草地面积为 2200 万 hm^2（占全国的 17.8%），森林面积为 150 万 hm^2（占全国森林资源的 10.7%）。这一地区的发展优势在于：①拥有极其丰富的自然资源，有 200 多种金属与非金属矿藏，如萤石、锂、锡、锌、钨、铀、石油、金、银、泥炭、铁矿、盐、石灰石和石英砂等，总储量达 6.37 亿 t，20 多个煤炭矿藏，总储量可达 34.69 亿 t，蒙古东部地区已探明的矿产资源如表 9-9 所示。②拥有大量潜在的可用于放牧、农业及其他目的土地资源；③与俄罗斯和中国相邻，基础设施如电站、铁路、光线电缆以及通信设备等，与西部地区相比较先进。

表 9-9　蒙古东部地区已探明的矿产资源

矿产资源种类	储量	矿产资源种类	储量
铅/万 t	174.48	铀/万 t	5.10
锌/万 t	4169.24	金/kg	4675.00
银/万 t	711.35	萤石/万 t	3370.23
钼/百万 t	3477.47	煤/百万 t	1068.90
钨/万 t	478.16	泥炭/万 t	1.94
锡/万 t	37.65	铁矿石/百万 t	78.60
铜/万 t	144.80	盐/万 t	773.95

注：数据根据《蒙古国统计年鉴》和相关资料整理。

蒙古东部地区和我国东北地区开展经贸合作，具有地缘优势和很强的经济互补性。从地理位置上讲，蒙古东部与我国蒙东地区接壤，气候条件差异很小，交通便利。从互补性方面来说：①商品结构互补，中国工业在改革开放中得到长足发展，尤其是轻工业，品种繁多，价格低廉，质量上乘，而蒙古工业欠发达，日用轻工产品主要依赖进口。②自然资源互补，蒙古有计划地开发自然资源，蒙古的木材蓄积量为1.3亿m^3，煤炭总储量约为165亿t。石油仅东戈壁省和东方省的储量即可达4亿t。东北地区经济持续高速发展，现代化后备资源不足，正需要进口大量的矿产品。蒙古要开采矿产资源必须求得外部援助，东北有开发矿产资源的技术、设备、管理经验和丰富的劳动力资源。在这些方面，两地可以互通有无、优势互补。③劳动力和技术互补，我国剩余劳动力丰富，而蒙古人口少，在建设大型项目时，深感劳动力和技术工人不足，我国劳务出口可添补其劳力不足。

9.4.2.2 中国东北地区与蒙古东部地区对外经贸情况

中蒙边境地区的经贸往来历史悠久。内蒙古自治区确立了“边境有边，贸易无边”的指导思想，采取“地贸、民贸、互市贸易一齐上，双边、多边、转口贸易齐发展”的方针。在进一步发展边境地方贸易的同时，放开民贸与易货贸易，使其成为开展互市贸易和边境民间贸易区。自20世纪80年代中期开始，内蒙古和蒙古之间开展边境贸易合作以来，两地利用地缘、口岸、人文等优势，迅速发展民族地区的边境贸易，两地贸易额一直占中蒙贸易总额的50%以上。2007年，两地贸易额达到16.56亿美元，占中蒙贸易总额的81.58%。蒙古从内蒙古进口主要是运输工具、建筑材料、机电产品、服装鞋类、水果蔬菜等。2007年，蒙古从内蒙古进口贸易额为3.88亿美元，占蒙古从中国进口总额的56.81%。

在黑龙江省对外贸易中，其与蒙古的进出口额比重大幅增加。自2002年起，黑龙江省结束了多年对蒙古进口低迷的状态，特别是随着2005年黑龙江省对蒙矿业投资力度加大，带动了对蒙机电等产品出口规模，出口连续6年保持高速增长，2006年对蒙出口增长更是高达761.78%。2007年黑龙江省对蒙贸易总额首次突破亿元大关，达到1.1亿美元，比2002年增长65.4倍，是黑蒙贸易发展最好时期。2008年黑蒙贸易受金融危机影响，进出口双双大幅下挫。黑龙江省对蒙出口2501万美元，下降77.08%。2009年上半年，因汽车出口的大幅增加，双边贸易下降趋势得到缓解，黑龙江省对蒙出口1901万美元，同比增长149.68%。

近年来，吉林省与蒙古经贸往来频繁。2007年，吉林省对蒙古的进出口总额为474万美元。吉林省与蒙古有经贸往来的企业主要有9家。按其进出口贸易总额排名，分别为长春市富士特流体设备制造有限公司、图们市阿里郎经贸有限公司、吉林铁合金股份有限公司、中国第一汽车集团金属矿产有限公司、吉林省正达五金矿产有限公司，吉林吉美食品有限公司、长岭集团有限公司、长春长生生物科技股份有限公司、吉林高速公路建设有限公司。

9.4.2.3 对外经济合作

在对蒙古投资方面，截至2007年年底，内蒙古自治区经批准在蒙古投资兴办企业27家，协议投资总额1.58亿美元，约占全区对外直接投资的55.1%。其中，在蒙古能源和矿产资源领域设立12家，协议投资额1.04亿美元。2007年经核准在境外设立企业22家，协议投资额（包括增资）7184.2美元。对外投资项目主要包括矿产资源勘探开发、农畜产品加工及国际贸易等。在对外承包工程、劳务合作方面。截至2007年年底，全区共签订对外承包工程、劳务合作、设计咨询合同总金额为18.6亿美元。

黑龙江省与蒙古的投资合作虽然仅限于黑龙江省对蒙古的投资，但其投资规模在黑龙江省对外投资，特别是在对蒙矿业投资和中国对蒙矿业投资中却占有重要地位。随着中蒙双方国家政治经济关系的进一步发展、蒙古经济环境、投资环境的进一步改善。在国家一系列鼓励境外投资政策和黑龙江省积极推进“走出去”战略的大力支持下，截至2007年年底，黑龙江省对蒙投资总额已近4亿美元，占全省境外投资总额约25%。其中，矿产资源开发及石油天然气合作投资额占黑龙江省对蒙投资总额的90%，占全国对蒙矿业投资超过50%。

近年来，黑龙江省对蒙工程承包等技术合作也迅速升温，领域不断拓宽，规模逐步扩大，技术档次不断提高。在工程承包方面，由2005年的总产值400万元人民币的蒙古塔木察格地区寻找工业用水项目，到2007年的280万美元的对蒙古第四热电站一个涡轮发电机增容改造项目，该项目的完成是一次打造精品工程的合作。为中国产品和中国企业在蒙古赢得了声誉。黑龙江省在煤田地质、电站设备、建筑安装等项目上与蒙古进行的广泛合作，收到了良好的经济效益与社会效益。

吉林省截至2007年年底有6家企业在蒙古投资办厂、投资总额1235万美元，主要分布在矿产开发、公路建设、钢铁冶炼等领域。如长春市东惠物资经贸有限责任公司，独资企业，总投资额145万美元，行业为钢冶炼制品，在蒙企业名称为钢铁冶炼制品有限责任公司；吉林省正达五金矿产有限公司，独资企业，总投资额110万美元，经营范围是萤石开采，在蒙企业名称是吉蒙矿业有限责任公司。

9.4.2.4　对外经济合作的潜力分析

（1）两国政治关系的健康顺利发展

中蒙两国建交以来两国领导人互访频繁，日益发展的友好合作关系，成为了发展中蒙贸易关系的政治保障。1994年，中蒙在1960年友好互助条约的基础上签订了新的《中蒙友好合作关系条约》。1998年，蒙古总统巴嘎班迪应中国国家主席江泽民的邀请对中国进行了国事访问，访华期间，两国领导人在北京发表了《中蒙联合声明》。这两个文件为中蒙关系跨世纪的发展奠定了坚实的政治和法律基础。2003年6月中国国家主席胡锦涛成功访蒙，双方宣布建立中蒙睦邻互信伙伴关系，为新世纪新阶段两国关系发展指明了方向。这是胡锦涛主席对蒙古的首次访问，也是新世纪中国国家主席对蒙古的首次访问，体现了中国领导人对中蒙关系的高度重视，对于发展长期稳定、健康互信的中蒙睦邻友好合作关系具有重要意义。应中华人民共和国主席胡锦涛的邀请，蒙古总统那木巴尔·恩赫巴亚尔于2005年11月27日对中国进行国事访问。2008年6月中国国家副主席习近平在乌兰巴托出席中蒙经贸论坛开幕式。两国高层领导一直以来非常重视中蒙政治、经济和文化等各个领域的合作，健康互信的中蒙关系为两国经贸合作的顺利进行保障，并为两国经贸关系的发展开辟更为广阔的空间。

从表 9-10 可以看出两国政治关系的良好态势推动了两国经济的相互合作。在 1998 年、2003 年、2004 年中蒙共发布了三个联合声明，以如此密集的频率与另一国家实现高层互访、发表联合声明，无论对中国还是蒙古来说都是不多见的。而伴随着每一个联合声明的发布，都有一系列的经济合作协定和投资合同被签署。这是政治合作推进经济交流的良好表现。

表 9-10　中蒙两国签署大的协议及声明

日期	签署的协议及联合声明
1985 年 11 月 5 日	中蒙政府边境贸易议定书
1989 年 3 月 30 日	中蒙政府关于成立中蒙经济、贸易和科技合作会员会协定
1991 年 1 月 10 日	中蒙政府贸易协定
1991 年 8 月 26 日	中蒙政府关于对所得避免双重征税和防止漏税的协定
1991 年 8 月 26 日	中蒙政府关于鼓励和相互保护投资协定
1992 年 5 月 9 日	中蒙政府关于植物检疫协定
1993 年 9 月 17 日	中蒙政府关于海关互助与合作协定
1994 年 4 月 29 日	中华人民共和国政府、俄罗斯联邦政府和蒙古政府关于确定三国国界交界点的协定
1994 年 4 月 29 日	中蒙友好合作关系条约
1998 年 12 月	中蒙联合声明（1）
1998 年 12 月	中蒙政府经济技术合作协定
2003 年 6 月 5 日	中蒙联合声明（2）
2003 年 6 月	中华人民共和国政府向蒙古政府提供无偿援助的经济技术合作协定（1）
2003 年 6 月	关于增开乌兰巴托—北京国际列车的协议
2004 年 7 月 6 日	中蒙联合声明（3）
2004 年 7 月	中蒙边境口岸及其管理制度协定
2004 年 7 月	中华人民共和国政府向蒙古政府提供无偿援助的经济技术合作协定（2）
2004 年 7 月	中华人民共和国政府向蒙古政府无偿提供粮食援助的换文
2004 年 7 月	中国人民银行和蒙古银行支付与结算协定

注：中蒙联合声明（1）（2）（3）为 1998 年 12 月、2003 年 6 月、2004 年 7 月两国进行国事访问时分别发表的声明。2003 年 6 月、2004 年 7 月，中华人民共和国政府向蒙古政府提供无偿援助的经济技术合作协定（1）（2）是两国进行国事访问时分别发表的协定。

（2）两国经济发展迅速

蒙古政治经济体制转轨过程中的一系列经济政策和中国改革开放的进一步深化，极大地推动了中蒙双边贸易的发展，特别是中蒙双方不断改善的投资贸易环境，为两国的贸易发展提供了更为良好的宏观条件。2005 年 6 月中国国务院出台了《关于促进东北老工业基地进一步扩大对外开放的实施意见》，2007 年中国制订了《东北地区振兴规划》，与蒙古相邻的呼伦贝尔市、兴安盟、通辽市、赤峰市和锡林郭勒盟等都是重点规划的地区，政策优势与区位优势为东北地区、乃至整个中国扩大对蒙古的贸易提供了又一轮的契机。

（3）地缘优势

我国与蒙古实施能源合作具有地缘优势。蒙古是一个没有出海口的内陆国家，缺乏出海口和本土的交通运输条件比较差严重制约了蒙古发展及与西方国家的经济联系。而中国与蒙古具有山水相连的地缘优势，不仅有着相对便利的运输条件，并且也有着较低的运输成本。内蒙古自治区与蒙古毗邻，其部分地质资源分布与蒙古同属于一个矿产带，对蒙能源资源的开发具有良好的地缘优势。

现在沿两国边界开放的常年和季节性口岸共有 16 对，其中 11 对分布在蒙古与中国内蒙古自治区接壤的边界地区，这些口岸在两国经贸合作特别是边贸合作中发挥着重要作用。2008 年 1 月 12 日，中蒙两国边境的珠恩嘎达布、毕其格图口岸由季节性口岸变为常年开放口岸，使两国的常年开放口岸增至 5 个。目前，中国的内蒙古自治区、黑龙江省、吉林省同蒙古的相关省市开展边贸合作。

（4）自然资源合作优势

蒙古自然资源丰富。我国与蒙古近期内可提供合作开发的资源是耕地、建材、畜产品、旅游资源和石油等矿产资源；中远期可望在草原、森林及其他矿产资源开发上大有进展。而我国现代化后备资源不足，如果我国利用技术和资金帮蒙古开发其南部地区的石油资源和其他矿产资源，可为 21 世纪我国经济的高速发展解决绝大部分资源问题，这也符合蒙古以资源换汇的长期战略。

（5）口岸通道优势

东北地区发展与蒙古的经贸合作，拥有的口岸物流通道是十分重要的优势条件，也是其他地区所无法比拟的一项优势。我国与蒙古的陆路口岸有 11 个，其中设施成熟、规模较大的口岸都集中在东北经济区。不断提高的口岸基础设施建设为东北地区对蒙古实施“走出去”战略提供了必要的通道，为口岸顺利过货提供重要支撑。虽然国家没有口岸建设专项资金，但国家却以不同方式和渠道对中蒙边境口岸建设给予了大力支持，用以改善口岸基础设施。特别是对一些比较大的、重要的口岸基础设施的投入取得了明显的效果。而且内蒙古自治区各级政府也先后投资十多亿元用于口岸基础设施建设，形成了铁路、公路、水运、航空为一体的口岸体系。

（6）社会文化优势

社会文化优势也是中国加强与蒙古能源合作过程中的一项得天独厚的优势条件。作为我国主要少数民族之一的蒙古族与蒙古有着天然的渊源，具有相同的语言文字，相同的风俗习惯，相同的宗教信仰，相同的历史文化传统。这种历经数千年积累的文化习俗增加了两地人民之间的粘连度，提供了先其他地区一步的族缘和人缘优势，为 21 世纪两地之间能源合作开发奠定了坚实的社会心理基础。

近年来蒙古已经开设了30多家汉语语言学校。我国的蒙古族与蒙古主要民族本来就是同文同种，蒙古族的大学毕业生是去蒙古教授汉语的天然人选。因此，派往蒙古教授汉语的人越多，也就越能促进中蒙两国人民交流和理解。近年来，我国与蒙古在教育领域合作交流不断加强，合作领域也在扩大，蒙古大批自费、公费留学生就读于内蒙古自治区高校，人数逐年增加。2007年内蒙古37所学校共接受外国留学生1271名，其中1088人来自蒙古，蒙古学生人数占外国学生总数的近70%。同时，随着中蒙双边关系的不断加强，中蒙两国的民间友好往来进一步增多。随着中国和蒙古经济贸易、文化等领域的交流合作日益密切，每年都有数万名的蒙古公民来到内蒙古经商、求医、探亲。把民间交往和贸易结合起来，实现了与蒙古境外旅游、购物、投资的一体化，这有利于进一步增进中蒙两国人民间的友好感情。

（7）中蒙两国经济互补性强

1）自然资源互补。蒙古内能源、矿产、水利和森林等自然资源十分丰富，且多处于初级开发阶段，开发潜力巨大。但由于生产力水平低，开采开发技术落后，资金严重短缺，本国尚无法对此进行有效的开发利用。而我国当前正急需煤、石油等能源以及铜、铁等矿产资源，另外，我国有相对成熟的技术、设备和丰裕的资金，能为蒙古矿产开采业、加工工业提供必要的资金和技术，这样中蒙两国可以实现优势互补。

2）两国经济结构互补性强。蒙古经济一直以来是畜牧业和农业为主，工业化水平低，虽然近几年不断提高矿业资源开采加工的地位，但受到本国技术、资本、人才、基础设施等各方面因素的限制。单一的产业结构，使蒙古长期以来形成了以进口工业制成品，出口矿产、原材料等初级产品为主的单一的贸易结构。而作为“世界制造业中心”的中国，在制造业和矿产开采、机器设备、种植、食品加工、纺织业等行业具有技术、经验、资本等方面的比较优势，与蒙古的经济结构形成极强的互补性。

3）两国经济要素互补性强。蒙古能源、矿产、水利和森林等自然资源十分丰富，且多处于初级开发阶段，开发潜力巨大，铜、磷、萤石、煤、石膏的探明储量居世界前列。但由于生产力水平低，开采开发技术落后，资金严重短缺，蒙古自己尚无法对此进行有效的开发利用，而中国经济的快速发展，需要进口大量矿产品、能源资源。蒙古丰富的矿产资源和正在实施的招商引资、资源开发的优惠政策与中国人均自然资源不足和相对先进的技术、经验、设备及较雄厚的资金形成互补。

4）两国劳动力互补性强。蒙古地广人稀，人口密度不足2人/km^2，劳动力尤其是较高素质的劳动力短缺，在建设大型项目时，深感劳动力和技术工人不足。蒙古在第三产业劳动力构成上升的情况下，社会总产值提高并不快，甚至还下滑。而中国劳动力极为丰富，尤其是高素质的劳动力较为充足。中国经过几十年的改革开放，科技水平获得迅速发展，种植业、食品加工、毛纺、加工制造业技术研发能力相当强，中国劳动力资源极为富足，这与蒙古劳动力短缺，劳动力素质偏低形成互补。从长期来看，通过项目建设，加强中蒙劳务合作，向蒙古输出相应的技术与管理人才，既有利于缓解蒙古矿业发展中的劳动力不足问题，也能提高蒙古矿产资源的开采能力，增加矿产品产量，帮助蒙古国内就业者提高生产技能和生产率，进而为蒙古创造更多的就业岗位。

5）从农牧业发展看，农牧业占蒙古经济活动近一半，但蒙古农牧业发展水平低，生产技术落后、仍以粗放型农牧业为主，粮食等基本产品不能自足，因而对粮食、蔬菜、水果、禽肉、禽蛋需求旺盛。中国与蒙古在农牧业方面合作同样蕴藏一定商机。比如，在农业水利化、牧业现代化发展方面的合作、高科技、高产量种养殖业的合作等。

9.4.2.5　资源的区域合作模式

东北与俄蒙毗邻地区的资源合作是一种具有地缘优势的国际性资源合作。对于这样一个东北亚次区域资源合作模式的选择，与各地区的矿业发展程度和资源合作目的有重要关系。

（1）区域资源合作中存在的问题

在迎来良好机遇的同时，东北与俄蒙毗邻地区的资源合作也存在诸多问题。纷繁复杂的国际政治格局和中俄、中蒙间长期历史文化因素的消极影响，以及政策法规体系方面的不完善等都为东北与俄蒙毗邻地区资源合作的深度开展造成了一定阻碍。

首先，俄蒙两国相关法律政策的不稳定性增加了能源国际合作中的投资风险。在国外投资的短期利益和国家长期利益形成一定冲突时，俄罗斯开始调整相关政策法规以适应国家经济长远发展的需要。虽然俄罗斯外资政策的调整在一定程度上改善了其投资环境，但其外资政策却一直缺乏稳定性，普京2008年又颁布了《限制外资进入战略产业法》，使外资进入战略性产业审批程序更加严格。这种状况提高了中国企业进入其相关能源领域的门槛。

其次，文化历史因素也是影响中国与俄蒙毗邻地区国际合作的重要因素之一。作为儒教大国和以经济发展为基本国策的中国，一直信奉“远亲不如近邻”，并坚持与包括俄罗斯、蒙古在内的周边国家发展和改善关系。但由于文化历史原因，中俄蒙毗邻地区合作也呈现一定的起伏变化。

再次，俄罗斯远东及东西伯利亚和蒙古较差的基础设施条件也在一定程度上阻碍了资源的区域合作进程。俄远东和东西伯利亚地区社会基础设施陈旧，与目前当地经济发展形式的需要形成矛盾。蒙古水、电、道路系统和口岸等基础设施水平较差。蒙古国内目前仍有大部分道路为天然道路，雨季无法正常运输。铁路是蒙古运输业的主力，但是铁路线路速度不快，运力不足和换装能力不强等会导致在中蒙能源合作中对中方支持建设的资金需求较大，且项目的投资风险较高。

（2）未来区域资源合作模式

根据目前能源的供需情况和未来的战略发展，东北与俄蒙毗邻地区的资源合作需要立足于资源禀赋的差异，选择各自具有比较优势的领域进行分工与交换，并在此基础上超越互补性分工局限，构建战略性国际资源合作，在进行产业间贸易的基础上，大力发展相互投资与技术合作。这种以资源为基础的产业利益共同体的发展，是在国家或地区间以资源为基础，构建一个内部分工明确，外部利益整体化的产业集合。不仅可以在内部满足各方发展的诉求，整体还能一定程度地应对国际政治冲击，最重要的是这种合作能够长期稳定地进行。

在传统的互补型资源合作基础上，东北与俄蒙毗邻地区应超越互补性分工的这种局限，大力推进投资与技术领域的国际资源战略型合作。这种合作模式不仅是简单地停留在传统资源性商品的交换上，而是进入生产领域，转向与生产要素结合或联合生产的资源合作模式，其中相互投资是战略性资源合作模式中的重要内容。这种新型的国际资源合作不满足于以资源的比较优势理念参与区域国际合作，而是基于动态发展的视角从更广阔的领域进行分工合作。这种合作模式不仅有利于实现合作双方经济的共同繁荣，而且能够进一步推动国际政治关系的良性发展。

在新型合作模式下，中俄两国开展经贸交流的理由多样化，而不仅仅基于资源禀赋的差异，甚至不仅依据现有的静态比较优势，而且要参考动态比较优势；不是为了追求短期经济利益，而是着眼于长远战略利益。因此，根本上，战略性合作立足于国家整体利益，主要目的是获取动态收益递增与较高的社会收益。如果说源于知识积累的动态收益递增仅仅局限在产业内部的话，那么，社会收益则是考量某一部门或行业的发展对其他部门的外溢作用。由于超越了资源互补性的局限，东北与俄蒙毗邻地区资源的战略型合作领域将更广阔，更具有较高的边际社会收益。

9.4.2.6　区域农业合作方向与对策

东北地区具有丰富的劳动力资源、集约农业的传统以及现代农业的管理经验，俄罗斯东部地区则具有丰富的土地资源、较大的农产品市场以及比较完善的农业机械工业体系，两者之间在农业领域开展形式多样的合作具有广阔的空间和巨大的潜力。东北地区与蒙古之间同样具有开展农业合作的条件，蒙古农业技术滞后、技工短缺和对粮食、蔬菜、水果及禽肉蛋的需求与我传统农业和饲养技术、成熟的农业劳动力及丰富的农产品形成了极强互补，两者之间同样具有广阔的合作前景。

(1) 区域农业合作的方向

依据各区域的农业资源优势，未来农业合作的应该主要在劳务合作、科技交流、农产品贸易、农业直接投资，农业生态保护等几个方面展开。

1）以服务中国、俄罗斯市场的，以国外农牧场为特色的农业劳务合作。东北地区劳动力资源丰富，甚至东北农村地区存在大量的劳动力闲置现象，尤其金融危机导致大量农民工返乡，使得大量劳动力资源闲置浪费，而俄罗斯东部地区农业劳动力则大量不足，根本无法满足区域农业开发的需求，致使大量土地撂荒闲置。开展农业劳务合作可以为东北地区闲置的劳动力提供充分的就业机会，又满足了俄罗斯远东对于农业土地资源开发的需求，缓解了俄罗斯东部由于劳动力资源不足而导致的农产品长期供不应求的状况。

2）以北京农业科技中心与俄蒙科技合作为支撑的中俄蒙农业科技交流。东北地区与俄蒙农业合作中的技术因素可分为生产技术和经营技术两个方面。在生产技术方面，东北地区的优势较为明显。为保证东北地区农业的可持续发展与粮食的稳定生产，我国各级政府不断加大对东北农业科技投入，俄蒙方面由于对农业投入不足，造成农业科研长期滞后不前，严重制约了农业技术发展。在农业经营技术方面，东北地区大多实行小规模分散经营的模式，与俄蒙大规模计划农业经营模式相比，在经营理念上存在很大差距。小规模分散经营流转快、效率高，但整体抗风险能力弱；大规模计划经营带有浓厚的计划经济色彩，其效率低下、劳动者劳动积极性不高，投入与产出往往事倍功半。东北农业与俄蒙农业技术合作，既要发挥在农业生产方面的优势和经验，又要考虑如何在利用俄罗斯原有经营模式的基础上，充分调动劳动者生产积极性。

3）以中国种植业产品、蒙古畜牧业产品、俄罗斯种植业渔业为特色的农产品贸易。俄罗斯和蒙古农业和食品工业发展相对缓慢，气候条件和地理位置的因素，使得农业生产不稳定、农作物品种退化、农副产品价格昂贵、肉类、蔬菜、水果供需矛盾突出等问题，蒙古的粮食自给能力不足，在蔬菜、水果等方面也具有很大的需求，这为东北地区农产品出口提供了广阔的市场机遇。从俄罗斯农产品进口商品结构看，食糖、甜料、水果、水产品、肉类和蔬菜是其进口的主要农产品，蒙古对中国东北地区的粮食、蔬菜、水果等农产品需求量也较大。东北地区生产的农产品结构与其农产品进口商品结构相似度高。同时，我国对俄罗斯的乳制品、水产品、原木有着长期而稳定的需求，未来农产品贸易具有美好的发展前景。

4）农业直接投资。俄罗斯政府对农业投入严重不足，农业资金长期短缺已成为制约俄农业发展的主要原因。而从外资对俄投入的行业来看，主要集中在能源工业、服务业及其他保障市场功能的一般性商业活动上，集中化倾向非常明显。同时，西方国家是对俄投资的主体，其对俄罗斯的投资主要集中在自然资源开发和服务业方面；从外资在俄投资分布区域来看，主要集中在市场条件较为发达、居民有较高支付能力的西欧部分以及一些原料产地。这种不合理的投资格局，势必会加重俄罗斯内产业结构的不平衡性，削弱其经济抗风险能力。俄罗斯农业生产机械化程度历来很高，但由于缺乏有效的资金注入，造成了大量老旧设备无法得到及时更新。蒙古国力有限，对农牧业投资更是不足。通过对俄蒙农业直接投资，可以有效提升东北地区资金的使用效率，又可以弥补俄蒙农业投资不足的缺陷，只有用较少且适量的投资，消化、利用俄蒙农业资源，从而实现双赢的战略意图。

5）农业生态保护。开展农业生态合作其主要内容应集中在跨国境河流的利用与生态保护，加强农业生态保护区和农业生态合作去建设，通过制定双边或多变协定以立法的形式维护区域农业生态平衡，实现区域农业的可持续发展。

（2）东北与俄蒙农业合作的对策

1）建立政府间稳定的合作机制。在国际经济合作中，合作方政府的态度起着至关重要的作用，没有政府的支持、指导，就没有双方合作的大环境。因此，从政府层面来看，东北地区必须与俄蒙地方政府建立长期稳定的合作机制。协商为进驻的中方投资企业提供优惠的税收待遇、便利的交通条件，以及其他相关政策上的扶持，允许中方在整合利用俄蒙原有劳动力资源的基础上使用中方劳动者，以点代面推动中俄农业合作的全面发展与升级。

2）协调企业间合作机制。从企业层面上来看，由于中俄蒙三国企业在经营理念、文化传统等方面具有显著性差异，信息不对称，应当以企业集群模式建立合作机制，更好地提高资源配置效率，增强企业间协调问题的灵活性。不仅能使各国企业实现实时交流，而且能够在此基础上共同探讨如何解决外部问题，并可以使区域农业合作由现有传统贸易、投资模式，转向全方位、多层次的深度合作模式。

3）制定境外农业开发优惠政策。农业属于高度依赖自然资源、靠天吃饭的弱势产业，许多国家都采取了形式多样的农业补贴政策，我国目前也实行了粮食直补、农资综合补贴、农机具购置补贴等多项惠农政策。从事境外农业开发，困难更多，风险更大，需要国家给予一定的资金支持。在政府财政农业综合开发资金中适当安排一定比例的境外农业开发配套资金，鼓励企业、个人积极参与境外农业开发，加强对境外农业投资风险的评估与保障工作，运用市场模式，帮助赴俄蒙农业开发主体规避投资风险。

4）提升外派劳务人员的综合素质。由于俄蒙对中国劳务人员具有一定的排斥心理，必须强化对外派人员的职业技能、外语、国情知识的培训，引导劳务人员学习俄罗斯基本的法律法规，依法经营，遵章办事，尊重俄罗斯的宗教信仰和民族习惯，积极融入当地社会中去，创造和睦、和谐的合作氛围。同时，要认真做好出国务工人员的风险和防范宣传工作，提高劳务人员的风险防范意识，规范劳务输出市场，切实保障出国劳务人员的合法权益。

9.4.2.7 东北地区与毗邻地区的合作模式

在东北地区实行振兴规划、俄罗斯实行开发东部战略的时代背景下，东北亚区域经济合作被推上正式日程，稳固地区自身发展的同时，探讨区域经济一体化的路径显得极为重要。

（1）加速发展东北地区在农、果、蔬及其加工业以及轻工机电产品生产，占领俄蒙市场

中国与毗邻地区贸易的商品结构方面，中国对蒙俄出口以运输工具、粮食、蔬菜水果和轻工产品为主，中国从蒙进口以矿产品、原油、煤炭为主，两国贸易商品分布较为集中。食品加工业是东北地区的传统产业，发展适合俄罗斯、蒙古等国消费的相关产品，具备天然的优势，作为老工业基地，东北地区在装备制造业、轻工业产品方面同样具有明显的优势，因而针对毗邻地区的消费市场，有针对性地发展相关产业及工业产品的生产，扩大俄蒙市场的占有率，对东北地区的工业经济发展极为有利。

（2）鼓励中方企业境外投资设厂

近年来我国企业在蒙古的投资持续增长，两国经济贸易活动不断升温，对蒙古矿产资源开发是中资企业投资额最大的行业，到蒙古投资开发矿业的中国企业，大部分来自北京、河北、山东、黑龙江、甘肃、内蒙古等蒙古周边地区，投资亿元以上的企业有10家。中国有色金属建设股份有限公司投资开发图木尔廷敖包锌矿；首钢投资十多亿元，在蒙古苏赫巴托尔省开发铁矿资源；胜利油田投资1000多万美元，开发蒙古的宗巴音油田；大庆油田投资9000多万美元，开发蒙古的汤姆茨克油田；山东祥龙投资500多万美元，开发铅锌矿等。

9.4.2.8 保障机制

（1）建立专门的国际协调组织，为中俄次区域经贸合作提供保障

我国传统的行政区划都是以省为单位，这种划分方法不利于东北老工业基地作为一个整体参与中俄自由贸易区的建立，无法从经济、政治和社会等方面兼顾东北三省的发展过程和参与程度。因此，需要成立在中央领导下的“东北老工业基地振兴委员会”，作为常设机构，全权负责管理中俄次区域经贸合作区内的工作，和谐东北三省政府和经济管理部门的发展方案，统一制订老工业基地与俄罗斯远东地区经济合作的领域、过程、步骤、模式、机制等。每年都要按方案制订出详细的工作打算，列出工作事项，明确分工，分别推动。同时，打破“诸侯割据型经济”的壁垒，对凡是影响人员往来、物流、投资方面的行政障碍都要拆除，形成劳动力、资金、商品可以自由流通的局面。

（2）制定出台勉励和掩护双方相互投资和贸易的优惠政策，为增进中俄次区域经贸合作供给政策基础

应从互利双赢的原则出发，制定和出台相应的政策和法规，改良投资环境，勉励和掩护双方相互投资和贸易往来，为东北老工业基地与俄罗斯远东地区的经济合作供给良好的制度和政策环境。应加紧制定与双边高速增长的贸易和投资密切相干的司法、税收、银行等方面的制度和规矩，出台和谐、勉励和掩护双方相互投资和贸易的优惠政策，如在自由贸易区框架内就相互投资断定优惠和投资保障政策，在政策和制度上改良、加强两国的经贸合作关系，畅通两国接洽渠道，使两国经贸合作驶入快车道，为中俄自由贸易区的建立供给政策和制度基础。

（3）加强东北工业基地的基础设施建设，为中俄次区域经贸合作区的建立供给物质基础保障

首先，加强城市和地区的基础设施建设。应重点进行边境口岸城市的能源、交通、通信等基础设施建设，改良边境口岸城市的基础设施状态和硬环境，进步边境口岸城市对外开放的基础依托。其次，要加强地区之间的交通运输设施建设，尽快实现陆路（包含铁路、公路）、航空立体交叉渠道的畅通。最后，加强信息基础设施建设。应在双方中央或处所政府、区域经济合作和谐机构等的支撑下，尽早建立贸易信息网络系统，强化两地区贸易的中介服务系统，大力开辟电子商务的全方位服务，实行现代营销方法，建立国际物流配送系统，疏通地区经济合作的信息渠道。从经济合作的角度使双方达到双赢状态。

（4）调剂传统经济合作的行业和领域，提升两地区经济合作的规模和程度

在未来的经济合作中，合作的重点不应停留在俄罗斯的能源原材料，而要更多适应新的转变，把跨国的高新技合作、产业合作作为今后合作的重点，全面推动双方在原有的货物贸易、资源开发和粗加工的合作的基础上，开展体现优势互补的加工贸易、技巧贸易、技巧开发和引进、直接投资、产业合作等。合作形式从单一的易货贸易扩大到资源开发、工程承包等经济技巧和投资合作，合作领域从石油、煤炭、木材、农业种植等资源开发性领域拓展至航天、核能、军工、电力、环保等众多较高科技领域。

9.4.2.9 东北与俄蒙毗邻地区的旅游合作模式

地域上的相邻和良好的睦邻友好关系，使东北与俄蒙毗邻地区的旅游合作拥有良好的基础。基于要素禀赋理论，区域内各地自然条件和旅游资源的差异性和互补性奠定了不同地域之间进行合作的比较利益和综合利益的基础。而在劳动地域分工理论的指导下，各地区出于各自发展利益的需要会在分工的基础上寻求合作。目前东北与俄蒙毗邻地区的旅游合作仅是目的地和客源地间的互补性合作，且短期行为居多，合作层次尚浅。

东北与俄蒙毗邻地区的旅游合作不同于普通的区域旅游合作。作为一个跨国区域，各自的社会体制和国家制度不尽相同，并且其所在的东北亚地区历来都是政治敏感区域，不稳定因素颇多。各地均非本国的经济发达区域，地方经济发展的限制性因素较多。在这种情况下，推动区域旅游合作进一步发展需要针对区域本身的特点，选择适合其未来发展的旅游合作模式。

区域旅游合作还需使旅游经济要素在各区域之间能够自由流动与组合，在寻求区域共同利益最大化的同时兼顾各区域的本位利益。旅游资源空间禀赋上的互补，旅游活动空间的连续及区域文化内涵的相对一致是东北与俄蒙毗邻地区进行区域旅游合作的重要基础。该区域未来旅游合作的发展模式将是以多个目的地间的旅游资源与旅游设施的互补性合作为前提，以良好的旅游服务和方便的交通条件为基础，合作主体间相互协调，将整个区域作为一个旅游目的地进行规划、开发、宣传、促销及经营，充分利用各自优势资源共同发展，从而形成一种综合优势。

“无障碍旅游”将是东北与俄蒙毗邻地区未来区域旅游合作的重要内容。对于一个国际性区域的无障碍旅游，首先要求旅游者在区域内通行无障碍，即旅游者只需持一张相关签证就可在东北与俄蒙毗邻地区内的任一口岸通行，并以此为基础，通过实施区域旅游资源共享、市场共享、基础服务设施共享、品牌和信息共享来推动旅游企业在整个区域内经营的无障碍和旅游消费者投诉无障碍。这种无障碍式区域旅游的推进即是旅游产业扩张和规模经济跨区发展的要求，也是旅游资源要素优化配置、地域分工和相互依存的必然选择。

在东北与俄蒙毗邻地区的区域旅游合作进程中，实施“无障碍旅游”的同时，还要建立区域旅游利益分享机制来协调各方利益的分配。即各合作成员通过整合区域旅游发展政策，通过规范的制度建设来实现地方与地方间的利益转移，实现区域旅游利益在合作成员间的合理分配。当因实施区域旅游合作或实现区域利益最大化造成某些成员利益受损时，其他两方应给予补偿，以兼顾所有方面的利益，从而形成稳定的区域旅游合作。

区域旅游合作的成功与否是政府、企业和市场三方面共同作用的结果，地方政府在区域旅游合作中起着举足轻重的作用，是最重要的合作主体。东北与俄蒙毗邻地区的区域旅游合作目前正处在起步阶段，合作前期由政府主导，随着合作机制的日臻完善，将逐步向市场主导、政府监管过渡，最后由市场主导合作。东北与俄蒙毗邻地区的这种区域旅游合作不仅是该区域提升国际旅游竞争力的必然选择，而且是实现区域旅游业可持续发展的一种新思路。

9. 4. 2. 10 东北与俄蒙毗邻地区金融产业合作模式

1992 年，中俄双方签署了《中俄政府间关于经济贸易关系的协定》。2008 年 8 月，俄罗斯联邦金融市场局和中国证监会在北京签署了中俄《证券期货监管合作谅解备忘录》，中国企业发行的证券得以进入俄罗斯市场。中俄金融合作的机构以前是“中俄银行合作分委”，2009年改为“中俄金融合作分委会”，将保险和证券的合作也纳入了议事范围。在贸易和项目融资方面，两国合作的规模不断扩大，融资的币种不仅包括外汇，也包括人民币和卢布，融资的范围涵盖了能源、机械制造、电力、林产品加工、农业等，从民间贸易到投资的广泛领域。中俄对改革国际金融体系和国际金融机构有着相近的立场，强调应在公平合理的基础上，完成国际货币基金组织新一轮份额检查和世界银行改革方案，提高发展中国家在国际金融机构的代表性，都认为现有的以美元为本位的国际金融体系存在诸多弊端，提议设立超主权货币等等。

在当前背景下中蒙之间也开展了跨境银行业务，中资银行在蒙古银行业务中位居前列。东北与俄蒙毗邻地区金融产业合作显得尤为重要。

1）相互开放证券市场。对证券市场而言，俄罗斯和蒙古内的公司募集资本的首选地是伦敦和纽约，但经过2008年金融危机，俄罗斯企业发现对欧美证券市场过度依赖，一旦出现风险对自身经济体系影响很大。因此，在金融危机之后，俄罗斯公司开始把目光转向东方，将融资地点多元化以分散风险，如俄罗斯国内券商可以在香港设立代表处，为本国企业在香港上市集资或发行存托凭证展开相关服务活动；中国券商则可在俄罗斯和蒙古市场开展相关煤炭、石油、天然气类资产的经营活动。

2）加大企业直接投资。双方应该抓住发展机遇，加强投资和经济技术合作，扩大在科技、能源等领域的合作，企业作为经济系统里的一个单元，其任何一个经济行为都将对整个经济系统产生影响。证券市场依附于两国的实体经济，两国企业合作关系的加强使两国经济关系更加密切，反映在股市上则表现为关联性的增强。另外要加中俄和中蒙金融投资合作。

3）加强证券服务监管合作。建立一个多层次的交流制度，分别就监管情况、证券交易所建设、行政管理、立法等问题展开讨论，按照国际会计准则的要求统一上市公司的信息披露标准，与国际接轨。此外，两国券商、投行之间的高级管理人员还可开展交流，讨论潜在合作领域，相互派遣证券从业人员到对方国家考察和学习，提高证券从业人员的业务技能和专业素养。对两国证券机构的研究人员来说，可合作研究一些影响国际金融市场及两国证券市场发展的重大问题，不定期召开研讨会，共同探讨中证券市场发展中的重大理论与实践问题，交流各自的研究成果，实现有价值的信息共享。对俄罗斯和蒙古来说，中国有着充足的资本，俄罗斯的大量企业在面临国内居民热情不高、对欧洲市场依赖程度过高的情况下，可以考虑将中国作为其上市筹资的目的地，可以选择较为规范的香港市场优先上市。

9.4.2.11　东北与俄蒙毗邻地区信息产业的合作前景

随着全球信息技术的迅速发展，信息产业逐渐成为东北和俄罗斯远东、东西伯利亚地方经济的重要组成部分，蒙古对信息产业也日渐关注。

俄罗斯政府对近年来其国内信息产业的高速发展亦非常关注，虽然俄罗斯信息产业基础薄弱，但预算、金融及税收等方面的一系列优惠政策使远东与东西伯利亚信息产业的发展前景广阔。信息技术作为俄罗斯新的科技重点发展方向之一，为这一地区信息产业的发展提供了重要技术保障。随着俄远东及东西伯利亚地区经济的复苏，居民收入将有较快增长，市场购买力和对电子信息产品的需求空间巨大。同时，俄电信市场的开放和移动通信网络的升级也为东北的相关企业等提供了良好机遇。“电子俄罗斯”联邦专项规划的实施更为中国东部与俄远东和东西伯利亚信息产业的合作提供全面的政策、组织和资金支持。蒙古信息产业发展相对滞后，但经济社会发展对信息产业提出的迫切要求，使蒙古政府将其作为第三产业的重点优先发展。信息技术水平的落后使蒙古需要同其他国家进行合作，通过承接技术转移与其他国家进行信息产业合作。蒙古技术消化能力较弱，只能接受国际相对成熟且普遍应用的技术转移，而东北的信息产业恰值发展到开始向外进行辐射的阶段，并且在与蒙古东部毗邻的地理优势基础上，双方信息产业合作大有可为。

基于要素的优势互补，俄远东和东西伯利亚向东北的高新技术转移，将是先进的信息设备制造业与高端信息技术强强联合的信息产业合作。俄远东和东西伯利亚及蒙古东部对信息产品与信息技术的巨大需求将使东北与俄蒙毗邻地区的信息合作成为一种信息资源的供需型合作。这两种合作形式的相互交织将成为东北与俄蒙毗邻地区信息产业快速发展的重要动力。

9.4.2.12 东北与俄蒙毗邻地区的科技合作

中俄之间已初步形成了多层次的科技合作格局。作为双方科技合作的主要渠道，政府间的大型合作项目已进入实质性阶段。东北地区也依托区内高校、科研院所和企业等开展形式多样的对俄科技合作，并取得一定成绩。近年来，中俄科技合作领域不断拓展，科技合作项目涉及范围不仅包括传统产业中的矿业、能源、冶金、金属加工、机电、纺织、化工等，还在生态技术、新材料、环保、海洋开发等领域展开合作，并且技术含量不断提高。中蒙间已召开四次政府科技合作联委会，执行了上百个科技合作项目，并在新能源、稀土、草原畜牧业、计算机信息处理、蒙医蒙药等多个领域的合作正不断深入。

俄罗斯是世界重要的科技强国之一，远东和东西伯利亚地区虽然经济发展相对滞后，但科技水平并不逊色。以能源和信息为主的技术科学、化学科学与材料科学、生命科学和地球科学是其今后一个时期基础科学研究的“重中之重”。因此，在东北的对外科技合作格局中，俄远东和东西伯利亚具有特殊的战略地位。虽然20多年的改革开放使东北地区的许多科学技术得到了快速发展，且有些技术位居世界先进之列，东北需要引进俄在原子能工业、航天工业及其他高科技领域的先进技术。此外，俄有关方面已提出将恢复和提高机器制造业和国防工业产品出口作为遏止经济危机的重要途径之一，这就意味着其科技半成品需要在中国实现产业化，这使双方未来科技合作潜力巨大。蒙古国内正值经济社会大发展之时，科技成果的需求和应用范围较广，东北与其科技合作前景广阔。

在东北与俄蒙毗邻地区的可持续发展中，新经济增长点上存在共生增长的产业与技术，如环保产业、生物技术产业、新能源、新材料产业、航空航天产业等。同时，东北和俄蒙毗邻地区又都正处于深化经济改革和调整产业结构的关键时期，实现产业升级需要相应的基础科技和关键技术，因此这一区域范围内的科技合作应是建立在互补性基础上的共生双赢型的产业科技合作。

在这种产业科技合作模式中，东北与俄蒙毗邻地区需要通过进一步深化互补性合作关系，将产业科技合作建立在促进经济共同发展、产业结构共同提升、新经济增长点共生的基础上，并针对各地区发展中需要解决的共性问题，通过区域性科技合作对地方产业发展中的共同性问题联合攻关，加快东北与俄蒙毗邻地区整个区域内部产业结构的升级和演化。

9.4.2.13　文化交流的区域合作前景

中俄蒙三国各自文化独特。作为一个文化碰撞与交融的前沿地带，东北与俄蒙的毗邻地区巩固和发展睦邻友好关系，对国际经贸合作意义重大。推动经贸合作，不仅仅是一个经济的问题，文化等非经济因素在经贸合作中的作用也不容忽视。现在大力开拓俄罗斯市场，重新塑造中国产品的形象，文化交流在这一方面的作用不可低估。2006 年和 2007 年，中俄双方相互举办的中国“俄罗斯年”和俄罗斯“中国年”极大地增进两国人民相互了解、相互信任，是推动中俄人文及其他领域合作发展的重要举措。2009 年中国“俄语年”和 2010 年俄罗斯“汉语年”则在加深两国的文化交流和教育合作的同时，为两国的经济、技术和教育合作打下了坚实的基础。随着蒙古政治环境的改善以及蒙古政府对中文教育逐渐呈开放的态势，越来越多的华裔子女开始学习并了解中华文化。

文化全球化是经济全球化时代的一个重要特征。俄罗斯由于地处东西方文明的交汇，使其文化发展深深地打上了东西方文明结合的烙印，这种双重特征使其文化在发展过程中必然要融合东方文明，在东北与俄蒙毗邻地区的共同发展和区域经济一体化进程中，文化交流的作用将会凸显，发展空间广阔。

9.5　中国西北地区与俄蒙毗邻地区的经贸合作

9.5.1　中国西北与俄蒙毗邻地区经贸合作的现状

近年来在上海合作组织框架上，加上中国西部大开发战略的有效实施，西北地区在与俄蒙毗邻地区的经贸合作中呈现以下特点。

9.5.1.1　对外贸易持续增长，但总体规模偏小且区内贸易极不平衡

2005～2010 年西北地区对俄蒙毗邻地区贸易总体呈上升趋势（图 9-6），且增长幅度上涨。但从全国水平来看，西北地区与俄蒙毗邻地区对外贸易总额占全国比例很小，说明西北地区与俄蒙毗邻地区的经贸合作仍有较大潜力。

中国西北地区内部与俄蒙毗邻地区的合作也处于极不平衡状态（表 9-11）。新疆维吾尔自治区凭借绝对的区位优势，成为西北对外贸易最活跃的地区。甘肃、宁夏和青海在与俄蒙毗邻地区的对外贸易中所占份额很小。

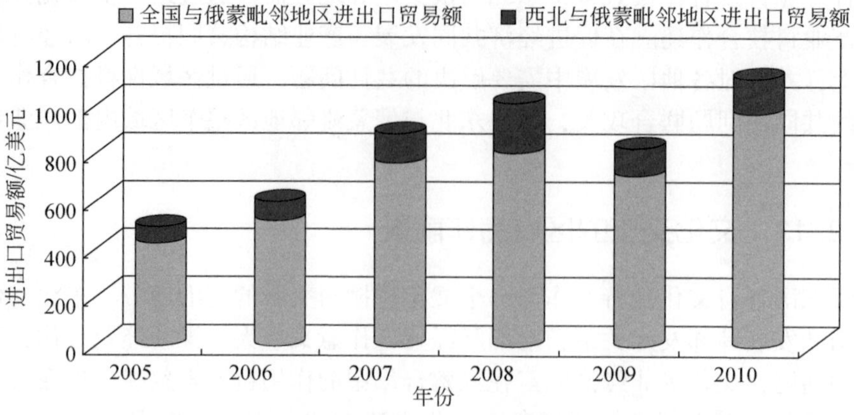

图 9-6　全国及其西北地区与俄蒙毗邻地区进出口贸易额

表 9-11　西北五省（自治区）与俄蒙毗邻地区贸易额　（单位：亿美元）

年份	陕西	甘肃	宁夏	青海	新疆
2005	1. 32	0. 29		0. 01	66. 05
2006	1. 3	0. 51		0. 04	78. 81
2007	2. 05	0. 54		0. 2	119. 72
2008	2. 3	0. 28		0. 11	199. 9
2009	1. 3	0. 56		0. 22	116. 8
2010	2. 07	1. 16		0. 38	145. 81

注：数据根据 2006 ~ 2011 年西北五省分省统计年鉴整理。

9. 5. 1. 2　各省（自治区）的主要贸易国各有侧重，差异显著

从西北地区对外贸易国别来看，各国与西北地区的对外贸易呈现不平衡态势（图 9-7）。西北地区在对外贸易中主要是与哈萨克斯坦等中亚国家为主。新疆维吾尔自治区与俄蒙毗邻地区对外贸易额占据整个西北地区的 97% 以上，导致与新疆主要合作的中亚国家成为整个西北地区进行对外贸易的高份额国家。

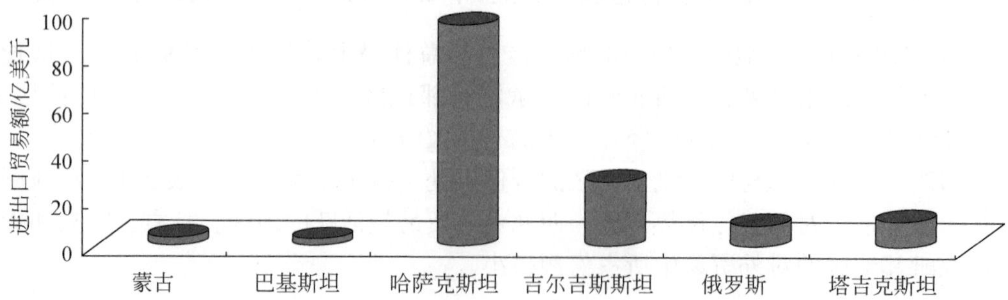

图 9-7　2010 年西北地区与各国进出口贸易额

中国西北地区内部与俄蒙毗邻地区各国的对外贸易各有侧重（表 9-12）。在西北地区内部，新疆与中亚国家贸易往来居多，而以陕西省为主的其余省（自治区）则以与俄罗斯的贸易往来为主。

表 9-12　西北五省（自治区）与俄蒙毗邻地区各国贸易额　（单位：亿美元）

年份	新疆	陕西	甘肃	宁夏	青海
2008	1.25（蒙古） 4.12（巴基斯坦） 90.71（哈萨克斯坦） 79.73（吉尔吉斯斯坦） 7.19（俄罗斯） 12.54（塔吉克斯坦） 4.36（乌兹别克斯坦）	0.09（蒙古） 0.31（巴基斯坦） 0.13（哈萨克斯坦） 0.01（吉尔吉斯斯坦） 1.68（俄罗斯） 0.02（塔吉克斯坦） 0.06（乌兹别克斯坦）	0.28 （俄罗斯）		0.03 （俄罗斯） 0.08 （巴基斯坦）
2009	0.57（蒙古） 1.91（巴基斯坦） 69.74（哈萨克斯坦） 29.7（吉尔吉斯斯坦） 3.09（俄罗斯） 8.6（塔吉克斯坦） 3.86（乌兹别克斯坦）	0.10（蒙古） 0.15（巴基斯坦） 0.13（哈萨克斯坦） 0.03（吉尔吉斯斯坦） 0.8（俄罗斯） 0.03（塔吉克斯坦） 0.07（乌兹别克斯坦）	0.56 （俄罗斯）		0.76 （俄罗斯） 0.02 （巴基斯坦）
2010	2.7（蒙古） 1.27（巴基斯坦） 92.59（哈萨克斯坦） 26.57（吉尔吉斯斯坦） 5.68（俄罗斯） 10.75（塔吉克斯坦） 6.2（乌兹别克斯坦）	0.13（蒙古） 0.21（巴基斯坦） 0.18（哈萨克斯坦） 0.06（吉尔吉斯斯坦） 1.27（俄罗斯） 0.003（塔吉克斯坦） 0.25（乌兹别克斯坦）	1.16 （俄罗斯）		0.04 （俄罗斯） 0.33 （巴基斯坦）

注：根据西北五省 2009 ~ 2011 年分省统计年鉴数据整理。

9.5.1.3　边境贸易发展快，贸易方式多元，但以一般贸易为主

近几年，西北地区对外贸易的方式与手段也向多元化发展，出现了政府贸易协定和地方贸易、边境民间贸易结合，易货（记账）贸易和现汇贸易与许可证贸易、实物信贷、来料来样及来件加工（装配）结合的新格局。对外贸易方式中，除新疆外，其他省（自治区）的对外贸易方式以一般贸易为主。以 2008 年为例，陕西、青海、宁夏、甘肃的一般贸易额分别占总体贸易额的 73%、98%、98%、92%，而新疆在对外贸易方式中边境小额贸易占主要地位。

9.5.2 中国西北与俄蒙毗邻地区经贸合作的潜力与模式

9.5.2.1 中国西北与俄蒙毗邻地区经贸合作的 SWOT 分析

(1) 合作优势

1) 背景优势。在经济全球化的背景下，上海合作组织作为西北地区与俄蒙毗邻地区的合作提供了广阔的平台。中国西北地区是中国履行上海合作组织经贸合作协议的陆路前沿，其外向经济的战略地位在传统意义的基础上又被赋予了新概念。

2) 地缘优势。西北地区是中国西出的门户。其中，新疆与哈、吉、塔、俄等国的边境线就达 3200 多千米。古往今来，西北地区一直是中国沿欧亚大陆的经济通道吸纳与传输世界物质文明的“桥头堡”，发挥着古已有之的物流传输带的作用。

民族和文化优势。与西北地区毗邻的中亚和西亚是全世界穆斯林的聚居地。西北地区是我国穆斯林的主要聚居地。同时新疆维吾尔自治区内许多少数民族和俄蒙毗邻地区人民在宗教信仰、文化习俗、生活习惯上的这种同源性和相近性，为开展经济往来提供了良好的人际条件。

3) 资源优势。西北地区目前已发现的有用矿种达 138 种，占中国已发现矿种的 82%。其中，20 多种矿产储量居中国首位。除此之外，镍矿、天然气、铂族金属等储量超过全国储量的一半，同时还是煤、石油、天然气富集区，储量占整个西部地区的 30% 以上（图 9-8）。

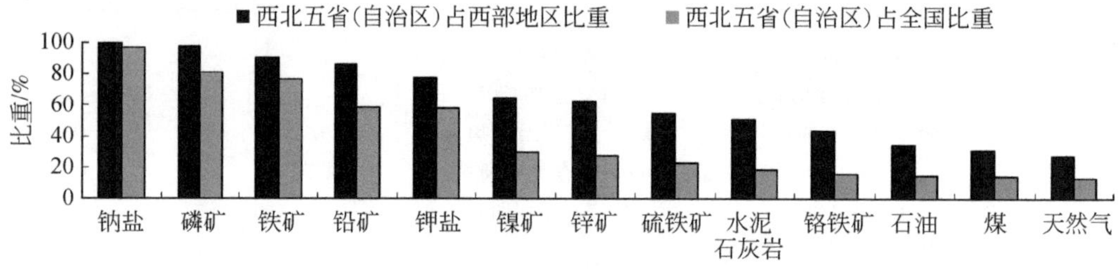

图 9-8 西北地区矿产资源所占比重

4) 产业互补优势。西北地区依托其丰富的矿产资源建立了矿产品初级加工企业和深加工企业，形成了西北特有的冶金工业；现已建成石油、天然气、煤炭的采掘基地和水电等能源产业基地、油气化工和煤炭化工基地；有中国最大的商品棉生产基地、重要的畜产品基地和药用植物的生产基地；依托其科技力量和资本存量优势大力发展电子及信息设备制造业等。

5) 边境旅游优势。西北地域辽阔，自然景色各异，悠久的历史文化更是烘托出西北地区灿烂的人文景观，同时丝绸之路沿途文物历史遗迹和逸闻典故具有极高的研究和开发价值，特有的民族风情和节日、民间工艺同样丰富多彩。但由于部分省级行政区旅游开发程度较低，旅游资源开发特别是边境旅游开发潜力是巨大的。

(2) 合作劣势

经济水平低，区域间发展极不平衡。西北地区经济发展相对落后，区内各省之间存在着经济发展不平衡和明显的地区差异。从经济总量来看，2005 ~ 2010 年西北五省

(自治区)的生产总值占全国比重很低，总体实力弱。从区域范围来看，各省（自治区）经济发展处于不平衡态势，如图 9-9 所示。

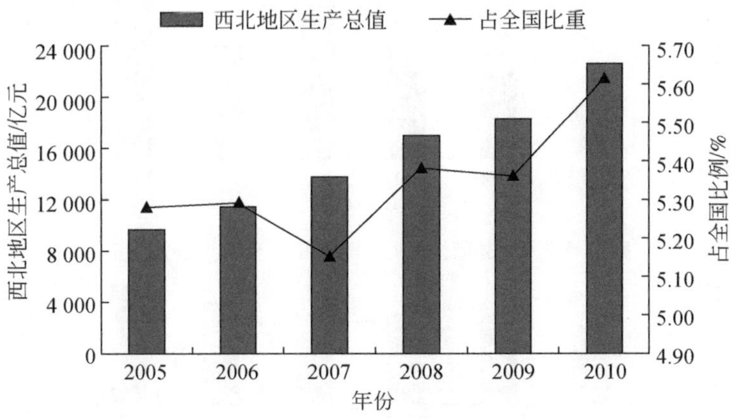

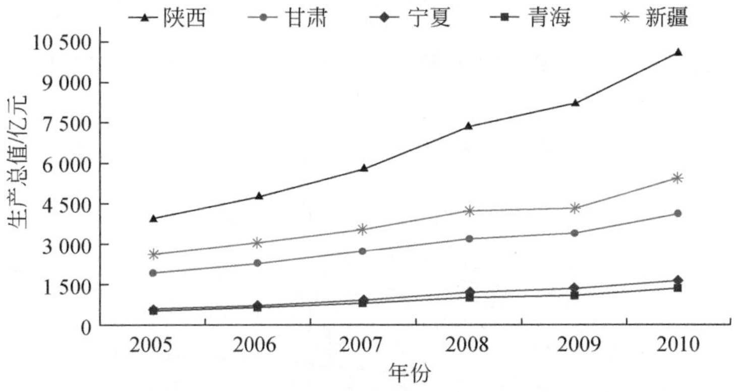

图 9-9　西北五省（自治区）生产总值

外贸增长快，但占全国比重小，区域间发展不均衡，如图 9-10 所示。西北地区的进出口总额虽每年增长幅度较大，但在全国的进出口总额中所占比重不足 1.5%。从区域内部来看，陕西、新疆和甘肃的对外贸易总额占较大部分，而青海和宁夏的对外贸易所占比例很小。

物流通道不畅。在西北地区的向西开放中，势必会引起货运、客运量的急剧增加，以西北地区现有的交通运输设施，很难满足这种需要。第二条欧亚大陆桥虽已开通，但由于沿线国家和城市的口岸通关便利性较差，运费过高、铁路运力紧张造成的货物滞留等原因，致使新欧亚大陆桥面临通而不畅的症结（图 9-11）。

（3）合作机遇

从国际背景看，上海合作组织为中国西北与俄蒙毗邻地区经贸合作提供了发展平台。西北地区与上海合作组织成员国毗邻的地缘优势，上海合作组织为实现西北地区与俄蒙毗邻地区的多领域合作，以及改善西北地区的经济发展环境提供了有利的历史契机。

从国内背景看，西部大开发战略的推进拓宽西北与俄蒙毗邻地区合作之路。2000 年国家实施西部大开发的战略全面启动。西部大开发第一个 10 年取得了良好开局、打

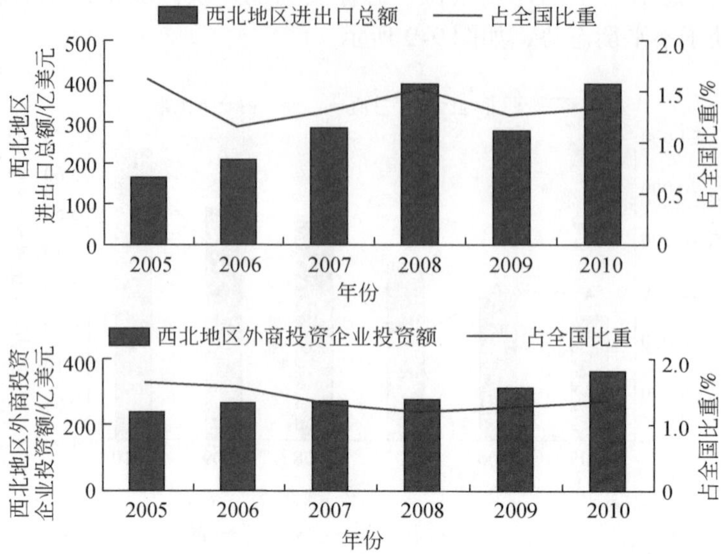

图 9-10　西北地区对外贸易水平及占全国比重（2005～2010 年）

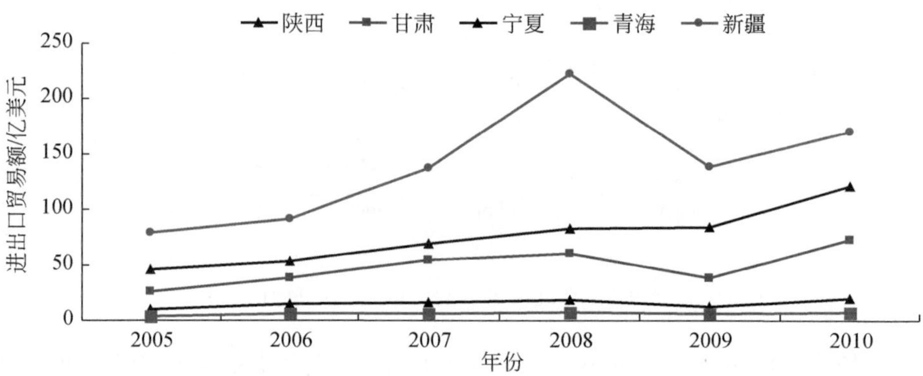

图 9-11　西北五省（自治区）进出口贸易额（2005～2010 年）

下了坚实基础。而西部大开发第二个 10 年将成为承前启后、深入推进的关键时期，其开展也为加强西北地区与俄蒙毗邻地区的合作提供了新的机遇。

新欧亚大陆桥为西北与俄蒙毗邻地区的经贸合作提供了流通渠道。新欧亚大陆桥经过陕西省、甘肃省和新疆维吾尔自治区，承担着大的集装箱流，货物运输等重要功能。因为有中国东部拉动西部大开发与大发展规划的政策优惠，以及上海合作组织推动区域经济共荣的愿望所带来的对外延伸发展的契机，中国西北地区有望扩大地方经济规模，其在区域合作组织中的经济战略地位也将凸现。

（4）合作挑战

产业基础薄弱，产品缺乏国际竞争力。目前西北地区的产业在矿产品的加工，纺织工业、电子信息产业发展较快。而俄蒙毗邻地区农副产品的进口量较大，同时轻工业基础薄弱是该地区的又一大特点。在西北地区的整体经济结构中，轻工业产品的生产能力不是很强，至于机械产品，虽然西北地区也有较强的生产能力，这类产品同其他国家的同类产品相比，质量、价格上都缺乏竞争能力。

尚未将潜在优势转化为投资优势。西北地区虽与俄蒙毗邻地区相邻，有着绝对的地缘优势，同时有丰富的矿产资源、劳动力资源，但对外水平较低。在新欧亚大陆桥的建设推动下，中国西北地区与俄蒙毗邻地区在资本交流上的可能性与潜力很大。

两区资源具有同构性。西北地区最大的优势在于资源，但在资源结构上，西北地区同俄蒙毗邻地区具有同质性。中国西北地区与俄蒙毗邻地区贸易商品结构中，矿产资源所占份额较小，进行互补性的边贸不具备比较优势。

9.5.2.2 中国西北与俄蒙毗邻地区经贸合作的模式

(1) 经济模式：加强传统领域合作，积极开拓新领域

1）加强劳务、技术服务等传统领域合作。从劳务互补性来看，与中国接壤的俄罗斯西伯利亚及远东地区，由于缺乏人员开发，工农业的发展仍然较落后，俄罗斯已在种植、建筑、伐木、食品加工、旅游等方面向中国明确提出了合作的意向，因此西北地区可以抓住这个时机加强劳务输出；从技术互补性来看，俄罗斯重工业强而轻工业弱，西北地区与俄方技术合作的范围有食品加工业、轻工业合作；而俄罗斯以重工业为主导，技术比较先进，西北地区可以选择适当地从俄罗斯引进一些先进的技术及设备来改造西北地区原有企业。

2）积极开拓新合作领域。西北地区和俄蒙毗邻地区有丰富的矿产资源，未来在矿产资源合作领域有较大的合作潜力；西北地区旅游资源丰富，加上与俄蒙地区毗邻而居，与中亚地区历史文化紧密相连，开展旅游合作有良好的基础和共同的发展需求；西北地区有3400km边境及临近地区，各种资源与环境同属一体，为保护区域环境，实现区域内人口、资源和环境的协调发展，生态环境领域的合作亟待解决。

(2) 组织模式：以政府主导型为主，实施差异化贸易战略

1）开展政府主导下的多层次的交流。从国家、政府角度看，积极贯彻“走出去”和“向西开放”战略，加强西北地区与俄蒙毗邻国家的多领域合作；从企业角度看，企业要提高企业产品质量，实现有组织、有规模地经营，并鼓励有条件的企业到俄蒙毗邻地区进行投资建厂等；未来西北在与俄蒙毗邻地区资源开发、能源利用、旅游合作和环境保护方面的合作更需要在政府主导下进行。

2）实施差异化贸易发展战略。

第一，对俄蒙毗邻地区各国实行不同的对外贸易策略。从贸易商品结构来看，西北地区今后应实现高、中、低档产品同时推进的策略；从合作领域来看，西北地区应充分利用本区资源优势，实现矿产、能源领域的全面合作，加强旅游合作，通过多渠道的经贸合作模式来扩大合作规模。

第二，充分发挥各省（自治区）外贸优势，分工协作，实现整体优化。新疆和陕西应充分发挥本地区纺织业、食品等轻工产业优势，而甘肃、宁夏和青海加强对矿产品的深加工；就石油资源而言，新疆和陕甘宁盆地应通过建设输油管道或者改善交通设施，加强与俄蒙毗邻地区特别是与俄罗斯在石油开采方面的合作；在科技方面，陕西省和甘肃省应充分利用本区科技优势，加强与俄蒙毗邻地区的科技合作与交流；最后对边贸发展较快的新疆，应积极提高边贸层次，同时推进口岸建设，充分发挥口岸经济在对外经济中的作用。

(3) 空间模式：一轴两极多贸易区

在西北地区对外开放过程中，应该结合各省（自治区）对外贸易现状，积极利用现有设施和条件，整合西北地区发展经贸合作的条件，形成以新疆、陕西为两极、以新欧亚大陆桥为轴线、以西北各省（自治区）特色化自由贸易区为基础的“一轴两极多贸易区”的外贸空间格局，如图 9-12 所示。

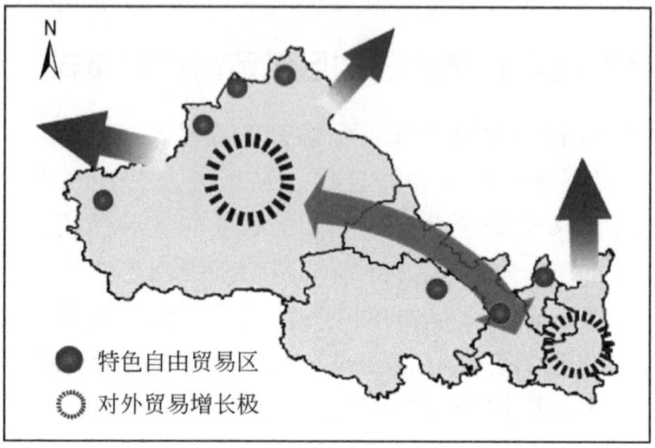

图 9-12　西北地区对外开放总体战略布局

1）总体外贸格局：以新疆、陕西为两极，新欧亚大陆桥为轴线，形成“一轴两极”的西北地区外贸核心区。新疆和陕西省在西北地区对俄蒙毗邻地区对外贸易中处于相对主要的地位。其次新疆和陕西省在对俄蒙毗邻地区开放中重心各分东西。新疆和陕西对西北地区的对外贸易形成东西联动的双向轴承，青海、甘肃和宁夏形成辐射和扩散区域，可沿新欧亚大陆桥构筑一条发展外向型经济的增长轴，作为两极的后备支撑。

2）局部格局：鼓励各省区积极建立特色化的自由贸易区。西北地区与俄蒙毗邻地区有绝对的地缘优势，同时两区之间都有丰富的资源，未来自由贸易区的实现不仅扩大了两区间的经贸合作规模，实现多渠道、多领域的合作，更有利于两区共同开发资源、保护环境。西北地区与俄蒙毗邻地区经贸往来中存在诸多问题，因此自由贸易区的筹建工作应从边境地区入手，实现边境地区贸易自由化，最后实现西北地区与俄蒙毗邻地区自由贸易区。

9.5.2.3　中国西北与俄蒙毗邻地区经贸合作的保障措施

(1) 保障新欧亚大陆桥畅通无阻

首先加大铁路基础设施建设，同沿线各国铁路部门密切合作，加速铁路系统现代化建设；其次在政府的主导下，制定新欧亚大陆桥运输一体化的政策，保证其安全，畅通；积极协调整体运输价格，降低物流成本；最后积极推进新欧亚大陆桥沿线地区的开发建设，使其为新欧亚大陆桥的畅通提供有力的支撑。

(2) 提高口岸的基础设施建设

首先在硬件上要完善铁路、公路等交通设施的建设，提高口岸的通关能力；在软件上，应重视信息化建设，发挥电子商务、信息网络的作用，提高口岸的信息化、现代化水平；统筹口岸管理和城市管理职能；完善口岸城镇与腹地城镇之间的基础设施网络。

9.5.3　中国西北典型地区陕西省与俄蒙毗邻地区的经贸合作

陕西省与俄罗斯对外贸易额位居西北地区第二位，且在对外贸易的俄蒙毗邻地区国家中，俄罗斯占据重要作用。研究陕西省与俄罗斯经贸合作潜力有利于强化西北地区对俄蒙毗邻地区“一轴两极”战略布局。

9.5.3.1　合作现状

陕西对俄罗斯贸易基本保持顺差，如图9-13所示。虽然陕西省在西北五省（自治区）中与俄罗斯对外贸易总额居前列，但主要贸易伙伴仍是美国、欧盟、日本和东盟。

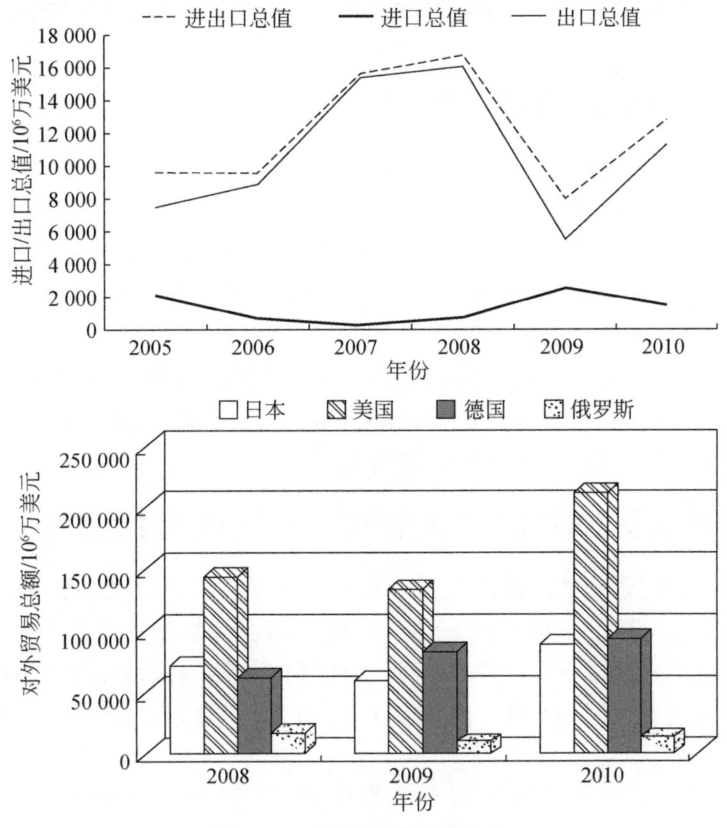

图9-13　陕西主要贸易伙伴

9.5.3.2　潜力领域

1）商品结构方面。陕西省与俄罗斯对外贸易商品结构层次相差较大。从双方贸易商品结构看，以机电产品、轻纺商品换原材料为主。俄罗斯轻工产业和纺织业等发展较弱，向中国进口的商品也主要有集中在机电产品、纺织产品及原料、鞋靴、伞等轻工产品，而纺织工业是陕西省的传统支柱产业，此外陕西对外出口商品中机电产品占较大份额，因此可以充分利用机电产品的互补，进一步提高出口份额。

2）科技合作方面。在科技合作方面，俄罗斯其优势领域是物理、电子、地学、生命科学，以及应用科学实验设计和工艺等，近几年还将航天、军工技术、能源、高科技作为优先发展的重点领域。对于陕西省而言，高新技术产业是陕西省近年的优势支柱产业，特别是在民用航天、生物制药等领域有较大优势，双方在技术领域的合作具有较大潜力。

3）承包劳务方面。对外承包劳务方面，俄罗斯劳动力资源匮乏，陕西省高新技术水平在西北地区有着较大的优势，劳动力资源丰富，对外承包工程和对外劳务合作涉及资源开发、机械制造、能源化工等领域，而俄罗斯在上述领域中具有较大优势，所以陕西省对俄罗斯承包劳务方面的合作具有较强的可行性。

9.6 西北地区经济社会发展主要问题与对策建议

9.6.1 西北区域经济一体化发展

随着西部大开发战略的实施，西北地区经济增长速度进一步加快，但地区经济发展能力、经济增长水平、城市竞争力、对外开放度仍较弱。与此同时，西北地区经济合作处于较低的水平，经济各要素无法自由流动，区域间的竞争性大于区域间的互补与合作。在这种情况下，西北地区应当考虑通过区域经济协作的道路来实现经济跨越式发展。

对此应建立切实可行、有效的协调运作机构。启动民间组织在经济一体化过程中的能动作用，实现资本、劳动力等生产要素的自由流动，打破省际界限，建立西北区域经济一体化的共同市场，树立新的区域经济发展观。

9.6.2 西北区域开发模式的转换与区域可持续发展

纵观西北区域开发历史，移民实边和屯田垦殖成为区域开发的主要模式，使农耕不断扩大，畜牧逐渐萎缩，水土流失和沙漠化。而在区域工业化进程中，西北地区同样走了一条资源依赖型的开发之路，使西北地区产业结构形成了明显的资源型、初级化的特征，其高度依赖原材料、能源，产品技术含量低，增长方式粗放，经济效益差。

对此西北开发应该转变传统的资源开发模式。首先，应该转变对自然的态度。其次，从传统发展观向科学发展观转变。再次，由单纯追求经济指标转向区域社会的文明进步。最后，应加强人才的引进和培养。

9.6.3 西北地区与东部地区之间的城镇化和信息化差距扩大

目前西北地区与东部地区的工业化差距在逐渐缩小，而城镇化和信息化却在逐步扩大，这必将影响西北地区经济发展的可持续性，是西部大开发在新的十年里需要解决的问题。

西北地区要推进信息化建设，要实现以信息化带动工业化发展的新型工业化发展目标，制订以信息化带动工业化的发展计划，通过政策调控，引导企业加快信息化建设，鼓励企业积极发展信息技术含量高的产业，通过快捷的信息服务，提升传统产业，以科学发展观统领城镇化发展，借鉴成功的案例，本着分类指导、因地制宜的原则，着重加强体制和政策创新。

9.6.4 西北地区对外开放问题研究

中国加入 WTO、西部大开发战略和上海合作组织的建立给西北地区对外开放带来前所未有的机遇。但长期以来，西北地区经济发展滞后，资金短缺，对外开放程度低，对外投资发展十分缓慢。

应加大对西北地区出口商品结构调整的政策支持力度，大力引进国外高新技术和东部成熟技术，加快企业技术改造，提高出口商品的技术含量和附加值；积极推进金融、电信、交通、旅游、商业等服务业的开放，扩大西北地区的服务贸易规模及范围；制定鼓励外资投向产业的优惠政策；提高交通、口岸、通信等配套设施。

参考文献

巴克拉诺夫 Ⅱ. 2005. 俄罗斯远东地区稳定发展的问题与前提. 李永庆译. 俄罗斯中业东欧市场,（2）.

鲍里斯·萨涅耶夫. 2005. 俄罗斯与东北亚国家的能源合作：前提、方向和问题. 西伯利亚研究，5：14-15.

邓宏兵，张毅. 2005. 人口、资源与环境经济学. 北京：科学出版社.

董锁成. 1994. 经济地域运动论：区域经济发展的时空规律研究. 北京：科学出版社.

戈兰别尔格 A Г. 2001. 俄罗斯的区域发展战略. 东欧中亚市场研究，(2)：31-34.

郭廷建. 2004. 关于东北老工业基地区域经济一体化的战略构想. 党政干部学刊，(8)：9-10.

国土资源部信息中心. 2005. 世界矿产资源年评（2003—2004）. 北京：地质出版社.

黑龙江省社会科学院西伯利亚研究所. 1989. 苏联西伯利亚与远东经济地理概况. 哈尔滨：黑龙江人民出版社.

李传勋. 2004. 俄罗斯远东市场研究. 北京：社会科学文献出版社.

李传勋. 1998. 转型期的俄罗斯远东. 哈尔滨：哈尔滨工程大学出版社.

李传勋. 2003. 中俄区域合作研究. 哈尔滨：黑龙江人民出版社.

李靖宇，孟昭彬. 2007. 关于俄罗斯加强远东地区开发问题的现实论证. 俄罗斯中亚东欧市场，(10)：16-21.

李向平，吕超，孙冀. 2009. 东北亚区域经济合作报告. 北京：社会科学文献出版社.

李玉潭. 2001. 东北业区域经济概论. 长春：吉林大学出版社.

刘思华. 2002. 企业经济可持续发展论. 北京：中国环境科学出版社.

卢基扬契可夫 H，波特拉夫雷 H. 2001. 自然资源利用经济与管理. 梁光明译. 北京：中国经济出版社.

陆大道. 1999. 区域发展及其空间结构. 北京：科学出版社.

毛健，孙英男，等. 2010. 东北亚矿产资源潜力分析及东北老工业基地矿产资源接续战略研究. 北京：商务印书馆.

米纳基尔. 1995. 远东经济改革与危机. 黑龙江省社会科学院编译. 黑龙江社会科学院西伯利亚研究所（内部资料）.

曲伟. 2002. 新世纪中俄区域合作谋划. 哈尔滨：黑龙江教育出版社.

商务部国际贸易经济合作研究院. 2006-07-03. 中俄能源合作刚性优势. http：//ccn. mofcom. gov. cn/spbg/show. php？id=4159.

舍英加乌兹 A. 1996. 俄远东自然资源的利用及国际合作问题. 西伯利亚研究，23（6）：34-36.

申高兹 A. 2000. 俄罗斯远东与东北亚地区在自然资源开发领域中的合作. 西伯利亚研究，27（4）：5-9.

施俊法，李友枝，金庆花，等. 2006. 世界矿情（亚洲卷）. 北京：地质出版社.

宋国明. 2003. 东北亚矿产资源的供求与竞争. 国土资源情报，(9)：46-53.

田京城，缪娟，孟月丽. 2005. 环境保护与可持续发展. 北京：化学工业出版社.

魏一鸣，傅小锋，陈长杰. 2005. 中国可持续发展管理理论与实践. 北京：科学出版社.

闻一. 2011. 俄“12 年稳定期”中国不能错过. 环球时报，10 月 11 日第 14 版.

徐衍坤. 2008. 日本全球矿产资源战略及储备制度简介（上）. 金属世界，(3)：2-5.

薛君度，陆南泉．2002．俄罗斯西伯利亚与远东——国际政治经济关系的发展．北京：世界知识出版社．

伊万诺夫 H. 2002. 俄罗斯新外交．陈凤翔，于洪君译．北京：当代世界出版社．

张恒轩，王钢．1989. 苏联远东经济区．哈尔滨：哈尔滨工业大学出版社．

中国矿业年鉴编辑部．2010. 中国矿业年鉴 2009. 北京：地震出版社．

朱连奇，赵秉栋．2004. 自然资源开发利用的理论与实践．北京：科学出版社．

朱启贵．1999．可持续发展评估．上海：上海财经大学出版社．

佐诺夫 O. 2000. 俄罗斯远东环境问题研究．国际政治研究，(2)：54-55.

BP. 2009. Statistical Review of World Energy 2009. http：// www. bp. com/ centres/ energy/ index. asp.

BP. 2010. Statistical Review of World Energy 2010. http：// www. bp. com/ centres/ energy/ index. asp.

Karakin V. 2009. The Russian Far East：400 Years of Mastering, Vladivostok.

Korea Energy Economics Institute. 2015. Publications. http：//www. keei. re. kr/main. nsf/index_ en. html.

Pui-Kwan Tse. 2009. The Mineral Industry of China. USGS.

Richard M. 2007. Levine, Brininstool M, Wallace G J. The Mineral Industry of Russia. USGS.

Ассекритов С. 2001. Широбокова В. Межбюджетные отношенения：проблемы и подходы к их решение. Экономист，(1)：67-70.

Баранов С, Скуфьина Т. 2005. Анализ межрегиональной диффе ренциации и построение рейтингов субъектов российской федерфциии. Экономист，(8)：20-24.

БерезинаЕ А, Ионкин В. П. 2003．Воздействие политических факторов на экономическое развитие региона. Регион：экономика и социалогия，(1) С：66-75.

Богатуров А. 2004. Российский Дальний Восток в новых геопространственных измерениях восточтой евразии. Мировая экономика и международные отношения，(10).

ЗАО Международный Центр Развития Регионов. 2008. Основные положения Стратегии развития Дальнего Востока, Республики Бурятия, Забайкальского края и Иркутской области до 2025 года, Владивосток.

Иванова В. 2003. Финансово-кредитные организации в системе регионального управления социально-экономическим развитием. Экономист，(7) С：27-33.

П Я. ВаклановМ Т. 2001. Дальневосточный регион России：Проблемы и предпосылки устойчивого развития, Владивосток, Дальнаука.

ПЯ. Вакланов М Т. 2009. Романов：Экономико- географическое и геополитическое положение Тихоокеанской России, Владивосток, Дальнаука.

Росстат. 2007. Российский статический ежегодник. Москва.

Росстат. 2009. Российский статический ежегодник. Москва.

Федеральная целевая программа. 2004. Экономическое и социальное развитие Дальнего Востока и Забайкалья на 1996-2005 и до 2010 года. Владивосток.